三品和広

経営戦略の実戦 1

STRATEGY IN ACTION 1

高収益事業の創り方

THE
HIGH
ROAD
TO
BUSINESS
PROFITABILITY

東洋経済新報社

シリーズ序文

この『経営戦略の実戦』シリーズは、企業の前途を左右する経営幹部候補生専用の教科書と位置づけている。言うまでもなく、粋狂で教科書を書く物好きはいない。以下では本シリーズの必要性を、需要面と供給面に分けて確認したうえで、一貫した特徴をまとめておく。

まず需要側から始めよう。戦後の日本では追風を帆で受けていればよく、極言するなら、誰も経営戦略など必要としなかった。それが、1990年代に入って一変する。日米構造協議に引きずり出された霞ヶ関が護送船団の調整役から降りてしまい、日本企業は荒れ狂う大海に放り出された。そして地価と株価の暴落に見舞われ、含み益という守護神まで失った。輸出攻勢に出ようにも、未曾有の円高が立ちはだかる。2000年頃に日本企業が雇用という聖域に手をつける一方で、企業内大学を設けて選抜教育に乗り出したのは、存亡の危機を痛切に意識したからであろう。

こうして経営幹部候補生が選ばれると、教室では悪戦苦闘が始まった。日本企業が白羽の矢を立てた幹部候補生は仕事と管理に精通する組織人で、そもそも自らの意志に基づいて経営の舵を切るという概念を受けつけない。狭い部門内で異動を繰り返してきたせいか、自社の打ち手を見ているようで見ていないし、ましてや戦略と業績の対応関係も見えていない。打ち手の成否が確定するには時間がかかり、その間には様々なことが起こるため、仕方ないと言えば仕方ないが、実務のエースが仕事を通して身につけた処世訓は戦略の発想と掛け離れており、まさに出帆は多難であった。

苦戦が続く教室の外ではグローバリゼーションが容赦なく進み、経営すべき企業は複雑性を増していく。経営の神様と称えられた松下幸之助ですら社長として経営したのは2010年価額の5,000億円までなのに、いまや売上高が5,000億円水準を超える企業が日本には300社以上もひしめき、当のパナソニックに至っては何と20倍の10兆円に近づいている。一社員から選ばれた経営者が「神様」を超える試練に立ち向かわなければならない時代を如何に乗り切ればよいのか。こういう時代だからこそ手に入る「知識の体系」を武器として身につけるしか、乗り切る方法はないのではないか。そこに、私が構想する教科書のニーズがある。

次に供給側に目を転じてみよう。経営戦略の教科書なら掃いて捨てるほどあるが、幹部候補生のニーズに応えるものは見当たらない。アカデミックな教科書の金字塔と目されるポーターの『競争の戦略』も、実はハーバードMBAの1年次に向けたものであり、「業界と競合の分析手法」という副題が示唆するように、分析に焦点を当てている。だからこそ、ウォール街やコンサルティング業界で働くことを夢見る若き学生たちから絶大な支持を受けてきたのである。ハーバードMBAの2年次用に書かれた『競争優位の戦略』は「より高い業績の出し方と保ち方」と副題に掲げるが、当時は30代のポーターがHOWまで書き切ったとは言い難く、前作ほど活用されていない。アメリカの教科書が学生向けに集中するのは、企業がMBAを採用して経営職に登用する結果、経営幹部は戦略を体で覚えるからで、要は幹部用教科書のニーズがないのである。

戦略を必要とせず、実務能力に重きを置いてきた日本では、学生向けの教科書すら大きな市場を形成していない。おそらく最も売れたのは、実務家が試行錯誤しながら築き上げてきた現実を正当化する日本的経営論の系譜と、戦略を経営企画部の実務に落とし込んだ手引き書の類いであろう。

売れたという意味では、コンサルタントたちのプラグマティックなビジネス書にも言及しておく必要がある。その草分けは『エクセレント・カンパニー』で、ポーターの『競争の戦略』原著初版本の2年後に登場して、瞬く間にベストセラーの世界記録を塗り替えた。ところが、範例としたエクセレント・カンパニーが10年も経つと経営に行き詰まり始めて、威光が陰ってしまう。そこに登場したのが、エクセレンスの持続条件を掲げた『ビジョナリー・カンパニー』である。こちらも売れに売れたところを見ると、一般社員階層の琴線が企業風土にあることは間違いない。経営戦略はベストセラーを生みにくいため、供給も限られてくる。

需要はあるのに供給がないなら、時代の要請に即した教科書は私が書くしかない。そう覚悟を決めて出すのが、この『経営戦略の実戦』シリーズである。いまや企業の業績は社員や顧客や取引事業者の精神状態だけでなく、株主や政府の収入、ひいては青少年の教育機会や年金受給者の暮らし向きまで大きく左右する。自分が経験した事業や地域や時代とは異なる事業や地域や時代に向けて、経営戦略を組み立てなければならない幹部候補生のニーズを放置しては、社会的な損失を避けられない。ここは、知識体系の構築を仕事とする学者の出番と考えた次第である。

一口に教科書と言っても、散在する知識を要領よくまとめるアプローチが経営領域では成り立たない。そのため、実態は限りなく研究書に近くならざるをえない。経営幹部候補生を向こうに回して教鞭を執るようになって私も15年以上を数えるが、教育コンテンツの不足には常に苦しんできた。それゆえ、ここでは新たに知識を開発するところから手をつけている。そのための研究にも工夫を凝らしており、それを以下で5点にまとめ、シリーズの特徴として掲げておく。

1　単一ケースからケース群へ

このシリーズは帰納法を採用する。すなわち、一定の基準を満たすケースを吟味して、共通点を抽出し、そこから経営戦略の理論を導いていく。ただし、事業や地域や時代に戦略が依存することは許容して、高度な普遍性は求めない。これは、部分集合において成立する局所普遍性に重きを置くと言い換えてもよい。収録するケース数が異様に大きくなる点は、真理に近づくための代償と理解していただきたい。

産業組織の経済学に基づいて演繹法を採用したポーターは、自らの理論を例証するためにケース一握りを都合よく引用した。その点は『エクセレント・カンパニー』と『ビジョナリー・カンパニー』も同じで、建前上は帰納法を採りながら全優良企業に共通する特徴に拘泥したので組織文化しか語ることがなくなってしまい、その組織文化をもってしても全ケースの説明には窮したので一部ケースの誇張に終始したものと思われる。ここで採択するアプローチは180度逆で、あくまでも選ばれたケース群が先に来て、理論は後から姿を現す。

ハーバードのケース・メソッドは学生に総計数百ものケースを与えるが、科目間に壁が立っていることもあり、横串は刺せていない。個別のケースが「そういうこともある」で終わってしまうのは、いかにも惜しい。このシリーズは、ケース多数を結びつけることで、ケース・メソッドの進化を図る面もある。

2 「優良」から3つの率へ

帰納法で吟味すべきケースを選ぶには、何らかの選出基準が必要になる。従来は、そこで「優良企業」という曖昧模糊とした基準が黙認されてきた。その弊害は随所に現れており、たとえば『ビジョナリー・カンパニー』もケースを選出する段階で現役経営者やコンサルタントの他薦を募ってしまったので、結局のところ「世間の耳目を集めて好印象を与える必要条件」を抽出したことになっている。正確を期すならば、「ビジブル（visible）・カンパニー」と名乗るべきであった。

また、優良企業の為すことは何でも正しく見えてしまうため、成功と無縁な特徴を成功のエンジンと混同してしまいやすい。これをローゼンツワイグは「後光効果」と名付けて警鐘を鳴らしたが、『エクセレント・カンパニー』も『ビジョナリー・カンパニー』も見事なまでに罠に落ちてしまった。本格的に帰納法を採用するなら、「優良」にまつわる後光効果を回避する工夫が必要にして不可欠となる。

このシリーズでは、戦略の標的を利益率、成長率、占有率と明示的に切り分けて、それぞれを引き上げるための必要十分条件を巻ごとに探りに行く。どの指標を狙うかで戦略は異なるものだし、後光効果を断ち切るには説明すべき成果を定量化するのが最も効果的だからである。薄い教科書1冊で片付けるには、戦略は余りに大きい。

3 BE から DO へ

これまでの戦略論には、好業績につながると考えられる「状態」を記述するものが多かった。差異化ができている状態、経営資源の蓄積が厚い状態、部門部署間のベクトルが合った状態、などなどである。その一方で、望ましい「状態」を生み出すアクションには踏み込んでいないため、経営戦略の傍観者は納得しても、当事者は困惑するだけであった。

経営教育の現場で呵責の念が積もる最大の原因は、このギャップにある。わかりやすく喩えるなら、特定の場所に橋を架けようという人に世界で最も優れた橋の姿を解説するようなもので、痒いところに手が届かない。自分はどういう順番で何に手を着けるべきなのかという問いに答えを出さなければならない幹部候補生を前にして、それでは辛いのも当然である。

このシリーズでは、当事者のアクションを終着点とする。言い換えるなら、戦略の5W1Hをうやむやにしない。幸い、2010年あたりから図書館システムのIT化が飛躍的に深化して、アカデミックなケース・スタディの精度を上げると同時に、ケースの数を積み重ねることができるようになってきた。

それを活かしてアクションの是非を解き明かし、経営幹部候補生を触発するに足る教育コンテンツを築いていく。

4　自社から世の中へ

これまでの経営戦略論には自社への関心を奨励するものが多かった。我々の強みは何なのか、我々の弱みは何処にあるのか、我々の技術や販路と打ち手の親和性は高いのか。こうして自社を見つめれば見つめるほど、皮肉なことに戦略性は薄れていく。なぜなら、戦略の成否を決めるのは顧客の側だからである。

なかでも新規事業の議論では、視点の設定が決定的に重要になる。従来は、自社が現状では手がけていない事業という意味で「新規」と言うことが多かった。それゆえ「自社・新」であっても世の中から見れば何の驚きもない事業に資源投入することが平然と起きている。新規事業で問うべきは、世の中が待ち焦がれていた事業なのか否かである。これを便宜上「世の中・新」と呼ぶことにする。

このシリーズでは「世の中から見て」という視点を貫くことにより、偏屈な独り善がりを排除する。そうするだけで戦略に関する議論は格段に充実の度合を増すこと請け合いである。ぜひ念頭に置いていただきたい。

5　実践から実戦へ

これまでの戦略論には、アンゾフやホファー＆シェンデルのように、戦略の実践を計画の策定と実行の二段階に分けて説くものが多かった。それらは経営企画の仕事の進め方に寄り添うあまり、戦略を計画と履き違えている。社員やアナリストに向けて説明する計画と、社外で起こる変化に向けて打つ戦略は、基本的に別物である。計画策定段階では想定していなかった変化が起きたあと、新たな現実に適応するところに戦略の使命があり、戦略は計画から離れてこそ本物になる。

このシリーズは実戦に向けて実戦に材を取る。具体的には、寝ても覚めても自社の未来を考える経営者が良かれと考えて打った手の功罪を、結果が確定するまで待って検証する作業を黙々と繰り返し、そこから立ち上がってくるパターンを各巻で有用な教訓として整理する。経営幹部候補生を教育する価値があるのは、戦略の主体が企画部門でなく、経営者であるからにほかならない。戦略を意識して語る経営者は多くないが、彼らの言動が揺らがないとしたら、そこには半固定的な作業仮説のようなものがあると考えたほうがよい。そういう暗黙の仮説こそ、戦略の正体なのである。

なお、類書はサイエンスの伝統に則って理論家以外の人名を持ち出すことを拒んできたが、このシリーズでは可能な限り当事者個人に光を当てていく。経営幹部候補生専用の教科書を標榜する以上、誰が経営しても結果は変わらないと決めつけるのでは筋が通らないからである。

企業内大学という器はできた。そこから先は魂が入るかどうかの勝負である。このシリーズが新たなフェーズを呼び込む一助となればと願う次第である。

経営戦略の実戦（1）

高収益事業の創り方

目次

第3部　揺籃市場の開き方

第9章　立地の取捨選択　275

序章 Introduction

取扱説明書

1 テーマ

シリーズの第1巻は利益率をターゲットとする事業戦略を取り上げる。拙著『戦略不全の論理』が明らかにしたように、日本企業のアキレス腱はここにある。本巻では並外れた利益率の出所を解明することにより、高収益事業の立ち上げ方、および既存事業を高収益化する方法を示していく。

その前に、ここでは足元を固める作業から始めたい。肝心な事業利益の意味を取り違えたまま次章以降に入ると、つまらない疑念が頭をもたげかねない。まずは基本のなかの基本を押さえておくので、お付き合い願いたい。

1点目は企業と事業の区別である。俗に言う「優良企業」は、実は「優良事業」と言い換えたほうが適切な場合が多い。たとえばトヨタ自動車も、確かに自動車事業は優良だが、自動車に次いで手を着けた住宅事業のほうは業界二番手グループから抜け出せず、ずっと苦戦を強いられている。花王にしても、石鹸・洗剤事業は盤石だが、紙おむつ事業ではユニ・チャームの快走を許してきた。あらためて振り返ってみると、優良なDNAを受け継ぐエクセレント・カンパニーなど、これまで存在した例があるのかどうか疑わしい。あるのは優良な戦略だけで、その戦略は事業、そして人に宿るものなの

図0-1　利益の挙動

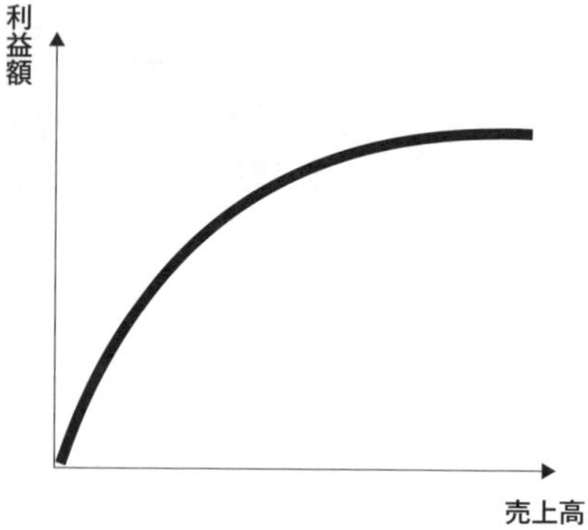

である。

2点目は戦略と管理の関係である。図0-1をご覧いただきたい。ここに描いたのは利益の最大値と売上規模の間の対応関係である。キーワードは「最大値」で、誰かがミスをすれば出るはずの利益も出なくなる。戦略は利益の最大値を決定するだけで、実績値を決めるのは管理である。その点を確認していただきたい。戦略が優れていても、管理が拙ければ、結果は出ない。管理が優れていても、戦略が拙ければ、やはり結果は出ない。どちらも重要ながら、変えるのが難しいのは戦略の方であることが多い。

3点目は売上と利益の関係である。再び図0-1をご覧いただきたい。いかなる業種でも規模を拡大するにつれて、最初のうちは汗を流す製造や営業の努力も報われる。それが次第に徒労に終わるようになる現象を経済学では「収穫逓減の法則」と呼ぶ。グラフのうえでは右に行けば行くほど傾きがフラットになる点が、この法則を表している。一般に対前年比は100を超えて当然という風潮があるが、それは低収益を招く温床になりかねない。

4点目は高収益を目指すべき経営上の理由である。継続事業から得られる利益は、顧客が自由意思に基づいて払う価格の下で実現するもので、顧客にとって価値の高いモノやサービスを提供したり、顧客が気にしない細部でコストを抑えたり、要するに「良い仕事」をしたことに対する報酬なのである。「良い仕事」をしていなければ、高収益が持続することなどあり得ない。社員が一丸となって「良い仕事」をした証が持続的な高収益だとすれば、それをターゲットに据えても何ら違和感はなかろう。

5点目は高収益を目指すべき社会的な理由である。資本主義は他用途に転用可能なヒト、カネ、土地、鉱物、化石燃料などを市場で配分する。すなわち、他社より高い価格を受容しても利益を出せる企業に資源を優先配分して、社業の拡張を許容する。有効に資源を使って実績を上げた企業に、新たな資源の使途を託す選択が、恣意的な配分の横行する共産主義より格段に優れていることは、前世紀の社会実験が決定的に証明したとおりである。高収益は、資本主義の下で資源の配分にあずかって、成長を許される企業の証であり、それを目指すのは当然と言ってよい。公平は、個人の富を再分配して達成するもので、基本的には相続税の使命である。配分と分配を混同しては、議論が前に進まない。

番外になるが、利益率は高ければ高いほどよいのかと問われたら、私はノーと答えたい。売上高営業利益率は最低10％を超えるところまで持って行きたいが、20％を超えてしまえば企業は存続、成長を文句なしに許される。その意味において利益率は制約条件と捉えるべきであろう。制約条件を満たすまで利益率は目標視すべきであるが、そこから先は実現したい世の中のイメージを目的に据える企業のほうが、むしろ社会は共感を覚え、社員も奮い立つ。この理解を踏まえたうえでの「高収益」であることを、あらかじめ断っておきたい。

2　ケース

帰納法は、母集団を定め、そこに選出基準を課し、選出されたケース群に共通する特徴を抽出するという手順を踏んでいく。以下では各々のステップを説明しておく。

◉母集団：1,805社

2000年6月1日時点の3大証券取引所（東京、名古屋、大阪）1部上場企業 1,299社

または2000年6月1日時点の東京証券取引所2部上場企業506社

◉分析対象期間：10年間

セグメント情報の開示基準に変更がなかった2000年度から2009年度まで（図0−2）

図0−2　**分析対象期間中の主なできごと**

	経済・産業・企業	国際・政治・制度
2000	ドットコムバブルの破裂 そごうが民事再生法の適用申請 アマゾンが日本へ進出	時価会計制度の導入 民事再生法施行 森喜朗内閣が発足
2001	松下電器産業が早期退職を募集 iPodがデビュー エンロンが連邦破産法第11章の適用申請	小泉純一郎内閣が発足 米国で同時多発テロが勃発（9.11） 金庫株解禁
2002	NKKと川崎製鉄が経営統合、JFE誕生 日本航空と日本エアシステムが経営統合	ユーロ紙幣の流通開始 会社更生法の改正
2003	グーグルが検索特許を取得 六本木ヒルズが開業 iTunes Music Store が開業	日本郵政公社が発足 産業再生機構が発足 NY原油先物はバレル20ドル台
2004	カネボウが産業再生機構入り ダイエーが産業再生機構入り 西武鉄道の有価証券報告書虚偽記載発覚 サムスン電子の純利益が1兆円を超える	ジャスダック証券取引所が開設 NY原油先物がバレル50ドル台まで急騰 東京都の路線価が13年ぶりに反転上昇
2005	ライブドア・村上ファンド騒動 ワールドがMBO	NY原油先物がバレル70ドル台まで急騰 上海港の貨物取扱量が世界一に
2006	東芝がウエスチングハウス社を買収 日本板硝子がピルキントン社を買収 アルセロール・ミタルが誕生 王子製紙が北越製紙に敵対的TOB	グリーンスパンFRB議長が退任 改正会社法施行 酒類販売の完全自由化 安倍晋三内閣が発足
2007	iPhoneがデビュー シャープが堺工場の新設を発表 ダイムラーがクライスラーと合併解消	産業再生機構が解散 サブプライムローン問題が表面化 福田康夫内閣が発足
2008	タタ自動車がジャガーを買収 武田薬品がミレニアムを買収 三越伊勢丹ホールディングス誕生 GMに対してアメリカ政府が資本注入	NY原油先物がバレル140ドル越えへ リーマンブラザーズが破綻 麻生太郎内閣が発足 NY原油先物がバレル40ドルを割り込む
2009	トヨタ自動車が連結営業赤字転落へ GMが連邦破産法第11章の適用申請 日本航空が債務超過へ	鳩山由紀夫内閣が発足 円が1ドル80円台に急騰 日本政府がデフレ宣言

◉選出した成功ケース：198ケース

10期の過半、すなわち6期以上で一貫したデータを入手できる事業セグメント

かつ期間中8割以上の年次決算で売上高営業利益率が10%以上の事業セグメント

選出基準を8割に緩めたのは、分析対象とした10年間にITバブルの崩壊やリーマンショックなどがあったからである。参考までに記しておくと、日本を代表する優良企業、トヨタ自動車の自動車事業は分析対象期間中に選出基準を満たした決算はなく、通算利益率も6.6%に終わっている。

◉除外ケース：47ケース

業種20番（金融・保険）に属する177社の全事業は対象外

業種21番（不動産）に属する38社の全事業は対象外

処方薬事業はすべて対象外

以下の47ケースは除外

除外対象	除外した理由	選外となった成功ケース
金融・保険事業	売上高の定義に難がある（業種20番と同じ）	ヤマトH：ファイナンシャル事業
不動産賃貸事業	売上原価の定義に難がある（業種21番と同じ）	澁澤倉庫：不動産事業 ヤマタネ：物流事業
不動産依存型集客事業	最大生産要素の土地が費用化されていない	よみうりランド：総合レジャー事業 東京ドーム：レジャー事業 廣済堂：葬祭事業
資源開発事業	探鉱の費用や廃鉱の費用が営業費用に含まれない	コスモ石油：石油開発事業 住友金属鉱山：資源事業
許認可事業	高収益の理由が必ずしも経営戦略にない（処方薬も同じ）	東京急行電鉄：交通事業 東京瓦斯：ガス事業 SANKYO：パチンコ機事業

除外対象	除外した理由	選外となった成功ケース
併走事業	価格競争が抑圧された可能性を無視できない	ヨード事業（関東天然瓦斯開発、伊勢化学工業） 三フッ化窒素ガス事業（セントラル硝子、関東電化工業） 薄型ＴＶ用ガラス基板事業（旭硝子、日本電気硝子） ディスクロージャー支援事業（宝印刷、プロネクサス） ゴム製ベルト事業（三ツ星ベルト、バンドー化学） 金属表面処理剤事業（日本ペイント、日本パーカライジング） コンビニエンス・ストア事業（ユニー、ファミリーマート） ゲームソフト事業（スクエア・エニックスH、コーエーテクモH）
不可分事業	単独では高収益をあげているように見えても、ハードウェア事業が損失を引き受けていることが多い	三和H：メンテ・リフォーム事業 TCM：部品・サービス事業 能美防災：保守点検事業 岡野バルブ製造：メンテナンス事業 ベルーナ：BOT事業 シスプロカテナ：開発・運用系事業
親子間事業	最大顧客または仕入れ先が親会社の場合、自社の営業利益を優先してもよいし、子会社の営業利益を優先して配当に期待してもよく、そこに恣意性が残る	東洋インキ製造：メディア材料事業 キヤノン電子：電子情報機器事業 スター精密：精密部品事業 明治海運：外航海運事業 イオンディライト：清掃事業 日信工業：全社 日本オラクル：全社
非開示相当事業	実質営業利益の加重平均値が全社の10%に満たないセグメントは選外にしないと他ケースと整合性がとれない	大陽日酸：サーモス事業 日本電工：環境システム事業 ツバキ・ナカシマ：送風機事業 スズキ：特機事業 ショーワ：その他事業 日本梱包運輸倉庫：倉庫 東宝：演劇事業

◉採択した成功ケース：151ケース

資格要件を満たす全事業セグメントの約5%相当

成功ケースを丹念に分析しても、出てくるのは成功の必要条件だけである。条件を満たさないと成功は望めないが、条件を満たしても成功は保証されない。下手をすると、条件を満たすケースの大半は手酷い失敗に終わっていることもあり得る。そこに芽生える不安を打ち消すには、母集団と分析対象期間を固定したうえで失敗ケースを見に行くしか道はない。戦略が裏目に出ると、投資した設備、増員した人員、積み増した在庫が不要になり、その会計処理は営業利益段階を素通りして営業外損失や特別損失に回ってくる。そこに注目すると、失敗ケースを選出できる。

◉選出した失敗ケース：176ケース

売上高ライトオフ率が一決算でも10%を超えた事業セグメント

ライトオフ＝土地以外の固定資産の除去損と評価損＋人員削減費用＋棚卸資産の処分損＋貸倒引当金の繰入額

◉除外ケース：75ケース

ライトオフが不祥事や訴訟に起因する失敗ケース

実損を伴わない減損による失敗ケース

売上高営業利益率の低い事業を下から順に集めると、放漫経営の研究をすることになりかねない。上述したように利益の実現値を決めるのは管理だからである。

3　パターン

戦略が概念として意味を持つとしたら、その理由は普遍性に求めるべきであろう。成功ケースが個別の勝因を持つようなら、それは単なる「工夫」に過ぎない。勝因が「戦略」の名に値するのは、それを共有するケースが複数あって、他社への適用可能性が見えるからである。それゆえ、本巻では複数の成功ケースにまたがるパターンを探しにいく。

そこでは恣意性に対する防御策が欠かせない。個々のケースは多面体のようなもので、覗き込む角度に応じて見える面が違ってくる。下手に先入観を持ち込むと、それに呼応する面しか見えなくなってしまうので、パターン抽出作業は見かけ以上に難度が高い。試行錯誤の末に私が編み出した手法は、規律を三重に課すものである。まず当該事業の着手タイミングを調べて3つのカテゴリーに分類してしまう。

- **先発：他社に先駆けて事業に着手したケース**
- **後発：ライフサイクルの成長段階までに着手した非先発ケース**
- **遅発：ライフサイクルが成熟した段階で着手した非先発ケース**

次に勝因（高収益の理由）に見当をつけて、立地、構え、その他の3カテゴリーに分類してしまう。立地と構えは拙著『戦略不全の因果』で生まれた概念で、可変性の大小に応じて戦略は重層構造を成すという洞察が基底にある。

立地については広義と狭義を分けて考えるとよい。たとえば、BMWとダイハツはどちらも自動車メーカーで、広義の事業立地を共有する。ところが、ドイツ流のプレミアムカーと軽自動車が同じ顧客を奪い合う局面はないに等しく、狭義の事業立地は別と考えてよい。

- **立地：誰に何を売るか**
- **構え：出荷する物をいかに入手して顧客に届けるか**
- **製品：いかに個別製品を魅力的に仕立てるか**
- **管理：いかにQ（品質）C（原価）D（納期）を守るか**

なぜ「事業立地」を重視するのか

●収益は企業次元で決まらない

アメリカでは独占禁止政策への関心からFTC（連邦取引委員会）が1970年代の半ばに4年間だけ非開示データを企業から収集したことがある。このFTC事業データを解析した主要論文は、MITのリチャード・シュマレンシーが1985年、UCLAのリチャード・ルメルトが1991年に刊行した。これらの研究から、企業次元の変数（親会社や本社の属性）は事業収益に影響しないことがわかっている。

問題は事業次元の変数を何と見るかであるが、その前に事業の定義に難がある。たとえば、日本標準産業分類では製造業を20ある大分類の一つに閉じ込めるため、小分類の下の細分類でも分解能が低すぎて、マヨネーズもケチャップも各種スパイスも同一事業にしてしまう。

●産業分類より細かく分けたい

事業立地の概念は、マヨネーズとケチャップと各種スパイスを区別する。製品のポジショニングという概念と混同しやすいが、向こうは既存の事業を想定するため、変数と捉える対象も、選択肢の幅も極めて狭い。たとえばチョコレートを例にとると、一般消費者のなかで子供の間食用途を狙うのか、働く女性の間食用途を狙うのか、はたまた熟年男性の酒肴用途を狙うのかという具合である。

チョコレートは一般消費者に売る道だけでなく、酒類を提供するバーに売る道もあれば、パティシエや菓子メーカーに素材として売り込む道もある。それだけでなく、チョコレートのまま売る手もあるし、チョコレートケーキに変えて売る手もある。これを明示的に選択肢と認識するのが、事業立地の概念になる。

●戦略転換を議論の俎上に載せたい

事業立地に着目するのは、変数の許容範囲を思い切り広くとることで、戦略転換の可能性を議論する余地が生まれるからである。「売り物」や「売り先」を変えるには相当の覚悟が要るが、ここを変えると収益構造が劇変する。事業立地の選択に応じて顧客が受ける恩恵に大きな差が出るからである。戦略不全を打破するには、こうした戦略転換が不可欠で、それを議論の俎上に載せる概念が「事業立地」なのである。

この概念は、演繹的に定義するより、個別ケースの解釈を積み重ねながら帰納的に定義していくほうが生産的であろう。本巻にはそうした帰納的定義の試みという面もある。

失敗ケースは第四の章に配置したので、全体のスキームは次のようになる。

ケースを読むうえで必要となる予備知識	序章			

成功ケース		成功の原因			失敗ケース
		事業の立地	事業の構え	その他	
事業着手のタイミング	遅発群	第1章	第2章	第3章	第4章
	後発群	第5章	第6章	第7章	第8章
	先発群	第9章	第10章	第11章	第12章

ケース群を通して浮かび上がる一般法則	終章

第三の規律としては、戦略を構成する多面体を特定し、すべての面をすべてのケースについて吟味するよう自らに課していく。その詳細については次節で詳述する。

事業着手のタイミングは別人が判定しても9割、勝因のほうは8割程度の一致を見るであろうというレベルにおいて客観的である。そういう客観基準に基づいて章と章のあいだに壁を立ててしまい、パターン抽出の恣意性を抑制する。そして戦略多面体の各面を個別に吟味していくことで、一面に捕らわれる傾向を抑制する。そのうえで、高収益事業の成り立ち、すなわち複数面を貫通する戦略を解明していこうというのが本巻のアプローチである。

章立てを先に決めてしまうと極端に長い章と短い章ができることは避けられない。そこは、ケースが均等に散るように章立てを後で決めた『戦略暴走』と大きく異なる点である。ケース分布の偏りは、それ自体に意味があるので、章ごとの長短は一つの見所と受け止めていただきたい。その点は該当ケース数の降順に並べた節や項の次元にもあてはまる。

4 プレゼンテーション

本巻は、抽出した共通パターンに意味解釈を与え、その成立条件を論じる解題部を最初に読んでいただきたい。逆に言うなら、個別ケースは各人の関心に応じてあとで読み足していただけば、それでよい。

個々のケースを記述するに際しては相互比較をしやすくする工夫に重きを置いた。その結果、ケースに関わった人々が費やした延べ年数で表現すると、1年を1字に凝縮するような勘定になってしまう。その点は返す返すも申し訳ないと思うが、ケースは横串を刺して初めて理論に昇華することを示すには本1冊に格納しきる必要があり、選択の余地はないに

図0-3　ケース共通フォーマットの読み方

2010年6月1日時点の正式社名

H：ホールディングスの略称
C：コーポレーションの略称

括弧付きは合成セグメント

分析対象期間終端年度の
セグメント名称（空白なら全社）

ケース 801

ホクト：キノコ事業

B：ブナシメジ・エリンギ（食品スーパーの常備品）

中核事業の内容

事業の機能的定義

購入意思決定者の種別
C：消費者、B：企業組織、G：公官庁、P：プロフェッショナル

001～179　国内本業以外を取り上げた『戦略暴走』ケース
301～399　国内本業以外の失敗（新たな暴走）ケース
401～499　国内本業の失敗（迷走）ケース
601～699　国内本業以外の成功ケース
801～899　国内本業の成功ケース

セパレーションバー
二重線は1990年代も2010年代も含めて
最大1敗しかしていないケース

本業：上場時点で全社の利益を牽引していた主業
祖業：創業時の主力事業

◉企業戦略▷▷▶▷▷販路応用多角化

【経緯】

【編成】

▶▷▷▷▷　本業に集中している段階
▷▶▷▷▷　本業の川上か川下を事業化した段階
▷▷▶▷▷　本業の技術や販路を多角的に展開した段階
▷▷▷▶▷　本業と技術も販路も異なる周辺領域に出た段階
▷▷▷▷▶　本業とは無縁の第二、第三のコア事業が並立する段階

◉事業戦略▷▶▷▷▷川上統合

【立地】

【構え】

【時機】

【源泉】

【防壁】

【支柱】

【選択】

▶▷▷▷▷　中核オペレーションに集中している段階
▷▶▷▷▷　川上か川下を内部化した段階
▷▷▶▷▷　滲み出てライン拡大した段階
▷▷▷▶▷　部材や装置を外販化した段階
▷▷▷▷▶　複数を組み合わせてパッケージ化した段階

狭義の立地：日々比較される競合
広義の立地：忘れた頃に比較される代替品

▶▷▷▷▷　創業経営者
▷▶▷▷▷　非直系を含む同族経営者
▷▷▶▷▷　他社から移籍してきた外来経営者
▷▷▷▶▷　30歳までに入社した生え抜きの操業経営者
▷▷▷▷▶　まだ経営階層に登用されていない段階の一社員

◉戦略旗手▶▷▷▷▷創業経営者

【人物】

【着想】

取締役会に同姓の姻戚関係者がいれば下の名前表記

等しい。

相互比較を促すべく採用した共通フォーマットでは、事業戦略を七面体に分解し、各面を全ケースについて個別に吟味したうえで、複数の面を貫くパターンを見抜いていき、同じパターンを共有するケースを探すという手順を踏んでいる。従来は都合のよい一面だけ捉えて戦略と決めつける短絡思考が目立ったが、その轍は踏まない。

この先は、次章以降を読み進めるなかで、必要に応じて確認していただきたい。七面体を構成する各面については以下の内容を記述する。源泉は顧客、防壁は競合他社、支柱は社員、選択は決定者から見えやすい一面に相当する。残る二面は事業戦略の旗を振った人物に関する記述になる。

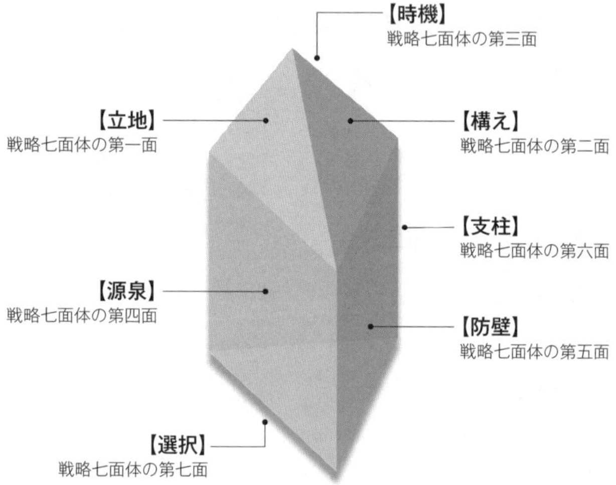

【立地】 当該事業の「売り物」と「売り先」、「狭義」と「広義」の競合
【構え】 売り物の「入手ルート」と売り先への「引き渡しルート」
【時機】 遅発、後発、先発の別、および時機（三品、2009年）
【源泉】 顧客が買うバリュー・プロポジション（Kaplan&Norton、2004年）
【防壁】 参入障壁の性質（Porter、1980年）

図0-4　**サイドバーの読み方**

戦略 C/C 比率◀◁◇▷▷
戦略 D/E 比率◀◁◇▷▷
対照：301

C/Cの前のCはCombinatory、後のCはCumulativeの頭文字

◀◁◇▷▷　当該事業の離陸を可能にしたのは新たな組合せ
◁◀◇▷▷　当該事業の離陸を円滑にしたのは新たな組合せ
◁◁◇▶▷　当該事業の離陸を円滑にしたのは過去の蓄積
◁◁◇▷▶　当該事業の離陸を可能にしたのは過去の蓄積

D/EのDはDeliberate、EはEmergentの頭文字

◀◁◇▷▷　事業戦略の形成時点は早く高度に意図的
◁◀◇▷▷　事業戦略の形成時点は比較的早く少しだけ意図的
◁◁◇▶▷　事業戦略の形成時点は比較的遅く少しだけ創発的
◁◁◇▷▶　事業戦略の形成時点は遅く高度に創発的

関連の強い
失敗ケースの番号
（重要順）

■ホクト産業　分析の開始時点における社名または略称

直前決算期：2000.03
実質売上高：230億円　全社の売上高（2000年の貨幣価値表示）
営業利益率：16.9%　全社の数値
海外売上率：10%未満　全社の数値
社内取締役：4　社員から登用された取締役の総数
同順位相関：0.40　上記社内取締役の年齢序列と役員序列の間の順位相関係数
筆頭大株主：創業経営者
利益成長率：—/—/—　『戦略不全の因果』から利益成長の持続力と跳躍力と総合判定
東名阪上場：1999.11

■全社　分析の開始時点におけるセグメント名称または略称

期間：2000.04-2010.03　分析対象期間（セグメント区分が一貫しない場合は10年未満）
得点掲示板：10-0　売上高営業利益率二桁に乗った決算数と乗らなかった決算数
営業利益率：18.1%　売上高営業利益率の期間中加重平均
利益占有率：98%　全社（全セグメント合計）利益への貢献割合
開示欄序列：0 → 1　セグメントの序列（全社が対象となる場合は0）
事業本拠地：長野県　期央に有形固定資産残高が最も大きい都道府県名または国名
独禁法違反：報道なし　談合嫌疑（高収益への裏道）の有無
—　失敗ケースについては分析対象期間終端までに在任期間が10年を超える経営者の任期か人数（十年経営者）

1990年代：5-2
2010年代：2-2
売上高営業利益率二桁に乗った決算数と乗らなかった決算数
（セグメント区分が一貫して比較可能な決算だけを対象とする）

【支柱】均整（三品、2006年）

【選択】戦略の「いつ」と「どこ」と「なに」、「バカな」（吉原、1988年）

【人物】戦略の「だれ」

【着想】戦略の「なぜ」と「いかに」、成功が確定する前の発言

ケース・メソッド本家本元のハーバードでは、ケースの末尾で必ず定量情報を提示する。ここでは企業情報とセグメント情報をケースの横に詰め込んだ。その読み方は図0-4に示したとおりである。

◉戦略C/C比率

拙稿「『蓄積』対『組み合わせ』」で紹介したように、経営戦略論ではペンローズの『企業成長の理論』以来、資源蓄積の効果に着目する学派が幅を利かせている。その一方で、シュムペーターの『経済発展の理論』はすでに世の中に存在する事物の新しい組合せに着目する。C/C比率は当該事業がいずれの理論と親和性を持つのかを表示する。

◉戦略D/E比率

経営戦略論では、アンゾフの『企業戦略論』以来、戦略を事前に策定するものと見る能動学派が主流を成している。これに異議を唱える創発学派については、ミンツバーグの『戦略サファリ』に詳しい。D/E比率は当該事業がいずれの理論と親和性を持つのかを表示する。

本巻ではケースの配置に大きな意味がある。そこで部と部の対比、章と章の対比、節と節の対比を明らかにするダッシュボード（計器盤）を用意した。ボード中の「多核」は、複数の事業が並存する「多角」とは区別して、中核事業が複数ある状態を指すことに注意されたい。

◉部次元

ここでは当該部に所属する成功ケースが全成功ケースに占める比重、そして当外部に所属する失敗ケースが全失敗ケースに占める比重を示す円グラフを並べてある。

◉章次元

ここではケースの基本属性を左側に円グラフで表示した。第1・5・9章では売り物に力点のあるケースと売り先に力点のあるケースの対比、第2・6・10章では出荷点より川上側と川下側に力点のあるケースの対比、第3・7・11章では戦略のケースと戦略外ケースの対比、第4・8・12章では働きかけた対象が立地、構え、それ以外の対比を描いている。

右側に棒グラフで示したのはケースの業種分類である。ここでは製造業（2000年度有価証券報告書総覧の業種1番から18番）と商業（業種19番）とサービス業（業種23から25番までと27番）を識別した。さらに製造業は以下のように細分した。

機械：業種14番（機械）と16番（輸送用機器）
電気：業種15番（電気機器）と17番（精密機器）
化学：業種7番（化学工業）と8番（石油・石炭製品）
衣食：業種1番（水産）と4番（食料品）と5番（繊維）
金属：業種11番から13番（鉄鋼、非鉄金属、金属製品）

◉節次元

節の次元では、そこで成り立つ戦略が有効性を発揮しうる範囲を明確にすることがミッションとなる。ゆえにダッシュボードは込み入ったものと成らざるをえないが、一瞥すれば、読者は自事業に適用可能な戦略なのか見当がつくようにしてある。

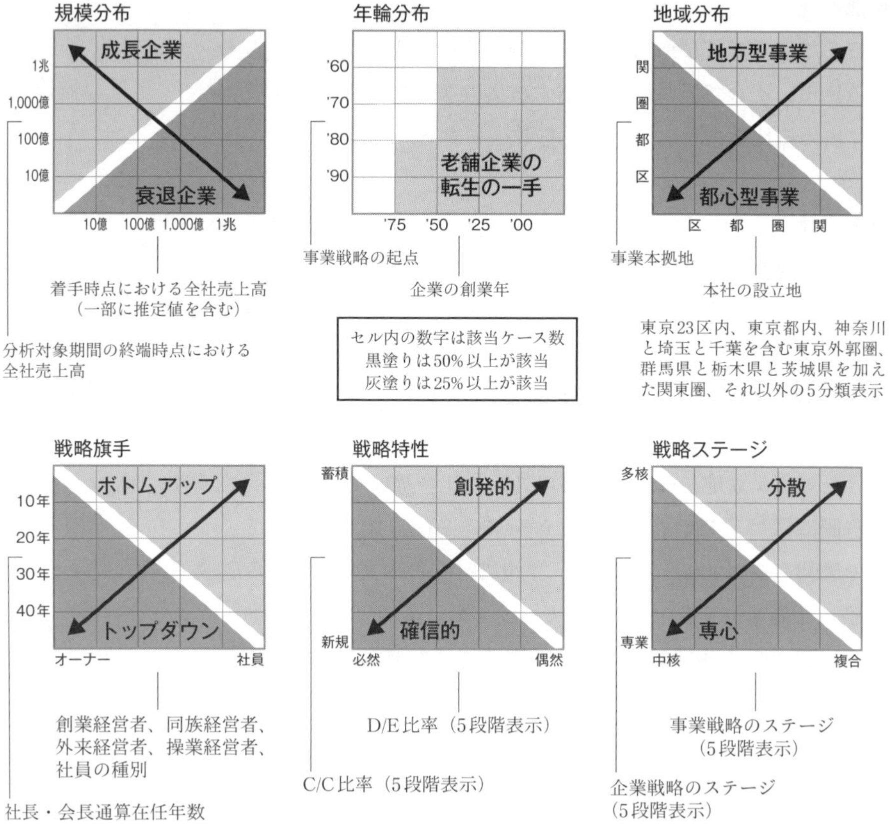

失敗ケースにはダッシュボードを用意していない。失敗に関心のある方は、拙著『戦略暴走』を参照していただきたい。

5　リサーチデザイン

この先は主に研究者に向けた補記である。一般の読者は、気になる事項が出てきた時点で答えを探していただけば、それでよい。

本巻におけるリサーチの**母集団**は1,805社で、『戦略不全の因果』と『戦略暴走』の1,013社から一気に792社も増えている。それは1980年以降に1部上場した新興企業と、2000年時点の2部上場企業を新たに取り込んだことによる。帰納法では母集団の多様性が成否の鍵を握るため、ここは譲れない。なかでも有効に機能した経営戦略を探る研究では、ニッチ企業は積極的に拾う必要がある。ただし、名古屋・大阪に単独2部上場する415社については情報不足の懸念から一律除外した。なお、『戦略暴走』からの変更点は図0-5にまとめたとおりである。

図0-5　**本書の失敗ケースと『戦略暴走』ケースの相違**

	『戦略暴走』	『経営戦略の実戦』
刊行時期	2010年	2015年
探索範囲	1980年および2000年6月1日時点の 東名阪1部上場企業	2000年6月1日時点の 東名阪1部上場企業および東京2部上場企業
除外業種	業種20番（金融）	業種20番（金融） 業種21番（不動産）
分析対象社数	1,013社	1,805社
選出期間	1961年度-2005年度	2000年度-2009年度
選出基準	企業レベルで見たライトオフが累積平均実質営業利益の1年分以上の案件	事業レベルで見た売上高ライトオフ率が10%以上の案件
選外ケース	国内本業のケース 自然災害のケース 環境浄化のケース 財テクのケース 品質問題のケース 訴訟関連のケース 粉飾決算のケース	保有土地の地価が下落したケース 減価しない不動産の賃貸事業 価格競争を抑制する許認可事業 確率論的な資源・金融事業 自然災害のケース 環境浄化のケース 財テクのケース 戦略に関係ない品質問題のケース 戦略に関係ない訴訟関連のケース 戦略に関係ない粉飾決算のケース
ケースの焦点	国際化戦略・多角化戦略で何が当事者の盲点になったのか	経営戦略全般の優劣を分ける共通項は何なのか
ケースの配置	複数の章に配分可能なケースを、各章の長さが均等になるように配置	排他的な章立てとして、分類されるケース数が不均等になることを許容

分析対象期間を最大10年に限定した理由は、事業の種類別セグメント情報の開示基準にある。セグメント別の利益は1991年3月期から開示する企業が現れたものの、当初は個別財務諸表が主体のままで、試行期間の趣があった。それが一変したのは会計ビッグバン（古市、2008年）の影響で、連結財務諸表が主体と明示された2000年3月期（1999年度）以降のことである。ところが2010年4月1日以降（2010年度）は企業会計基準第17号が有効になり、セグメントの定義が大きく変わってしまった。それゆえデータの連続性が確保されたのは11年間で、ここではそのうち10年を分析の対象としたことになっている。

成功ケースの**選出基準**は、売上高営業利益率2桁8割に設定した。成功ケースは、1敗すれば最低でも5勝する必要があり、2敗すれば8勝する必要がある。2000年代の最初の10年と言えば、ドットコムバブルもあればリーマンショックもある。それなのに基準達成率9割以上を求めると、経営戦略の良し悪しより事業の安定性を問うことになりかねない。逆に要求水準を7割以下まで落とすと、一過性のブームに押されただけのケースが紛れ込んでくるので、運の強さを問うことになりかねない。分析対象決算数が少な過ぎる場合も、同じである。

ちなみに、この選出基準は経営戦略の目標を長期利益に置くことを意味している。戦略論では、アンゾフが『企業戦略論』の副題に「成長と拡張のためのビジネスポリシー」と謳って以来、企業成長をゴールとする学派が主流を成してきた。それを転換したのは、ポーターの『競争の戦略』である。私がポーターに続いて成長至上主義を捨てる理由は、拙著『どうする？日本企業』に記してある。

こうして定めた手順を厳格に踏んでも、選出に完全を期すことは望めない。それは統計分析におけるタイプ1とタイプ2のエラーと同じ理屈で、戦略が良いのに業績が伴わず選に漏れてしまう可能性と、戦略が悪くても時の運で選ばれてしまう可能性が残るからである。ここでは後者の可能性を局限まで排除すべく、成功ケースを何が何でも戦略と結びつけないよう留意する。

もう一つ、**セグメントデータ**の限界も指摘しておかなければならない。会計原則は異時点間の比較可能性を求めるだけで、企業間の比較可能性を求めていない。それゆえ、企業が本社経費の配賦を抑えて事業利益を大きく見せようと思えば、できてしまう。選出基準を統一しても、データ側に揺らぎがあればケースの遺漏や混入は防げない。限界は率直に認めたうえで、読者の注意を喚起しておきたい。

分析対象期間中のセグメントの定義は「製品の種類・性質、製造方法、販売市場等の類似性を考慮して行う」と規定されていただけなので、括り方が大きすぎる場合もあれば、小さすぎる場合もあり、企業間のばらつきが無視できないほど大きい。特に注意を要するのは、ハードウェアで赤字を出し、消耗品や保守ビジネスで利益を稼ぐ図式で、両者を合体させてみないと本当の収益性はわからない。このような補完性がある事業を中心として、小さすぎるセグメントは再統合（合成）した。

逆に大きすぎるセグメントを分解する手立てはない。その影響は大企業に現れる。全社の売上規模の割にセグメント数が小さくなると、高収益事業は低収益事業と相殺されて開示されるようになり、選出基準を満たすことが難しくなる。本巻で大企業の存在感が薄いのは、大企業病の影響もさることながら、この相殺効果が効いている。ただし、大企業にしても個別事業を寄せ集めてできており、事業戦略の本質は本巻に登場するケースと何ら変わるところはないはずである。

セグメントの開示欄序列は、当該セグメントの歴史の長さ、全社への貢献度、経営者の期待値などを映し出す。

ケースの**ヘッダー部**では分析対象期間中の事業をモノや

サービスで規定して、それが果たす機能を括弧内に補記する形式を採用した。事業セグメントが異なる事業の寄せ集めになっている場合は、この段階で利益の稼ぎ頭と推定される主力事業に絞り込んでいる。ケースの記述は、個別事業に関するものである。

利益の稼ぎ頭を推定するには、セグメント利益を被説明変数、セグメント構成事業の売上高を説明変数として回帰分析すればよいが、データが入手できない。ここでは次善の策として、セグメントを構成する個別事業が増収か減収かを業績等の概要欄から読み取って、それをセグメント全体が増益か減益かに関連づけて稼ぎ頭を判別した。なお、2010年度以降はセグメントの括りを変えた企業が多く、変更前後の比較から判別のヒントを得られるケースも少なくない。

情報源としては虚偽記載が処罰の対象となる有価証券報告書を重用した。「売り物」は1998年度の事業の内容欄（主要製品別の売上構成比率）から、「売り先」は業績等の概要欄などから推定できる。「入手ルート」は資産・負債の内容欄（買掛金相手先名）と1998年度の事業の内容欄（製造工程）から割り出せる。「引き渡しルート」のほうは資産・負債の内容欄（売掛金相手先内訳）から推定した。

人物に関する情報は、有価証券報告書の外に求めざるをえない。正史は権力を正当化するものと相場が決まっているので、社史やインタビュー記事は割り引いて解釈し、事後の解説には脚色が加わりやすい点に留意して、成功が確定する前の発言を重視するよう心掛けた。従業員の離反を防ぎたい企業は功労者を処遇する傾向が目立つため、成功や失敗が明らかになった時期の人事異動歴は精査に値する。なお、30歳時点で他社に籍を置いた外来経営者のうち、役員として移籍してきた人は外様経営者、社員として移籍してきた人は中途経営者と区別した。

本巻を通して**会計年度**は翌年6月末日までに閉めた決算期

間と定義している。実質化の操作は、2000年を1と規準化したGDPデフレーターで割ることを意味する。成功ケースについては**業績グラフ**を掲示したが、軸に対数を用いたことにより赤字は表示できない点に注意されたい。**ライトオフ**は発生事由に応じて個別セグメントに割り振っていき、一つの事由に起因する損失が複数の費目に計上されたり、年度をまたいで計上された場合は適宜合算したうえで、総計を当該セグメントの売上高で割った値をライトオフ率と定義した。

社内取締役には、創業者、創業者一族（血縁のない養子や娘婿も含む）、設立社員、相談役、社外人材（社歴のない人）、非常勤の取締役は含まない。途中入社した社員が翌年度までの株主総会で取締役に選任された場合も、親会社やメインバンクの意向で送り込まれた可能性を否定できないため、社内扱いはしていない。**順位相関係数**は、役員序列が完全な年齢順になっていると1、何の規則性もないと0、若い順になっているとマイナス1になる。これは企業風土の指標で、1に近ければ近いほど秩序重視、ディフェンス重視の企業風土と解釈できる。生年は学年と同じで4月から3月を同一年とみなすことにした。

筆頭大株主については、議決権の行使においては一体と考えられる株主を一括にして実質的な筆頭株主を特定した。特に創業家が設立した資産運用会社や財団の持分には目を光らせる必要がある。

事業本拠地の項には、当該セグメントに帰属する事業所、および国内・在外子会社のうち、分析対象期間の中間において有形固定資産残高が最も大きい都道府県名、または国名を記してある。情報源としては、有価証券報告書の設備の状況欄（事業所別の帳簿価格合計）を活用した。

独禁法違反の有無をチェックしたのは、この巻は高収益の理由を事業戦略に求めるが、特に談合は戦略に代わる理由となる可能性を秘めているからである。ただし、談合で営業利益の大半を稼ぎ出した事例など聞いたことがないので、嫌疑がある場合でもケース自体は採用することにした。

なお、ケース中で**競合の戦績**に言及する箇所で括弧内に記したのは比較対象となるセグメントの名称である。

6 レファレンス

本巻で言及した文献は、ケースの文中に登場するものを除いて本節にまとめて掲げておく。文献からの引用については出所をサイドバーで開示するよう努めたが、スペースの制約を考慮して、アカデミックな表記ルールには従っていない。社史は一貫して略称を採用した。また、ケース間の比較を容易にすべく、セグメント名称やインタビュー内容については、私の判断で表記の統一を心掛けたことを断っておく。

Andrews, Kenneth R., *The Concept of Corporate Strategy*. Homewood, IL: Dow Jones-Irwin, 1971. (邦訳『経営戦略論』産業能率短期大学出版部)

Ansoff, H. Igor, *Corporate Strategy: An Analytic Approach to Business Policy for Growth and Expansion*. New York: McGraw-Hill, 1965. (邦訳『企業戦略論』産業能率短期大学出版部)

Chandler, Alfred D., Jr., *The Visible Hand: The Managerial Revolution in American Business*. Cambridge, MA: Belknap Press, 1977. (邦訳『経営者の時代』東洋経済新報社)

Chandler, Alfred D., Jr., *Scale and Scope: The Dynamics of Industrial Capitalism*. Cambridge, MA: Belknap Press, 1990. (邦訳『スケール・アンド・スコープ』有斐閣)

Christensen, C. Roland, Kenneth R. Andrews, and Joseph L. Bower, *Business Policy: Text and Cases*. Homewood, IL: R.D. Irwin, 1973.

Collins, James C. and Jerry I. Porras, *Built to Last: Successful Habits of Visionary Companies*. New York: HarperBusiness, 1994. (邦訳『ビジョナリー・カンパニー』日経BP出版センター)

古市峰子「会計制度改革の成果と課題：この10年を振り返って」『金融研究』2008年8月号

Hammer, Michael and James Champy, *Reengineering the Corporation: A Manifesto for Business Revolution*. New York: HarperBusiness, 1993.（邦訳『リエンジニアリング革命』日本経済新聞社）

Hofer, Charles W. and Dan Schendel, *Strategy Formulation: Analytical Concepts*. St. Paul: West Pub. Co., 1978.（邦訳『戦略策定』千倉書房）

伊丹敬之『経営戦略の論理』日本経済新聞社、1980年

伊丹敬之『経営戦略の論理』日本経済新聞社、2012年（第4版）

伊丹敬之・軽部大編著『見えざる資産の戦略と論理』日本経済新聞社、2004年

加護野忠男『「競争優位」のシステム』PHP研究所、1999年

加護野忠男・井上達彦『事業システム戦略』有斐閣、2004年

Kaplan, Robert S. and David P. Norton, *Strategy Maps: Converting Intangible Assets into Tangible Outcomes*. Boston: Harvard Business School Press, 2004.（邦訳『戦略マップ』ランダムハウス講談社）

Keynes, John M., *The General Theory of Employment, Interest and Money*. London: Macmillan, 1936.（邦訳『雇傭・利子および貨幣の一般理論』東洋経済新報社）

Koehn, Nancy F., ed., *The Story of American Business: From the Pages of the New York Times*. Boston, MA: Harvard Business School, 2009.

Mayo, Anthony J. and Nitin Nohria, *In Their Time: The Greatest Buiness Leaders of the Twentieth Century*. Boston, MA: Harvard Business School, 2005.

Mintzberg, Henry, Bruce Ahlstrand, and Joseph Lampel, *Strategy Safari: A Guided Tour Through The Wilds of Strategic Management*. New York: Free Press, 1998.（邦訳『戦略サファリ』東洋経済新報社）

三品和広「『蓄積』対『組み合わせ』―日米経営比較の仮説」『ビジネスレビュー』第45巻第2号、1997年

三品和広『戦略不全の論理』東洋経済新報社、2004年

三品和広編著『経営は十年にして成らず』東洋経済新報社、2005年

三品和広『経営戦略を問いなおす』ちくま新書、2006年

三品和広『戦略不全の因果』東洋経済新報社、2007年

三品和広「役員階からの展望―時機読解の戦略論」『組織科学』Vol.42(3)、2009年

三品和広『戦略暴走』東洋経済新報社、2010年

三品和広『どうする？日本企業』東洋経済新報社、2011年

三品和広『ハンドブック経営学』ミネルヴァ書房、2011年（第1章）

三品和広編著『リ・インベンション』東洋経済新報社、2013年

Penrose, Edith T., *The Theory of the Growth of the Firm*. Oxford: Basil Blackwell, 1959.（邦訳『企業成長の理論』ダイヤモンド社）

Peters, Thomas J. and Robert H. Waterman, Jr., *In Search of Excellence: Lessons from America's Best-Run Companies*. New York: Harper & Row, 1982.（邦訳『エクセレント・カンパニー』講談社）

Pine, B. Joseph, II, *Mass Customization: The New Frontier in Business Competition*. Boston: Harvard Business School Press, 1993.（邦訳『マス・カスタマイゼーション革命』日本能率協会マネジメントセンター）

Porter, Michael E., *Competitive Strategy: Techniques for Analyzing Industries and Competitors*. New York: Free Press, 1980.（邦訳『競争の戦略』ダイヤモンド社）

Porter, Michael E., *Competitive Advantage: Creating and Sustaining Superior Performance*. New York: Free Press, 1985.（邦訳『競争優位の戦略』ダイヤモンド社）

Porter, Michael E., *Competitive Advantage of Nations*. New York: Free Press, 1990.（邦訳『国の競争優位』ダイヤモンド社）

Rosenzweig, Phil, *The Halo Effect: ...and The Eight Other Business Delusions that Deceive Managers*. New York: Free Press, 2007.（邦訳『なぜビジネス書は間違うのか』日経BP社）

Rumelt, Richard P., "How Much Does Industry Matter?" *Strategic Management Journal*, March 1991, 12, pp.167-185.

榊原清則『企業ドメインの戦略論』中公新書、1992年

Schmalensee, Richard, "Do Markets Differ Much?" *The American Economic Review*, June 1985, 75, pp.341-351.

Schumpeter, von Joseph, *Theorie der wirtschaftlichen Entwicklung*. Leipzig: Duncker & Humblot, 1912.（邦訳『経済発展の理論』岩波書店）

Stalk, George, Jr. and Thomas M. Hout, *Competing Against Time: How Time-Based Competition is Reshaping Global Markets*. New York: Free Press, 1990.（邦訳『タイムベース競争戦略』ダイヤモンド社）

山田英夫・遠藤真『先発優位・後発優位の競争戦略』生産性出版、1998年

吉原英樹『「バカな」と「なるほど」』同文舘出版、1988年（PHP研究所、2014年）

第1部

Part 1

成熟市場の攻め方

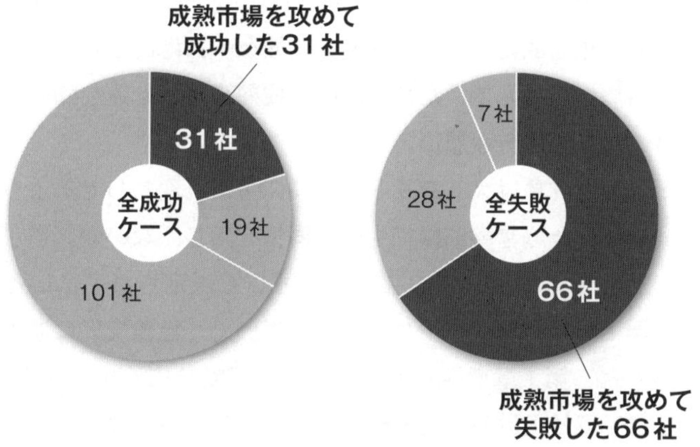

経営幹部候補生の大多数は既存事業の舵取りを託されて、成熟市場と向き合うことになる。すでに勢力分布が定まって久しい成熟事業について、PPM（製品ポートフォリオ・マトリックス）理論は、市場占有率で首位に立ち、キャッシュ・カウとして機能しているなら、GDP並みに成長できなくなった事業でも温存すべきと推奨する。託される事業が温存条件を満たす場合は幸運で、安定したキャッシュフロー

の一部を再投資に回し、あとは本社に貢いでいればよい。

問題は、市場占有率が2位以下の「負け犬」事業である。主導権を持たない事業となると、キャッシュフローは細く不安定とならざるをえない。かと言って主導権を取りに行くには、成熟市場では市場の増分を取り込むオプションがないので他社の顧客を奪うことになり、相手が防衛戦に出て来ればキャッシュフローは出て行く一方になることが目に見えている。だから、PPM理論は売却、または清算を推奨するのである。日本企業が戦略不全に陥るのは、このアドバイスに耳を貸さないためという面が強い。

本書の分析結果は、PPM理論の教えを支持するものと解釈できる。遅発で仕掛けに出ると、失敗に終わる可能性が極めて高い反面、成功に至る可能性は高くない。ダッシュボードに掲げたグラフが、その点を雄弁に物語る。遅発の成功ケースは相対的に少なく、遅発の失敗ケースは山ほどある事実を冷静に見据えていただきたい。成熟事業に社運を賭けるのは、あまりに分が悪い。

それでも「負け犬」を高収益事業に生まれ変わらせるよう社命を受けた経営幹部候補生には同情を禁じえないが、道がないわけではない。この部では、著しく限定されてはいるが、浮上した戦略オプションを示していく。結論を先に述べておくと、第１章で取り上げる立地の戦略を広く推奨する。第２章で取り上げる構えの戦略は検討してみると面白いかもしれないが、事業を選ぶ。誰にでも開かれた戦略オプションとは言えない。第３章で取り上げる上位階層の戦略は狭き門で、人を選ぶ傾向が見えている。第４章の失敗事例多数も考慮に入れると、組織能力で逆転というシナリオは思考の圏外に置くよう推奨せざるをえない。

ここでいう「成熟」とは、価格を理由に顧客が他社品に乗り換える市場を指す。立ち上がって10年以上が経過して、市場の成長率は経済成長率未満に収まるのが普通である。

第1章　　Chapter 1

成熟事業の隣地開拓

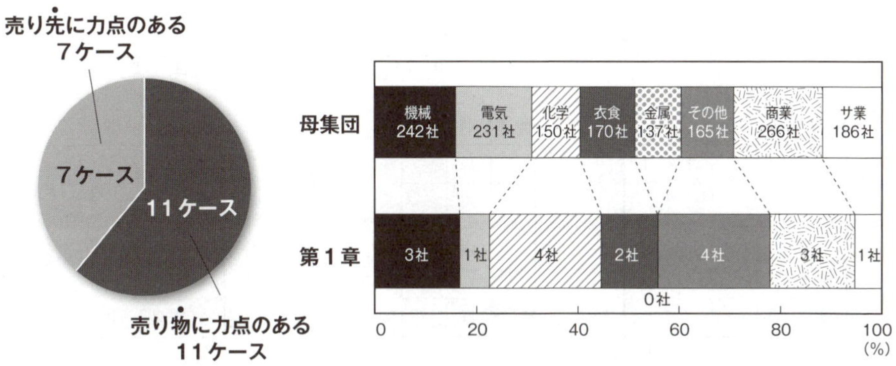

成熟市場で高収益事業を創りたければ、定跡がある。避けるべきは、製品の性能やコストや品質の改善に望みを託し、他社の顧客を奪いに行くアプローチである。キャッシュアウトが多すぎて、これでは高収益など視野に入ってこない。

定跡は、既存の競合他社と勝負せず、土俵を変えることを要求する。そこには大きく分けて「売り物」を微妙にずらす手と、「売り先」を大胆に変える手の二通りがある。本書の分析結果は、ほぼ2：1の比で前者が優勢であることを示しているが、製造業に限ると比は1：1に近くなる。いずれにせよ、意志の力で狙って舵を切ることである。

ちなみに、第1部の成功ケースは過半が本章に分類されている。どの業種カテゴリーにも該当するケースがあるので、遅発のプレーヤーにとって「隣地開拓」は一様に有力な戦略オプションと考えてよい。

1 「売り物」のリ・インベンション

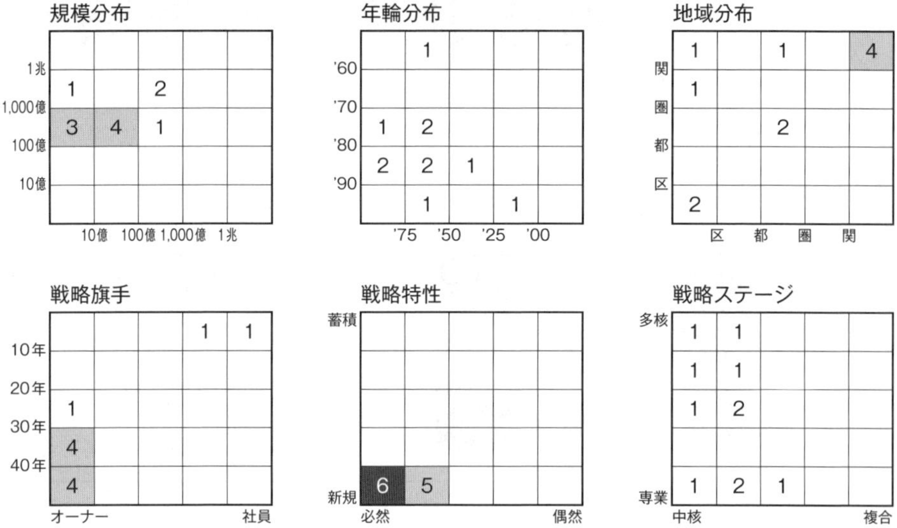

成熟市場で「売り物」を微妙に変えるには、拙著『リ・インベンション』に詳述したアプローチが有力である。リ・インベンションとは、既に存在するモノやサービスを新たな時代に照らし合わせながら、一から作り直すことをいう。その具体的な手口として、本巻では (1) 零細事業者が手がけてきた手工業の産品を近代的な標準化手法により規格工業産品に変えてしまう、(2) さらに歩みを進めて規格工業産品を顧客に合わせてマスカスタマイズしてしまう、(3) 一部の顧客から見れば非合理ながら長らく業界を支配していた必要悪を取り除いてしまう、の3パターンが浮上している。この3パターン以外に未知のパターンが息を潜めている可能性はなきにしもあらずだが、上記3パターンは明確に見えており、具体的な検討の出発点になりやすい。

リ・インベンションは応用可能性の高い戦略である。ここに登場する11ケースのうち、9ケースまでベンチャーの手になるもので、残る2ケースも社内ベンチャーにあたることから明らかなように、大きな予算を獲らなくてもリ・インベンションには挑戦できる。「年輪分布」マトリックスが示すように、相対的に時間もかからない。また、「規模分布」マトリックスが対角線より左上に偏ることからわかるように、マクロ経済指標は明るくない国内市場で伸びたケースが居並んでおり、まさに成熟の時代を生きる道と言えよう。

ただし、「戦略旗手」と「戦略特性」マトリックスが示すように、強力なリーダーと非凡な発想が必要にして不可欠なので、大企業が挑戦する場合は別働隊を社外に出すなどの工夫を凝らすよう推奨しておきたい。

1-1-1 規格工業化

規格工業化（インダストリアライゼーション）とは、売り物の規格を標準化して、バラツキを排除した生産ラインで量産することをいう。アメリカでは20世紀の最初の四半世紀に産業界を席巻した動きであるが、その恩恵が届きにくいポケットがまだまだ残っており、そこに戦略の機会がある。

この戦略を活かした典型例はケース801のホクトで、パック内の笠の大小を見ても、店舗に並ぶパックの数を見ても、バラツキが極端に大きかったキノコをリ・インベントしてみせた。計装機類を完備した工場で、温度や湿度などを制御して、いつ出荷できるかわからない農家の副業産品を計画可能な工業製品に変えてしまったのである。ケース802のツツミは一品仕様の工芸品と捉えられがちであったジュエリーのデザインを標準化することで量産メリットを手中にし、普通の人が気軽に買って身につけるアクセサリーにしてしまった。ケース803のファーストリテイリングは、品質や価格やサイズやデザインのバラツキが大きかった普段着をリ・インベントして、コーディネート（着こなし）を可能にした。その手法はツツミに似ている。ケース804のアドヴァンは、品質も納期もバラツキの大きかった天然石材をリ・インベントして、自社の規格に適合する標準品を在庫することで即納体制を構築した。規格内でバラエティを取り揃える点は、ファーストリテイリングに似ている。ケース601の因幡電機産業はエアコン室外機用配管化粧材をリ・インベントして、汎用的な耐候テープを置き換えた。樹脂製の部材を取り揃え、配管化粧カバーの施工をモジュラー化することで、現場対応の手作業を大幅に削減した功績は大きい。ケース602の日東工器は、鉄工所で使われていた汎用工具を位置決めしやすい専用工具に置き換えて、作業の効率と精度を飛躍的に引き上げた。

リ・インベンションが高収益につながるのは、顧客が前近代的なオペレーションのツケを払っていたことによる。そういう状況を大きく変えることに成功すると、顧客にとっての差益が大きいため、企業側の取り分も十分に厚くなる。ただし、限定されたニーズの外側に出てしまうと神通力が消え失せるので、無用に事業を拡張すると墓穴を掘る可能性が高い。また、どのケースもライバルが目白押しのように見えるが、よく見ると事業立地が重なっていない。すなわち、規格工業化を推進することで「マイクロ立地」を微妙にずらすことに成功しているのである。だから高収益が持続する。

この戦略が適用できる条件としては、低賃金の家族労働に依存する零細事業者が群雄割拠する状況を挙げることができる。ケース801では木造の作業小屋でキノコを栽培する農家、ケース802や803や804では多品種少量生産に従事する零細工場や知名度の低いデザイナー、さらにケース803では商店街などに陣取る家族経営の服屋、ケース804では個人経営の石材店、ケース601と602では手間のかかる作業に従事する現場作業員、あたりが乱立していた。なお、この項には大企業相手のビジネスが登場しない。それは、前近代的な状況を許容せざるをえない経済主体が交渉力の弱い個人やプロフェッショナルに限られる傾向があるからと考えられる。

規格工業という表現を用いたが、要衝は必ずしもモノづくりにあるわけではない。ケース803のファーストリテイリングとケース804のアドヴァンはファブレスで、肝心要の工場運営を外部委託する道もあるということは、標準品を売り捌く販路こそ真の要衝と考えてよい。販路やショールームが参入障壁を形成するケースが多いことも頷ける。

時機を得たリ・インベンションは、ケース801で500億円に迫るビジネスを、そしてケース803では5,000億円を上回るビジネスを創出した。大企業でも看過できない戦略と言えよう。時代の趨勢から取り残されたエアポケットは、探せば至る所で見つかる可能性がある。社内ベンチャーで狙うには悪くない。

成熟事業を担当することになりそうな経営幹部候補生は、まずは自事業をリ・インベントする方法を考えてみることである。もちろん破壊的な改革は避けて通れないが、他社に先行されて、勝ち目のない守勢に追い込まれてしまうよりはましと受け止めたい。誰かが音頭をとるのを密かに待っていた社員も変革の戦力に加えれば、決して孤軍奮闘にはならないはずである。

自事業が規格工業化されて久しい場合は、リ・インベンションの切り口が容易に見つからないかもしれない。その場合は、自社の技術や販路を活かしてリ・インベントできる他事業を探してみることである。およそ大企業が手がけていない事業はすべてリ・インベンションのターゲットとなる可能性を秘めている。

ケース 801　ホクト：キノコ事業

B：ブナシメジ・エリンギ（食品スーパーの常備品）

戦略C/C比率◀◁◇▷▷
戦略D/E比率◀◁◇▷▷
対照：301，088

■ホクト産業
直前決算期：2000.03
実質売上高：230億円
営業利益率：16.9%
海外売上率：10%未満
社内取締役：4
同順位相関：0.40
筆頭大株主：創業経営者
利益成長率：—/—/—
東名阪上場：1999.11

◉企業戦略▷▷▶▷▷販路応用多角化

【経緯】ホクトは1964年に長野でデラップス商事として設立された会社である。一般包装資材の販売業から出発して、1968年からキノコの樹脂製栽培瓶を製造・販売するようになり、1970年からはキノコ自体の生産・販売を手掛けるようになっている。包装資材の営業先にキノコ農家があり、新潟地震で粉々に割れてしまったガラス製の栽培瓶を目撃した創業者が樹脂製の「割れない栽培瓶」を成形するメーカーに転進したものの、瓶の耐久性が高すぎて市場がすぐに飽和する兆しを見せたことから、種菌で生計を立てる方向に再転進を余儀なくされた。その種菌も無断栽培に悩まされ、結局は自家栽培せざるをえなかったのが、キノコ事業である。

【編成】本業はキノコで、それが分析対象期間中も主業の座を占めていた。栽培瓶はキノコ事業に内販するほか、外販も続けているが、こちらは利益貢献度が低い。

■全社
期間：2000.04-2010.03
得点掲示板：10-0
営業利益率：18.1%
利益占有率：98%
開示欄序列：0→1
事業本拠地：長野県
独禁法違反：報道なし
—
1990年代：5-2
2010年代：2-2

◉事業戦略▷▶▷▷▷川上統合

【立地】売り物は主にブナシメジとエリンギである。キノコ市場のボリュームゾーンを形成する椎茸、エノキ、ナメコは、創業当初を別とすると、扱っていない。マイタケについては、農家に種菌を供給するだけで、自社で出荷はしていない。ブナシメジとエリンギについては安定供給能力が売り物になっている側面がある。

売り先は一般消費者である。本当の売り先は食品スーパーと見ることもできる。

狭義の競合はブナシメジやエリンギの工場生産者で、雪国まいたけしか見当たらない。同社は世界で初めて人口栽培に成功したマイタケに絞って事業を展開していたが、ホクトがマイタケに種菌で乱入してきたのを機に、ブナシメジやエリンギに参入してきた。分析対象期間中に雪国まいたけ（連結）は1勝9敗で通算利益率5.9%の戦績に終わっている。差がつく理由はマイクロ立地の選択にある。

広義の競合はブナシメジやエリンギの生産者全般である。農閑期の副業としてキノコを栽培する農家は数も多く絶大なコスト競争力を誇っている。彼らはタカラバイオから優れた種菌の供給を受け、JA長野県連の販路を使うため、ホクトに対抗するだけの実力を十分に備えている。ホクトはブナシメジで30%、エリンギで70%のシェアを確保する。

■30%
70%
証券 2000.1

【構え】 入手ルートは福岡県、香川県、静岡県、新潟県、宮城県、北海道に展開した自社工場である。2000年代に入ってからは、長野県にも最新鋭の工場が完成した。これらの量産工場群には、研究所で自社開発した種菌を、本部が定温配送で供給している。工場を分散して消費地に配置するのは鮮度への配慮からという。新潟に巨艦工場を置く雪国まいたけとは対照的な事業デザインと言ってよい。

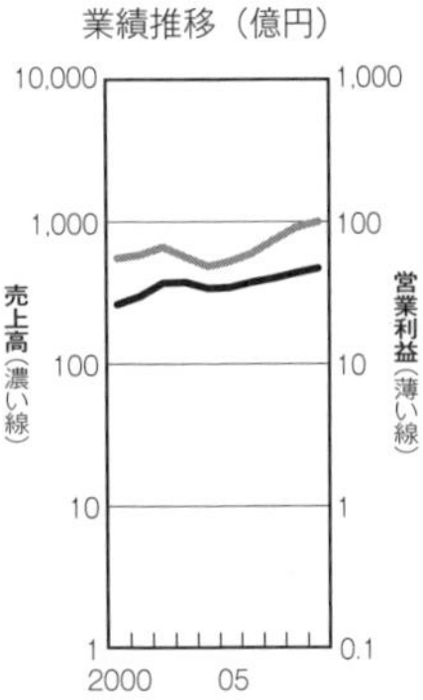

引き渡しルートは直販で、顧客リストにはイオンやダイエーのような全国ネット総合スーパーのほか、マックスバリュやサミットやタイヨーのような広域エリア食品スーパーも登場する。ホクトはテレビ広告を通して流行させた「きのこの唄」や「きのこ組」のキャラクターを活用して、店頭販売促進も行っている。

【時機】 このケースは、シメジを栽培する農家があったことを視野に入れると、遅発に相当する。日本人の和食離れのトレンドを捉えて、洋食に合うキノコを供給したという点においては、ホクトはパイオニアに相当する。東日本大震災以降はエネルギー価格の高騰が重荷になっている。

【源泉】 この事業で高収益を許すのはミッションクリティカリティである。スーパーにはブナシメジやエリンギを買うつもりでやってくる消費者がいて、品切れは顧客離れに直結しかねない。キノコを特売品にしたいスーパーはJAを重用するが、これは売り切れ御免の商売で、常備を約束できない。ホクトは、実効品揃えで勝負するスーパーに対してブナシメジやエリンギを売り場から切らさないように供給する事業を選択したことになっている。そこには対抗馬がいないため、価格プレミアムが成立する。鮮度にこだわるのも、シェルフライフを長くできれば、それだけ品切れリスクを抑制できるという計算が働いているのであろう。

【防壁】この事業で高収益を守るのは生産技術である。生産に数ヶ月を要するキノコは、安定供給が難しい。現に雪国まいたけもブナシメジの品質を安定させるのに苦戦している。それに対してホクトは、96日で100グラムのパッケージ商品が必ず100グラムに育ち、良品率は99.85%に達すると豪語する。

■99.85%
日経朝刊 2001.8.8
地方経済面（静岡）

【支柱】この事業で高収益を支えるのは特売合戦と距離を置く営業部隊である。営業が数量を追い始めるとホクトの戦略は均整を欠いてしまう。

【選択】1989年4月、ホクト産業は長野市内に工場を設置した。1983年に「きのこ総合研究所」を開設した時点では、まだ栽培瓶が主業で、種菌は販売促進の手段と位置づけていたが、1986年に白いエノキを農協に無断コピーされるという事件が起こり、ホクトはキノコの自社栽培を決断したという次第である。それまで顧客であった農家を敵に回す決断は、鬼手と呼ぶに値する。

◉戦略旗手▶▷▷▷▷創業経営者

■みずの・まさゆき
生没：1940.01-2009.01
社員：—
役員：1964.07-2009.01
社長：1969.11-2006.07
会長：2006.07-2009.01

【人物】このケースで戦略を推進したのは創業者の水野正幸氏である。正幸氏は長野県に生まれ、24歳で起業した。そこからキノコ農家に出入りする人生が始まり、農家の高齢化を目の当たりにしたという。地元の若い人に工場勤務の道を開いたのは、正幸氏なりの解と考えてよい。

正幸氏は、ホクトが1987年から1999年のあいだに出願した33件の特許のうち、14件で単独発明者、8件で筆頭発明者、5件で共同発明者に収まっている。キノコ事業への進出を決断すると、1986年に8回も渡米してマッシュルーム工場を見学しており、そこで触発されたに違いない。

正幸氏は常に10年先や20年先を見越して動いていた。新潟県の雪国まいたけが急成長を遂げ始めると、マイタケの種菌を開発し、それを栽培瓶に付けてばらまくことで「信越キノコ戦争」を誘発したのも、長男にバトンを渡す前に禍根の芽を摘んでおく意図があったのであろう。したたかであること、このうえない。

■雪国まいたけ
流通設計 1994.6
月刊食品工場長 1999.10

【着想】正幸氏の着想は長野県経済連との熾烈な闘いから生まれた

ようである。ホクトがキノコ事業に進出するや否や、長野県経済連は「県下はもちろん全国の市場にホクト産業と取引しないようプレッシャーをかけてきた」という。そこで正幸氏は「長野県経済連はキノコのガリバー。バッティングしないよう長野から遠いところを攻める」と同時に、「大手スーパーへの直接ルートを開拓した」と語っている。しかも「私自身がスーパーさんへ売り込みをしています」と口にする一方で、「現在の単価と利幅を維持しながら需要を増やせるのは8万トンまで」と計算しており、特売品の棚を捨てて常備品の棚を獲りに行ったのは、考えに考え抜いたうえでの選択と思われる。

■信越キノコ戦争
日経朝刊 2002.12.19
日経朝刊 2002.12.20
地方経済面（長野）

■県下はもちろん…
長野県経済連はキノコの…
大手スーパーへの直接…
私自身がスーパーさんへ…
現在の単価と利幅を…
ベンチャークラブ 1998.9

［参照文献］
食品工業、2007年11月15日（茂木信太郎）

ケース 802　ツツミ

C：ジュエリー（実際に身につけるアクセサリー）

戦略C/C比率◀◁◇▷▷
戦略D/E比率◁◀◇▷▷
対照：401

◉企業戦略▶▷▷▷▷本業集中

【経緯】 ツツミは1973年に蕨で堤貴金属工芸として設立された会社である。宝飾品の製造からスタートしたが、設立半年後には自営店を構えて川下の小売にも進出した。その1年後には卸売も始めている。それ以降は店舗数を着実に増やしつつ、工場を移転拡張して現在に至っている。

【編成】 本業はジュエリーで、それが分析対象期間中も主業の座を占めていた。それ以外の事業は営んだことがない。

■ツツミ
直前決算期：2000.03
実質売上高：270億円
営業利益率：20.4%
海外売上率：10%未満
社内取締役：7
同順位相関：0.68
筆頭大株主：創業経営者
利益成長率：—/—/—
東名阪上場：1994.09

◉事業戦略▷▶▷▷▷川上川下統合

【立地】 売り物は貴石を貴金属にセットした指輪などのジュエリーである。内訳は半分弱が指輪、4分の1強がネックレスで、残りはブレスレット、ピアス、イヤリング、ペンダントあたりが占めている。ツツミは、同業他社から平凡、二番煎じと揶揄されるデザインを好んで採用する反面、同等品と比べて3割は低い価格を設定する。実際に小売店で半分以上の商品は1万円以下で売られるとい

■全社
期間：2000.04-2010.03
得点掲示板：9-1
営業利益率：17.9%
利益占有率：100%
開示欄序列：0
事業本拠地：埼玉県
独禁法違反：報道なし
—
1990年代：10-0
2010年代：4-0

■平凡、二番煎じ
日経流通 1993.3.2

■3割
日経金融 1991.8.30

■1万円以下
1万6,000円
財界 1994.8

■三貴
スタッフアドバイザー 2010.12

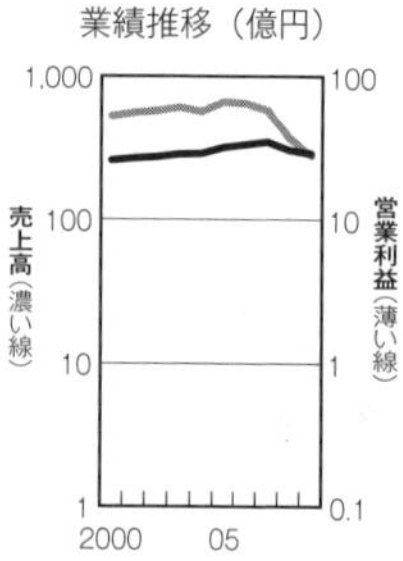

う。

売り先は一般の消費者で、40歳未満の女性が主力を成す。平均実売単価は1万6,000円だそうである。

狭義の競合はジュエリーの廉価販売を目指すメーカーで、ここは空白地帯に等しい。

広義の競合はジュエリーのメーカー、または販売事業者で、それこそ数え切れない。分析対象期間中に田崎真珠（連結）は10戦全敗で通算利益率3.0％の戦績に終わっている。名門と目されたココ山岡は1997年、三貴は2002年に破綻した。差がつく理由はマイクロ立地の選択にある。

【構え】 入手ルートはパートタイマーで稼働させる自社工場である。原価構成比の高い原石は主にインドの砂漠町で安定的に安く買い付けている。

引き渡しルートは自社店舗である。2000年3月末時点で関東を中心に115店舗、2010年3月末時点で東北から九州まで175店舗を展開していた。近年はダイヤモンドシティやイオンモールへの出店が顕著になっている。ただし、開いた店に独自色は薄いため、垂直統合が鍵を握るケースとは見なしがたい。

【時機】 このケースは、ジュエリーの歴史の長さを考慮すると、遅発に相当する。ティファニーは1837年、三貴は1965年に設立されている。ツツミが捉えた機は、物品税の廃止や円高である。高度成長を経た日本において、ジュエリーの定位置はタンスの引き出しの奥から街中に変化してきたと言われていた。

【源泉】 この事業で高収益を許すのはコスト優位である。そうは言っても、上場する田崎真珠とリーマンショック直前時点で比べると、粗利益率は双方とも50％弱で意外と調達・加工の工夫は効いていない。ところが、ツツミの在庫日数は田崎真珠の3分の2以下の水準に収まっており、販管費で何と10％ポイント近い差がついている。このコスト優位を部分的に消費者に還元して買い得感を打ち出すことにより、ツツミは在庫回転率を高い水準に保ち、見えにくい無駄の発生を抑え込んで、利益の捻出につなげているものと思われる。

【防壁】 この事業で高収益を守るのは競合の自縛である。高額商品を扱うジュエリー業界は、在庫負担を減らすべく複雑な卸売機構を発達させてきた。このリスク分散の仕組みと中間流通マージンは裏腹の関係にあり、廉価販売の障壁となっている。この仕組みを前提とする先発組は、デザインで冒険することを好み、ツツミの快進撃を目撃しても、傍観するだけで追随できない。

【支柱】この事業で高収益を支えるのは店舗の運営管理部隊である。店に在庫が滞留しては戦略の均整が崩れてしまうため、ツツミは店舗経験を積んだ外部人材を積極的に登用して、死に筋管理を徹底する。

【選択】1973年6月、堤貴金属工芸がジュエリーの製造を開始した。同じ年の秋には第1次石油ショックが勃発しており、最悪のタイミングで起業したことになっている。蕨市に開設した最初の小売店は、狂乱物価を伝えるニュースを横目で睨みつつ門出を祝ったに違いない。

◉戦略旗手▶▷▷▷▷創業経営者

■つつみ・せいじ
生没：1943.02-
社員：—
役員：1973.06-
社長：1973.06-2011.06
会長：2011.06-

【人物】このケースで戦略を推進したのは創業者の堤征二氏である。征二氏は、7歳で母親を亡くし、その直後に父親の鋳物工場が傾いた。「柱時計に張られた赤い差し押さえ証紙」のイメージは深く記憶に刻まれたという。中学を卒業すると宝石職人のもとに住み込み奉公に出たが、そこでも「見習い時代の4年間を思い出せばどんな時も苦労と感じない」というほど厳しい経験を積んだようである。

■柱時計に張られた…
見習い時代の４年間…
日経朝刊 1992.11.9

■仕事以外の…
日経産業 1995.1.25

■つまらない経営と…
日経産業 1995.1.24

征二氏は「仕事以外の楽しいことは、全部制限してきた」、「つまらない経営と思われるかもしれないが、たくさんの社員を抱えているのだからその方がいい」と口にするが、その裏側に過去の記憶があることは間違いない。

【着想】征二氏の着想は奉公時代に体得したものと思われる。それを物語るのが「宝石が放つ輝きは、見る人によって、また見る時によって微妙に変化します。それは人間の心の中にまで入り込んで、何かを語りかけます。そして静寂な美しさを漂わせてくれます。実に不思議なものです。この宝石の持つ美しさを、生活の中で輝かせたいのです。飾って輝くだけでなく、持つ人のトータルファッ

■宝石が放つ輝きは…
ゴルフをしている…
根からの宝石好き人間…
産業新潮 1994.7

ションの美しさ、心が表現できる装飾品として、魅力ある商品づくりに挑戦していきます」という発言である。役員も「ゴルフをしている時間があったらアクセサリーのデザインを考えている方が楽しい」という征二氏を評して「根からの宝石好き人間です。自分の作ったものが女性の身を飾る。そのことを誇りにしていたようです」と語っている。

［参照文献］

販売士、2000年7月（鈴木博樹）

ケース 803 ファーストリテイリング

C：カジュアル衣料品（日常の装い向けの部品）

戦略C/C比率◀◁◇▷▷
戦略D/E比率◀◁◇▷▷
対照：402，403

■ファーストリテイリング
直前決算期：1999.08
実質売上高：1,090億円
営業利益率：12.9%
海外売上率：10%未満
社内取締役：2
同順位相関：—
筆頭大株主：創業経営者
利益成長率：—/—/—
東名阪上場：1997.04

◉企業戦略▶▷▷▷▷本業集中

【経緯】 ファーストリテイリングは1963年に宇部で小郡商事として設立された会社である。取扱商品はスーツ主体であったが、1984年にユニクロ1号店を広島市で出店したのを機にカジュアルウェアへと舵を切り、1992年には最後の非ユニクロ店も転換して、現在の路線が定まった。2000年のイギリスから始まって、その後は海外展開に力を入れると同時に、2006年にジーユーという第2ブランドを低価格帯で立ち上げている。2009年にはアメリカの著名デザイナーと契約を結んで、従来路線とは異なる実験にも手を着けた。

【編成】 本業は国内のユニクロ事業で、それが分析対象期間中も主業の座を占めていた。海外投資は実を結ぶに至っていない。

■全社
期間：1999.09-2009.08
得点掲示板：10-0
営業利益率：16.5%
利益占有率：100%
開示欄序列：0
事業本拠地：山口県
独禁法違反：報道なし
—
1990年代：1-6
2010年代：4-0

◉事業戦略▷▶▷▷▷川上川下統合

【立地】 売り物は自社でデザインしたカジュアルウェアである。ユニクロは、着こなしこそ個性という考え方に立脚して、トレンドを追わないベーシック衣料に注力する一方で、「服は部品である」という立場からカラー展開だけは充実させている。実態としては、1998年に投入したフリース製アウターや2006年に投入したヒートテック製インナーが大ヒットしており、軽くて薄くて暖かい機能性衣料が本当の売り物という面もある。社名に含まれるファーストは、ファストフードのファストと同義で、マクドナルドの衣料版を展開する意図があったことを読み取ることができる。この接客を省く発想が、ユニークな立地のベースにある。

売り先は一般消費者で、年齢や性別を選ばない。衣料業界において、この点は極めてユニークである。

狭義の競合はユニクロと同じコンセプトで事業を展開するカジュアルウェアの販売事業者である。かつてはマルフルやグリーンコックスと比較されたが、いまや国内に競合は見当たらない。分析対象期間中にしまむら（連結）は10戦全敗で通算利益率7.6%、美津濃（スポーツ用品）は10戦全敗で通算利益率3.5%、ユナイテッドアローズ（連結）は6勝4敗で通算利益率9.8%、ワールド（連結）は10戦全敗で通算利益率6.0%に終わっている。差がつく理由はマイクロ立地の選択にある。しまむらや美津濃はユニクロほどファッション性を追求しておらず、ユナイテッドアローズやワールドはユニクロほど機能性を追求していないうえ、接客も省略できていない。ユニクロがコンセプトのモデルとしたアメリカのギャップは、6勝4敗で通算利益率9.6%の戦績を残している。MBOしたリミテッドも含めて、ユニクロは本家を超えた可能性が高い。

■マルフル
　グリーンコックス
販売革新 1994.7

広義の競合は普段着を利益の柱としてきたGMSである。GMSや商店街の零細店は川上側で企画された衣服をバイヤーが問屋経由で仕入れる構えをとっており、ここにユニクロは反旗を翻したことになっている。代表的なところをみると、分析対象期間中にダイエー（小売）が10戦全敗で通算利益率0.4%、ユニー（総合小売）が10戦全敗で通算利益率1.6%、イズミヤ（総合小売）が10戦全敗で通算利益率0.8%に終わっており、高収益とは対極にある。売れ残った商品を返品する構えでは、単に売り場スペースを提供するだけのビジネスになってしまうので、当然と言えば当然の帰結である。

業績推移（億円）

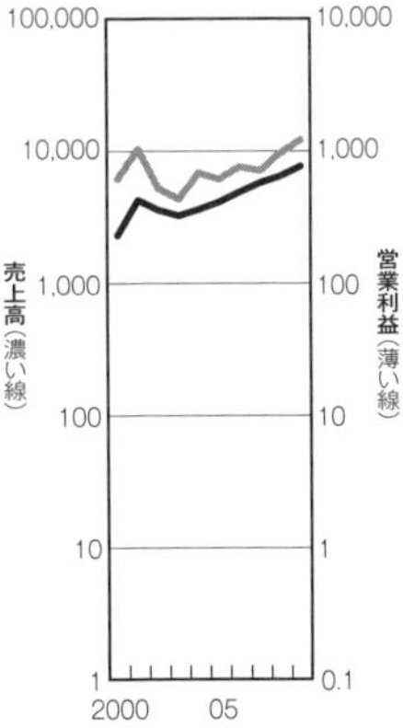

【構え】 入手ルートは海外の契約工場である。草創期を除くと、ユニクロは入手経路に問屋を介在させていない。そして大量生産のメリットを最大限に生かすことができるよう、契約分を買い切ってしまう。機能性衣料の原材料は東レ、デザインはニューヨークの企画会社に頼っている。

引き渡しルートは倉庫型、セルフサービス方式の自営店舗である。店舗開発を大和ハウス工業に委ね、土地は借地とすることで、ユニクロは1990年代に驚異的なペースで郊外への大量出店を敢行した。それが一段落した2007年頃からは都心の大型テナント出店が目立つようになっている。

【時機】 このケースは、普段着の歴史の長さを視野に入れると、遅発に相当する。ユニクロの代名詞となったフリースもスポーツ用品メーカーが1992年頃から採用していたし、いわゆるSPAモデルもアメリカ勢が先行していた。ブランド物よりリーズナブルな価格帯で、GMSや個人商店が扱うジェネリック物より質が高い普段着の世界を切り拓いたという意味においては、ファーストリテイリングは日本のパイオニアと言ってよい。

【源泉】 この事業で高収益を許すのはコスト優位である。ユニクロは海外の契約工場に品質管理を教え、さらに大量の商品を買い取ることで、驚くほど低い商品原価を実現しているものと思われる。それが、高収益を実現する。

【防壁】 この事業で高収益を守るのは多店舗展開への巨額投資である。他社に先駆けて機能性とファッション性を両立させるための落としどころを見つけたユニクロは、怒濤の勢いで大量出店に打って出た。量をまとめないと、契約工場は言うことを聞いてくれないし、原価低減や品質向上にも真剣に取り組んでくれない。そこを見越したうえでユニクロは、いち早く自社ブランド商品を契約工場から調達できる体制を整えた。小さくスタートする競合他社は、追随するチャンスを1995年以降は絶たれたに等しい。その後もユニクロは量を拡大することで、原価低減、品質向上、納期管理のノウハウを積み重ね、原糸の技術力に秀でた東レを惹きつけてやまないため、新たな生産地を開拓するくらいのことをしない限り、新規参入者が太刀打ちするのは難しい。

【支柱】 この事業で高収益を支えるのは管理部隊である。品質管理では、主に他社の定年退職者が1999年以降は中国現地に常駐し、契約工場の指導に乗り出している。生産管理では、需要予測に磨きをかけて、在庫処分に回す商品を全発注量の10～15%に抑えているという。大量に発注して買い切る商品に品質問題が多発した

■10～15%
日経朝刊 2000.6.7

り、売れ残りが出るようでは、戦略の均整が崩れてしまう。

【選択】 1998年11月、ファーストリテイリングは原宿店を出店した。これは首都圏で初めての都心型店舗で、それまで難航していた首都圏攻略が好転したのも、急成長路線に入ったのも、ここから先のことである。それまで倉庫型の店舗を展開していたことを考えると、これは鬼手に相当する。

◉戦略旗手▶▷▷▷▷創業経営者

■やない・ただし
生没：1949.02-
社員：1972.08-1972.09
役員：1972.09-
社長：1984.09-2002.11
　　　2005.11-
会長：2002.11-

【人物】 このケースで戦略を推進したのは実質的な創業者の柳井正氏である。正氏は、大学を卒業したあとGMSに10ヶ月だけ勤務して、父親が設立した小郡商事の専務取締役に就任した。土建業に転進した父親は、VAN店とスーツ主体の本店の2店舗を宇部の駅前商店街に出していた本業を正氏に一任したそうで、そこから12年で正氏はユニクロの開店に漕ぎつけている。面白いことに、辛辣な発言で知られる正氏は「精力的な父親に比べて、僕はどっちかというと引っ込み思案でした」と口にしている。

■精力的な父親に…
プレジデント 1999.10

当時を振り返って正氏は「商売というのは売ることだけではなかった。商品の仕入、売上金の精算から銀行への入金、決算が終わって税金を納める、面接して社員を採用する、社員に指示する、など毎日いろんなことがあったので、徐々に面白みを感じてきていた。自分で考えて、自分で行動する。これが商売の基本だと体得した」と語っている。何でも自ら手を下した経験から、正氏は叩き上げと自称する。

■商売というのは…
『一勝九敗』

正氏は「世界に通用する小売ベンチャー企業でありたい」と公言し、「日本的なものは異常」と切り捨てる。「成長しなければ死んだも同然」というあたりはアンディー・グローブのパラノイア経営を彷彿とさせるし、「情報社会ではうまみがトップ企業に集中」するという見方もジャック・ウェルチの選択と集中に相通じるところがある。「リミテッドは、1980年代の中盤に急成長を遂げ、短期間のうちに売上高1兆円となった。あるいはギャップもジーンズやチノパンを爆発的に売り、急成長を遂げブランドを確立させた」という発言を見ても、正氏が世界から学んでいたことは間違いない。

■世界に通用する小売…
商業界 1996.8

■日本的なものは…
日経流通 1996.7.9

■成長しなければ…
日経夕刊 2009.10.5

■情報社会では…
日経朝刊 1997.5.19

■リミテッドは…
『一勝九敗』

【着想】 正氏の着想はあくまでも論理的である。「12兆円のアパレ

■12兆円のアパレル…
それこそ“入れ食い”…
商業界 1996.8

■ひとつのフォーマット
本当のチェーンストア
日本の小売業のチェーン…
付加価値を高めようと…
販売革新 1997.3

■洋服はファッション性…
『一勝九敗』

ル市場のなかで普段着のマーケットはおよそ半分。6兆〜7兆円ある」という大局観が先にあり、誰もが群がるハイファッションを捨てて普段着に特化すれば「それこそ“入れ食い”に近い有望マーケットの開拓が可能」と、フリースがヒットする前から見抜いていたのである。普段着が手つかずというのは「ひとつのフォーマット」を共有する「本当のチェーンストア」が日本にはないことを指していた。具体的には「日本の小売業のチェーン化は、店舗の規模も店舗の形状も全部違う」ところを問題視していたのである。

正氏は「付加価値を高めようと思ったら、最初の企画から最終の販売まで、全部自分のリスクでやるほかないのです。欧米でチェーン展開しているところは全部そうなっています」と、事前に攻め口まで見切っていた。彼の戦略は「洋服はファッション性のある工業製品」という表現に凝縮されていると言ってよい。確かに失敗も多く、試行錯誤の印象は拭えないが、それは戦術次元のことであり、普段着の工業化という戦略は一貫して揺らいでいない。

[参照文献]
柳井正『一勝九敗』新潮社、2003年

ケース 804 アドヴァン：建材事業

P：輸入石材（建築物の意匠）

戦略C/C比率◀◁◇▷▷
戦略D/E比率◀◁◇▷▷
対照：—

■アドヴァン
直前決算期：2000.03
実質売上高：120億円
営業利益率：18.3%
海外売上率：10%未満
社内取締役：4
同順位相関：0.95
筆頭大株主：創業経営者
利益成長率：—/—/—
東名阪上場：2000.03

◉企業戦略▷▷▷▶▷本業辺境展開

【経緯】 アドヴァンは1975年に東京の中央区でセラミックタイルの輸入卸売を目的として設立された会社である。営業拠点と流通センターとショールームを東京以外の主要都市に展開する一方で、1982年から輸入石材の取扱も開始した。1998年頃から輸入ガーデニング用品（煉瓦や鉢など）も取扱商品に加えると、2001年にタイル・石材の工事会社を子会社化して、今日に至っている。

【編成】 本業は石材を主軸とする建材で、それが分析対象期間中も主業の座を占めていた。祖業のタイルから見れば、上場前に転地を成し遂げたことになっている。輸入という手口を異なる市場に適用していくと同時に、そこから出るキャッシュで育成してきたホームセンター向けのガーデニング用品事業も、本業の1割を超えるところまで育っている。

◉事業戦略▷▶▷▷▷川上川下統合

【立地】 売り物は主に欧州から輸入した石材である。大理石にせよライムストーンにせよ、一辺400ミリか600ミリの自社規格を貫く一方で、新商品を次々に投入するところにアドヴァンの特徴がある。カタログには約3,000点の商品が掲載されている。選択の自由が本当の売り物と見るべきかもしれない。

売り先は主にマンションのデベロッパー、店舗・商業施設の発注者、ホテルやオフィスの設計事務所、戸建て住宅のメーカーやビルダー、公共建築物の設計者などである。いずれも限られた予算のなかで高級感を醸し出す建材を求めるプロフェッショナルという点が共通している。

狭義の競合は輸入石材をストックする事業者で、意外と見当たらない。国際証券企業調査部の山田康司氏が「アドヴァンには有力なライバルが見当たらず、価格決定権があるのが強み」と指摘するとおりである。

広義の競合は無数にある石材の加工・販売業者である。国内産の墓石を扱うルートは確立しているが、これは売り物が別になる。

【構え】 入手ルートは欧州産地が主力で、アドヴァンは欧州標準規格品を産地で大量に安く買い付ける。石材の価格を劇的に引き下げたところにアドヴァンの革新性がある。

引き渡しルートは直販主体で、同業他社への卸売も手掛けている。加工や物流は外部に委ねるが、全国主要都市にショールームを設置する傍らで、100％子会社が自社物流センターを直営する。規格標準品のストックを持つことで、納期を極端に縮めたところにアドヴァンの革新性がある。

【時機】 このケースは、受注してから輸入した石をオーダーに合わせてカットする従来の石材店を視野に入れると、遅発に相当する。日本経済が量から質へと転換を模索するトレンドを捉えて、洋風建築に似合う石材を供給したという意味では、アドヴァンはパイオニアと言ってよい。

■建材事業
期間：2000.04-2010.03
得点掲示板：10-0
営業利益率：23.9%
利益占有率：87%
開示欄序列：1
事業本拠地：東京都
独禁法違反：報道なし
—
1990年代：6-0
2010年代：4-0

■アドヴァンには有力な…
日経朝刊 1996.3.18

業績推移（億円）

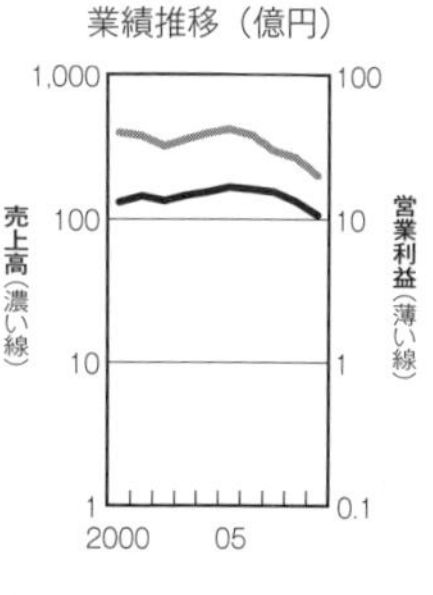

【源泉】この事業で高収益を許すのはミッションクリティカリティである。ハイエンドの石材は、商品原価が低い割には商業建築の見栄えを大きく左右するため、価格プレミアムが正当化されやすい。

【防壁】この事業で高収益を守るのは時間をかけて拡充した品揃えである。輸入元とは総代理店契約を結んでいるので、後発のチャレンジャーが価格競争を仕掛ける隙もない。

【支柱】この事業で高収益を支えるのは物流管理部隊である。顧客の施工スケジュールに支障を来すようなことがあると、アドヴァンの地位は危うくなりかねない。

【選択】1978年9月、アドヴァンは原宿にショールームを開設した。資金繰りに余裕がない設立3年目の投資なので、これが不発に終われば会社は傾く怖れがあった。その意味で鬼手と見なしてよい。

■やまがた・まさじ
生没：1943.02-
社員：—
役員：1975.03-2008.06
社長：1975.03-2004.04
会長：2004.04-2008.06

◉戦略旗手▶▷▷▷▷創業経営者

【人物】このケースで戦略を推進したのは創業者の山形雅二氏である。雅二氏は、タイル工をしていた父親に倣い、高校を卒業するとタイル職人になり、4年で山形タイル店を起業した。しかし、タイル工事業で株式公開の夢は実現できないと悟り、ファッション建材に目をつけたという。そして銀座に7坪のショールームを借りるところからアドヴァンの歴史が始まった。商品企画を重視する雅二氏はアドヴァンを「生産設備を持たないメーカー」と位置づけている。

■生産設備を持たない…
タイルの工事という…
商人の目でタイルを…
快適な居住空間を…
若い人たちの夢を…
マネジメントレポート
1998.11

【着想】雅二氏の着想は苦い経験に基づいている。「タイルの工事というのは、多忙なときは滅法忙しい反面、ひまになると“失業者集団”になってしまうような業態です。これではいけない。何とかしなければ…とひそかに事業転換を考えていました」という。そしてセミナーで聞いた話に触発されて「商人の目でタイルを見なおそう」と決めて、アドヴァンを設立したそうである。

ショールームにこだわったのは「快適な居住空間を演出する建材はファッションであるはず。それを最終ユーザーにアピールできた企業がマーケットを支配する時代が、きっと来る」と考えたからで、最終的に原宿を選んだのは「若い人たちの夢を実現するファッショナブルな街であり、建設会社、設計事務所、デザイン事務所の多い地区だから」という。どちらも計算づくであったことは間違いない。

［参照文献］
証券、2000年5月（山形雅二）

ケース601 因幡電機産業：空調配管事業

P：配管化粧カバー（建物の外観向上策）

戦略C/C比率◀◁◇▷▷
戦略D/E比率◁◀◇▷▷
対照：310

◉企業戦略▷▷▶▷▷販路応用多角化

【経緯】 因幡電機産業は1949年に大阪で特殊電動発電機のメーカーとして設立された会社である。1950年に製造部門を切り離して卸売専門の総合商社に生まれ変わり、1965年に家電製品の取扱も中止すると、建設物件に付随する電気設備一式を納める体制を構築していった。第1次石油ショックでマイナス成長を経験すると五つの事業部を分社として切り出し、1978年には6番目の分社として因幡電工を発足させている。成長に火が付いた1988年に分社制は取りやめて、再び事業部制に回帰した。

【編成】 本業は電線や配線器具から成る電設資材の卸売で、それが分析対象期間中も主業の座を占めていた。祖業の産機は影が薄くなる一方で、近年はメーカーに回帰した電工部門が伸びている。アプローチした市場に次から次へと異なる商材を投入する手口は、創業時から変わっていない。

■因幡電機産業
直前決算期：2000.03
実質売上高：1,370億円
営業利益率：3.8%
海外売上率：10%未満
社内取締役：10
同順位相関：0.96
筆頭大株主：創業経営者
利益成長率：—/—/—
東名阪上場：1996.09

◉事業戦略▷▶▷▷▷川上統合

【立地】 売り物は空調機器の室内機と室外機をつなぐ配管資材である。それまで銅管を覆う断熱材を螺旋状にテープで巻いていた配管に、化粧カバーをつけたのは因幡電機産業が初めてで、これがオリジナル製品として大ヒットした。難燃性に特徴があり、カラーバリエーションやコーナー・ジョイント部品の品揃えも豊富で、施工によって現場条件にカスタムフィットすることができる。

売り先は建設現場で設備工事を担当する零細事業者である。彼

■空調配管事業
期間：2000.04–2010.03
得点掲示板：10–0
営業利益率：19.3%
利益占有率：67%
開示欄序列：3
事業本拠地：奈良県
独禁法違反：報道なし
—
1990年代：1–0
2010年代：4–0

らに到達する販路は稀少性が高い。

狭義の競合は化粧カバーのメーカーで、数は多くない。因幡電機産業の市場占有率は60％以上に達するという。

■60%以上
産業新潮 2007.8

広義の競合は空調配管部材のメーカーで、中小企業を中心に多数存在するようである。

業績推移（億円）

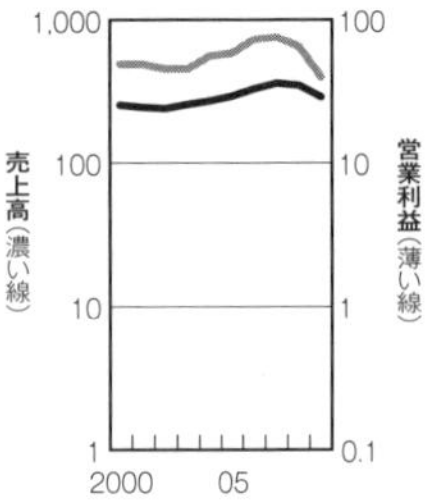

【構え】 入手ルートは自社工場である。工場は大阪、奈良、茨城、福岡に整備して、メーカー機能を内部化してきた歴史がある。

引き渡しルートは建設業者への直販と地方の2次卸経由がある。

【時機】 このケースは、テープ仕上げの時代を考慮すると、遅発に相当する。1980年以降、住宅を含む日本の建築物は美観を問われる時代に入っており、その機を因幡電機産業は捉えたことになっている。

【源泉】 この事業で高収益を許すのはミッションクリティカリティである。美観を問われる建物全体から見ると、配管は目立つわりに、化粧カバーは高くない。ゆえに末端の顧客は価格プレミアムを受け入れる。ただし美観を実現するにはカスタム施工が不可欠で、パーツの品揃えを充実させなければならない。ローテクの極みで意外に映るかもしれないが、立地の選択が秀逸と言ってよかろう。

【防壁】 この事業で高収益を守るのは卸売業で培ってきた販路である。化粧カバー自体は誰でも作れるが、それを施工現場に届けるルートは大きな固定費となるため、メーカー1社では維持できない。かと言って、流通事業者が生産を委託する形態では、小回りが利かない。卸売を本業にする因幡電機産業は、その隙を巧みに突いたことになっている。市場の規模が小さいことも防壁に挙げてよい。

【支柱】 この事業で高収益を支えるのは生産管理部隊である。配管化粧カバーは現場ごとに異なる部材を要求するため、出荷段階のキッティングが悪夢となる。そこが崩壊すると、戦略の均整は保てない。

【選択】 1987年4月、因幡電工は茨木工場を新設した。因幡電工は、1978年9月に因幡産業機器の省力機器課が独立して生まれた分社であった。メーカー機能を捨てて成功したと思われている会社で工場を建てる動きは、鬼手と呼ぶに値する。ただし、多品種少量出荷をこなすには避けて通れない回帰であった。

◉戦略旗手▷▷▷▶▷操業経営者

【人物】 このケースで戦略を推進したのは出口健氏である。出口氏は、営業手腕が認められたせいか37歳で営業部長に登用され、39歳で取締役に選ばれている。そして44歳で分社化された因幡電工の初代社長になり、事業部制に戻った際には電工事業部長を務めることになった。工場を建設したのは、間違いなく出口氏である。

出口氏は、創業者の長男が病気で降板したあとを受けて社長に就任して、取引先の大手電機会社幹部から「決断力に優れた経営者」と評されていた。残念ながら、在任中に取引先の株をインサイダー取引して485万円の利益をあげた嫌疑で、出口氏は2004年5月に逮捕されてしまった。家宅捜査を受けた出口氏は容疑を認めたという。

【着想】 出口氏の着想は現場から生まれたものと思われる。当人は何も語っていないが、「1978年には分社の一つ、因幡産業機器からメーカー機能を持つ因幡電工が再分社。社長に就任した出口健現電工事業部長が『もうかることをやれ』の大号令を受けてヒット商品を次々に考案し、分社の中でもっとも成功した」という報道記事がある。現場を熟知する出口氏が、鋭い観察眼で市場の潜在ニーズを汲み上げたに違いない。

[参照文献]

『因幡電機50年史 21世紀へのチャレンジ』1989年

空気調和・衛生工学、1978年12月（千葉孝男）

■でぐち・たけし
生没：1934.08-
社員：1953.10-1973.11
役員：1973.11-2004.03
社長：1998.01-2004.03
会長：—

■決断力に優れた…
朝日新聞 2004.5.11

■1978年には分社の…
日経産業 1994.5.25

ケース602 日東工器：機械工具事業

B：タガネなど（鋼材加工作業現場の省力策）

戦略C/C比率◀◁◇▷▷
戦略D/E比率◁◀◇▷▷
対照：—

◉企業戦略▷▷▷▷▶多核化展開

【経緯】 日東工器は1956年に東京の大田区で設立された会社である。祖業はマイクロメーターながら、その付属品にあたる迅速流体継手のほうが事業として自立を遂げたところが興味深い。1958年

■日東工器
直前決算期：2000.03
実質売上高：200億円
営業利益率：11.3%
海外売上率：19%
社内取締役：6

同順位相関：▲0.58
筆頭大株主：創業家
利益成長率：—/—/—
東名阪上場：1998.04

には携帯式磁気ボール盤を、1961年には空気式高速多針タガネを発売して、機械工具事業も現在の形を整えた。1973年にはリニア駆動ポンプ（空圧機器用コンプレッサー）事業を立ち上げて、第3の事業も出揃った。その後は1989年に大日機工を買収してロボット事業に進出したり、2000年に白河デンセイを買収して電動工具事業に手を染めたり、飛び地への多角化を試みているが、これらは大輪を咲かせるに至っていない。

【編成】本業は継手で、ほぼ同時期に立ち上がった機械工具も肩を並べている。コンプレッサーと併せて三本柱経営の会社と言ってよい。

■機械工具事業
期間：2000.04-2010.03
得点掲示板：8-2
営業利益率：15.4%
利益占有率：39%
開示欄序列：2
事業本拠地：東京都
独禁法違反：報道なし
—
1990年代：6-0
2010年代：4-0

◉事業戦略▶▷▷▷▷中核集中

【立地】売り物は鋼材加工用の工具類である。日東工器の製品は、切断・研磨・剥離・穴あけ・面取りなど、基本的に手で行われていた作業を空圧や油圧や電動モーターを使って機械化するもので、作業性の大幅な向上を売り物にしている面がある。たとえば、鋼材に穴あけ加工する場合、従来は床置きの大型機械にH鋼を運んで加工していたが、日東工器の工具は小型軽量で、工具のほうをH鋼に運んでいって、電磁石で鋼材に固定して加工するようにできている。この差が作業性の意味である。

売り先は鋼材加工を手掛ける作業所である。日東工器はユーザーが享受する便益に基づいて価格を設定する。

狭義の競合は作業性で日東工器と並ぶ工具を送り出すメーカーで、日東工器に並ぶ強敵は見当たらない。

広義の競合は鋼材加工用のツールメーカーである。この市場は乱戦に近いと思われる。大手のマキタや日立工機は汎用性の高いツールだけ手掛けており、鋼材加工分野に限定すると影が薄い。鋼材用穴あけ機では、日東工器の世界シェアは20%で首位を確保しているという。

■20%
日経産業 2002.3.1

【構え】入手ルートは山形の製造子会社である。

■8,000
WEDGE 1996.4

引き渡しルートは代理店経由で、日東会として8,000社を組織化している。そのなかには、山善機械器具、湯浅金物、五味屋のような大手商社も含まれていた。日東工器はユーザーからカードを回収することで、自社製品の流通経路を把握していたという。

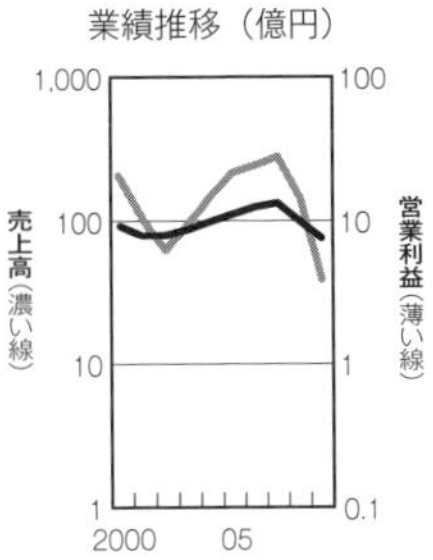

【時機】 このケースは、鋼材加工用の一般工具を視野に入れると、遅発に相当する。特筆すべき追風が吹いた形跡はない。

【源泉】 この事業で高収益を許すのはミッションクリティカリティである。鋼材の切断や穴あけはミスをすると取り返しがつかない。顧客が納期と品質を確保しようと思うと、使いやすい工具の存在は値千金となる。しかも寿命の長い工具は出荷金額と比べると無視可能なほどに安い。顧客にしてみれば、少々工具が高くても腹は立たない。

【防壁】 この事業で高収益を守るのは販路である。鋼材加工用の工具類をフルラインで揃えてしまうと、販売代理店に対して抑えが効く。特定機種で安値攻勢をかけてくる他社品を扱って得られる利益を、日東工器の他機種を扱えなくなることによる逸失利益が上回ってしまうからである。ゆえに新規参入者はなかなか販路にアクセスできない。

【支柱】 この事業で高収益を支えるのは開発部隊のマネジメントである。創業者は自ら工具を開発して発明展で受賞を重ねたが、その一方で技術者のマネジメントにも鋭い感性を発揮した。まず「組織が開発研究をするのではなく、人の意識と意欲と知識が基本となる」との認識のうえに立ち、人選に手を抜かない。「卵を産まない鶏」はいつまで経っても産まない。「卵を産む鶏」は血の気が多く「一般に風変わり者」で、「意外におしゃべり」だと看破して、そういう人だけを集めたうえで、自由な発想を萎縮させないよう少数意見を尊重する。さらに開発と営業を物理的に隣接させ、「目で見える開発、身体で覚える開発という環境」を実現した。

■組織が開発研究を…
卵を産まない鶏
卵を産む鶏
一般に風変わり者
意外におしゃべり
日経産業 1980.2.8

■目で見える開発…
日経産業 1980.2.9

【選択】 1958年2月、日東工器は最初の工具、ポータブル穴あけ機を発売した。これは1966年に東京都の優秀発明展覧会で佳作を受賞している。1961年5月に発売したタガネも、1967年に全国発明展で発明賞を受賞した。

◉戦略旗手▶▷▷▷▷創業経営者

■みきや・としお
生没：1926.03–
社員：—
役員：1956.10–

【人物】 このケースで戦略を推進したのは創業者の御器谷俊雄氏である。俊雄氏は多摩美術大学を出ており、工具のデザインにこだ

社長：1956.10-1992.06
会長：1992.06-1994.06
2003.06-

わりを見せている。エンジニアリングの教育を受けていないのに自ら工具を開発して、事業の基盤を築いた事実は感嘆に値する。

【着想】 俊雄氏の着想は推察するしかない。思うに兄が経営する御器谷メタルの関係で生産性の低い現場を目撃して、そこにニーズを見て取ったのではなかろうか。

［参照文献］
証券、1998年6月（高田素行）
マシナリー、1969年12月（御器谷俊雄）

1-1-2 マスカスタマイゼーション

マスカスタマイゼーションとは、究極的には個々の顧客に製品仕様を合わせて造り分けることをいう。この戦略を提唱したのはパインの『マス・カスタマイゼーション革命』であったが、この項に登場する3ケースのうち少なくとも2ケースは、パインに先駆けて手を打っていた。

この戦略を活かした典型例はケース805のホギメディカルで、標準サイズくらいしかなかった布製手術用着衣類をリ・インベントして、手術に臨む医師の流儀に合わせて細部をカスタマイズしてみせた。ケース806のアリアケジャパンは、汎用品しかなかった調味料をリ・インベントして、食品メーカーや飲食店の製品コンセプトに合わせて天然畜産系調味料をカスタマイズするビジネスを立ち上げた。ケース603の藤倉ゴム工業は、標準仕様しかなかったゴルフ用のカーボンシャフトをリ・インベントして、ゴルファーのスイングに合わせて特性をカスタマイズした。

マスカスタマイゼーションが高収益につながるのは、使い勝手の良さを顧客が高く評価してくれるからである。逆に言うと、価値を認めてくれる顧客を超えて成立する戦略ではないので、いたずらに事業規模を追いかけることは戒めたい。また、ここに登場するケースにはライバルらしいライバルが見当たらない。マスカスタマイゼーションを推進することにより、追随する他社の戦意がくじかれるからであろう。それだけマスカスタマイゼーションには巨額の投資が必要で、だからこそ高収益が持続する。

この戦略が適用できる条件としては、顧客がギリギリのところで闘っていて、細かい違いをないがしろにしないことを挙げることができる。ケース805のホギメディカルは、患者の生死と向き合う執刀医を相手にする。ケース806のアリアケジャパンは、コンビニの棚を巡って熾烈な競争を繰り広げる食品メーカーの開発担当者を相手にする。ケース603の藤倉ゴム工業は、1打差で泣き笑いするゴルファーたちを相手にする。いずれも見かけ上の「安い」より「フィットする」方が最終的に安くつく顧客ばかりであることは注目に値する。そういう顧客は探せば必ずいる。

気が早すぎると言われてしまうかもしれないが、第3部の第9章には、細かな違いに気がつくプロフェッショナルを売り先に選んだケース群が登場する。ここに登場する3ケースは遅発ながら、これら先発ケース群と本質的には同じパターンを共有する。決して偶然の一致ではなかろう。

なお、ケース805のホギメディカルにはジョンソン・エンド・ジョンソン、ケース806のアリアケジャパンにはネスレ（マギーブイヨン）という世界有数のライバルが立ちはだかっていた。それぞれ、相手には模倣できない差異化のポイントとしてマスカスタマイゼーションを活かし、世界の巨人に勝った点は特筆に値する。事業規模も300億円級に達しており、単なる隙間狙いと軽視するわけにはいかない。

日本のスタートアップ企業が世界の巨人に勝ったのは、しごく理に適っている。『マス・カスタマイゼーション革命』を書いたパインが指摘するように、マスカスタマイゼーションはマスプロダクションと異なる組織や組織文化を必要とするのである。大量生産に最適化してきた企業は、それがゆえに巨大化するが、効率を追求するあまり、個別の顧客にキメ細かく対応する能力を失ってしまう。それゆえ大企業がマスカスタマイゼーションに挑戦するなら、組織を別立てにすることを考えたい。

ケース
805

ホギメディカル

P：手術室用着衣＆用品キット（手術のやりやすさ）

戦略C/C比率◀◁◇▷▷
戦略D/E比率◀◁◇▷▷
対照：―

■ホギメディカル
直前決算期：2000.03
実質売上高：210億円
営業利益率：23.3%
海外売上率：10%未満
社内取締役：2
同順位相関：―
筆頭大株主：創業経営者
利益成長率：―/―/―
東名阪上場：1991.12

◉企業戦略▶▷▷▷▷本業集中

【経緯】ホギメディカルは1961年に東京の文京区で保木記録紙販売会社として設立された会社である。それ以前は紙や文具の小売に従事していたが、心電計用の記録紙に着目したのが飛躍の端緒となり、これを踏み台として1964年には滅菌バッグ、1972年には不織布製のディスポーザブル着衣類に進出して、デュポン社の不織布について独占使用権を手に入れた1981年からは医療関連の消耗品メーカーとして押しも押されぬ地位を築くに至っている。2004年にはオペラマスターと名付けた手術用品キットの販売も開始した。

【編成】本業は手術室用品で、それが分析対象期間中も主業の座を占めていた。細かく見ると、本業はディスポーザブル手術着で、2009年度から手術用品キットが主業の座に躍り出ている。手術室の縁辺部から中心部にジワジワと移動する軌跡に、したたかな企業戦略を読みとることができる。

■全社
期間：2000.04-2010.03
得点掲示板：10-0
営業利益率：24.6%
利益占有率：100%
開示欄序列：0
事業本拠地：茨城県
独禁法違反：報道なし
―
1990年代：10-0
2010年代：4-0

■標準品で600種類…
日経朝刊 1994.10.12

◉事業戦略▷▷▶▷▷技術・販路応用マルチライン化

【立地】売り物は医療スタッフが着用するガウンやキャップやマスク、患者を覆うドレープ、手術台を覆うカバー類などである。処方薬や診断装置を手掛ける大手メーカーの傍らで、第三の医療分野とも呼ぶべき消耗品に活路を求めたことになっている。ただし、外資系の競合が100点前後のラインアップを揃える着衣で、ホギメディカルは「標準品で600種類、特注品は6,000種類」と桁違いの品揃えを用意する。単なるモノを超えて手術室のパフォーマンス向上策を売っていると見るべきであろう。2004年から取り扱っている手術用品キットでは、滅菌済みの消耗品一式を手術計画に合わせて取り揃えたパッケージを提供している。

売り先は主に手術件数の多い大病院に勤務する医師や看護師である。

狭義の競合は不織布製手術用着衣のカスタムメーカーで、これというところは見当たらない。手術用品キットのほうも独走状態にある。

広義の競合は布製も含めた手術用着衣のメーカーで、それこそ無数にひしめいている。ホギメディカルは米国デュポン社の「ソンタラ」という不織布を独占的に採用して他社を本丸から駆逐した。1988年に同社の特許が切れたあとは参入が相次いで、いまや3,000社と市場を分かち合う時代を迎えているが、それでもホギメディカルはスタッフ用ガウンで約50%、患者用ドレープで約65%のシェアを堅持するところに驚きがある。大手外資系と互角以上に闘っている事実は、無条件の称賛に値する。

■1988年
日経産業 1990.1.22

■3,000社
日経朝刊 1996.8.5

■約50%
約65%
日経金融 2004.5.11

【構え】 入手ルートは自社のインドネシア工場が主力となっている。そこで使う原材料は米国デュポン社や巴川製紙所あたりから仕入れている。

引き渡しルートは医療用品問屋を経由するが、病院に対する営業はホギメディカルが自ら行っているという意味において、実態は限りなく直販に近い。ユーザーニーズを吸い上げるうえでも、投げ売りを防止するうえでも、この直販体制が差異化ポイントとなっている。

業績推移（億円）

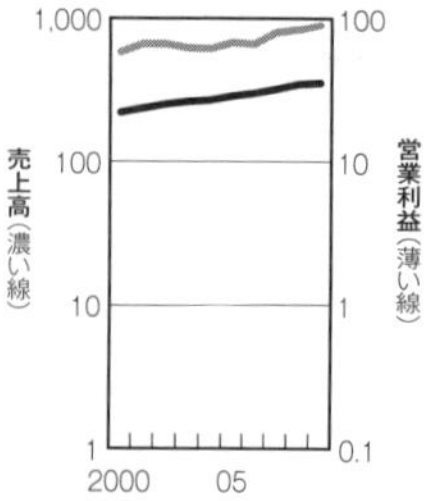

【時機】 このケースは、布製の着衣を視野に入れると、遅発に相当する。ホギメディカルが捉えたのは医療費削減の波で、手術用着衣をディスポーザブルにすると、スタッフが洗濯や消毒に煩わされずに済み、その人件費節減効果が着衣代を上回るようになった事実が効いている。

【源泉】 この事業で高収益を許すのはミッションクリティカリティである。手術室は場合によっては一分、一秒を争う戦場と化す。そこで、どこどこ病院の誰々先生専用という次元でカスタマイゼーションを実現するホギメディカルのサービスに触れた医師たちは、使用感に劣る汎用品に二度と戻れない。そこに価格プレミアムの源泉がある。しかも着衣類は病院経費に占める割合が低く、節減の対象になりにくい。立地の選択がよかったことは間違いない。

【防壁】 この事業で高収益を守るのは巨額の投資である。滅菌工場、配送センター、情報システムのいずれをとっても重い投資ながら、ホギメディカルは手を緩めていない。手術キットのマスカスタマイゼーションを実現するための自動ピッキングシステムは、150億円級の投資案件だったという。

■150億円級
日経産業 2007.1.12

【支柱】この事業で高収益を支えるのは徹底してドクターやナースの要望に耳を傾ける営業部隊である。仕様に関する情報なくしてマスカスタマイゼーションは成り立たない。ホギメディカルは社員の考課を1992年から公開して、社員間の自由競争を最大限に促すと同時に、利益の一部を社員に還元している。

■1992年
今月の焦点 1993.2

【選択】1989年6月、ホギメディカルは江戸崎配送センターを開設した。これは同社にとって初めての全自動倉庫を備えていた。この投資はソンタラの特許切れを睨んだ決断に違いなく、これがマスカスタマイゼーションを可能にした点は注目に値する。

◉戦略旗手▶▷▷▷▷創業経営者

■ほき・まさお
生没：1931.11-
社員：—
役員：1961.04-2012.06
社長：1961.04-1993.06
1995.03-2005.06
会長：1993.06-1995.03
2005.06-2007.06

【人物】このケースで戦略を推進したのは創業者の保木将夫氏である。町工場を営む家に生まれた将夫氏は、製品の形状からITシステムに至るまで広範に特許を出願している。その反面、廣谷順一氏という補佐役を重用し、営業、開発、生産、生産管理、研究、海外工場といった実務の要衝を2003年まで委ねていた。

2004年以降の将夫氏は、病院に経営管理の精緻化が要求される流れを見越したうえで、二度目の戦略転換を画策していた。

【着想】将夫氏の着想は熾烈な競争のなかで生まれたようである。不織布製着衣について、「市場はジョンソン・エンド・ジョンソン、バクスター、そして当社の、3社の激しい競争となりました。相手は世界の2大メーカーです。しかも手術時に患者の身体を覆う布では彼らが先行し、ノウハウを持っていました。作っても売れない。倉庫は在庫でいっぱいになる。そこで相手の弱点はどこかを考えたんです」と将夫氏は語っている。そこで浮かんだ妙策が、彼らの唯一の弱点、すなわちリードタイムの長さを突くマスカスタマイゼーション作戦であったという。

将夫氏には泥沼の競争から抜け出す名人の趣がある。デュポン社の素材特許が切れたあとに、裁断工程や貼り合わせ工程の自動化を進めてコストを引き下げたのもしかり、滅菌工程を高圧水蒸気法や酸化エチレンガス法から電子線法に切り換えて必要投資額を引き上げたのもしかり、である。対抗策を考えに考え抜いた挙げ句の果てに妙案が思い浮かぶのであろう。

■経営者は長期的な…
日経産業 1997.11.14

■今の主力商品が…
日経金融 1995.5.24

■毎朝2時から…
日経ベンチャー 2004.9

■行きつけのクラブ…
日経ビジネス 1993.2.1

将夫氏は口癖のように「経営者は長期的な見通しをもたないと失敗する」、「今の主力商品が売れている間に次の商品を考える」と語っていた。「毎朝2時から3時には、目が覚めます。それから5時頃に床を離れるまで、寝床で毎日悶々と考えている。20代で経営者になってからというもの、ずっとそうです」という談話も、無類の心配性を表している。「行きつけのクラブ、バーは1軒もない」そうである。

［参照文献］
証券、1992年2月（保木将夫）

ケース 806 アリアケジャパン

B：畜肉エキス（新製品開発のベース）

戦略C/C比率◀◁◇▷▷
戦略D/E比率◀◁◇▷▷
対照：436

■アリアケジャパン
直前決算期：2000.03
実質売上高：160億円
営業利益率：23.3%
海外売上率：10%未満
社内取締役：6
同順位相関：0.32
筆頭大株主：創業経営者
利益成長率：—/—/—
東名阪上場：1995.09

◉企業戦略▶▷▷▷▷本業集中

【経緯】 アリアケジャパンは1978年に茅ヶ崎で日本食資工業として設立された会社である。その源流は1966年に設立された有明特殊水産販売で、大鍋で煮出すアサリのエキスを即席麺メーカーに販売する仕事で成功して、業容を畜産エキスに拡張するために日本食資工業を設立した経緯がある。二つの会社は1990年に合併して、アリアケジャパンと商号を変更した。

【編成】 本業は液体および粉体形状の畜産系天然調味料で、それが分析対象期間中も主業の座を占めていた。祖業の水産系天然調味料は外部から購入するだけになっており、上場前に転地を成し遂げたことになっている。

■全社
期間：2000.04-2010.03
得点掲示板：10-0
営業利益率：22.4%
利益占有率：100%
開示欄序列：0

◉事業戦略▶▷▷▷▷中核集中

【立地】 売り物はチキン、ポーク、ビーフのエキス、スープ、エキスパウダーが主力となっている。いずれも肉や骨から煮出したエキスを調合した製品である。アリアケジャパンは、甘味、酸味、苦味といった味覚の構成要素別に強度を測定して、味を5次元データとして表現する「味の数値化」手法を確立しており、3,000種類以上の味を正確に造り分けることができるという。

売り先はラーメン、カレー、ハム、スナック菓子などの食品メーカーから始まって、1982年以降は飲食店を追加した。売掛リストには東洋水産やハウス食品のほか、ラーメンのチェーン店を展開する幸楽苑が挙がっている。

狭義の競合は天然畜肉エキスのカスタムメーカーで、これというところは見当たらない。

広義の競合は調味料のメーカーで、これは数限りない。アミノ酸系化学調味料を手がけるメーカーには味の素のような大手が君臨する。彼らもマスカスタマイゼーションには手が着いていない。アリアケジャパンは天然畜肉エキス市場の50%以上を押さえているという。マギーブイヨンは主に一般家庭を売り先としており、売り物もバラエティは少なく、アリアケジャパンと正面衝突はしていない。

【構え】 入手ルートは9割方が佐世保の郊外に集積した自社工場群である。九州を選んだのは、畜産が盛んなため原料調達がしやすいことによる。円高が加速した1980年代半ば以降は、牛のアメリカ、鶏の中国に続いて、豚の台湾に原料調達拠点を設け、現地で1次加工した半製品を九州に送り込む体制を築き上げてきた。不定形の骨付き肉を扱う工場内の自動化設備は自社開発で、特許を出願しておらず、門外不出となっている。

引き渡しルートは食品加工メーカーと大手飲食には直販を基本とし、中小の飲食には商社や食品卸を経由する。2001年までは子会社の有明食品化工販売が営業を担当していたが、提案営業が重要性を増すなかで、この子会社を吸収して文字通りの直販体制に切り替えた経緯がある。

【時機】 このケースは、ネスレ社が扱うマギーブイヨンを視野に入れると、遅発に相当する。アリアケジャパンが捉えたのはコンビニ出店攻勢の波で、競争が熾烈になるにつけ、総菜類でしのぎを削るコンビニ本部も、コンビニの棚を取り合う加工食品メーカーも、アリアケジャパンの開発力に頼らざるをえなくなっていった。外食

事業本拠地：長崎県
独禁法違反：報道なし
—
1990年代：10–0
2010年代：4–0

■3,000種類
長崎新聞 2002.7.21

■50%以上
日経金融 2000.6.6

業績推移（億円）

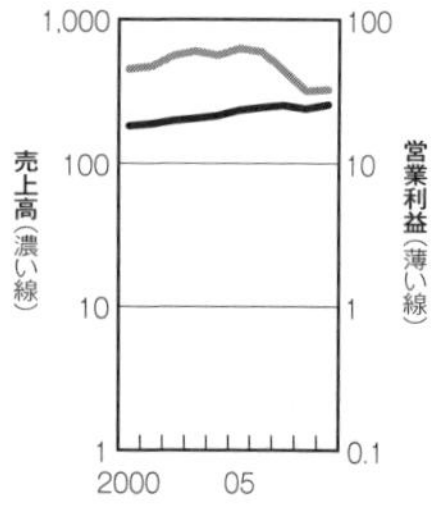

でも厨房スペースを客席に回す動きが顕著になり、スープをアリアケジャパンから外部調達するところが増えてきた。

【源泉】 この事業で高収益を許すのはミッションクリティカリティである。天然畜肉エキスは、顧客製品の死命を制する素材で、コク味において代替品を寄せ付けない。ゆえに高品質な製品には価格プレミアムが発生する。しかも、顧客の原価に占める割合が低く、値下げ要請を受けにくい。立地の選択がよかったことは間違いない。

【防壁】 この事業で高収益を守るのは巨額の投資である。畜肉エキスの生産を工業化するためのCIMへの投資や、味の数値化手法の開発は、市場規模に比べて大きな資本投下を要求する。これらはバラツキの大きい天然原料から出発してバラツキのない工業製品を造り分けるマスカスタマイゼーションに必要不可欠で、業界にひしめく中小企業には高い参入障壁を形成する。

■CIM
コンピューターによる統合生産

【支柱】 この事業で高収益を支えるのは畜産原料の調達網である。原料供給が途切れては、せっかくの工場も出る幕がなくなってしまう。海外ではエキス原体の抽出専門工場を設けている。

【選択】 1978年8月、日本食資工業はエキス原体抽出専門工場の第一号を建設した。これは高度に自動化された工場で、佐世保郊外に出現した「エキスコンビナート」の礎石に相当する。ここで100種類の抽出レシピを使い分ける体制を築きあげると、1989年頃から味のデータベース化に手を染めて、1998年までに味の数値化を完了した。

■100種類
月刊フードケミカル 1990.7

■1989年頃
1998年
週刊東洋経済 2002.11.2

◉戦略旗手▶▷▷▷▷創業経営者

【人物】 このケースで戦略を推進したのは創業者の岡田甲子男氏である。甲子男氏は皮肉にも子供のときに肉が苦手で、だから味覚検査を得意とするという。長崎で被爆して、佐世保に移住し、母親はいりこの行商で生計を立てていた。甲子男氏自身は港湾労働に従事する日々を経て大学に入ったものの、学生時代も土建のアルバイトに精を出し、卒業後は短いサイクルで証券会社や特殊ポンプのメーカーを渡り歩き、横浜でシューマイの製造販売を手伝ったあと32歳で起業した。自己資金は2000年の貨幣価値に換算

■おかだ・きねお
生没：1933.10-
社員：—
役員：1966.06-
社長：1966.06-2007.06
会長：2007.06-

すると25万円に満たなかったという。

ちなみに、アサリのエキスで起業したのは、シューマイに使うホタテが入手難に陥ったとき、その代用品をアサリで仕立てることに成功したからである。甲子男氏は天然調味料がビジネスになると直観したそうである。

【着想】 甲子男氏の着想にはA面とB面がある。表向きの説明では、干貝の旨味に魅了されて水産エキスから出発したものの、原料として目をつけた有明海のタイラ貝を安定的に調達することができず、やむなく畜産エキスに転進したという。自動化に邁進したのも、沸騰したスープを自ら作業中に浴びる事故に懲りたからで、その後は「納入先の開発意欲にこたえ続けるため、利益の大半を研究開発と設備刷新に注ぎ込んできた」という。一連の説明からは、場当たり的という印象を拭えない。

■タイラ貝
日本会社史総覧、1995年

■納入先の開発意欲に…
日経産業 1996.8.13

しかし、1970年頃から甲子男氏をフォローしていた記者は、まったく違う視点を提供する。工場を建設したのは、廃物利用的な天然調味料業界のあり方に反発したからで、当人が「これからのエキス業界は副産物的な考え方を打破して質的な転換を図る必要がある」と口にしていたというのである。さらに甲子男氏は「高品質なエキスを作るには技術開発力、品質管理能力及び新鮮な原料の確保が必要不可欠であり、それを実現するには適確なプラント、付属設備の優劣に負うところが大きい」という信念を抱いていたそうである。

■これからのエキス業界…
高品質なエキスを作る…
月刊フードケミカル
1990.7

1978年8月に最初の畜産エキス工場を建てた時点で、自宅を抵当に入れてまで自動化設備に投資した事実と整合性があるのは、後者の説明であろう。

[参照文献]
証券、1995年11月（岡田甲子男）
田中陽「人間発見」日経夕刊、2012年11月26日～30日

戦略C/C比率◀◁◇▷▷
戦略D/E比率◁◀◇▷▷
対照：126

ケース603 藤倉ゴム工業：スポーツ用品事業

P：ゴルフクラブ用カーボンシャフト（飛距離・球筋）

■藤倉ゴム工業
直前決算期：2000.03
実質売上高：230億円
営業利益率：4.8%
海外売上率：14%
社内取締役：6
同順位相関：0.33
筆頭大株主：フジクラ
利益成長率：—/—/—
東名阪上場：1949.05

◉企業戦略▷▷▷▶▷本業辺境展開

【経緯】 藤倉ゴム工業は1901年に東京の代々木で藤倉電線ゴムとして設立された会社である。銅線の被覆材を絹や綿からゴムに置き換える素材代替に成功して一時代を画したが、1910年に電線事業が藤倉電線（現フジクラ）として独立したことにより、ゴム引防水布に集中していった。その工業用途が産業用資材セグメント、民生用途がスポーツ用品セグメントに結実している。スポーツ用品事業では1954年に設立されたキャラバンが登山靴を、1991年に設立されたフジクラエンタープライズがゴルフクラブ用カーボンシャフトを手掛けていたが、後者は2010年4月に藤倉ゴム工業が吸収した。

【編成】 本業は産業用資材で、それが分析対象期間中も主業の座を占めていた。ただし、毛色の異なるスポーツ用品事業が肩を並べるに至っており、転地が視野に入っている。産業用のゴムを民生用スポーツ市場に持ち込んだあと、その隣接市場にゴムとは別のカーボンを持ち込む展開を辿ってきた。

■スポーツ用品事業
期間：2000.04-2010.03
得点掲示板：8-2
営業利益率：12.5%
利益占有率：38%
開示欄序列：2→3
事業本拠地：福島県
独禁法違反：報道なし
—
1990年代：6-4
2010年代：0-4

◉事業戦略▶▷▷▷▷中核集中

【立地】 売り物はゴルフクラブ用の炭素繊維製交換シャフトである。これは90度で交わる縦糸と横糸ではなく、60度で交わる3本の炭素繊維を織り込んだ三軸織のシートからできており、「プレーヤーの数だけスイングが存在する」という標語を掲げて、スイングのタイプに応じて複数の製品群を設けている。シャフト部分を交換するリシャフト市場を立ち上げたのはフジクラエンタープライズと言ってよい。

売り先はゴルフクラブの完成品メーカーと、世界のプロゴルファー、およびハイアマチュアゴルファーである。このケースは、業界では「部品メーカーが川上のクラブメーカーの上に立った」珍事とされているそうである。

■部品メーカーが川上の…
財界ふくしま 2005.4

狭義の競合はカーボン製のカスタムリシャフトを手掛けるメーカーで、これというところは見当たらない。

広義の競合はゴルフクラブのメーカー、およびシャフトのメーカーである。藤倉ゴム工業は1974年にカーボンシャフトに先鞭を付けたが、一部のクラブメーカーが川上に遡上してカーボンシャフトの内製化に乗り出してきた（ダイワ精工やミズノ）。さらに一部の炭素繊維メーカーも川下に降りてカーボンシャフトの内製化に乗り出している（三菱レイヨン）。それに加えてカーボンシャフト専業で参入してくるメーカーもあれば（グラファイトデザイン）、旧来の金属製シャフトを改良して対抗するメーカーもあり（日本シャフト）、市場は激戦区と化している。国内のカーボン比率は6～7割で、そのなかでフジクラエンタープライズは25%程度を押さえると言われていた。

■6～7割
25%程度
財界ふくしま 2005.4

【構え】入手ルートは福井県のサカセ・アドテックで、川上（炭素繊維反物の製造）や川下（クラブの組立）は意図的に手がけていない。

引き渡しルートは6割がOEMで、残り4割を直販と特約店が分け合っている。利益が出るのは非OEMルートと見て間違いない。

業績推移（億円）

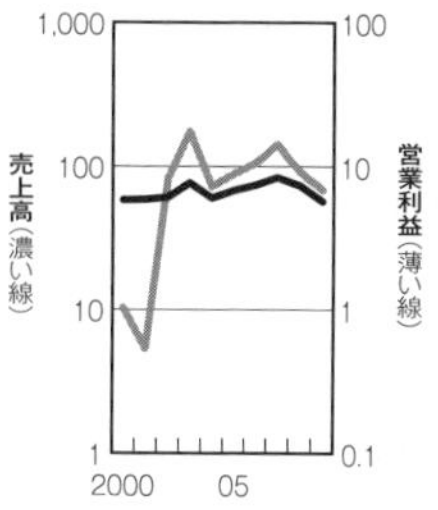

【時機】このケースは、仕掛けたタイミングがカーボンシャフトの第1次普及期を逃しており、遅発に相当する。ゴルフ界では技術革新が進んだヘッドに規制が及び始めたことから、飛距離を稼ぎたいゴルファーはシャフトに目を向けるしかなくなった。そこで藤倉ゴム工業はトップエンドから攻める頂上戦略にマスカスタマイゼーションを組み合わせ、リシャフトという事業立地を立ち上げたことになっている。リーマンショック以降は需要が低迷している模様である。

【源泉】この事業で高収益を許すのはミッションクリティカリティである。賞金を賭けて戦うプロともなれば、自分のスイングに合ったシャフトなら交換も支出も厭わない。そこに価格プレミアムの源泉がある。フジクラエンタープライズはUSPGAツアーで2010年には勝率1位に輝いた。日本の女子ツアーでもドライバーシャフトの使用率は1位だそうである。こうして頂点を極めることにより、上級アマチュアも魅了することができる。

【防壁】この事業で高収益を守るのは研究開発の蓄積である。結果を出すには、スイングのタイプとシャフトデザインの適合性に関する知見が欠かせない。フジクラエンタープライズは国内各地の大学と共同研究を進め、たわみ特性を把握するための測定装置まで内作した。

■**測定装置**
計測自動制御学会論文集 1995.4
日本機械学会論文集 2000.12.25
八戸工業高等専門学校紀要 2004.12

【支柱】この事業で高収益を支えるのは1994年4月に設立されたフジクラ・コンポジット・アメリカという子会社である。これはUSPGAツアーに参戦するトッププロへの売り込みを狙った組織で、2001年には使用率1位の座を獲得し、タイガーウッズのコンバージョンにも成功した。それが頂上戦略の効力を高めたことは言うまでもない。

【選択】1991年頃、フジクラエンタープライズはOEM路線に見切りをつけ、自社ブランドを確立するための三カ年戦略を打ち出した。同社は1990年にOEM受注に成功して月産3万本体制に移行するまで、月産100本未満の低空飛行を続けていた。低空飛行への逆戻りを覚悟してまでOEMを否定したのは、納入価格を著しく低く抑えられるからで、このときの悲壮な覚悟が1994年に三軸織の特許につながった。

◉戦略旗手▷▷▷▷▶理系社員

■**まつもと・のりお**
生没：1948.??-
社員：1973.04-????.??
役員：—
社長：—
会長：—

【人物】このケースで戦略を推進したのは技術者の松本紀生氏である。藤倉ゴム工業とゴルフの接点は、1973年に当時の松本重男会長（創業者の三男）がアメリカからカーボンシャフトを持ち帰ったところから始まった。そこから共同研究を重ねて1974年5月に発表した最初の製品を社史は「クラブシャフト業界に新風を巻き起こす端緒となった」と高く評価するが、当事者は「しばらくは、どのクラブメーカーにも相手にされませんでした。なかなか売上が伸びないものですから、そのうちゴルフ事業だけ独立採算でやれと、こうきたわけです」と語っている。

■**しばらくは、どの…**
必ずカーボンの…
レジャー産業の…
財界ふくしま 2005.4

ここでいう独立採算の枠組みこそ、1990年4月に設立されたフジクラエンタープライズにほかならない。この子会社は、門出の時点で社員10名、月産100本未満。月商200万円であった。そこで「必ずカーボンの時代が来る。目先にとらわれず、世界ナンバーワンを目指そう」と言い続けたのが、草創期からシャフトの研究開発を担当していた紀生氏であった。ゴルフのハンディは8だそうである。

紀生氏は1995年1月にゴルフ相談室を世田谷に開設したあと、2000年にスポーツ用品事業部の副事業部長、2004年に事業部長に昇格した。ところが2年で苦労を共にした同僚に事業部長職を譲り、その後は4年ほど本体で技術開発本部長を務めて、無任所となっている。

【着想】 紀生氏の着想は熟慮に基づいている。フジクラエンタープライズ発足時点の発言を見れば、その点は議論の余地がない。「レジャー産業のゴルフは消費財であることから、景気変動や気候変動に大きく左右される。同様に、下請けでは価格競争の中で埋没してしまう。後戻りできない会社の将来の不安を少なくするには、ゴルフクラブの部品としてではなく、シャフトメーカーとしてブランド化させた製品を市場に出すしかない。これは独立したときから、創業メンバー同士で誓い合っていたことで、いずれその時期が来たら、という考えを抱いていた」、これが発言録である。マスカスタマイゼーションには触れていないが、その萌芽を読み取ることができる。

［参照文献］
『藤倉ゴム工業 よもやま話（風雪90年）』1991年
週刊ポスト、1999年12月10日・17日

1-1-3 必要悪の解消

必要悪の解消とは、顧客には歓迎されないとわかりつつも、事業者の都合から放置されてきた悪しき慣行にメスを入れ、慣行を撤廃することを指す。

この戦略を活かした典型例はケース807のサニックスで、施工の内容や請求料金にバラツキが大きかったシロアリ対策工事をリ・インベントしてみせて、業界関係者が自殺行為と思い込んでいた防除保証を顧客に提供した。以前は施工者側に良い仕事をするインセンティブが働いていなかったが、サニックスは良い仕事をしないと生きていけないところに自らを追い込んだに等しい。ケース808のファンケルは、皮膚に良いはずがない防腐剤を含んでいた化粧品をリ・インベントして、生鮮化粧品をつくりあげた。製薬業界から流用した無菌化工場や特殊容器を、鮮度管理ができる直販体制と組み合わせた点に工夫があった。

必要悪の解消が高収益につながるのは、高いツケを払わされていた顧客がいるからである。「被害」に泣いていた顧客にしてみれば、泣かなくてよくなる価値の大きさは計り知れず、それが収益の源泉になる。ただし、「被害者」の範囲を超えて成立する戦略ではないので、いたずらに事業規模を追いかけることは禁物と言えよう。また、ここに登場するケースには、ライバルらしいライバルが見当たらない。見かけのリスクの高さが、ライバルを遠ざけるからであろう。だから高収益が持続する。

この戦略が適用できる条件としては、理不尽な慣行が手つかずのまま残っている状況を挙げることができる。ケース807のサニックスは、床下で行われる作業の中身も効果も見えないまま、請求どおりに個人顧客が料金を支払っていた。ケース808のファンケルは、スキンケアをしたいのに、肌トラブルにつながりかねない成分を個人顧客が肌に塗っていた。前者では気ままなシロアリ相手のビジネスなので保証はタブーとされており、後者では栄養が豊富で腐りやすい化粧品に防腐剤や殺菌剤を添加するのはやむを得ないとされていた。この手の説明に押し切られるのは、一般消費者であることが多い。

必要悪を解消するには、不可能を可能にする手段が要る。ケース807のサニックスもケース808のファンケルも、研究を通して手段を自ら開発した。研究と言っても、別に立派な研究所を持っていたわけではないし、高学歴の研究者を揃えていたわけでもない。あったのは、素人創業者のあくなき探究心だけである。

成熟事業を託される経営幹部候補生から見れば、自事業に必要悪が放置されているとは考えにくいかもしれない。しかしながら、目を皿のようにして探すと、巨大企業の成熟事業にも必要悪を解消する機会が意外と隠れているものである。その点をリマインドしてくれるアメリカの事例を、最後に紹介しておきたい。

GEを1980年代から1990年代にかけて率いたジャック・ウェルチは、CEO候補生としてテストされている期間に、出身母体の樹脂事業とは似ても似つかない家電事業の責任者に任命された。着任してみると、最有力ライバルが率いてきた家電事業は絞りかす状態で、見込みがないと判明する。窮地に追い込まれたウェルチは、何かあるはずと配下の組織を精査して、大型家電製品の割賦販売部門に目をつけた。

ウェルチが解消した必要悪は、鉄道会社が貨物車を、物流会社がコンテナを、航空会社が飛行機を所有して、バランスシートに乗せる慣行であった。彼は、ここにリースという手段を持ち込んだのである。この金融事業の母体が家電事業であったところが興味深い。

ケース 807　サニックス：ホームサニテーション事業

C：白蟻防除薬剤・吸湿剤（出ないという保証）

戦略C/C比率◀◁◇▷▷
戦略D/E比率◁◀◇▷▷
対照：—

■サニックス
直前決算期：2000.03
実質売上高：430億円
営業利益率：14.3%
海外売上率：10%未満
社内取締役：13
同順位相関：▲0.16
筆頭大株主：創業経営者
利益成長率：—/—/—
東名阪上場：1997.09

◉企業戦略▷▷▷▷▶多核化展開

【経緯】サニックスは1978年に佐世保で三洋消毒として設立された会社である。主に一般家庭を相手に白蟻の防除を行ってきたが、1982年に関西進出を果たすと、トータル・サニテーションという企業使命を打ち出し、4年後には法人向けサービスの拡充に乗り出した。1992年に法人部門の関東進出を果たすと、次は産業廃棄物の中間処理に目をつけて、事業拡大に挑んでいる。

【編成】本業はホームサニテーション事業で、それが分析対象期間中も主業の座を占めていた。本業が生むキャッシュを注入して育成してきた法人部門は規模の拡大に苦戦している。それに次ぐ環境資源開発事業は規模感に不足はないものの、赤字体質から脱却できていない。

■ホームサニテーション事業
期間：2000.04-2010.03
得点掲示板：9-1
営業利益率：21.1%
利益占有率：100%以上
開示欄序列：1
事業本拠地：福岡県
独禁法違反：報道なし
—
1990年代：3-0
2010年代：4-0

◉事業戦略▷▶▷▷▷川上川下統合

【立地】売り物は白蟻予防消毒と床下換気扇取付施工ながら、防除保証が顧客を惹きつけていることは間違いない。従来は地域零細事業者が「駆除」を行っていたが、駆除後に白蟻、ネズミ、ゴキブリが出たとき、駆除に手抜かりがあったのか、新たな個体が侵入したのか、峻別する方法がないところに難があった。事前に防除を謳えば、事業者は言い逃れができない。ここに事業立地の微妙な違いがある。

売り先は一般家庭である。

狭義の競合は防除を保証する事業者で、これというところは見当たらない。

広義の競合は白蟻駆除を謳う事業者で、数は多い。東京ではキャッツ（旧三共白蟻消毒）が急成長を遂げている。サニックスのシェアは30%強とされている。

■30%強
日経産業 1997.8.28

【構え】入手ルートは自社工場、100%子会社、および外部取引先である。化学薬品を内製し、床下換気扇等の電気機器を外部から調達する傾向が見られる。

引き渡しルートは直営の支店、営業所である。ここが訪問営業→無料診断→現場施工→明朗会計→長期保証という一連の流れを作り込む前線となっている。この基地に社員の大半を配置する一方で、彼らが利用する研修施設や厚生施設に多額の資金を投下するのがサニックスの特徴と言ってよい。前線部隊を管理する人員も厚く揃えている。

【時機】 このケースは、駆除も視野に入れると、遅発に相当する。ファストフードチェーン店やコンビニやファミレスが地域零細店を凌駕していくのと軌を一にしてサニックスは伸びてきた。駆除から予防へのシフトを指摘する論文も1978年に公刊されている。

【源泉】 この事業で高収益を許すのはミッションクリティカリティである。防除サービスに比べると、守るべき家の価値ははるかに大きい。そして顧客が望むのは、駆除の作業自体ではなく、再発防止という結果であり、その願望を正面から受け止める事業者には稀少性があることから価格プレミアムが発生する。

【防壁】 この事業で高収益を守るのは競合の自縛である。他社は見かけの「リスク」に尻込みして防除を謳わない。

【支柱】 この事業で高収益を支えるのは1982年に開設した研修センターである。サニックスは、施工担当者を社員として処遇し、彼らに営業まで委ねてしまう。彼らの接客スキルが社運を左右する以上、この研修所が戦略の均整を保つ要と言ってよい。サニックスは訪問販売の虚偽説明を理由に一部業務停止命令を受けたことがあるが、この現場管理の難しさが参入障壁を一段と高くする。

【選択】 1986年5月、三洋消毒はトータルサニテーション事業部を新設して施工後メンテナンスの体制を確立した。防除を謳うと、管理可能な作業の内容ではなく、管理不能な作業の結果を保証しなければならなくなる。外的要因の影響を免れないことを考えると、見かけの「リスク」は大きい。さらに、汚れ仕事を任される現場施工担当者にしてみれば、本部や顧客に施工品質が見えないことをいいことに、手を抜く余地がいくらでもある。そこに発生するモラルハザードの可能性も、事業者が負う見かけの「リスク」を大きくする。そこに敢えて切り込んだ選択は、鬼手と呼ぶほかない。

業績推移（億円）

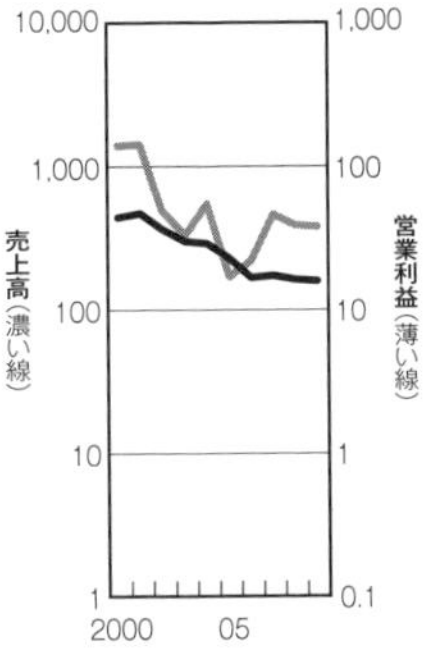

■予防
しろあり 1978.10

■むねまさ・しんいち
生没：1949.12-
社員：—
役員：1978.09-
社長：1978.09-
会長：—

■目立つのはいやがる
週刊ダイヤモンド
1996.11.16

■人がやっている…
日経産業 1993.8.28

■従業員は少なくとも…
日経産業 1998.7.30

■何か事業を…
週刊ダイヤモンド
1996.11.16

■創業からの5年間は…
日経産業 1993.8.28

◉戦略旗手▶▷▷▷▷創業経営者

【人物】 このケースで戦略を推進したのは創業者の宗政伸一氏である。社員に「目立つのはいやがる」と評される伸一氏は、その一方で「人がやっていることには魅力を感じない」と公言する。この気質がサニックスの独走に寄与したことは疑う余地がない。起業したのは25歳のときであった。

伸一氏は、施工担当者に濃密な顧客接点を持たせたうえで、ストックオプションまで付与している。さらに「従業員は少なくとも年一回」と言われる頻度で一緒に山に登り、密なコミュニケーションをとるという。こうして幾重にもモラルハザード対策を講じているからこそ、サニックスが成り立つと言えよう。

ちなみに、2014年4月に東京1部に上場したアサンテは、伸一氏の実兄が1973年に設立した会社である。サニックスが九州を地盤とするのに対して、アサンテは東京を地盤として白蟻防除を謳い、利益率を二桁にのせている。

【着想】 伸一氏の着想はアメリカに由来する。商業高校を卒業したあと勤めた会社が閉鎖の憂き目を見て、伸一氏は「何か事業を興さなくては」と思い立ち、兄に白蟻の仕事を勧められたのを機にB2B事業に的を絞って起業した。ところが、伸一氏自身が「創業（1975年）からの5年間は本当にきつかった」と語るように、この時代は日の目を見ていない。そこで単身アメリカに渡り、3ヶ月かけて業界研究に勤しんだ伸一氏は、サービスのマニュアル化に可能性を見出し、B2Cに切り替えたが、この段階でB2B時代に培った訪問営業手法が活きたという。B2Bでは詳細な見積書を用意するのがあたりまえで、これが消費者の信用を勝ち取ったそうである。弟が兄を導く立場に転じたところが興味深い。

[参照文献]
証券、1997年11月（宗政伸一）

ケース 808 ファンケル：化粧品事業

C：無添加化粧品（肌トラブル対策）

戦略C/C比率◀◁◇▷▷
戦略D/E比率◀◁◇▷▷
対照：084，085

■ファンケル
直前決算期：2000.03
実質売上高：620億円
営業利益率：18.3%
社内取締役：4
同順位相関：0.80
筆頭大株主：創業経営者
利益成長率：—/—/—
東名阪上場：1999.12

◉企業戦略▷▷▶▷▷販路応用多角化

【経緯】 ファンケルは1981年に横浜でジャパンファインケミカル販売として設立された会社である。設立当初から販売品目は基礎化粧品で、1982年に完全無添加の化粧品を追加した。その後は1994年に健康食品、1999年に発芽玄米、そして2000年に青汁と、精力的に事業領域を拡大して今日に至っている。2012年にブランド一新を試みたが、これは失敗に終わり、経営陣が引責辞任した。

【編成】 本業は化粧品で、それが分析対象期間中も主業の座を占めていた。そこから出るキャッシュを注ぎ込んで育成した健康食品事業も、化粧品の半分を超える規模に育っており、しかも高収益を誇っている。発芽玄米だけは、赤字体質から脱却できていない。

■化粧品事業
期間：2000.04-2010.03
得点掲示板：10-0
営業利益率：16.7%
利益占有率：69%
開示欄序列：1
事業本拠地：神奈川県
独禁法違反：報道なし
—
1990年代：3-0
2010年代：2-2

◉事業戦略▶▷▷▷▷川下統合

【立地】 売り物は生鮮化粧品である。香料や着色料や防腐剤を使わない無添加化粧品は10日もすれば腐ることが訴求点になっており、注射液を入れるのと同じバイアル瓶に少量を密封して、製造年月日を表示して出荷するところからスタートした。

売り先は敏感肌の女性たちである。この客層は、大手メーカーの化粧品を使うと肌トラブルを起こすので、ファンケルを天恵と受け止めている。

狭義の競合は無添加化粧品の通信販売事業者で、ファンケル以外に上場企業は見当たらない。化粧品を大量生産・大量販売しようとする大手メーカーは流通在庫を把握できないため、製造から数年経過した製品を手にした顧客からカビや異臭などのクレームが出ないようにするには防腐剤に頼るしか方法がない。また、香料や着色料は五感に訴える製品差異化の武器となる。その手の添加物質を、独りファンケルは製品に混ぜない道を選択したことになっている。

広義の競合は資生堂やカネボウを筆頭とする化粧品メーカーで

■3%未満
日本マーケットシェア事典2002

■会社の仲間にする
日経ビジネス 1993.4.5

ある。ファンケルは得意とする基礎化粧品ですら10位以内に食い込んでおらず、市場占有率は3%未満にとどまっている。通販ルートでは、1980年に化粧品事業を立ち上げたDHCがトップの座を保っている。分析対象期間中に資生堂（国内化粧品）は2勝8敗で通算利益率9.0%の戦績を残したが、売上高は急落しており、立地の劣化を防ぐ戦略に出ていることが窺える。

【構え】 入手ルートはクリーンルームをはじめとして細菌混入を防ぐための重設備を完備した自社工場である。

引き渡しルートは通信販売から始まって、それを補完する直営店舗を増やすに至っている。1998年度時点で見ると7割が通販経由であった。ファンケルは郵便受けに商品を届ける在宅無用サービスも拡充している。コミュニケーションを強化して顧客を「会社の仲間にする」ために、ファンケルはカタログ誌の定期配布にも力を入れている。

【時機】 このケースは、化粧品全体を視野に入れると、遅発に相当する。ファンケルが創業する数年前から化粧品による皮膚トラブルが公知の事実となり、厚生省が指定成分98種の表示を義務づけた。これが無添加の信憑性を高めることになり、ファンケルの参入に道を開いたと言ってよい。東日本大震災以降は下降気味である。

【源泉】 この事業で高収益を許すのはミッションクリティカリティである。大手化粧品メーカーの製品に拒否反応を示す消費者の数は決して多くないが、そういう消費者はファンケルを絶賛する。そして彼らにはファンケルしか選択肢がない。これは、ファンケルを救世主と受け止めた顧客が価格プレミアムを許容したケースと言ってよかろう。

【防壁】 この事業で高収益を守るのは巨額の設備投資である。しかも、ファンケルと同じアプローチを採ると、市場の大半を捨てることになる。無添加に追随しようとする挑戦者は、大きなリスクに直面することを避けられない。

【支柱】 この事業で高収益を支えるのは情報部門である。注文を受けてから商品を発送し、さらに代金を回収するまで、ファンケルは早くからコンピューターを活用してきた。クレジットカードや宅配便のような通販事業のインフラストラクチャーが十分に行き渡って

業績推移（億円）

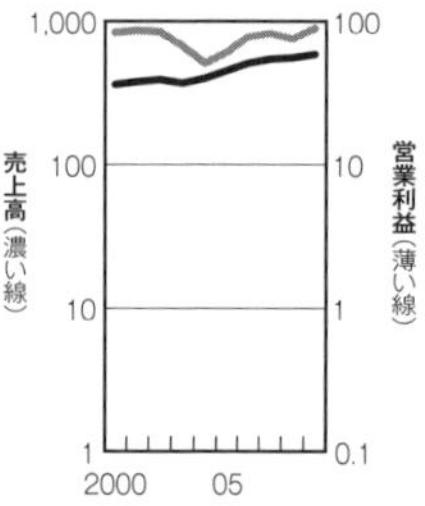

いない段階での起業だっただけに、すべては手作りシステムに依存していた。

【選択】 1982年12月、ファンケルは無添加化粧品の通信販売を開始した。他社が対面販売や訪問販売で対抗策を仕掛けてくることを考えると、巨額の減価償却費負担を抱えつつ、ひたすら注文を待つ選択は、精神衛生の観点からは最悪と言ってよい。

◉戦略旗手▶▷▷▷▷創業経営者

【人物】 このケースで戦略を推進したのは創業者の池森賢二氏である。賢二氏は9歳で父親と死に別れ、パン屋に住み込んで働きながら定時制高校に通い、37歳で勤めていたガス会社を辞めて友人たちと起業したが失敗に終わり、2,400万円の借金を背負い込んだ。兄のクリーニング事業を手伝いながら借金を返したところで、ファンケルを立ち上げている。

【着想】 賢二氏の着想は素朴な疑問に発している。配偶者が常々アレルギーで悩んでいたので、居酒屋で化粧品製造工場の経営者と皮膚科の医師と隣り合わせた機を捉え、「女性は美しくなりたくて化粧をするのに、なぜ化粧品で肌が荒れるのか」という疑問をぶつけてみた結果、栄養豊富な化粧品は腐ること、そして劣化を防ぐために添加する防腐剤が肌によくないことを知った。そこから生まれたのが腐る前に使い切る無添加化粧品のアイディアである。賢二氏は「素人だからできた」と振り返っている。

ただしアイディアを実行に移すのは容易でなく、神奈川県薬務課との闘いが待っていた。神奈川県には老舗化粧品メーカーの工場が集中していたせいか、「化粧品業界には30万人の人が働いているんだ、お前がこんなことをすることで、30万人が職を失ったらどうするんだ」と、いじめられたという。ファンケルの化粧品工場が千葉県にあるのは「最後まで認可をもらえなかったから」だそうで、圧力に屈しなかったのは反骨精神の賜物と言えよう。最初の着想を得るまでは偶然の要素があるものの、決起してからの賢二氏は少しもぶれていない。

[参照文献]

『ファンケル25年史』2005年

■いけもり・けんじ
生没：1937.06-
社員：—
役員：1981.08-2005.06
　　　2013.06-
社長：1981.08-2003.06
会長：2003.06-2005.06
　　　2013.06-

■9歳
女性は美しく…
日経ビジネス 1996.7.22

■素人だからできた
近代中小企業 1990.6

■化粧品業界には30万人…
最後まで認可を…
激流 1997.8

2 「売り先」のリ・ディレクション

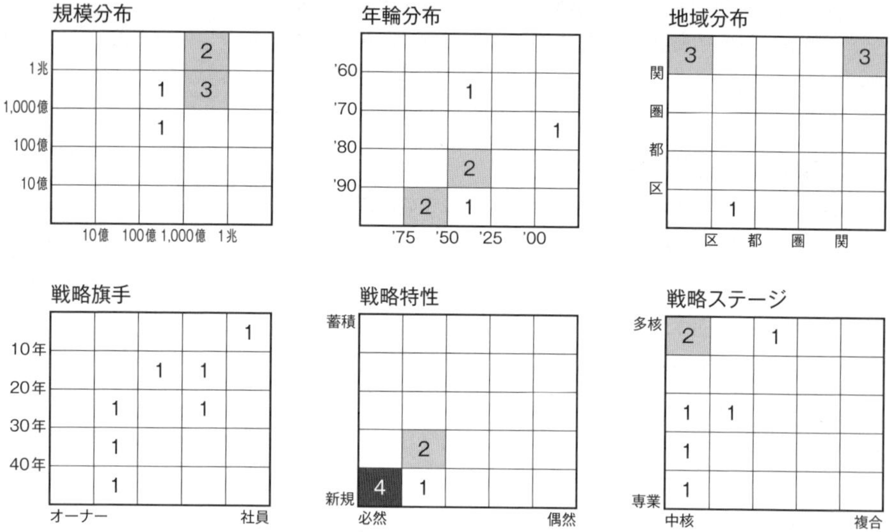

成熟市場で「売り先」を大胆に変えるには、事業活動の出口を従来とは大きく異なる方角に求めるのがよい。具体的な手口として、本巻では日本の低迷を逆手に取り、(1) 当該事業の本場と呼ぶべき大市場に勝負を賭ける、(2) 川下の新たな集積地に新規の顧客を求める、の2パターンが浮上している。いずれの場合も競合他社の多くは日本に籠城して、川下の顧客と一緒に先細りする道を歩むため、リ・ディレクションに踏み切った企業には好機が巡ってくるのである。

リ・ディレクションは特に大企業に親和性の高い事業戦略である。その点は「規模分布」と「年輪分布」マトリックスに現れており、6ケースでは売上高が1,000億円を超えている。それなのに「戦略特性」マトリックスは強いリーダーの存在を示唆しており、拙著『経営は十年にして成らず』で描いた強い操業経営者の独壇場となっている。

1-2-1 本場への参入

本場への参入とは、日本国内の拠点から日本の顧客に向けて出荷していた事業は温存する一方で、当該事業の本場に新規投資を振り向けていく戦略を指す。大多数の事業において日本は世界の辺境に過ぎず、本場と呼ぶべき市場は海外に君臨する場合が多い。そういう夢のある市場に振り向けなければ、せっかくの経営資源も活きるものではない。

この戦略を活かした典型例はケース604の信越化学工業で、塩ビ事業をアメリカにリ・ディレクトして成長事業に仕立て上げてみせた。住宅が大きくて相互に離れているアメリカは、塩ビの配管や建材を使う量が日本とは比較にならないほど大きく、まさに本場と呼ぶにふさわしい。ケース809のシマノも自転車部品事業をアメリカにリ・ディレクトした。日本では安い実用車が主流の自転車も、アメリカでは趣味用のスポーツ車が大きな市場を形成している。ケース810のクボタも農機事業をアメリカにリ・ディレクトした。土地の狭い日本では小型機中心の農機も、アメリカでは中型・大型が巨大市場を形成しており、用途も比較にならないほど広い。ケース605のHOYAは眼鏡レンズ事業を世界に向けてリ・ディレクトした。内需が成長するアジアに製造拠点を設け、そこから世界に向けて出荷する体制を整えたのである。

本場への参入が高収益につながるのは、同質競争から逃れられるからである。たとえばアメリカ市場にはアメリカ市場の歴史的経緯があり、そのなかで競争の焦点が形成されている。それとは無縁に異質の能力を形成してきた日本企業がアメリカに出て行くと、日本では当たり前と受け流されるモノやサービスが異質に映り、それを高く評価する顧客が現れる。その範囲でビジネスを営む限りにおいては、評価が収益に直結する。

この戦略が適用できる条件としては、参入機会の出現を挙げることができる。ケース604の信越化学工業は、アメリカの先発メーカー群が設備寿命の到来を迎える時期と彼らが投資しにくい住宅不況のタイミングを狙い澄まして、一気呵成の投資を実行した。ケース809のシマノもアメリカ勢やヨーロッパ勢の衰退を尻目に躍進を遂げている。マウンテンバイクというアメリカ固有のブームが訪れる兆しを見て取り、やはり一気呵成の投資を実行した。ケース810のクボタは石油ショックを背景に小型車で参入して、時間をかけて自社ディーラー網を構築した。自動車や家電が育てた日本品質への信頼感を追風にしたと見ることができる。ケース605のHOYAは巨大新興市場の出現を好機とした。

これらのケースは、自力で本場参入を果たしているところが興味深い。信越化学工業は、最初こそ合弁で橋頭堡を築いたが、パートナーが経営不振に陥ったのを機に相手の持分を買い取っている。本格的な進攻に打って出たのは、そこから10年以上経ったあとのことで、実質的には自力と分類してしかるべきである。

自力で海外の本場参入を成功に導いたケースには、興味深い共通点がある。ケース604の信越化学工業では、のちに社長になる金川千尋氏が1970年に海外事業本部長に就任し、驚くべきことに1978年から32年の長きにわたって米国現地法人の社長を務め上げている。ケース809のシマノでは、創業者の三男にあたる島野喜三氏が1965年に米国現地法人の設立社長に就任し、シマノの社長になる1995年まで続投した。ケース810のクボタでは林守也氏が、ケース605のHOYAでは佐藤隆雄氏が、同様に事業を牽引した。下手な合弁を組んだりM&Aに賭けるより、人を定めて学習効果を活かすところに成功の鍵が潜んでいるようである。

ケース 604

信越化学工業：有機・無機化学品事業

B：塩化ビニル樹脂（得意客向け供給保証）

戦略C/C比率◀◁◇▷▷
戦略D/E比率◀◁◇▷▷
対照：417, 098, 055

■信越化学工業
直前決算期：2000.03
実質売上高：6,690億円
営業利益率：12.9%
海外売上率：51%
社内取締役：15
同順位相関：0.76
筆頭大株主：金融機関
利益成長率：○/○/○
東名阪上場：1949.05

◉企業戦略▷▷▷▷▶多核化展開

【経緯】信越化学工業は1926年に長野で信越窒素肥料として設立された会社である。信濃電気60%、日本窒素40%の合弁としてスタートしており、余剰電力の有効利用を図る目的で生まれた会社と言ってよい。まずは直江津で石灰窒素、次に磯部で金属マンガン、武生で石灰窒素と業容を拡げたところで終戦を迎え、戦後は磯部がシリコーン、直江津が塩ビ、武生が希土類磁石の拠点に転じていった。ほかに半導体シリコンにも進出して、今日に連なる事業ポートフォリオの大枠が完成している。

【編成】本業は石灰窒素で、そこから信越化学工業は転地した。分析対象期間中の主業は四つあり、塩ビとシリコーンと半導体シリコンと希土類磁石が抜きつ抜かれつを演じる様は、まさに多核経営と呼ぶにふさわしい。塩素と珪素が戦後の土台を形作った面もあるが、希土類磁石はどちらにも縁がない。

有機・無機化学品セグメントは、塩ビとシリコーンを柱とし、ほかにメタノール、セルロース誘導体、苛性ソーダ、酢酸ビニール、ポバールなどを含んでいた。2010年度以降は塩ビ・化成品が独立セグメントとなり、塩ビと苛性ソーダとメタノールだけで利益率が二桁に乗ることを証明した。

■有機・無機化学品事業
期間：2000.04-2010.03
得点掲示板：10-0
営業利益率：13.8%
利益占有率：45%
開示欄序列：1
事業本拠地：アメリカ
独禁法違反：報道なし
—
1990年代：2-2
2010年代：2-2

◉事業戦略▶▷▷▷▷中核集中

【立地】売り物は塩化ビニル樹脂（塩ビ）である。これは熱可塑性汎用樹脂の一つで、重量の半分以上を塩素が占めるため安いうえ、難燃性や薬剤耐性に優れている。塩素ガスは塩を電気分解して入手するが、同時に得られるソーダはガラスの原料になる。信越化学工業は、他事業でも多用する手口を踏襲して、川下でコンパウンドも手掛けている。

売り先は建築資材、農業資材、管工機材などのメーカーである点は変わり映えしないが、世界中に拡がっているところが信越化学工業の特色となっている。国土の広いアメリカでは、住宅が最大の売り先になる。

■36%
約10%
WEDGE 2013.1

狭義の競合は安いエタン由来の塩ビのメーカーで、主戦場はアメリカになる。アメリカには年産100万トンを超える生産者が何社かあるが、2008年段階でシンテックは36%の生産シェアを誇り、断トツ首位の座に就いていた。信越化学工業の世界シェアは約10%だという。中国には出ていない。

広義の競合はエチレンソースを問わない塩ビのメーカーで、日本では信越化学工業の鹿島工場と、大洋塩ビが年産50万トン強で競り合っている。大洋塩ビを連結対象とする東ソー（基礎原料事業）は分析対象期間中に1勝9敗で通算利益率1.1%の戦績に終わっている。収益力に差が生まれる理由は海外展開の成否にあると思われる。日本では供給過剰が続いており、財閥系の総合化学メーカーもナフサ由来の塩ビについては戦線縮小の方向にある。

【構え】 入手ルートはシンテックというアメリカの子会社が最大拠点で、信越化学工業はエタン由来の安いエチレンと岩塩が豊富にあって比較優位を持つアメリカの港湾立地を選択し、そこに日本の鹿島工場でつくりあげたノンスケール重合技術を持ち込んで、ここを世界的な輸出基地と位置づけたことになっている。サブ原料のエチレンは外部から購入していたが、分析対象期間後に内製化の方向に舵を切った。

引き渡しルートは、販売を三井物産に委ねて起業した経緯があり、基本は商社、代理店経由である。シンテックは7人ほどの営業部隊が直販も手掛けている。国内では1960年に信越ポリマーを設立して川下の加工分野に進出している。その点はシンテックも同じで、川下側が委託と垂直統合の組み合わせになっている点はユニークである。

業績推移（億円）

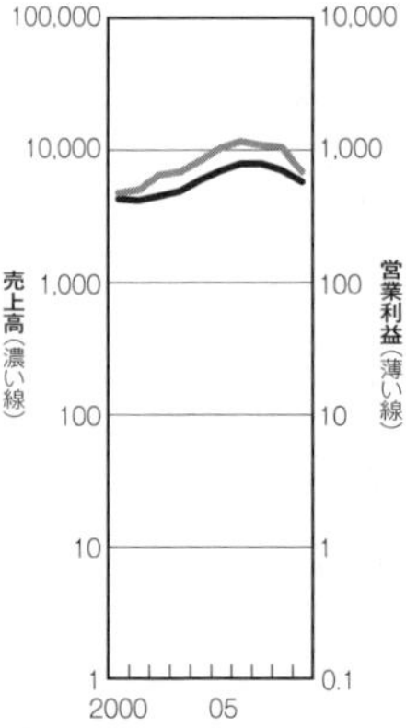

【時機】 このケースは、動いた時期が遅く、遅発に相当する。年産10万トンから出発したシンテックは1987年段階でも全米4位、生産シェア11%のプレーヤーに過ぎなかった。日本に先駆けて塩ビ工業が立ち上がったアメリカでは、1980年代から1990年代にかけて先発組の設備が寿命を迎え、主要プレーヤーの顔ぶれが一新しており、この機を捉えてシンテックは増設投資に打って出たことに

なっている。

【源泉】この事業で高収益を許すのは信頼である。顧客が最も重視するのは原材料さえ手に入れば儲かるという好況時で、そこで重要顧客の期待を裏切ることがないよう信越化学工業は鹿島工場をバックアップとして活かす体制を敷いている。その恩恵にあずかる顧客は、不況時にも無闇に買い叩く行動に出ない。それが高位安定収益の基盤となる。

【防壁】この事業で高収益を守るのは絶えざる革新である。塩ビポリマーの重合はバッチ方式で行われているが、その重合反応の計装制御、スケールアップ、高速化などにおいて信越化学工業は絶えず他社の先を歩んできた。その詳細については、中川充、武城昭夫、小柳俊一、荒井秀、清野順一の1973年の共著論文、および奥野義隆、金川千尋、小柳俊一、大浦誠、天野正の2010年の共著論文を参照していただきたい。

■共著論文
化学工学 1973.6
化学工学論文集 2010.4

【支柱】この事業で高収益を支えるのは少数精鋭の販売部隊である。シンテックはアメリカの住宅市場の川上に位置するためリーマンショックの直撃を受けたにもかかわらず、赤字転落しなかった。余波を受けただけの日本企業が大挙して赤字になったことを考えると、シンテックの健闘には驚くしかない。種を明かすと、事前に輸出用の出荷設備に投資してあったので、好調に沸く中南米向けの輸出に舵を切ったということである。常にプランBが仕込んである点は見事と言ってよい。このように工場のアウトプットを必ず売り切ってみせる販売部隊がいてこそ工場はフル稼働し、コスト優位が現実のものとなることで高収益が持続する。

【選択】1988年11月、信越化学工業はシンテックのフリーポート拠点に第3工場を建てる第5次増設計画を決定した。これが鬼手と映る理由は二つある。一つは3ヶ月前に第4次増設計画で建設した第2工場が稼働を始めたばかりであったことである。しかも第4次増設で年産45万トン体制から年産60万トン体制に移行した直後にもかかわらず、第5次増設は年産90万トン体制の実現を目標に掲げていた。成熟しきった汎用樹脂の生産能力を、わずか数年のスパンで倍増するとは、それこそ狂気の沙汰に見える。二つ目は当時のアメリカで住宅ローンを手掛ける貯蓄貸付組合が危機的状況に陥っていたことである。全米で3,000強あった組合は1986年から10年で3分の1が破綻した。普通なら塩ビの需要は冷え込むと予想するところであろう。

■かながわ・ちひろ
生没：1926.03-
社員：1962.02-1975.01
役員：1975.01-
社長：1990.08-2010.06
会長：2010.06-

◉戦略旗手▷▷▷▶▷操業経営者

【人物】 このケースで戦略を推進したのは金川千尋氏である。実質的な創業者にあたる小坂徳三郎氏はシリコーン事業で当たりくじを引いたものの、塩ビは失敗続きで、その尻拭いを金川氏がやりとげた。まずは、その経緯を説明しておく。

■当時わが社は田舎の…
日経朝刊 1992.7.22

信越化学工業で塩ビ事業を始めたのは、創業者の三男、徳三郎氏である。当人は「当時わが社は田舎の一肥料会社から脱皮するため有機合成をやろうということになり、合成樹脂のエース格だった塩ビに進出した」と説明したが、社史によると真相は「肥料部門の採算が悪化する兆しを見せ…事業見直しを迫られていた」ということらしい。石灰窒素を手掛けてきた信越化学工業にしてみれば、中間生成物の炭化カルシウムをアセチレン経由で塩ビモノマー（クロロエチレン）に持って行くのは合理的な選択で、外国技術を導入した先発組を横目で睨み、新日本窒素と合弁を設立して事業化に乗り出したところに徳三郎氏の一捻りがあった。

■徳三郎氏の一捻り
経済時代 1955.4

しかしながら、1957年の塩ビ進出自体は失敗と言わざるをえない。1950年頃に塩ビは既にバンドワゴンの様相を呈していたうえに、炭素源を石炭に求めた信越化学工業が他社の石油化学コンビナートに対抗するには無理があったからである。そこでイタリアから技術を導入して炭素源を天然ガスに移す勝負に出たが、60年史が「経営判断を誤った」と総括するように、これが苦難に輪をかけた。在庫の山に押された川下進出についても、60年史は「加工事業進出条件と業界事情について不十分な調査のまま信越ポリマーを設立したことは、当社に長期の負担を残した」と手厳しい。

徳三郎氏は苦境を打開すべく、1967年に鹿島コンビナートへの進出を決断した。これは三菱油化が主導する大型コンビナートで、信越化学工業にとっては炭素源をやっと石油に移すことを意味していた。念願の新工場は1970年に完成したが、第1次石油ショックの余波を受けて生産調整を余儀なくされ、おまけに直江津で塩ビモノマー工場が1973年に爆発事故を起こしてしまう。政界に転身した徳三郎氏は塩ビ事業の好転を見ることのないまま、1974年12月に取締役会から身を退いた。

塩ビ事業を救ったのは、1960年12月に発足した海外事業班である。これが1962年1月から海外事業部として技術輸出やプラント輸出に乗り出して、事業の不振を補った。皮肉なことに、苦難のなかで生産技術部隊が生み出したノンスケール重合技術は競争力があり、海外から引き合いを呼び込む結果につながった。そうした引き合いの一つがシンテックに結実し、塩ビ事業躍進の原動力になるとは、わからないものである。

■技術輸出やプラント輸出
実業往来 1980.10

金川千尋氏は、三井物産を経て1962年2月に35歳で信越化学工業に入社している。商社時代は主に管理の仕事をしており、化学とは縁がなかった。入社後は海外事業部事業課の副長からスタートして、塩ビの技術・プラント輸出を推し進め、1970年12月に海外事業本部長になると自ら企画立案してアメリカのロビンテック社と合弁で1973年にシンテックを設立する。このシンテックが、第1次石油ショックで傾いたパートナーの持分を買い取ったあと、年産250万トンを超える世界一の塩ビ企業に育っていったのである。このケースの旗手はどこから見ても金川氏と断言できる。

なお、シンテックの完全子会社化には反対する取締役が続出した。その反対論を押し切った小田切新太郎社長を金川氏は敬愛しており、社長命に応えて国内の塩ビ事業を再建しつつ、シンテックの増設に次ぐ増設を成し遂げている。小坂家から出た前任社長の急逝に伴って64歳で社長に指名されたのは、塩ビ事業の実績があってのことである。

社長としての金川氏は「悪くなったときに最善の手を打つ準備をしている人間こそ能力がある」という人間観に基づき、「(私の)役割の一つは、最適な人間を最適な場所に配置することだ」と断言している。早朝から大量の書類に目を通して、実務上の判断を人任せにしないハンズオン経営は、社長になっても変わらないという。営業面では「モノを売るということは、簡単に言えば買い手の信頼と満足を得ることです…いいときは売り手も買い手も満足する場合が多いけれども、悪くなったときに買い手をどのように扱った

■悪くなったときに…
役割の一つは…
日経ビジネス 2002.1.7

■モノを売るという…
経営者 1993.7

かが問題です」という一言が金川氏の知恵を要約している。

金川氏は6歳で亡くした父親が裁判官を務めていたにもかかわらずギャンブル好きで、若い頃に株式からカジノ、パチンコまで身銭を切った経験があり、それが「会社の仕事にも役立ったと思う」と「私の履歴書」で述べている。京城に生まれ、18歳まで同地で育ったせいか類い稀なる国際派で、気脈を通じた友人に欧米の人が多い点にも驚かされる。「一度胸襟を開けば向こうの人の方がはるかに義理堅い」とは金川氏自身の弁で、シンテックのあるテキサス州は「第二の故郷」だそうである。

■一度胸襟を開けば…
第二の故郷
日経ビジネス 1991.3.11

【着想】金川氏の着想は「やはり強いところが残るんですよ。総合的な強さです。汎用品で言えばコスト競争力、特殊品の場合は差別化で勝ち残るという単純な話です。それにマーケティング力や財務体質も加わります」という解説が語り尽くしている。「米国では、当社が米国で塩ビ事業に進出したときに10社は軽くあった企業数が、いまは指折り数える程度。あとは、みんな消えてしまった。気の早い人はやめてもらって結構。状況が厳しくなるなかで、再編は進みます」という一言は、金川氏が淘汰を見越したうえで増設に次ぐ増設に打って出たことを物語る。

■やはり強いところが…
米国では、当社が…
日経ビジネス 2002.11.25

大胆な投資攻勢の背後には金川氏一流の判断がある。「私は世界の塩ビの需要は伸びると思うんですよ。たとえば東南アジアにしろ、中近東にしろ、潜在需要がかなりある。東欧、CISは当分お金がないでしょうけど、将来は期待できる」とか、「(米国は) コスト競争力が抜群ですから。原料が安いしロケーションもいい。この優位性はこれから5年や10年は続くと思います」という発言には、不断の研究に基づく優れた世界観を垣間見ることができる。

■私は世界の塩ビの…
コスト競争力が抜群…
塩ビにしても既に…
日経ビジネス 1992.8.17

ほかに「塩ビにしても既に飽和したと言われることがあるんです。大不況になって、うちでもそんな意見が出た。私はそれは間違いだと思っていました。こんなときは研究開発投資を削りがちですが、むしろまだ目に見えない改良、進歩によって、拡大する余地はいくらでもある。こうしたことを怠っていれば、当然売れなくなりますよ。塩ビが悪いのじゃなく、経営がおかしいわけです」という発言が示すように、透徹した事業観も尊敬に値する。

1990年代にダイオキシンとの関係で塩ビ排斥の動きが浮上した

ときも金川氏は「塩ビの樹脂としての優れた点である物性、加工性、経済性および環境に対する貢献を総合的に評価した場合、これに勝る樹脂は現在のところありません。それが再認識されて、建材を中心に需要は着実に増えていくと思います」と達観していた。ぶれない経営には、やはり不断の研究が欠かせないということである。

■塩ビの樹脂としての…
日経ビジネス 1998.12.21

リーマンショックへの備えという点では、「今回手当てした土地には大型船舶がつけられる良好な港があります。たとえば将来、資源や原料を貯蔵するタンクなど物流設備を自前で持つことも考えています」という吐露が注目に値する。何とリーマンショックの3年半前の発言である。

■今回手当した土地…
日経ビジネス 2005.2.21

[参照文献]
『信越化学工業社史』1992年
『信越化学工業80年史』2009年
金川千尋「私の履歴書」日本経済新聞、2006年5月

ケース 809 シマノ：自転車部品事業

P：自転車部品（軽量化・高性能化）

戦略C/C比率◀◁◇▷▷
戦略D/E比率◀◁◇▷▷
対照：—

◉企業戦略▷▷▶▷▷技術応用多角化

■シマノ
直前決算期：1999.11
実質売上高：1,310億円
営業利益率：14.8%
海外売上率：73%
社内取締役：6
同順位相関：0.71
筆頭大株主：創業家
利益成長率：△/△/△
東名阪上場：1973.05

【経緯】 シマノは1940年に堺で島野鉄工所として設立された会社である。源流は1921年まで遡り、自転車のフリーホイールを祖業とする。戦後は苦難の道を歩んだが、1962年に冷間鍛造技術を完成させて、大幅なコストダウンを実現すると海外に打って出て、トップ企業の地位を確かなものとした。1970年には2本目の柱として釣り具事業を立ち上げたが、ゴルフクラブへの挑戦は失敗に終わっている。

【編成】 本業は自転車部品で、それが分析対象期間中も主業の座を占めていた。釣り具は桁が一つ小さく、相対的に利益変動が大きい。

■自転車部品事業
期間：1999.11-2009.12
得点掲示板：9-1
営業利益率：16.8%
利益占有率：91%
開示欄序列：1
事業本拠地：大阪府
独禁法違反：報道なし
—
1990年代：9-0
2010年代：4-0

■9割以上
5割以上
日経夕刊（大阪）
2002.9.6

業績推移（億円）

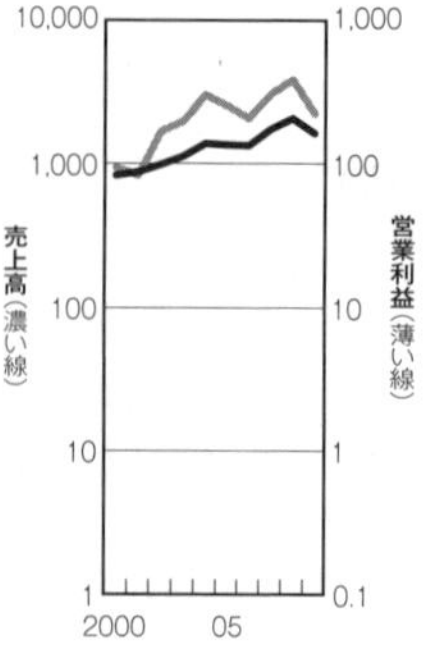

◉事業戦略▶▷▷▷▷中核集中

【立地】 売り物はツール・ド・フランスを走るような競技用自転車、またはマウンテンバイクに代表される趣味用自転車のフリーホイール、フロントギア、変速機、ブレーキなどである。量産車向けの部品も並行して手がけている。

売り先は競技用自転車や趣味用自転車に乗るプロフェッショナルやアマチュア個人、および一部の自転車メーカーで、世界中に拡がっている。

狭義の競合は競技用自転車の部品を製造するメーカーである。イタリアのカンパニョーロ社など、伝統ある欧州メーカーが多数ひしめくなか、ツール・ド・フランスの出場チームをサポートした日本勢は、シマノとマエダ工業に限られる。ただし、マエダ工業は早々に脱落したようである。変速機では、シマノが国内市場の9割以上、世界市場の5割以上を占有する。

広義の競合は量産用の自転車部品を製造するメーカーで、アメリカにはイギリスのラレー社やスタメアーチャー社などが君臨していた。その後は台湾勢や中国勢が台頭している。

【構え】 入手ルートは国内外の自社工場群である。外注依存度は25%前後にとどまっている。

引き渡しルートは自転車メーカー向けは直販で、個人向けは卸売業者を経由する。

【時機】 このケースは遅発に相当する。シマノは1965年から米国、1972年から欧州に挑戦したが、自転車部品市場は既に欧州の古豪が支配していた。ツール・ド・フランスが1903年から開催されていることを考えると、それも当然と言えよう。古豪の牙城を崩すのに、シマノはアメリカでモトクロス用やマウンテン用の自転車という新しいカテゴリーの誕生を側面支援して、そこに機を見出した。

【源泉】 この事業で高収益を許すのはコスト優位である。シマノは他社に先駆けて冷間鍛造品を量産する体制を整えたことにより、高価な材料の使用量も、切削を中心とする機械作業工程も、3割ほど削減するのに成功していた。また、プレスで造る部品は寸法のバラツキも小さく、品質コストでも優位に立った。競合他社との原価差は、収益に直結する。

【防壁】この事業で高収益を守るのもコスト優位である。シマノの社史は「米国自転車市場の主導権は西ドイツ、イギリス、フランスなどの欧州勢が握っていたが、西ドイツ以外の国は古くからの自国のしきたりの上にあぐらをかいて企業の改良に関する努力を怠っていた」と指摘するが、当時の1ドルが360円という為替レートでは欧州勢に太刀打ちする術もなく、彼らは投資を絞るハーベスト戦略に出たに違いない。後方から迫る台湾勢については、シマノはシンガポールに生産拠点を設けることで人件費格差を緩和して、追撃を振り切った。

■米国自転車市場の…
田舎の町工場…
60年史

【支柱】この事業で高収益を支えるのは営業部隊である。彼らが市場の変化をいち早く掴むからこそ、シマノは機をつくることに成功した。

【選択】1965年3月、島野工業はニューヨークにシマノアメリカンを設立した。地元の堺界隈では「田舎の町工場、小さな部品メーカーが米国市場へ？ 冗談じゃないの」と囁かれたそうである。鬼手と言ってよかろう。

◉戦略旗手▷▶▷▷▷第２世代同族経営者

■しまの・しょうぞう
生没：1928.01-2002.06
社員：―
役員：1951.02-2000.02
社長：1958.09-1992.02
会長：1992.02-2000.02

【人物】このケースで戦略を推進したのは創業者の長男にあたる島野尚三氏である。モノ造りを担当した二男の敬三氏と、海外で市場開拓を担当した三男の喜三氏の貢献は言葉に尽くせないほど大きく、三兄弟のチームプレーがシマノの成長を牽引したことは間違いないが、戦略を主導したのは、長男の尚三氏と見て間違いない。喜三氏も尚三氏を「先をよく見通した戦略家」と評している。

■先をよく見通した…
私の履歴書

創業者が他界し、30歳で社長に選ばれた尚三氏は、いきなり経営危機に見舞われた。そういうなかで、尚三氏はオートバイメーカーの下請仕事を断って自転車部品専業路線を選択し、内装変速機の技術改良を命じる傍らで全国主要都市にサービスセンターを開設し、そのうえで大量生産体制を敷くために工場建設に投資した。アメリカに赴任して市場を開拓したのは喜三氏であるが、現地支社の設立に先立ってアメリカを視察して、アメリカ市場を攻めると決断したのも尚三氏であった。

【着想】尚三氏の着想は自前の理論に基づいている。長くなるが引

■国が独立すると…
経済界 1975.1

用すると、「国が独立すると、いずれの国もまず農業国であり、この農業国から軽工業中期までの間は自転車が全盛です。所得が低いから実用として使われます。次に軽工業も中期以降になると、オートバイ、モペットが全盛で、自転車が斜陽です。そして軽工業の終わりから重工業の初期になると、軽自動車が売れ出して、モペット等が併用の時代です。重工業も中期に入り、小型自動車が売れ出すと、モペットはダメになります。ところが、面白いことに今度は自転車が意気を吹き返してくるんです。それは実用ではなく、レジャー用として使われるわけです」という理論である。

■私が会社を引き…
米国だけは自転車が…
マンスリーきんき
1993.12

そして尚三氏は「私が会社を引き継いだ1958年頃、自転車は構造不況に陥っていました。それは、自転車の（中略）実用的側面が否定されていたためです」と振り返る。そして「米国だけは自転車が玩具として使われて」いた現実に着目して、喜三氏をアメリカに送り込んだのである。

［参照文献］
『シマノ工業60周年記念社史 明日への挑戦』1982年
『シマノ70年史』1991年
島野喜三「私の履歴書」日本経済新聞社、2005年7月

ケース 810　クボタ：機械事業

P：農業機械（土木・農作業の省力化）

戦略C/C比率◀◁◇▷▷
戦略D/E比率◁◀◇▷▷
対照：079

■クボタ
直前決算期：2000.03
実質売上高：9,730億円
営業利益率：3.6%
海外売上率：19%
社内取締役：25
同順位相関：0.83
筆頭大株主：金融機関
利益成長率：△/×/△
東名阪上場：1949.05

◉企業戦略▷▷▷▷▶多核化展開

【経緯】 クボタは1930年に大阪で久保田鉄工所として設立された会社である。祖業は鋳物で、その源流は1890年まで遡る。1893年には水道用鋳鉄管、1922年には農工用の小型エンジン、1952年にはポンプに進出し、鋳物を川下に展開する道を堅実に歩んできた。戸畑鋳物に自動車事業を譲り、農機事業を譲り受けた経緯もある。鋳鉄製給水管を足がかりにして1954年には塩ビ管、塩ビ製排水管を足がかりにして1957年には住宅建材に進出したところまでは順調であったが、1986年にアメリカの企業に出資して進出したコンピューター事業は失敗に終わっている。

【編成】本業は農機および農工機用エンジンで、それは今日も変わらない。産業インフラ事業、住宅機材事業とは距離があり、事業間の関係は連邦制と表現されることもある。

◉事業戦略▷▷▶▷▷技術・販路応用マルチライン化

【立地】売り物はトラクタ、コンバイン、バインダー、ハーベスタなどの農業機械を主力とする。ほかにミニバックホーなどの建設機械、およびエンジンもある。

売り先は農家、土木建設業者、およびエンジンを搭載する機器メーカーである。国内のみならず、国外に売り先が拡がっているところにクボタの特徴がある。

狭義の競合は小型農機のメーカーで、井関農機やヤンマーが該当する。農業用トラクタではクボタが首位に立ち、一強四弱と言われている。アメリカ市場でも、小型に限るとクボタのシェアは40%に達するという。井関農機（連結）は分析対象期間中に10戦全敗、通算利益率2.3%の戦績に終わっている。未上場のヤンマー（連結）も2006年度以降は4戦全敗、通算利益率3.8%となった模様である。収益力に差が生まれる理由は海外展開の成否にあると思われる。

広義の競合は世界最大の市場を形成するアメリカの農機メーカーで、インターナショナル・ハーベスター社やジョン・ディア社が筆頭に来る。彼らは穀物生産を主力とする広大な農場を主戦場としており、そこでクボタは不戦敗を決め込んでいる。

【構え】入手ルートは筑波工場、宇都宮工場、および堺製作所である。筑波はトラクタ専用量産工場として1975年に建設されており、基幹工場と言ってよい。アメリカとタイには組立工場を置いている。

引き渡しルートは系列販売会社、もしくは傘下の特約店経由である。

【時機】このケースは、アメリカの強豪に挑んだもので、遅発に相当する。2007年までは住宅建設が過熱して、それが建設機械や芝刈り機などの需要に直接つながった。そして好景気は間接的に農機需要をも生み出した。

■内燃機器事業
期間：2000.04–2010.03
得点掲示板：9–1
営業利益率：13.7%
利益占有率：87%
開示欄序列：1
事業本拠地：大阪府
独禁法違反：報道なし
—
1990年代：1–6
2010年代：4–0

■一強四弱
日経産業 1987.6.26

■40%
日経朝刊 1998.1.7

業績推移（億円）

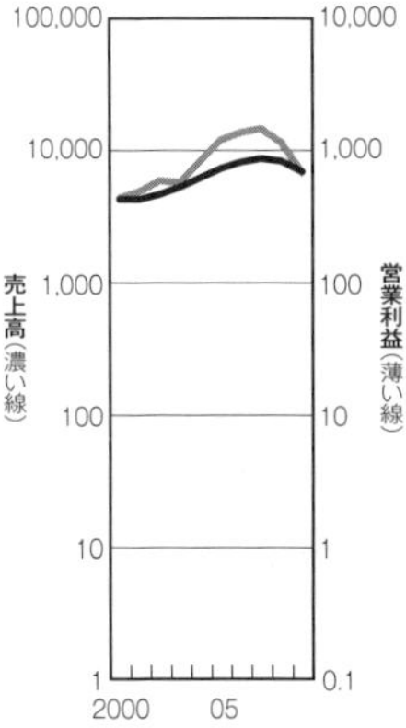

【源泉】この事業で高収益を許すのはパフォーマンス優位である。クボタの農機は必ずしも高収益事業ではなかったが、アメリカ市場の攻略に打って出てから高収益に転じている。投入したのは現地にないタイプの農機、建設機械ばかりで、それを欲しいユーザーは代替機がなく、価格プレミアムを喜んで支払ったものと思われる。

【防壁】この事業で高収益を守るのは競合の自縛である。単価の高い大型機市場を押さえ込み高収益を享受する米国勢にしてみれば、小型機市場に特化する日本勢に反撃すると、業績を悪化させてしまうことが目に見えている。ゆえに、彼らは参入を甘受した。国内勢でも、井関農機は現地の代理店と手を結ぶ道を、そしてヤンマーはOEMビジネスに徹する道を選択した。どれだけ売れるかどうかわからない段階で、コミットメントを避けたわけである。それが円高の趨勢の前で裏目に出て、彼らは手も足も出なくなってしまった。

【支柱】この事業で高収益を支えるのは開発部隊である。海外市場のニーズに応じた新車攻勢が、クボタが選んだ戦略の均整を保っている。

【選択】1972年9月、久保田鉄工はアメリカにトラクタの販売会社を設立した。その1年半後にはヨーロッパにもトラクタの販売会社を設立している。そして三位一体の打ち手の仕上げとして、1975年8月にはトラクタ専用量産工場を筑波に新設した。固定相場制が崩壊し、円が急騰する可能性が見えているなかで輸出を前提とする戦略を強行するには、勇気が要ったはずである。しかも、筑波工場は第1次石油ショックに続く狂乱物価のなかで竣工まで漕ぎつけている。ここに常識を否定する経営陣の強靱な意志、すなわち「将来は小型トラクター分野で多国籍企業を目指そうという経営戦略」を読み取らないとしたら、嘘であろう。

■将来は小型トラクター…
産業新潮 1974.9

◉戦略旗手▷▷▶▷▷中途経営者

■ひろ・けいたろう
生没：1908.12-1998.10
社員：1943.01-1951.11
役員：1951.11-1988.06
社長：1971.06-1982.07
会長：1982.07-1985.06

【人物】このケースで戦略を推進したのは廣慶太郎氏である。廣氏は肥料商の家に生まれ、「金持ちにはなるな。金持ちになったら貧乏な人の気持ちがわからなくなる」と父親に言い聞かされながら育ったという。銀行勤務を経て大学で会計学を専攻した後、母校の大阪大倉商業学校で教職に就いていたが、日本が戦争を始めると勤労動員された生徒を連れて久保田鉄工に通うことになり、そこで後に社長になる小田原大造氏に見初められて入社の決意をしたそうである。入社後は陸海軍に提出する原価計算書の作成を担当することになり、すぐに係長に取り立てられている。

■金持ちにはなるな…
『運命に生きて』

廣氏はクボタに45年務めて1日も休んだことがないという。写経を趣味として、ストレス解消に役立てた効果かもしれない。廣氏は陽明学者の安岡正篤氏を人生の師と仰ぎ、苦しい転機に自宅を訪ねたそうであるが、「危機という言葉を分解すれば、危険と機会とに分けられる。（中略）不況とか、不景気とか言われているが、これも資本主義の経済体制では避けることのできない1つの障害と考えれば、そう悲観するにはあたらないのではないか」という発言が、鍛錬の成果を物語る。

■危機という言葉を…
経済展望 1966.2

その一方で、廣氏は最初から最後までアメリカに好意を寄せていた。昭和に入ってからの日本を「偏狭」と断罪し、敗戦を予言していたのも、1959年のエッセーで「憩いの場であるホテルの一室にバイブルが備え付けてあること、それほど深くキリスト教がアメリカ人の心の中に生きていることを羨ましく思った」と述べているのも、その表れである。

■憩いの場である…
経済往来 1959.9

【着想】 廣氏の着想は「ニクソン・ショックの前、したがって社長になる前から、どうもそろそろ日本経済の高度成長が曲がり角にかかっているということを、かなり強く感じておりました」という一言から読み取ることができる。そこに追い打ちをかけたのが1971年の減反政策である。

■ニクソン・ショック…
『運命に生きて』

このタイミングで廣氏は企業体質の強化や国際競争力の強化を訴えて、ボストン・コンサルティング・グループとマッキンゼー社に研修を依頼している。こうして不採算事業の縮小に走る一方で、廣氏は強い鋳鉄管と農機、特に後者の海外展開に経営資源を重点投入していった。その具体策は以下のとおりである。

1972年　クボタ・トラクター設立（北米販売拠点）

1975年　筑波工場竣工

1977年　筑波にトラクター専用研修センター竣工

1978年　クボタ・トラクター新社屋竣工
1979年　米国の農機販売店が1,000店に到達
1981年　50～100馬力の中型トラクターに進出
1982年　カリフォルニア州にローン引き受け会社設立
1983年　堺製作所内に中型トラクター生産ラインを設置
1989年　米国インプルメント工場竣工
1994年　米国工場でトラクターの生産開始

■内燃機関関係…
エコノミスト 1962.1

廣氏が自社販売にこだわった理由は、「内燃機関関係、これは主として農業用機械だが、現在の全国でのシェアは農耕動力用エンジン50%、耕耘機30%。ここまで来ると他のメーカーには追いつかれる心配はない。このように伸びたのは、当社は販売網の確立が第一と考え努力したからだ」という解説から読み取ることができよう。日本で成功した戦略をアメリカに横展開したものと思われる。

［参照文献］
『クボタ100年』1990年
廣慶太郎『運命に生きて』法律文化社、1987年

ケース605　HOYA：ビジョンケア事業

C：眼鏡レンズ（高品質な視力補正器具）

戦略C/C比率◀◁◇▷▷
戦略D/E比率◀◁◇▷▷
対照：045

■ホーヤ
直前決算期：2000.03
実質売上高：1,980億円
営業利益率：17.2%
海外売上率：37%
社内取締役：3
同順位相関：1.00
筆頭大株主：金融機関
利益成長率：○/○/○
東名阪上場：1961.10

◉企業戦略▷▷▷▷▶多核化展開

【経緯】 HOYAは1944年に東京の保谷で東洋光学硝子製造所として設立された会社である。戦時中は海軍に向けてレンズ用の光学ガラス生地を供給したが、この事業を1952年に再開するまでの間に立ち上げた進駐軍向けのクリスタル食器事業が第二の柱となり、さらに1962年に立ち上げた眼鏡レンズ事業が第三の柱に成長した。1972年にはソフトコンタクトレンズにも進出している。2009年にはライフサイクルの衰退期を迎えたクリスタル事業に終止符を打つ一方で、2008年に吸収合併したペンタックスが新たに3本目の柱になっている。

【編成】 本業は光学ガラスで、それを含むエレクトロオプティクス

が新たな主業になっている。本業から派生したアイケア事業も主業に迫る勢いを見せているが、アイケア事業の素材はガラスから樹脂に移行しており、いまとなってはシナジー効果が大きいとは言い難い。

◉事業戦略▶▷▷▷▷中核集中

■ビジョンケア事業
期間：2000.04-2010.03
得点掲示板：10-0
営業利益率：17.6%
利益占有率：24%
開示欄序列：3
事業本拠地：東京都
独禁法違反：報道なし
—
1990年代：10-0
2010年代：4-0

【立地】 売り物は眼鏡レンズである。眼鏡レンズと言ってもハイエンドに偏っており、累進レンズや二重焦点レンズ、高屈折レンズや非球面レンズ、紫外線対策コーティングなど、次から次へと新たな機能を追加する路線を歩んできた。

売り先は視力矯正を必要とする一般の消費者である。なかでも先進機能にプレミアムを払ってくれる顧客層をメインのターゲットとして、世界展開を図っている。

狭義の競合はハイエンドに照準を合わせるメーカーで、フランスのエシロールが世界の頂点に君臨する。HOYAも草創期にエシロールから累進レンズの技術を導入したことがある。国内ではセイコーが1942年から、ニコンが1946年から眼鏡レンズに取り組んできた。眼鏡レンズを含むセグメントを見ると、分析対象期間中にセイコー（眼鏡事業）は10戦全敗で通算利益率1.6%に終わっている。ニコンは苦境に喘ぐ眼鏡事業を2000年にエシロールとの合弁に移管して持ち分法適用会社としたため、戦績はわからない。収益力に差が生まれる理由は海外展開の成否にあると思われる。

業績推移（億円）

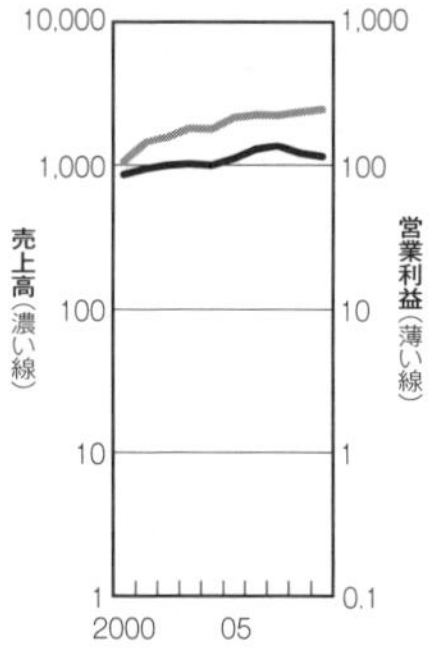

広義の競合は眼鏡レンズの全メーカーである。1万円未満の眼鏡に搭載するレンズはボリュームゾーンを形成するが、そこをHOYAは迂回する。素材の樹脂化を好機と捉えたのか、1970年代にはペンタックスや東レや帝人も参入してきたが、HOYAは国内シェアが4割で1位、世界シェアも1割で2位につけている。

■4割
日経朝刊 2000.8.24
地方面（九州）

■1割
日経産業 2001.6.20

【構え】 入手ルートはタイの自社工場である。国内の工場は特注品を手掛けていたが、その使命を終えた。

引き渡しルートは小売店および専門店である。問屋を通さず小売店や専門店と相対するところにHOYAの特徴がある。

【時機】 このケースは、世界への参入という視点からは、遅発に相当する。日本でも、セイコーやニコンを基準に考えると、後発に相当する。世界参入に際して狙ったのは、アジア市場の勃興という機であった。

【源泉】 この事業で高収益を許すのはパフォーマンス優位である。ただし、いくら製品技術を磨いても、問屋経由の伝言ゲームでは顧客に価値が伝わりにくい。複数メーカーのレンズを併売する小売店にしてみれば、顧客に技術を説明するインセンティブも乏しい。こういう構造の下で単に製品力を競っても意味がない。HOYAは小売店にテレックスによるオンライン受発注システムを持ち込んで、品番が異様に多い眼鏡レンズの納期を短く確実にした。こうして消費者に喜ばれる武器を小売店に与えることで、HOYAは価格プレミアムを正当化しうる店づくりから始めたのである。この小売店直結方式があって初めて成り立つ「製品力」であることを忘れてはならない。

【防壁】 この事業で高収益を守るのは競合の自縛である。先発組は既に問屋と良好な関係を築いており、HOYAの躍進を知ってもチャネル政策を変更しにくい。海外展開も同じくハードルが高い。

【支柱】 この事業で高収益を支えるのは開発部隊である。強い販売チャネルを築いても、プレミアム商品の供給が続かないと戦略の均整は保てない。

【選択】 1990年4月、HOYAはタイに製造・販売子会社を設立した。ここから本格的な海外展開が始まっている。

■すずき・てつお
生没：1924.12-
社員：1944.04-1957.02
役員：1960.11-1967.02
　　　1969.02-2000.06
社長：1960.11-1967.02
　　　1970.02-1993.06
会長：1993.06-2000.06

◉戦略旗手▷▶▷▷▷第2世代同族経営者

【人物】 このケースで戦略を推進したのは創業者の娘婿にあたる鈴木哲夫氏である。瀬戸の窯元の家に生まれた哲夫氏は、病に倒れた創業者の跡を継いで32歳で社長になると、一橋大学の山城章教授のもとに通い経営学を学びつつ、経営の近代化に邁進した。中小企業から脱皮すべく経営基本方針の筆頭に掲げたのは、マーケティングである。

　ところが、1965年の不況で無配に陥ると銀行が動き出し、哲夫氏は42歳で相談役に追われてしまう。これには眼鏡レンズ事業で小売店を一軒ずつ説得して回る直販体制の構築に時間がかかりすぎた事実も関係している。株式を買い増して復権を遂げた哲夫氏は、銀行管理下時代に手のひらを返した幹部を粛正して、収益性にこだわる経営を貫いた。哲夫氏が「小さな池の大きな魚」の理想に照らして取り組む事業を慎重に選択するのは、苦渋の経験に基づいている。

【着想】 哲夫氏の着想は熟慮に基づいている。それは「ビジョンケア、すなわち眼鏡のような部門では、アジアでは需要が爆発的に増加しています。これは、今まで眼鏡を使っていなかった人たちが使うようになったということですから、もうしばらくは需要は増えていくかと思います」という発言が裏付ける。

■ビジョンケア、…
証券アナリストジャーナル 1997.11

[参照文献]
『HOYA GROUP 40』1981年
『HOYAのマネジメント 1941-2005』2005年
日経ビジネス、1986年7月21日
眼科、1989年2月（平井宏明・吉田則明ほか）

1-2-2 新地への進出

新地への進出とは、川下業界の比較優位が日本から韓国・台湾、そして中国や東南アジア諸国にシフトするタイミングの機先を制して、脱日入亜することをいう。

この戦略を活かした典型例はケース811のスミダCで、中枢機能を国内に残そうと葛藤する同業他社を尻目に、コイル事業の司令塔を含む全機能を香港に移してしまった。ケース606のJSRは、半導体用フォトレジストで欧米勢と共同開発に踏み切ったのを機に、それまでガリバーの地位を保持していた先行メーカーを逆転するのに成功した。ケース607の住友ベークライトは、シンガポールに進出したのを機に従来とは異なる顧客がついて、半導体封止材で首位の座を手に入れた。

新地に出ることが高収益につながるのは、現地で鮮度の高い情報を収集できるからである。顧客の動向を踏まえて素早くアクションを起こすと、提供するモノやサービスが顧客にとって高い価値を持つようになる。それが収益に直結する。

この戦略が適用できる条件としては、川下業界の変化の速さを挙げることができる。変化が速いからこそ、情報の鮮度や対応のスピードが価値を持つのである。上記3ケースが例外なくエレクトロニクスの川上で材料ビジネスを営む事実は、決して偶然の一致と片付けるわけにはいかない。

興味深いことに、ケース606のJSRとケース607の住友ベークライトは必ずしも結果を予見して海外に打って出たわけではない。ケース811のスミダCも韓国では手痛い失敗を経験している。人件費の動向や細かい条件より、どこが世界の中心になるのかを大局的に見極めて、早く拠点を設けることが重要なのかもしれない。

ケース 811　スミダC：アジア事業

B：巻線コイル（顧客の新製品向け部品）

戦略C/C比率◀◁◇▷▷
戦略D/E比率◀◁◇▷▷
対照：328, 042

◉企業戦略▶▷▷▷▷本業集中

【経緯】 スミダC（以下スミダ）は1956年に東京の墨田区で墨田電機工業として設立された会社である。コイルの顧客層をAV機器からOA機器、車載機器、通信機器、電源機器へと拡大し、1971年に台湾、1972年に韓国、1974年に香港と海外にも拠点を拡大することで成長を遂げてきた。2000年前後に光ディスク用のピックアップをOEM供給する川下事業に進出したが、これは早々に売却する一方で、2006年にドイツのコイルメーカーを買収した。

【編成】 本業はコイルで、買収したEU事業を別のセグメントに仕立てた関係でアジア・パシフィック事業と名称を変更したが、それが分析対象期間中も主業の座を占めていた。

■スミダ電機
直前決算期：1999.12
実質売上高：240億円
営業利益率：10.9%
海外売上率：69%
社内取締役：5
同順位相関：0.10
筆頭大株主：創業家
利益成長率：—/—/—
東名阪上場：1998.12

◉事業戦略▶▷▷▷▷中核集中

【立地】 売り物は主に小型のコイル、またはコイルを中心に据えたモジュール部品である。コイルは全量が顧客のニーズに合わせて設計したカスタム品だという。創業者がエンジニアで、かつては「技術を売り物にする」と言われていた。

売り先はインバーターのメーカー、キーレスエントリーやABSやカーエアコンなどの車載機器メーカー、およびAV機器、産業機器、OA機器などのメーカーになる。2005年度で地域別に見ると、アジアが50%、日本が25%、欧州が20%、残りが北米となっていた。

狭義の競合は自動車用途を担えるような専業の大手コイルメーカーで、1955年に設立された東光（かつての東光ラジオコイル研究所）が代表格と言ってよい。東光（連結）は分析対象期間中に1勝9敗で通算利益率1.4%の戦績に終わっており、村田製作所を筆頭株主に迎え入れるに至っている。収益力に差が生まれる理由は海外展開の成否にあると思われる。

広義の競合はあらゆるコイルのメーカーで、もともと雪国の寒

■コイル事業
期間：2000.01-2009.12
得点掲示板：9-1
営業利益率：13.1%
利益占有率：100%以上
開示欄序列：1→0→1
事業本拠地：香港
独禁法違反：報道なし
—
1990年代：3-7
2010年代：1-3

■技術を売り物に…
財界ふくしま 1974.1

村で農閑期の副業であったことから、零細事業者がひしめいていた。それでも高周波コイルでスミダのシェアは30%に達していたという。

■30%
日経産業 1993.12.28

【構え】 入手ルートは1966年に設けた福島県相馬市の自社工場主体であったが、ここは開発拠点に生まれ変わった。コイルの製造は手作業に頼るため、人件費の低い地域にシフトしていかざるをえず、現在の主力拠点は香港の製造子会社で、それを東莞（中国広東省）の製造子会社が追い上げる構図になっている。1989年から1990年にかけて、主力の韓国工場で労働争議が先鋭化して、これを閉鎖するという苦汁をスミダは嘗めたことがある。

■香港
中国経済 1994.6

■韓国
諸君 1990.3

引き渡しルートは海外支店、および商社である。

【時機】 このケースは、市場が成熟してからの巻き返し策が功を奏しており、遅発に相当する。1992年の鄧小平による南巡講話から中国は本格的に開放路線に舵を切り、そこから「世界の工場」への道を歩んでいった。特に珠江デルタは電子機器の組立において世界最大の集積地となり、そこに早くから根を下ろしていたスミダには有利な展開となっている。その意味で、スミダはエレクトロニクスの中国シフトという機を捉えたことになっている。ただし、リーマンショック以降はテレビやPCの停滞が響いている模様である。

業績推移（億円）

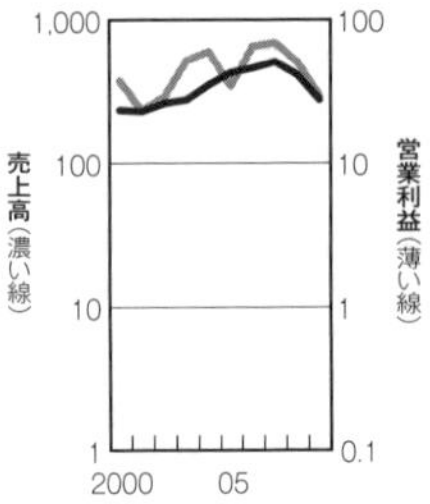

【源泉】 この事業で高収益を許すのは信頼である。コイルは平均単価が数十円の部品ながら、回路に組み込まれる半導体や、半導体のメーカー別にカスタム設計する必要がある。顧客は厳しい開発競争にさらされており、後手に回った製品向けにコイルを安く調達しても立つ瀬がない。それゆえ、密にコミュニケーションをとりつつ、新製品の立ち上げを確実にサポートしてくれる地場のサプライヤーにプレミアムを払うことを厭わない。

【防壁】 この事業で高収益を守るのは競合の自縛である。エレクトロニクス製品の製造拠点、そして開発拠点は東南アジアや中国に移っていった。香港で8,000人以上の従業員を動かしながら、新たな現実に対処すべく、スミダは2002年に社内公用語を英語に切り替えてしまい、2004年に香港人をCOOに登用した。CEOとCFOとCOOは香港を生活拠点にするという。この動きに他社は追随しかねている。

【支柱】この事業で高収益を支えるのは日本に残る管理部隊である。スミダが中国企業を向こうに回して現地で負けないのは機動力に勝るからで、そこでは数百人単位のビジネスという組織単位を独立採算として遠隔管理する会計システムがものを言う。マネジメントの力で競争優位を確保する発想は慧眼と言ってよい。

■ビジネス
日経ビジネス 1998.10.19

【選択】1993年5月、スミダ電機は中国広東省で二番目の工場を全面稼働させ、それに伴いAV・通信用コイルの国内生産は外注を含めて打ち切った。1995年10月には仙台の生産拠点を技術センターに衣替えして、残る国内生産も停止した。生産拠点の海外移転でスミダに先行した東光も、ここまで極端な現地化を進めるには至っていない。2000年度で見ると、香港移転を果たしたスミダは日本の6倍以上の利益をアジアで稼いだのに対して、東光は利益の過半を日本で稼いでいた。スミダは海外移転を済ませた1997年度に初めて売上高営業利益率二桁を達成している。

◉戦略旗手▷▶▷▷▷第2世代同族経営者

■やはた・しげゆき
生没：1951.10-
社員：1977.11-1988.03
役員：1988.03-
社長：1992.03-2004.01
会長：2003.04-

【人物】このケースで戦略を推進したのは創業者の長男にあたる八幡滋行氏である。滋行氏は1968年に留学して8年間にわたってイギリス生活を経験しただけでなく、1977年に入社してからは香港に住んでいた。この経歴が効いた程度に応じて、賢者は滋行氏を留学させた創業者と言うべきかもしれない。

社長になった滋行氏は「国籍に関係ない能力主義」を理想に掲げ、部課長制を廃止して、退職金制度まで廃止してしまった。理想とするのは、独立事業主をフランチャイズ方式で束ねるセブン-イレブンだと口にしていた。

■国籍に関係ない能力主義
日経ビジネス 2010.11.8

【着想】滋行氏の着想はイギリス体験に由来する。スミダは1990年前後に、生産の過半を担うようになっていた韓国で民主化の波に飲み込まれ、瞬く間に重要拠点を失うという大打撃を被った。1982年から香港拠点を統括していた滋行氏は、この成り行きを横目で睨みつつ、日本人出向者が現地従業員に日本式を強要する体制の限界を感じ取ったようである。それは「このときの教訓として、経営はできるだけ現地に任せようという考えに傾いた」と滋行

■このときの教訓…
日外協マンスリー 1997.3

氏自身が語っている。

それ以降、情熱を傾けて日本人社員の既得権益を奪い去っていったのは、イギリスで嫌になるほど国籍や人種に絡む理不尽を味わった滋行氏が、日本人の韓国人や中国人に対する態度を看過できなかった面もあるのかもしれない。滋行氏は早くも1993年に中国人の管理職候補について「彼らが研究熱心であることを特筆すべき」と述べていた。

■彼らが研究熱心…
LA International 1993.5

[参照文献]
証券アナリストジャーナル、1988年10月（八幡一郎）
桐山秀樹『スミダ式国際経営』幻冬舎メディアコンサルティング、2010年

ケース 606 JSR：多角化事業

B：フォトレジスト（次世代半導体用の先端材料）

戦略C/C比率◁◀◇▷▷
戦略D/E比率◁◀◇▷▷
対照：015，037

■ジェイエスアール
直前決算期：2000.03
実質売上高：2,160億円
営業利益率：3.0%
海外売上率：21%
社内取締役：16
同順位相関：0.92
筆頭大株主：ブリヂストン
利益成長率：×/△/△
東名阪上場：1970.10

◉企業戦略▷▷▶▷▷技術応用多角化

【経緯】 JSRは1957年に東京の港区で日本合成ゴムとして設立された会社である。設立当初は、最小効率規模の大きい合成ゴムの安定供給を使命とする国策会社であった。早くも1964年に合成樹脂には進出していたが、1969年に民営化、1970年に上場を果たすと、そこから先は多角化を指向し、新規事業に注力していった。海外勢との競争が熾烈になった1981年には、エレクトロニクス分野の開拓を急務と位置づける「新七カ年計画」を打ち出して、そこからフォトレジスト事業が立ち現れた。

【編成】 本業は合成ゴムで、分析対象期間に入ってフォトレジストへの転地が実現した。すべての事業を貫くのは原料で、ブタジエンの川下展開を担う企業という趣がある。

■多角化事業
期間：2000.04–2010.03
得点掲示板：9–1
営業利益率：20.4%
利益占有率：73%
開示欄序列：4→3

◉事業戦略▷▶▷▷▷川上統合

【立地】 売り物は感光性の樹脂（フォトレジスト）である。フォトレジストは、半導体の回路図版をウエハーに転写する工程で用いられる消耗品で、半導体の集積度、速度、消費電力、発熱量を決

定的に左右する。

売り先は半導体の前工程を手掛けるメーカーである。周知のとおり、1990年代半ばまでは日本勢が世界を席巻したが、覇権はアメリカ勢や韓国勢や台湾勢に移っていった。

狭義の競合はi線用フォトレジスト以降のメーカーである。i線とは半導体を露光する際に用いられる高圧水銀灯光源の波長を表す表現で、16メガビットDRAMから採用されている。信越化学工業や住友化学もg線からi線への世代交代を機に逆転を狙ったが、ここで世界首位の座を掴んだのはJSRであった。JSRの推定世界シェアは3割弱と言われている。

広義の競合はフォトレジストのメーカーである。日本でフォトレジストと言えば、もともと原料の桂皮酸を製造していた東京応化工業がプリント基板の時代から独占的な地位を築いていた。1977年に参入したJSRは二番手に躍り出たものの、東京応化工業が保持する7割の市場占有率を崩すには至らなかった。ところが、2005年前後についにJSRが東京応化工業を逆転した。分析対象期間中に東京応化工業（材料事業）は7勝3敗で通算利益率12.8%の好戦績を残している。半導体に関連する事業立地全般が良好な理由は第9章で議論する。

【構え】 入手ルートは自社工場で、原料ポリマーまで社内で重合、変成している。

引き渡しルートは直販で、海外については販売子会社を経由する。

【時機】 このケースは、動いたのが1990年前後と遅く、遅発に相当する。先行する東京応化工業は1960年代から事業を展開していた。大局を俯瞰するならば、このケースは半導体における日米再逆転という時機を捉えたことになっている。JSRは2000年からアメリカのIBM社と共同開発に乗り出しており、これがライバルの信越化学工業や住友化学を突き放す決め手となったようである。

【源泉】 この事業で高収益を許すのはミッションクリティカリティである。フォトレジストは微細加工の中核を成す材料であり、半導体メーカーの歩留まり、そして投下資本収益率を大きく左右する。それゆえ価格プレミアムが成立する。

事業本拠地：三重県
独禁法違反：報道なし
—
1990年代：1-4
2010年代：4-0

■3割弱
日経朝刊 2010.6.4

■7割
日経産業 1988.6.28

業績推移（億円）

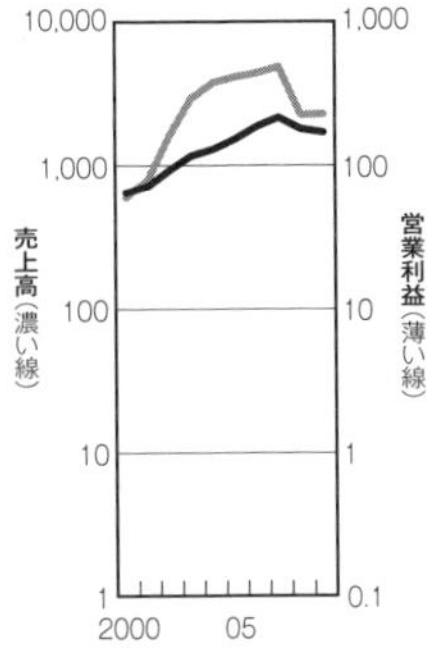

■IBM
日経朝刊 2010.6.4

【防壁】この事業で高収益を守るのは競合の自縛である。先行する東京応化工業は日本の半導体メーカーと蜜月関係にあることを強みにしてきた経緯があり、従来の顧客が変調を来しても共に反攻するというスタンスに傾いた。アメリカに工場を建設する計画を持ちながら、それが1997年まで実現しなかったのは、湾岸戦争の影響だけとは言いがたい。

【支柱】この事業で高収益を支えるのは研究部隊である。もともと主流のイソプレン樹脂をブタジエン樹脂に置き換えて参入したJSRは、ネガ型がポジ型に切り替わるタイミングでキシレノール樹脂を採用して突破口を開き、1990年度に初めて黒字を計上した。そこから特許出願は急増し、液浸型では特許の網を築き上げている。ただし、これは合成ゴムの技術蓄積に負うケースではないことに注意する必要がある。蓄積が物を言うなら、逆転は1970年代か1980年代に実現していたはずだからである。

【選択】1990年2月、JSRはベルギー企業の子会社に資本参加して、ヨーロッパに橋頭堡を築いた。この50%合弁事業を1993年7月に完全子会社化すると、アメリカにも工場を新設した。日本の半導体メーカーが絶頂期にあった時期に、アメリカでもなく、韓国でもなく、ベルギーのベンチャーに活路を求める判断は常人の理解を超えていたに違いない。

■ひろた・じゅん
生没：1941.01-
社員：1964.04-1993.06
役員：1993.06-1999.06
社長：—
会長：—

◉戦略旗手▷▷▷▷▶理系社員

【人物】このケースで戦略を推進したのは広田準氏と思われる。広田氏は1986年7月に電子材料部の次長、1989年6月に同事業部長に任命され、1993年6月からはJSRの取締役を兼任しつつ、アメリカに設立したJSRマイクロエレクトロニクス社の社長を務めた人物である。取締役の職には1999年6月までとどまり、1995年6月からはベルギーのJSRエレクトロニクスの代表も務めていた。広田氏自身はフォトレジスト関連の特許を出願していない。

社史は「国際展開は、1986年のベルギーのUCB社との提携を契機として始まったが、世界最大の市場規模を持つアメリカ市場の開拓は、当初から視野に入っていた。電子材料事業部門においては、早くから日米欧は独立した市場ではないという認識が確立しており、既存事業に先駆けてアジア・欧・米の3極をカバーする事業展開体制を整えるための努力を重ねてきた。日本の半導体産業が後退し始めても、JSRのレジスト事業が成長を持続することができたのは、そのためであった」と述べている。ここでいう認識の形成を主導したのは、部門長の広田氏と考えるのが自然であろう。

【着想】 広田氏の着想がどこから来たかはわからない。ただし、1991年の「シェア30%をとれば必ずもうかる。うちのシェアは現在20%…これからが勝負の本番。大きなシェア変動もありえる。この競争の行方は、早ければ年内にも結着がつくだろう」という発言は注目に値する。この時点では既にベルギーの合弁がスタートしていたことを考えると、そこから着想を得た可能性は大としたい。

■シェア30%を…
化学工業日報 1991.7.5

[参照文献]
『可能にする、化学を。 JSR50年の歩み』2008年
ヤノ・レポート、1990年5月27日

ケース 607　住友ベークライト：半導体・表示体材料事業

B：エポキシコンパウンド（半導体封止材料）

戦略C/C比率◁◀◇▷▷
戦略D/E比率◁◀◇▷▷
対照：303，103

◉企業戦略▷▶▷▷▷川下開拓

■住友ベークライト
直前決算期：2000.03
実質売上高：1,900億円
営業利益率：8.6%
海外売上率：27%
社内取締役：16
同順位相関：0.96
筆頭大株主：住友化学工業
利益成長率：△/△/△
東名阪上場：1949.05

【経緯】 住友ベークライトは1932年に東京の日本橋で日本ベークライトとして設立された会社である。当初はベークランド博士から与えられた石炭酸樹脂の特許専用実施権を礎とする日米合弁としてスタートを切り、日本側は三共（現第一三共）が母体となっていたが、1955年に住友化工材工業と合併した時点から樹脂のデパートを指向している。当初は樹脂の種類別に組織を編成していたが、次第に川下に降りて製品開発に注力するようになり、1980年前後から市場別に担当取締役を置くに至っている。最初に立ち上がった製品は建材で、それに医療用具、電子材料が続いている。

【編成】 本業はフェノール系の合成樹脂材料であったが、主業は産業資材を経て電子材料に移り、転地が実現した。

■半導体・表示体材料事業
期間：2000.04-2010.03
得点掲示板：8-2
営業利益率：19.4%
利益占有率：65%
開示欄序列：1
事業本拠地：静岡県
独禁法違反：報道なし
—
1990年代：4-6
2010年代：2-2

◉事業戦略▶▷▷▷▷中核集中

【立地】 売り物は熱硬化性のエポキシ樹脂に硬化剤や触媒や難燃剤や着色剤を30種ほど混ぜ込んだ樹脂成形材料である。この材料は、裸の半導体を包み込んで湿気や埃から守る封止材の役割を果たす。薄く成形されたときに、半導体が発する熱に耐え、熱で変形する半導体に沿って変形することまで求められるため、技術的な難度は高い。

売り先は半導体の一貫メーカー、および後工程を請け負う専業メーカーである。

狭義の競合は樹脂製の封止材メーカーで、PCの登場を睨んで先鞭をつけたのはデュポンをはじめとする海外勢であった。国内勢ではアメリカのベンチャー企業から1965年に技術を導入した日東電工が先行し、東芝と組んだ東芝ケミカル、日立製作所と組んだ日立化成工業、日本電気と組んだ住友ベークライトが後を追った。日東電工が国内市場の50%、世界市場の30%を握るガリバーであったが、1990年代の半ばに住友ベークライトが逆転に成功して、世界市場の35%を押さえたと言われている。

広義の競合は半導体用封止材のメーカーで、信頼性が高いセラミック製の封止材を供給する京セラが1970年代を通して独走体制を築いていた。分析対象期間中に京セラ（半導体部品）は5勝2敗で通算利益率13.8%の好戦績を残している。半導体に関連する事業立地全般が良好な理由は第9章で議論する。

【構え】 入手ルートは自社工場ながら、住友ベークライトは購入した原料を混合する役割を果たすだけなので、垂直統合の度合は高くない。

引き渡しルートは直販主体である。

【時機】 このケースは、動いたのが1980年代後半と遅く、遅発に相当する。この業界では、1960年代からデュポンや日東電工が先行していた。1995年にウインドウズ95が登場するとPCは文字どおりパーソナルとなり、セラミック製の高価な封止材は価格が10分の1以下と安い樹脂製の封止材に主役の座を明け渡した。その機を捉えたのが住友ベークライトである。分析対象期間後はリーマンショックの直撃を受けた模様である。

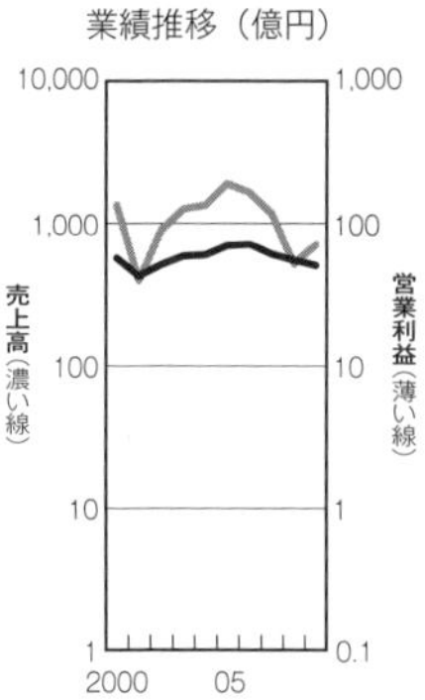

【源泉】この事業で高収益を許すのはミッションクリティカリティである。封止材に問題が出ると、セットメーカーに及ぶ被害は甚大とならざるをえないため、信頼性の高い封止材には価格プレミアムがつく。

【防壁】この事業で高収益を守るのは競合の自縛である。コンパウンドの中核技術は混合のレシピにあり、工場を海外に移転すると技術流出のリスクと向き合わなければならない。競合は、このリスクを嫌った痕跡がある。

【支柱】この事業で高収益を支えるのは研究部隊である。半導体の大容量化に伴って封止材も間断なく進歩を遂げていけば、技術流出のリスクは机上の空論に堕してしまう。住友ベークライトは1985年8月に電子デバイス材料研究所を設置して以来、おびただしい数の組成特許を出願している。

【選択】1988年2月、住友ベークライトは月産500トンの工場をシンガポールに新設する計画を発表した。日東電工と日立化成工業は1990年に入ってからマレーシアに、それぞれ月産200トンと300トンで工場を立ち上げたが、それを尻目に住友ベークライトは第2ラインを増設して、東南アジア向けの輸出がゼロになる月産1,350トン体制を電光石火のごとく整備した。日本の半導体メーカーが落日の憂き目を見たあとも独り住友ベークライトが打撃を被らなかったのは、顧客ベースの拡張に成功したからにほかならない。東南アジアにはアムコア・テクノロジーのようなEMS企業が進出して、半導体の後工程を請け負っていた。他社より先に進出を果たし、しかも進出先にシンガポールを選んだ住友ベークライトはEMS企業と接点を持つに至り、欧米の優良顧客を取り込んだものと思われる。

■月産1,350トン
日経金融 1994.5.24

◉戦略旗手▷▷▷▶▷操業経営者

【人物】このケースで戦略を推進したのは初の生え抜き社長、野村昌夫氏と思われる。野村氏は向島、川崎、静岡と工場を渡り歩いてきた人で、「みるからにエネルギッシュなタイプ、質問に答える言葉にハリがあり、よどみがない」と形容されていた。1983年に技術担当副社長に任命されると、樹脂の種類別に組織されていた

■のむら・まさお
生没：1925.05-
社員：1949.04-1975.02
役員：1975.02-1996.06
社長：1986.05-1992.06
会長：1992.06-1996.06

■みるからに…
化学経済 1986.8

住友ベークライトを、電子材料と産業資材の会社に転換すべく奔走しており、海外進出に先行して電子デバイス材料研究所を設置した動きに鑑みると、電子材料に社運を託す決意を固めていたものと思われる。

■何といっても自動車…
化学工業日報 1988.3.4

■電気メーカーの海外…
経済界 1994.2

【着想】野村氏の着想は他業界の観察に根ざしているようである。シンガポールへの投資判断を下した時期に「何といっても自動車、電機を中心とする製造業の海外進出は円高が急速に進んだ分、急激に表面化した…例えばエレクトロニクス、半導体メーカーは日米貿易摩擦を経て、世界的な拠点配置に乗り出している」と語っている。事後の発言になるが、会長に就任してからは「電気メーカーの海外シフトが進むにつれ、我々も海外進出していかなきゃならないということで、後半3年間は東南アジアへのシフトを主にやっていました」と社長時代を振り返っていた。

[参照文献]
『住友ベークライト社史』1986年
テクノ情報センター編『半導体封止材料と半導体の市場実態』1984年

第2章　Chapter 2

成熟事業の流通改革

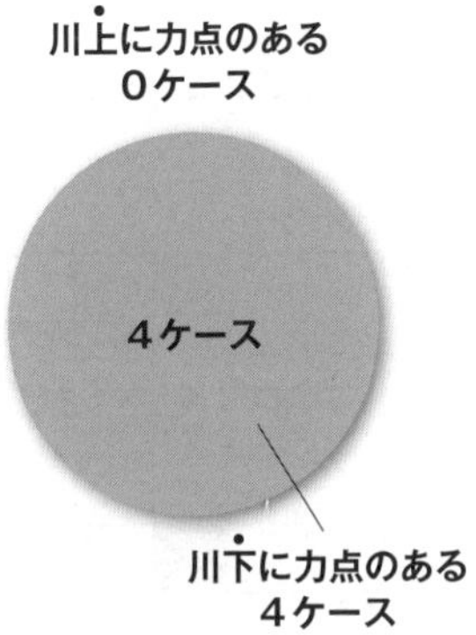

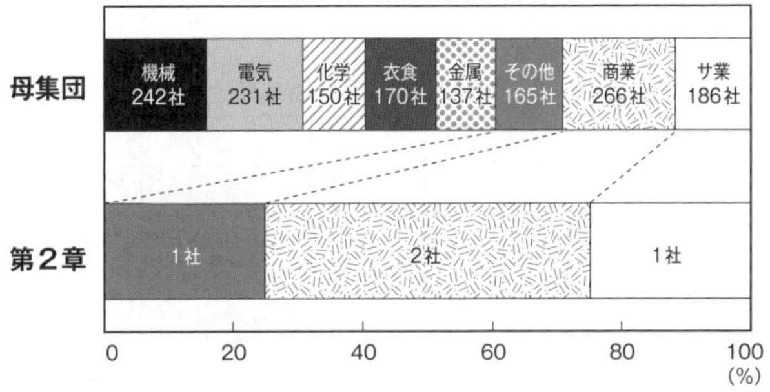

成熟市場で高収益事業を創りたければ、構えを変えるのも一案である。特に川下側で顧客視点から不備を突く動きを見せても、既存の取引関係に縛られた同業他社が追随してくる可能性は極めて小さい。誰しもが容易に変えられるモノを巡る競争が過熱しやすいのとは大違いで、だからこそ高収益が視野に入ってくる。論理的には川上側で仕掛ける手もあるが、分析結果は一方的に川下側での仕掛けが優勢であることを示している。

第1部全体を見渡すと、この章で取り上げる成功パターンは誰にでも手の届くものとは言い難く、適用の範囲は狭いと言ったほうがよさそうである。業種は商業、地域は都心、業態は専業に偏在している点が目立つ。ただし、ベンチャーの2ケースに加えて、古豪も2ケースを出しており、その意味では企業を選ばない。

1 「売り方」のリ・インベンション

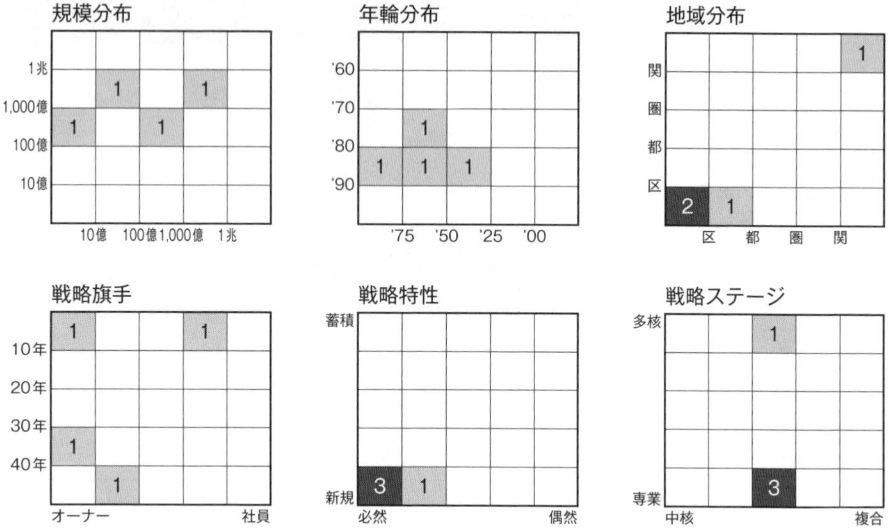

成熟市場でバリューチェーンを変えるには、売り方のリ・インベンションが有効である。特に日本では、メーカー主導で構築された前近代的な販路が生き残っている業界が意外と多く、戦略機会には事欠かない。顧客側の選択の自由を拡大する道を描けないか、そこに最新の技術環境を活かせないかと考え抜いて代替販路を構築し、顧客から見た利便性を劇的に引き上げようとする企業にとっては、まさに楽園である。ただし、機会を活かしたケースが意外と少ないのは、難度が高い証かもしれない。

ビンテージの古いケースは少なく、「規模分布」マトリックスは対角線の左上に偏っており、ここでの成功ケースからは成長性を読み取ることができる。ただし、「戦略特性」マトリックスは左下に集中しており、やはり強いリーダーの存在は欠かせないようである。

2-1-1 時間短縮

時間短縮とは、顧客がモノを手に入れたいと思い立った瞬間から実物を手にするまでの所要時間を短くすることをいう。ストーク Jr.とハウトが『タイムベース競争戦略』で指摘したように、モノの優劣以上に待ち時間を気にする顧客は少なくない。本章に登場するケースは、いずれもストーク Jr.とハウトに先駆けて時短戦略を実行に移しており、先見の明がある。

この戦略を活かした典型例はケース812のミスミグループ本社で、金型部品を受注生産していた零細工場に成り代わって、標準化した部品をカタログに掲載し、即納体制を確立した。ケース813のアズワンは、ミスミグループ本社が工場の生産技術部隊に向けてしたことを、研究所を相手に向けて再現してみせた。

ケース814のオークネットは、築地と同じ買い手入札方式を採用していた中古車流通の世界に、一種の電子カタログを持ち込んだ。ただし、この場合は買い手が時短効果を享受した上述のケースとは異なって、売り手が時短効果を享受した点に特徴がある。ケース608のHOYAは、コンタクトレンズに後発参入したメーカーであったが、メーカーごとに小さな系列販売店が並存する状況に疑問を抱き、他社製品も扱う駅前大型店舗の展開に打って出た。

時短の戦略が高収益につながるのは、顧客の主観的時間単価が高いからで、定価販売のコンビニが値引き前提のスーパーより高収益になるのと同じ理屈と言ってよい。ただし、カタログは紙の時代にこそ参入障壁となりえたが、インターネットの時代になるとコスト、そして参入障壁が下がるため、もはや同じ手口は通用しない。

この戦略が適用できる条件としては、桁違いの多品種を扱うことを挙げることができる。ケース812の生産財やケース813の理化学機器は、とにかく種類が多い。ケース608のコンタクトレンズは、人によって度数や乱視の有無が異なるため、SKUが多くなる。ケース814の中古車に至っては、二つとして同じモノがない。こういう市場では、顧客に選択の自由を提供しつつ、自由を簡便に行使できるようにする一手が大きな価値を持つことになる。

これらのケースは、『リエンジニアリング革命』の要素も『マス・カスタマイゼーション革命』の要素も持ち合わせ、さらに『タイムベース競争戦略』の要素も備えているが、そのいずれとも違う点が興味深い。アメリカのコンサルタントたちが念頭に置いていたほど複雑なことはしておらず、いずれも発想は単純明快である。ただし、いずれもITの進歩を取り込んでいる点は、彼らの発想と軌を一にする。

ここに分類しなかったケースにも「売り方」の革新を成し遂げたものはある。

第1章：ケース802 ツツミ
第1章：ケース803 ファーストリテイリング
第1章：ケース804 アドヴァン
第1章：ケース808 ファンケル
第9章：ケース662 京セラ
第10章：ケース868 積水ハウス
第10章：ケース869 花王
第10章：ケース870 キューサイ
第11章：ケース876 任天堂

産業財になるが、第7章に登場するケース821のキーエンスも従来とは「売り方」を変えている。時間短縮効果が効いている点は、ほぼ同じと言ってよい。

ケース 812　ミスミグループ本社：〈生産現場部材〉事業

P：金型・FA部品（生産技術者向け調達代行）

戦略C/C比率◀◁◇▷▷
戦略D/E比率◁◀◇▷▷
対照：079

◉企業戦略▶▷▷▷▷本業集中

■ミスミ
直前決算期：2000.03
実質売上高：430億円
営業利益率：11.2%
海外売上率：10%未満
社内取締役：2
同順位相関：—
筆頭大株主：創業経営者
利益成長率：—/—/—
東名阪上場：1994.01

【経緯】 ミスミグループ本社（以下ミスミ）は1963年に東京の千代田区で三住商事として設立された会社である。1965年からプレス金型用部品を扱い始め、1977年に標準部品カタログを刊行すると、樹脂成形金型用部品、自動機用部品、治具用部品などに横展開して業容を拡大していった。その後も研究開発用の電子部品、金型加工用工具、FA用部品、ホスピタルサプライ、FAコンピューター部品、食材・消耗品、デジタル素材&OAサプライ、半導体部品、製品組み付け部品と、横展開のペースは落ちていない。攻める市場は多様ながら、中核技術をカタログと捉えると、一本筋が通っている。

【編成】 本業はプレス金型用部品で、それが分析対象期間中も主業の座を占めていた。ヘッダー部に掲げた生産現場部材事業は、この本業に自動化事業とエレクトロニクス事業を加えたものである。これらは各種生産現場の合理化に資する事業という点で共通しており、金型用部品と自動化事業はそれぞれケース選出基準を独自に満たしている。

◉事業戦略▷▷▶▷▷販路応用マルチライン化

■生産現場用品事業
期間：2000.04–2010.03
得点掲示板：10–0
営業利益率：13.9%
利益占有率：100%
開示欄序列：1＋2
　→1＋2＋3
事業本拠地：東京都
独禁法違反：報道なし
—
1990年代：5–0
2010年代：4–0

【立地】 売り物は生産現場で用いられる様々な設備機械の部品である。ただし「生産財のコンビニエンス・ストア」を標榜するミスミは、必要な部品を、必要が生じたときに、必要な数量だけ買うことを可能にしており、真の売り物はコンビニエンスと言ってよい。

売り先は自動車業界や電機業界に集中する傾向があるとは言え、総数は万の桁に乗っている。なお、分析対象期間中の10年で海外売上高比率が8%から25%に増えている点は注目に値する。

狭義の競合はカタログを配布する企業で、未上場のパンチ工業と、住友商事がアメリカのグレンジャーと組んで立ち上げたMonotaROを挙げることができる。2000年にネットショップを開店したMonotaRO（単体）は分析対象期間中は9戦全敗で通算利益率1.8%の戦績に終わっている。収益性の差は先行優位を物語る。

広義の競合は図面を受け取って下請け製作に勤しむ町工場で、こちらは無数にある。

■100以上
日経ビジネス 1992.1.6

■30%
日経ビジネス 1996.3.11

【構え】 入手ルートは100以上を数える協力工場で、ミスミへの依存度が30%を超えないよう発注を分散することで、隙間生産＝即納を可能にするのがミスミ流と言われている。ただし、2005年に最大手の協力工場を買収したのを機に、自社生産比率は上昇傾向を見せている。

引き渡しルートは全国13ヶ所に張り巡らせたマーケティングセンターであった。これらの物流拠点も10年で3ヶ所に集約されている。

業績推移（億円）

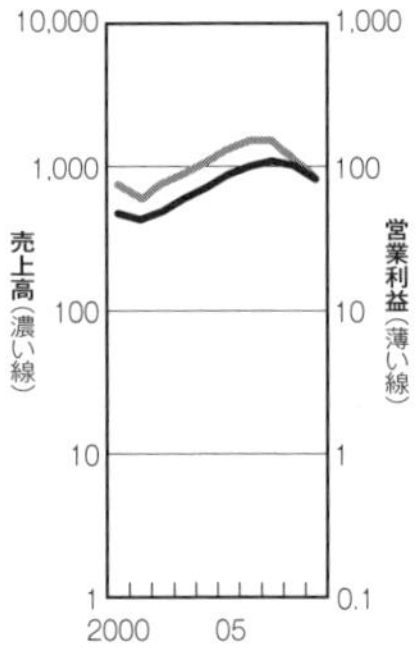

【時機】 このケースは、金型部品の歴史の長さを考えると、成熟期の遅発に相当する。第1次石油ショック以降、企業の開発現場は海外仕様製品に絡む金型設計業務が山積みとなり、次第に円が高騰すると、今度はマイクロプロセッサーが可能にした製造ラインの自動化に奔走した。この機をミスミは捉えたことになっている。

【源泉】 この事業で高収益を許すのは即納性である。ミスミの真の顧客は現場で多忙を極める技術者たちで、会社の財布で買い物をするので、部品が高いか安いかは気にしない。むしろ価格プレミアムを払っても、欲しい部品がぴったり手に入り、時間節約効果を得ることができれば、十分に経済合理性を確保できる。

【防壁】 この事業で高収益を守るのはスイッチング・コストである。分厚いカタログの構成や、CADデータや納期表の見方にいったん慣れてしまうと、わざわざ他社のカタログを開いて価格を比較する気は起こらない。このユーザーサイドに発生するコストが優良顧客（ヘビーユーザー）の囲い込みを可能にするのである。

【支柱】 この事業で高収益を支えるのは設計を含めたカタログ制作部隊である。カタログの魅力で圧勝する競合が出現すると、ミスミの戦略は崩壊する。その意味で、絶えず品揃えを増やし、使いやすくする努力は戦略の均整をとるうえで欠かせない。

【選択】 1977年1月、三住商事は初めて金型部品のカタログを刊行した。現在のカタログ掲載商品点数は、サイズ違いも含めて数えると優に数十万の桁に乗っている。

◉戦略旗手▶▷▷▷▷実質上の創業経営者

■たぐち・ひろし
生没：1937.02-
社員：1963.03-1964.04
役員：1964.04-2010.06
社長：1969.12-2002.06
会長：—

【人物】 このケースで戦略を推進したのは実質的な創業者の田口弘氏である。ミスミは田口氏の高校時代の友人が起業した販売会社で、田口氏が会社を辞めて救済に動いたのは、請われて出資したのに会社の経営が軌道に乗らないためであった。販売会社なのに売るものがなく、ひたすら田口氏が御用聞きを繰り返すなかで金型部品に出会い、そこから新生ミスミが生まれたという。

田口氏は、メーカーの代理店を営むのではなく、ユーザーの購買代理店を営もうと提唱したり、「持たない経営」を営業や人事に持ち込んだり、部課長制を廃止したり、次から次へと社会通念を打ち破っていった。社長の座を譲ったあとも、新規事業の創出を目的とする会社を新たに立ち上げて、変革への挑戦を続けている。

ミスミの2002年以降の戦略転換を主導したのは、田口氏が後任に選んだ三枝匡氏である。ITバブルの崩壊で減収を余儀なくされた時点で登板した三枝氏は、日本企業が中国から金型を調達する新たな動きや、生産拠点が中国にシフトする流れに適応する施策を打っていった。それに伴い在庫の水準は33日から71日に上昇しており、かつて標榜した「持たない経営」は過去の話と割り切る必要がある。ただし、カタログという根幹は電子化されても揺らいでいない。

■プレス用金型の標準化
金属プレス 1970.7

■標準部品の流通システム
金属プレス 1973.8

【着想】 田口氏の着想は経験と熟考から生まれたものと思われる。最初のカタログを発行する7年前、1970年時点で「プレス用金型の標準化」を進めるべきと説いており、その3年後には「標準部品の流通システム」について検討を重ねていたことがわかっているからである。当時の草案は共同倉庫方式で、流通コストの削減を狙っていたことから、必ずしもカタログの威力や時短の価値を見越していたとは言えないが、標準化と流通改革そのものは実現したことから、やはり先見の明を称えるべきであろう。カタログ事業が軌道に乗ると、最初はアメリカからカタログを取り寄せて仕様を確認し、それを町工場に発注していたが、顧客の要求に応えていくうちに自ずと商品点数が増えていき、営業マンが扱いきれなくなったので苦肉の策としてカタログの発行を思いついたという話を随所で面白おかしく語っているが、これは田口氏一流の聴衆サービスと割り切ったほうがよさそうである。

［参照文献］
ミスミグループ本社『ANNUAL REPORT 2012』2012年
週刊東洋経済、2011年10月22日・29日、11月5日・12日

ケース 813 アズワン

P：科学機器・器具（研究者向け調達代行）

戦略C/C比率◀◁◇▷▷
戦略D/E比率◀◁◇▷▷
対照：079

■井内盛栄堂
直前決算期：2000.03
実質売上高：260億円
営業利益率：10.4%
海外売上率：10%未満
社内取締役：4
同順位相関：0.00
筆頭大株主：創業家
利益成長率：—/—/—
東名阪上場：1999.12

■O-157事件
月刊食品工場長 2000.12

◉企業戦略▶▷▷▷▷本業集中

【経緯】 アズワンは1962年に大阪で井内盛栄堂として設立された会社である。創業者は1933年に医業用ガラス製品の卸売事業を始めており、この前史の上にたち、早くも設立翌年に研究室向けの理化学機器カタログを発刊した。カタログ事業が軌道に乗った1985年には病院用、1991年には半導体工場用と、事業モデルの横展開を試みている。O-157事件が勃発した1997年からは、厳格な衛生管理が求められるようになる中小の食品工場向けにもカタログを発刊した。

【編成】 本業は科学機器・器具で、それが分析対象期間中も主業の座を占めていた。多角化先の病院・介護部門は独立セグメントを形成するまでに至っていない。

■全社
期間：2000.04-2010.03
得点掲示板：8-2
営業利益率：11.1%
利益占有率：100%
開示欄序列：0
事業本拠地：大阪府
独禁法違反：報道なし
—
1990年代：1-5
2010年代：4-0

◉事業戦略▷▷▶▷▷販路応用マルチライン化

【立地】 売り物はビーカーや試験管に始まって、ドラフトベンチや薬品庫に至るまで、ありとあらゆる研究室で使われる汎用科学機器や器具である。

売り先は日本中に点在する大学や企業の研究室になる。なかでも半導体分野には注力している。

狭義の競合は全国展開するカタログ事業者ながら、これというところは見当たらない。病院（ナース）向けのカタログではミスミ

と正面衝突したが、アズワンが防衛戦に勝利を収めている。

広義の競合はカタログに載っている個別商品のメーカーで、1,500社は存在する。アズワンのシェアは5%に留まるそうである。

■1,500社
■5%
日経金融 2007.2.19

【構え】 入手ルートはメーカー1,000社と言われている。そこから品揃えした5万点の商品をカタログに掲載し、そのカタログを全国60万の研究室に配布したうえで、アズワンは発注が舞い込んでくるのを待つ。ちなみに、取扱商品のうち25%は利益率の高いPB商品で、こちらは東南アジアの協力工場から調達している。

■5万点
60万
25%
3,500社
9割
日経金融 2001.9.3

引き渡しルートは3,500社の代理店である。カタログ掲載商品の9割については物流センターに在庫を持ち、アズワンは受注した翌日に代理店に向けて出庫する。

【時機】 このケースは、本格的なカタログ展開が遅く、成熟期の遅発に相当する。アズワンが捉えたのは研究開発ブームで、その背後には貿易摩擦と円高がある。

業績推移（億円）

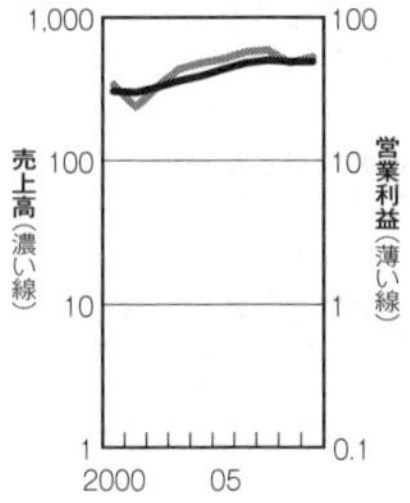

【源泉】 この事業で高収益を許すのは即納性である。アズワンの真の顧客は実験に没頭する研究者たちで、会社の財布で買い物をするので、機器・器具が高いか安いかは気にしない。むしろ、彼らは研究が思い通りに進むか否かを重視するため、価格プレミアムを払っても、それを上回る時間節約効果を得ることができれば、経済合理性を認めてくれる。

【防壁】 この事業で高収益を守るのはスイッチング・コストである。アズワンのカタログに慣れてしまうと、わざわざ他社のカタログを開いて価格を比較する気は起こらない。このユーザーサイドに発生するコストが優良顧客（ヘビーユーザー）の囲い込みを可能にするのである。

【支柱】 この事業で高収益を支えるのはマーケティング部隊である。最も売れる手袋ですら年商は1億円どまりで、年商が1,000万円を超える商品は200点もないという事業立地なので、次々に新しい製品を加えていなかいとワンストップ購買の利便性が崩れてしまう。アズワンは営業配属人員の6割を代理店に張り付けて、ユーザーニーズを汲み上げる努力を重ねることにより、戦略の均整をとっている。

■6割
週刊東洋経済 1998.4.11

【選択】 1984年12月、アズワンは東京業務本部（現東京物流センター）を開設した。引き続き1988年には井内物流を設立し、1991年には全社オンラインシステムを導入している。攻めに出るための原資は、半導体産業の興隆に伴って生じたクリーンルーム専用手袋の特需で稼いだ可能性が高い。

■いうち・ひでお
生没：1941.09-
社員：1968.03-1969.11
役員：1969.11-2012.06
社長：1969.11-2009.06
会長：2009.06-2012.06

◉戦略旗手▷▶▷▷▷第２世代同族経営者

【人物】このケースで戦略を推進したのは井内英夫氏である。英夫氏は、創業者が急逝したことから、社歴1年半、28歳で社長に就任した。創業者は義父にあたる。

英夫氏は「利益率を犠牲にすればもっと売上規模を拡大できるかもしれないが、それは私の考えに合わない」と公言していた。別の媒体では「手間がかかるという理由で他社が避けてきたニッチの分野に取り組んだ」とも語っている。

【着想】英夫氏の着想は、「営業マンに複雑な価格交渉を任せず…」という表現から推察すると、東京の同業他社で修行を積むうちに営業マンの生態を目の当たりにして、彼らに依存しないカタログ業態に魅せられたところから始まっているように思えてくる。商品で差異化できない分、物流で差異化を図ろうとした痕跡も窺える。

［参照文献］
証券、2000年2月（井内英夫）

■義父
日経金融 1995.11.2

■利益率を犠牲に…
日経情報ストラテジー 2006.8

■手間がかかる…
日経金融 2001.9.3

■営業マンに複雑な…
日経金融 1995.11.2

ケース 814 オークネット：四輪事業

B：TVオークション用端末（中古車流通促進策）

戦略C/C比率◀◁◇▷▷
戦略D/E比率◀◁◇▷▷
対照：—

■オークネット
直前決算期：1999.12
実質売上高：120億円
営業利益率：23.9%
海外売上率：10%未満
社内取締役：2
同順位相関：—
筆頭大株主：オリエントコーポレーション
利益成長率：—/—/—
東名阪上場：2000.05

◉企業戦略▶▷▷▷▷本業集中

【経緯】オークネットは1984年に東京の港区でエフティーエフとして設立された会社である。当初から中古車取引にTVオークションの手法を持ち込んで、その後は1993年に中古の二輪車、1997年に生鮮花卉、2005年に中古のPCへと、同じ手法の適用範囲を拡げていった。全事業の根底にあるのは、IT技術を駆使すれば実物を取引所に運ぶ無駄を省けるという確信である。株主が疑問視する新規事業に梃子入れするためか、オークネットは2008年にMBOを実施して上場を廃止した。

【編成】 本業は中古車のTVオークションで、2004年度分から開示されたセグメント情報によると、利益を出している商材は四輪と二輪だけである。二輪事業のほうは四輪事業の10分の1の規模しかないことを考えると、結局は祖業が屋台骨のままと言ってよい。

■MBO
マネジメント・バイアウト

◉事業戦略▷▷▶▷▷技術応用マルチライン化

【立地】 売り物はオークション専用の端末である。ただし売り切らないで、これをオークネットはリースする。オークネットの売上は、契約した会員から徴収する会費収入（専用端末機のリース料と情報提供料）と、出品料と、成約時に課金する仲介手数料から成り立っていた。入札の対象となる出品車の画像情報は、当初はレーザーディスク媒体で事前に宅配していたが、1989年からは通信衛星経由、さらに2006年からはインターネット経由に切り替えている。

■全社
期間：2000.01-2007.12
得点掲示板：8-0
営業利益率：20.7%
利益占有率：99%
開示欄序列：0→1
事業本拠地：東京都
独禁法違反：報道なし
—
1990年代：10-0
2010年代：—

売り先は中古車ディーラーである。契約したディーラーは自分の営業所に居ながらにして入札に参加できるという点にメリットがある。TVオークションは、中古車ディーラー間をつなぐ横の流通経路として、自分のエリアでは売れない長期在庫車を処分したり、顧客が要望する車種を急いで取り寄せる目的で活用されている。

■入札
毎週土曜日に行われる入札で、専用端末機のボタンを押すたびに3,000円単位で価格が上がり、1台あたり20～40秒で落札に至る

狭義の競合はTVオークションの事業者で、後述するJAAが独自システムを開発して参入してきたのは1988年のことであった。

広義の競合は現車オークションの事業者で、16会場を展開するUSSや、東京と神戸に会場を構えるJAAが頂点に君臨する。とは言え、全国には150前後の会場があることを考慮すると、まだ群雄割拠の状態に近い。TVオークションは、結果としては現車オークションを代替するのではなく、新たな中古車市場を創造したと言われている。分析対象期間中に、USSは10戦全勝で通算利益率49.8%、JAAは4勝4敗で通算利益率14.5%という戦績を残している。売上高が中古車の売価を含まない事実を勘案しなければならないが、中古車の市場を成立させる仕事の価値の大きさを窺い知ることができる。なお、手ゼリでは遅すぎて流入する車を捌き切れないと危惧したJAAは1978年からコンピューターを導入して、機

械ゼリへの移行を始めていた。

【構え】 入手ルートはケンウッドのような機器メーカーと思われる。ただし、応答速度が0.2秒を切るソフトウェアは自社で開発したという。当初は大手ITベンダーに開発を依頼したものの、ニーズに合うものができなかったらしい。

■0.2秒
日経コンピュータ
2000.10.23

引き渡しルートは直販である。従来の方式と比べると、オークネットが実現したバリューチェーンはユーザーに革新的なメリットをもたらすものであった。

業績推移（億円）

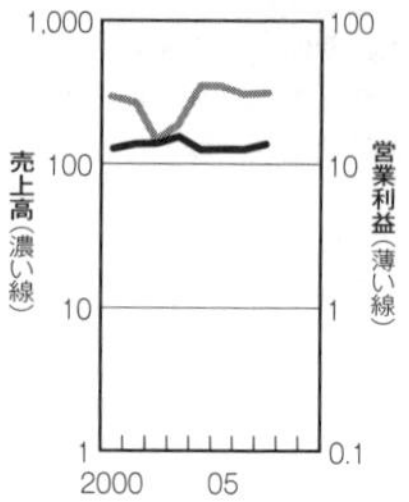

【時機】 このケースは、現車オークションの歴史の長さに鑑みると、成熟期の遅発に相当する。オークネットは、3年の準備期間を経て、1984年に設立に漕ぎ着けたが、1981年にはIBMが初代PC、またヘイズ・コミュニケーションズが初のスマートモデム、パイオニアがレーザーディスク1号機を発売しており、現車画像を宅配し、リアルタイムの入札を公衆電話回線経由で実施する技術的な条件が整った。そこに生まれた事業機会をいち早く形にしたのがオークネットにほかならない。

【源泉】 この事業で高収益を許すのは簡便性である。出品する側は、現車を動かす手間を省くことができる。入札する側は、会場に出かける時間と、現車を事前に査定する手間を省くことができる。そのメリットが大きいゆえ、節約分の一部を利益として享受するオークネットは潤うことになる。

■査定
1台あたり10分から15分で250項目を12段階評価する
日経ビジネス
2001.9.10

【防壁】 この事業で高収益を守るのはネットワーク外部性である。オークションは、出品点数が多ければ多いほど、入札する側（国内に展示場を構える中古車ディーラーや、海外に転売する輸出業者）に選択の幅を提供することができる。そうして入札に人が集まれば集まるほど、出品する側（中古車を下取りする新車ディーラーや、独立店舗を展開して中古車を買い取るガリバーインターナショナルなど）は高値の成約を期待できるため、出品点数は増えて行く。それゆえ、最初に取引の場を確立した者は高い参入障壁に守られることになるのである。

【支柱】 この事業で高収益を支えるのは出品車の査定部隊である。TVオークションには、取引にかかる移動や搬送のコストを引き下げる利点があるものの、期待とは異なる車を買ってしまうリスクがつきまとう。オークネットは出品車の査定を代行するシステムを構築して、顧客のリスクを軽減して、戦略の均整を保っている。

【選択】 1985年1月、オークネットはオリエントファイナンスに対して有償株主割当を実施した。それにより、オークネットは会員に専用端末機をリースするための資金だけでなく、幹部人材や社会的信用まで手に入れた。経営の自由裁量権を犠牲にしたという意味では、鬼手と言ってよかろう。

◉戦略旗手▶▷▷▷▷創業経営者

【人物】 このケースで戦略を推進したのは創業者の藤崎眞孝氏である。眞孝氏が1993年に病没したあとを継いだ実弟の清孝氏は、設立1年後にオークネットに合流し、システム開発を担当したが、オリエントファイナンスとの連携を実現させたのは間違いなく眞孝である。

■ふじさき・まさたか
生没：1942.11-1993.12
社員：—
役員：1984.03-1993.12
社長：1984.03-1993.08
会長：1993.08-1993.12

眞孝氏は、オートバイから乗り換えるようにと母親が買ってくれた中古車が気にいらず、雑誌に広告を出して転売したものの、問い合わせの電話が鳴り止まないため同じ車を市場で調達して販売するうちに、勤務先の会社を辞めて、フレックス自動車販売を設立するに至ったという。それから13年経過した1982年に、眞孝氏は中古PCを扱うフレックス・ジャパンを設立する。オークネットは、中古PCで培ったIT関連の人脈と、中古車販売で培ったディーラーの視点と、同じく中古車販売で培ったオリエントファイナンスの人脈のうえに成立した。

■人脈
日経コンピュータ
2000.10.23

【着想】 眞孝氏の着想は熟慮に基づいている。26歳で起業した眞孝氏は、「オークション自体はフェアな価格で売買できるんですが、ただ面倒くさいんです。車の搬入をやったり、車を置く土地も必要ですからね。（中略）それで、ニューメディアで操作できれば、ニーズは確実にあると…。私、18年間中古車業界で生きてきた経験で、そんなカンが働いた…ということでしょうか」と語っていた。

■オリエント
経済界 1991.10

■オークション自体は…
実業界 1985.9

［参照文献］
藤井達郎「起業家の軌跡」日経産業新聞、1989年8月8日～10日
商工指導、1998年3月（中沢節）

戦略C/C比率◀◁◇▷▷
戦略D/E比率◀◁◇▷▷
対照：—

■ホーヤ
直前決算期：2000.03
実質売上高：1,980億円
営業利益率：17.2%
海外売上率：37%
社内取締役：3
同順位相関：1.00
筆頭大株主：金融機関
利益成長率：○/○/○
東名阪上場：1961.10

ケース608 HOYA：ヘルスケア事業

C：コンタクトレンズ（簡便な購入ルート）

◉企業戦略▷▷▷▷▶多核化展開

【経緯】 HOYAは1944年に東京の保谷で東洋光学硝子製造所として設立された会社である。戦時中は海軍に向けてレンズ用の光学ガラス生地を供給したが、この事業を1952年に再開するまでの間に立ち上げた進駐軍向けのクリスタル食器事業が第二の柱となり、さらに1962年に立ち上げた眼鏡レンズ事業が第三の柱に成長した。1972年にはソフトコンタクトレンズにも進出している。2009年にはライフサイクルの衰退期を迎えたクリスタル事業に終止符を打つ一方で、2008年に吸収合併したペンタックスが新たに三本目の柱になっている。

【編成】 本業は光学ガラスで、それを含むエレクトロオプティクスが新たな主業になっている。本業から派生したアイケア事業も主業に迫る勢いを見せているが、アイケア事業の素材はガラスから樹脂に移行しており、いまとなってはシナジー効果が大きいとは言い難い。

■ヘルスケア事業
期間：2000.04–2010.03
得点掲示板：10–0
営業利益率：20.8%
利益占有率：10%
開示欄序列：4
事業本拠地：東京都
独禁法違反：報道なし
—
1990年代：2–2
2010年代：4–0

◉事業戦略▷▷▶▷▷販路応用マルチライン化

【立地】 売り物はコンタクトレンズで、乱視用や遠近両用のソフトレンズや酸素透過性のハードレンズ、さらには使い捨てのレンズを含めて、フルラインを揃えている。ほかに毛色の異なる眼内レンズも扱っているが、こちらは規模が小さいので取り上げない。ちなみに、白内障の手術などに用いられる眼内レンズは角膜を切って挿入するもので、信頼性と、コンパクトに折りたたむ技術力が求められる。

売り先は視力矯正を必要とする一般の消費者である。

狭義の競合はコンタクトレンズの販売店で、かつてはメーカーごとに系列化されていた。近年は、HOYAの元社員の開業が目立つそうである。HOYAの販売シェアは10%前後を占めるところまで伸びている。

■10%
日経流通 2003.10.28

広義の競合はコンタクトレンズのメーカーで、国内では先発・専業の名古屋勢、メニコンとニチコンが先行した。上場するシードも健闘しているが、分析対象期間中の戦績は10戦全敗で通算利益率5.5%に終わっている。ディスポーザブル製品で新規参入したグローバルプレーヤーたちが国内市場の大半を押さえ込むに至っており、HOYAの市場占有率は日本マーケットシェア事典によると2%を割り込んだ。

業績推移（億円）

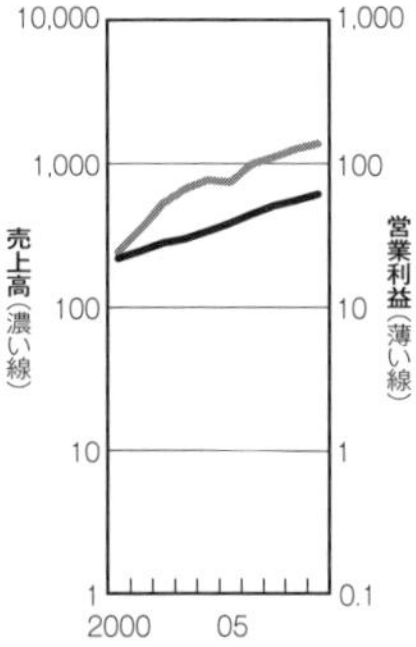

【構え】 入手ルートは自社の児玉工場を主としていたが、コンタクトレンズは競合他社の製品も広く扱うように変貌を遂げている。

引き渡しルートは直販である。コンタクトレンズではアイシティという自営店舗を、主要ターミナル駅の前には大型店舗、大都市郊外には中規模店舗、ショッピングモールには小規模店舗とフォーマットを変えながら展開している。

【時機】 このケースは、国内先発組が1950年代早々に先陣を切っており、HOYAの戦略転換が1980年代であることを考慮すると、遅発に相当する。ジョンソン・エンド・ジョンソンが使い捨てのアキュビューを発売したのは1988年のことで、国産勢には打撃となったが、販売網を持たない外資系メーカーの出現はHOYAの小売店舗網にとっては品揃えを拡充するうえで朗報となったはずである。また、使い捨てコンタクトの出現によって来店頻度が上がるトレンドに、HOYAの小売店舗網は後押しされて成長した。

【源泉】 この事業で高収益を許すのは簡便性である。東京では主要駅から歩いて5分圏内に大型店舗を開き、品揃えは抜群で、しかも在庫が豊富なため持ち帰りができるとなれば、消費者に選ばれる店になるのも当然である。しかも、コンタクトレンズにおいてはメーカー希望小売価格に対して卸売価格が24～27%に留まっているという。そこに高収益の素地が出現する。

■24～27%
公正取引情報 1997.7.7

【防壁】 この事業で高収益を守るのは競合の自縛である。かつては処方箋を発行する眼科医が院内でコンタクトレンズを販売する流通経路が主力となっており、草創期に事業を開始したメーカーは、この販路を押さえ込んで参入障壁とした。2005年に規制が緩和され、処方箋がなくてもコンタクトレンズを購入してよいことになっても、先行組は過去のコミットメントを捨てて販路を切り替えることができず、不便な場所にあり、品揃えも在庫も乏しい眼科ルートと共に消費者に見放されていった。使い捨てタイプを武器にする外資の参入が始まると、彼らに販路を提供することで成長路線に乗っていったHOYAは、いち早く好適店舗スペースを押さえ込んで、それを新たな障壁とした。規制緩和以降は通信販売事業者との競争にさらされているが、眼科医との結びつきを差異化のポイントに据えることにより、優位を保っている。

【支柱】 この事業で高収益を支えるのはシステム部隊である。来店客に対して在庫切れが発生すると、HOYAの相対優位が崩れてしまう。おびただしい品番数を扱う業態で在庫切れを防ぐには、需要予測および在庫管理システムのブラッシュアップが欠かせない。

【選択】 1984年3月、ホーヤは小売店を再編した。翌1985年10月には、眼鏡事業部からコンタクト部門をメディカル事業部として独立させている。小売店自体は1974年2月から展開していたが、ここで東京、名古屋、大阪の店舗を独立採算としたのは、コンタクトレンズ事業は小売事業に転換する決断を下したからであろう。メーカーが積極的に競合製品を売っていくという話は前代未聞で、これは間違いなく鬼手に相当する。

■あおやぎ・よしたか
生没：1934.12-
社員：1963.02-1983.12
役員：1983.12-1991.1
社長：—
会長：—

◉戦略旗手▷▷▷▶▷操業経営者

【人物】 このケースで戦略を推進したのは青柳能孝氏と思われる。青柳氏は1981年に保谷レンズ取締役コンタクト部長になり、1985年の組織改正を機に初代メディカル事業部長に就任して、1991年6月に勇退した。HOYAでは常務取締役まで務めている。戦略転換期の事業経営責任者は、明らかに青柳氏である。

青柳氏が任期途中で取締役を退任したのは、使用実績がなく、未承認の材料をコンタクトレンズに使用した責任をとってのことであった。青柳氏は「大変ご迷惑をかけて申し訳ない。社内で承認申請書に一部脱落があるのを発見し、厚生省に届けた」と述べている。厚生省は「医療用具の審査制度の根幹にかかわる問題。実質的な被害がなかったからといって、済ませるわけにはいかない」と行政処分に打って出た。

■大変ご迷惑を…
医療用具の…
朝日新聞 1990.10.5

自社の軌跡を35年史、40年史、45年史、50年史と緻密に記録してきたHOYAが、なぜかコンタクトレンズ事業の戦略転換には触れていない。それは、立役者の青柳氏が引責辞任した事情とも無関係ではなかろうが、戦略転換自体が創業家一族のトップダウンではなかったことの証左と思われる。予想外の苦戦から脱却するために青柳氏が打った起死回生の一手が、事業の躍進につながったに違いない。

【着想】 HOYAの45年史は「単に何を造って売るかではなく、何をどのようなシステムで売るかのマーケティング戦略により差別化を図ります」とコンタクトレンズの事業ビジョンに記している。青柳氏にしてみれば、狙い澄ました戦略転換であったことは間違いなかろう。

[参照文献]

『HOYA NEW VISION』1986年
ヤノニュース、1994年3月5日

第3章 Chapter 3

成熟事業の改善改良

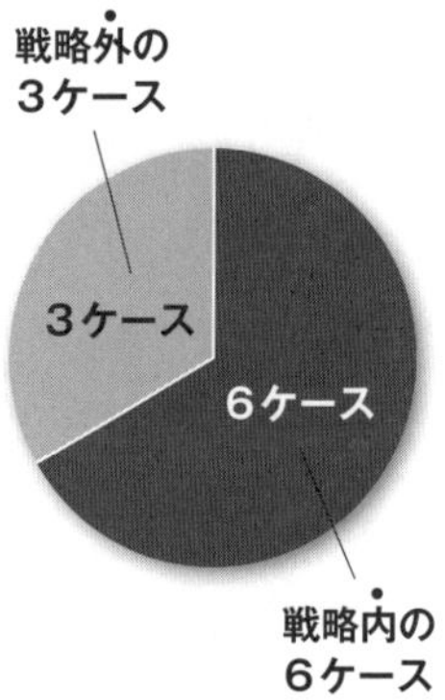

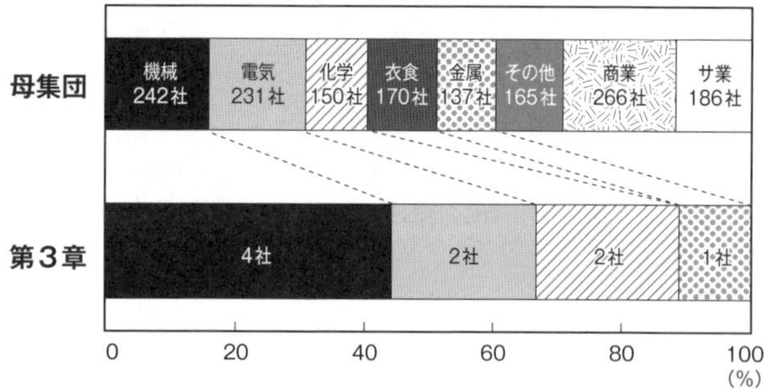

成熟市場で高収益事業を創りたければ、製品や管理に注力するルートもある。製品の裏には技術があり、管理の表にはQCD（品質・原価・納期）があるので、技術やQCDに注力すると言い換えてもよい。これらは、戦略の重層構造から言えば事業の立地や構えを所与とする上位階層に相当する。

社員多数が時間と努力を費やすのは、これら製品・技術やQCD・管理の領域においてである。また、日本発の戦略論は往々にしてイノベーションや組織能力を強調するが、イノベーションは製品・技術、そして組織能力はQCD・管理に作用する。実践も理論も上位階層に釘付け状態と言ってよいが、本書の分析結果が突きつけるのは、そこから高収益事業が生まれた例はないに等しいという冷酷な事実である。浮上してきた成功ケースは、人を選ぶか、運を要するものばかりで、おまけに業種を選ぶ傾向も見え隠れしている。

1　組織能力の強化

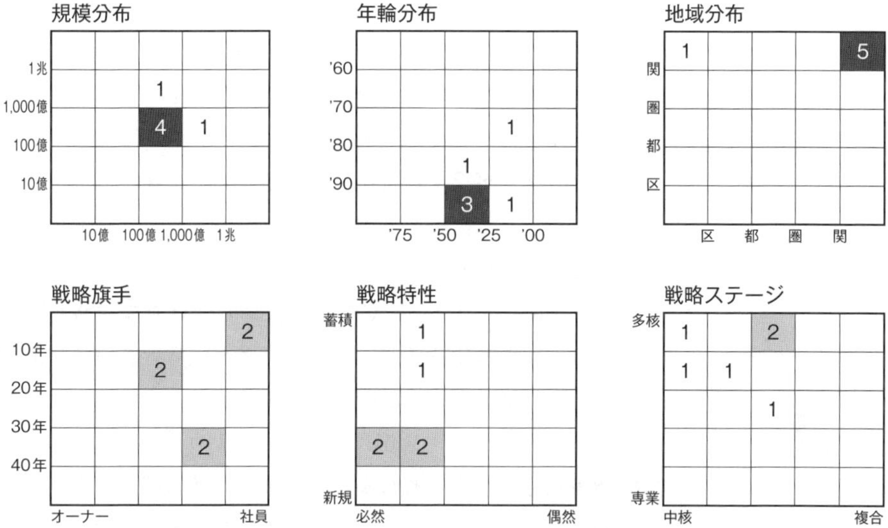

成熟市場で事業を内側から良化する道がないわけではない。ただし、その道に特定のパターンを見出すことは難しい。ダッシュボードの上段が偏在するのは、同一企業から複数ケースが出ているからで、下段は広く分散している。まさにケース・バイ・ケースと言ってよい。

3-1-1　QCD管理

QCD管理とは、品質や原価や納期について管理のメッシュを細かくすることをいう。重要と言われ続けてきたことであり、ここで補筆すべき内容はない。

この戦略を活かした典型例として、旗手が登場するまで経営危機に陥っていた4ケースが浮上している。そのうちケース815とケース609は永守重信氏、そしてケース816とケース610は近藤高敏氏と、それぞれ戦略旗手を共有する。いずれも技術や市場は異なっており、共通するのは戦略旗手だけである。2人の旗手は似ても似つかず、管理強化の達人を事前に見抜く方法は思いつかない。

興味深いのは、ケース815の日本電産コパルとケース609の日本電産サンキョーが国内におけるM&Aを機に業績が好転した事実である。どちらもM&Aをした側の日本電産とは同じモーター事業を営むが、その横で非モーター事業が独走している。ともに事業立地は悪くないのに、管理が下手で高収益を実現し損ねていたケースと思われる。そういう事業を選んでM&Aしていく日本電産の行き方は有力な戦略と映るが、自ら経理台帳をチェックする特異な経営者がいて初めて成り立つ戦略であることを忘れてはならない。

ケース816とケース610のツバキ・ナカシマについては、鋼球事業も、ボールねじ事業も、事業立地の地合がよいことがわかっている。管理の内実を深く知る術がない点は残念ながら、どこか日本電産と似たところがある。

もともとの利益ポテンシャルの高さは、それぞれ事業の立地に負う。どれも機能部材の供給に徹するビジネスで、元々の戦略は第9章の第1節に分類できる。ただし、ケース815の日本電産コパルはデジタルカメラ特需、ケース610のツバキ・ナカシマは中国の設備投資特需の恩恵に浴した面もあることは否定できない。

本項に登場するケースは精密金属加工に偏っている。管理を強化して原価を低減する余地が意外と大きい領域なのかもしれない。管理強化が奏功するのはベースにある事業立地が秀逸な場合だけで、どこでも努力が報われるわけではないことに留意されたい。

ケース 815　日本電産コパル：光学電子機器事業

B：シャッター機構（カメラ用モジュール部品）

戦略C/C比率◁◀◇▷▷
戦略D/E比率◀◁◇▷▷
対照：325, 094

◉企業戦略▷▷▷▶▷本業辺境展開

【経緯】日本電産コパルは1949年に東京の豊島区でコパル光機製作所として設立された会社である。シャッター専業でスタートを切ったが、経営が軌道に乗ると1958年の直流ミニモーター、1961年の工作機械、1965年のデジタル時計、1967年の半固定抵抗器と、多角化を推進した。その路線を反映して1962年から社名はコパルと短くなっている。創業経営者が退いた後は富士通を筆頭株主に戴いたが、赤字基調から抜け出せず、1998年に日本電産が救済に乗り出した。2013年には日本電産に吸収され上場を廃止している。

【編成】本業はシャッターで、それが分析対象期間中も主業の座を占めていた。シャッターの製造上の必要性から内作していた工作機械を外販に回したのが産業機器事業、製造技術を応用して始めたのが機械式デジタル時計の事業、零細企業が占有する市場に勝機を見出して進出したのがミニモーターと半固定抵抗器、技術導入の機会に飛びついたのがポテンショメータで、それぞれ多角化事業に位置づけられる。

■日本電産コパル
直前決算期：2000.03
実質売上高：540億円
営業利益率：8.2%
海外売上率：38%
社内取締役：9
同順位相関：0.49
筆頭大株主：日本電産
利益成長率：△/×/△
東名阪上場：1961.10

◉事業戦略▷▶▷▷▷川上統合

【立地】売り物は主にカメラに組み込むシャッター機構である。これはフィルムや撮像素子の露光時間を制御するもので、0.0001秒で開いて閉じるという性能を要求されている。カメラがデジタル化されてもシャッター機構に影響は及ばない。

売り先は一眼レフカメラやコンパクトカメラのメーカーである。ミニモーターもカメラのメーカーに売っているが、こちらには携帯電話端末のメーカーが新たな売り先として浮上した。

狭義の競合はシャッター機構を手掛けるメーカーで、かつてはドイツのフリードリヒ・デッケル社と、アルフレッド・ゴーティエ社が双璧を成していた。そこにセイコーやシチズンも挑戦したが、日本電産コパルが日本市場の7割を押さえ込むに至っている。

■光学電子機器事業
期間：2000.04-2010.03
得点掲示板：10-0
営業利益率：12.6%
利益占有率：91%
開示欄序列：1
事業本拠地：タイ
独禁法違反：報道なし
—
1990年代：1-9
2010年代：2-1

■7割
日経産業 2000.4.19

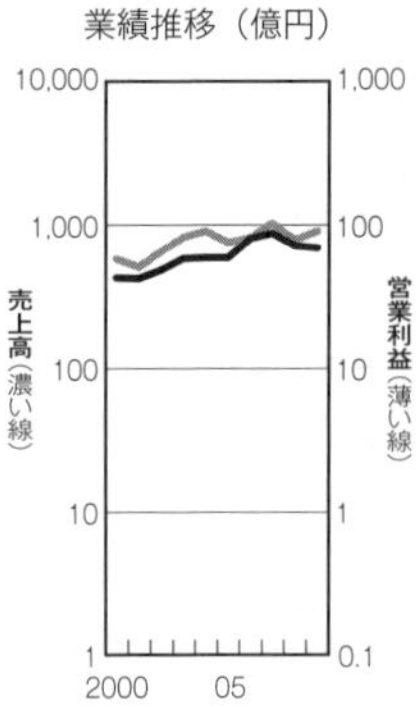

広義の競合は企業戦略が重なる精密機械部品のメーカーで、これは数え切れないほど存在する。

【構え】 入手ルートは海外の生産子会社群である。そこで使う金型や治工具は郡山の技術開発センターから支給する。コパルは精密機械部品の加工・メッキ技術で名を馳せてきた。日本電産コパルは、創業経営者の下では国内生産に徹していたが、富士通傘下で生産の一部をマレーシア、中国、フィリピンに移管して、日本電産傘下で全面的に海外生産に切り替えた。

引き渡しルートは直販である。掛売先のリストにはパナソニック、ニコン、日本サムスンあたりが登場する。

【時機】 このケースは日本電産による救済以降に焦点があるため、成熟期の遅発に相当する。キヤノンがAPSフィルム用にIXYを発売したのは1996年、IXYデジタル初号機を発売したのは2000年、プロ用一眼レフEOS-1Dを発売したのは2001年のことで、その後も2010年あたりまで撮像素子の画素数が増え続け、画質は飛躍的に向上した。これが旺盛な買い換え需要を生んだことは間違いない。日本電産は、この機を捉えたことになっている。

【源泉】 この事業で高収益を許すのはコスト優位である。日本電産が関与する前は利益率が10%に届いたことのない事業が、関与が始まってからは逆に10%を割り込まない事業に変貌した。取引条件が同じとすると、コストが劇的に下がったと考えるほかはない。日本電産は旧経営陣を温存し、社員も解雇せず、立地や構えをはじめとする経営戦略には一切手を着けていない。それなのに2年目にして史上最高益を23年ぶりに記録して、悲願の復配を実現した。

【防壁】 この事業で高収益を守るのもコスト優位である。日本電産の手口は、いつでもどこでも変わらない。まずは取引先に納入価格の一律2割カットを要請し、社内では在庫や経費を徹底的に切り詰める。こうして他社に負けないコスト優位を手に入れると、それを武器に攻撃的な営業を展開し、拡大する受注を現有人員でこなしてしまう。その結果、固定費も下がるので、コスト優位はいっそう強くなる。あとは正のサイクルを回していけば、あれよあれよという間に市場シェアが拡大し、従業員や取引先に報いることができるという仕掛けになっている。この手口に追随できるところは少ない。

【支柱】この事業で高収益を支えるのは日本電産の手口に従った取引先や従業員の覚悟である。

【選択】1998年2月、日本電産は富士通から保有株を引き取ってコパルの筆頭株主に収まった。コパルは、創業経営者が引退するときに会社の命運を日本興業銀行に託したが、14年に及ぶ改革にもかかわらず、1997年3月期に営業赤字を出していた。それを日本電産は拾ったことになっている。

◉戦略旗手▷▷▶▷▷外様経営者

【人物】このケースで戦略を推進したのは日本電産を創業した永守重信氏である。28歳で経営者になった永守氏は「だまされたつもりで私の言うことを聞いてくれ。結果が出なければ、殴ろうが、唾かけようがOKだ」という常套句で周囲の譲歩を引き出してしまう。そして自ら「すぐやる、必ずやる、できるまでやる」というモットーに従って365日16時間労働で究極のハードワーカーに徹するため、本当に結果が出てしまう。

その背後に母親の影響がある点で、永守氏はGEのジャック・ウェルチと酷似している。母親からして「会社を起こすなら、人の倍働くか。倍働かないと、成功できんよ。人並みに働いて成功なんて絶対にない」と信じていたというから、永守氏のモットーが筋金入りであることがよくわかる。

ただし、永守氏は駄目な人間を切り捨てない点でGEのジャック・ウェルチと一線を画している。怠け者には厳しい態度をとるが、駄目な人間は意識を変えればよいという。「私たちはお客さんからすぐにモノをつくってくれといわれたら、土曜でも日曜でも出勤して仕事をやります」という言葉の裏側には、普通の会社に対する痛烈な批判があるように見えてならない。

【着想】永守氏の着想はシンプルで、「製品の売値は市場価格であり、自分では決められない。とすれば、コストを下げるしかない」と腹を括るところから始まる。「通常の人間が集まっているところなら、再建は可能。業種は関係ない」と言い切るのも、コスト削減に主軸を置くからである。

■ながもり・しげのぶ
生没：1944.08–
社員：—
役員：1998.06–2013.06
社長：—
会長：1998.06–2013.06

**■だまされたつもりで…
すぐやる…
365日16時間労働**
週刊東洋経済 2000.5.6

■会社を起こすなら…
週刊東洋経済 2011.2.19

■私たちはお客さんから…
週刊エコノミスト
1999.7.27

**■製品の売値は…
通常の人間が…**
週刊東洋経済 2000.5.6

取引先に一律2割カットを平気で迫るのは、永守氏以前の経営幹部が中元、歳暮、接待ゴルフを受けてきたことを知っているからである。「勝ち組の会社は当たり前のことを当たり前にやってきたのです。社員は時間に遅れないように会社に入って、ちゃんと働いて、自分の働きに応じた賃金をもらって、がんばれば賃金は上がって、怠けたら賃金は下がると…」という永守氏の言葉も、当たり前から逸脱した日本企業に対する辛辣な批判と言えよう。

■勝ち組の会社は…
週刊エコノミスト
1999.7.27

永守氏がコパルに送り込んだ大西浩志氏は管理本部長を兼務した。そこからわかるように、これが永守氏の感覚では天王山に違いない。大西氏はインタビューに応えて「日本電産が海外展開を通じて蓄積した、激しい受注変動に対応できる仕組みの構築に着手した」、「量産効果を引き出し、業界の最低価格で受注しても採算がとれるようにする」と語っていた。大西氏を取材した黒沢史郎氏は「日本電産流経営の真骨頂といえるのがアジアを基盤にしたローコスト、フレキシブルな生産体制であり、いまひとつは各事業所、子会社は独立したプロフィットセンターと位置づけ、損益管理を徹底、収益責任を持たせるという経営システム」と結論づけている。

■日本電産が海外展開…
量産効果を引き出し…
日本電産流経営の…
Asia Market Review
2000.3.1

［参照文献］
『技術のコパル30年のあゆみ』1979年
写真工業、1957年5月（浜島昇・前田武男・北野邦雄）
永守重信『「人を動かす人」になれ！』三笠書房、1998年

ケース 609 日本電産サンキョー：システム機器事業

B：磁気・ICカードリーダー（組込モジュール部品）

戦略C/C比率◁◀◇▷▷
戦略D/E比率◀◁◇▷▷
対照：343，095

■三協精機製作所
直前決算期：2000.03
実質売上高：1,370億円
営業利益率：4.5%
海外売上率：54%
社内取締役：5
同順位相関：0.72
筆頭大株主：新日本製鐵
利益成長率：△/△/△
東名阪上場：1961.10

◉企業戦略▷▷▷▶▷本業辺境展開

【経緯】 日本電産サンキョーは1953年に諏訪で三協精機製作所として設立された会社である。源流は1946年に遡り、積算電力計を祖業としたが、早くも設立時点で主業に躍り出たオルゴールが世界シェア90%を実現するに至っている。その後は8ミリカメラと映写機、さらには構成部品のマイクロモーターに進出し、1979年に米国IBM社から技術を導入した磁気カードリーダーは世界首位に持

ち込んだ。ミネベアが買い進めた株を引き受けて1988年から新日本製鐵が筆頭株主になったが、バブル崩壊後は経営が苦しくなり、2003年から日本電産の救済を仰ぐに至っている。2012年には日本電産の完全子会社になり、上場を廃止した。

【編成】 本業はオルゴールで、そのあとは主業が目まぐるしく交代した。分析対象期間中の主業はカードリーダーを中心とするシステム機器事業で、転地が実現したことになっている。ちなみに、売上規模が大きいのはマイクロモーターであった。

◉事業戦略▶▷▷▷▷中核集中

【立地】 売り物は磁気カードやICカードのリーダー機構である。これらは件名ごとのカスタム設計を必要とする。

売り先はATM（現金自動預け入れ払い機）に代表されるセット機器のメーカーである。用途先としては、ほかにキャッシュレジスターなどがある。

狭義の競合は金融機関向けのカードリーダーのメーカーで、信頼性を重視する領域で三協精機製作所は世界シェア85%を占めている。唯一の競合はオムロンである。

広義の競合はありとあらゆるカードリーダーのメーカーで、1980年代に新規参入が相次いだものの、1990年前後に淘汰が進み、この次元でも競合は多くない。

【構え】 入手ルートは自社の諏訪南工場である。グループの海外工場がつくった部品をここで組み立てて、最終調整をしているものと思われる。この事業には、変種変量生産が欠かせない。

引き渡しルートは直販、または電子部品商社経由である。取引数量に応じてチャネルを使い分けているのであろう。

【時機】 このケースは日本電産による救済以降に焦点があるため、成熟期の遅発に相当する。パチンコで使われるプリペイドカードは2000年、クレジットカードは2001年、キャッシュカードは2004年からICカードに切り替わった。日本電産は、この機を捉えたことになっている。

【源泉】 この事業で高収益を許すのはミッションクリティカリティである。日本電産の救済を仰ぐ前からカードリーダーは二桁の利

■産業用機器事業
期間：2000.04–2010.03
得点掲示板：9–1
営業利益率：18.9%
利益占有率：92%
開示欄序列：3→2
事業本拠地：長野県
独禁法違反：報道なし
—
1990年代：3–0
2010年代：2–0

■85%
日経朝刊 1999.7.7
地方経済面（長野）

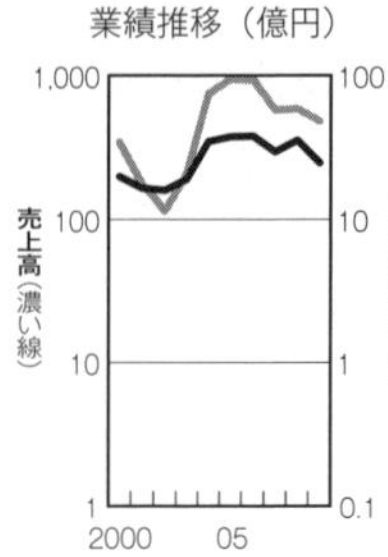

益率をあげていた。ATMの信頼性を大きく左右する反面、原価に占める比重が高くないため、価格プレミアムが発生するからである。日本電産の傘下に入ってから利益率が10%ポイントほど上昇したのは、コスト管理の賜物であろう。日本電産は旧経営陣を温存し、社員も解雇せず、立地や構えをはじめとする経営戦略には一切手を着けていない。それなのに2年目にして史上最高益を記録して、4年ぶりに復配を実現した。もともと高収益を誇っていたシステム機器事業でも2004年度からは利益率が倍になり、20%を超えるに至っている。

【防壁】 この事業で高収益を守るのはコスト優位である。日本電産の手口は、いつでもどこでも変わらない。まずは取引先に納入価格の一律2割カットを要請し、社内では在庫や経費を徹底的に切り詰める。こうして他社に負けないコスト優位を手に入れると、それを武器に攻撃的な営業を展開し、拡大する受注を現有人員でこなしてしまう。その結果、固定費も下がるので、コスト優位はいっそう強くなる。あとは正のサイクルを回していけば、あれよあれよという間に市場シェアが拡大し、従業員や取引先に報いることができるという仕掛けになっている。この手口に追随できるところは少ない。

【支柱】 この事業で高収益を支えるのは日本電産の手口に従った取引先や従業員の覚悟である。

【選択】 2003年10月、2期連続で巨額の赤字を出した三協精機製作所は、日本電産の軍門に降ることを確定した。日本電産は、ハードディスクドライブ用のモーターで三協精機製作所を完膚なきまで叩きのめした敵であった。その敵に再建を託すという鬼手を繰り出したのは創業者の実弟で、経営権を譲渡すると静かに名誉会長職を返上した。

■ながもり・しげのぶ
生没：1944.08–
社員：—
役員：2004.03–
社長：—
会長：2004.03–

◉戦略旗手▷▷▶▷▷外様経営者

【人物】 このケースで戦略を推進したのは日本電産を創業した永守重信氏である。永守氏は「京都の農家の6人兄弟の末っ子」であることが知られているが、自らの生い立ちに話が及ぶと「口は重い」という。「下校すると田んぼの手伝い、牛の餌にするための草刈り、竹の子の季節には早朝から」が日課で、あとは自分に辛くあたって闘争心、自立心、反発心を植え付けてくれた先生二人と兄嫁を人生の恩人と呼ぶあたりから推して知るべしとするしかない。

こうして培った心の発露は、郷里を後にしてからの「私は常に1番を目指した。銭湯にいっても、下駄箱はいつも1番札。1番札が空いてなかったら、その上にのせた。どの場所へ行っても1番札を使った。こうやって、たえず生活の中に1番ということを浸みこませた」という言動に汲み取ることができる。裸一貫で起業すると、「ウチのような零細企業にやってくるのは三流、四流といわれる人間ですわ。それを、学科試験や常識テストで採っていたんでは大企業に勝てない。そこで勉強はできんけど、磨けば光る石を探そうと」して、大声試験や早飯試験や便所掃除試験を考案したという。

【着想】 永守氏の着想はシンプルである。「赤字会社は共通しています。やることが甘い、遅い、中途半端」という言葉から窺えるように、経営を変えればヒトと設備は活きると見たうえで、経営管理の厳格化を実践しているのである。三協精機製作所に乗り込んだときも、開口一番「過去のことは存じ上げませんし、今まで皆さん方が怠けておったかどうか知りません。しかし、今から怠けた方は切ります。それでも6ヶ月間は猶予を与えます。すぐには変われませんから」と宣言している。

■京都の農家の6人兄弟…口は重い
オール生活 1984.5

■下校すると田んぼの…
財界 1984.8.21

■私は常に1番を…
工場管理 1980.10

■ウチのような零細企業…
財界 1984.8.21

■赤字会社は共通…
財界 2013.6.25

■過去のことは…
財界 2005.5.3

[参照文献]

山田六一『山田六一随想集』山田六一、2003年

龍谷ビジネスレビュー、2006年3月10日（岡本昭彦・森辰吾）

ケース 816　ツバキ・ナカシマ：鋼球事業

B：鋼球（ボールベアリング用の機構部品）

戦略C/C比率◁◁◇▷▶
戦略D/E比率◁◀◇▷▷
対照：023，040

◉企業戦略▷▷▷▷▶多核化展開

【経緯】 ツバキ・ナカシマは1939年に奈良で東洋鋼球製作所として設立された会社である。椿本チエインの創業者が請われて経営に参画したが、創業メンバーは別に存在する。1959年にボールねじの生産を開始すると、1968年には鋼球の二文字を外し、社名を椿

■ツバキ・ナカシマ
直前決算期：2000.03
実質売上高：250億円
営業利益率：19.1%
海外売上率：50%
社内取締役：8
同順位相関：0.82

筆頭大株主：外国法人
利益成長率：△/△/△
東名阪上場：1961.12

本精工と変更した。1990年代に入ってTHKが筆頭株主に躍り出ると、大阪市に1905年に設立された中島製作所を1996年に吸収して、防衛に成功している。それ以来、鋼球と精機に送風機が加わった。業界首位の天辻鋼球製作所が2006年に客先の日東精工傘下に入ると、ツバキ・ナカシマは翌年にMBOを実施して、2011年には野村プリンシパル・ファイナンスが筆頭株主に躍り出た。

【編成】 本業は鋼球で、それが分析対象期間中も主業の座を占めていた。精機は鋼球の川下に位置するが、送風機の位置づけは微妙である。なお、ツバキ・ナカシマの鋼球事業はカルテルの嫌疑をかけられて2014年に課徴金を納めたが、問題とされたのは2010年度以降のことである。

■鋼球事業
期間：2000.04-2007.03
得点掲示板：7-0
営業利益率：17.4%
利益占有率：71%
開示欄序列：1
事業本拠地：奈良県
独禁法違反：2014.09
—
1990年代：10-0
2010年代：—

■6割
日経朝刊 2005.12.16

◉事業戦略▷▷▶▷▷技術・販路応用マルチライン化

【立地】 売り物はボールベアリングのハウジング内に収まる鋼球である。その傍らで、自転車用の炭素鋼球と、ボールペン用極小鋼球も手掛けている。

売り先はボールベアリングのメーカーで、売掛先には光洋精工、不二越、ミネベア、ダイベアが登場する。社内の精機部門は、売り先としては取るに足らない。

狭義の競合は鋼球の外販メーカーで、業界首位の座に君臨し、国内市場の6割を押さえ込む天辻鋼球製作所の大株主が一貫してベアリングメーカーであることから、本当の意味における独立外販メーカーは、ツバキ・ナカシマに限られる。

広義の競合は鋼球のメーカーで、ここにはベアリングメーカーの内製部門を含む。ベアリング業界では首位の日本精工も、2位集団を形成する光洋精工（現ジェイテクト）とNTNも、鋼球を内製している。日本精工の内製部門という色彩が濃い天辻鋼球製作所（2005年度は非開示、2006年度以降は決算公告を参照）は、分析対象期間中に5勝4敗で通算利益率9.2%の戦績を残している。事業立地そのものは豊穣と言えよう。

【構え】 入手ルートは奈良県の葛城に1936年に構えた専用工場が主体で、1割強は他社から調達している。研磨機や選別機など多くの機械は工機工場で内作している。

引き渡しルートは直販主体で、地方は代理店経由のルートを敷いている。

【時機】このケースは、事業の中興に焦点があり、成熟期の遅発に相当する。1980年代から世界規模でモータリゼーションの波が来て、HDD用のミニチュア鋼球も好調であった。

■HDD
ハードディスクドライブ

【源泉】この事業で高収益を許すのはミッションクリティカリティである。ベアリングメーカーの売上高に比べると、鋼球メーカーの売上高は1割にも満たない。ところが、鋼球の真球度が落ちると、ベアリングの品質も大きく低下する。そこに価格プレミアムの発生する素地がある。

【防壁】この事業で高収益を守るのは技術と信用の蓄積である。製造工程が単純に見えるにもかかわらず、鋼球を手掛けるメーカーが世界に数えるほどしか存在しないのは、後発メーカーには克服できない壁があることを物語る。

業績推移（億円）

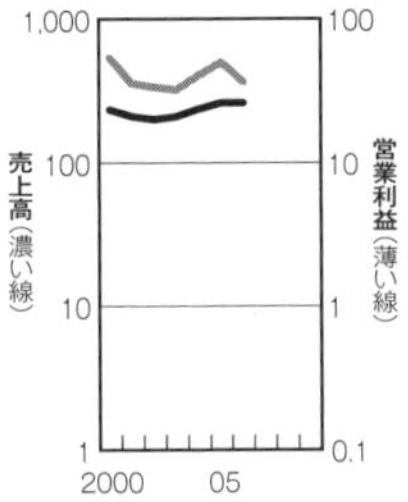

【支柱】この事業で高収益を支えるのは粉塵と騒音と危険に満ちた工場で黙々と作業を続ける現場の従業員たちである。

【選択】1982年11月、椿本精工はTQCを推進すると決定した。日本企業がこぞってTQCと言い出したのは1960年代のことで、1980年代にTQCに関心を寄せるのはアメリカ企業くらいなものだった。そういうタイミングで回帰を志したのは、それだけ管理の重要性を心得ていたからに違いない。

◉戦略旗手▷▷▷▶▷操業経営者

【人物】このケースで戦略を推進したのは初の生え抜き社長となった3代目の近藤高敏氏である。高敏氏より前は椿本チエインの人々が経営にあたっていたが、1963年3月期決算を最後に利益率は一桁に転落し、1972年3月期からは2%前後を低迷していた。

■こんどう・たかとし
生没：1930.07-
社員：1951.04-1968.05
役員：1968.05-
社長：1975.05-2000.06
会長：2000.06-

そういう時期に44歳で社長に就任した高敏氏は、最初の年頭挨拶で10カ年長期計画を打ち出して、財務体質の強化を指向した。借入金の削減を前倒しで達成すると、TQCで組織体質の強化を図り、最初の10年間で売上高は3倍、経常利益は30倍に増やすという実績を残している。ちなみに、同じ期間に社員数は13%増にとどまっている。ここでツバキ・ナカシマは生まれ変わった観がある。

余裕が生まれると設備投資に力を入れて、中空球、セラミック球、バルブ球など、製品カテゴリーの拡充も推進した。顧客の内製化圧力に常にさらされる宿命をはねのけるには、絶えず市場の変化に目を凝らし、新たに出現するニーズを的確に拾っていく舵取りが欠かせない。

■不況に左右されない…
日経産業 1977.7.22

【着想】 高敏氏の着想は「不況に左右されない体質づくりを目指す」という一言に凝縮されている。これ以外に高敏氏は公的な発言を残していない。

［参照文献］
『椿本精工50年のあゆみ』1989年

ケース 610 ツバキ・ナカシマ：精機事業

B：ボールねじ（精密位置決め部品）

戦略C/C比率◁◁◇▶▷
戦略D/E比率◁◀◇▷▷
対照：—

■ツバキ・ナカシマ
直前決算期：2000.03
実質売上高：250億円
営業利益率：19.1%
海外売上率：50%
社内取締役：8
同順位相関：0.82
筆頭大株主：外国法人
利益成長率：△/△/△
東名阪上場：1961.12

◉企業戦略▷▷▷▷▶多核化展開

【経緯】 ツバキ・ナカシマは1939年に奈良で東洋鋼球製作所として設立された会社である。椿本チエインの創業者が請われて経営に参画したが、創業メンバーは別に存在する。1959年にボールねじの生産を開始すると、1968年には鋼球の二文字を外し、社名を椿本精工と変更した。1990年代に入ってTHKが筆頭株主に躍り出ると、大阪市に1905年に設立された中島製作所を1996年に吸収して、防衛に成功している。それ以来、鋼球と精機に送風機が加わった。業界首位の天辻鋼球製作所が2006年に客先の日東精工傘下に入ると、ツバキ・ナカシマは翌年にMBOを実施して、2011年には野村プリンシパル・ファイナンスが筆頭株主に躍り出た。

【編成】 本業は鋼球で、それが分析対象期間中も主業の座を占めていた。精機は鋼球の川下に位置するが、送風機の位置づけは微妙である。なお、ツバキ・ナカシマの鋼球事業はカルテルの嫌疑をかけられて2014年に課徴金を納めたが、問題とされたのは2010年度以降のことである。

◉事業戦略▶▷▷▷▷中核集中

【立地】 売り物は回転運動を直動運動に置き換えるボールねじである。これは、ねじ溝を掘った棒鋼と、それに噛み合うナット部から構成されており、ナット部内には無限循環する鋼球（ボールベアリング）を格納するため、直線運動がスムースになる。ボールねじは、アメリカの自動車メーカーが1940年にステアリング機構に使ったのが、最初の使用例だという。なお、ボールねじを重量物の位置決めに使う場合は、重量負荷を側方のガイドレールに受けさせるのが普通である。THKを創業した寺町博氏が1972年に発明したリニアガイドは「戦後最大の発明」と呼ばれている。

売り先は工作機械、射出成形機、および半導体製造装置のメーカーである。

狭義の競合は高精度の研削ボールねじをガイドレールとセットで揃えるフルラインのメーカーである。ツバキ・ナカシマに加えて黒田精工と日本精工がトップ3を形成し、上位3社で市場の90%を押さえると言われていた。THKあたりが新規参入してきたが、寡占は揺らいでいない。ただし分析対象期間中の戦績は、日本精工（精密機器）が2勝7敗で通算利益率2.6%、黒田精工（精密機器）が5勝5敗で通算利益率8.1%、THK（連結）が6勝4敗で通算利益率11.1%となっている。ツバキ・ナカシマの国内シェアは10%弱だという。長さ2メートル、直径70ミリ以上の大型品は、日本精工とツバキ・ナカシマの独壇場である。

広義の競合はボールねじ単体のメーカーで、中小企業を含めると20社以上がひしめいている。

【構え】 入手ルートは奈良県の大和郡山に構えた専用工場である。技術はアメリカのビーバー社から導入して、1969年に工場が竣工した。ボールねじは受注生産方式を採る。

引き渡しルートは直販主体で、地方は代理店経由のルートを敷いている。

【時機】 このケースは、アメリカ勢が先発で、成熟期の遅発に相当する。2000年頃からアジア諸国への設備投資が増えるにつれ、工作機械や成形機の需要が急増し、ボールねじは供給不足に陥った。

【源泉】 この事業で高収益を許すのはミッションクリティカリティ

■精機事業
期間：2000.04–2007.03
得点掲示板：6–1
営業利益率：19.7%
利益占有率：19%
開示欄序列：2
事業本拠地：奈良県
独禁法違反：報道なし
—
1990年代：3–2
2010年代：—

■1940年
精密機械 1972.4

■戦後最大の発明
機械設計 2007.4

■90%
日経産業 1981.11.30

■10%
日経産業 2000.8.15

業績推移（億円）

である。NC工作機械にとって、ボールねじは相対的に安い部品ながら、加工精度を決定的に左右する。そこに価格プレミアムの発生する素地がある。

【防壁】 この事業で高収益を守るのは技術と信用の蓄積である。ボールねじは長いため、ねじ山を切削していく途中で「ねじ研削盤の砥石が減ってしまう」ことから、ミクロン単位の精度を保つためにはノウハウを持つ熟練作業者が欠かせないという。ピーク時に受注残が1年を優に上回るのは、熟練作業者を急に増やせないからである。そのため参入も難しい。

■ねじ研削盤の砥石が…
日経産業 1981.11.30

【支柱】 この事業で高収益を支えるのは経営陣である。工作機械や半導体の製造装置は、景気変動の波より早く、それを増幅して大きく上下する。その川上に位置するボールねじとなると、さらに上下動は激しくなる。機敏な舵取りをして、ピークに向かう局面で利益を享受しつつ、次の需要先を開拓してボトムに備えていかないと、高収益を維持することは望めない。

【選択】 2000年8月、ツバキ・ナカシマはボールねじの生産能力を5割引き上げると発表した。2004年にも増設して、3割増産を実現した。ボールねじの売上高は、1991年度に100億円を越えたものの、1999年度には38億円まで落ちていた。1999年3月には転造方式を採用した廉価シリーズを発売しており、新興国需要の盛り上がりを見越してツバキ・ナカシマが勝負に出たことは疑う余地がない。

◉戦略旗手▷▷▷▶▷操業経営者

■こんどう・たかとし
生没：1930.07-
社員：1951.04-1968.05
役員：1968.05-
社長：1975.05-2000.06
会長：2000.06-

【人物】 このケースで戦略を推進したのは初の生え抜き社長となった三代目の近藤高敏氏である。高敏氏より前は椿本チエインの人々が経営にあたっていたが、1963年3月期決算を最後に利益率は一桁に転落し、1972年3月期からは2%前後を低迷していた。

高敏氏は社長就任と同時に脱ベアリング路線に大きく舵を切り、NC工作機械ブームを呼び込んだ。それにより「かつては『天辻＝高収益』、『椿本＝低収益』というのが業界の定説だった。ところが、2年前ほどからこの定説がくつがえされた」と称賛を受けている。このときもブームを見越した増産投資が功を奏して、1975年

■かつては『天辻…
日経産業 1980.11.11

度に8億円強だった売上高は1980年度に75億円を突破した。2000年の増産投資はいつか来た道の観がある。

【着想】 高敏氏の着想は「工作機械業界の好調を背景に、直動軸受けなどの伸びが期待できる」という一言に凝縮されている。多様な川下業界の成り行きを絶えず凝視していたのであろう。

■工作機械業界の好調…
日経金融 1998.1.9

［参照文献］
『椿本精工50年のあゆみ』1989年
精密機械、1972年4月（村瀬善三郎）
機械設計、2008年3月臨時（宮口・米川・丹羽・佐藤）

3-1-2 製品イノベーション

製品イノベーションとは、技術的なブレークスルーを成し遂げて、製品性能を格段に引き上げることを指す。少なくとも一般メディアでは、この解釈が定着している。ずっと重要と言われていることであり、ここで補筆すべき内容はない。

この戦略を活かした典型例として2ケースが浮上している。ケース611の石原産業は、危険とされる製造方法に挑戦して、有力な農薬中間体の量産に成功した。人のやらないことに挑んで、ブレークスルーを成し遂げたケースである。ケース612のトウペは、アクリルゴムとフッ素ゴムの間で、異種のポリマー分子間のみならず、同種のポリマー分子間および分子内で架橋が起きてしまう事態を防ぐ手段を開発した。これも価格と特性のバランス上、ブレークスルーを成し遂げたケースと言ってよい。

本項に登場するケースは化学に偏っている。化学はイノベーションを起こす余地が相対的に大きい領域なのかもしれない。第7章に登場するケース625のコニカミノルタHとケース626のカネカも、第11章に登場するケース666のユニチカもケース668の富士紡Hも化学領域のイノベーションと言ってよい。ケース667の東洋紡績とケース669のオエノンHは厳密に言うとバイオだが、化学領域に包含してもよかろう。

化学領域のイノベーションは、どのケースも研究者自身が牽引している点で一致を見ている。多様性の高い領域で間口を狭くとり、深く掘り下げないとブレークスルーに至らないからなのであろう。そうなると、個々の研究者の力量と幸運を頼むしかなく、経営視点から見れば戦略色は薄くならざるをえない。その点は甘受するしかなかろう。

ケース 611

石原産業：有機化学事業

B：農薬（選択的な除草・殺虫・殺菌効果）

戦略C/C比率◁◀◇▷▷
戦略D/E比率◁◀◇▷▷
対照：024, 047

◉企業戦略▷▷▷▷▶多核化展開

■石原産業
直前決算期：2000.03
実質売上高：960億円
営業利益率：5.8%
海外売上率：54%
社内取締役：9
同順位相関：0.37
筆頭大株主：三井物産
利益成長率：△/△/△
東名阪上場：1949.07

【経緯】 石原産業は1934年に大阪で石原産業海運として設立された会社である。その源流は1920年に遡り、マレーシアにおける鉄鉱石の採掘と、それを日本に運ぶ海運業を祖業とした。敗戦に伴い海外の鉱山権益を失うと、戦後は国内に保有していた鉱山と銅精錬所と肥料工場から再興を遂げ、四日市で内製していた濃硫酸を活かして酸化チタン事業に新たに進出している。1950年にはアメリカで開発された除草剤の生産にも着手したが、その一方で鉱業と肥料からは徐々に撤退していった。酸化チタンの副生品を利用して1982年には磁性酸化鉄も事業化したが、2001年に断念し、いまは酸化チタンと農薬が2本柱となっている。

【編成】 本業は酸化チタンであったが、分析対象期間中の主業は農薬に交代していた。

◉事業戦略▷▷▶▷▷技術・販路応用マルチライン化

■有機化学事業
期間：2000.04-2010.03
得点掲示板：10-0
営業利益率：20.9%
利益占有率：73%
開示欄序列：2
事業本拠地：三重県
独禁法違反：報道なし
—
1990年代：8-1
2010年代：3-1

【立地】 売り物は除草剤、殺虫剤、および殺菌剤である。ただし、石原産業は農薬のデパートを指向していない。たとえば『農業要覧』の2005年版には剤形の違いも含めて1,750種類以上の農薬が掲載されているが、石原産業が生産するものは35種類に満たない。そして、50%以上の市場占有率を確保しているものが20種類もある。石原産業が規模を捨てて、カテゴリー内の圧勝を指向していることは明らかである。また、5社以上が生産する農薬50種類のいずれにも手を出していない点は特筆に値する。その理由は、2-5-CTFという中間体を核に据え、その誘導品を手掛けるシーズアウト型の展開にある。

売り先は国内外の農家である。ただし、広葉畑作物用除草剤については1978年にイギリスのICI社に、害虫だけを選択的に駆除する殺虫剤については1981年にスイスのチバ・ガイギー社にライセンスを供与しており、海外の農薬メーカーを売り先とする面もあ

■2位
日経産業 2008.11.14

業績推移（億円）

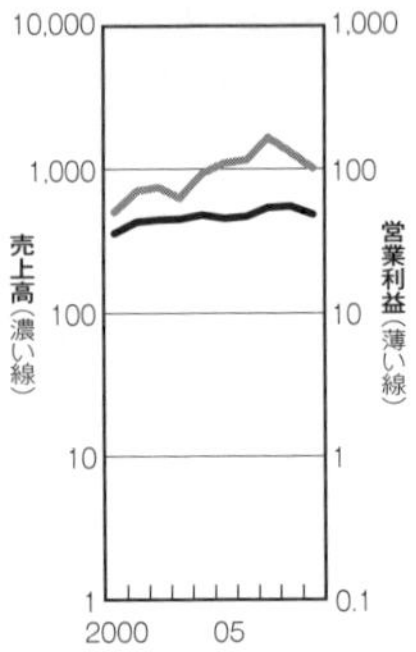

る。

狭義の競合は国内の農薬メーカーである。石原産業は住友化学に次ぐ2位の座を占めており、住友化学（農薬化学）は分析対象期間中に7勝3敗で通算利益率10.6%、クミアイ化学（連結→化学品）は10戦全敗で通算利益率2.8%、クミアイ化学に中間体を供給するイハラケミカル（連結）は10戦全敗で通算利益率6.3%の戦績を残している。ヒット製品が出るか否かで明暗が分かれる様子を窺い知ることができる。

広義の競合は世界の農薬メーカーである。ただし、石原産業は彼らと正面から闘うよりも、製販パートナーと位置づけてきた経緯がある。

【構え】入手ルートは四日市の自社工場である。薬剤の開発は滋賀県草津市にある研究所が担っている。

引き渡しルートは国内は子会社の石原バイオサイエンスである。欧米には販売子会社を置いているが、有力薬剤はパートナーが製造・販売する。

【時機】このケースは、成熟期にヒット製品が出たもので、遅発に相当する。事業の着手においてもクミアイ化学が先行している。

【源泉】この事業で高収益を許すのはパフォーマンス優位である。石原産業が1980年前後に相次いで上市した製品は、除草剤にせよ、殺虫剤にせよ、標的だけにダメージを与えるという意味における選択性が強く、従来製品にない特徴を兼ね備えていた。この特徴が価格プレミアムを正当化する。

【防壁】この事業で高収益を守るのは特許である。石原産業は、1970年代の後半に特許出願を加速させており、これが業界内における地位を確立したように思われる。

【支柱】この事業で高収益を支えるのは販売部隊である。せっかく独自開発した薬剤も安く売ってしまっては戦略の均整を保つことは望めない。

【選択】1978年7月、石原産業は独自開発した大型除草剤をイギリスのICI社にライセンス供与した。このあとも、石原産業は有力薬剤の対欧米ライセンス供与を継続した。こうして農薬界の先人たちにも利益を与えることにより、石原産業は世界のフロントランナーと共同研究を進めるパートナーに選ばれ、それが国内同業他社と一線を画す原動力となっている。海外の自力展開を諦める選択は鬼手と呼ぶに値する。

◉戦略旗手▷▷▷▷▶理系社員

■にしやま・りゅうぞう
生没：1928.02-2007.09
社員：1951.04-1983.06
役員：1983.06-1995.06
社長：—
会長：—

【人物】 このケースで戦略を推進したのは京都大学理学部を卒業した西山隆三氏である。1975年10月から1980年3月に至る期間中に、西山氏は石原産業の農薬関連特許ほぼすべてに筆頭発明者として名を連ね、1987年と1992年に日本農薬学会技術業績賞を受賞した。さらに1990年には2-5-CTFの工業的製造法を確立した功績を認められて、4人の部下と共に第36回大河内賞を受賞している。1981年に2-5-CTFの工業生産が始まったあとは、西山氏は製剤研究所と安全性研究所の部長を兼務して、事業展開に軸足を移していった。

■先代社長の時代には…
酸化チタンという…
日経ビジネス
1981.1.26

西山氏の背後には、「先代社長の時代には、除草剤以外はやらないというポリシーだったのですが、1970年に私が社長に就任してからは、技術が生かせるところにはどんどん手を広げるようにさせてます」という石原健三社長がいた。創業者の長男に生まれた健三氏は、副社長の立場で中央研究所長を兼任したことがあり、そこで西山氏を見出して、パトロンとなる決意を固めたものと思われる。健三氏は、中央研究所長の山田有義氏と、技術開発本部長の大西良夫氏を14年も続投させており、西山氏の研究環境を安定させるのに腐心したことが窺える。

「酸化チタンというのは、将来性のある事業ではあるけれども、これ1本やりでは、需要変動の影響を受けやすく、本当の意味で経営が安定しません。ですから、酸化チタンの新用途開発を進めるとともに、これとは別に2本目、3本目のレールを敷いていく必要があります。と言っても、何でもかんでも研究するわけにはいかないので、30年近い歴史がありながら、これまで、伸びの鈍かった農薬やその中間原料に的を絞って技術開発を進めています」と語りながら資源配分をコントロールした健三氏は、このケースの陰の立役者と言ってよい。ちなみに、1970年代の石原産業は労働争議に直面するなど、苦しい舵取りを迫られていた。

■数年後には…
日経産業 1980.10.2

有機中間体2-5-CTFの量産工場が1981年10月に竣工し、この中間体から造られる除草剤が石原産業にとって初の国際商品に育っていくと、健三氏は「数年後にはこの除草剤で農薬部門の売上高を倍増し、酸化チタンに匹敵する部門に育て、高収益体制を確立する」と息巻いていた。酸化チタンでコモディティ・ビジネスの悲哀を味わい尽くした人だけに、高収益体制という言葉には重みがある。

■2-5-CTFは構造は…
化学工業日報 1990.4.9

【着想】西山氏の着想は反応速度も収率も低い液相法を捨てて、危険と目されていた気相法に挑戦するところにあった。「2-5-CTFは構造は簡単だが、極めて工業化は難しいとされてきた。しかし（中略）コストダウンを図ればメリットは計り知れない。（中略）副産反応を起こさないために、反応管のなかで塩素化とフッ素化を同時反応させて解決することを計画した。だが、これは周りの者すべてから反対を受けた。なぜなら（中略）間違えれば、大事故につながるプランだからだ。（中略）このため生理活性物質をやる人間をはじめ、プラント技術や、反応工学を専門にする人間など30名弱でチームを組んだ。そこで使用触媒の開発から、反応管の設定、ガス混入のタイミング、温度条件など、ありとあらゆる製法開発を繰り返した」と西山氏自身は述べている。

［参照文献］
『創業三十五年を回顧して』1956年
化学、1988年1月（辻井康弘）
杉本裕明『赤い土・フェロシルト』風媒社、2007年

ケース612 トウペ：化成品事業

B：ポリマーアロイゴム（安い高耐熱・耐油材料）

戦略C/C比率◁◀◇▷▷
戦略D/E比率◁◀◇▷▷
対照：018

■トウペ
直前決算期：2000.03
実質売上高：210億円
営業利益率：1.3%
海外売上率：10%未満
社内取締役：8
同順位相関：0.94
筆頭大株主：古河機械金属

◉企業戦略▷▷▶▷▷技術応用多角化

【経緯】トウペは1915年に大阪で東亜ペイント製造として設立された会社である。容易に経営は軌道に乗らず、古河鉱業、そして古河電気工業主導で数次の資産整理を経て旭電化工業の子会社となったが、戦後は財閥解体によって独立を遂げ、中堅塗料メー

カーとして地歩を確立した。1957年に合成樹脂の技術を応用して接着剤に進出すると、1966年にアクリルゴムの生産も開始して化成品事業が立ち上がったが、1973年に肝心要の工場が爆発事故を起こしてしまい、1989年に新工場が完成するまで委託生産を余儀なくされた時期もある。トウペは2009年に古河機械金属の連結子会社となり、2013年に日本ゼオンに吸収されて上場を廃止した。

【編成】 本業は塗料で、化成品の9倍ほどの事業規模を誇るが、それを分析対象期間中に化成品が利益で逆転し、転地を実現した。

利益成長率：×/×/×
東名阪上場：1953.11

◉事業戦略▷▷▶▷▷技術応用マルチライン化

■化成品事業
期間：2000.04-2010.03
得点掲示板：8-2
営業利益率：14.5%
利益占有率：76%
開示欄序列：2
事業本拠地：岡山県
独禁法違反：報道なし
—
1990年代：0-10
2010年代：4-0

【立地】 売り物はアクリルゴムとフッ素ゴムを直接架橋させたポリマーアロイ素材で、200度以上の使用に耐えるフッ素ゴム単体より価格が低く、アクリルゴム単体より高温耐性が高い。アクリルゴムの150度以下に対してトウペのアロイ材料は175度で長期使用に耐える。この特性の組み合わせが本当の売り物と言ってよい。

売り先は自動車のエンジン周り部品のメーカーで、当初はアメリカ企業に限定されていたが、徐々に国内やアジアに市場が拡がったようである。具体的な用途にはエンジンオイルと接触するホースやシールがある。一部の特許は豊田合成と共出願している。

狭義の競合はアクリルゴムとフッ素ゴムをブレンドして相互加硫させたポリマーアロイのメーカーである。従来は、同種ゴム間の共架橋を防ぐ方法がなく、価格はフッ素ゴム、性能はアクリルゴムに近いため、大きな市場は形成されていなかった。トウペは異種ゴム間だけ相互架橋する方法を編み出して、この市場を実質的に独占した。

広義の競合は耐油性のゴム材料を供給するメーカーである。代替関係にある素材としては、ニトリルゴム、ヒドリンゴム、アクリルゴム、フッ素ゴムなどがあり、耐熱性が高くなるにつれ、高価になる。ここではNOKや日本ゼオンのほか、JSRが活躍している。

【構え】 入手ルートは自社の倉敷工場である。この工場は化成品に特化している。

引き渡しルートは直販で、エンジンコンパートメントに収まる部品の加工メーカーに納めていたと思われる。

業績推移（億円）

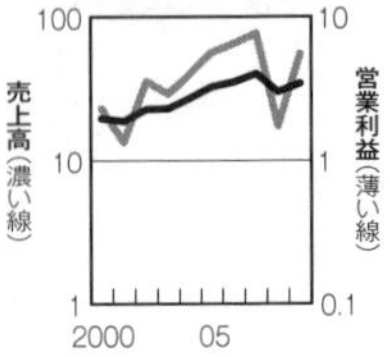

【時機】 このケースは、既存の素材を置き換えたもので、遅発に相当する。高出力と低燃費を両立させるエンジンは作動温度が上昇するにもかかわらず、静粛化の要請からエンジンコンパートメントは密閉化される傾向にあり、ゴム材料には従来より高い耐熱性が求められるようになっていた。その機をトウペは捉えたことになっている。

【源泉】 この事業で高収益を許すのはパフォーマンス優位である。フッ素ゴムは高くつく。安いアクリルゴムでは信頼性に懸念が残る。そういう状況でアクリルゴムより信頼性を大きく引き上げたトウペのアロイ材料は、フッ素ゴムに傾き賭けたユーザーに目に見える節約をもたらすため、その一部を価格プレミアムとして正当化できるポジションにある。

【防壁】 この事業で高収益を守るのは1994年に出願された特許である。ただし、特許に頼る以上、期限が切れたあとに高収益が続くか否かわからない。

【支柱】 この事業で高収益を支えるのは少数精鋭の営業部隊である。自動車部品は絶えざる値下げ要請にさらされるので、新たな用途を拡げていかない限り、高収益を維持するのは難しい。

【選択】 1997年4月、トウペは相互加硫アロイゴムの発明者を化成品営業部長に任命した。1995年7月に化成品本部技術部長に任命されていた53歳の研究者に営業を委ねる人事は鬼手と呼んでも違和感はなかろう。

■きむら・ひでき
生没：1944.03
社員：1969.02-2005.06
役員：2005.06-2011.06
社長：—
会長：—

◉戦略旗手▷▷▷▷▶理系社員

【人物】 このケースで戦略を推進したのは木村秀樹氏である。木村氏は、1989年に最初の特許を出願して以来、トウペのアクリルゴム関連の研究開発を牽引しており、1994年4月に出願されたアロイ素材の特許では筆頭発明者になっていた。技術部長に任命されたのは製品発売から半年後のことであり、トウペとしては手応えを感じて、顧客要求に対応するための布陣を敷いたに違いない。2年未満で営業部長に転じたのは、営業にボトルネックがあると判明したからであろう。キャリアの仕上げ期に入っていた木村氏は、自ら開発した製品の事業化に精魂を傾けたのかもしれない。

営業部長時代の1999年8月には、トウペは「耐熱アクリルゴムで米国市場を本格開拓する」と報道されている。具体的には「市況が低迷している接着剤用樹脂の研究員2人を専任担当に振り替えたほか、米国での販売委託先を従来の薬品会社から特殊樹脂会社に変更」したとのことであった。木村氏が海外部長を2004年6月から兼任したのは、営業成果が海外であがり始めたからと思われる。ちなみに、トウペの化成品事業は2000年度から突如として業績が好転した。

■**耐熱アクリルゴムで…**
市況が低迷している…
日経産業 1999.8.4

トウペは木村氏を2005年に取締役、2008年に常務取締役、2011年に常勤監査役、2012年に顧問に任命した。木村氏を功労者と見ていることは間違いない。

【着想】 木村氏の着想は常識的である。それは「高出力・低燃費型エンジンへの移行によるエンジン作動温度の上昇、メカトロニクスの採用からするエンジンコンパートメントの狭雑化、静粛性追求のためのコンパートメントの密閉化などによって、ゴムを含む構成材料には、ますます熱的な耐久性の要求が高まっている」という表現から察しがつく。むしろ、高耐熱化の技術的な手段を見出した点が偉業と呼ぶに値する。その木村氏も収益面まで考慮していたか否かはわからない。

[参照文献]
ポリマーダイジェスト、1995年6月（木村秀樹）
特許第3058555号
特許第3058556号

2 戦略外の力学

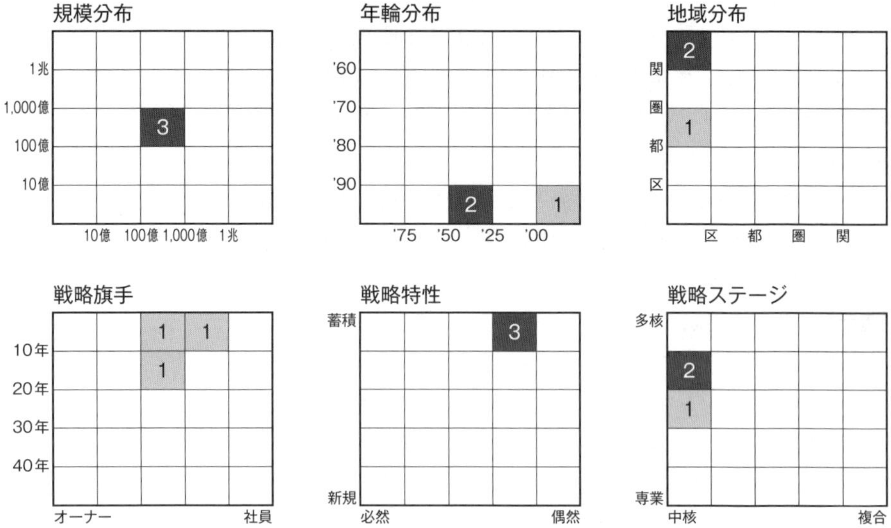

成熟事業も長く続けていると神風が吹くこともある。だから続けるに値する、と安易に言えないことは第4章の失敗ケースが雄弁に立証する。難しくとも、引き際を見定めるしかなかろう。

ダッシュボードは、全部で3ケースしかないため、ここから傾向を掴むには難がある。それを承知のうえで言うなら、「年輪分布」や「規模分布」マトリックスから老舗企業の停滞事業が特需で潤ったことがわかる。「戦略旗手」や「戦略特性」マトリックスは他と大きく異なっており、通常とは逆方向への集中が目立つ。強いリーダーがいないのに高収益を享受するには、やはり特需にでも恵まれない限り無理ということなのであろう。

3-2-1 中国特需

中国特需とは、2003年から2007年にかけて現出した需要の爆発現象のことを指す。それが最も顕著に現れたのは各種の資源を中国に運び込む船舶を建造する造船業で、受注総トン数ベースでは、2000年に史上最高記録を26%更新したかと思うと、その新記録の2倍を2003年に達成し、さらに塗り替えられた記録の2.2倍を2007年に達成した。まさに爆発と呼ぶにふさわしい現象である。

特需を享受したのはケース613の佐世保重工業とケース614の三菱化工機で、それぞれ寡占度の高いクランクシャフトと油清浄機が高収益に沸き返った。業界首位でなくても独走できたのは、まさに特需の効果である。面白いことに、佐世保重工業も本業の船舶事業は寡占度が低いせいか、選に漏れている。ケース615の大平洋金属は、船で運ぶフェロニッケルが高収益に恵まれた。

特需現象は必ずしも運だけで語ることができない。それぞれのケースにドラマがあり、それ自体は注目に値する。しかし、そこに再現性を期待できる戦略があるかと問われれば、答えはノーである。

この類いの爆発的特需現象は手放しで喜べない面がある。その点には言及しておかなければならない。特需を享受するには大増産が不可欠で、休眠設備を大量に抱えてでもいない限り、新規に投資をする必要がある。投資の償却が済まないうちに特需が消失すると、あとには特別損失の山ができる。帳消しになる運命にあるなら、営業増益に沸き返る瞬間も冷めた目で見るに越したことはない。

戦略C/C比率◁◁◇▷▶
戦略D/E比率◁◁◇▶▷
対照：413

ケース 613 佐世保重工業：機械・鉄構事業

B：クランク軸（船舶エンジン用の機構部品）

■佐世保重工業
直前決算期：2000.03
実質売上高：490億円
営業利益率：0.7%
海外売上率：56%
社内取締役：5
同順位相関：1.00
筆頭大株主：西日本壽海運
利益成長率：△/×/△
東名阪上場：1961.08

◉企業戦略▷▷▷▶▷本業辺境展開

【経緯】佐世保重工業は1946年に東京の日本橋で佐世保船舶工業として設立された会社である。前身は1889年から潜水艦や駆逐艦を建造してきた佐世保海軍工廠で、軍艦の解体や船舶の修繕から再スタートを切ったが、早くも1949年に会社整理の憂き目を見ている。その後は新船と機械・鉄鋼に進出して復活を果たし、超大型タンカーの建造ブームにあやかったが、第1次石油ショックで資金繰りに窮し、来島どっくの傘下に入ることになった。その来島どっくが第2次石油ショックに続く造船不況で破綻すると、佐世保重工業は銀行団の支援を受けることになり、2002年度以降は第三の創業に挑戦したが、2014年に名村造船の完全子会社になることが決定した。

【編成】本業は船舶で、その技術を異なる市場に展開したのが機械・鉄構事業である。ただし、佐世保重工業は鉄構事業の中核を成す橋梁から2009年3月に撤退する決断を下している。分析対象期間中の主業は概ね船舶のままで、転地は実現していない。

■機械・鉄構事業
期間：2000.04-2010.03
得点掲示板：8-2
営業利益率：20.3%
利益占有率：48%
開示欄序列：2
事業本拠地：長崎県
独禁法違反：報道なし
—
1990年代：1-1
2010年代：2-2

◉事業戦略▶▷▷▷▷中核集中

【立地】売り物は製鉄機械、プレス、熱交換機、塔槽、ボイラー、船舶用機械など、多岐にわたっている。そこには、できるものなら何にでも手を出してきた経緯がある。そのなかでも利益の柱になっているのは船舶用機器、なかでも組立式のクランク軸である。佐世保重工業は、中型船舶用途（シリンダー径が45～60センチ）に強みを持っている。

売り先は船舶用ディーゼル機関メーカーで、国内ではほぼ全メーカーに納入実績があるという。受取手形を見ると、神戸発動機や赤坂鉄工所あたりの社名が並んでいる。

狭義の競合は中型の組立型クランク軸のメーカーである。神戸製鋼所が大型に傾斜し、日本鋳鍛鋼が小型に特化するなかで、中型では佐世保重工業が強みを発揮している。

広義の競合は組立型クランク軸のメーカーで、神戸製鋼所が世界シェア40%、国内シェア70～80%を誇り、佐世保重工業と日本鋳鍛鋼の2社が残りを押さえている。神戸製鋼所は舶用部品を規模の大きな鉄鋼事業に含めており、業績比較をしても意味がない。日本鋳鍛鋼は未上場である。

■40%
70～80%
日刊工業 2001.9.11

【構え】 入手ルートは佐世保の自社工場である。

引き渡しルートは直販が主体となっている。ほとんどの製品は個別受注生産である。

【時機】 このケースは、1999年度から業績が好転しており、遅発に相当する。事業着手のタイミングでも、素材から手掛ける神戸製鋼所が先行していた。中国の急成長により2004年あたりから輸送船が不足し、クランク軸の需給逼迫を伝える報道が増えており、それを機としたケースと言ってよい。

【源泉】 この事業で高収益を許すのは需給の不均衡である。特殊な設備能力が固定要素となるため、需要のピークに向かうフェーズでは大量の受注残が発生し、それが価格プレミアムを正当化する。

業績推移（億円）

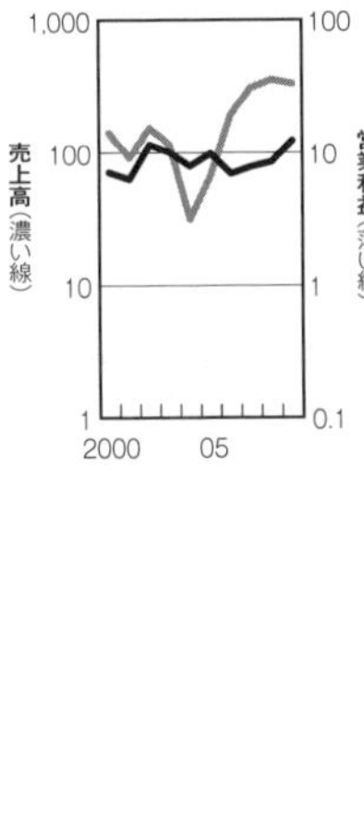

【防壁】 この事業で高収益を守るのは競合の自縛である。川下の造船業界は極めて深刻な不況に見舞われてきた経緯があり、その記憶が好況時の参入や増産を思いとどまらせる効果を持つ。実際に日本製鋼所あたりは不況期に耐えきれず撤退した。

【支柱】 この事業で高収益を支えるのは製造現場の人々である。100トン近くある鋼材を熱して鍛造し、10ミクロン単位の精度で仕上げるには、特殊な設備とノウハウが必要になる。人員整理が何度も行われるなかで、よく事業を守り抜いてきたと感心せざるをえない。

【選択】 1991年12月、佐世保重工業は機械・鉄構部門に大型の工作機械を導入するための工事に着工した。予算は30億円弱であった。メインバンクがなく、慢性的な経営危機に直面していた佐世保重工業は、少なくとも上場して以来、単年度で10億円以上の投資を機械・鉄構部門に振り向けたことがなかった。それゆえ、この選択は鬼手に相当する。この時期のブームは1993年度で終わっており、ブームが再来して設備投資が活きたのは好運であった。

■はせがわ・りゅうたろう
生没：1909.07-2000.06
社員：—
役員：1988.06-2000.06
社長：1988.06-1998.06
会長：1998.06-2000.06

◉戦略旗手▷▷▶▷▷外様経営者

【人物】 このケースで戦略を推進したのは長谷川隆太郎氏である。大洋漁業から送り込まれた社長が8年、生え抜きの社長が3年半、日本鋼管から送り込まれた社長が2年と続いたところで、佐世保重工業は経営危機に直面し、来島どっくのオーナー経営者、坪内壽夫氏を社長に戴いた。その坪内氏が9年で降板したあとの生え抜き社長が13ヶ月で辞めたあとを継いだのが長谷川氏である。まさに火中の栗を拾うの図式で、78歳での社長就任であった。坪内氏に対して抑えがきく人物として、坪内氏より5歳年長の長谷川氏を、日本興業銀行の頭取が担ぎ出したらしい。

長谷川氏は三菱化成工業で副社長を務めたあと、石油業界を経て、興銀リースの顧問をしていた。来島どっくが経営危機に陥って相談役に退いていた坪内氏は、長谷川氏の社長就任を認める代わりに、大株主の立場から佐世保重工業の取締役会長に復帰して、1994年6月まで居座った。好き勝手を言う大株主と、度重なる人員整理に反発する社員と、隣接する米軍基地との絡みで口を出してくる政治家に囲まれて、文字通りの四面楚歌であったに違いない。

■オーナーでもない…
中小企業を経営…
坪内さんはこの会社を…
いま…無借金で…
日経ビジネス 1997.9.15

長谷川氏は「オーナーでもない88歳の私が社長を続けているのは、正念場の米海軍佐世保ドック使用問題を解決できるのは私しかいないからです」と執念の源を明かしていた。最初の1年は、月曜から金曜を佐世保で過ごし、土日に東京に帰る生活を続けたという。

【着想】 長谷川氏の着想は「中小企業を経営していた親父」に由来するそうである。その痕跡は「坪内さんはこの会社を経営していた9年間で長崎・佐世保に来たのはたった3回です。現場を知らないのは経営者といえないし、うまくいきっこありません」という一言に現れている。そして「いま…無借金で、積立金は78億円あります。30年、40年たった老朽設備を100億円以上かけ、すべて新しくしました。坪内時代の借金168億円、積立金5～6億円を300億円以上の利益を上げて、改善したのです。坪内時代には最初の2年しか配当していなかったのを復配しましたし、社員にはボーナスを同規模の会社より多く出しています」と語る言葉に、プライドの片鱗を見せていた。

苦しい期間を耐え抜いたのは長谷川氏の功績ながら、中型の組立型クランク軸という事業立地に辿り着いたのは、偶然の結果と言ってよい。小型ディーゼルエンジンを手掛けようと模索していたところ、1946年10月に赤坂鉄工所からクランク軸の発注が舞い込んで、以降5年間で累計200本以上の受注をこなすことになったという。ここで分業と棲み分けの体制が確立して、今日に至っていることを考えると、これは能動的な戦略のケースとは見なしがたい。

[参照文献]
『佐世保重工業60年史 海を走り陸を拓く』2006年
日本マリンエンジニアリング学会誌、2012年1月（吉田昭美）
R&D 神戸製鋼技報、2005年9月（久保晴義・森啓之）

ケース 614 三菱化工機：単体機械事業

B：遠心分離機（船舶向け燃油・潤滑油清浄機）

戦略C/C比率◁◁◇▷▶
戦略D/E比率◁◁◇▶▷
対照：413

■三菱化工機
直前決算期：2000.03
実質売上高：420億円
営業利益率：7.7%
海外売上率：10%未満
社内取締役：5
同順位相関：0.82
筆頭大株主：三菱グループ
利益成長率：△/△/△
東名阪上場：1950.03

◉企業戦略▷▷▶▷▷技術応用多角化

【経緯】三菱化工機は1935年に東京の麹町で化工機製作として設立された会社である。設立当初は三菱化学（当時は日本タール工業）の機械・設備のメンテナンスを担うことを事業目的としており、三菱商事が月島機械の協力を取り付けたうえでの門出であった。目論見どおりコンビナートの機械・設備を製作して、戦後も海外から技術を導入してプラントビジネスを順調に伸ばしていった。海軍の要請を受けて戦時中に国産化した船舶用の油清浄機も単体機械ビジネスとして継承し、遠心分離した固形分を自動排出する機構を付加した自社製品を拡販している。1960年頃からは下水や排煙を処理する環境事業も立ち上がった。

【編成】本業はプラント用設備機械で、その技術を異なる市場に展開してきたと考えてよい。分析対象期間中の主業は規模のうえでは見劣りがする油清浄機になっており、転地が実現した。ただし、プラントビジネスの衰退の裏返しという面があることは否めない。

■機械事業
期間：2000.04-2010.03
得点掲示板：9-1
営業利益率：15.7%
利益占有率：88%
開示欄序列：3→2
事業本拠地：神奈川県
独禁法違反：報道なし
—
1990年代：3-7
2010年代：2-2

◉事業戦略▶▷▷▷▷中核集中

【立地】 売り物は多様な単体機械類で、利益を牽引するのは船舶用の油清浄機である。これはディーゼルエンジン用の潤滑油や燃油から水とスラッジを取り除き、油を再循環させるための一種の遠心分離装置にほかならない。分離成分を自動排出する機構に、三菱化工機の独自技術が光っている。自己排出機能がないと、乗船員数を増やさざるをえず、船のオペレーションコストが跳ね上がる。

売り先は造船メーカーである。

狭義の競合はスラッジの自己排出機能を備えた船舶用油清浄機のメーカーである。三菱化工機はドイツのウエストファリヤ社、スウェーデンのアルファラバル社と並ぶ世界三大船舶用油清浄機メーカーに数えられている。世界市場占有率は、2005年時点で40%以上、2008年時点で80%とされていた。

■40%以上
日経産業 2005.6.27

■80%
日経産業 2008.4.15

広義の競合は油清浄機のメーカーで、多数存在する。

【構え】 入手ルートは自社工場である。1995年に事業部制に切り替えて、はじめて機械事業部が技術と営業を統括する体制に移行した。

引き渡しルートは三菱商事を経由する。それゆえ海外売上高比率は実態を伝えない。販売とアフタサービスは代理店に委ねている。

【時機】 このケースは、1997年度から業績が好転しており、遅発に相当する。世界的な視野で見ると、事業着手時点でも先発は他にいた。分析対象期間中は中国の資源需要を満たすために運搬船が不足した。新造船の建造量は2010年に1億総トンに接近したが、これは1970年代半ばに記録したピークの3倍近くに相当する。

【源泉】 この事業で高収益を許すのは需給の不均衡である。特殊な設備能力が固定要素となるため、需要のピークに向かうフェーズでは大量の受注残が発生し、それが価格プレミアムを正当化する。

【防壁】 この事業で高収益を守るのはサービス網である。油清浄機はミッションクリティカルであるがゆえ、主要な寄港地に補修拠点を設けたメーカーが優位に立つ。三菱化工機は、1960年代に代理店を使った拠点整備を終えており、これが初期の優位を固定化した。

業績推移（億円）

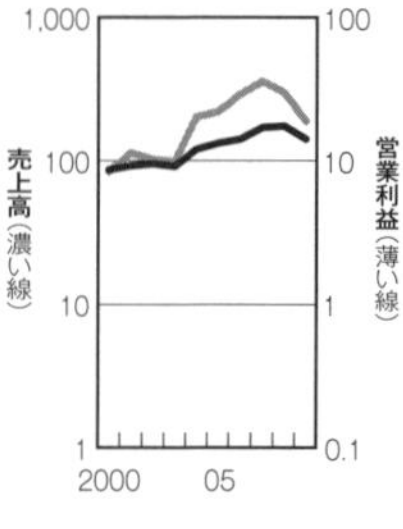

【支柱】この事業で高収益を支えるのは開発部隊である。製品の更新を怠ると、参入の隙を与えることになりかねない。三菱化工機は分析対象期間中に第7世代の清浄機を扱っており、抜かりがないことを窺い知ることができる。

【選択】1997年5月、三菱化工機は機構改正を実施して、それまでの職能制組織を事業部制組織に変更した。この措置により、売上の半分を占めるプラント事業部の陰に隠れがちな機械事業部の自立性が高まり、機敏に中国特需に対処できたものと思われる。

◉戦略旗手▷▷▶▷▷外様経営者

【人物】このケースで戦略を推進したのは藪内康雄氏と思われる。藪内氏は三菱重工業で取締役三原製作所長を務めていたが、1997年4月の異動で製作所を離れて技師長の肩書きに変わっていた。すでに三菱化工機の社長就任が内示されていて、それに向けた準備に入ったものと思われる。上述した機構改正は、そこで生まれたプランに違いない。

■やぶうち・やすお
生没：1938.12-
社員：―
役員：1997.06-2003.06
社長：1997.06-2003.06
会長：―

【着想】藪内氏の着想は「1年も2年もかけて再建策を準備してもしょうがない。早く、激しく変えていかねば」という発言から汲み取ることができる。藪内氏は東京商船大学の機関科を出ており、長崎造船所からキャリアを積み上げた背景もある。船舶の需給動向には目を配っていて、油清浄機にも目をかけていたのかもしれない。

■1年も2年も…
日経朝刊 1997.10.7

[参照文献]
『三菱化工機60年史』1995年
船の科学、1950年11月（古山圭一郎）
船の科学、1961年9月（西川一郎）
船舶、1961年7月（大塚和三）
ケミカル・エンジニヤリング、1991年7月

ケース 615　大平洋金属：ニッケル事業

B：フェロニッケル（ステンレス鋼原料）

戦略C/C比率◁◁◇▷▶
戦略D/E比率◁◁◇▶▷
対照：074，075

■大平洋金属
直前決算期：2000.03
実質売上高：650億円
営業利益率：5.9%
海外売上率：10%未満
社内取締役：6
同順位相関：0.94
筆頭大株主：新日本製鐵
利益成長率：×/×/×
東名阪上場：1952.01

◉企業戦略▷▷▷▶▷本業辺境展開

【経緯】大平洋金属は1949年に東京の千代田区で日曹製鋼として設立された会社である。設立母体となったのは日本曹達で、事業の源流は1928年にさかのぼる。砂鉄銑からスタートしたが、1954年に新発田工場の砂鉄銑設備をフェロニッケル精錬に転換すると、1968年に多額の損失を計上して主力の八戸工場でも砂鉄銑から撤退した。それに先立つ1966年には機械工場を完成させると同時に、フェロニッケルの川下側でステンレス鋼にまで進出している。ステンレス鋼は長引く不況のあおりを受けて1999年に撤退を余儀なくされた。

【編成】本業は鋼材であったが、フェロニッケルへの転地が実現している。鋼材から派生した鋳鍛鋼や機械は整理縮小したが、不動産、電力卸売、廃棄物リサイクルなどの事業は残っている。これらは跡地利用による雇用維持を目的とする。

■ニッケル事業
期間：2000.04-2010.03
得点掲示板：9-1
営業利益率：32.0%
利益占有率：97%
開示欄序列：1
事業本拠地：青森県
独禁法違反：報道なし
—
1990年代：1-0
2010年代：1-3

◉事業戦略▶▷▷▷▷中核集中

【立地】売り物は中間材料のフェロニッケルである。これは粘土状の粉塊混合ニッケル鉱石を乾燥、粉砕したうえで還元材と混ぜ合わせ、電気炉で溶融還元し、カーバイトとソーダ灰を使って脱硫して、さらに酸化精錬を通して珪素、クロム、炭素、リン、鉄分を除去したものである。製品は100キロ、もしくは20キロのインゴットか、ショットと呼ばれる形状で出荷する。

売り先は世界に散らばるステンレス鋼メーカー、および耐熱鋼メーカーになる。ここで選択の自由を行使できるのが、大平洋金属の特徴と言ってよい。社内ステンレス鋼部門の自家消費は微々たるものにとどまり、ピーク時でも20%を上回ることはなかったようである。

狭義の競合は国内のフェロニッケルメーカーで、大平洋金属以外は2社に限られる。フェロニッケルを社内のステンレス鋼部門の自家消費向けに生産し、外販しない日本冶金工業（ステンレス鋼板・加工品）は、分析対象期間中に3勝7敗で通算利益率6.0％の戦績を残している。日向精錬所もフェロニッケルを生産するが、親会社の住友金属鉱山は高品位の電気ニッケルを手掛けている。外販向けのフェロニッケルを本業とするところは大平洋金属だけと言ってよい。生産量としても、世界一を誇っている。

広義の競合は世界のフェロニッケルメーカーである。低グレード品を統計上区分していない中国を除くと、日本は世界一のフェロニッケル生産国で、3割近いシェアを占めている。

■3割近い
Minerals Yearbook
Ferroalloys 2008

【構え】 入手ルートは自社の八戸工場である。ニッケル鉱石は長期契約を結んでフィリピンやニューカレドニアの鉱山から買い付けるが、開発段階から資本参加して権益を確保した鉱山がある点に注意したい。工場は海に接しており、鉱石輸入に適している。

引き渡しルートは4割以上が三菱商事経由で、残りも商社に委ねている。それゆえ海外売上高比率は実態を伝えない。

【時機】 このケースは、分析対象期間直前から業績が好転したもので、遅発に相当する。中国特需が追風となったことは言うまでもない。事業着手時点で見ると先発は日本冶金工業である。

【源泉】 この事業で高収益を許すのは需給の不均衡である。特殊な設備能力が固定要素となるため、需要のピークに向かうフェーズでは大量の受注残が発生し、それが価格プレミアムを正当化する。

業績推移（億円）

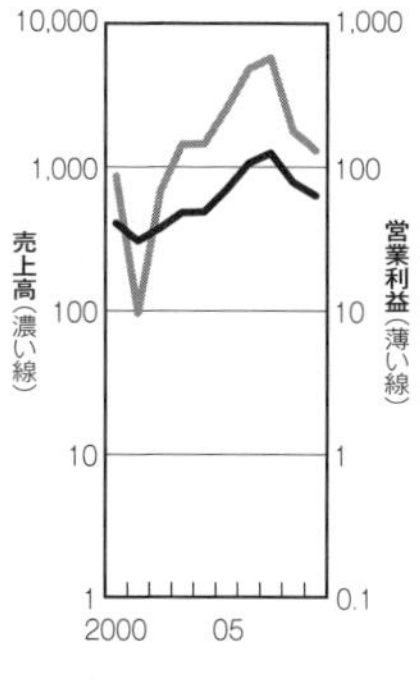

【防壁】 この事業で高収益を守るのはコスト優位である。高品位品では電力コストの不利を跳ね返すだけの技術蓄積があるため、大平洋金属は世界を睨みつつ最も需給バランスの崩れた市場に出荷することを許される。これが高収益の秘訣にほかならない。

【支柱】 この事業で高収益を支えるのは生産技術部隊である。フェロニッケルはエネルギー集約型のビジネスなので、円高に打ち克つためにも地道な節約の努力が欠かせない。大平洋金属は、廃熱の回収などに多大な成果を挙げており、そういう努力が戦略の均整を保つことを忘れてはならない。

【選択】 1999年9月、大平洋金属はステンレス鋼から撤退し、新潟工場も閉鎖した。全社員の6割が会社を去るという痛みを伴ったが、これで同社はフェロニッケル専業に戻ることになった。

■しろい・とおる
生没：1929.11-2013.08
社員：1952.03-1985.03
役員：1985.03-2006.06
社長：1998.12-2003.06
会長：—

◉戦略旗手▷▷▷▶▷操業経営者

【人物】このケースで戦略を推進したのは第4代社長の城井徹氏である。営業部門出身の城井氏の前は2代続けて八戸工場長経験者が社長を務めていた。上司と部下の関係にあった2人の社長はステンレス鋼の自社圧延設備に投資して一貫メーカーを指向してきたが、城井氏が市況の低迷を受けて川下事業を思い切って整理した。

この英断が功を奏したことは、データを見れば火を見るより明らかになる。ステンレス鋼メーカーを見ると、分析対象期間中に日新製鋼（連結）は2勝8敗で通算利益率5.3%、日本金属工業（連結）は10戦全敗で通算利益率2.3%に終わっているからである。中国特需は必ずしも川下のステンレス部門を潤わせたわけではない。むしろ中国のステンレス鋼メーカーに中間原料を供給するフェロニッケルメーカーが潤ったのである。

■ニッケルの価格は…
鉄鋼新聞 2000.2.21

■あらゆる観点からの…
鉄鋼新聞 1997.5.9

【着想】城井氏の着想は「ニッケルの価格はLME相場に為替を掛けて決まるため、この二つの要因による業績のブレが大きい」という言葉から汲み取ることができる。前任者は「あらゆる観点からの合理化努力」という言葉を口にしており、指向性のコントラストが浮き彫りになっていて興味深い。製造部門出身者は努力に賭けたが、相場に精通する城井氏は続けても意味がないと見切ることができたのであろう。ただし、結末まで見通していたとは思えない。

[参照文献]
大平洋金属株式会社八戸製造所『30年のあゆみ』1987年
日本冶金工業株式会社『日本冶金工業六十年史』1985年
日本鉱業会誌、1968年7月（進藤久雄・石井小太郎）
日本鉱業会誌、1981年8月（奈古屋嘉茂・小池伸吉ほか）
資源と素材、1993年12月（小野章）

第4章　Chapter 4

成熟事業における留意点

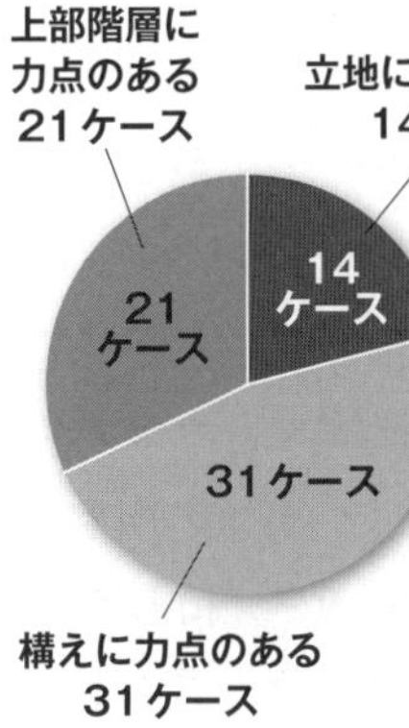

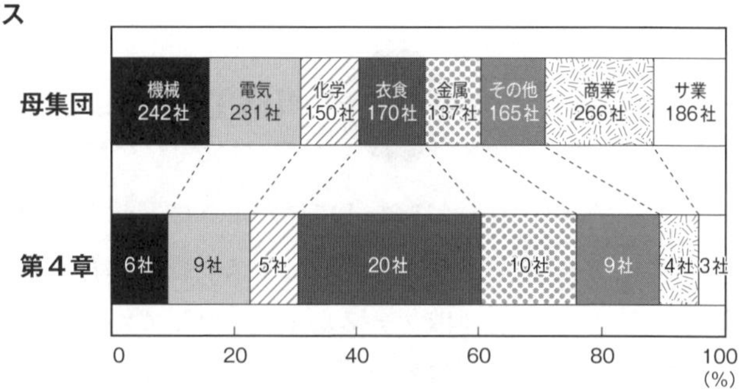

第1章から第3章で示したのは、成功の必要条件に過ぎない。ここでは、そこで浮上した戦略オプションが成功の必要十分条件とまで言えるか否かを吟味する。もちろん、限られた紙幅のなかで保証できるのは大きな失敗の怖れはないというところまでに限られる。

この章に登場する企業は2部上場が多く、業種としては繊維（分類は衣食）と金属への偏りが突出している。この事実は、追い込まれてから繰り出す起死回生の一手が致命傷になりやすいという罠の存在を示唆する。特に危ないのは、構え次元や製品次元で投資して競合他社の顧客を奪いに行く似非戦略で、注意するに越したことはない。衰退が目前に差し迫った成熟事業ではPPM理論の教えに従って、すみやかに刈り取る方策を考えたほうがよい。

1 立地の戦略

立地次元の推奨戦略は「売り物」のリ・インベンションと「売り先」のリ・ディレクションであったが、いずれかを指向して失敗したケースは皆無である。一見したところ推奨戦略を試みたように見える失敗ケースはいくつかあるが、中身を吟味してみると、肝心なところで似て非なるところが見えてくる。

4-1-1 規格工業化にまつわる落とし穴

1-1-1で見たように、前近代的な面影を残すビジネスを規格工業化してしまう戦略は有力と言ってよいが、その陰で失敗ケースが4つ浮上している。ケース301のフジ精糖は生産技術が弱く、そもそも工業化できなかった。ケース401の田崎真珠は一貫体制を整えたが、規格大量生産を是としなかった。ケース402の兼松とケース403のカネボウは、前近代的な体制を支える側に回ってしまい、ファーストリテイリングに戦略機会を残してしまった。こうしてみると、どれも成功ケースとは本質的な違いを抱えており、推奨戦略を実行したとは言い難い。

ケース 301 フジ日本精糖：食品物資事業

B：マイタケ（業務用食材）

■フジ精糖：食品物資
期間：2001.04-2006.03
得点掲示板：0-5
営業利益率：▲7.8%
開示欄序列：2
十年経営者：不在
—
1990年代：—

雪国まいたけが設立された1983年にマイタケの量産工場を静岡に建設したが、2006年に事業から撤退した。生産が不安定で販売ルートが拡充せず、信越キノコ戦争による市場相場の「暴落」に希望の芽を摘み取られたようである。

ケース 401　田崎真珠

C：真珠（ジュエリーの卸売および小売）

■田崎真珠
期間：1999.11-2009.10
得点掲示板：0-10
営業利益率：3.0%
開示欄序列：0
十年経営者：1959-2008
—
1990年代：3-7

養殖から販売まで一貫体制を築き上げ、バブル期には好業績に酔いしれたが、そこで採った拡大策が2000年代に入って息切れし、過剰在庫や過剰人員の整理を迫られた。2008年からファンドの傘下で再建に臨んでいる。

ケース 402　兼松：繊維事業

B：衣服（垂直コーディネーター）

■兼松：繊維
期間：2000.04-2001.03
得点掲示板：0-1
営業利益率：1.9%
開示欄序列：5
十年経営者：不在
—
1990年代：0-1

合繊時代にメーカーの大量生産を支えるべく、問屋や縫製業者からアパレル業者まで垂直連鎖を通貫して、糸が服になって売れるまでのファイナンスを担う代わりにマーケティングの主導権を握ったが、結果が出ずに、債権が不良化した。

ケース 403　カネボウ：繊維事業

B：天然＆合成繊維（垂直コーディネーター）

■鐘紡：繊維
期間：2000.04-2005.03
得点掲示板：0-5
営業利益率：▲4.8%
開示欄序列：3→5
十年経営者：不在
—
1990年代：0-10

綿と絹で総合一貫経営体制を確立し、繊維で日本一の座を手にしたが、立ち遅れた合繊で攻勢をかけるなかで、関係会社への貸付金がバブル崩壊後に2,000億円を超えるところまで膨らんで、立ち行かなくなってしまった。

4-1-2　必要悪の解消にまつわる落とし穴

1-1-3で見たように、仕方ないと放置されてきた必要悪を解消する戦略は有力と言ってよいが、その陰で失敗ケースが一つ浮上している。ケース404のノーリツ鋼機は、分析対象期間を本巻より10年早く設定していれば、必要悪の解消に成功したケースとして浮上してもおかしくなかった。

この会社は、消費者が撮り終えた写真フィルムを写真店に持ち込むと、現像所が工場に持って帰って処理をして、焼き付けたプリントを写真店に届け、それを消費者が取りに来るという一連の流れに潜む待ち時間を大幅に短縮した。彼らが開発したミニラボは巨大な現像工場を置き換えるもので、フィルムは写真店が現像し、消費者はフィルムを預けて1時間後にプリントをピックアップするのがあたりまえになったのである。

ところが、デジタルカメラが登場して写真フィルムの現像が不要になると、ノーリツ鋼機は自らが必要悪になるという悲哀を味わった。そこでミニラボの延命を画策しにいく選択が、せっかく貯めた資金の流出につながってしまったのは皮肉としか言いようがない。

ケース404 ノーリツ鋼機

B：ミニラボ（写真現像サービスの裏方）

■ノーリツ鋼機
期間：2000.04-2010.03
得点掲示板：2-8
営業利益率：5.9%
開示欄序列：0
十年経営者：1956-2005
—
1990年代：5-1

店内で迅速に写真フィルムの現像が行えるミニラボを高収益事業に育てたが、銀塩写真がデジタルカメラに置き換わるという危機に遭遇した。そこでデジカメで撮った写真を出力するための新機種開発に邁進したが、投資が不良資産と化して行った。

4-1-3 本場への参入にまつわる落とし穴

1-2-1で見たように、事業の本場にあたる地域に打って出る戦略は効力が高いものの、その陰で失敗ケースが八つも浮上している。そのうちの七つは『戦略暴走』にも登場した。1-2-1の4ケースと4-1-3の8ケースの対比を通して浮かびあがってきた教訓は、以下のとおりである。

まず、成功ケースはすべて自力で進出を図ったのに対して、失敗ケースは漏れなくM&Aで進出している。本場への遅発参入が高収益につながる理由は、現地にない何かを日本から持ち込む点にあった。現地企業をM&Aしたのでは、高収益の理由がなくなってしまう。

もうひとつ指摘しておきたいのは、1-2-1の4ケースは漏れなく枯れた技術のうえに成り立つという事実である。それに対して4-1-3の最後の4ケースを見ると、川下で技術革新が続いており、変化の波に飲み込まれて頓挫するという現象が起きている。一般にローテクを見下してハイテクに群がる風潮が見受けられるが、こと収益性という観点から言うならば、それは愚かな誤解と知るべきである。

ケース 302 ホソカワミクロン：粉体事業

B：粉砕・分級・混合・乾燥装置（粉体製造支援）

■ホソカワミクロン：粉体
期間：1999.10–2003.09
得点掲示板：0–4
営業利益率：1.7%
開示欄序列：1
十年経営者：1961–2008
—
1990年代：0–9

技術導入したオランダのメーカーを手始めに、5年間で欧米のライバル23社をM&Aして、世界一の専業メーカーに躍り出たが、収益力の低下に見舞われた。最後に手がけたアメリカの大型案件は、工場閉鎖を余儀なくされている。

ケース 008 コニカミノルタH：フォトイメージング事業

P&C：写真フィルム（銀塩カメラ用消耗品）

■コニカ：感光材料
期間：2000.04–2007.03
得点掲示板：0–7
営業利益率：1.2%
開示欄序列：1→3
十年経営者：1996–2006
—
1990年代：0–10

日本では太刀打ちできない富士写真フイルムの裏をかくべく、1980年代末からM&Aを通してアメリカで勝負に出たが、思うように成果が出なかった。最後はデジタルカメラの台頭に伴って、国内を含めて事業そのものからの撤退を余儀なくされてしまった。

■東京製綱：軸索鋼線
期間：2000.04-2003.03
得点掲示板：0-3
営業利益率：▲1.7%
開示欄序列：1
十年経営者：不在
—
1990年代：0-10

ケース043 東京製綱：軸索鋼線事業

B：スチールコード（ラジアルタイヤ用部材）

アメリカのグッドイヤー社から要請されて設立した北米現地生産子会社が値下げ競争に巻き込まれて累積損失を解消できず、最後は連邦破産法第11条の適用を申請した。それに伴い東京製綱は北米市場から撤退している。現地生産に踏み出すに際して東京製綱はファイアーストーン社の工場を買収していたが、この事実が示唆するように、スチールコード事業は絶えず顧客の内製化圧力と闘うよう運命づけられている。

■旭テック：一般素形材
期間：2000.04-2008.03
得点掲示板：0-8
営業利益率：2.1%
開示欄序列：1
十年経営者：不在
—
1990年代：0-10

ケース017 旭テック：一般素形材部品事業

B：鋳鍛造品（自動車エンジン用部品）

アメリカで自社より規模の大きい同業メーカーをM&Aして、現地の自動車メーカーに食い込もうとしたが、リーマンショックで目論見が崩れ去り、最終的に連邦破産法第11条の適用申請を余儀なくされた。

■富士通：米州
期間：2000.04-2004.03
得点掲示板：0-4
営業利益率：▲6.3%
開示欄序列：3
十年経営者：不在
—
1990年代：0-6

ケース002 富士通：北米事業

B：大型汎用機＆ソフトウェア（情報活用支援策）

北米で反IBM連合を組んでいたパートナーのアムダール社を経営危機から救済するようにしてM&Aしたが、大型汎用機からは撤退せざるをえなくなり、ソフト主体に切り替えた後継会社の富士通ITホールディングスも2004年度に清算した。

ケース 004

JX H：電子材料事業

B：電解銅箔・圧延銅箔（電子工業用素材）

■ジャパンエナジー：電子材料
期間：2000.04-2005.03
得点掲示板：2-3
営業利益率：5.9%
開示欄序列：3
十年経営者：不在
—
1990年代：0-5

技術導入したアメリカのグールド社の要請に応じて相手先をM&Aすることで世界一の銅箔メーカーに躍り出たが、需要地がアメリカからアジアへシフトしたことにより現地工場の閉鎖を余儀なくされた。

ケース 036

日立工機：プリンティングシステム事業

B：業務用プリンター（オフィス用業務支援策）

■日立工機：プリンティング
期間：2000.04-2003.03
得点掲示板：0-3
営業利益率：1.1%
開示欄序列：2
十年経営者：不在
—
1990年代：0-10

敵対的買収の脅威にさらされていたアメリカのデータプロダクツ社を救済するようにして買収したが、インターネットの普及によってプリンターの果たすべき役割が変わるなかで再建策が実らず、日立工機は日立製作所の完全子会社となり、プリンター事業はリコーに譲渡された。

ケース 118

日本電気硝子

B：TVブラウン管用ガラス（電子工業用素材）

■日本電気硝子
期間：2000.04-2005.03
得点掲示板：4-1
営業利益率：12.6%
開示欄序列：0
十年経営者：不在
—
1990年代：6-4

技術導入したアメリカのオーエンズ・イリノイ社と組んで設立した現地生産合弁を買収したが、液晶パネルが急速にブラウン管を置き換えたことにより、連邦破産法第11条の適用申請を余儀なくされた。利益率が高いのは国内の液晶パネル用ガラスが好調だからである。

4-1-4 新地への進出にまつわる落とし穴

1-2-2で見たように、川下の新たな世界の中心地に早く打って出る戦略は有効ながら、その陰で失敗ケースが一つ浮上している。ケース303の住友ベークライトは、半導体封止材で成功しているが、回路基板では失敗に終わっている。半導体と基板では低賃金を求める「足の速さ」が違うところに落とし穴があったと言えようか。それを回避したケース811のスミダCは、改めて称賛したくなる。

ケース303 住友ベークライト：回路製品事業

B：プリント回路基板（プリント配線板用主資材）

■住友ベークライト：回路製品・電子部品
期間：2000.04-2008.03
得点掲示板：0-8
営業利益率：1.9%
開示欄序列：2
十年経営者：不在
—
1990年代：0-0

エポキシ樹脂の顧客と組んでシンガポールにプリント基板の合弁工場を建設したが、比較優位が隣国のマレーシアに移り、シンガポール工場は閉鎖に追い込まれた。その後、比較優位は中国に移り、マレーシアの新工場も再建を余儀なくされている。

2 構えの戦略

構え次元の推奨戦略は「売り方」のリ・インベンションであったが、これを指向して失敗したケースは皆無である。出荷起点で見たとき、成功ケースは川下サイドに偏在する。それに対して、失敗ケースは川上を指向する点が大きなコントラストになっている。川上は危険に満ちているわりには、大きな魚がいない。

この節には成功ケースに類似した失敗ケースがないので、もっぱら似非戦略を列挙していくことになる。数が多いという意味では、ここが失敗ケースの一大集積地であることは間違いない。特に設備投資は怖ろしい。向こうからやってくる投資機会は、まずは疑ってかかるべきであろう。

4-2-1 設備投資〜好景気の罠

好景気は経営の敵である。供給がタイトになり、顧客や営業から矢のような催促が来るようになると、それに抗いきることは難しい。しかしながら、好景気はいつまでも続くものではない。需要のピークに合わせて投資をしてしまうと、あとは目も当てられないことになる。

このロジック自体は極めて単純なのに、失敗ケースが山積みとなるのは、勢いづく現場を抑えきれる経営者の稀少性を物語る。以下のケース群でも、過大投資のツケが回ってくるまで10年前後の時間を要しており、投資に踏み切る経営者と、ツケを払う経営者は別人となる場合が多い。そうなると、敢えて現場の不興をかうインセンティブがない。短任期経営者がバトンをつないでいく駅伝方式の欠点が、ここに象徴的に現れる。

ケース405　トピー工業：橋梁・土木・建築事業

G：橋梁・鉄骨（鉄鋼構造物の製造・施工）

■トピー工業：橋梁・土建
期間：2000.04-2005.03
得点掲示板：0-5
営業利益率：3.4%
開示欄序列：3
十年経営者：不在
—
1990年代：0-10

バブル期には我が世の春を謳歌した橋梁事業も、その後は冬の時代に突入し、補修を担当する子会社が事業解体を迫られた。1988年に建設した製造所は新日鉄に引き継がれたが、新日鉄は閉鎖の決断を下している。

ケース406　テイヒュー

B：コンクリート2次製品（水路）

■テイヒュー
期間：1999.12-2002.03
得点掲示板：0-2
営業利益率：▲2.1%
開示欄序列：0
十年経営者：不在
—
1990年代：0-10

帝国ヒューム管として長い歴史を誇ったが、コンクリートが金属や樹脂に代替される流れのなかでジリ貧に陥り、宮城県に工場を新設して、千葉の主力工場を閉鎖した。その宮城県の工場も需要の減退に直面して7年も経たずに閉鎖の憂き目を見た。

ケース407　宇徳：物流事業

B：青果センター（集配スペース）

■宇徳運輸：物流
期間：2000.04-2004.03
得点掲示板：0-4
営業利益率：▲3.6%
開示欄序列：2
十年経営者：不在
—
1990年代：0-7

東京港埠頭公社が1994年に建設した青果センターに投資して専有借受けしたが、目論見どおり中国からの輸入青果物が集まらず、2003年に返還した。巨額の投資に踏み切ったのは三井物産から社長として送り込まれた物流のプロだった。

ケース408　オーミケンシ：繊維事業

B：糸・織物（衣服用素材）

■オーミケンシ：繊維
期間：2000.04-2003.03
得点掲示板：0-3
営業利益率：0.9%
開示欄序列：1
十年経営者：不在

1943年に買収した富士宮工場を1992年に閉鎖するかわりに、津に綿紡織一貫工場を50億円近くかけて新設したが、繊維不況と輸入攻勢の挟撃を受け、10年で操業停止に追い込まれてしまった。その時点でオーミケンシは過大な有利子負債を抱え込んでいた。

—
1990年代：0-10

ケース 409 オーミケンシ：繊維事業

B：婦人服（ブランド衣料品）

■オーミケンシ：繊維
期間：2000.04-2010.03
得点掲示板：0-10
営業利益率：1.8%
開示欄序列：1
十年経営者：1998-2010
—
1990年代：0-10

1964年に立ち上げた高級婦人服のブランドが繊維メーカーの川下展開にしては例外的に成功したものの、ブランドを託した子会社のミカレディがバブル期に直営店攻勢に出て、債務の山を築いてしまった。ミカレディは事業再編の対象となり、卸売業から撤退した。

ケース 410 北日本紡績

B：カーシート生地（自動車部品用の素材）

■北日本紡績
期間：2000.04-2009.03
得点掲示板：0-9
営業利益率：▲14.8%
開示欄序列：0
十年経営者：1971-2001
—
1990年代：0-10

金沢市内でカーシートを生産する人手を確保できなくなったことから1988年に20億円ほどを投下して能都町に新工場を建設する決断を下したが、需要の低迷に直面し、2004年1月に操業を停止した。工場は2009年1月に閉鎖している。

ケース 411 エーアンドエーマテリアル：建設事業

B：珪酸カルシウム板（耐火建築材料）

■アスク：建設
期間：2000.04-2002.03
得点掲示板：0-2
営業利益率：▲1.6%
開示欄序列：1
十年経営者：不在
—
1990年代：0-10

社外に生産委託していた耐火被覆板の需要が増大し、供給不足の懸念を払拭すべく1989年に社内に最新鋭製造ラインを設置し、関東にも工場を新設しに出たが、住宅着工が冷え込んで、両工場とも2001年度に閉鎖した。

■昭和飛行機工業：輸送用機器
期間：2000.04-2004.03
得点掲示板：0-4
営業利益率：▲3.9%
開示欄序列：1
十年経営者：不在
—
1990年代：0-10

ケース304 昭和飛行機工業：輸送用機器事業

B：大型トラックのキャブ（下請生産）

主力工場が互いに近い日野自動車から全量受託した大型トラック用のキャブを生産すべく、人手不足の折に溶接の自動化や部品の樹脂化を進めるために投資してきたが、トラックの総需要が減退するなかで日野自動車が内製化の方針を打ち出した煽りを受け、事業撤退を余儀なくされた。

4-2-2 設備投資～バンドワゴンの罠

バンドワゴンも経営の敵である。バンドワゴンとは日本で言えば祭りの囃子のようなもので、具体的にはメディアが賑やかにブームを盛り立てることを指す。ブームを無視して動かない経営者は、まるで人の集まる祭りに背を向けて自室に引き籠もる偏屈人間のように思われてしまう。社員や社会の視線に耐えるのは、難しい。

しかしながら、祭りは有期限定と相場が決まっている。祭りが終われば、人は仕事に戻っていくが、投資した設備は戻る場所がない。そこに悲劇が発生する。ここでも気前よく投資する経営者と、あとでツケを払う経営者は別人になりやすく、経営のモラルハザードが起きやすい。それを是正する機能は、社外取締役が担わない限り、誰にも担えるものではなかろう。

なお、最後のケース413以外はエレクトロニクスに関連するケースばかりである。エレクトロニクスは時代の寵児で、次々と事業機会が立ち現われて、大きな市場を形成していく。それゆえバンドワゴンを呼び込みやすい傾向が目立つ点は、『戦略暴走』でも指摘したとおりである。くれぐれも注意していただきたい。

ケース 412

東洋鋼鈑：鋼板事業

B：極薄鋼板（ブラウン管用材料）

■東洋鋼鈑：鋼板
期間：2000.04-2007.03
得点掲示板：0-7
営業利益率：2.1%
開示欄序列：1
十年経営者：1993-2013
―
1990年代：0-5

国内の7割を占有するブラウン管シャドーマスク用の極薄鋼板で、PC用ディスプレイの活況に対応すべく1995年に最新鋭設備を導入し、2000年にも追加投資を行った結果、生産の能力は倍以上に増えたが、液晶パネルの台頭に伴って、設備が遊休化した。

ケース 305

サンケン電気：半導体事業

B：冷陰極放電管（LED用バックライト光源）

■サンケン電気：半導体
期間：2000.04-2010.03
得点掲示板：7-3
営業利益率：8.9%
開示欄序列：1
十年経営者：不在
―
1990年代：5-5

PCやTVに液晶パネルが採用されるようになり、バックライト電源として冷陰極放電管が驚異的な伸びを示したことから設備投資のアクセルを踏み続けたが、2007年度に突如として供給過剰に陥り構造改革を迫られた。利益率が高いのは、パワーICの貢献に負う。

ケース 306

日立マクセル：情報メディア事業

B：DVD・CD（情報記録媒体）

■日立マクセル：情報
期間：2000.04-2009.03
得点掲示板：3-6
営業利益率：7.2%
開示欄序列：1
十年経営者：不在
―
1990年代：1-4

かつて高収益を誇っていた光ディスクが急速かつ大幅な価格下落に見舞われ、さらにクラウドの勃興に伴い需要も減退し始めたことにより、一部製品からの事業撤退と設備廃棄を余儀なくされた。

ケース 307

石井表記：太陽電池ウエハー事業

B：シリコンウエハー（太陽電池用部材）

■石井表記：太陽電池ウエハー
期間：2002.02-2010.01
得点掲示板：0-8
営業利益率：2.5%
開示欄序列：3

インゴットからウエハーを切り出すマルチワイヤーソーを開発し、装置ビジネスを展開するなかで、需要の急拡大に対処すべく

十年経営者：1973-
—
1990年代：—

2007年度と2008年度に大型投資を実施したところ、欧州の太陽電池優遇政策が急変し、中国勢の台頭もあって、川下が供給過剰に陥った。

ケース 308 明治機械：半導体製造装置事業

B：ウエハー研磨機（受託生産）

■明治機械：産業機械
期間：2000.04-2008.03
得点掲示板：1-7
営業利益率：▲2.3%
開示欄序列：1→5
十年経営者：不在
—
1990年代：0-6

食品機械の不振を打開すべく、世界シェア8割を誇るラップマスターSFT社の装置製造を請け負い、2004年にはM&Aして増産体制を整えていったが、リーマンショックに遭遇し、2010年度末に事業譲渡を余儀なくされた。

ケース 309 ラサ工業：電子材料事業

B：再生シリコンウエハー（半導体のコスト節減策）

■ラサ工業：電子材料
期間：2000.04-2010.03
得点掲示板：6-4
営業利益率：3.8%
開示欄序列：3
十年経営者：1993-2003
—
1990年代：0-1

アメリカから導入した技術で1984年にシリコンウエハーの再生事業を立ち上げて順調に育ててきたが、300ミリウエハーに対応する設備投資が2001年から始まり、2007年にも増設投資を行ったところでリーマンショックに見舞われて、事業からの撤退を決断した。

ケース 413 太平洋海運

B：輸送用船舶（船の賃貸）

■太平洋海運
期間：2000.04-2009.03
得点掲示板：2-7
営業利益率：6.6%
開示欄序列：0
十年経営者：不在
—
1990年代：0-10

中国特需で船舶不足が露呈するなかで、銀行から資金を調達して2006年に新造船を6隻、翌2007年に1隻を発注したが、その直後から用船の解約が始まり、最後は救済に動いた日本郵船の完全子会社となり会社は消滅した。

4-2-3 設備投資〜自社視点の罠

設備投資には自社の視点からのみ判断しやすいという罠もつきまとう。ケース414のダイエー、ケース415のハネックス、ケース416の日本橋梁あたりは、自社が基盤とする市場の飽和を理由として新たな市場に打って出たケースである。「新たな」という言葉は良い響きを持つが、自社にとって新たというだけで、実は「新たな」市場には地場の古豪たちが待ち構えていた。顧客から見れば、何も新しくなかったわけである。そこは、他の2ケースも変わらない。独り善がりはくれぐれも戒めたい。

ケース414 ダイエー：小売事業

C：食品・日用品（GMS）

■ダイエー：小売
期間：2000.03-2005.02
得点掲示板：0-5
営業利益率：0.4%
開示欄序列：1
十年経営者：不在
—
1990年代：0-10

バブル経済の終焉と大店法の改正に直面したダイエーは、出店攻勢に出て、1994年に関東を基盤とする忠実屋を吸収した。それに伴い平米あたり90万円台を維持していた売場効率は60万円台に低下していき、採算が悪化した。2004年に産業再生機構の支援を仰ぐことになり、吸収から10年で小売事業の売上規模は半分に縮小している。

ケース415 ハネックス：コンクリート事業

G：マンホール・ヒューム管（公共工事用資材）

■羽田ヒューム管：コンクリート
期間：2000.04-2004.03
得点掲示板：2-2
営業利益率：10.1%
開示欄序列：1
十年経営者：不在
—
1990年代：0-10

下水道普及率の向上という変化に対応すべく、大都市圏に大工場を配置する布陣から地方都市に小工場を配置する布陣に構造転換を図ったが、地方で思うように受注できず、新設したばかりの工場を閉鎖した。利益率が高いのは、現場施工されていたマンホールをリ・インベントした経緯があることによる。ハネックスは、工場で製造したマンホールのユニットを現場で組み立てる方式を採用する。

■日本橋梁
期間：2000.04-2003.03
得点掲示板：0-3
営業利益率：4.9%
開示欄序列：0
十年経営者：不在
—
1990年代：0-10

ケース 416 日本橋梁

G：橋梁・鉄骨（鉄鋼構造物の製造・施工）

バブルの崩壊後、長年の夢だった関東進出を果たしたが、累積赤字が解消せず、わずか6年で全関東拠点の閉鎖を迫られた。そのあとは価格の下落に対抗すべく逆に生産集約が課題となり、関西の拠点も主力工場を除いて閉鎖している。

■協和醗酵工業：バイオ
期間：2000.04-2003.03
得点掲示板：0-3
営業利益率：1.3%
開示欄序列：2
十年経営者：不在
—
1990年代：0-2

ケース 055 協和発酵キリン：バイオケミカル事業

B：リジン（畜産用成長促進剤）

畜産が盛んな米州大陸で、宿敵の味の素と飼料用リジンの増産競争を演じてきたが、赤字に耐えきれず先に工場閉鎖に追い込まれた。勝った味の素も、その後は台頭する中国勢との価格競争に巻き込まれ、苦戦を強いられている。

■関東電化工業：基礎化学品
期間：2000.04-2006.03
得点掲示板：0-6
営業利益率：▲11.7%
開示欄序列：1
十年経営者：不在
—
1990年代：0-6

ケース 417 関東電化工業：基礎化学品事業

B：苛性ソーダ（汎用化学原料）

狭隘な内陸コンビナートを共に構成する旧来の顧客への供給責任と、コスト競争力のある臨海コンビナートに出たいという悲願の間で揺れに揺れ、限られた資金を新旧両コンビナートに割り振った結果、新旧両パートナーとも満足せず、投資をかけた旧工場の電解事業はたたまざるをえなくなった。

4-2-4 設備投資〜低人件費の罠

苦境に追い込まれた事業では、人件費さえ下げることができれば、まだまだ戦えると安易な議論に流れることが多い。生産拠点を人件費の安い地方に移したり、または工場を本体から切り離して人件費を抑制したり、という苦肉の策に手を出さなければならない時点で、もはや事業の立地が著しく劣化している。そこから目をそらしてはいけない。いたずらに衰退事業を引きずると、それだけ損失は拡大するし、待っても特需の風はなかなか吹かない。早めに撤収すれば、従業員の補償に回す資金を温存できる点を考慮していただきたい。

ケース 418 ユニチカ：繊維事業

B：ナイロン長繊維（衣料素材および産業資材）

■ユニチカ：繊維
期間：2000.04–2009.03
得点掲示板：0–9
営業利益率：2.0%
開示欄序列：3
十年経営者：不在
—
1990年代：0–10

規模の経済を頼みにする韓国・台湾からの輸入品に対して祖業の繊維がコスト劣位に回ったにもかかわらず、生き残りを模索しつつ衣料用に投資したり、産業用に投資したり、チグハグを繰り返すなかで被害が拡大した。

ケース 419 中央C

B：梳毛糸・合繊糸・織物（織物・礼服用素材）

■中央毛織
期間：2000.01–2005.12
得点掲示板：6–0
営業利益率：15.4%
開示欄序列：0
十年経営者：不在
—
1990年代：1–9

三重県紀勢町の工場を閉鎖して、福島県喜多方市で買収した協力工場への統合作業を1990年代の後半に進めてきたが、モヘアのような高級糸が思うように売れず、喜多方の子会社も実質的な閉鎖を迫られた。利益率が高いのは、不動産賃貸事業の貢献による。

ケース 420

エコナック：繊維事業

B：機械編みのレース（装飾品）

■日本レース：レース
期間：2000.04-2009.03
得点掲示板：0-9
営業利益率：▲7.9%
開示欄序列：1
十年経営者：1998-2008
—
1990年代：0-10

1926年から続く祖業で、生産を本社工場から福知山と河北と近江の3子会社に移管する労使合意が1979年に成立した。その後も生産を続けたが、最後に残った湖北工場を2008年に閉鎖して、生産から撤退した。

ケース 421

神戸生絲：繊維事業

B：合繊加工糸・生糸（織物用素材）

■神戸生絲：繊維
期間：2000.01-2000.12
得点掲示板：0-1
営業利益率：0.6%
開示欄序列：1
十年経営者：不在
—
1990年代：0-9

1975年に靴下の生産を熊本工場に集約したが業績が好転せず、1981年に同工場を切り離して九州コペスという名の子会社にした。それでも立ち行かず工場は1999年に閉鎖となり、生産は協力工場に引き継いだ。

ケース 422

トスコ：繊維事業

B：麻（衣料素材・産業資材）

■トスコ：繊維
期間：2000.04-2001.03
得点掲示板：0-1
営業利益率：▲0.4%
開示欄序列：1
十年経営者：1993-2003
—
1990年代：0-10

麻紡績の最大手で、日本の繊維産業のパイオニアと目されたが、慢性的な価格競争で疲弊したところに、バブル期から売上が半減して抱え込んだ在庫の再評価を迫られて、万事休した。2008年に会社更生法の適用を申請して上場廃止となっている。

4-2-5 海外移転〜低人件費の罠

苦境に追い込まれた事業では、人件費さえ下げることができれば、まだまだ戦えると安易な議論に流れることが多い。生産拠点を人件費の安い国に移して、もう一戦と言いたくなる気持ちはよくわかるが、その行く着く先は往々にして地獄である。自動車でも人件費が製造原価に占める割合は1割に届かない。そういう人件費を問題としなければならない時点で、もはや事業の立地が著しく劣化している事実から目をそらしてはいけない。そういう事業に投資すると、盗人に追い銭になりやすい。

ケース 423 旭化成：せんい事業

B：合繊（衣料素材）

■旭化成工業：繊維
期間：2000.04-2005.03
得点掲示板：0-5
営業利益率：2.1%
開示欄序列：3→4
十年経営者：1992-2010
—
1990年代：0-10

1991年からスタートした「Run-up to 21」という経営計画のなかで繊維事業のグローバル展開を打ち出し、インドネシアでナイロン6長繊維とアクリル紡績糸の設備を倍増以上に強化したが、2004年に現地法人を清算した。アジア諸国との競争に敗退したようである。

ケース 424 三菱レイヨン：繊維事業

B：合繊（衣料素材）

■三菱レイヨン：繊維
期間：2000.04-2009.03
得点掲示板：0-9
営業利益率：1.2%
開示欄序列：2
十年経営者：不在
—
1990年代：0-10

中国に100億円強を投資してアクリル繊維の工場を新設したが、原料高騰と需要減退の挟撃にあい、6年後に合弁相手に15億円で工場を売却した。黒字を計上したことはなかったという。

ケース 425 三菱電線工業：電装・光部品事業

B：ワイヤハーネス（自動車用部材）

■三菱電線工業：部品
期間：2000.04-2009.03
得点掲示板：0-9
営業利益率：▲4.1%
開示欄序列：3→2
十年経営者：不在
—
1990年代：0-6

全社の期待が集まる自動車用ワイヤハーネスで、苦境を打開すべく2004年から大連に生産拠点を立ち上げたものの赤字が続き、三菱マテリアルが完全子会社化した。ワイヤハーネス事業は大幅に縮小するとのことであった。

ケース426 ノリタケカンパニーリミテド：食器事業

C：陶磁器食器（ホームパーティー用の器材）

■ノリタケ：食器
期間：2000.04-2009.03
得点掲示板：0-9
営業利益率：2.0%
開示欄序列：2
十年経営者：不在
—
1990年代：2-8

明治時代に外貨を稼ぐべく設立された祖業で、現地有力者からの打診に応じて設立したフィリピン合弁を、1980年に子会社化して北米輸出拠点に仕立て上げたが、最終赤字に転落したのを機に解散した。同じ年にはイギリスの名門、ウェッジウッド社も高級食器市場の縮小に抗えず破綻した。

4-2-6 海外移転〜自社視点の罠

苦境に追い込まれた事業では、安価な原材料さえ手に入れば、まだまだ戦えると安易な議論に流れることが多い。生産拠点を資源豊富な地域に移して、もう一戦と言いたくなる気持ちはよくわかるが、そこには往々にして罠が隠れている。日本に比べれば資源が豊富で安いと喜ぶのは早計で、その先には資源国同士、または資源国内での競争が控えている。勝ち目の薄い案件ほど権益は買いやすいと相場が決まっているので、罠の危険度は極めて高い。

日本で行き場を失った技術を海外で活かすという議論も、もっともらしく聞こえるが、実に危ない。ケース006の古河機械金属は日本の同業他社から支援を仰ぐ羽目に陥ったという。自社技術を過信して、名門企業ですらツケを払った事実を記憶に留めていただきたい。

ケース 006

古河機械金属：金属事業

B：銅（非鉄金属素材の精錬）

■古河機械金属：金属
期間：2000.04-2004.03
得点掲示板：0-4
営業利益率：▲9.2%
開示欄序列：2
十年経営者：不在
—
1990年代：0-10

足尾銅山の精錬事業に幕を引くに際して、技術継承を図るべくオーストラリアの精錬所に出資して、1997年に買収に進展したが、老朽化した設備の稼働率が上がらないまま、6年で操業停止に追い込まれた。

ケース 427

住石H：石炭事業

B：石炭（海外炭の輸入）

■住友石炭鉱業：石炭
期間：2000.04-2001.03
得点掲示板：0-1
営業利益率：▲3.0%
開示欄序列：1
十年経営者：不在
—
1990年代：0-10

国内炭坑の維持が難しくなるなかで、オーストラリアの中堅どころに1988年に資本参加して出資比率を引き上げながら増産投資を挙行したが、そこから先は赤字に転落し、採掘条件の悪化や石炭市況の低迷を睨みつつ2001年に株式を売却した。

3　上部の戦略

上部階層の推奨戦略はQCD管理と製品イノベーションであったが、これを指向して失敗したケースは皆無である。ただし、似て非なる失敗事例は多数出ている。特に製品イノベーション絡みで失敗するケースの多さは、成功事例の少なさに鑑みると尋常でない。ここに設備投資に並ぶ失敗ケースの一大集積地ができあがるのは、ことイノベーションとなると、「自社・新」に走りやすいからであろう。以下では、各種の罠を整理しておく。

4-3-1　雇用対策の罠

苦境に追い込まれた企業は、雇用対策や土地活用を名目に多角化に走りやすい。縮みゆく本業でヒトや土地に余剰感が出るため、どうしても何とかしたくなるのであろう。しかも、ミニ特需に遭遇して小さな成功を味わうと、なおさら止められなくなってしまう。そういう事業を、本業で培った品質管理や原価管理や納期管理のノウハウを活かして伸ばそうとすると、累損と特損の温床になりやすい。

ケース428のJUKIは、構えの戦略との関係で、特に注意を喚起しておきたい。これは家庭用ミシンのケースで、かつて化粧品でも強さを発揮した訪問販売という独自販路を採っている。それが威力を失ったのは、フルタイムで働く女性が増えたことにも起因するし、衣類が安く買えるものになったことにも起因している。このように特定の戦略手段の有効性は、時代とともに移ろいやすい。

ケース 428

JUKI：家庭用ミシン事業

B：家庭用ミシン（縫製のDIY）

■ジューキ：家庭用ミシン
期間：2000.04-2009.03
得点掲示板：1-8
営業利益率：0.8%
開示欄序列：2→3
十年経営者：1983-1999
—
1990年代：—

好調な工業用ミシンの陰で、かつては花形だった家庭用ミシンの訪問販売事業が2007年時点でも1,000人の営業人員と国内専用工場を抱えており、綿々と新製品開発が続いていた。赤字に転落した2年後に再建へ動き出したが、大きな構造改革を迫られた。

ケース 089

神戸生絲：不動産事業

B：浴室乾燥機などの電気製品（EMS）

■神戸生絲：不動産
期間：2000.01-2002.12
得点掲示板：3-0
営業利益率：57.9%
開示欄序列：2
十年経営者：不在
—
1990年代：8-0

雇用を守るべく1966年にテレビチューナーの組立請負に手を染めて、EMSの先駆けとして飛躍した時期もあったが、事業主体を2度清算することになり、3社目の神戸エレクトロニクスも累損を積み重ね、神戸生絲は2003年に民事再生法の適用を申請した。セグメントの高収益は、不動産賃貸事業に負っていた。

ケース 310

バナーズ：電気部品組立加工事業

B：電気部品（EMS）

■松佳：電気部品組立加工
期間：2000.04-2002.03
得点掲示板：1-1
営業利益率：▲0.5%
開示欄序列：2
十年経営者：1969-2002
—
1990年代：0-6

脱生糸の試みとして、サンケン電気の汎用小型電源機器の製造請負に乗り出して、1986年に工場を新設したが、事業主体の合弁は1995年に解散し、社内に取り込んだEMS事業もITバブルの崩壊を受けて2002年に撤退した。

ケース 311

昭栄：電子機器・部品事業

B：アルミ電解コンデンサ（汎用電子部品）

■昭栄：電子機器・部品
期間：2000.01-2002.12
得点掲示板：0-3
営業利益率：▲7.1%
開示欄序列：2

脱生糸の一環として1960年からアルミ電解コンデンサを綿々と

十年経営者：1991-2005
—
1990年代：0-9

製造してきたが、赤字の電子部品事業を抱えたままの経営を村上ファンドに咎められ、稼働していない資産の一掃を迫られた。

ケース312 新立川航空機

B：暖房機・食器洗浄機など（下請生産）

■新立川航空機
期間：2000.04-2010.03
得点掲示板：9-1
営業利益率：18.7%
開示欄序列：0
十年経営者：1985-2006
—
1990年代：10-0

航空機部品の生産だけでは埋まらない工場を維持するために暖房機、食器洗浄機、製紙装置をIHIなどから受託生産してきたが、受注の減少に抗えず、撤退した。利益率が高いのは不動産賃貸事業の貢献による。

4-3-2 系列依存の罠

主導権を放棄して、特定顧客の下請部門になる道を選んだ事業もある。そういう事業は、言うなれば管理能力を売り物にすることになり、安定を保証されたように見えるが、それが幻想に過ぎないことを失敗ケース6つが示している。以下に続くのは3ケースだけながら、実はケース304、ケース310、ケース312も系列依存の側面を持ち合わせており、とても安泰とは言えそうにない。

ケース429 明星電気

B：電話交換機（NTT向け受託生産代行）

■明星電気
期間：2000.04-2003.03
得点掲示板：0-3
営業利益率：3.6%
開示欄序列：0
十年経営者：不在
—
1990年代：0-10

NTTの交換機メーカーに指定され、NEC傘下で交換機事業を拡大してきたが、インターネットの普及に伴い受注が急減し、大量に在庫廃棄を迫られた。2002年にファンドの傘下に入っている。

ケース 430　安藤電気

B：半導体試験装置（後工程用の検査装置）

■安藤電気
期間：2000.04-2002.03
得点掲示板：0-2
営業利益率：▲10.0%
開示欄序列：0
十年経営者：不在
—
1990年代：1-9

NEC系列で半導体のテスト装置を手がけていたが、国内の半導体メーカーがこぞって従来の系列企業育成策を反転させるなかで、大量に在庫廃棄を迫られた。2001年に横河電機の傘下に入り、会社としては解体された。

ケース 313　花月園観光

B：競輪（施設代行管理）

■花月園観光
期間：2000.04-2010.03
得点掲示板：0-10
営業利益率：▲3.0%
開示欄序列：0
十年経営者：1995-
—
1990年代：6-4

神奈川県から花月園競輪場の管理施工者に指名され、一時は高収益を謳歌したが、収入の減少傾向に歯止めがかからないなか、関係自治体が競輪場の廃止を決めたことから、主力事業を失った。

4-3-3　改善改良の罠

3-1-2で見たように、独創的な研究は他社が追随できない事業を生むことがある。ここに登場する九つの失敗ケースは、いずれも改善改良の域を出ない。それも、独り善がりの改善改良で、顧客から見て改善改良と認識されにくいものばかりである。

たとえばケース432の三菱伸銅は、冷媒と接触する面積を拡げた銅管を量産する製造工程を築き上げた。しかしながら、エアコンメーカーからしてみれば銅管を長くとっても同じ効果は得られるわけで、どちらが安いかを問うに決まっている。失敗して当然と言いたくなる企画が社内の審議プロセスを大挙して通過する現実がある以上、社外取締役に期待が集まるのも無理はない。

ケース 314 永谷園：外食事業

B：和食（外食）

■永谷園：外食
期間：2000.04-2008.03
得点掲示板：0-8
営業利益率：▲9.0%
開示欄序列：2
十年経営者：2人
—
1990年代：—

お茶漬けのりからの多角化を指向して、フリーズドライの設備を持つ子会社を母体として1987年から首都圏で外食事業に取り組んだ。和食で何通りものフォーマットを試したものの営業赤字が続き、撤退を余儀なくされた。

ケース 315 タカラブネ：飲食事業

B：和洋食（外食）

■タカラブネ：飲食
期間：2000.04-2002.03
得点掲示板：0-2
営業利益率：▲2.2%
開示欄序列：3
十年経営者：1992-2003
—
1990年代：0-10

シュークリームからの多角化を指向して、1988年から外食事業に取り組んだ。和洋を問わず様々なフォーマットを試したものの、賛否を巡って創業家の内紛にまで発展するうちに本業が傾いて、民事再生法の適用を申請した。

ケース 431 ナイガイ

B：婦人ニット服（ブランド衣料品）

■ナイガイ
期間：2000.04-2008.01
得点掲示板：0-8
営業利益率：▲2.8%
開示欄序列：0
十年経営者：1986-2000
—
1990年代：0-10

コンバーター機能を充実させるべく、1970年にアメリカから婦人ニットスーツのブランドを導入し、専用工場も建設したうえで直営店も全国60店体制を目指していたが、赤字が続き、事実上の撤退に踏み切った。

ケース 316 オーベクス：アパレル事業

C：カジュアルウェア＆帽子（ファッション）

■オーベクス：アパレル
期間：2000.04-2007.03
得点掲示板：0-7
営業利益率：▲9.2%
開示欄序列：1
十年経営者：不在
—

フェルト製の帽子が必需品の地位を降りたあと、紳士用のシャツやセーターなどに注力したが思うように売れず、祖業の帽子を含めて事業譲渡に踏み切った。帽子の国産化を唱えたのは渋沢栄一で、顧客リストには昭和天皇も含まれていたという。

1990年代：0-1

ケース 317

蝶理：化学品事業

B：家庭用ゴミ袋（日用品）

■蝶理：化学品
期間：2000.04-2003.03
得点掲示板：0-3
営業利益率：1.0%
開示欄序列：2
十年経営者：1992-2003
—
1990年代：0-2

新規事業開発の一環として、合成樹脂部門は家庭用ゴミ袋に着眼し、安井化学工業に出資すると同時にスタープラスチック工業を買収したが、その2年後に蝶理は合成樹脂事業からの撤退を決断した。

ケース 088

エコナック：エコロジーシステム事業

B：薬膳キノコの自家栽培キット（趣味用品）

■日本レース：エコロジー
期間：2002.04-2004.03
得点掲示板：1-1
営業利益率：▲3.1%
開示欄序列：3
十年経営者：不在
—
1990年代：—

輸入菌床を活用して、薬膳キノコを簡単に栽培できるキットを開発し、まずは農家に売り込み、つぎにインターネット経由で一般消費者に販売する計画を立てたが、輸入菌床の品質で躓いて、1年経たずして事業撤退に追い込まれた。

ケース 318

ハネックス：その他事業

B：ダクタイル鋳鉄部品（受託生産）

■羽田ヒューム管：その他
期間：2000.04-2010.03
得点掲示板：2-8
営業利益率：▲18.1%
開示欄序列：2→3
十年経営者：不在
—
1990年代：0-1

主力のヒューム管が停滞するなかで新規事業に挑戦する子会社を設立し、そこが本業に隣接するマンホール蓋の世界から鋳造技術者をスカウトして印刷機械の部品や滑車から順調なスタートを切ったが、2004年に自己破産を申請した。

ケース 432 三菱伸銅：加工品事業

B：内面溝付き細径銅管（エアコン用部材）

■三菱伸銅：加工品
期間：2000.04-2002.03
得点掲示板：0-2
営業利益率：▲2.2%
開示欄序列：2
十年経営者：不在
—
1990年代：0-1

エアコン用に熱交換効率を向上させた内面溝付きタイプの電縫銅管を開発して、細径管の専用工場を1990年に建設して量産に臨んだが市場が拡がらず、工場は2001年に閉鎖した。エアコンの生産地が東南アジアにシフトして、日本に取り残されてしまったという。

ケース 319 日東紡績：建材事業

B：吸音天板・ロックウール（建築材料）

■日東紡績：建材
期間：2000.04-2009.03
得点掲示板：0-9
営業利益率：1.3%
開示欄序列：2
十年経営者：不在
—
1990年代：0-7

戦前・戦後に立ち上げた建材事業で、バブル期に増産対応のために計画した工場が1990年代に稼働したが、繊維強度の向上を狙った新ラインが思うように立ち上がらず、ライン改修に予想外に出費を強いられた。

4-3-4 技術買収の罠

弱り目に祟り目というが、それが経営でも頻発する。ここに登場するケースはいずれも本業が傾いており、そのためか持ち込まれたベンチャー投資の案件に飛びついてしまった。一発逆転の起死回生を狙いたくなる気持ちはわかるが、買った技術で救われた企業の話など耳にした例がない。しかも、失敗したあとに何も残らないという意味で、稀少な資金を死に金にしてしまうのが、この手の投資である。くれぐれも気を付けていただきたい。

ケース 093 エス・サイエンス：磁石＆微粒子事業

B：ボンド磁石（?）

■志村化工：磁石
期間：2000.04-2006.03
得点掲示板：0-6
営業利益率：▲9305%
開示欄序列：4→3
十年経営者：不在
—
1990年代：—

金属の原子・分子構造をナノ単位で変えて特性を飛躍的に向上させるのに成功した三栄化成から製造・販売権を取得してボンド磁石の専用工場を新設したが、費用がかかる一方で、消滅した本業に成り代わるには至らなかった。

ケース 320 シルバー精工：部品加工事業

B：錆止め塗装（?）

■シルバー精工：部品加工
期間：2003.04-2009.03
得点掲示板：1-5
営業利益率：▲2.7%
開示欄序列：4
十年経営者：不在
—
1990年代：—

ユナイテッドエピックの傘下に入り、揮発性有機化合物を使わないでマグネシウム合金に錆止め塗装する技術を開発した創研を買収したが、目論見どおりに事業が進まず、1年足らずで創研を解散した。

ケース 321 ナカミチ：オーディオ機器事業

B：HDD磁気ヘッド（?）

■ナカミチ：オーディオ
期間：2000.01-2001.12
得点掲示板：0-2
営業利益率：▲12.1%
開示欄序列：1
十年経営者：不在
—
1990年代：1-8

ハードディスクドライブ装置（HDD）用の磁気ヘッドの研究開発に1997年からシンガポールで取り組んだが、5年後に現地法人の売却に踏み切った時点で投資損失が240億円も発生した。

ケース 322 昭和H

B：ブラストロボット（?）

■昭和ゴム
期間：2000.04-2003.03
得点掲示板：0-3
営業利益率：▲4.8%
開示欄序列：0
十年経営者：不在
—
1990年代：0-10

2000年11月に子会社を設立して、新規事業としてブラストロボットの販売を開始したが、採算改善の見込みが立たないとのことで、2002年3月までに撤退を決断した。ブラストロボット自体は

1980年代から開発する企業が現れており、タンクの清掃などに使われていた。

第2部

Part 2

成長市場の入り方

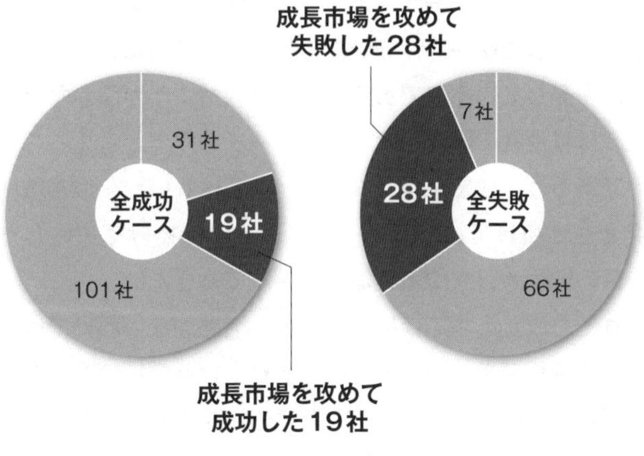

経営幹部候補生の多くにとっては、他社が牽引する成長市場に後追い参入することが使命となる。他社がリスクを取って存在を証明した市場は、トップにも社員にも魅力的に映るし、なぜ我が社は傍観するのかと誰でも問いたくなる。PPM（製品ポートフォリオ・マトリックス）理論も、市場の増分を取り込むことで他社の顧客を奪いに行かなくても首位に躍り出る余地が残る成長市場には、資源投入を奨励す

る。

後発参入は、場合によっては先発より有利なことも知られている。技術進歩の目覚ましいフィールドでは、新しい技術を採用した後発企業が、古い技術にコミットした先発各社を追い落としてしまう現象は珍しくない。たとえば、技術が高額設備に宿る製鉄業で日本勢が20世紀後半に欧米勢を追い落とした現象は、この資本ビンテージ理論のロジックで説明できる。後方互換性を保証しなければならない製品ラインに技術が宿るコンピューターでDECやSUNが1990年前後にIBMを追い落としたのも、同じことである。

しかしながら、本書の分析結果はビンテージ理論を支持しない。なぜならば第2部には技術進歩の早いフィールドで成功ケースが出ていないからである。それどころか、PPM理論も支持しない。理論が想定するようなシェア争いを派手に演じて成功したケースがないに等しいからである。逆転現象自体は多発しているのであろうが、高収益に手が届かないのは、やはり他社の顧客を奪うアプローチの限界と考えるべきなのであろう。成熟市場の場合ほど酷くはないが、成長市場の場合も仕掛けて成功したケースより、仕掛けて失敗したケースのほうが目立つ事実は頭に入れておきたい。

それでも成長市場で仕掛けるなら、活路がないわけではない。広く推奨できるのは第5章で取り上げる立地の戦略である。第6章で取り上げる構えの戦略も検討に値するが、こちらは業種を選ぶ。第7章で取り上げる上位階層の戦略は、人を選ぶ。業種や人を選ぶ戦略は、ありとあらゆる経営幹部候補生に向かって広く推奨するわけにはいかない。ただし、条件が合う人にはツボにはまる可能性がある。

第5章　Chapter 5

自社事業の隣地開拓

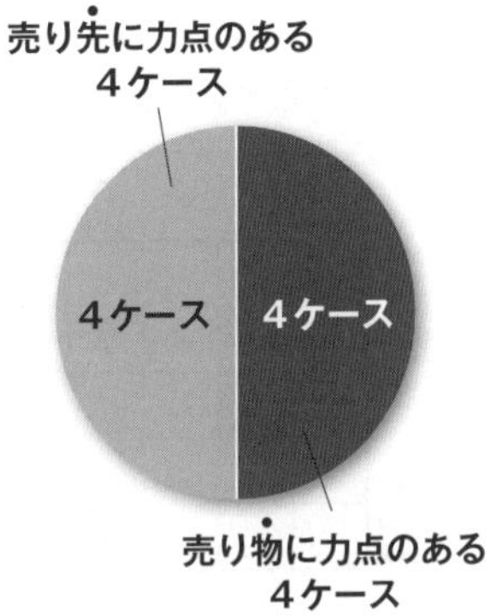

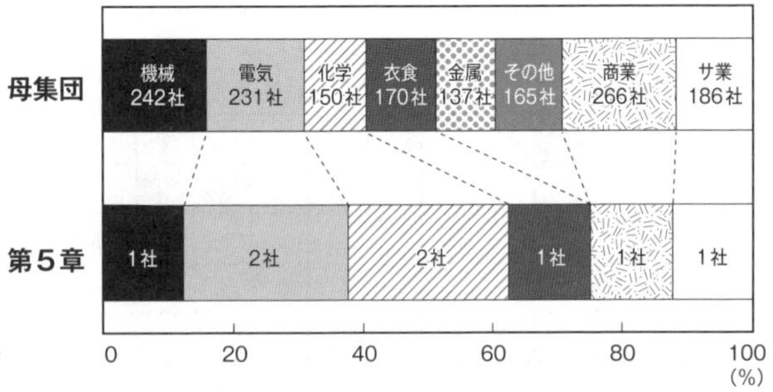

成長市場で高収益事業を創りたければ、既存の競合他社と真正面から勝負せず、土俵を変えることである。そこには大きく分けて「売り物」を自社事業の隣地から選ぶ手と、「売り先」を自社事業の隣地に求める手の二通りがある。本書の分析結果は1：1の比を示しており、どちらも等しく有力と言ってよい。

成功ケースは広く分布しており、隣地開拓はプレーヤーを選ばない。後発の挑戦者にとって有力な戦略オプションと考えてよかろう。ただしローテクのケースが目立つことから考えて、ハイテクは適用外としておきたい。

本章に分類されるケースは8例で、第1章の半分に満たない。ということは、下手に後追いするより、市場が成熟するのを待って仕掛けたほうが勝ち目は豊富ということになる。その点は一考に値する。

1　「売り物」のエクステンション

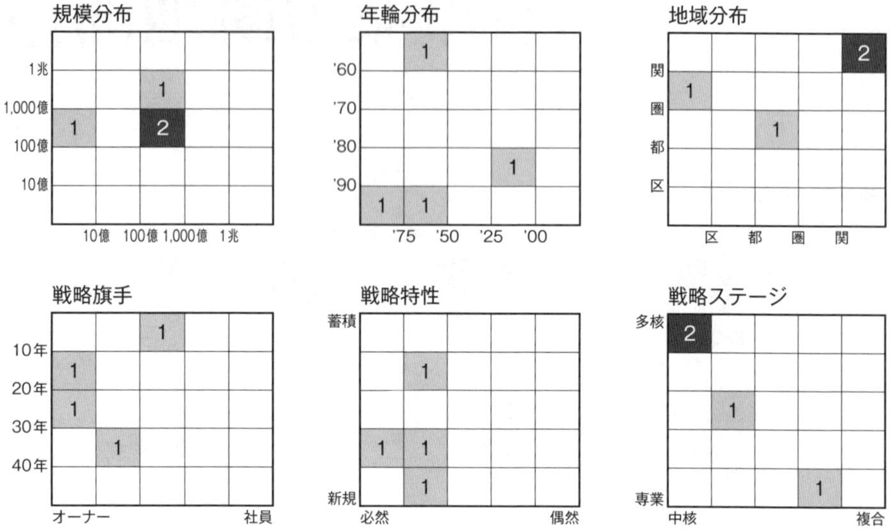

「売り物」をずらすには、自社の祖業か本業の周辺に成長市場がないものかと見渡してみるとよい。具体的な手口として、ここでは本業か祖業の（1）技術か（2）販路を応用して成り立つ売り物を開拓したケースが浮上している。後追いのエクステンションはプレーヤーを選ばないが、「戦略ステージ」マトリックスの偏りは、企業として持つ技術基盤や顧客基盤の汎用性が重要であることを示唆している。

すでに保有する経営資源をエクステンドするという発想は、ペンローズの『企業成長の理論』に端を発する。原著初版は1959年なので古典と呼んで差し支えないと思うが、この節に登場する4ケースは古典的な資源学派の戦略論と親和性が高い。しかしながら、成功ケース全体に占める割合は決して大きくない。

5-1-1 技術・販路の多重利用

技術や販路の多重利用とは、本業や祖業で蓄積した資源が磨り減らないことを活かして、他用途で使うことをいう。

この戦略を活かした典型例はケース616のスター精密で、祖業のために内製したスイス式自動旋盤を外販して高収益事業を築き上げた。腕時計用の精密金属部品を祖業とするスター精密は自らが旋盤のヘビーユーザーで、その点では工作機械専業メーカーの追随を許さない。ケース617の長谷川香料は食品メーカーに広く様々な香料を供給してきたが、顧客の1社にアロエを新たに供給して、ヨーグルト分野では珍しい長寿大型ヒット商品を生み出した。アロエの癖を自前の香料技術で巧みに消したことは言うまでもない。ケース618のファンケルは、第1章のケース808で取り上げた無添加化粧品の顧客に、肌に塗らない化粧品と位置づけてサプリメントを売っている。ケース817のアビリットは、パチスロ機の顧客である遊技場に、景品管理システムを売り込んだ。

技術や販路の多重利用が高収益につながるのは、先発各社が実行した投資を省略できるからである。そこに発生する技術開発上の節約や、マーケティングやロジスティックスにおける節約は、ボトムラインに直結する。

この戦略が適用できる条件としては、多重利用可能な資源の存在を挙げることができる。大企業にとって、これは高いハードルではない。

多重利用戦略を高収益に結びつけるコツは、自社の強さが生きるように戦場を局所化する点にある。上記4ケースは、いずれも自制心を働かせて事業立地を限定している点に注目していただきたい。逆に言うと、いたずらに戦線を拡大すると墓穴を掘る。大企業にとってハードルが高いのは、こちらの自制心の方であろう。

ケース 616 スター精密：工作機械事業

B：CNC精密自動旋盤（精密部品生産設備）

戦略C/C比率◁◀◇▷▷
戦略D/E比率◁◀◇▷▷
対照：—

■スター精密
直前決算期：2000.02
実質売上高：440億円
営業利益率：10.1%
海外売上率：74%
社内取締役：9
同順位相関：0.97
筆頭大株主：シチズン時計
利益成長率：—/—/—
東名阪上場：1984.08

◉企業戦略▷▷▷▷▶多核化展開

【経緯】 スター精密は1950年に静岡でスター製作所として設立された会社である。設立に際して営むべき事業を慎重に検討した結果、自動旋盤を使う精密部品加工に活路を見出すことにした。そして早々に自動旋盤を内製して、腕時計およびカメラ用シャッターの部品サプライヤーとして足場を固めると、1958年から「ユーザーがユーザーのために作った自動旋盤」の外販に乗りだして、部品部門に次ぐ機械部門を確立する。さらにクオーツ時計の登場を機に小型ブザーなど独自製品分野を開拓して、第三の電子機器部門も打ち立てた。電子機器では1981年に着手したプリンターが伸びている。

【編成】 本業は電子機器部門のドットマトリックスプリンターで、祖業の精密部品加工からは距離がある。分析対象期間中の主業は祖業に隣接する工作機械で、転地を2度果たしたことになっている。

■工作機械事業
期間：2000.03-2010.02
得点掲示板：9-1
営業利益率：21.8%
利益占有率：62%
開示欄序列：2→3
事業本拠地：静岡県
独禁法違反：報道なし
—
1990年代：6-3
2010年代：4-0

◉事業戦略▶▷▷▷▷中核集中

【立地】 売り物はスイス型の自動旋盤である。スイス型と呼ばれるのは主軸移動タイプの旋盤で、長尺小物を加工するスイスの時計産業で原型が形作られた。スター精密は製品ラインを多目的加工機とローコスト機に分けている。いずれも無人運転で24時間稼働できる点に特徴がある。

売り先はグローバル化の波に乗るIT、自動車、医療などの領域で精密部品加工に従事するメーカーである。

狭義の競合はシチズンマシナリー、ツガミのほか、国内唯一の専業メーカーで、輸出市場を主力としてきた野村精機あたりに限られる。分析対象期間中にシチズン（産業用機械事業）は6勝4敗で通算利益率8.4%、ツガミ（工作機械事業）は4勝6敗で通算利益率10.4%の戦績を残している。野村精機は2008年に民事再生法の適用を申請した。

広義の競合は工作機械メーカーと言ってよいが、この世界は顧客や機種ごとに棲み分けが進んでおり、業界大手のオークマや森精機ですら2000年あたりまで小型旋盤には参入していなかった。CNC自動旋盤で括ると、スター精密の世界市場占有率は約25%に達するという。

■約25%
日経朝刊 2002.6.19
地方経済面（静岡）

【構え】入手ルートは専業の自社工場と製造子会社である。ともに静岡県の同じ町内に工場を構えている。

引き渡しルートは直販で、拠点は静岡の本社に置いていた。重点市場に営業所を設置したのは、東京が1965年、大阪が1983年、諏訪が1984年、名古屋が1985年と遅かった。海外は代理店を通している。

【時機】このケースは、後発に相当する。スイス型自動旋盤の外販はツガミより1年遅い。CNC自動旋盤では、シチズンに6年の後れを取った。IT化と新興国台頭の波が、逆転の機を提供したものと思われる。

【源泉】この事業で高収益を許すのはコスト優位である。スター精密は社内に精密加工部門を抱えており、ここが早くも1980年代初頭にスイス型自動旋盤を600台以上並べた工場で日常的に63時間連続の無人稼働を実現していた。この巨大な内販市場の存在が固定費を薄めるのに役立つことは言うまでもない。さらに、社内で培うユーザー経験が、機械設計のさらなる合理化につながるという仕掛けになっている。

業績推移（億円）

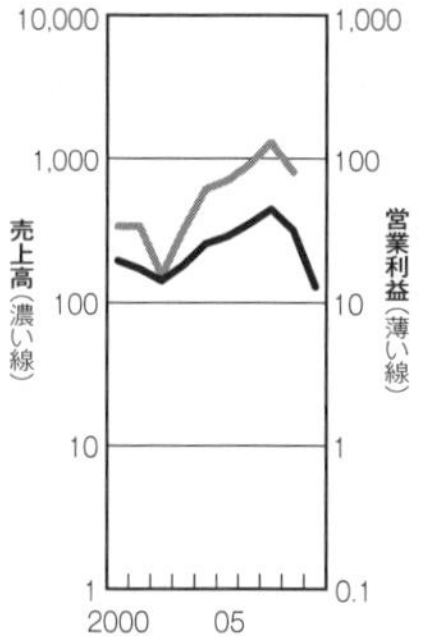

【防壁】この事業で高収益を守るのは補完事業の存在である。シチズンもスター精密と同じく社内ユーザーを抱えており、興味深い一致が見られる。社内ユーザーを持たないツガミは2004年から2007年にかけて他社以上に中国特需の恩恵に浴したが、それまではドットコムバブルの後遺症に苦しんでいた事実がある。

【支柱】この事業で高収益を支えるのはマーケティング部隊である。いくらコスト優位を誇っていても、次から次に登場する新規アプリケーションに適合させた機種を市場に投入し損ねると、戦略の均整が崩れてしまう。

【選択】1952年5月、スター製作所は工作機械設備の内製化に乗り出した。当時は余資などどこにもなく、会社と言っても古民家のなかに中古の機械を並べただけで、そこから投資という発想が生まれるとは信じがたい。

■すずき・りょういち
生没：1892.06-1965.05
社員：—
役員：1950.07-1965.05
社長：1950.07-1965.05
会長：—

◉戦略旗手▶▷▷▷▷創業経営者

【人物】 このケースで戦略を推進したのは創業者の鈴木良一氏である。良一氏は郷里の静岡で叔父が経営する鈴木時計店でキャリアのスタートを切り、シチズン時計の初代社長と共同でスター時計商会を設立した。この商会をシチズン時計が吸収したのに伴って、良一氏もシチズン時計の専務になったが、軍需工場と化すのに反対して袂を分かってしまう。そして戦後にスター製作所を設立した。スター製作所の立ち上げに際しては、良一氏は営業と資材を担当し、東奔西走した。住居は工場の隣に構えていて、専務と常務を下宿させたのみならず、母と妻にも工場を手伝わせたそうである。

ちなみに、スター製作所はシチズン時計と合弁で腕時計用のネジを量産する東海精密も設立したが、良一氏が逝去するとスター製作所が同社を吸収して、スター精密と改名した経緯がある。シチズンの社史は創業時の良一氏を「工場管理人」と記し、さらに初代社長の懐刀と形容している。

■日本はアメリカの…
これからは外部から…
三十年史

【着想】 良一氏の着想は敗戦の経験を色濃く反映している。「日本はアメリカの膨大な資源力に敗れたという冷厳な観点から、今後の日本の企業は最小限の材料で最大の効果を上げうる産業でなければならない」と考えて精密部品加工という事業立地を選んだのみならず、「これからは外部から高価な機械を買ってくるだけでは駄目だ。自分のところで使いやすい機械を自分の手で作れ」と言い出して、およそ10名の社員に5万円を手渡したという。そこから工作機械事業が始まった。

[参照文献]
『スター精密三十年史』1980年
『スター精密40年史』1990年
シチズン時計『社史外伝』2002年
証券アナリストジャーナル、1981年11月
機械と工具、1975年11月

ケース 617 長谷川香料

B：カットフルーツ（新製品の商品力向上策）

戦略C/C比率◁◁◇▶▷
戦略D/E比率◁◀◇▷▷
対照：031，070

◉企業戦略▶▷▷▷▷本業集中

【経緯】長谷川香料は1961年に東京の日本橋で設立された会社である。その源流は石鹸業界で修行を積んだ長谷川藤太郎が1903年に設立した個人商店に遡り、戦後は東京大学の桑田勉教授の指導を受けて近代的な食品香料会社に飛躍した。もともと清涼飲料水を得意としていたこともあり、どちらかというとフレグランス（化粧品・日用品向け香料）よりフレーバー（食品向け香料）に力が入っている。

【編成】本業は香料で、一貫して香料一筋を貫いている。香料メーカーが明けても暮れても研究、研究というのは、たとえばバナナの芳香に寄与する成分が170も見つかっており、その合成経路を組み立てるサイエンスが難しいからである。さらに、異なる成分を混ぜ合わせる調香はアート以外の何物でもなく、これも難しい。そのアートとサイエンスの交点に、長谷川香料は事業を展開する。

■長谷川香料
直前決算期：1999.09
実質売上高：420億円
営業利益率：10.1%
海外売上率：11%
社内取締役：9
同順位相関：0.90
筆頭大株主：創業家
利益成長率：—/—/—
東名阪上場：2000.03

■170
化学教育 1967.12

◉事業戦略▷▷▷▶▷本業辺境外販化

【立地】売り物は食品用の香料が前面に出ているが、その陰にアロエやキウイなどのフルーツ加工品が控えている。いずれも顧客の要望に合わせて開発する製品と言ってよい。

売り先は主に食品メーカーで、売上の15%から20%は森永乳業向けとなっている。森永乳業が突出するのは、同社が1994年12月に発売した「アロエヨーグルト」が1製品でフルーツヨーグルト市場の40%を占める定番中の定番に育ち、そこに長谷川香料がアロエベラと香料をセットで供給しているからである。「アロエヨーグルト」はアロエベラの葉肉をヨーグルトに混ぜ込み、ライチ風味の香料で味を調える商品設計になっており、健康指向の強い顧客層が甘さ控え目の本製品を決定版として受け入れたと言われている。

狭義の競合はフルーツ加工品を手掛ける香料メーカーで、ここは中小を除くと長谷川香料の独壇場になっている。

■全社
期間：1999.10-2009.09
得点掲示板：8-2
営業利益率：12.3%
利益占有率：100%
開示欄序列：0
事業本拠地：群馬県
独禁法違反：報道なし
—
1990年代：1-4
2010年代：2-2

■40%
日経産業 1997.9.24

■第2位
20%
日経金融 1995.6.6

広義の競合は総合香料メーカーで、長谷川香料は業界第2位につけており、シェアは20%と言われている。業界首位を占めるのは高砂香料工業で、その香料事業は分析対象期間中に10戦全敗で通算利益率3.6%の戦績を残している。ほかに小川香料、稲畑香料、曽田香料あたりが特定の領域に強みを築いている。

【構え】入手ルートは自社工場である。子会社が手掛けていたフルーツ加工品も、2008年に本体に取り込んだ。

引き渡しルートは直販で、掛売先のリストには森永乳業のほか、明治乳業、サントリー、キリンビバレッジ、アサヒ飲料、キユーピーあたりが並んでいる。

業績推移（億円）

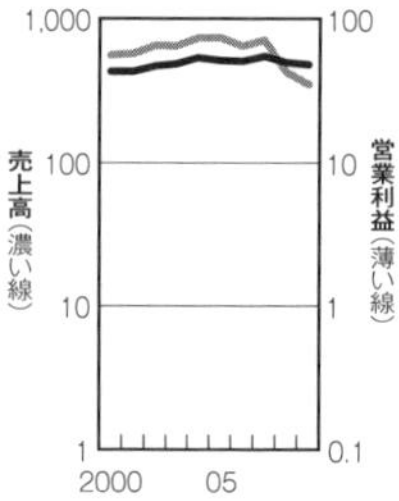

【時機】このケースは、チチヤス乳業や興真乳業や明治乳業が果肉入りヨーグルトを1981年に発売していたことを考慮すると、後発に相当する。

【源泉】この事業で高収益を許すのはミッションクリティカリティである。森永乳業側の原価に占めるアロエの比重は小さくないかもしれないが、「アロエヨーグルト」の獲得した市場地位がアロエに依存する度合を考えると、価格プレミアムは何の躊躇もなく許容できるに違いない。いわゆるウイン・ウインの図式が成立している。

【防壁】この事業で高収益を守るのは補完事業の存在である。「アロエヨーグルト」を模倣しようとする川下メーカーは仮に長谷川香料以外の仕入先からアロエを調達できたとしても、香料が手に入らない。森永乳業が仮に長谷川香料を置き換えようとしても、同じ問題に直面する。

【支柱】この事業で高収益を支えるのは川下のパートナー、すなわち森永乳業である。森永乳業が「アロエヨーグルト」を失墜させるミスを犯すと、長谷川香料も道連れにされてしまう運命にある。

【選択】1984年5月、長谷川香料はアルプスと組んでフルーツ加工品を製造する合弁企業を塩尻市に設立した。わざわざ本社から遠く離れた地を選び、合弁を組んだうえで、非持分法適用会社としたのは、深謀遠慮があったことを窺わせる。推察するに、研究者と調香師を社業の中心に据える香料メーカーにしてみれば、フルーツ加工など手掛けるに値しない仕事と断じる風潮があり、社内の反対を回避するための知恵をここに見出すべきなのであろう。

◉戦略旗手▷▶▷▷▷第2世代同族経営者

【人物】このケースで戦略を推進したのは長谷川正三氏である。正三氏は創業者、長谷川藤太郎氏の三男にあたるが、生まれた時点で2人の兄は夭逝していたので、実質的には長男と言ってよい。藤太郎氏は輸入原料の調香に徹したが、戦中に20代で家業を継いだ正三氏はメーカーへの道を指向した。

その正三氏が、1984年5月の設立以来、長野県の合弁企業の代表取締役会長を務めていた。長谷川香料とは法人格を切り離したことから推察すると、フルーツ加工品は正三氏個人の事業の可能性がある。正三氏は、1999年11月に長谷川香料が自社工場敷地内に長谷川ファインフーズを設立してフルーツ加工品の生産に乗り出したところでまで見届けて鬼籍に入ってしまった。

【着想】正三氏の着想は「香料はもう成熟産業ですよ」という一言から推し量るしかない。無理を承知で推論するなら、石油ショック以降の日本経済の停滞を見越して多角化を指向したか、森永乳業の大野晃新任社長に頼まれて動いたか、いずれかの可能性が高いように思われる。ちなみに、正三氏と晃氏はともに2世経営者で、気脈を通ずる素地はあった。

森永乳業は、砒素ミルク事件を起こしてしまったゆえ、本業の牛乳でハンディキャップを背負っていた。1969年にフルーツゼリーを商品化したのは、起死回生の策であろう。米国のサンキストグローワーズ社からオレンジを手に入れて商品化に漕ぎつけたゼリーは市場の50%以上を押さえ込む望外の成果を上げたことから、森永乳業は果物路線に拍車をかけていった。愛媛の伊予柑、山梨の巨峰、静岡のマスクメロンなど、季節に応じた国産の果物を使用した「産地厳選ゼリー」は、その好例である。

果肉入りヨーグルトでは明治乳業の後塵を拝してしまい、1993年3月に森永乳業は「スイス・エミー果実頃」という商品で巻き返しに出た。「アロエヨーグルト」は、その延長線に位置づけることができる。森永乳業の大野晃社長は、「それまで薬っぽいイメージがあったアロエを使ってみた。それをデザート的に持っていった結果、おやつとして定着した。菓子やアイスクリーム業界からお客様を奪い、新しいジャンルを創造した」と語っていた。

■はせがわ・しょうぞう
生没：1918.09–2001.07
社員：—
役員：1961.12–2001.07
社長：1961.12–1998.12
会長：1998.12–2001.07

■香料はもう成熟…
食品工業 1984.7

■1969年 50%
日経流通 1987.7.2

■それまで薬っぽい…
サンデー毎日 2003.2.2

[参照文献]
『長谷川香料八十年史』1985年
『においの化学』裳華房、1988年
経営実務、1997年2月（榊田みどり）

ケース618 ファンケル：健康食品事業

C：サプリメント（内服する化粧品補完財）

戦略C/C比率◀◁◇▷▷
戦略D/E比率◁◀◇▷▷
対照：085

■ファンケル
直前決算期：2000.03
実質売上高：620億円
営業利益率：18.3%
海外売上率：10%未満
社内取締役：4
同順位相関：0.80
筆頭大株主：創業経営者
利益成長率：—/—/—
東名阪上場：1999.12

◉企業戦略▷▷▶▷▷販路応用多角化

【経緯】 ファンケルは1981年に横浜でジャパンファインケミカル販売として設立された会社である。設立当初から販売品目は基礎化粧品で、1982年に完全無添加の化粧品を追加した。その後は1994年に健康食品、1999年に発芽玄米、そして2000年に青汁と、精力的に事業領域を拡大して今日に至っている。

【編成】 本業は化粧品で、それが分析対象期間中も主業の座を占めていた。そこから出るキャッシュを注ぎ込んで育成した健康食品事業も、化粧品の半分を超える規模に育っており、しかも高収益を誇っている。発芽玄米だけは、赤字体質から脱却できていない。

■健康食品事業
期間：2000.04-2010.03
得点掲示板：10-0
営業利益率：15.5%
利益占有率：45%
開示欄序列：2
事業本拠地：神奈川県
独禁法違反：報道なし
—
1990年代：3-0
2010年代：0-4

◉事業戦略▷▶▷▷▷川下統合

【立地】 売り物は低価格サプリメントである。成分別の単品ラインアップから、ターゲット顧客層別の組み合わせ商品ラインアップまで、フルラインを揃えている。

売り先は無添加化粧品事業で囲い込んだ顧客のうち、身体の内側から肌のツヤやハリを生み出したいと願う層である。

狭義の競合は、ファンケルの化粧品事業の固定客を取りに来るところで、いまのところ目立つ動きはない。

広義の競合はサプリメントの販売事業者で、最有力の訪問販売ルートを活用するアムウェイやニュースキンなどの外資系がトップに君臨する。通信販売ルートを採る事業者では、1980年代から事業を展開するサントリーウエルネスや、1995年に参入してきたDHCが強いポジションを築いている。市販ルートでは、アメリカで首位の座を占めるネイチャーメイドの製品を1993年から日本で販売している大塚製薬が優位に立つ。大塚製薬（消費者関連事業）は分析対象期間中に10戦全敗で通算利益率2.2%の戦績を残している。同一セグメント内にポカリスエットのような飲料を含む点を割り引くとしても、ファンケルと正面から衝突する低価格・フルライン路線は決して好調と言い難い。日本マーケットシェア事典2006年版によると、マルチビタミンカテゴリーにおけるファンケルの市場占有率は5位で2%を割っている。

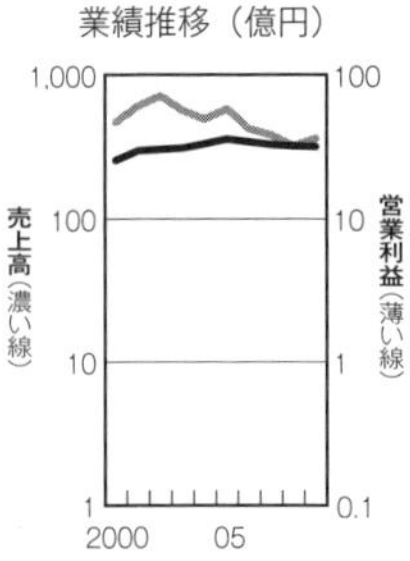

【構え】 入手ルートはファンケルが買い付けた原料を下請けメーカーに引き渡し、所定の方法で加工してもらったあとにファンケルが自社工場でパッケージに仕立てる方法を採っている。

引き渡しルートは1ヶ月から3ヶ月分のサプリメントを簡易包装して出荷する通信販売が主力を成す。1998年度時点で見るとサプリメントは9割が通販経由で、残りは新たに開設している直営店舗経由となっている。

【時機】 このケースは、サントリーウエルネスやネイチャーメイドに先行されており、後発に相当する。アメリカでは1990年に栄養表示教育法、1994年に栄養補助食品健康教育法が制定されて、サプリメント市場の基盤が確立した。このケースが2010年度から失速した理由は藪の中である。

【源泉】 この事業で高収益を許すのはコスト優位である。原料を安く社外から調達し、固定費を最小限に抑えたこともさることながら、化粧品で囲い込んだ顧客に照準を合わせることでマーケティングやシステム構築にかかる費用を節約した効果が大きい。その節約分を顧客に還元することにより顧客の発注率を引き上げて、ファンケルは利益を捻出する。

【防壁】 この事業で高収益を守るのは販路である。ファンケルは、自社の実質重視の化粧品に飛びついてきた顧客に直結する販路を占有する。そして彼らと相互コミュニケーションを重ねることで、彼らの琴線の在処について深い理解を醸成してきた。サプリメントの事業は、この理解に基づいて、囲い込んだ顧客層に対する最適化が進んでいる。ここに他社が付け入る余地はない。ちなみに、相前後して挑戦したアパレル事業が利益を生まないのは、嗜好が化粧品と連動しないからで、そこがサプリメントと異なっている。

【支柱】 この事業で高収益を支えるのは社風である。すべての事業を通して実質重視を貫くからこそ、ファンケルにはロイヤリティの高い顧客が集まってくる面があり、その意味では誠実な企業姿勢が売り物になっている。そこを損なうと戦略の均整が崩れてしまう。なかでも顧客に向けて発行する会員情報誌のトーンは重要である。

【選択】 1994年2月、ファンケルは栄養補助食品28品目の通信販売を開始した。これは、まだ店頭登録もしていない段階で、多角化に踏み切ることを意味していた。無添加化粧品事業の立ち上げが一段落したタイミングとは言え、化粧品研究センターの開設と同時並行で進めるのは資金的にも、人員的にも厳しかったのではなかろうか。

■いけもり・けんじ
生没：1937.06-
社員：—
役員：1981.08-2005.06
2013.06-
社長：1981.08-2003.06
会長：2003.06-2005.06
2013.06-

■9歳
日経ビジネス 1996.7.22

◉戦略旗手▶▷▷▷▷創業経営者

【人物】 このケースで戦略を推進したのは創業者の池森賢二氏である。賢二氏は9歳で父親と死に別れ、パン屋に住み込んで働きながら定時制高校に通い、37歳で勤めていたガス会社を辞めて友人たちと起業したが失敗に終わり、2,400万円の借金を背負い込んだ。兄のクリーニング事業を手伝いながら借金を返したところで、ファンケルを立ち上げた。

【着想】 賢二氏の着想は自らの体験に基づいている。口内炎の持病で悩んでいたとき、知人に勧められたロイヤルゼリーが効くことからサプリメントに関心を寄せるようになったが、価格の内外格差を知るに及び、事業化を思い立ったという。ただし、これは事後の説明であり、起業時点における着想は別にあった可能性を捨て切れない。アパレルの通販にも手を出したところを見ると、販路の多重利用を担ったと考える方が自然であろう。

［参照文献］
『ファンケル25年史』2005年

ケース
817

アビリット：プリペイドカード事業

B：遊技場向けプリペイドカード（不正防止策）

戦略C/C比率◁◀◇▷▷
戦略D/E比率◀◁◇▷▷
対照：323

◉企業戦略▷▷▷▷▶多核化展開

■高砂電器産業
直前決算期：2000.06
実質売上高：530億円
営業利益率：23.8%
海外売上率：10%未満
社内取締役：5
同順位相関：0.50
筆頭大株主：創業経営者
利益成長率：—/—/—
東名阪上場：2000.03

【経緯】アビリットは1956年に大阪で高砂電器産業として設立された会社である。当初は電気機器部品の製造・販売に従事していたが、1977年に開発したスロットマシンがアメリカ向けの輸出ビジネスとして伸長して業容が一変した。1985年にパチスロ機が国内で型式検定を取得すると急成長路線に乗り、1997年に立ち上げた遊技場向けプリペイドカードシステムの子会社も2001年にナスダック上場を果たしたが、後者はパチスロ機の不振を乗り切るために2008年にグローリーに譲渡して終結した。2002年に立ち上げた口臭測定器の事業は継続したが、アビリットは2010年にコナミ傘下に入ることになり、上場を廃止した。

【編成】本業はプリペイドカードシステムで、実質的な祖業のパチスロ機から転地に成功したことになっている。口臭測定器は市場も技術も他の事業と重ならない。

◉事業戦略▶▷▷▷▷中核集中

■プリペイドカード事業
期間：2000.07-2008.12
得点掲示板：9-0
営業利益率：25.0%
利益占有率：100%以上
開示欄序列：2
事業本拠地：大阪府
独禁法違反：報道なし
—
1990年代：2-0
2010年代：—

■14,000店
日経金融 2000.9.20

【立地】売り物は磁気カードの販売機、磁気カード、および発行済みのカードを管理するソフトウェアである。

売り先はプリペイドカードを導入するパチンコホールで、全国に1万4,000店ほどあったそうである。

狭義の競合はパチンコホールに出入りしているメーカーのうち、プリペイドカードシステムを手掛けるところである。代表格は1999年に参入してきたマースエンジニアリングで、こちらは2010年に20%のシェアを確保するに至っている。アビリットは2000年段階で10%近いシェアをとっていた。

広義の競合は三大総合商社系のカード会社で、彼らはパチンコホールの脱税阻止という名分を掲げて1990年頃から市場を立ち上げてきた。

【構え】入手ルートは自社ながら、基幹部品は1995年より共同開発

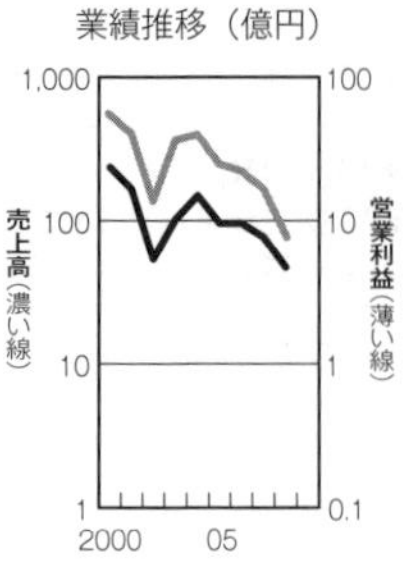

を進めたパートナーの松下電工から調達していたようである。

引き渡しルートは子会社のクリエイションカード情報システムで、パチンコホール側の導入コストを下げるためのリース契約はオリックスが担当した。

【時機】 このケースは、商社系カード会社の後を追っており、後発に相当する。商社系のカードは他の用途に向けて開発されたシステムをパチンコ業界に流用したもので、偽造の標的となっていった。そこに後発参入の機が生じたようである。

【源泉】 この事業で高収益を許すのはコスト優位である。商社系のカード会社はプリペイドカード事業だけで営業費用を賄わなければならないのに対して、アビリットはパチスロ機の営業部隊を多重利用できる立場にいた。この優位を原資にして、アビリットはシステムは4割引き、カードは8割引きという価格攻勢を仕掛けていった。偽造防止対策も進んでいるとなれば、パチンコホール側が飛びつくのも無理はない。

【防壁】 この事業で高収益を守るのはパチスロ機で培ってきた販路である。数の限られたパチンコホールを相手にする以上、技術があるというだけでは勝機がない。

【支柱】 この事業で高収益を支えたのは松下電工などの協業パートナーである。

【選択】 1999年2月、松下電工はアビリットの子会社、クリエイションカード情報システムに出資した。これは、アビリットの経営陣が松下電工に深く食い込んでいたことを物語る展開と言ってよかろう。アビリット側が出資を引き出せたのは、子会社上場に照準を合わせていたからと思われる。

■しま・ひさお
生没：1939.10-
社員：1991.04-1996.09
役員：1996.09-1999.03
　　　2003.01-2004.03
社長：—
会長：—

■クリエイションカード…
日経金融 2001.5.23

◉戦略旗手▷▷▶▷▷中途経営者

【人物】 このケースで戦略を推進したのは島久雄氏である。島氏はクラレに28年勤務したあとアビリットに転職し、クリエイションカード情報システムの設立時から同社取締役に名を連ねていた。新聞には「クリエイションカードの設立に、営業から技術面まで実務全般の責任者としてかかわった」と紹介されている。

クリエイションカード情報システムは、アビリットの浜野準一氏が初代社長を兼務していたが、1999年3月に島氏が2代目社長に就任した。浜野氏は、アビリット創業者の長男で、社長の座を譲ったのは子会社上場のための準備と思われる。2003年にアビリットがクリエイションカード情報システムを合併した時点で、島氏はアビリットの上席執行役員事業統括本部長に就任した。

【着想】 島氏の着想は「パチンコ店の経営を第三者の立場から管理することが当社の使命」という一言から推察するしかない。1996年には、射幸性の高いパチンコ機が「社会的不適合機」のレッテルを貼られ、CRパチスロ機への置き換えが進むという観測が取り沙汰されていた。それを島氏は機と捉えたのではなかろうか。

■パチンコ店の経営を…
日経金融 2001.5.23

■社会的不適合機
日本金融 1996.11.6

[参照文献]
証券、2000年5月

2 「売り先」のディビエーション

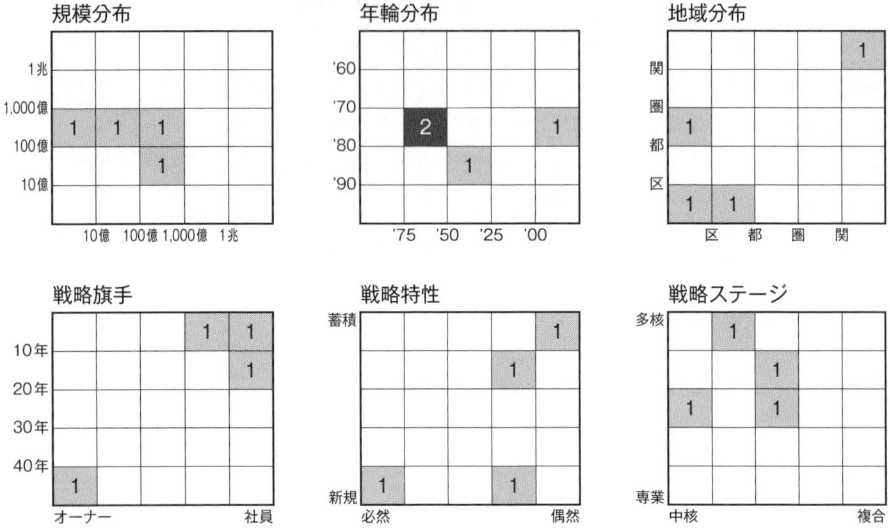

「売り先」を変えるには、事業活動の出口を主戦場の隣接地に求めるのがよい。具体的な手口として、ここでは先発各社が捨てた (1) 地域か (2) 顧客を拾うケースが浮上している。いずれの場合も先発企業は自ら選んだ市場に引きこもり、追随してこない。その結果、「残り物には福がある」という格言どおりの結果が出やすい。

先発企業が機会を活かし損ねるのは、自社の視点から「有利」な売り先を選ぶからである。自社にとって利のある売り先は、他社にとっても利のある売り先と映ることが多く、競合他社も同じ売り先に群がってくる結果、事前の「有利」は事後の「不利」に転じてしまう。事前の「不利」が事後の「有利」に転じるのも、この逆説のロジックによる。

この戦略は、強いリーダーを必要としない反面、ニッチに甘んじる覚悟を迫る面がある。

5-2-1 そっぽ指向

そっぽ指向とは、先発各社が捨てた売り先を拾い上げることをいう。先発各社が群がる売り先を捨てる必要はないが、そこに集中してはいけない。

この戦略を活かした典型例はケース818のナックで、ダスキンのフランチャイジーとして例外的な成功を収めている。先発各社が都心のオフィスに群がるのは、顧客を定期的に訪問してマットやモップなどの商品を交換しなければならないからである。巡回効率の観点からは、当然の選択に見える。それなのに、郊外で一般家庭を相手にしたナックが最後に笑った。ケース819のユニマットライフは、やはり顧客の定期巡回を要するオフィスコーヒーサービスを手がけており、そこで巡回効率に劣ると目される地方都市に出て行った。ケース619のティーオーエーは、自社ブランドの展開に執心する先発各社を尻目に、OEMビジネスに注力した。ケース620のオーベクスは、日本のぺんてるが開発したサインペンのペン先だけを、部品として欧米の有力筆記具メーカーに売る。いずれも、見事にそっぽを向いている。

そっぽ指向が高収益につながるのは、一種の地域独占が成立するからである。無視された顧客に「都心」では当たり前になったモノやサービスを届けると、仕事の価値を認めてもらえる可能性が高く、オペレーション効率の悪さを補って余りある。まさに「大きな池の小さな魚より、小さな池の大きな魚」のほうが高収益を手にしやすいのである。

この戦略が適用できる条件としては、先発各社が尻込みした売り先の存在がある。もちろん、放置された売り先には本当に近寄ってはいけないところも少なくないので、拾うべきか否かは慎重に判断していただきたい。

ケース 818 ナック：レンタル事業

C：化学雑巾（リサイクル掃除用具の定期宅配）

戦略C/C比率◀◁◇▷▷
戦略D/E比率◁◁◇▶▷
対照：324, 330

■ナック
直前決算期：2000.03
実質売上高：120億円
営業利益率：7.5%
海外売上率：10%未満
社内取締役：2
同順位相関：—
筆頭大株主：創業経営者
利益成長率：—/—/—
東名阪上場：1997.01

◉企業戦略▷▷▶▷▷技術（手口）応用多角化

【経緯】 ナックは1971年に東京の町田でダスキン鶴川として設立された会社である。社名が示唆するとおり、これはダスト雑巾で1963年に起業したダスキンのフランチャイジーであったが、そこにとどまることなく、ナックはドトールコーヒーやダイオーズのフランチャイジーに手を拡げる一方で、自らフランチャイザー事業に挑んでいった。その展開は「異種混成型企業」と自称するとおり、造花リース、害虫駆除、建築コンサルティング、ローコスト住宅、宅配水と多岐に渡っている。1999年からダスキン事業はM&Aによって全国展開を目指すステージに突入した。

【編成】 本業はダスキンのフランチャイジー事業で、それが分析対象期間中も主業の座を占めていた。フランチャイザー事業の建築コンサルティングも順調に伸びている。技術も市場も異なるが、手がける事業はいずれもフランチャイズという手口を共有する。ダスキンがキャッシュカウで、それが他の新規事業をファンディングしていると見て間違いない。

■レンタル事業
期間：2000.04-2010.03
得点掲示板：10-0
営業利益率：14.6%
利益占有率：61%
開示欄序列：1
事業本拠地：東京都
独禁法違反：報道なし
—
1990年代：3-0
2010年代：4-0

■8,000円
1,000円
日経朝刊 1996.12.17

■ジャストやユニマット

◉事業戦略▷▷▶▷▷技術応用マルチライン化

【立地】 売り物は化学雑巾やマットであるが、定期的に顧客を訪問して使用済みの用具を回収する一方で、ダスキンの工場で再生した用具を置いてくるところに事業の特徴がある。モノではなく、機能を売るビジネスと言ってよい。

売り先はオフィスや商業施設と、一般家庭に二分されるが、ナックは一般家庭を重視してきた経緯がある。一般家庭市場では、新規顧客1軒を開拓するのに8,000円かかるのに、平均月販は1,000円にとどまると言われていた時代に、ナックは敢えて効率の悪い立地で着実に固定客を積み上げて、事業を関東一円に拡げていった。先発組が選んだオフィス市場は、ダスキンの独占利益に目をつけてジャストやユニマットが1990年代初頭に参入してくると、価格戦争の主戦場と化してしまい、大手フランチャイジーのダイオーズですらダスキンから離脱する顛末を迎えている。

日経ベンチャー 2000.11

狭義の競合はダスキンの近隣フランチャイジーと言ってよい。ダスキンが提供するダストコントロール商品は全国一律で差異化の余地がないうえ、ナックは992番目のフランチャイジーで、手つかずの顧客を探すしかないという立場からスタートしたにもかかわらず、1984年から今日に至るまで全フランチャイジー中トップの売上高を誇っている。1999年以降は経営の苦しいフランチャイジーを買収する動きを見せている。1999年度と2000年度の業績を分離して開示したダイオーズ（クリーンケアサービス）は2戦全敗で▲6.0%の戦績を残している。

■992番目
木材新聞 1997.7.26

広義の競合は掃除用具を販売する花王などの日用化学品メーカーである。

業績推移（億円）

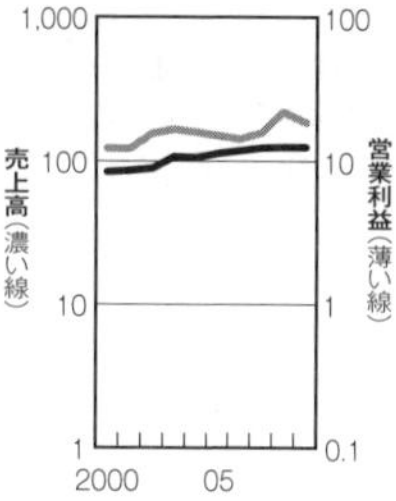

【構え】 入手ルートはフランチャイザーのダスキンである。ダスキンは鈴木清一氏が1963年に創業して、2006年に上場した。分析対象期間中にダスキン（愛の店関連事業）は10戦全勝で通算利益率17.4%の戦績を残している。

引き渡しルートは家庭を訪問する従業員である。

【時機】 このケースは、ダスキンのフランチャイジーとしては後発に相当する。掃除用具で見ても後発である。ナックが捉えたのは、ナックより先にダスキンのフランチャイジーとなった経営者たちの引退の波かもしれない。後継者のいない地方フランチャイジーを買い取って、ナックのノウハウを注ぎ込むことで、ダスキンに対する立場が徐々に強くなった点は注目に値する。

【源泉】 この事業で高収益を許すのはパフォーマンス優位である。拭き掃除をウェットからドライに変えたうえで、掃除用具の掃除や買い物から解放してくれるダスキンに価値を見出す主婦が少なくないことは、ダスキン本体の利益率が雄弁に物語っている。

【防壁】 この事業で高収益を守るのは競合の自縛である。ダスキンの先発フランチャイジーは、無駄なく大口顧客を巡回できる首都圏のオフィス需要に照準を絞り込んでおり、手間暇のかかる家庭需要は見向きもしなかった。

【支柱】 この事業で高収益を支えるのは契約先を巡回するオペレー

ション部隊である。自動更新されるはずの契約がキャンセルされると、戦略の均整が崩れてしまう。

【選択】 1971年5月、ダスキン鶴川は交通の便が悪いため開発の進んでいない多摩ニュータウンで開業した。最初の事務所を構えた場所は、現在では小田急小田原線と小田急多摩線と京王相模原線とJR横浜線に囲まれた5キロ四方程度のエリアの中央で、丘陵地帯から坂を下ると団地がひしめいている。京王相模原線が開通したのは1974年、小田急多摩線が開通したのは1975年で、ナックは圏内人口増の追風を受けたものと思われる。

■にしやま・よしゆき
生没：1942.01-
社員：—
役員：1971.05-2011.06
社長：1971.05-2005.06
会長：2005.06-2011.06

◉戦略旗手▶▷▷▷▷創業経営者

【人物】 このケースで戦略を推進したのは創業者の西山由之氏である。物心つく前に父親を戦争で亡くした西山氏は、群馬県赤城村の母親の実家で育ったが、自らの過去を振り返って「私は貧しい生まれでした。中卒後、木工所や温泉旅館で働いて、大検に合格。憧れの大学に進んだものの、貧しさゆえに1年半で中退しました。アルバイトを転々とするうちに22歳で小さな社員食堂を経営することになりました」と語っている。週刊誌でダスキンの募集広告を見て、事業説明会に足を運んだのが27歳のときで、そこで「私はダスキンの創業者の鈴木清一氏の考え方に惚れ込んでしまったのです」という。西山氏にしてみれば、少額の資本で開業できるフランチャイズ方式は天恵であったに違いない。

■私は貧しい生まれ…
私はダスキンの創業者…
オール生活 1992.2

ダスキンの鈴木清一会長を人生の師と仰ぐ西山氏を、取引先は「普通、事業欲に燃えている人はギラギラしているところがありますが、この人の魅力は、ギラギラしたところがない点です。加盟店のほうが慕っているほどで、悪く言っているのを聞いたことがない。ナックは社長の人間関係が基礎となっているのではないか」と評している。西山氏自身も「ことあるごとに鈴木翁に接し、師の理念をわがものにしたいと考え続けて今日までやってきたわけです」と語りつつ、加盟店になることを検討している人々に「信頼できる本部を選びなさい。願わくば敬愛できる経営者と出会いなさい」とアドバイスを送っていた。

■普通、事業欲に…
オール生活 1979.2

■ことあるごとに…
信頼できる本部を…
オール生活 1992.2

【着想】 西山氏の着想は偶然から始まっている。スーパーすらない鶴川駅から鎌倉街道を車で約10分、「広々とした冬枯れの風景のなか」に本社を構えたのは、配偶者が町田市の出身で、その地に12年ほど住んでおり、「会社は近いところにと思った」というだけであった。「今後、宅地造成が進むことがあっても、この辺が商業地区や工業地区になることは考えられない」ということで、事業立地に選択の余地はなかったに等しい。

■広々とした冬枯れ…
会社は近いところに…
今後、宅地造成が…
オール生活 1979.2

ただし、そこから西山氏は本領を発揮する。掃除を湿式から乾式に変えたダスキンを、主婦を救う掃除革命の旗手と素直に受け止め、顧客開拓に邁進するうちに「ダスキンは人の投入量と売上が正比例する」ことに気がついて、「安く大量に動員できる学生アルバイト」を雇い、「優秀な4年生にはガバナーの肩書を与え、経営にも参画させた」のである。人のやる気を成果報酬で引き出すフランチャイズ方式の精神をフランチャイジーの人事管理にまで応用した点は見事というほかない。

■ダスキンは人の…
安く大量に動員…
優秀な４年生には…
日経朝刊 1996.7.25

[参照文献]
財界、1984年4月25日

ケース 819 ユニマットライフ：OCS事業

B：コーヒー（オフィス向け給茶サービス）

戦略C/C比率◀◁◇▷▷
戦略D/E比率◀◁◇▷▷
対照：326, 434

◉企業戦略▷▷▷▷▶多核化展開

【経緯】 ユニマットライフは1958年に東京の港区でユナイテッドスティールとして設立された会社である。これは鋼材や非鉄金属の輸出入を手掛ける会社で、1963年に自動販売機の運営管理、次いで1979年にオフィスコーヒーサービス（OCS）に進出した。そのユナイテッドスティールを、女性専用消費者金融事業で急成長を遂げた丸和コーヨーが1990年に買収して、翌年にOCS事業を自立させ、2006年に社名を変更したのがユニマットライフである。ユニマットライフは、M&Aを通して、レンタル事業、飲食事業、不動産賃貸事業などを事業ポートフォリオに加えている。なお、2001年に消費者金融事業をシティグループに売却したユニマットグループは2010年にMBOを断行し、それに伴いユニマットライフ

■ユニマットオフィスコ
直前決算期：2000.03
実質売上高：280億円
営業利益率：10.5%
海外売上率：10%未満
社内取締役：4
同順位相関：0.63
筆頭大株主：創業家
利益成長率：—/—/—
東名阪上場：2000.01

■1990年
東洋経済 1997.5.31

も上場を廃止した。

【編成】本業はOCS事業で、それが分析対象期間中も主業の座を占めていた。レンタル事業は売り先を、飲食事業は売り物を共有する。不動産賃貸事業は手口も市場も共有しない。

■OCS事業
期間：2000.04–2010.03
得点掲示板：10–0
営業利益率：19.6%
利益占有率：94%
開示欄序列：1
事業本拠地：東京都
独禁法違反：報道なし
—
1990年代：4–0
2010年代：—

◉事業戦略▷▶▷▷▷川上統合

【立地】売り物はコーヒー・砂糖・ミルクである。コーヒーサーバーは無償で貸し出しており、コーヒー・砂糖・ミルクはコンビニエンス・ストアで買えることを考えると、本当の売り物は、誰かがコーヒーを飲みたいと思うときに、その場で飲めるようにしておく用品補充・サーバー清掃のサービスかもしれない。

売り先は契約を結んだ企業のオフィスである。ダスキンと同じフランチャイズ方式をOCS事業に持ち込んだダイオーズとは異なり、ユナイテッドスティールは全国を5分割して地域事業部制を敷き、当初から自力で全国展開を試みた。

狭義の競合はオフィス用コーヒーサーバーの設置事業者で、ダスキンのフランチャイジーとしてオフィスに出入りしていたダイオーズがパイオニアにあたる。ユニマットライフの参入はダイオーズに2年遅れたが、市場占有率は1991年時点で40%前後と逆転に成功した。その後、占有率は50%に上昇した。分析対象期間中にダイオーズ（国内）は2勝8敗で通算利益率7.4%、ダイオーズ（北米）は10戦全敗で5.9%に終わっている。

■40%
日経夕刊 1994.2.10

■50%
財界にっぽん 1998.8

広義の競合はコーヒー飲料の販売事業者で、その筆頭格には自動販売機やコンビニエンス・ストアを挙げることができる。

業績推移（億円）

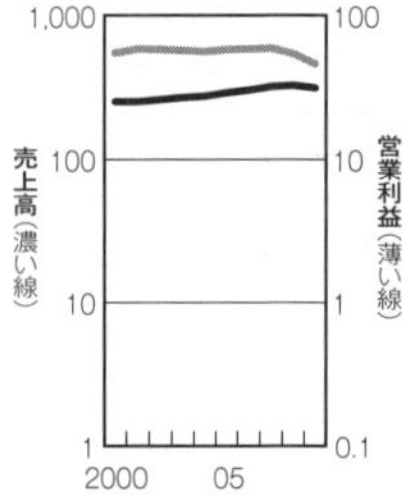

【構え】入手ルートは内部に取り込む途上にある。2001年に可否茶館、2005年にキャラバンコーヒーを買収して、コーヒー豆については自社焙煎する体制が完成に近づいている。焙煎部門の利益は飲食事業セグメントに計上しているが、そこを使ってOCS事業の利益を水増した形跡はない。コーヒーサーバーの減価償却費は、OCS事業の売上原価に含まれている。

引き渡しルートはオフィスを定期巡回する従業員である。競合はフランチャイジーにリスクを寄せて、エリア内における顧客獲得の原動力としたが、ユナイテッドスティールは自社でリスクを負うことで、エリア拡大のスピードを買う選択をしたことになっている点が興味深い。

【時機】 このケースは、ダイオーズを追う展開となっており、後発に相当する。ダイオーズの前には、ポット・サービスというコーヒーのデリバリービジネスも存在した。勤労婦人福祉法が1972年に施行され、男女雇用機会均等法として1986年、1997年、1999年に改正されるに従って、給茶は女性社員が当然のように受け持つ業務ではなくなっていった。そこに端を発するセルフサービス化が、コーヒーサーバーの需要拡大につながっている。

【源泉】 この事業で高収益を許すのはパフォーマンス優位である。自動販売機に比べるとOCSは場所をとらないうえ、空き缶や空き瓶の始末にも手間がかからない。総務部門にしてみれば、オフィスワーカーをホット飲料の買い物や給茶から解放する生産性改善効果も考慮に入れると、費用対効果の高い福利厚生策と映るに違いない。従業員にしてみれば、無料サービスは文句を言わずに使うに限る。事業者にしてみれば、場所代も販促費もかからない。これで利益が出ないはずがない。

【防壁】 この事業で高収益を守るのは競合の自縛である。先発したダイオーズは、首都圏攻勢が一段落すると、海外市場の開拓に戦線を転換していった。四国と新潟に持分法非適用の関連会社を設立している事実と合わせて考えると、自力で展開するには地方は効率が悪すぎると判断したに違いない。または、フランチャイズ方式では地方展開が思うように進まなかったのかもしれない。いずれにせよ、地方に経営資源を割くより、海外の主要都市に望みを託すほうに競合は傾いた。それゆえ、ユニマットライフは図らずも熾烈な顧客争奪戦を回避することができたのである。

【支柱】 この事業で高収益を支えるのは契約先を巡回するオペレーション部隊である。自動更新されるはずの契約がキャンセルされると、戦略の均整が崩れてしまう。

【選択】 1979年6月、ユナイテッドスティールはOCS事業に参入した。いくら自動販売機のオペレーター業を既に営んでいたとは言え、鉄の会社がコーヒーを煎れようという試みは鬼手と呼んでよかろう。

■たかざわ・せいいち
生没：1947.11-
社員：1972.10-1988.08
役員：1988.08-2006.04
社長：1991.09-2006.04
会長：—

■シグ片山氏
東洋経済 1997.5.31

■まだ日本にOCSが…
日経流通 1994.2.8

■まだ地方都市に…
実業界 1996.6

■北九州では…
日経流通 1997.9.30

◉戦略旗手▷▷▷▷▶文系社員

【人物】 このケースで戦略を推進したのは高澤清一氏である。高澤氏は日系米国人のシグ片山氏が率いるユナイテッドスティールに1972年に入社して、間もなくOCS事業の立ち上げに参画した。「まだ日本にOCSが知られていないころから、コーヒーメーカーの使い方を実演するデモンストレーターを養成、日本市場での定着に力を注いできた」と紹介されており、まさに草分けと呼ぶにふさわしい人物である。ユニマットライフの社長を降りたあとは飲食事業セグメントを牽引し、フレッシュネスバーガーを展開するフレッシュネスのM&Aを手掛けるなど、挑戦の手を緩めていない。

【着想】 高澤氏の着想は分析的である。ダイオーズは1988年から本場のアメリカでOCS事業を展開する挑戦に乗り出したが、それを尻目に高澤氏は「まだ地方都市に出店の余地があり、今後可能な限り出店を進め足元を強化していきたい」と1996年に語っていた。その背後には「北九州では自社の顧客のほとんどは新規顧客で、競合他社からの乗り換えは1割程度に過ぎない」という認識があった。最初から直営方式を採用したユニマットライフは、いち早く競合の少ない地方に展開して、足場を固めたに違いない。

[参照文献]
証券、2000年3月（高澤清一）
『OCS事業市場調査資料』富士リサーチ・センター、2003年

ケース 619　ティーオーエー：セキュリティ事業

B：監視カメラ（犯罪抑止用システム部品）

戦略C/C比率◁◁◇▷▶
戦略D/E比率◁◁◇▷▶
対照：438，439

■ティーオーエー
直前決算期：2000.03
実質売上高：280億円
営業利益率：4.1%
海外売上率：27%
社内取締役：8
同順位相関：0.58
筆頭大株主：創業家
利益成長率：△/△/△
東名阪上場：1996.08

◉企業戦略▷▷▶▷▷販路応用多角化

【経緯】 ティーオーエー（以下、TOA）は1949年に神戸で東亜特殊電機製作所として設立された会社である。創業は1934年で、当初から選挙に不可欠なトランペット（ラッパ型）スピーカーを手掛け、これを戦後はショルダー型のメガホンに発展させてきた。その後は広く業務用の音響システムを一手に引き受ける道を歩んでいる。医用電子機器事業にも手を着けたが、これはスピンオフして、

現在はシスメックスとして1部上場している。1975年にはプロ用のサウンドシステムに進出したほか、1983年に有線テレビシステムを発売して音響から映像に守備範囲を拡張した。

【編成】本業は業務用音響機器で、それが分析対象期間中も主業の座を占めていた。販路の異なるプロ用サウンド機器は売上で10%程度にとどまったままで、映像機器と通信機器が売上で各々15%程度を占めるまで育っている。

◉事業戦略▶▷▷▷▷中核集中

【立地】売り物は防犯用の監視カメラである。

売り先はマンション、住宅、駐車場、オフィスビル、工場、商業施設、官公庁、学校などに拡がっているが、水面下で大きいのはOEM、なかでもセコムと思われる。TOAの売掛先にはセコムの名が登場し、逆にセコムの買掛先にはTOAが常に3位か4位あたりにつけていることを考えると、TOAがセコムにカメラを供給していることは間違いない。1992年度の売掛金リストには姿形の見えなかったセコムが、1994年度には筆頭に躍り出ており、その間に転換が行われたものと思われる。

狭義の競合はセキュリティ事業を展開するセコムのOEMを手掛けるメーカーで、ここでTOAは圧倒的な存在感を発揮しているものと思われる。

広義の競合は監視カメラのメーカーである。主要構成部品を外部から調達できることもあり、中小企業の参入が相次いでいるが、「導入する現場が違うので、各現場にマッチした的確な監視カメラシステムを設計することはなかなかに難しく、一朝一夕にはシステム設計はできない」という事情があるため、大企業の優位は容易に崩れない。セグメント内容の一致度が高い日立国際電気（放送・映像システム）は分析対象期間中に10戦全敗で0.0%の戦績を残している。それ以外では、東芝、三菱電機、パナソニック、池上通信機あたりが競合する。

【構え】入手ルートは製品系列別に置いた国内生産子会社の一つと、2001年に建設したベトナム工場である。

引き渡しルートは電器、電材、弱電設備などの専門問屋で、

■セキュリティ事業
期間：2000.04-2010.03
得点掲示板：10-0
営業利益率：14.2%
利益占有率：16%
開示欄序列：2
事業本拠地：兵庫県
独禁法違反：報道なし
—
1990年代：—
2010年代：—

■監視カメラのメーカー
安全と管理 2001.6

■導入する現場が…
セキュリティ研究 1998.3

業績推移（億円）

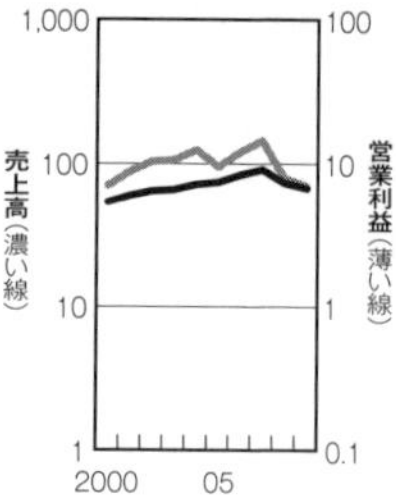

OEMについては直販と思われる。

【時機】このケースは、CCTV事業をフォーカスしなおしたもので、後発に相当する。1990年頃から住居用の監視カメラ市場が徐々に立ち上がり、地下鉄サリン事件が起きた1995年には、監視カメラの売上高がセコムでは倍増したという。

【源泉】この事業で高収益を許すのは二重の意味におけるパフォーマンス優位である。セキュリティサービス契約を結ぶ顧客は、カメラが欲しいわけではない。彼らにとって重要なのは、カメラが異常を察知したあとのアクションで、その点においてセコムは機器メーカーに対して圧倒的な優位に立つ。これが第一の意味でのパフォーマンス優位である。第二の意味でのパフォーマンス優位はTOAが競合機器メーカーを凌駕するという意味で、これについて次項で説明する。

【防壁】この事業で高収益を守るのは競合の自縛である。ハードウェアの生産機能を自ら抱えないセコムとしては、機器を安く仕入れる以上に、自社の構想にフィットする機器を供給してくれるパートナーを探しているものと思われる。セコムの下について機器を供給すれば、顧客が重視する性能指標で優位に立つのは目に見えているが、セコムの下につくことを甘受する競合も、セコムの下につくことを許される競合も限られてくる。自社ブランドで勝負したい大手電機メーカーに、おそらくセコムの下につくという発想はない。中小企業は、開発能力や供給能力に不安が残るため、セコムが敬遠する。1部上場企業でありながら大手と言い難いTOAは、セコムにしてみれば理想のパートナーと映るに違いない。

【支柱】この事業で高収益を支えるのは生産部隊である。納期と品質と原価さえ守れば高収益が約束されていても、日々の守備は決して楽ではない。そこを守り切ってこそ、戦略の均整は保たれる。

■白いキャンバスの…
日経産業 1984.12.5

【選択】1984年9月、創業50周年を迎えた東亜特殊電機は「白いキャンバスの上に新しい東亜を描く」という趣旨からTQCに倣ってニューTOA運動を開始した。同時期に発表した中間決算でTOAは上場して初めて赤字転落しており、普通なら緊急対策を打ち出す場面で全社的品質管理とは、まさに鬼手である。

◉戦略旗手▷▷▷▶▷操業経営者

【人物】 このケースで戦略を推進したのは2代目の社長に就任した藤岡繁夫氏である。藤岡氏は創立50周年の準備にあたっていたが、あと2ヶ月というところで創業者が他界して、悲しみに打ちひしがれながらニューTOA運動をスタートさせたという。

■ふじおか・しげお
生没：1931.08-
社員：1955.04-1962.11
役員：1962.11-1994.06
社長：1984.08-1994.06
会長：—

TOAがOEMビジネスの強化を謳いあげたのは2003年度に打ち出した5カ年計画のなかでのことであった。ところが、TOAの売掛先にセコムが初めて登場するのは1993年度、セコムの買掛先にTOAが初めて登場するのは1994年度と、計画より10年近くも前に実績が上がっている。これは「TOAはデジタル監視用カメラを市場投入し、1995年3月期の映像機器部門の売上高を前年度比20%増の36億円程度に拡大する」と初めて注力宣言が報道されたタイミングと一致する。この時期の社長が藤岡氏であった。

■5カ年計画
日経産業 2002.9.13

■TOAはデジタル…
日刊工業 1994.2.1

TOAは1987年に固体撮像素子を採用した防犯カメラを開発し、翌年には国内最長の録画時間を誇るビデオシステムも発売しており、藤岡社長の時代に種が蒔かれたことは間違いない。

TOAが映像機器事業の売上を開示するようになったのは1998年3月期の有価証券報告書からで、それ以前はインフォメーション機器事業の末尾に有線テレビを置いていただけである。映像機器事業は、監視用テレビ・カメラシステムを先頭に明記していた。この開示セグメント変更を実施した藤岡氏の後任社長も、「トップダウンは好きじゃない。優秀な人に権限を与えて仕事を任せていく」と述べていた。そのあとの歴代社長も「音」に入れ込んでおり、映像事業は実際に担当社員に委ねていたようである。

【着想】 藤岡氏の着想は開き直りに近いところがある。社長に就任するや否やニューTOA運動に手を染めた決断は「前社長とは30年近くともに歩んできたので、新社長になったからといってすぐに新しいことができるわけではないかもしれない。そこでまずトップから第一線まで全社員が一丸となって創意工夫しようと」考えたと説明している。

■前社長とは30年近く…
日経産業 1984.12.5

［参照文献］

証券、1996年10月

ケース620 オーベクス：テクノ事業

B：サインペン先（筆記具メーカー向け部材）

戦略C/C比率◁◁◇▶▷
戦略D/E比率◁◁◇▶▷
対照：316，319

■オーベクス
直前決算期：2000.03
実質売上高：70億円
営業利益率：1.5%
海外売上率：22%
社内取締役：5
同順位相関：▲0.22
筆頭大株主：石橋グループ
利益成長率：—/—/—
東名阪上場：1949.05

◉企業戦略▷▷▷▶▷本業辺境展開

【経緯】オーベクスは1893年に東京の小石川で東京帽子として設立された会社である。渋沢栄一が山高帽子の国産化を目論んで後押ししたが、戦後は帽子自体が廃れてしまい、ネクタイやマフラーを経てアパレル事業に活路を見出した。帽子の売上構成比が10%を割り込んだ1985年に社名を変更したが、アパレル事業は赤字が続いたことから2007年を最後に撤収に追い込まれている。残ったのは、帽子素材のフェルトから派生したサインペン先と、それを応用した薬液注入や検査スティックで、両者を合わせてテクノ事業を構成する。サインペン先は、黎明期こそフェルト製であったが、その後は樹脂製に置き換わっている。

【編成】本業は帽子で、その後はペン先への転地に成功している。

■繊維化学製品事業
期間：2000.04-2010.03
得点掲示板：10-0
営業利益率：19.3%
利益占有率：100%以上
開示欄序列：2→1
事業本拠地：千葉県
独禁法違反：報道なし
—
1990年代：1-0
2010年代：4-0

◉事業戦略▷▷▶▷▷販路応用マルチライン化

【立地】売り物はサインペンの樹脂製ペン先である。サインペン先のラインアップは、蟻も入る隙がないほど多岐にわたっている。

売り先は国内外の筆記具メーカーである。製品の過半は輸出しており、なかでもヨーロッパ向けが目立つ。不動の大口顧客はアメリカ企業ながらグローバルに事業を展開するサンフォード社である。アジア市場の台頭も近年は見逃せない。

狭義の競合はサインペン先のメーカーで、オーベクスと同じ浜松に本拠を構え、オーベクスと同時期にサインペン先事業に乗り出したテイボー（旧社名は帝国製帽）がいる。1期だけ公開された有価証券報告書によると、ペン先事業の売上高営業利益率でテイボーはオーベクスに負けていない。

広義の競合は顧客で、たとえばぺんてるがアクリル糸を採用してサインペンを展開した。オーベクスはポリエステル糸やポリアセテート樹脂で独自の境地を切り開き、ペン先のアウトソース化に成功したという。

業績推移（億円）

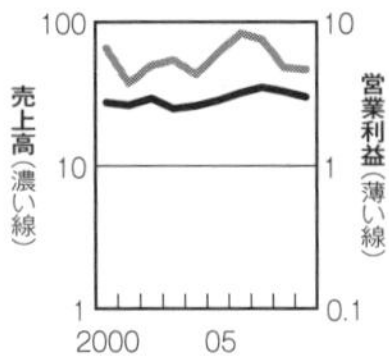

【構え】入手ルートは自動化比率の高い自社工場である。そこで製造したペン先は、子会社で顧客の仕様に合わせて研磨する体制ができあがっている。2007年には中国にも研磨拠点を設けている。

引き渡しルートは直販主体である。

【時機】このケースは、ぺんてるが先行しており、後発に相当する。日本で洋ペンが旧来の筆や万年筆を置き換える兆しを見せ始めたのは1950年代のことで、ぺんてるが世界初のサインペンを世に送り出したのは1963年のことであった。これは、油性マーカーに用いられる速乾性の油性インクを水溶性インクに置き換えて、滲みや裏抜けの問題を解消した画期的な筆記具で、日本以上に欧米で普及した。

【源泉】この事業で高収益を許すのはミッションクリティカリティである。ペン先は、サインペンの書き味を決定的に左右するため、買い叩くわけにはいかない。筆記具メーカーは主力のボールペンに注力する傍らで、サインペンやマーカーについてはペン先をアウトソースに委ね、自らはインクや胴軸で差異化を図る道を歩んでいる。

【防壁】この事業で高収益を守るのは最小効率生産規模である。川下の筆記具メーカーも、参入を企てる後発他社も、最小効率生産規模に到達するのが難しいため、ペン先は筆記具メーカーの壁を越えて専業メーカーが供給する体制ができあがっている。

【支柱】この事業で高収益を支えるのは長年にわたる円高傾向と闘ってきた製造部隊である。彼らの原価低減努力がなければ、高収益を維持することは難しかったかもしれない。

【選択】1970年8月、東京帽子は樹脂製のペン先専用工場として千葉工場を新設した。この投資の後に第1次石油ショックに襲われた東京帽子は資金繰りに行き詰まり、1974年には昭和化学工業を率いる石橋グループの傘下に組み込まれることになった。しかし、事業は躍進を遂げ、1989年には千葉集約が完了した。

◉戦略旗手▷▷▷▷▶文系社員

■はせがわ・もとかず
生没：1922.12–1983.06
社員：1948.??–1966.01
役員：1966.01–1983.06

【人物】このケースで戦略を推進したのは長谷川元一氏である。終戦直後から1974年まで社長を務めた井口軍次郎氏は、根っからの

社長：—
会長：—

帽子人で、ペン先に関する発言を残していない。それに対して長谷川氏は数週間単位の出張を繰り返し、ほとんど一人でヨーロッパにペン先市場をつくっていった。

長谷川氏については、戦中は海軍に籍を置き、身内にドイツ文学者や洋画家がいたせいか、俳句や油絵を趣味にしたことくらいしか知る術がない。

【着想】長谷川氏の着想も知る術がない。ただし、寺西化学工業が1953年に発売した「マジックインキ」のヒットに触発されて、オーベクスはフェルト製ペン先の開発に乗り出したところ、筆記具メーカーから細書き用のペン先が欲しいという要望が舞い込んできたという。ナイロン糸の繊維束ペン先を提案したところ、これが受け入れられてペン先事業の基盤が確立したそうである。ナイロン糸に関する知見は、アパレル事業を通して付き合い始めた合成繊維メーカーから入手したという経緯が面白い。

[参照文献]
『東京帽子八十五年史』1978年
『オーベクス100年史』1993年

第6章　　Chapter 6

自社事業の川下開拓

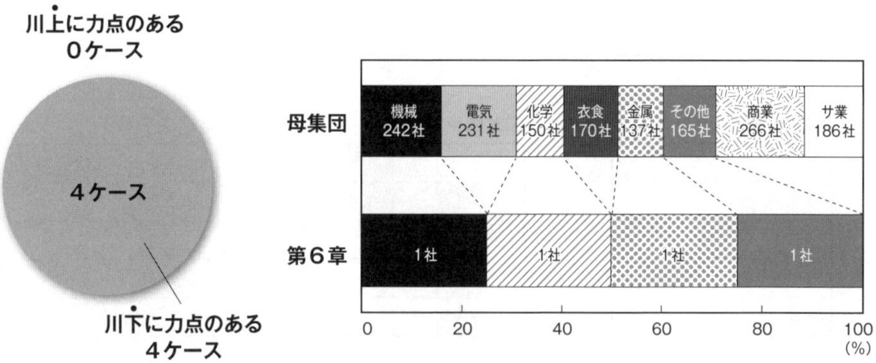

バリューチェーンを再構築するとしたら、出荷を起点として「川上」サイドに注力するか、「川下」サイドに注力するか、そのいずれかである。日本企業は、とりわけ川上訴求に力を入れる傾向が強かったように思うが、本書の分析結果は0：1の比を示している。つまり、川上サイドに手を着けて高収益をあげるようになった事業はないということである。

なぜ川上は不毛の地なのか。確かに川上を自社の支配下に置けば、技術的な観点から川上と川下の相互最適化を図ることができる。その恩恵は確かにあるが、自社のために手がける川上のオペレーションは、どうしても規模の経済を発揮しにくく、何の制約も受けることなく事業を展開できる競合に比べるとコスト劣位に回りやすい。川上のスケールアップが進むにつれて、弊害が恩恵を圧倒するようになったことが分析結果に現れているのではなかろうか。

1 「出荷」起点の川下シフト

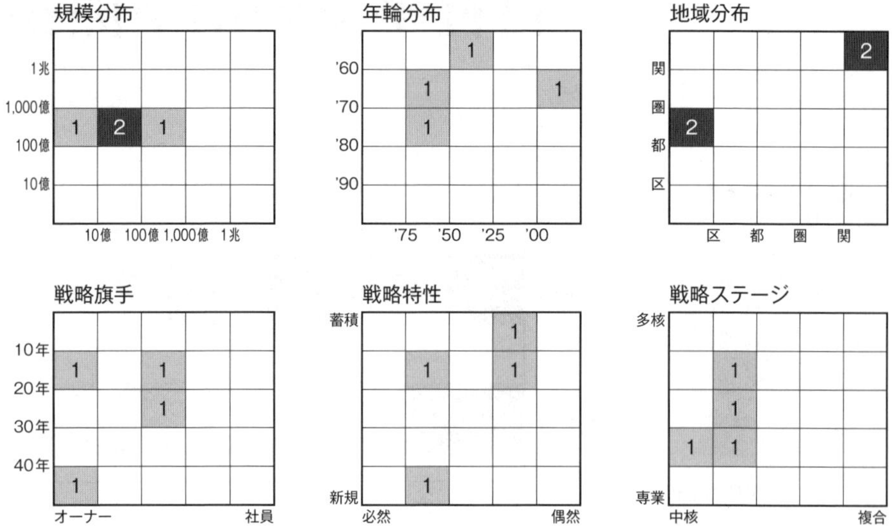

川下開拓を進めるにあたっては、顧客に競争を仕掛けたり、有力顧客を取り込むようなアプローチは避けたほうがよい。顧客の離反を招いては、何のために仕掛けたのかわからなくなるからである。むしろ、(1) 従来は確立されていない市場を創りにいくか、(2) 専ら自家消費していた中間産物に外販市場を創りにいくのが望ましい。いずれも、単純な前方垂直統合と一緒にしてはいけない。

川下シフトは応用可能性の高い戦略である。成功ケースの業種は広く分散しているし、ダッシュボードにも偏在は認められない。ただし、「年輪分布」マトリックスは実を結ぶまでに時間がかかる戦略であることを示唆している。また、単純な前方垂直統合を仕掛けて失敗したケースも少なからず第8章に登場する。着手時点の難易度は低いが、見かけ以上にリスクのある戦略と覚悟していただきたい。

6-1-1 市場育成

市場育成とは、祖業や本業の川下サイドに新たなマーケットを創り上げていくことを指す。川下を定義する起点は、現状の最終製品だけではなく、中間産物でもかまわない。

この戦略を活かした典型例はケース621のアイカ工業で、本業は競合がひしめく接着剤であったが、それを多用するメラミン板の中間材料を経由して、化粧板そのものを自社で展開するに至っている。降下の決断を下したのは、これからメラミン化粧板が新たな建材として伸びるであろうというタイミングであった。ケース622のニチハは硬質繊維板を祖業としていたが、それを棚板として使った押し入れユニット、もしくはクローゼットを展開するに至っている。これらは最終製品の川下に市場を創ったケースに相当するが、ケース623の東邦チタニウムは中間生産物の川下に現出した市場を攻略してみせた。本業は金属チタンで、その製造工程で生じる四塩化チタンを還元して、ポリプロピレンを重合するための触媒に仕立て上げたのである。同様にケース624の丸山製作所は、自社の噴霧器や散粉機に搭載する高圧ポンプを海外で外販して、高圧洗浄機の市場成長を側面支援した。

こうして新たな市場を育成する動きが高収益につながるのは、社内に川上部門を持つことにより、他社に対してコスト優位、もしくはパフォーマンス優位に立つからである。逆に言うと、この戦略の適用条件としては川上部門の存在を挙げなければならない。

最後に言葉を足しておくと、ここに登場するケースはどれもバリューチェーンを組み替えたわけではない。従来の主業から下流、または斜め川下に降下することにより、恵まれた事業立地を引き当てたと考えたほうがよい。その意味において、第5章の第1節と同類と見なすべきかもしれない。

戦略C/C比率◀◁◇▷▷
戦略D/E比率◁◀◇▷▷
対照：073, 437

■アイカ工業
直前決算期：2000.03
実質売上高：680億円
営業利益率：8.2%
海外売上率：10%未満
社内取締役：11
同順位相関：0.86
筆頭大株主：金融機関
利益成長率：△/△/△
東名阪上場：1962.07

ケース 621 アイカ工業：建装材事業

B&P：メラミン化粧板（建築・設計の補助）

◉企業戦略▷▶▷▷▷川下開拓

【経緯】 アイカ工業は1936年に名古屋で愛知化学工業として設立された会社である。設立母体は愛知時計電機で、そこから航空機用スパークプラグと接着剤を引き継いでスタートしたが、戦後は前者を日本電装に譲渡して得た資金でメラミン樹脂化粧板の生産に乗り出した。これはメラミン樹脂とフェノール樹脂を含浸させたレジンペーパーを何重にも積層して、高温高圧下で圧着した人造板で、接着剤の技術を生かせる事業であった。この建装材の事業が軌道に乗った1973年には、川下の住器建材事業に着手している。

【編成】 本業は接着剤で、上場以前に主業の座を占めた紙は1971年に生産を中止した。主業は接着剤から化粧板、そして住器建材へと移行して、転地が実現している。

■化粧板事業
期間：2000.04-2010.03
得点掲示板：10-0
営業利益率：17.7%
利益占有率：49%
開示欄序列：2
事業本拠地：愛知県
独禁法違反：報道なし
—
1990年代：10-0
2010年代：4-0

◉事業戦略▷▶▷▷▷川上川下統合

【立地】 売り物はメラミン化粧板や不燃化粧板で、豊富なカラーバリエーションを用意している。建築士には納まり図面を用意し、建築基準の適合証明書類も各種取り揃えるなど、付帯サービスも充実している。化粧板のみならず、断面を隠すテープ類や、和風建築に対応する壁材や、水回りのカウンターまで取り揃えたラインアップから判断すると、売っているのは建材ソリューションと呼ぶべきかもしれない。

売り先は住宅や商業建築物の設計施工事業者、または家具メーカーやキッチンメーカーである。

狭義の競合はメラミン化粧板のメーカーである。日本では住友ベークライトが先発で、1951年にデコラと命名した化粧板を上市した。それを日立製作所と松下電工が追撃し、日本デコラックスも1958年から参戦している。メラミン化粧板用のレジンペーパーを供給していたアイカ工業は、1960年にデコライトと命名した化粧板で追走を開始して、約4割のシェアを確保するに至っている。占

■約4割

有率が15%まで下がった住友ベークライト（クオリティオブライフ事業）は、分析対象期間中に10戦全敗で通算利益率4.9%の戦績を残している。

化学工業日報 2001.6.22

■15%
日経産業 2001.6.21

広義の競合は化粧合板のメーカーで、日本合板工業組合連合会には29社が加盟しているという。

【構え】入手ルートは自社工場である。アイカ工業は、樹脂を社内で重合したうえで、愛知県の基幹工場と兵庫県の子会社で化粧板を集中生産し、子会社で受注内容に応じて二次加工を手掛ける一貫生産体制を敷いている。

業績推移（億円）

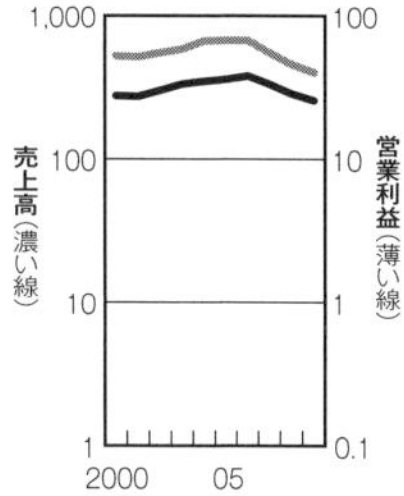

引き渡しルートは建材商社経由が主力で、大口ユーザーには直販体制を敷いている。

【時機】このケースは、日立製作所が先行しており、後発に相当する。1959年7月にプリント合板が登場して以来、住宅内装の革新に火が付いて、アイカ工業は背中に順風を受けている。

【源泉】この事業で高収益を許すのはコスト優位である。先行した競合に対してアイカ工業がコスト優位に立つのは、次項で述べる補完性に加えて、後発の利を活かしたからである。たとえばメラミン化粧板の先駆者となった住友ベークライトは、新たな内装建材の認知度を高める必要に迫られて、ショールームを展開したり、販売店を「デコラ会」に系列化していった。こうした投資がかさんだ結果、メラミン化粧板は高価という難点が普及を阻むことになっていた。後発のアイカ工業は、市場開拓を先発組に委ねて間接費を抑えるだけでなく、化粧板の厚みを業界標準の1.6ミリから1.2ミリと薄くして、直接費も抑制したうえで低価格品を投入して、高収益事業の基盤を整えていったのである。

【防壁】この事業で高収益を守るのは補完事業の存在である。アイカ工業には川上に接着剤、川下に住器建材があり、垂直統合の度合で誰にも負けない。これがコスト優位を構造化することにより、他社を封じ込めてしまう。松下電工を撤退に追い込み、住友ベークライトを日東紡との事業統合に走らせるとは、たいしたものである。

【支柱】この事業で高収益を支えるのは技術開発部隊である。アイカ工業は、メラミン化粧板を曲げ加工するポストフォームの技術を

■約90%
証券アナリストジャーナル 1978.5

開発して、その分野で約90%のシェアを確保した。縮小する市場で工場稼働率を維持できたのは、この手の努力の積み重ねがあってこそと言ってよかろう。

【選択】 1959年5月、愛知化学工業はメラミン化粧板の製造設備の新設を決断した。同社は既に化粧板の表面を構成するメラミン樹脂含浸紙に社業の発展を託して設備投資をしていたが、次のステップとして川下進出を企図したことになる。この動きには、従来の顧客に挑戦状をたたきつけるような面があり、まさに鬼手と言ってよい。

■かわい・たいへい
生没：1896.09–1981.09
社員：—
役員：1952.01–1979.02
社長：1960.01–1973.01
会長：1973.01–1979.02

◉戦略旗手▷▷▶▷▷外様経営者

【人物】 このケースで戦略を推進したのは2代目社長の川井臺平氏である。川井氏は、赤字続きの愛知化学工業に東海銀行から送り込まれ、スパークプラグ事業を切り売りする一方で、1958年からメラミン化粧板の事業化を積極的に推進したと社史に記されている。川井氏は事業部制を導入して、営業の矛先を建材ルートから木工ルートへ変更して、5年未満で目標を達成してみせた。創立30周年の節目を迎えた1966年に、メラミン化粧板の商標「アイカ」を借りて現社名に変更したのは、一種の勝利宣言と言ってよかろう。

■思えば愛知化学…
中部財界 1973.3

■ときには酒席で…
中部財界 1981.11

川井氏は銀行に入行して間もなく頭取の側近を務めた経験を積んでおり、「思えば愛知化学不況のころ、業績挽回に、乏しき知恵才覚に思案にくれて眠れる夜半など、たまたま、在りし日のこの頭取の苦心の跡と人生訓をしのび、無限の心強さを覚えたのである」と自筆エッセーに記している。この点については、川井氏の追悼文をしたためた友人の「ときには酒席で、銀行から当時の愛知化学へ来てからの苦労話をしたものだ。大変な辛苦をしたものだと僕も意外に思ったものである」という表現が裏付けを提供する。

【着想】 川井氏の着想は「業界ビッグスリーに入る」の一言に集約されている。スパークプラグ事業を売って化粧板事業の垂直チェーンを創り上げたのは、化粧板ならビッグスリーに食い込めると見たからであろう。ビッグスリーに食い込まないと話にならないという事業観は、GEのジャック・ウェルチを彷彿とさせる発想である。新規事業を立ち上げるに際して他の事業をたたむ手口も似通っている。このあたりは、銀行時代に習得した達観であることは間違いない。

[参照文献]
『アイカ工業五十年史』1987年
証券アナリストジャーナル、1978年5月（中野寛孝）

ケース622 ニチハ：住宅機材事業

B&P：押し入れユニット（住宅内装モジュール）

戦略C/C比率◁◁◇▶▷
戦略D/E比率◁◀◇▷▷
対照：331，411

◉企業戦略▷▷▶▷▷販路応用多角化

■ニチハ
直前決算期：2000.03
実質売上高：710億円
営業利益率：4.9%
海外売上率：10%未満
社内取締役：12
同順位相関：0.84
筆頭大株主：住友グループ
利益成長率：—/—/—
東名阪上場：1996.09

【経緯】 ニチハは1956年に名古屋で日本ハードボード工業として設立された会社である。ハードボードとは、合板工場の廃材から取り出した繊維を再び絡ませてプレス成形した硬質繊維板のことで、設立母体は中村合板製作所であった。親会社の経営難によってオーナーは安宅産業に移り、さらに安宅産業の経営破綻に伴い住友グループに移ったが、その混乱期にニチハは窯業系の不燃外装材の事業と、シャンデリア取付部の天井装飾材を主力とする住宅機材事業を新たに立ち上げた。1984年には住友銀行の斡旋でチューオーを子会社化して、旧安宅産業系の金属系外装材事業も取り込んだ。度重なる住宅事業への挑戦は奏功していない。

【編成】 本業は窯業系外装材で、それが分析対象期間中も主業の座を占めていた。祖業の一部（フロア養生板）と住宅機材事業は戸建て住宅に連なるもので、販路を共有する。

◉事業戦略▷▶▷▷▷川上統合

■住宅機材事業
期間：2000.04-2010.03
得点掲示板：8-2
営業利益率：13.9%
利益占有率：32%
開示欄序列：2
事業本拠地：愛知県
独禁法違反：報道なし
—
1990年代：2-6
2010年代：—

【立地】 売り物は壁収納（クローゼット）である。現場施工に手間と時間がかからない点が売りになっている。有価証券報告書には「押し入れユニットなど当社グループの得意とする好採算商品」と謳われている。ニチハは2002年あたりから勝てる商材にラインアップを絞り込んでおり、内装ドア、造作材、床材、玄関収納、下駄箱、たたみボードあたりから撤退した。

売り先は住宅の施工を担当する工務店である。

狭義の競合は壁収納のメーカーで、大手では松下電工、大建工業、永大産業、阿部興業などがひしめいている。分析対象期間中に、大建工業（住宅・建設資材）は10戦全敗で通算利益率2.1%の戦績を残している。

広義の競合は住宅内装材のメーカーで、上記以外にウッドワンやパルあたりを挙げることができる。

【構え】入手ルートはドアが他社ながら、棚板には自社の耐荷重性能の高いハードボードを採用している。仕上げ加工は子会社が担当する。

■**70%**
30%
ヤノ・レポート 1995.6.10

引き渡しルートは建材商社が70%で、残る30%が中堅ビルダーの直需となっている。ニチハは物流センターを一元化している。

【時機】このケースは、松下電工を追撃したもので、後発に相当する。ニチハが捉えたのは、住宅が高質化する機と考えられる。

業績推移（億円）

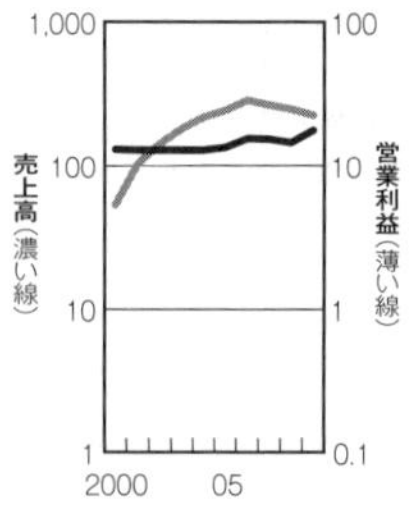

【源泉】この事業で高収益を許すのはコスト優位と思われる。ハードボードを使う棚板は構造的な強さを持つため、システム構成の自由度が高く、しかも部材点数を少なくできる。そこに利益の源泉があるのではなかろうか。

【防壁】この事業で高収益を守るのは補完事業の存在である。ニチハはハードボードを祖業とする会社で、中核材料を自製している。それが防壁を構成する。

【支柱】この事業で高収益を支えるのは営業部隊である。彼らが自社製品のメリットを訴求して、採用する工務店を増やすからこそ、コスト優位が活きてくる。

■**1979年10月**
説明していかないかん…
住宅ジャーナル 1980.3

【選択】1979年10月、日本ハードボード工業は住機部を独立させて壁収納専業チームを設置した。装飾天井材と壁収納は売り先が重なるのに敢えて担当を分けたのは、壁収納が「説明していかないかん商品」だったからという。

■**はまもと・せいいち**
生没：1925.12-2013.09
社員：—
役員：1977.12-1999.06
社長：1977.12-1993.06
会長：1993.06-1999.06

◉戦略旗手▷▷▶▷▷外様経営者

【人物】このケースで戦略を推進したのは住友銀行本店支配人から日本ハードボード工業の社長に転じた濱本晴市氏である。濱本氏は、日本ハードボード工業に転じてから社員と対話を重ね、「何よりも社員がまじめで、素朴、仕事に対しての意欲も充分であった。よし、この会社に骨を埋めようと覚悟を決め」、住友銀行の退職金で日本ハードボード工業の株を買ったという。そして「これを紙くずにするのも、プラチナペーパーにするのも自分の努力次第」と背水の陣で改革に乗り出した。

■何よりも社員が…
これを紙くずに…
40年史

濱本氏は、装置産業に特有の生産優位の発想を改めて、営業優位の発想を植え付けるところから改革に着手した。そして「活力ある大型開発製品」を3年以内に市場投入できるよう研究開発陣に発破をかけ、石綿フリー化に先んじた。窯業系サイディングの石綿フリー新製品に自信を深めた濱本氏は資金調達に知恵を凝らし、果敢に設備投資に打って出て、外装材が主業に躍り出ると社名をニチハに変更したうえで上場に漕ぎつけた。

なお、2000年代半ばの選択と集中は、濱本氏が住友銀行から呼び寄せた吉田哲郎氏の功績である。

【着想】 濱本氏の着想は「当社の体力から言いまして、いろいろ拡げるんでなしに、特色のあるものを握り下げるということだと思うんですね」の一言に凝縮されている。明言はしていないが、特色をハードボードに求めていたことは間違いないと思われる。まずはシャンデリアを引き立たせる装飾天井材をものにすると、「次の柱に壁収納を考えたい。ご承知のような空間利用というのが時代の大きな流れですから」と濱本氏は語っていた。

■当社の体力から…
次の柱に壁収納…
住宅ジャーナル 1980.3

[参照文献]
『ニチハ40年史』1997年
ヤノ・レポート、2005年11月25日

ケース 623　東邦チタニウム：機能化学品事業

B：三塩化チタン（ポリプロピレン重合用の触媒）

戦略C/C比率◁◁◇▶▷
戦略D/E比率◁◁◇▶▷
対照：332

◉企業戦略▷▷▷▶▷本業辺境展開

【経緯】 東邦チタニウムは1953年に東京の中央区で三和通商として設立された会社である。チタンの国産化を目的として、茅ヶ崎の製鋼工場を買収・転用してスポンジチタンの製造に乗り出して以

■東邦チタニウム
直前決算期：2000.03
実質売上高：240億円
営業利益率：4.8%
海外売上率：35%
社内取締役：2

同順位相関：—
筆頭大株主：日鉱金属
利益成長率：—/—/—
東名阪上場：1961.10

来、精錬では世界4強の一角を占めるに至っている。その後は川下の製品形態を多様化する道を歩んできた。それとは別に1965年には三塩化チタンを触媒として活かす事業も立ち上げている。この事業は、2000年に子会社に譲渡して、2008年に再び本体に取り込んだが、第二の柱として君臨する。なお、東邦チタニウムは2012年にJX Hの傘下に入る決断をした。

【編成】本業は金属チタンで、それが分析対象期間中も主業の座を占めていた。市況に左右されやすい本業と異なり、触媒事業は規模に劣るものの安定している。

■触媒事業
期間：2000.04-2010.03
得点掲示板：9-1
営業利益率：22.9%
利益占有率：20%
開示欄序列：2→3→2
事業本拠地：神奈川県
独禁法違反：報道なし
—
1990年代：2-0
2010年代：4-0

■12%
日経産業 1996.7.10

業績推移（億円）

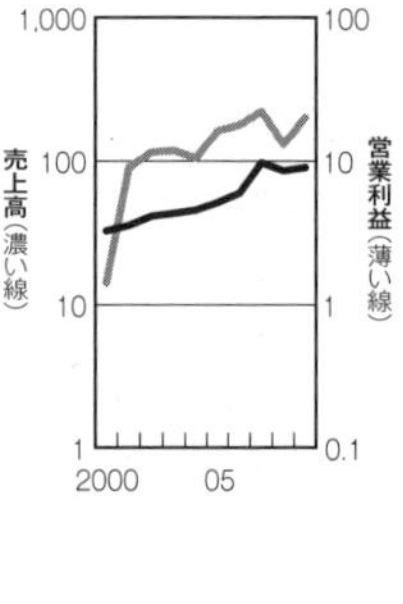

◉事業戦略▷▶▷▷▷川上統合

【立地】売り物は汎用樹脂のポリプロピレンの重合に欠かせない触媒である。

売り先は国内外の石油化学メーカーである。

狭義の競合はカスタム品を売るメーカーで、その顔ぶれは掴みにくい。国内は東邦チタニウムの独壇場である。

広義の競合は標準品を売る触媒メーカーで、たとえば黎明期に触媒を独占供給したアメリカのストウファー・ケミカル社が該当する。東邦チタニウムは世界市場の12%を占めるに至っている。

【構え】入手ルートはチタンを一貫生産する茅ヶ崎の自社工場を主力とする。三塩化チタンは、四塩化チタンを還元して造られる。その四塩化チタンは、ルチル鉱やイルメナイト鉱からスポンジチタンを製造する過程で生じる中間産物に相当する。三塩化チタンの製造拠点としては、1999年に富山県黒部市に第二の工場が加わった。茅ヶ崎に併設された技術センターでは、全社員の1割弱に相当する研究員が触媒開発にあたっている。

引き渡しルートはチタン事業の陰に隠れて見えにくいが、顧客リストに日本ポリプロの名前が見えるので、直販主体と思われる。

【時機】このケースは国内先発に相当する。イタリアではプロピレンの量産工場が1957年に立ち上がっていたが、日本で量産が始まったのは1963年のことである。東邦チタニウムは、日本の化学メーカーが身をもって差異化の必要性を感じ始めた頃に、ソリューションを携えて参戦したことになっている。絶好のタイミングと言えよう。このケースは石油化学工業発展の波を捉えたと見ることができる。

【源泉】 この事業で高収益を許すのはパフォーマンス優位である。社史は「ポリプロピレンのすぐれた特性は、その分子構造が立体的な規則性を持つことに起因している。（中略）ポリプロピレンは、三塩化チタン触媒の形状と全く相似形の粉粒状で生成し、その相似比もほぼ一定であるという性質がある」と説明するが、要するに触媒の粒径がポリプロピレンの特性を決めてしまうのである。三塩化チタンを粉砕しただけの第一世代触媒で、東邦チタニウムは粒径分布を制御する技術を確立し、ユーザーごとに仕様の異なる触媒を供給していった。ユーザーがコモディティ・ビジネスを回避しようと思えば触媒メーカーの協力を仰ぐしかないため、利益は東邦チタニウムに環流する。

【防壁】 この事業で高収益を守るのは補完事業の存在である。本業の製造工程にとっては中間産物の四塩化チタンが、触媒のビジネスには不可欠ながら、この素材は市場に流通するものではなく、著しく稀少性が高い。

【支柱】 この事業で高収益を支えるのは研究部隊である。第一世代に続く第二世代の触媒は三塩化チタンの粉末に種々の成分を添加することで、活性や収率を大幅に向上させるのに成功した。第三世代の触媒は活性点を塩化マグネシウムの担体に担持させて、さらに経済性を引き上げている。こうした性能アップがユーザーの離反を防ぐことで、戦略の均整が保たれる。

【選択】 1960年1月、大阪チタニウム製造がシリコン事業に乗り出すのを横目で睨みつつ、東邦チタニウムは不動の姿勢を貫いた。大阪チタニウム製造は東邦チタニウムと同時期にスタートを切った会社で、チタン需要が急減するなかで、還元プロセスの類似性からシリコンに活路を求めたものと思われる。その背後には同じ住友グループに所属する日本電気からの要請もあったというが、世界の注目が半導体の将来性に集まっていたことも無視できない。それを敢えて無視して別の方角を目指したのは、鬼手以外の何物でもない。

■くわた・つねお
生没：1905.07–1985.05
社員：—
役員：1953.08–1971.05
社長：1962.11–1970.05
会長：1970.05–1971.05

◉戦略旗手▶▷▷▷▷実質上の創業経営者

【人物】このケースで戦略を推進したのは桑田庸夫氏である。桑田氏は日本鉱業に入社して、豊羽鉱山の常務を務めていたときに選ばれて、東邦チタニウムの設立に際してナンバー3の立場で送り込まれていた。初代と2代目の社長は日本鉱業の社長が兼務したので、実質上のトップは設立当初から桑田氏と言ってよい。

東邦チタニウムは、工場を立ち上げるや否や市況の暴落に直面した。桑田氏は、チタンの国際価格が1955年から5年で70%以上も下落する異常事態を受けて、1962年に二度にわたる人員整理を断行した。こうして社員数を3分の1以下に減らす一方で、桑田氏が触媒研究を続行させたことは間違いない。

【着想】桑田氏の着想を示唆するコメント類は残っていない。おそらく触媒の研究が順調に進んでいたので、チタンに徹する道を選択したのであろう。

[参照文献]
『東邦チタニウム25年史』1981年
大阪チタニウム製造『大阪チタニウム30年史』1983年
高分子、1992年6月（曽我和雄・寺野稔）

ケース624 丸山製作所：工業用機械事業

B：小型高圧ポンプ（高圧洗浄機用の機能部品）

戦略C/C比率◁◁◇▷▶
戦略D/E比率◁◁◇▶▷
対照：020，335

■丸山製作所
直前決算期：2000.09
実質売上高：280億円
営業利益率：4.1%
海外売上率：21%
社内取締役：5
同順位相関：0.10
筆頭大株主：金融機関
利益成長率：×/△/△
東名阪上場：1961.10

◉企業戦略▷▶▷▷▷川上開拓

【経緯】丸山製作所は1937年に東京の神田で設立された会社である。その源流は1895年に遡り、祖業は消火器であった。その後、農薬の噴霧器・散粉機に進出して成功を収めたが、減反政策の煽りを受けて苦境に陥ったのを機に、噴霧器・散粉機の重要部品に相当する工業用高圧ポンプの外販に乗り出した。1970年のことである。1991年にはエンジンの内製化も果たしている。

【編成】本業は噴霧器・散粉機で、それが分析対象期間中も主業の座を占めていた。

◉事業戦略▶▷▷▷▷中核集中

【立地】 売り物は小型の高圧ポンプ、およびポンプを組み込んだ高圧洗浄機である。

売り先は主に海外のOEM供給先である。輸出比率は90%前後に達している。最初期の顧客には、丸山製作所のポンプを販売するために起業したアメリカのキャット社や、ドイツ最大の洗車機メーカーであるケルヒャー社がある。

狭義の競合は耐久性の高い高圧ポンプのメーカーながら、荏原製作所やスギノマシンあたりは定置式の大型ポンプだけを手掛けており、これという競合は見当たらない。

広義の競合はアメリカやドイツの高圧ポンプメーカーである。丸山製作所は彼らのポンプに比べて耐久性を2倍以上に高めたポンプに集中し、それをプレミアム価格で販売していることから、正面から競合することはない。

【構え】 入手ルートは自社および子会社の工場群である。

引き渡しルートは国内が特約店経由で、海外は総代理店のキャット社経由となっている。キャット社は、洗剤と洗浄機を扱っていたL&A社の技術部長、ブルグマン氏が設立した会社である。彼は丸山製作所のポンプを評価したうえで洗車機向けに改良提案を出してきたが、L&A社の社長が丸山製作所のサンプル機を採用しないと決めたことから、自ら丸山製作所が造る高圧ポンプの販売会社を設立して、洗車機分野を制圧した。ブルグマン氏は国別に販社を置いて、ヨーロッパ市場の開拓にも大きな成果をあげている。

【時機】 このケースは、海外メーカーの後を追っており、後発に相当する。捉えたのは、欧米における洗車機市場興隆の波と思われる。

【源泉】 この事業で高収益を許すのはパフォーマンス優位である。それは「1回の修理にたいへんな費用と労力がかかるので、ポンプ1台の値段など問題にならなくなってくる。2倍長持ちするなら値段は3倍でも安い」という指摘から読み取ることができる。

【防壁】 この事業で高収益を守るのは販路である。丸山製作所の高圧ポンプを基幹商材とするキャット社は、死活をかけて市場を探

■工業用機械事業
期間：2000.10-2009.09
得点掲示板：8-1
営業利益率：16.6%
利益占有率：39%
開示欄序列：2
事業本拠地：千葉県
独禁法違反：報道なし
—
1990年代：—
2010年代：4-0

■90%
証券アナリストジャーナル
1977.10

業績推移（億円）

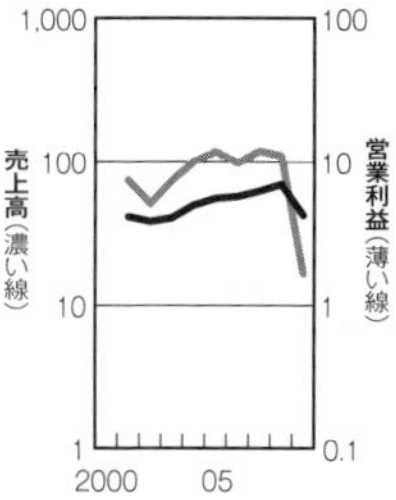

■1回の修理に…
証券アナリストジャーナル
1974.6

索し、丸山製作所に製品の開発提案を出してきた。その積み重ねとしてキャット社は合理的な製品ラインアップを構築し、競合が入り込む隙間を潰してしまった。

【支柱】この事業で高収益を支えるのは製造部隊である。減反政策の影響を受けて以来、彼らは人員の削減を甘受しながら生産量を伸ばしていった。

【選択】1968年12月、丸山製作所はキャット社の前身会社とOEM輸出契約を締結した。何の実績もないところに販売権を与えるのは、鬼手に近い。

■うちやま・りょうじ
生没：1911.05-2005.07
社員：—
役員：1937.11-1991.12
社長：1937.11-1983.12
会長：1983.12-1991.12

◉戦略旗手▶▷▷▷▷創業経営者

【人物】このケースで戦略を推進したのは創業者の内山良治氏である。前身の丸山商会を設立したのは別々の家に養子入りした実の兄弟で、丸山安治氏と内山信治氏であった。弟の長男にあたる良治氏は、父親が急逝すると22歳で10人余の店員から店主と呼ばれる立場に就き、外注依存を改めてメーカーへの転進を決意する。そして肺浸潤を患ったことから、権限を委譲する経営スタイルを身につけたという。

■海外進出の…
彼のすばらしい…
証券アナリストジャーナル
1974.6

【着想】良治氏の着想は「海外進出のきっかけは、（中略）アメリカのあるエンジニアが当社のポンプに惚れ込んで、何とかこれをアメリカ一円で販売したいという話を持ち込んだことから始まる。彼は、アメリカ国内で工業用ポンプの使い道をいろいろ開拓しながら広めていきたいということだった。あまり資力のない人だったが、私としては自分の支店のような気持ちで考えればいいと思って、人柄も非常によく、当社のエンジニアともすっかり仲良くなっていたし、またアメリカの工業水準は日本より高かったので、あちらでいろいろな工業用の目的に用途展開してくれれば、日本でも同じようにその目的に売れると考えて、彼と提携したわけである」という発言に要約されている。

おおらかな判断が功を奏したことになるが、それを良治氏自身は「彼のすばらしい技術力と、アメリカ特有の、すばらしい人材を高い給与で雇えるという点が幸いして、たちまちこれが伸び、現在では彼の力でアメリカのほか、西ドイツ、フランス、イタリアなど、ヨーロッパ全土に当社のポンプが数万台流れている。わずか5年間でこれだけよく普及させてくれたと私どもも驚いているが、それだけ価値のあるポンプであったということでもある」と評価している。

［参照文献］
『丸山製作所100年史』1996年
証券アナリストジャーナル、1974年6月（内山良治）
証券アナリストジャーナル、1977年10月（内山良治）

第**7**章　Chapter 7

成長事業の私有化

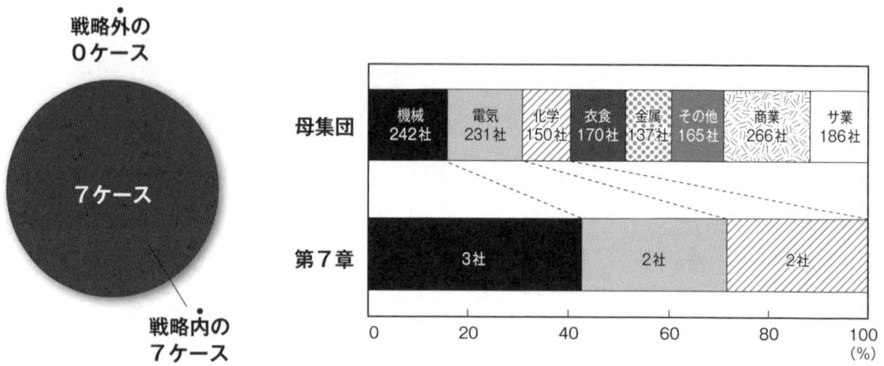

1等賞金が桁外れに大きい宝くじには多くの人が群がるものである。成長事業は、それと同じで、参入者と投資マネーを引き寄せてやまない。その結果、競争は熾烈を極めるものと相場が決まっている。そういう成長事業で他社を寄せ付けない地位を築くには、先発各社を圧倒的に上回る製品力が必要不可欠となる。製品のパフォーマンスで格段の差をつけるか、コストで格段の差をつけるかでもしない限り、そもそも逆転は難しいし、後追い参入も拒み切れるものではない。そして格段の差をつけるには、特別な人材に頼るしかない。それが本書の結論である。

成功ケースの分布を眺めてみると、業種の偏在が目立つ。7ケース中、3ケースが機械に分類されているが、それ以外にも機械に優位の源泉を持つケースが二つある。他と違って、機械は個人の力量で差がつきやすいのであろう。

1 異才に宿る戦略

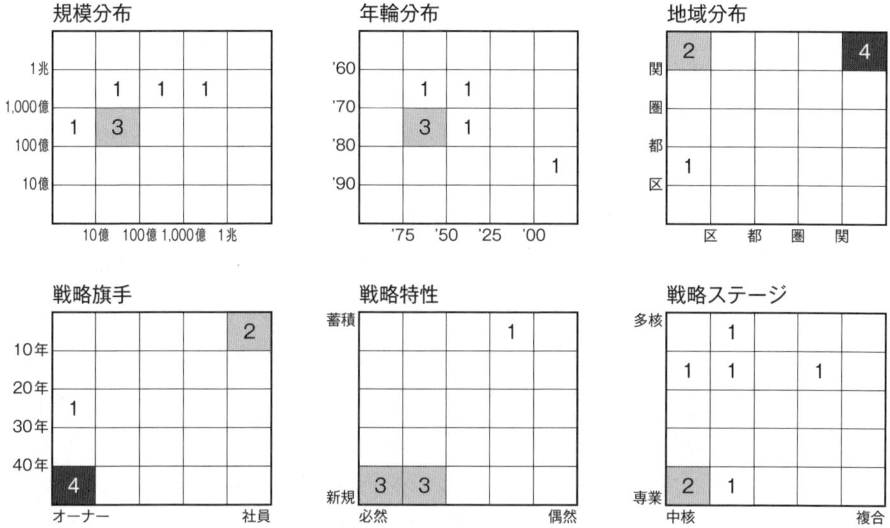

異才には、(1) 自ら起業する人と (2) 大企業組織のなかで光り輝く人がいる。ここでは5ケースが前者、2ケースが後者にあてはまる。「戦略旗手」マトリックスが二極分裂しているのは、前者と後者の対照を反映するに過ぎない。ただし、大企業に所属する側の1人は50歳で立ち上げた社内ベンチャーが実を結んでおり、限りなく前者の分類に近いところがある。

興味深いのは異才の人物像である。全員が経営者である前に技術者で、優等生を演じる暇もなく何かに早くから没頭したせいか、事業に成功したあとも寝食忘れて技術開発に没頭する。7ケースの7人中、いわゆるエリート校の卒業生は1人だけで、あとは必ずしも学歴が目立つわけではない。こうしてみると、いまの大企業は人材の採用と選抜をシステマティックに間違えているのかもしれない。

7-1-1 インスピレーション

異才が異才たるゆえんは、インスピレーションにある。インスピレーションの役割は1%前後に過ぎず、残りは汗を意味するパースピレーションの産物だと言い放つ人も多いが、ここに登場するケースは発想の次元で競合他社を突き放したものばかりで、やはり汗（努力）よりインスピレーションの勝利と言わざるをえない。

どのケースも事業規模の拡大より技術の進化に執心しており、事業立地は狭く絞り込んでいる。ケース820の島精機製作所は横編み機、ケース821のキーエンスは生産現場を支えるセンサ類、ケース822のユニオンツールはプリント基板用のドリル、ケース823のオーエスジーはタップとダイス、ケース824のユーシン精機は射出成形用の取り出しロボットという具合である。大企業サイドでも、ケース625のコニカミノルタHは光ピックアップレンズ、ケース626のカネカは塩ビ改質用のMBS樹脂で、一点集中が際立っている。起業家のほうは、事業ポートフォリオや企業組織の設計にも独自性を発揮する傾向が見受けられる。

異才に依存する度合が高いため、このパターンを広く推奨するには無理がある。確かにパターンは浮き立っているが、狙って再現できるものではなかろう。

他方で、ここに登場するケース群が軒並み立役者の引退時期を迎えている事実は注目に値する。アメリカでM&Aが盛んになった背景には、この手のスーパースターに依存する技術オリエンティッドな企業が売りに出てきたからという事情もあった。これからを担う経営幹部候補生は、牽引役を失った高収益ベンチャーを国内でM&Aする機会に目を光らせておくべきであろう。

ケース 820

島精機製作所：〈ニットマシン〉事業

B：横編機（ニットメーカー用生産設備）

戦略C/C比率◀◁◇▷▷
戦略D/E比率◁◀◇▷▷
対照：320，428

◉企業戦略▷▷▷▶▷本業辺境展開

【経緯】 島精機製作所は1961年に和歌山で三伸精機として設立された会社である。手袋を編むための半自動機からスタートして、その全自動化を成し遂げると、1967年には全自動フルファッション衿編機で横編機の世界に進出した。その後は自動制御に注力し、1981年にKNITCADを完成させている。このNASA由来のCGシステムはテレビの番組制作にも採用されるだけの実力を備えている。2004年には世界で初めてホールガーメント横編機を発売して、パーツを縫い合わせて作っていたニット製品から、縫製工程を省く偉業を成し遂げた。

【編成】 本業は横編機で、祖業の手袋編機は全社の1割を割り込んできた。本業が生むキャッシュを注ぎ込んで育てたデザインシステムは、横編機を補完しない外販分も含めて全社の3分の1を占めるに至っている。

■島精機製作所
直前決算期：2000.03
実質売上高：360億円
営業利益率：11.0%
海外売上率：78%
社内取締役：5
同順位相関：0.16
筆頭大株主：創業経営者
利益成長率：—/—/—
東名阪上場：1992.09

■CG
コンピューターグラフィックス

◉事業戦略▷▶▷▷▷川上統合

【立地】 売り物は横編機と、柄のデザインと編機を結ぶCAD/CAMシステムである。島精機製作所は次から次へと編機に新しい発想を持ち込んでおり、ニット業界の世界的な革命児の趣がある。

売り先は世界中のニットメーカーである。もともとは新潟に集中する国内のニットメーカーを得意としたが、草創期から世界レベルの展示会に出展し、欧米の顧客も魅了してきた。納品先はアジアにシフトしている。

狭義の競合は自動制御された横編機のメーカーで、島精機製作所が性能は倍、価格は半分という開発方針を貫いてきたことから、これという競合は見当たらない。

広義の競合は横編機のメーカーで、かつてはスイスのエドアール・デュビエ社と、ドイツのストール社およびユニバーサル社が立ちはだかっていた。エドアール・デュビエ社が1987年に倒産した

■ニットマシン
期間：2000.04-2010.03
得点掲示板：10-0
営業利益率：29.9%
利益占有率：97%
開示欄序列：1＋3
事業本拠地：和歌山県
独禁法違反：報道なし
—
1990年代：10-0
2010年代：4-0

■80%
60%以上
日経金融 2001.3.30

あとは、島精機製作所が新御三家の一角を占めており、世界シェアは手袋編機で80%、横編機で60%以上と言われている。

【構え】入手ルートは和歌山の本社工場である。そこで組み立てる部品は、当初は輸入や下請けに頼っていたが、段階的に内製化が進んでおり、いまでは難易度の高いボールネジも内製するという。なお、島精機製作所は1987年まで研究開発部門を別会社として、製販部門から切り離していた。

引き渡しルートは海外では代理店を間に入れるものの、国内では直販を基本としている。修理・補修もグループ内で手掛けており、その売上は「その他」セグメントに計上する。

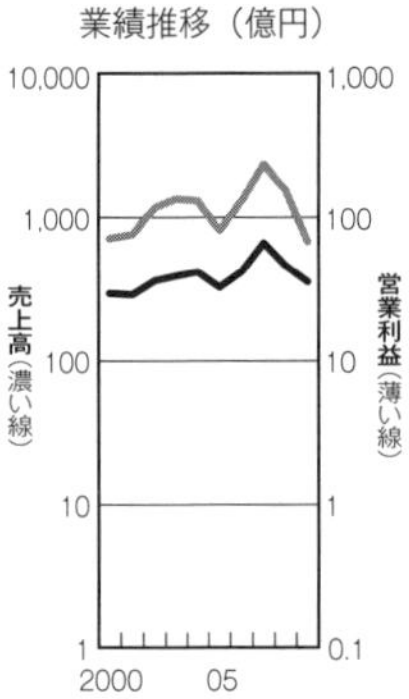

【時機】このケースは、最初から世界市場を舞台としており、後発に相当する。捉えた機は、コンピューターによる自動制御化の波と思われる。

【源泉】この事業で高収益を許すのはパフォーマンス優位である。島精機製作所は「最高機能の製品を経済的な価格でお届けする」と正道を標榜し、それを絶えず実現してきた。

【防壁】この事業で高収益を守るのは絶えざる革新である。次から次に新製品を投入する島精機製作所は文字通りムービングターゲットと言ってよい。

【支柱】この事業で高収益を支えるのは社員のハードワークである。それに対して、島精機製作所は見聞を広める機会を社員に惜しみなく与えることで報いてきた。

【選択】1967年9月、島精機製作所は横編機の製造・販売に乗り出した。これは、ヨーロッパの老舗メーカーの牙城に挑むことを意味していた。機械としての工作品質では欧州勢が先を行っていたが、機構の独創性で勝ったというところが、普通の日本企業とは違う。コンピューター制御の時代を先取りした点も、日本企業らしくない。

■しま・まさひろ
生没：1937.03-
社員：—
役員：1961.07-
社長：1961.07-
会長：—

◉戦略旗手▶▷▷▷▷創業経営者

【人物】このケースで戦略を推進したのは創業者の島正博氏である。建具商を営んでいた父親を戦争で亡くし、8歳で終戦を迎えた正博氏は繊維業界への貢献を第一義とし、give and given の信条を守り抜いてきた。これは、お客様に儲けていただくとリピートオーダーの形で注文を頂けるのが生産財メーカーの原点という考え方である。大事にするのは得意先だけでなく、社員についても正博氏は「よく経営者は社員に、経営者になったつもりで働けと言いますが、それを待遇面で裏打ちしているところは少ないのではないですか」と問いかけて、利益分配制度を制定した。

■よく経営者は社員に…
WEDGE 1993.2

彼は編機のエジソンと呼ぶべき人物で、欧米で数々の賞を贈られただけでなく、アメリカ人以外で初めて米国繊維歴史博物館に殿堂入りを果たしている。そこに至るプロセスで正博氏は森精機や上硲金属工業の創業者や三和銀行に助けられているが、単に幸運というだけでなく、「24時間中、機械のからくりと仕組みだけを考え続けている男」と評された正博氏の一途さが支援者を惹きつけた面も無視できない。

■24時間中、機械の…
オール生活 1984.8

【着想】 正博氏の着想は体得したものである。空襲で焼け出された正博氏はバラックを見つけて住み着いたが、たまたま隣に手動式の手袋編機の修理工場があって、中学生の頃から修理を手伝うようになったという。そこで働き続けながら和歌山工業高校の定時制に通い、早くも10代半ばで編機を体で覚えてしまった。それが、正博氏を編機の第一人者に押し上げた原動力にほかならない。「学校で学ぶよりも15歳、16歳のときに機械に慣れ親しんだ方が機械をどのくらい理解するかわからない」という豊田喜一郎氏の言葉に同調する正博氏の辞書に、戦略という言葉はないのかもしれない。

■学校で学ぶよりも…
50年史

[参照文献]
『島精機50年史』2012年
商工ジャーナル、1986年1月

ケース 821　キーエンス

B：計測・制御機器（生産工程の自動化補助）

戦略C/C比率◀◁◇▷▷
戦略D/E比率◀◁◇▷▷
対照：337

◉企業戦略▶▷▷▷▷本業集中

■キーエンス
直前決算期：2000.03
実質売上高：780億円
営業利益率：42.9%

【経緯】 キーエンスは1974年に尼崎でリード電機として設立された会社である。源流は1972年に遡り、交流磁界を応用したセンサが

海外売上率：19%
社内取締役：2
同順位相関：—
筆頭大株主：創業経営者
利益成長率：—/—/—
東名阪上場：1989.12

トヨタ自動車に金型保護目的で採用されるのを見届けて、起業に踏み切ったという。その後は原理の異なる各種センサを開発し、計測機器事業の業容を拡げたが、1987年にプログラマブル・コントローラを開発すると、そこから制御機器事業が立ち上がり、現在の姿が確立した。2009年にはジャストシステムに出資して、非連結の持分法適用会社としている。

【編成】本業は計測・制御機器で、それが分析対象期間中も主業の座を占めていた。営む事業間の関係は顧客の工場生産性を引き上げるというドメインの機能的定義で説明できる。

■全社
期間：2000.03-2010.03
得点掲示板：10-0
営業利益率：48.0%
利益占有率：100%
開示欄序列：0
事業本拠地：大阪府
独禁法違反：報道なし
—
1990年代：10-0
2010年代：4-0

■90%がオリジナル…
証券アナリストジャーナル 1990.2

■ぼんぼん育ち
塵埃や油で汚れやすく…
証券アナリストジャーナル 1990.2

■4万5,000
日経金融 1995.9.8

■1%前後
日経金融 1990.12.10

■3%前後
日経産業 1992.8.5

◉事業戦略▶▷▷▷▷中核集中

【立地】売り物は各種の計測・制御機器である。個別の製品は、検出制御機器、計測制御機器、および自動化用測定機器のいずれかに該当する。その「90%がオリジナル製品、いわゆる業界初というものであり、その70%が独占」で、さらに「ぼんぼん育ち」の従来品とは異なり、「塵埃や油で汚れやすく、温度も高いという非常に環境の悪い生産現場、工場」での使用に耐えるように工夫されている点に特徴があるという。

売り先は生産工程を自前で持つメーカーや研究機関で、その数は4万5,000に上ると言われている。最大顧客のトヨタ自動車ですら売上に占める比率は1%前後に過ぎず、特定顧客への依存度は極めて低い。

狭義の競合はキーエンスと同じように直販体制を敷くところで、これというところは見当たらない。

広義の競合はキーエンスと同じ製品カテゴリーに参戦しているメーカーで、オムロン、富士電機、パナソニック、アズビル、ミツトヨ、アンリツあたりの名が浮かぶ。祖業のセンサを例にとると、キーエンスのシェアは3%前後に過ぎないという。プログラマブル・コントローラは立石電機（現オムロン）が遅くとも1980年にはガリバーの地位を築いていた。分析対象期間中にオムロン（インダストリアルオートメーションビジネス）は7勝3敗で通算利益率12.5%の戦績を残している。

【構え】入手ルートは外注委託先である。子会社のクレボが作り方を確立し、「小学生でも作れる」ようにマニュアルを作成し、外注委託先に渡すそうである。

引き渡しルートは直販である。代理店を使うとオリジナリティの高い製品の価値を換金できないという。社員の過半を占めるのはコンサルティングセールス職で、平均年齢30代前半の社員の年収は1,000万円を超えている。

■小学生でも作れる
日経産業 1991.9.17

【時機】 このケースは、オムロンの後を追う展開になっており、後発に相当する。1971年8月のニクソン・ショックによりドルが切り下げられると、その余波で為替は1973年から変動相場制に移行した。そこから1995年まで円はドルに対して上昇基調を辿り、日本の輸出産業は1980年頃からFA一色に染まっていった。これが立地全体の躍進を後押ししたことは言うまでもない。分析対象期間中にキーエンスの海外売上高比率は8%ポイントほど上昇している。

■FA
ファクトリーオートメーション

【源泉】 この事業で高収益を許すのはパフォーマンス優位である。キーエンスは、顧客の気付いていない視点から、顧客の生産コストを下げる方法を提示する。顧客にしてみれば、コスト節減効果が何倍にもなって返ってくるため、キーエンスの請求どおり対価を払っても腹は立たない。

【防壁】 この事業で高収益を守るのは競合の自縛である。キーエンスは、ユーザーと用途を絞り込んだ製品を次から次へと送り出す。それに対して競合は、ユーザーを特定せず、何々センサという打ち出し方をする。かくかくしかじかという原理で、この範囲で作動するので、用途を考えてほしいというわけである。開発すると決めた製品はできるだけ広く売りたいと考えるのは人情なので、販売を代理店に委ね、広く可能性を追求したくなる気持ちはよくわかる。キーエンスのアプローチが非効率に見えるのも、しかりである。それゆえ、いつまでたってもキーエンスを模倣する競合は現れない。

業績推移（億円）

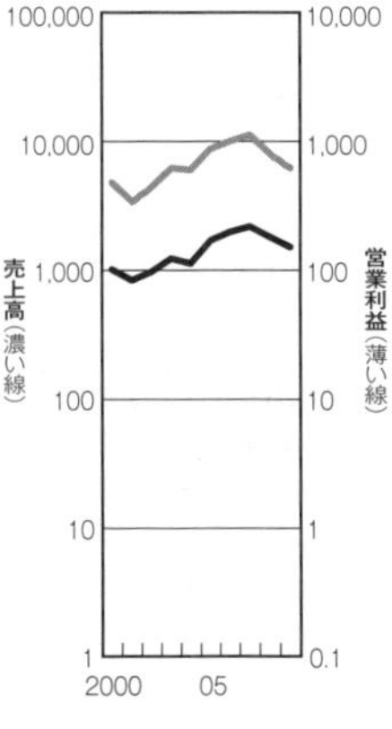

【支柱】 この事業で高収益を支えるのはマーケティング部隊である。顧客の先回りをしてコスト削減策を提示しようと思えば、上司からコスト削減目標を与えられて日々頭をひねっている顧客の現場担当者以上に、勘の働くマーケッターをキーエンスは揃えなければなら

ない。それができているからこそ、キーエンスは高収益を享受し続けるのである。

【選択】1972年3月、リード電機が創業した。創業したのは26歳の青年であった。

■たきざき・たけみつ
生没：1945.06-
社員：—
役員：1974.05-
社長：1974.05-2000.12
会長：2000.12-

◉戦略旗手▶▷▷▷▷創業経営者

【人物】このケースで戦略を推進したのは創業者の滝崎武光氏である。「私が高校に通っていた頃は学園紛争が花盛りで、私も運動を指導する立場についた。そこでイデオロギーは結局好き嫌いの世界だということを痛感しました。それがきっかけとなって、数字で勝負できる事業家を目指すようになりました」と滝崎氏は創業の経緯を説明する。経営の哲学に相当するのは「業績が会社をつくる、人をつくる」だそうである。「これほどあらゆるところに工夫をしている企業はないでしょう。収益性の高い業種、企業がやっていることは何でも取り入れています」という言葉からは、滝崎氏の執念と自負を読み取ることができる。

■私が高校に通っていた…
日経ビジネス 1991.6.24

■業績が会社をつくる…
日経ビジネス 1995.1.16

■これほどあらゆる…
日経ビジネス 1989.5.22

【着想】滝崎氏の着想は論理的で、高収益の理由を「当社製品はユーザー側の機械装置の『要』となる重要部品として使われており、他メーカーが同じようなものを安い値段で出してきても容易には替えられないから」と自ら解説している。そうなる秘訣は「客の要望は聞かない」という開発ポリシーにあるという。「客からの要望でスタートすると、1～2年先には同じような製品がどっと出て、価格もその競争のなかでの設定とならざるをえない」と滝崎氏は断言する。製品ラインが狭すぎて顧客の求めに応じきれないのではないかという懸念に対しては、「他社にあるものが当社にないからといって、客が不便を感じるということはない」と気にするそぶりを見せない。

■当社製品はユーザー…
客の要望は聞かない
客からの要望で…
他社にあるものが…
客の潜在需要を先手…
証券アナリストジャーナル 1988.7

問題はどう「客の潜在需要を先手先手に察知」するかであるが、それについては「才能のある人材を見つけるのは、数年前までは私の役目でした」と語っている。人材の登用権限を委譲するようになってからは、「きっちりかっちり、こういう方針どおりにやれ」と口を出さないようするのがコツだそうで、それも「私が創業社長、オーナーだから」できることだという。大企業の「組織の中で

■才能のある人材を…
私が創業社長…
組織の中で上がって…
日経ビジネス 1997.3.3

上がってきた人物」には真似できないことを見越しているようである。

滝崎氏の才覚は、センサの測定原理だけでなく、その応用先に明るいところに現れている。たとえば、交流磁界センサをプレスの二枚送りを防ぐために活用したり、放射赤外線センサを刃具の交換時期を探るために活用したり、はたまた位置確認センサでは世界最小を目指し、自動化用の測定機器は環境耐性で業界一を目指すとか、いわゆる勘所を押さえているのである。これは、なかなか伝授できるものではない。

［参照文献］

証券アナリストジャーナル、1987年12月（滝崎武光）

ケース 822 ユニオンツール：切削工具事業

B：極小超硬ドリル（P板穴開け用の消耗品）

戦略C/C比率◀◁◇▷▷
戦略D/E比率◀◁◇▷▷
対照：308

■ユニオンツール
直前決算期：1999.11
実質売上高：200億円
営業利益率：33.9%
海外売上率：48%
社内取締役：6
同順位相関：0.61
筆頭大株主：創業家
利益成長率：—/—/—
東名阪上場：1996.09

◉企業戦略▷▷▷▶▷本業辺境展開

【経緯】 ユニオンツールは1960年に東京の大田区でユニオン化学研究所として設立された会社である。三菱金属から超硬素材の供給を受け、歯科用ドリルを納める賃加工形態からスタートしたが、1970年代にプリント配線板用のドリルに矛先を変えると同時に自社販売に切り替えて、そこから業容が急拡大した。1970年代には小径ドリルを研削するための専用機や、その構成部品となる直線クロスローラーガイドも外販を始め、戦線を拡げている。1981年に立ち上げたアメリカの現地生産拠点は、顧客のアジアシフトに伴って2005年に閉鎖した。

【編成】 本業はプリント配線板用の超硬ドリルで、それが分析対象期間中も主業の座を占めていた。本業のために内作した設備を外販に回す副業は全社の3割に相当する。本業が生むキャッシュは本業の設備増強や技術開発に再投資してきたようである。

◉事業戦略▷▷▷▶▷本業辺境外販化

■切削工具事業
期間：1999.12–2009.11
得点掲示板：9–1

【立地】 売り物はプリント配線板に貫通口を開ける超硬ドリルであ

営業利益率：28.0%
利益占有率：96%
開示欄序列：1
事業本拠地：新潟県
独禁法違反：報道なし
—
1990年代：10-0
2010年代：2-2

る。ドリルに回転運動を与えるドリルマシンの方は手掛けていない。ドリルの先端部はエポキシ樹脂や銅板という固い素材を相手にするため、3,000個ほど穴を開けると寿命が尽きてしまう。ドリルマシンに装着されてから20分の命という勘定になる。それゆえ月産数百万本というオーダーの大量生産は避けて通れない。ドリルの直径は1ミリ以下で、近年は0.05ミリ径のドリルも供給する。

売り先はプリント配線板の実装を受託する工場である。かつては電機メーカーがプリント配線板工場を自営していたが、近年はEMSにアウトソースする動きが顕著である。

狭義の競合はユニオンツールと同じ工法を採用するメーカーで、いまだ現れない。

広義の競合はプリント配線板用の超硬ドリルを製造・販売するメーカーで、三菱マテリアル、住友電気工業、東芝タンガロイあたりがひしめいている。こうした大手の強豪を向こうに回して、ユニオンツールは世界の頂点に立ち、市場占有率38%を誇っている。

■38%
日経金融 2001.4.4

【構え】 入手ルートは新潟県長岡市に設けた自社工場である。そこに、ユニオンツールは内作した専用機を並べている。素材や工具は三菱マテリアルや住友電気工業や日立ツールから買っている。

引き渡しルートは自社の営業所および海外販社を主力とし、それを専門商社で補っている。

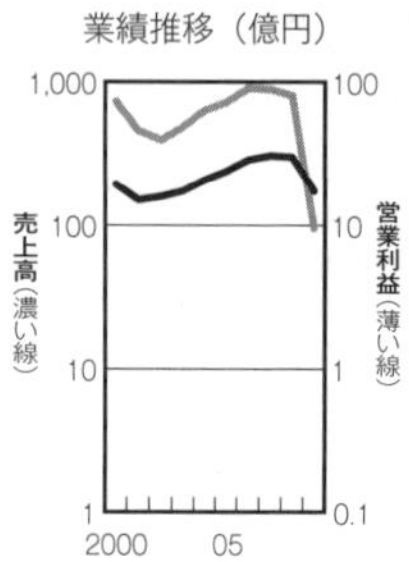

【時機】 このケースは、三菱マテリアルあたりが先行しており、後発に相当する。プリント配線板は多層化、高密度化する一方で、小口径化を求められるドリルの価格は上がり、寿命は縮む一方と言ってよい。分析対象期間中にユニオンツールの海外売上高比率は10%ポイントほど上昇している。

【源泉】 この事業で高収益を許すのはコスト優位である。その源泉は三重構造になっており、まずは内作する専用機が圧倒的に安い。それをユニオンツールは「仮にうちの機械が総重量200キロとすると、同じ生産能力を持つ機械メーカーの機械は、総重量3トンくらいになってしまいます。材料をふんだんに使って、見てくれもいい、値の張る機械を売るのが彼らの商売ですから」と説明する。

■仮にうちの機械が…
日経ベンチャー 1998.11

次に、内作する専用機が圧倒的に速い。ユニオンツールの専用機はミゾ、逃げ、先端加工の3工程を40秒でこなす。しかも全自

■40秒

動なので、人手がかからない。市販の機械だと、加工時間は3倍、作業時間は10倍になってしまう。労働生産性で言えば30倍の差がついている。

3倍
10倍
財界 1984.10.16

最後に、競合メーカーは高価なタングステン素材を削りだしてドリルを製造するのに対して、ユニオンツールは安価なステンレス製の柄にタングステン製の刃先を差し込んでドリルを製造する。それゆえ「当社は材料費が安いので人件費ゼロの会社と競争しても負けません」ということになる。

■当社は材料費が安い…
金融ジャーナル 1999.6

【防壁】 この事業で高収益を守るのは外販に回さない内製設備である。

【支柱】 この事業で高収益を支えるのは知財政策である。ユニオンツールは工法と専用機の特許を取得していない。それゆえ20年が経過しても優位が持続する。

【選択】 1970年3月、ユニオン化学研究所は工場を新設し、プリント配線板用ドリルの生産を開始した。店頭登録の20年ほど前のことで、資金繰りは綱渡りであったに違いない。

◉戦略旗手▶▷▷▷▷創業経営者

■かたやま・いちろう
生没：1920.07-2011.12
社員：—
役員：1960.12-2004.02
社長：1960.12-1996.05
会長：1996.05-2004.02

【人物】 このケースで戦略を推進したのは創業者の片山一郎氏である。一郎氏は「子供の頃から機械いじりが大好きだった」そうで、戦中は海軍の技術士官として機械式計算機の開発に従事した。歯科材料問屋を営む親戚に誘われて入れ歯で起業すると、自ら加工機を設計して歯科用ドリルを試作し、より良い素材を求めて三菱金属を訪ねた日からユニオンツールの歴史が始まったという。ちなみに、カーバイド素材で歯科用ドリルを国産化したのはユニオンツールが初めてだそうである。

■子供の頃から機械…
財界 1984.10.16

プリント配線板用ドリルのコスト競争力を支える専用機も、一郎氏が自ら設計した。一郎氏は本社の5階に住み込んで、「加工の難しいものを、いかに簡単につくるかを考え、そのための専用機械をつくるのが楽しい」と言いながら、社長室で深夜まで設計に打ち込んでいたという。一郎氏は、「人のやったことを真似して安く売るというのは、二流メーカーにまかせておく」とも述べている。

■加工の難しいものを…
日経産業 1982.2.18

■人のやったことを…
機械と工具 1983.6

一郎氏がプリント配線板用のドリルに転進したのは、歯科用ドリルの市場規模に満足していないことが背景にある。そこに日本IBMから打診を受けたことが直接の契機となり、一郎氏は工作機械の開発に手を着けたという。

【着想】一郎氏の着想は「PCBドリルは特殊な商品で、ユーザーも限られている。生産技術で一歩先を行けば、販売力の強い大手にも十分対抗できる」という発言に凝縮されている。ただし、肝心要の生産技術を詰める技術者はグローバル展開に乗り出した時点でも4〜5人しかおらず、一郎氏は「技術者を育てるのは難しい。（中略）やはり、まず現場を熟知することが大切です」と語っていた。一郎氏自身は図面を引きながら機械の稼働状況をイメージできたようで、試作機をつくる前に完成度を上げるのが真の技術者と考えていたようである。

■PCBドリルは…
日経ビジネス 1993.3.15

■PCB
プリント配線板

■技術者を育てるのは…
近代中小企業 1984.3

［参照文献］
証券アナリストジャーナル、1989年8月（片山一郎）
証券、1996年11月

ケース823 オーエスジー

B：タップ・ダイス（ねじ加工用の工具）

戦略C/C比率◀◁◇▷▷
戦略D/E比率◁◀◇▷▷
対照：—

■オーエスジー
直前決算期：1999.11
実質売上高：380億円
営業利益率：5.1%
海外売上率：30%
社内取締役：8
同順位相関：0.58
筆頭大株主：持株会
利益成長率：△/△/△
東名阪上場：1970.12

◉企業戦略▶▷▷▷▷本業集中

【経緯】オーエスジーは1938年に東京の荏原で大沢螺子研削所として設立された会社である。ブランドとなったオーエスジーは、大沢のOと、スクリュー（螺子）のSと、グラインディング（研削）のGを組み合わせたもので、1963年から社名にもなっている。ねじ穴をつくるためのタップとダイスを設立当初から手掛けていたが、1970年にエンドミル、1984年にドリルと徐々に業容を拡大する一方で、1968年のアメリカ進出に始まって、国際化にも取り組んで来た。

【編成】本業は切削工具で、それが分析対象期間中も主業の座を占めていた。

◉事業戦略▷▶▷▷▷川上統合

【立地】 売り物は雄ねじを切るタップや雌ねじを切るダイスをはじめとする切削工具である。いずれも特殊鋼を用いた工具で、オーエスジーは自動車部品や金型加工に使われる大径の標準品に強みを持つ。

売り先は機械加工メーカーである。

狭義の競合はタップやダイスのメーカーで、直接競合するのは、彌満和製作所や田野井製作所あたりになる。オーエスジーの国内市場占有率は52%と言われている。切り粉を出さない転造ダイスは独占する。

広義の競合は特殊鋼工具のメーカーで、オーエスジーは不二越、神戸製鋼所と並んで三羽ガラスに挙げられる。ただし、不二越と神戸製鋼所はタップやダイスを手掛けていない。

【構え】 入手ルートは自社工場である。社内に機械部門を持ち、汎用の工作機械は改良してから現場に投入するほか、専用の工作機械を内製してきた。内製率は80%を越えると言われている。

引き渡しルートは機械工具系の卸売経由である。

【時機】 このケースは、旧来の工法を置き換えたもので、後発に相当する。分析対象期間中にオーエスジーの海外売上高比率は20%ポイントほど上昇している。

【源泉】 この事業で高収益を許すのはパフォーマンス優位である。オーエスジーの製品は精度に秀でており、価格は業界で一番高いと言われている。それだけ精度に価値があるという証である。

【防壁】 この事業で高収益を守るのは内製設備である。特許も出していないので、これは他社も真似できない。

【支柱】 この事業で高収益を支えるのは販売部隊である。規模の経済が働くビジネスで、海外市場を開拓した功績は大とすべきであろう。

【選択】 1963年12月、オーエスジーは販売部を分離して、オーエスジー販売に移管した。ここで製販を分離したが、1992年に再統合して、1994年からは国内外の同業他社をM&Aしてグローバルトップを目指す戦略に転換している。

■全社
期間：1999.12–2009.11
得点掲示板：8–2
営業利益率：13.2%
利益占有率：100%
開示欄序列：0
事業本拠地：愛知県
独禁法違反：報道なし
—
1990年代：5–5
2010年代：4–0

■52%
日経朝刊 2007.7.4
地方経済面（中部）

業績推移（億円）

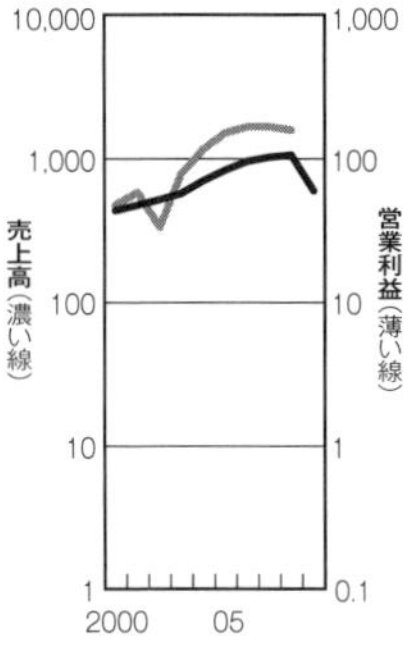

■おおさわ・ひでお
生没：1908.02-2002.04
社員：—
役員：1938.03-2002.04
社長：1938.03-1983.02
会長：1983.02-1992.12

■機械に取り組む…
企業である以上…
ねじ刃物の部門は…
勤め人じゃあ…
OSGの利益を…
40年史

◉戦略旗手▶▷▷▷▷創業経営者

【人物】 このケースで戦略を推進したのは創業者の大沢秀雄氏である。秀雄氏が寝食を忘れて開発した1号機を見て、兄弟子は「機械に取り組む姿勢に圧倒され、将来必ず大を成す人物であると思った」と語っている。そして秀雄氏は「企業である以上、儲けなければならないが、その利益はごまかしのものであってはならない」として、従業員、顧客、株主、国に対する利益還元を怠らなかった。

【着想】 秀雄氏の着想は現場に由来する。東三河の農家に生まれ、中島飛行機製作所に職を得て工具工場で7年働くうちに、「ねじ刃物の部門は他の機械類に比べて技術が遅れている、これなら研究次第でやれると思った」と秀雄氏はいう。当時のタップは旋盤加工を経てから焼き入れをしており、先に焼き入れを済ませた素材を研削すれば精度が上がると考えたわけである。そして「勤め人じゃあ苦労のしがいがない」と起業に踏み切ったという。

秀雄氏は「OSGの利益を生み出す原動力となっている自社開発専用機は、言ってみれば当社の米びつのようなものだ。米びつは外には出されない」と特許出願を拒み通したそうである。秀雄氏が持つノウハウの一端は、参照文献から窺い知ることができる。

[参照文献]
『オーエスジーの歩み40年』1978年
日本ねじ研究協会誌、1973年9月（大沢秀雄）

ケース 824　ユーシン精機

B：ロボット（射出成形後工程の自動化策）

戦略C/C比率◀◁◇▷▷
戦略D/E比率◁◀◇▷▷
対照：027

■ユーシン精機
直前決算期：2000.03
実質売上高：140億円
営業利益率：23.2%
海外売上率：57%
社内取締役：2
同順位相関：—
筆頭大株主：創業家
利益成長率：—/—/—
東名阪上場：1999.12

◉企業戦略▶▷▷▷▷本業集中

【経緯】 ユーシン精機は1973年に京都で設立された会社である。当初は自動機や専用機の受託開発を生業としていたが、設立から5年後に射出成形品の取出ロボットに的を絞り込み、それ以降は全方位の品揃えを完成させてきた。1号機のスイング式に加えて、トラバース型やサイドエントリー型、大型品対応機まで抜かりなく取り揃えている。1982年には、成形機から取り出した成形品を箱詰めするストッカーも発売した。

【編成】 本業は取出ロボットで、それが全社の3分の2を占めている。残りは取出ロボットの各種アタッチメントや特注機のほか、ストッカーである。営む事業間の関係は射出成形後工程の自動化というドメインの機能的定義で説明できる。

◉事業戦略▶▷▷▷▷中核集中

【立地】 売り物は射出成形機から樹脂成形品を自動で取り出すロボットである。ピック・アンド・プレースと呼ばれる単機能型のロボットではあるが、成形機に固定された金型が開いた隙間にアームを差し込む必要があり、成形機との干渉も許されないことから、汎用機では対応できないニッチな領域になっている。ユーシン精機では「それぞれの現場に最も対応する装置を開発する」という方針を貫いており、近年では光ディスクの取出ロボットをヒットさせている。

売り先は多品種少量生産をこなす中小の成形業者を主力とする。構内スペースに余裕のある大手の成形メーカーはベルトコンベヤーを導入するので、そこは相手にしていない。

狭義の競合は100万円を切る低価格機を手掛けるメーカーで、そこにライバルは見当たらない。

広義の競合は取出ロボットのメーカーで、当初はセーラー万年筆やスター精密あたりが該当した。最後発のユーシン精機の国内シェアは1985年時点で約15%であったが、2003年には約40%にまで勝ち進み、現在では世界トップと言われている。

【構え】 入手ルートは京都に構えた自社工場である。工場は、アメリカと韓国と中国にも展開している。外へ委託できるものはできるだけ外注するという方針を貫いており、ロボットの主要構成部品も安川メカトレックやSMCあたりから購入している。

引き渡しルートは商社経由からスタートしたが、取引条件を改善すべく直販ルートも構築した。それにより、ユーザーニーズを把握しやすくなったという。分析対象期間中は、大手の射出成形機メーカーへの直販比率と、海外比率が高くなってきた。販売子会社網はアメリカ、韓国、シンガポール、マレーシア、台湾、タイ、

■全社
期間：2000.04–2010.03
得点掲示板：8–2
営業利益率：13.6%
利益占有率：100%
開示欄序列：0
事業本拠地：京都府
独禁法違反：報道なし
—
1990年代：3–1
2010年代：2–2

■それぞれの現場に…
日経産業 2000.2.17

■約15%
日経産業 1985.2.19

■約40%
日経産業 2003.9.4

業績推移（億円）

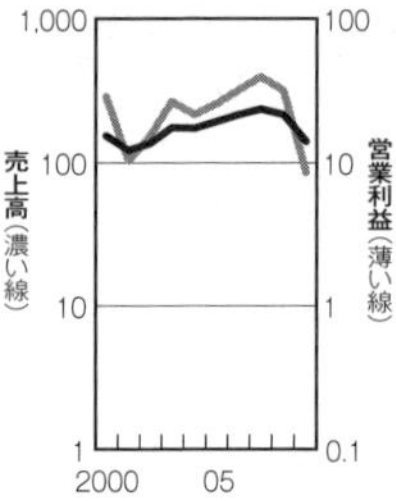

イギリス、中国、スロバキア、インドに広がっている。

【時機】このケースは、セーラー万年筆あたりの後塵を拝しており、後発に相当する。樹脂成形の分野では温度管理の重要性が認識されるようになり、型の開閉サイクルを安定させる取出ロボットが良品率を左右する時代が訪れている。ユーシン精機は、この機を捉えたと見ることができる。

【源泉】この事業で高収益を許すのはパフォーマンス優位である。ユーザーの立場から見ると、成形品の取り出しに時間がかかると、成形機の生産性が落ちてしまう。ゆえに取出ロボットは高速化競争を演じる宿命を背負っている。そこでユーシン精機は、従来は真鍮をつかっていた筐体にアルミ合金を採用した。すると小型モーターでも動くようになり、動きを滑らかにするためのエアクッションへの負荷も減り、ロボットの原価を下げることができる。この類いの工夫の積み重ねが、ロボットの性能を上げると同時に、コストを下げるのである。

【防壁】この事業で高収益を守るのは競合の自縛である。高性能化の見返りは価格改訂で受け取るものと思い込んでいた他社は「軽量化すると機械が華奢になる。苦労しただけの付加価値がとれるかどうか」と逡巡し、ユーシン精機に追随しない。ユーシン精機は見返りを原価低減で受け取るものと割り切っていたに違いない。

■**軽量化すると…**
日経ビジネス 1983.7.11

【支柱】この事業で高収益を支えるのは創業者の妻である。彼女は創業当時から社業を側面支援しており、開発に没頭した創業者が早世したあとは、自ら社長を務めている。

【選択】1978年1月、ユーシン精機は取出ロボットの分野に参入した。これは、社内ユーザーを抱える大手や、要素技術を持つ大手に挑むことを意味していた。

◉戦略旗手▶▷▷▷▷創業経営者

■**こたに・すすむ**
生没：1943.12-2002.12
社員：—
役員：1973.10-2002.12
社長：1973.10-2002.12
会長：—

【人物】このケースで戦略を推進したのは創業者の小谷進氏である。進氏は東京ガスの下請けでガスメーターの設計に従事していたが、それに飽き足らず、29歳で起業した。起業してからは「無人化よりも良品率の向上が大切」（プラスチックエージ、1985年11月）とか、「平均年齢65歳でも働ける成形工場を」（プラスチックス、

1993年8月）と訴えていることからわかるように、大義を抱いて樹脂成形業界と向き合った。

進氏を取材した人物が「しかし、マメな方ですね。次から次へと色んな工夫をこらしたものをやっていくのが苦痛じゃないというのが社長の成功の素だと思いますね」という印象を記しているが、そのとおりと言ってよかろう。進氏は、業界ではじめてエアシリンダーに代えてサーボモーターを採用したことでも知られている。

【着想】 進氏の着想は単純明快である。取出ロボットに着眼したのは、射出成形機のトップメーカーの若手営業マンから声をかけられたことがきっかけとなっており、自分で調べてみて有望と判断し、「よし、やろう」と踏み切ったそうである。取出ロボットに絞り込んだのは、「ヨメはんが2人いたら頭がおかしくなる」というロジックだという。

[参照文献]

証券、2000年2月（小谷進）

■しかし、マメな…
プラスチックスエージ 1985.11

■サーボモーター
ロボット 2008.3

■よし、やろう
日経産業 1984.5.29

■ヨメはんが2人…
日経ビジネス 1983.7.11

ケース 625 コニカミノルタH：オプトエ事業

B：レンズ（光ピックアップ用の機能部品）

戦略C/C比率◀◁◇▷▷
戦略D/E比率◀◁◇▷▷
対照：008，440

◉企業戦略▷▷▷▶▷本業辺境展開

【経緯】 コニカミノルタHは1936年に東京の日本橋室町で小西六本店として設立された会社である。源流は1873年、小西屋六兵衛店にさかのぼり、写真フィルムを祖業とするが、日本最古参のカメラメーカーの一面も持つ。1956年にアメリカ、1973年にドイツに現地法人を設立して以来、一貫して欧米市場に狙いを定める一方で、1971年には電子複写機に参入し、多角化も進めてきた。カメラのデジタル化が急速に進むなかで、2003年にはミノルタと経営統合して脱カメラに大きく舵を切っている。

【編成】 本業は感光材料であったが、1997年度に逆転がおきて、複写機を中心とする情報機器が主業の座に躍り出た。

■コニカ
直前決算期：2002.03
実質売上高：5,480億円
営業利益率：5.5%
海外売上率：57%
社内取締役：5
同順位相関：0.67
筆頭大株主：金融機関
利益成長率：△/△/△
東名阪上場：1949.05

■オプト事業
期間：2002.04-2010.03
得点掲示板：7-1
営業利益率：14.4%
利益占有率：20%
開示欄序列：2
事業本拠地：東京都
独禁法違反：報道なし
—
1990年代：—
2010年代：3-1

■約7割
日経産業 1985.12.13

■30%前後
日経産業 2000.10.18

■ほぼ100%
日経産業 2008.2.13

■約7割
日経産業 2000.6.5

◉事業戦略▶▷▷▷▷中核集中

【立地】 売り物はCDやDVDのディスクに書き込まれた情報を読み取るための光ピックアップ用レンズである。コニカミノルタHの製品は、樹脂製で非球面という点に特徴がある。

売り先はCDプレーヤーやDVDプレーヤーのメーカーである。共同開発パートナーのソニーをはじめとして、コニカミノルタHのレンズを家庭用ゲーム機に採用する顧客も多い。

狭義の競合は樹脂製レンズのメーカーである。コニカミノルタHの後を追いかけて富士写真フイルムや旭光学が参入してきたが、コニカミノルタHの世界シェアは約7割のままで不動であった。富士写真フイルムが30%前後のシェアを確保したのは、ガラス製を置き換えただけに等しい。難易度の高いDVDやブルーレイ用途に限るとコニカミノルタHの優位は絶対と言われており、先端市場におけるシェアはほぼ100%だそうである。

広義の競合は光学ガラス製レンズのメーカーである。1979年にレーザーディスク、1982年に音楽用CDが発売された時点で、ガラス製の球面レンズ3枚で対物レンズを構成し、同じく2枚でコリメートレンズを構成したピックアップが搭載されていた。コニカミノルタHは、1984年に樹脂製の非球面レンズ1枚で構成する対物レンズを従来品の3分の1という価格で発売して、あっという間に市場の約7割を押さえてしまった。アメリカのコーニング社に加えて、日本のHOYAやオリンパス光学工業や松下電器産業が光学性能に優るガラス製の非球面レンズで対抗しようとしたが、市場に食い込むには至っていない。

【構え】 入手ルートは子会社で、八王子と大連に主力生産拠点がある。

引き渡しルートは直販と思われる。

【時機】 このケースは、先にガラス製のレンズが立ち上がっており、後発に相当する。捉えた機は光ディスク伸長の波で、分析対象期間中後半にはブルーレイも立ち上がっている。

【源泉】 この事業で高収益を許すのはコスト優位である。樹脂製のレンズは射出成形機で大量生産できるうえ、研磨工程が要らない。従来のガラス製と比べると、劇的にピックアップの組立コストを削減したことになっている。顧客の享受するコスト削減効果の一部が利益に転じていると考えれば、わかりやすいケースである。

【防壁】 この事業で高収益を守るのは絶えざる革新である。1984年に衝撃的なデビューを飾ったあとも、コニカミノルタHは熱膨張という樹脂製レンズの欠点を消すために、素材を代えて保証温度を引き上げていった。1986年には対物レンズをコリメートレンズと一体化するという快挙も成し遂げている。さらに1997年にはDVDとCDとCD-R用のピックアップを一つにまとめるという偉業も成し遂げた。ピックアップの組立コストを次から次へと下げていき、自ら利益を確保する余地を拡げてきたわけである。その副次的な効果として、参入障壁も高くなる一方であった。

【支柱】 この事業で高収益を支えるのは生産部隊である。レンズの川下には光ピックアップがあり、その川下には組込プレーヤーがあり、その川下にはセット機器があるという連鎖のなかで、レンズには末端市場の需要変動が何倍にも拡幅されて押し寄せる。その振幅を吸収し、納期や品質を守り通す生産部隊の努力がなければ、競合に付け入る隙を与えることになり、戦略の均整が崩れてしまう。

【選択】 1980年10月、小西六写真工業は「大口径非球面単レンズ」という名称で特許を出願した。樹脂素材は「耐熱特性の弱いこと、屈折率の温度変化が大きいこと、吸水性が大きく耐候特性に不満のあること、成形や表面処理精度、内部均質性に問題のあること」などが致命的な欠陥とされており、それまでカメラのファインダーのように精度要求の低い光学系にしか使われていなかった。それをレーザー光を絞って高密度記録を読み取るアプリケーションに採用するなど、誰も考えていなかったに違いない。

◉戦略旗手▷▷▷▷▶理系社員

【人物】 このケースで戦略を推進したのは技術者の小嶋忠氏である。小嶋氏は傍流のカメラ事業でレンズを担当してきた人物で、1979年から部長の職に就いていた。上市したあとは光学開発センター長を拝命し、1986年からオプト事業推進室長、1988年からオプト事業部長、1989年から取締役、1999年からオプトテクノロジーカ

業績推移（億円）

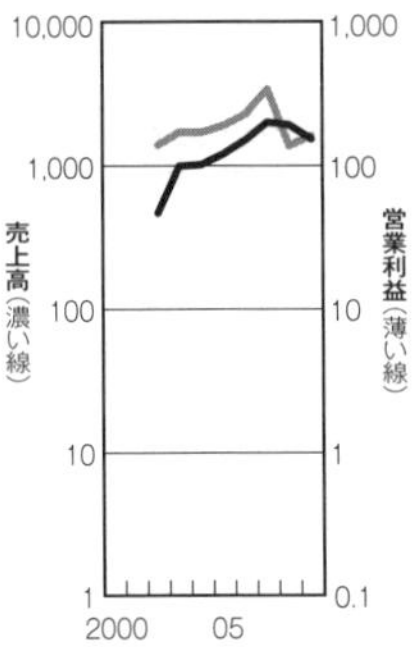

■耐熱特性の弱い…
光学 1982.2

■こじま・ただし
生没：1934.01–2008.01
社員：1956.04–1989.06
役員：1989.06–2002.06
社長：—
会長：—

ンパニープレジデントと、事業の拡大と共に順調に地位が上っていった。2002年に執行役員から特別顧問に退いている。

■もし会社のカメラ…
O plus E 2007.7

【着想】 小嶋氏の着想は企業家的で面白い。回顧録で小嶋氏は「もし会社のカメラ事業が順調に伸びていたならば、少し名の知られたレンズ設計者程度で終わっていたと思いますが、コニカのカメラ事業は1970年代末頃から不振となり、カメラの付属品としての位置づけしかなかったレンズ設計部門も、それに伴い、あってもなくてもよいような雰囲気になってしまったのです。しかし、私はレンズというのは光学部品の中核であり、カメラ以外にもさまざまな用途があるということがわかっていましたから、会社の言うなりになって先細りになるぐらいなら、いっそのこと自分たちで新しい分野を開拓してやろうじゃないかと心に決めたのです」と語っている。

■半導体レーザーの…
民生用の分野に…
今までのレンズ産業は…
光学 1982.2

成功したあとは何でも言えるが、上述の「新しい分野」について具体的なアイディアを持っていたところが小嶋氏の非凡なところである。何と樹脂製レンズを上市する前に、小嶋氏は「半導体レーザーの低価格での普及も予想されるので、半導体レーザーと結びついたレンズ系が今後いろいろの形で考えられてこよう」と述べており、照準も「民生用の分野においては、近い将来大きな成長が期待されるものとして光方式のビデオディスクやデジタルオーディオディスクがある」と絞りきっていたことを窺い知ることができる。なぜ、カメラ用レンズの外に目が向かっていたのか。答えを知る鍵は、「今までのレンズ産業は自動車産業や家電産業に比べるとその規模は極端に小さく、また圧倒的に多品種少量生産の形態をとってきた。量的規模の大きなレンズのニーズが生じることを期待するものであるが、そのときこそ低コスト・高精度型の生産構造への変化をなしうる一つのチャンスとなるかもしれない」という発言にある。現状への不満が起爆剤になった事例と言えようか。

［参照文献］
『写真とともに百年』1973年
KONICA TECHNICAL REPORT、2002年1月（小嶋忠）

ケース 626 カネカ：機能性樹脂事業

B：MBS樹脂（塩化ビニール樹脂の改質剤）

戦略C/C比率◁◁◇▷▶
戦略D/E比率◁◁◇▶▷
対照：077

◉企業戦略▷▷▷▷▶多核化展開

【経緯】 カネカは1949年に大阪で鐘淵化学工業として設立された会社である。鐘淵紡績の食品を中心とする非繊維部門を継承する第二会社としてスタートを切ったが、1950年に塩化ビニール樹脂、1965年に発泡スチレン樹脂を事業化して新たな経営の柱とした。ほかにアクリル系の合成繊維や医薬中間体、近年は電力用太陽電池を立ち上げている。

【編成】 本業は食品・医薬で、分析対象期間中に里帰りが起きたが、その間に化成品（塩ビ・ソーダ）が主業の座を占めた時期もある。化成品と機能性樹脂（塩ビ改質剤）は顧客を一部共有するが、発泡樹脂（スチレン）や合成繊維（モダアクリル）は違う。これらをカネカは高分子路線と括るが、手掛けていない高分子が多すぎて、必ずしも事業ポートフォリオを定義することにはなっていない。

■鐘淵化学工業
直前決算期：2003.03
実質売上高：3,850億円
営業利益率：7.2%
海外売上率：33%
社内取締役：21
同順位相関：0.89
筆頭大株主：信託口
利益成長率：△/△/△
東名阪上場：1949.10

◉事業戦略▷▶▷▷▷川上統合

【立地】 売り物はメチルメタクリレート・ブタジエン・スチレン（MBS）樹脂である。これはABS樹脂のアクリロニトリルをメチルメタクリレートに置き換えた高分子で、硬質塩ビ樹脂最大の弱点と言われる耐衝撃性を改善する特性を持つ。製品としては透明シート用のB-11グレードと、透明ボトル用のB-12グレードがある。

売り先は塩ビボトルのブロー成形メーカー、もしくは塩ビシートのメーカーである。

狭義の競合はMBS樹脂系改質剤のメーカーで、1956年に特許を出願したアメリカのローム&ハース社を筆頭格に挙げることができる。国内ではクレハがカネカ追撃に乗り出して、メチルメタクリレートに強みを持つ三菱レイヨンも参入してきたが、カネカは一貫して世界市場のほぼ半分を占めているそうである。分析対象期間中に、クレハはローム&ハース社に、三菱レイヨンはアトフィナ社に、それぞれMBS樹脂事業を譲渡した。

■機能性樹脂事業
期間：2003.04–2010.03
得点掲示板：6–1
営業利益率：13.6%
利益占有率：26%
開示欄序列：2
事業本拠地：兵庫県
独禁法違反：2003.12
—
1990年代：—
2010年代：2–2

■ほぼ半分
水を詰めて人の目…
現地の技術サービス…
化学経済 1999.3

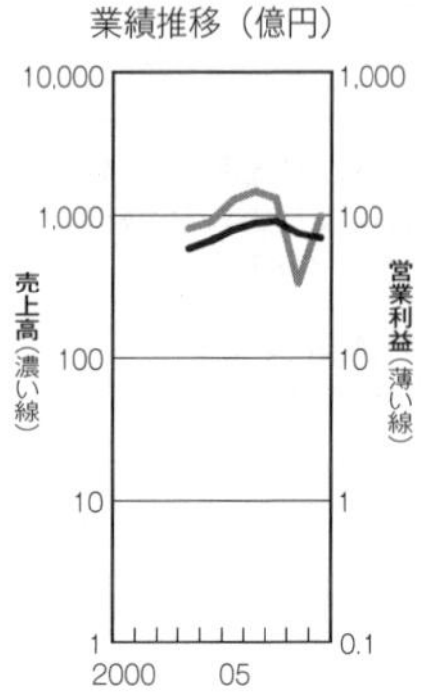

広義の競合は塩ビ樹脂の耐衝撃性改質剤のメーカーで、MBS樹脂以外にはマーボンケミカル社や日本ゼオンのABS樹脂があった。カネカもABS樹脂系の改質剤を研究所で取り上げていたが、事業化は見送った。

【構え】入手ルートは世界4ヶ所に分散させた自社工場である。市場によって要求に微妙な相違があるため、現地で造り分けているという。

引き渡しルートは主に特約店経由で、特に三井物産を重用していたようである。市場の9割近くは国外にある。

【時機】このケースは、市場が国外にあり、ローム&ハース社が先行したことを考えると、後発に相当する。欧州では早くからボトル入り飲料水の市場が発達しており、その容器をガラス製から軽くて割れない樹脂製に置き換える需要は潜在的に巨大であった。

【源泉】この事業で高収益を許すのはミッションクリティカリティである。塩ビ樹脂は単独では「水を詰めて人の目から落として割れない」という市場要件を満たさない。その塩ビ樹脂にMBS樹脂を5%から10%ほど混ぜると要件を満たすので、ガラス代替への道が開けてくる。ボトルメーカーにしてみれば、MBS樹脂は事業成否の鍵を握る一方で、混入比率が低いので少々高くても割に合う。ここにウィン・ウィンの関係が成立する素地がある。

【防壁】この事業で高収益を守るのはスイッチング・コストである。立ち上げ時期に付き物のトラブルを解決して、安定した成形条件を見つけたボトルメーカーにとって、改質剤を代えるとなると極めて大きなリスクをとることになる。別の改質剤メーカーから魅力的な価格条件を出されても、そう簡単には飛びつけない。切り替え後に価格改定の可能性が残るようであれば、なおさらである。カネカは空白地帯の欧州に一番乗りして、MBS樹脂の供給を開始した。

【支柱】この事業で高収益を支えるのは技術サービスである。カネカの広報室によると「現地の技術サービスラボは、鐘淵化学本体が日本で開発した基本技術を現地のニーズにアジャストする重要な役割期待を担っている。研究開発機能を日本以外にも広げ、世界に通用する商品を迅速に開発していくのが基本である」ということになる。改質塩ビの用途はボトル以外に次から次へと拡がっていき、事業の高収益化に寄与したが、それを可能にしたのが技術サービスと言ってよい。

【選択】 1970年12月、鐘淵化学工業はMBS樹脂の欧州現地生産・販売拠点としてカネカベルギーを設立した。日本企業が海外現地生産に乗り出すタイミングとしては極めて早い。そして初めての海外現地生産であったにもかかわらず、カネカは当時の経常利益の半分に相当する38億円の設備投資を敢行した。何とも思い切った決断である。ちなみに、カネカを追うクレハは技術輸出を選択し、海外現地生産は見送った。

◉戦略旗手▷▷▷▷▶理系社員

【人物】 このケースで戦略を推進したのは「MBS樹脂の生みの親」と呼ばれた斎藤一雄氏である。斎藤氏は1972年度の高分子学会賞を受賞した際に、「耐衝撃性と透明性を併有したPVC強化剤の製造方法」という論文を寄稿している。

斎藤氏は大学でビニロンを開発した教授につき、カネカに就職すると、入社4年目に「透明で割れない塩ビ・ブレンド用樹脂の開発」という大きなテーマを与えられた。最初は中央研究所で研究に取り組んだが、事業部管轄の大阪工場に研究の場を移すよう本社から命じられたのが幸いして、サンプルを塩ビに混ぜて実物テストを重ねるうちに、世界で初めて塩ビ樹脂の透明性を損なわない高分子設計に辿り着いたという。その当時、低温下で塩ビ樹脂の割れを防ぐ改質剤は上市されていたが、いずれも塩ビの透明性を損なうものばかりであった。

カネカがベルギー工場を建てるに際して、そこで生産するカネカエースBを開発するプロジェクトのリーダーを務めたのも斎藤氏である。最初の開発と、このプロジェクトの間には、社費でアメリカ留学を経験している。

斎藤氏の陰には実質的な創業者の中司清氏がいた。中司氏は塩ビ樹脂に深くコミットしており、研究の自由を尊重していた。それが斎藤氏の偉業につながったことは指摘しておきたい。

【着想】 斎藤氏の着想は「じゅうたん爆撃型」と形容されている。「物性に影響する数十のすべての要因を洗い出して相関図を作り

■さいとう・かずお
生没：—
社員：1958.??-1994.??
役員：—
社長：—
会長：—

■MBS樹脂の生みの親
じゅうたん爆撃型
物性に影響する数十の…
目的のためには…
研究開発マネジメント
1999.2

片っ端から」試すアプローチを採ったからである。ただし、そのプロセスでは様々な工夫を凝らしており、斎藤氏自身も「目的のためには手段を選ばない。法に反することと安全確保以外は常識外だろうと、柔軟に考えてすべてやってみる。それが研究開発のひとつのキーポイントです」と語っている。

［参照文献］
『鐘化拾年』1959年
『変革と創造』1970年
『化学を超えて』1990年
高分子、1973年8月（斎藤一雄・斎藤一郎・田中毅）
化学工業、1974年2月（村井秀實）
日経ビジネス、1975年3月31日
化学工学、1997年3月（長野武士・高木彰）
イノベーション・マネジメント研究、2010年（橋本規之）

第8章　Chapter 8

成長事業における留意点

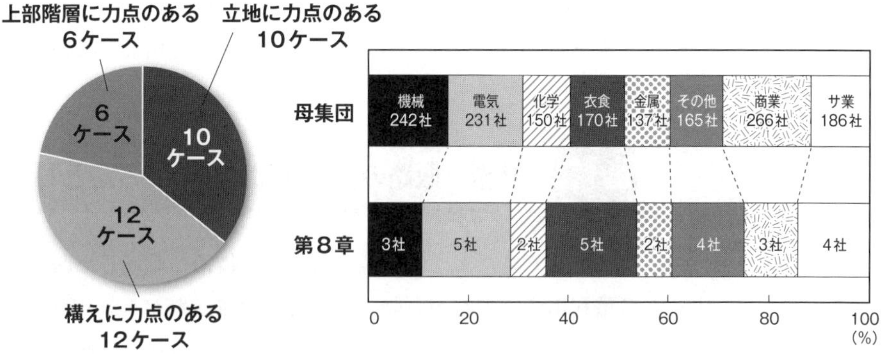

第5章から第7章で示したのは、成功の必要条件に過ぎない。ここでは、そこで浮上した戦略オプションが成功の必要十分条件とまで言えるか否かを吟味する。そのプロセスで、一方的に失敗の山を築きやすい似非戦略も列挙していく。

この章に登場するケースは、業種を選ばず広く分布している。ただし衣食、なかでも繊維の突出は気になるところである。本業の斜陽に背中を押され、やむにやまれず勝ち目の少ない投資機会に賭けてしまったに違いない。繊維に次いで目立つのは逆に伸長著しい電気で、投資機会の多さが誘惑となるのであろう。吸い寄せられる企業多数のなかの1社になると、勝ち目に見合わないリスクを背負う可能性が大きい点には留意したい。いずれにせよ、後追い参入は常人が想像する以上に難しく、少なくとも高収益事業につながることは期待しないほうがよさそうである。

1 立地の戦略

立地次元の推奨戦略は「売り物」のエクステンションと「売り先」のディビエーションであったが、いずれかを指向して失敗したケースは皆無である。一見したところ推奨戦略を試みたように見える失敗ケースはいくつかあるが、中身を吟味してみると、肝心なところで似て非なる部分が見えてくる。立地選択においては、バンドワゴンの罠にも留意しておきたい。

8-1-1 技術・販路の多重利用にまつわる落とし穴

5-1-1で見たように、既に蓄積した技術や整備した販路を多重利用する戦略が有効であることは確かながら、それで失敗したケースも2つ出ている。ケース433の富士車輌は、ゴミ収集車のゴミを圧縮する機構を他用途に展開していったが、民事再生を免れなかった。ケース323のアピックヤマダは、半導体の封止工程用の装置を得意としており、装置間の搬送を自動化する事業を買収した。シナジー効果が強いように見えたものの、事業は再編せざるをえなかった。アピックヤマダのケースは、M&Aという手法の問題点を映している面もあり、その意味では4-1-3と酷似する。

ケース433 富士車輌：車輌事業

G：特殊車両（公共サービスの省力化）

■富士車輌：車輌
期間：2000.04-2001.03
得点掲示板：0-1
営業利益率：6.0%
開示欄序列：1
十年経営者：不在
—
1990年代：0-10

ゴミ収集車、道路清掃車、廃車プレス車などの特殊車両の生産を細々と続けてきたが、売上が漸減していくなかで万事休した。主力の鉄構部門や機械部門も不振に喘いでいたことから、2001年に民事再生法の適用を申請した。

ケース 323 アピックヤマダ：半導体製造装置事業

B：搬送装置（半導体後工程の自動化）

■アピックヤマダ：装置
期間：2003.04-2005.03
得点掲示板：0-2
営業利益率：▲3.4%
開示欄序列：1
十年経営者：不在
—
1990年代：—

半導体の後工程の設備を得意としており、設備間をつなぐ搬送装置の事業が富士通から売りに出たとき、これを買収して新たな主業とした。しかし激化する価格競争の煽りを受け、新工場をただちに閉鎖した。

8-1-2 そっぽ指向にまつわる落とし穴

5-2-1で見たように、先発各社が捨てた市場に打って出る戦略は有望ながら、この戦略で成功したケースと同数の失敗ケースが出ている事実は重く受け止める必要がある。そもそも、捨てて正解という場合の方が多いに違いない。ケース434の十字屋とケース324の歌舞伎座は、成功ケース819のユニマットライフと同じように地方を指向したが、結果は大違いである。ともに一般大衆を狙ったところがユニマットライフと異なっており、似て非なる戦略と捉えるべきなのかもしれない。ケース325のマミヤ・オーピーはオンリーワンの座を確保したが、ナンバーワンのキヤノンに利益率で負けている。利益の絶対額では、比較にすらならない。ケース326の西洋フードシステムズも、先行するファミリーレストランの向こうを張ってコミュニティレストランというコンセプトを打ち出し、オンリーワンの座を確保したが、自分たちのコンセプトを広く認識させるには至らなかった。

■十字屋：小売
期間：2000.03-2005.02
得点掲示板：0-5
営業利益率：▲1.7%
開示欄序列：1→2
十年経営者：不在
—
1990年代：0-5

ケース434 十字屋：百貨店事業

C：百貨（大衆向け総合小売）

山形、仙台、銚子、館山の4店舗を核に地方で百貨店業を営んでおり、バブル期から売上高が半分以下に縮むなかで改装と売場改革を繰り返したが漸減傾向に歯止めがかからず、3店舗を閉鎖したうえでダイエーに吸収された。

■歌舞伎座：映画
期間：2000.04-2001.02
得点掲示板：0-1
営業利益率：▲108.3%
開示欄序列：4
十年経営者：2人
—
1990年代：0-9

ケース324 歌舞伎座：映画事業

C：映画館（エンターテインメント）

多角化の一環として1960年に豊橋市に映画館を核とする商業施設を建設、開業し、そこから市内で4館体制を構築したが、新設される映画館には対抗できず、2000年に閉館した。跡地は売却した。

■マミヤ・オーピー：光機
期間：2000.04-2006.03
得点掲示板：0-6
営業利益率：▲14.4%
開示欄序列：3→2
十年経営者：不在
—
1990年代：0-1

ケース325 マミヤ・オーピー：光学機器事業

P：中判カメラ（プロ用撮影機材）

国内唯一の二眼レフカメラメーカー、マミヤ光機をオリムピックが1991年に買収して、釣り具に代わる主業に仕立てようとしたが、15年後に事業売却した。ただでさえ狭い市場を大手の一眼レフカメラに浸食され、光学機器事業は赤字が続いていた。

■西洋フードシステムズ：ロードサイド
期間：2000.04-2002.03
得点掲示板：0-2
営業利益率：▲13.3%
開示欄序列：3
十年経営者：不在
—

ケース326 西洋フードシステムズ：ロードサイド事業

C：郊外レストラン（地域サロン）

すかいらーくの多店舗展開構想に4年遅れで郊外ファミレスの「カーサ」を展開し、地域のサロン、すなわちコミュニティレストランとして差異化を図ったが、バブル崩壊以降は苦戦を強いられ、

2002年に120店舗を売却して撤退した。

1990年代：0-2

8-1-3 バンドワゴンの罠

4-2-2で見たように、バンドワゴンに後追いで群がる企業は後を絶たない。成長フェーズでも、ケース327のJFEとケース328の東光は半導体、ケース329の東和メックスはビデオレンタル、ケース330の日本精糖はクリーニングのフランチャイズに群がった。罠の性質については、4-2-2で述べたのでここでは繰り返さない。

ケース 327 ジェイエフイーH：LSI事業

B：カスタムLSI（半導体集積回路の製造・販売）

■川崎製鉄：情報通信
期間：2000.04-2010.03
得点掲示板：1-9
営業利益率：2.0%
開示欄序列：4→5
十年経営者：不在
—
1990年代：0-3

川崎製鉄は1990年にLSI工場を建設して、遅まきながら半導体事業に参入した。2001年に事業を分社化してスピード経営ができる条件を整えたものの、2009年には自社工場を閉鎖して委託生産に切り替えた。

ケース 328 東光

B：LED用ドライバーIC（液晶パネル用機能部品）

■東光
期間：2000.04-2009.03
得点掲示板：1-8
営業利益率：1.4%
開示欄序列：0
十年経営者：不在
—
1990年代：1-9

コイルに次ぐ柱を育てるべく新日本製鐵から館山の半導体工場を1999年に買収したが、10年後に旭化成に売却し、半導体事業から撤退した。財務基盤が揺らいだ東光は2014年に村田製作所の連結子会社となっている。

ケース 329 東和メックス：オーディオビジュアル事業

C：ビデオ・DVD（ビデオレンタル）

■東和メックス：AV
期間：2000.04-2001.03
得点掲示板：0-1
営業利益率：▲2.7%
開示欄序列：2
十年経営者：不在
—
1990年代：0-1

本業のレジから多角化を目指して1990年にビデオレンタル事業を買収し、400店舗体制でスタートを切ったが、黒字転換できず、2001年に業界大手のゲオグループに事業を売却、撤退した。

ケース 330 フジ日本精糖：クリーニング事業

C：クリーニング（家事代行サービス）

■日本精糖：クリーニング
期間：2000.04-2002.03
得点掲示板：0-2
営業利益率：▲11.5%
開示欄序列：4
十年経営者：不在
—
1990年代：0-2

1981年に子会社のみつばを設立してクリーニング事業に挑んだが、日本精糖がフジ製糖と合併するのを機に事業主体を清算した。神奈川県下で53店舗を展開したものの9年連続で赤字が続き、再建の見通しが立たなかったという。

2　構えの戦略

構え次元の推奨戦略は出荷起点の川下シフトであったが、そこで市場育成に立ち向かって失敗したケースは皆無である。失敗ケースは、いずれも単純な後方垂直統合で終わっている。単なる後方垂直統合は、他社の顧客を奪いに行くことになる。その結果、ベースとなる事業の取引先と関係が悪化して、そちらに影響が及ぶ事態も視野に入れなければならない。仕掛ける側は、ベースとなる主業の不振を打開するために川下降下に打って出る場合がほとんどで、自社の視点しか持ち合わせていないのではないかと疑いたくなる。

数は少ないが、ほかに外販の罠と川上遡及の罠にはまったケースも出ているので、それぞれ項を設けて注意を喚起しておく。

8-2-1　川下開拓にまつわる落とし穴

6-1-1で見たように、川下サイドに新たな市場を育成しに行って、構造的な優位を築いたケースが高収益を享受している。それなのに、同じように川下に降下したケース435の御幸Hとケース331の市田は、多額の損失処理を余儀なくされてしまった。成功と失敗を分けるのは、降下した先に先住者が多数いるか、いないかである。御幸Hも市田も服地から婦人服へ降りていったが、降りた先は有数の激戦区であった。同じように、ケース075の日本冶金工業が降りた先のシステムキッチン、ケース436の日本配合飼料が降りた先の養鶏、ケース437の新日鐵化学が降りた先の回路基板は、いずれも先発各社がひしめいていた。それにもかかわらず降りて行ったのは、本業が苦しいからである。少し考えてみればわかるが、本業が苦しいときに川下が桃源郷ということはありえない。

これらのケースには、降りた先に高収益を享受した企業など見当たらないというところに共通点がある。その意味で、川下の事業立地が荒れている。だから川上も苦しくなる。そこで川下に降りても、問題の解決になるはずがない。自分たちが川下を手がければ状況を変えられると考えるのは、独り善がりも甚だしい。市場が大きいから隙間がどこかに見つかるはずと考えるのも、やはり甘い。

中間産物の川下も似たようなものである。ケース332のグルメ杵屋はセントラルキッチンからケータリングに出たが、結果は芳しくない。ケース333とケース334の日本電信電話はiモードの国際展開に打って出たが、夢の代償は高くついた。

もちろん、夢を見る側には、それなりの理由がある。好例はケース436で、これは差異化の意味を鋭く問う。一般の白い鶏卵がコモディティ化したことを踏まえて、日本配合飼料は赤味がかった特殊卵を生産できる飼料を開発した。特殊卵という新たな市場を育成しに行ったと解釈できないではないが、養鶏農家は動かない。そこで自社で養鶏まで手がけたが、やはり価格プレミアムは取れなかった。卵の栄養価を変える道は険しかったのかもしれないが、消費者にしてみればヨードでも何でも卵以外の食品から安く簡単に取ることができることを考えると、やはり企画は独り善がりの誹りを免れない。

ケース 435 御幸H：繊維事業

C：婦人服（ファッション）

■御幸毛織：繊維
期間：2000.04-2006.03
得点掲示板：0-6
営業利益率：▲4.6%
開示欄序列：1
十年経営者：不在
—

紳士服地の停滞を打開すべく婦人服地に参入したが、今度は服地中心のテキスタイル事業に限界を見出し、注文服を扱う小売店の多店舗展開に打って出た。しかしながら、販売不振を打開できず。プレタポルテ事業からは撤退を余儀なくされている。

1990年代：0-4

ケース
331

市田：洋装事業

C：婦人服（ファッション）

■市田：洋装
期間：2000.04-2002.03
得点掲示板：0-2
営業利益率：▲4.1%
開示欄序列：2
十年経営者：不在
―
1990年代：0-10

祖業の和装に代わる成長エンジンとして服地ビジネスを息長く育ててきて、商社的な体質から抜け出すべく、コンバーターからアパレルへと川下展開を図ったが、思うように売れず、アパレルどころか服地からも撤退を迫られた。

ケース
075

日本冶金工業：ステンレス鋼板&加工品事業

B&P&C：システムキッチン（住宅設備）

■日本冶金：設備機器
期間：2000.04-2003.03
得点掲示板：0-3
営業利益率：0.5%
開示欄序列：2
十年経営者：不在
―
1990年代：0-10

フェロニッケルからステンレス鋼、さらに住宅用キッチンまで下降してナスというブランドを構築したが、1999年に累損の一掃を迫られ、2003年にファンドに事業売却した。この事業は1970年代にも再建の対象となっていた。

ケース
436

日本配合飼料：畜産事業

B：養鶏（モデル養鶏場）

■日本配合飼料：畜産
期間：2000.04-2009.03
得点掲示板：0-9
営業利益率：0.2%
開示欄序列：2
十年経営者：1995-2005
―
1990年代：0-10

停滞する飼料事業を打開すべく健康によい特殊卵が生産できる新製品を開発したものの、採用が遅々として進まなかったのか、1990年度の末から直営農場を展開し始めたが、再編を余儀なくされた。

■新日鐵化学：機能商品
期間：2000.04-2003.03
得点掲示板：0-3
営業利益率：4.8%
開示欄序列：3
十年経営者：不在
—
1990年代：0-1

ケース437 新日鐵化学：機能商品事業

B：プリント配線板（電子工業用受注生産部材）

買収した神栄工業と東洋エレクトロニクスを統合して日本エレクトロニクスを設立したが、安価な輸入品に押されて立ち行かなくなり、キョウデングループに売却した。リジッド配線基板事業に投資したのは川下展開の一環で、自社開発材料を自家消費する狙いがあったものと思われる。

■グルメ杵屋：外商・給食
期間：2002.04-2006.03
得点掲示板：1-3
営業利益率：8.5%
開示欄序列：2
十年経営者：1967-2005
—
1990年代：—

ケース332 グルメ杵屋：外商・給食事業

B&C：和洋食（ケータリング）

1980年代の後半から話題になり始めたケータリング事業に参入すべく、1991年に専用工場を建設した。ホテルの宴会場を代替しようと狙ったが、目論見は外れたようで、赤字続きの工場を2006年3月期に減損し、2013年に完全に事業そのものを停止した。

■日本電信電話：移動通信
期間：2000.04-2002.03
得点掲示板：2-0
営業利益率：18.3%
開示欄序列：3
十年経営者：不在
—
1990年代：1-0

ケース333 日本電信電話：移動通信事業

C&B：iモード（データ通信の基盤技術）

iモードの世界展開を目指す子会社のドコモが2001年1月にアメリカのAT&Tワイヤレスの株式16%を1兆円以上で取得したが、iモードの採用は拒否されたうえ、100%買収の要請に応じきれず株を手放し、約5,000億円の損失を甘受した。

■日本電信電話：移動通信
期間：2000.04-2002.03
得点掲示板：2-0
営業利益率：18.3%
開示欄序列：3

ケース334 日本電信電話：移動通信事業

C&B：iモード（データ通信の基盤技術）

iモードの世界展開を目指す子会社のドコモが2000年8月にオラ

ンダのKPNモバイルの株式15%を約4,000億円で取得して、ヨーロッパにおけるiモード普及の橋頭堡としたが、2005年10月に株を売却して4,000億円弱の損失を甘受した。

十年経営者：不在
—
1990年代：1-0

8-2-2 外販の罠

競争の焦点が技術からコストに移る段階で、当初は川下事業のために材料や装置を内製する使命を帯びていた部隊が重荷になることは珍しくない。そこで、内製部隊に外販を許す代わりに独立採算としたくなる気持ちはよくわかる。しかしながら、それではコスト競争力の不足という問題に対する本質的な解になっておらず、被害を拡大して終わりやすい。その点はケース438の東芝ケミカルとケース335の日鉄鉱業が、雄弁に物語っている。

ケース438 東芝ケミカル：電子部品材料事業

B：多層銅張積層板（回路基板用のベース素材）

■東芝ケミカル：材料
期間：2000.04-2002.03
得点掲示板：0-2
営業利益率：▲11.9%
開示欄序列：1
十年経営者：不在
—
1990年代：0-10

東芝の化学材料事業部が1974年にスピンアウトして外販を目指したが、行く手を先行4社に阻まれて低収益に喘ぎ、親会社への納入分も2001年に委託生産に切り替えた。会社は2002年に京セラに売却されている。

ケース439 カシオ計算機：デバイス事業

フィルム状基盤（実装サービス）

■カシオ計算機：デバイス
期間：2000.04-2009.03
得点掲示板：0-9
営業利益率：2.8%
開示欄序列：2
十年経営者：2人
—
1990年代：0-1

液晶パネルや半導体の高密度実装技術を外販すべく、セイコーエプソンの後を追いかけて1987年にカシオマイクロニクスを立ち上げ、専用工場に巨額の投資をしたが、2008年に事業は日立電線に売却し、会社は2012年に特別清算という末路を辿った。

ケース335 日鉄鉱業：機械・環境事業

B：製鉄機械（工場内生産設備）

■日鉄鉱業：機械・環境
期間：2000.04-2003.03
得点掲示板：0-3
営業利益率：▲0.3%
開示欄序列：2
十年経営者：不在
—
1990年代：0-10

創業者の要請を受けて子会社化した炭鉱機械メーカーを製鉄機械メーカーに生まれ変わらせたが、製鉄機械の市場が縮小の一途を辿った結果、2003年3月に当該子会社の幸袋工作所を解散させることになった。

8-2-3 川上遡及の罠

安定した供給源を確保したり、コスト優位を確立するなど、川上事業にM&Aを仕掛ける理由は真っ当に見えることが多い。ただし、売りに出る事業があるということは、その地にチェーンが成り立たない可能性を疑ってかかったほうがよい。ケース035の小松製作所は、複雑な事情が背後にあるものの、アメリカでシリコンウエハーの上流に手を出して火傷した。高収益事業が先にあり、それを守るために川上に遡及したケース638の信越化学工業とは違って、事業を強化する狙いがあったところに敗因があったようである。手順前後は怖ろしい。

ケース035 小松製作所：エレクトロニクス事業

B：シリコンウエハー（半導体用の機能素材）

■小松製作所：エレクトロニクス
期間：2000.04-2002.03
得点掲示板：0-2
営業利益率：▲6.2%
開示欄序列：2
十年経営者：不在
—
1990年代：3-7

子会社の小松電子金属がアメリカで川上の多結晶シリコン事業を1990年に買収して、隣接地にウエハー工場を新設したが、シリコンウエハー事業で競争力を持つには至らず、10年少々で売却した。

3　上部の戦略

上部階層の推奨戦略は異才の活用であった。ただし、実績のある異才もストレッチして不慣れなフィールドに足を踏み入れると取りこぼすことがある。

8-3-1　インスピレーションの落とし穴

ケース440のエンプラスは、横田誠氏がコパルから独立して築いた会社である。樹脂加工の世界で数々の偉業を成し遂げてきたが、オーディオ・ビデオ偏重を是正すべく進出したオプトデバイスでは一敗地に塗れることになった。ケース336のセガサミーHは、CSKを創業した大川功氏が後ろ楯になり家庭用ゲーム機で勝負に出たが、任天堂やソニーに完膚無きまで叩きのめされてしまった。ケース337の東京精密は、銀行から送り込まれた大坪英夫氏が描いたシナリオに沿って半導体のプローバーから外観検査装置に進出し、先発メーカーからアメリカ市場を奪取したが、パイの消失という憂き目を見た。いずれも目の付け所は悪くなかったが、悲運に泣かされた印象を拭えない。インスピレーション頼みはリスクが大きいと受け取めるべきなのであろう。

ケース440　エンプラス

B：レンズ（光ピックアップ用の機能部品）

■エンプラス
期間：2000.04-2009.03
得点掲示板：3-6
営業利益率：7.5%
開示欄序列：0
十年経営者：1962-2008
—
1990年代：4-6

得意とする精密プラスチック加工技術を活かしてホログラム回折格子を事業化した。これはCD・DVD用のピックアップレンズを従来のガラス製から置き換えるものであったが、急速な価格低下に見舞われ、主力工場を停止した。ちなみに利益を牽引するのは主力のICテストソケットである。

ケース336 セガサミーH：コンソーマ機器販売事業

C：ホームビデオゲーム（エンターテイメント）

■セガ：コンシューマ
期間：2000.04-2001.03
得点掲示板：0-1
営業利益率：▲59.8%
開示欄序列：2
十年経営者：1984-2001
—
1990年代：2-8

先行するソニーと任天堂を追いかけて1998年にドリームキャストを発売した。過去の失敗を踏まえて、価格、性能、ソフトのラインアップを煮詰めたうえでの発売で、起死回生の一手と思われたが、在庫を抱えたまま2年少々で生産を中止した。

ケース337 東京精密：半導体製造用機器事業

B：外観検査装置（半導体製造の効率向上策）

■東京精密：半導体機器
期間：2000.04-2009.03
得点掲示板：4-5
営業利益率：7.4%
開示欄序列：1
十年経営者：1992-2005
—
1990年代：4-5

アメリカのライバルから人材を引き抜いて半導体の外観検査装置に参入し、目論見どおり5年足らずで市場の3割を獲ったが、リーマンショックでアメリカの子会社が債務超過で解散に追い込まれてしまった。

8-3-2 跡地利用の罠

繊維メーカーのように社歴の長い会社は一等地に工場を建てていることが多い。そういう工場を閉鎖すると避けて通れないのが、跡地の活用策である。自社で活用を図りたくなる気持ちはわかるが、地方自治体が関与してくるうえ、不慣れな事業に手を染めることになり、思わぬ損失を招くことがある。慎重にオプションを検討していただきたい。ケース338の日本製麻はホテル、ケース339のトーア紡Cは自動車学校で、それぞれ墓穴を掘っている。

ケース 338

日本製麻：ホテル・レストラン事業

C&B：ホテル（婚礼宴会用のコミュニティ施設）

■日本製麻：ホテル
期間：2000.04-2006.03
得点掲示板：0-6
営業利益率：0.5%
開示欄序列：6
十年経営者：1984-2002
—
1990年代：0-1

富山工場跡地にショッピングセンターを核とするレジャータウンを建設し、隣接する女子寮をビジネスホテルに改装した。これが1990年にオープンすると、隣接する倉庫跡地に多目的ホールを備えた食品館も建設したが、婚礼宴会需要が漸減したことから、2010年にホテルを閉鎖した。

ケース 339

トーア紡C：非繊維事業

C：自動車運転教習所（運転免許取得支援）

■東亜紡織：非繊維
期間：2000.01-2003.12
得点掲示板：4-0
営業利益率：17.4%
開示欄序列：2→3
十年経営者：不在
—
1990年代：1-5

大垣織布工場の跡地利用について、考えられる選択肢の中から1972年に自動車学校を採ったが、2003年に売却した。入校生が減少していたという。セグメントが高収益なのは、不動産賃貸事業の貢献による。

8-3-3 コンソリデーションの罠

ポーターの『競争の戦略』は、業界内の水平統合を図ることで川下に対する交渉力を高める策を推奨する。ケース340の住石Hは、このアドバイスに従ったものの、群雄割拠状態を解消するには遠く及ばず、果実を手中に収めることはできなかった。

ケース 340

住石H：砕石事業

B：砕石（土木建築用資材）

■住友石炭鉱業：砕石
期間：2000.04-2005.03
得点掲示板：1-4
営業利益率：3.0%
開示欄序列：6→3

斜陽に入った炭鉱の雇用を守るべく、子会社で育成した砕石事

十年経営者：不在
—
1990年代：7-1

業を1979年に直営化し、1985年からM&Aを通して広域積極展開に乗り出した。バブル期には我が世の春を謳歌したが、公共工事が削減されるなかで、2004年に不採算事業所の解散を余儀なくされた。

第3部

Part 3

揺籃市場の開き方

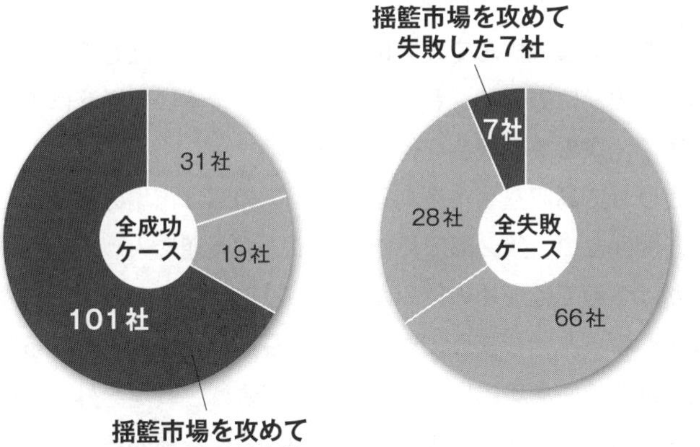

先行者優位という概念がある。もっともらしく聞こえるが、反例が注目を集めることもあり、戦略論における地位が定まったとは言えない。ポーターの『競争の戦略』でも、言及した箇所はあるが、それだけである。肯定もしていなければ、否定もしていない。

問題は指標と定義にある。反例の大多数は「優位」を占有率や成長率に置き換えている。さらに、「先行者」の原義は絶対級で「もっとも早く仕掛けた者だけ」であるのに、日本語になると比較級で「早く動いた者ほど」と誤解する人が後を絶たない。それゆえ、概念を巡る混乱は容易に収まらない。

本書の帰納的分析結果は先行者優位を肯定する。原義に忠実に、そして優位を収益率で測る限り、先行者優位は圧倒的と言ってよい。成功ケースの実に3分の2は、市場の揺籃期に先発したケースを取り上げた当部に集中的に登場する。逆に失敗ケースは数えるほども登場しない。成功が続出して、失敗が少ないとなれば、揺籃期に挑戦しない手はないはずである。

平易に言い換えてみよう。少なくとも高収益事業を創るという視点に立つなら、何はともあれ「世の中・新」の新規事業に挑むに限る。ただの「自社・新」では意味がないので、そこは気をつけていただきたい。もちろん成功確率は大きくないが、失敗のダメージも大きくないことを考えると、挑むが勝ちである。挑んで先発に成功すれば、しめたもの。残念ながら誰かに先を越されてしまったら、後追いの逆転は潔く諦めて、次の挑戦機会を待てば良い。

こうして高収益事業を創るチャンスの窓は市場の揺籃期にしか開かない。第2部で見たように、成長期に入ってから追いかけるのでは成功の望みが薄いわりに、失敗のダメージが大きく膨らんでしまう。もちろん成長期や成熟期まで待って仕掛ける手もあるにはあるが、その場合は主戦場を外して隙間を狙わざるを得ず、事業規模の面で妥協を強いられる。

新規事業を立ち上げるのではなく、既存事業を引き継ぐよう言い渡される経営幹部候補生も、嘆く必要はない。当部には、一から起業したケースとほぼ同数の、既存事業から派生した新規事業のケースも含まれているからである。後者に関心のある方は、600番台のケースに注目していただきたい。推奨戦略は、600番台でも800番台でも事業立地に働きかけるものである。構えに働きかけて成功したケースは、極端に影が薄い。

第9章 Chapter 9

立地の取捨選択

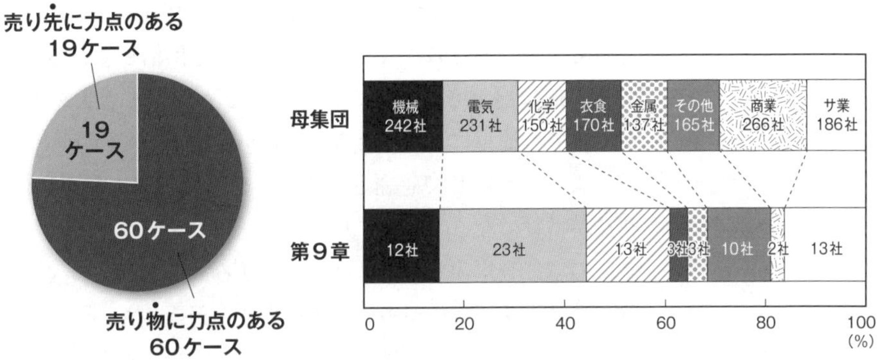

事業立地は「誰を」相手に「何を」売るかで定義される。それゆえ、揺籃市場の定跡は「売り物」か「売り先」を賢く選択することを要求する。「売り物」には二つ意味があり、辞書の項目1には「売るべき品物」と出ている。この物理的なモノも無視できないが、それ以上に項目2の「看板とする自慢のもの」が本質的に重要である。同様に「売り先」も、固有名詞で綴る顧客リストより、集合名詞の「客層」を重視したい。

本書の分析結果は3：1の比で「売り物」の選択に秀でたケースが優勢であることを示している。「売り物」は、顧客に感謝されるように選ぶパターンが三つ、自社の強みを活かすように選ぶパターンが一つあり、ケース数で見ても3：1の比で前者が優勢である。「売り先」も似ていて、感謝してくれやすい顧客を選ぶパターンが二つ浮かんでいる。ヘビーユーザーとライトユーザーの両極が有力で、ケース数のうえでは1：1と拮抗している点が興味深い。ちなみに、パターンと呼んでいる成功の必要条件は、ANDで満たす必要はない。ORで、どれか一つを満たせばよい。

立地開拓に際して念頭に置くべきキーワードは単純化すると「ありがとうコール」である。顧客から感謝に次ぐ感謝を受ける可能性があるか否かを判断基準に据えれば、良い立地選別に成功する可能性が高くなる。感謝されるのは、顧客にとって大事であるのに入手しにくいものを供給している証である。逆に感謝されないのは、あってもなくても大差ないか、誰でも簡単に入手できるものしか供給できていない証と言えよう。たいして感謝されないものを買ってもらうには、利益が犠牲になるのは致し方ない。

この章に登場するケースは、いわゆる「小さな池の大きな魚」に該当するものが多い。新規事業を狙うとき、いたずらに規模を追いかけるのは禁物と言えよう。もちろん「小さな池」は「地図」に出ているものではなく、実際に見つけるとなると一筋縄ではいかないが、世の中で他社に先駆けて「小さな池」を見つけると、その主《ぬし》に収まることができる。池の小ささを見て、有力企業が参入を諦めるからである。

ちなみに、この章には全業種からケースが出ており、その意味では誰にでも揺籃市場で立地開拓に挑むチャンスはあると考えてよい。なかでも電気、化学、サービスの3業種が突出しているのは、変化が速ければ速いほど、時機を捉えて新たな事業立地を開拓する余地が相対的に大きいということなのであろう。一見したところ変化の速い商業から成功ケースが2例しか出ていないのは、実は栄枯盛衰が激しいだけで、変化は意外と遅いからなのかもしれない。そのあたりの区別には注意したい。

1　バリアビリティを吸収する「売り物」

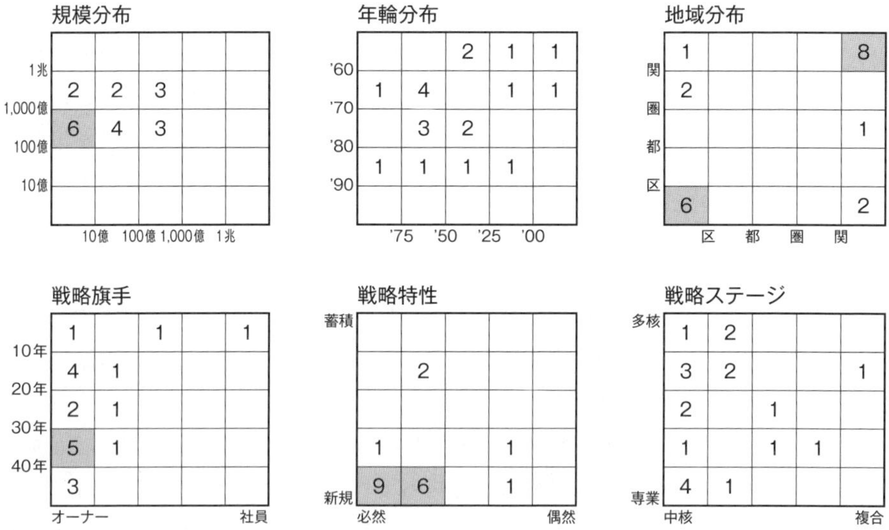

「売り物」を選ぶ自由を与えられたなら、まずは窮地に陥った状況を救いにいくことである。人は、自分では何ともならない状況に陥ったときに差し伸べられる手を、とりわけありがたいと受け止める傾向が見受けられる。そういう状況に的を絞って売り物を用意すると、感謝されつつ高収益を享受しやすくなる。その具体的な手口として、本巻では (1) いざという非常事態、(2) 負荷変動のピーク、(3) 負荷内容のバラツキ、に売り物の的を絞る3パターンが浮上している。

これは比較的歴史の浅い戦略で、「年輪分布」マトリックスは対角線より左下に偏在している。「規模分布」マトリックスを見ても、左側への偏在が目立っており、新興企業が活躍していることがわかる。そのせいか、「戦略旗手」は創業経営者に偏っており、「戦略特性」も狙い打ちタイプが支配的である。

9-1-1 セキュリティ

セキュリティとは (1) 異常を感知して、(2) 知らせるべき人に警告し、(3) 被害を未然に防ぐ、という一連の流れのなかで、いずれかのステップを事業の立地に据えることをいう。平時には静かに見守るだけで、これという役割を果たすわけではないが、いざというときは最後の砦となるため、顧客も投資を惜しまない。特に人命にかかわる場合は、投資額も膨らみやすい。

この戦略を活かした典型例はケース825のセコムで、人命や財産を犯罪から守るミッションを引き受ける。警察は事件が起きたあとに出動し、検挙実績を抑止力につなげようとするが、事件が起きてからの出動では被害者から見れば遅すぎる。未然の抑止と言っても、現に犯罪がなくならない以上、不十分な面があることは否めない。セコムは、その不足を埋める役割を買って出た。続く4ケースも人命を守るもので、法定措置の一部を成す。ケース826の日本カーリットは、事故現場で二次災害を防ぐ車載用の発炎筒を手がけている。ケース827のTOAは、災害時に来館者や社員を誘導する防災用音響システムを得意とする。ケース828の理研計器は有毒ガスや危険ガスの検知器を取り揃えている。ケース627の帝国繊維は、自警消防団などに向けて世界中から集めた防災資機材を提供する。

残る3ケースは財産を対象にする。ケース829の大東建託はアパートの建築を主業とするが、本当の売り物は運用資産のセキュリティである。住宅メーカーがアパートを建てて引き渡したら終わりなのに対して、大東建託は入居者を集めて空室率を下げ、顧客の家賃収入を保証する努力を怠らない。ケース830のジーエス・ユアサCとケース628の指月電機製作所は、電力セキュリティにフォーカスする。前者はコンピューターのような軽電機、後者は工場設備などの重電機の保護を得意としている。

これらのケースが高収益につながるのは、保護する人命や財産（個人資産、工場資産、重要情報）の価値が高いからである。それゆえ保護を依頼する顧客の側は少々の出費を惜しまない。

この戦略が適用できる条件としては、守るべきものの価値の大きさと、守る手段の有効性がある。いくら守ると言っても、守るべきものが置き換え可能であれば、置き換えコストを超えて財布が開くことはない。いくら守るものの価値が高くても、有効に守れないのであれば、政府が法定設備として認可しないし、顧客も財布を開かない。正しいターゲットを選び、有効性の高い仕組みや技術を構築するところに、戦略の要諦があると言えよう。

ここに登場するケースは、いずれも理想の事業立地を狙い打ちにして起業したものではない。その周辺で起業して、あとからセキュリティに舵を切り直したものばかりである。そして舵を切る時点では、わかったうえでセキュリティに狙いを定めたものが多い。そこを考慮すると、自事業の周辺にセキュリティと位置づけることが可能な事業立地がないかを考え抜いてみるのも悪くない。それが応用への第一歩となるのではなかろうか。

たとえばケース627の帝国繊維は、得意とする麻の応用川下製品の一つとして消防ホースを手がけていた。同様にケース827のTOAは、選挙になると見かけるホーン型スピーカーから出発した。これらはモノのビジネスである。それを防災資機材の一つと捉え直すところからセキュリティへの転換が始まっている。すべての企業に門戸が開かれているわけではないが、チャンスを眠らせている企業は意外と多いように思われる。

ケース 825 セコム：セキュリティサービス事業

B&C&G：機械＆常駐警備（防犯策）

戦略C/C比率◀◁◇▷▷
戦略D/E比率◀◁◇▷▷
対照：―

■セコム
直前決算期：2000.03
実質売上高：4,040億円
営業利益率：15.0%
海外売上率：10%未満
社内取締役：19
同順位相関：0.37
筆頭大株主：創業経営者
利益成長率：○/○/○
東名阪上場：1974.06

◉企業戦略▷▷▷▶▷本業辺境展開

【経緯】 セコムは1962年に東京の芝公園で日本警備保障として設立された会社である。東京オリンピックの警備を担当して事業基盤を確立すると、契約数を順調に伸ばして上場に漕ぎつけた。そこから先は事業所警備事業を海外に展開すると同時に、国内で一般家庭を取り込む動きを見せている。2000年前後に他社への資本参加を次々と決めたのは、損害保険、航空測量、不動産開発、高齢者介護、防災機器などを傘下に収めることで総合的に安心・安全を提供できる企業への進化を企図してのことである。

【編成】 本業は機械式警備で、それが分析対象期間中も主業の座を占めていた。防災、メディカルサービス、保険、地理情報サービス、不動産開発・販売、情報通信と本業以外で事業セグメントは増え続けているが、安心・安全につながっている。

■セキュリティサービス事業
期間：2000.04-2010.03
得点掲示板：10-0
営業利益率：23.8%
利益占有率：96%
開示欄序列：1
事業本拠地：東京都
独禁法違反：報道なし
―
1990年代：10-0
2010年代：4-0

■人間は決して商品…
実業往来 1969.1

■犯罪は起きてから…私たちの仕事
サンデー毎日 1970.4

■単に機械を売る…
マネジメント 1975.1

◉事業戦略▶▷▷▷▷中核集中

【立地】 売り物は契約先の建物に取り付けるセンサ類と、センサが異常を検知したときに警備員が駆けつける急行サービスの組み合わせである。契約の事実を示唆するシールや屋外機器を見て犯罪者が侵入を諦める限りにおいて、本当の売り物は防犯策という見方もできる。創業者は「人間は決して商品じゃなく、人間が作り出すサービスを企画化したものが商品」とも、「犯罪は起きてからでは、いくら犯人を捕まえても何にもならない。犯罪や事故を未然に防ぐ」のが「私たちの仕事」とも、「単に機械を売るというのではなく、安全を売る」とも語っている。

売り先は原子力発電所から一般家庭まで多岐にわたる。顧客リストには日本銀行、防衛省、イトーヨーカ堂、近鉄百貨店などが登場するが、契約件数では法人と家庭が拮抗しているようである。

狭義の競合は機器と急行警備を組み合わせて提供する事業者で、ライバルには1965年に設立された綜合警備保障を挙げることができる。ここは九州管区警察局長を務めた人物が創業し、防衛庁の事務次官を役員に迎えた会社で、大企業の信認を得て業界1位に躍り出たが、常駐警備と警備輸送の比率が高く、分析対象期間中の連結決算は9戦全敗で、通算利益率5.0%に終わっている。機械警備を手掛ける会社数が1,000に届こうかという業界で、セコムのシェアは6割で、一般家庭市場に限ると8割まで跳ね上がる。

■1,000
証券調査 1999.12

■6割
日経金融 2002.9.26

■8割
日経ビジネス 2004.2.2

広義の競合は鍵や錠を含むセキュリティ機器のメーカー、または常駐警備だけを手掛ける事業者である。機器の性能が向上したり、常駐の人件費が下がると、セコムのサービスは相対的に高く見える宿命にある。

【構え】 入手ルートは機器類は社外調達が主力で、警備員は自社である。セコムは警備員の研修に余念がない。

引き渡しルートは自社の営業所で、センサ類は顧客にレンタルする。

【時機】 このケースは、セキュリティのパイオニアと目されており、間違いなく先発に相当する。高度成長期に富の蓄積が進行すると、セキュリティサービスに対する需要は自ずと増大していった。このケースは富裕化の波を捉えたと見ることができる。年間30万件以上の侵入窃盗が報告され、検挙率が30%を切るなかで、家庭の契約が着実に増えている。

業績推移（億円）

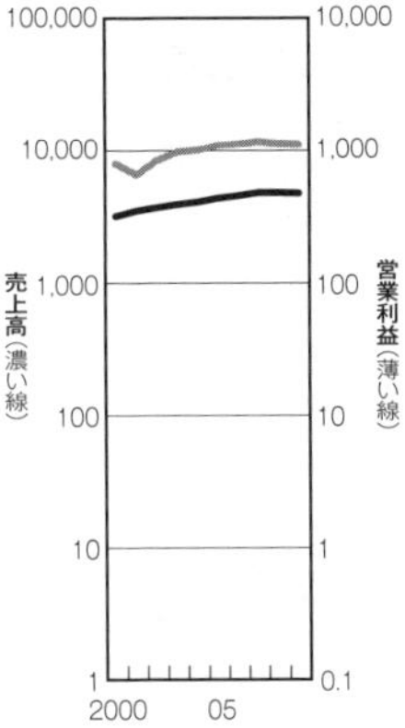

【源泉】 この事業で高収益を許すのはミッションクリティカリティである。安価なセキュリティサービスを契約してもいざというときに役に立たなければ何の意味もなく、サービスの品質や信用が価格プレミアムを生む素地がある。

【防壁】 この事業で高収益を守るのは大数の法則である。ある地域で契約件数が増えていくと、繁閑が相殺されるようになり、必要最小限の員数で急行警備をまかなえるようになる。そのため、契約数に勝る先発事業者はコスト面でもサービス品質面でも労せず優位に立つ。先発事業者が契約数に勝るのは、顧客が契約先を変更すると、センサ類等の施工をやり直す必要があることによる。このスイッチングコストが99%水準という驚異的な契約更新率を実現する。

■99%
証券調査 1999.12

【支柱】 この事業で高収益を支えるのは経営管理部隊である。セコムは1966年9月に自社の巡回警備員が警備先の商品を盗むという事件を起こし、事業の存立基盤が根底から揺らぐ憂き目をみた。それ以来、社員間の金の貸し借りを禁止する、届いた中元・歳暮の私物化を許さない、業績評価基準を透明化する、学歴を問わず実績で人を登用する、嘘をついたら解雇するなど、「正義」を貫く社風を何重にも築き上げてきた。こうした努力の積み重ねが戦略の均整を保つ面を忘れてはならない。

【選択】 1966年6月、日本警備保障は電話専用回線を利用したオンライン警備システムを事業化した。センサが異常を検知したら警備員が急行するというセコムの定番スタイルは、ここに端を発する。この決断は、やっと積み上げて3,000件に達していた巡回警備の契約を捨てることを意味していた。当時の規制環境下では遠隔地から信号を送る手段も限られており、オンライン警備を実現するまでの障害は山ほどあったことを考えると、これは間違いなく鬼手である。

■3,000件
経済界 1974.2

◉戦略旗手▶▷▷▷▷創業経営者

【人物】 このケースで戦略を推進したのは創業者の飯田亮氏である。「無人化システムは飯田氏が作り出し、営業も先頭に立ち、社内の管理運営も全権を持って切り回してきた」と評されており、この点については議論の余地がない。

飯田氏はセコムを創業した理由について、5人兄弟の末弟で、家業の酒問屋を手伝っているうちに「何が何でも独立したい」と思い立ったからという。警備保障を選んだ経緯は、「この仕事始めようと決めるのに20分しかかかっていないんですよ。まず警備会社っていうのが外国にあるそうだ、と聞き、どういう仕組みでやられているか、というのを知ってから、やろうと決めるまでです」と説明する。

セコムの社風は飯田氏の人格の投影と言っても過言ではない。自ら書き記し、社員に刷り込んできた「憲法」の体系には、「セコムは社会に貢献する事業を発掘、実現し続ける責任と使命を有する」、「額に汗し、努力の結果以外の利益は、受けない」、「セコムの判断尺度は、正しいかどうかと公正であるかどうかである」などの血の通った言葉が散りばめられている。飯田氏は現状打破を訴え

■いいだ・まこと
生没：1933.04-
社員：—
役員：1962.07-
社長：1962.07-1976.02
会長：1976.02-1997.06

■無人化システムは…
何が何でも独立…
日経ビジネス 1973.8.6

■この仕事始めようと…
日経ビジネス 1976.8.16

■セコムは社会に…
額に汗し…
セコムの判断尺度は…
日経ビジネス 1993.9.27

続け、自ら大企業病と闘う先兵の役割を果たしてきた。まさにパッションの塊と呼ぶにふさわしい。

【着想】飯田氏は1965年7月に金融機関の要請を受けて綜合警備保障が設立されたことを指して、「そのとき、敗けるかなと思ったんですよ。その危機感と、それまで軍隊も警察も経験しなかったということ、つまり大部隊を動かしたことがなかったという弱点があった。それが機械化へ走らせたということですね」と語っていた。

■そのとき、敗ける…
日経ビジネス 1976.8.16

巡回警備の受注を優先する営業現場に対して「今後は無人警備以外の注文はとるな」と退路を断つ指示を下した事実は、飯田氏の確信の強さを物語る。ここで新たに出現した競合を引き離す挙に出ていなければ、セコムは価格競争の泥沼に巻き込まれ、本書でも選外となっていた公算が強いことを考えると、まさしく英断中の英断と呼びたくなる。

［参照文献］
飯田亮「私の履歴書」日本経済新聞、2001年6月

ケース 826 日本カーリット：化学品事業

B：過塩素酸塩（自動車用の発炎筒）

戦略C/C比率◀◁◇▷▷
戦略D/E比率◁◀◇▷▷
対照：067

◉企業戦略▷▷▷▷▶多核化展開

■日本カーリット
直前決算期：2000.03
実質売上高：300億円
営業利益率：3.6%
海外売上率：10%未満
社内取締役：7
同順位相関：0.63
筆頭大株主：金融機関
利益成長率：×/×/×
東名阪上場：1949.05

【経緯】日本カーリットは1934年に東京で浅野カーリットとして設立された会社である。源流は、スウェーデンから導入した技術に基づいてカーリット爆薬を製造、販売するために日本カーリットが創立された1920年に遡る。ダイナマイトの優位を崩すに至らず、一時は浅野セメントに併合されたが、軍需が旺盛になった1934年に再び独立した。戦後は進駐軍がもたらした信号炎管の製造に乗り出して、これが「起死回生の神風」になったという。その後、カーリット爆薬の主剤を他用途に展開して除草剤や漂白剤の市場を切り開いたほか、爆薬の斜陽を見越して多角経営に乗り出している。その一つに、伊藤園向けのボトリング事業がある。

【編成】本業はカーリット爆薬で、それを含む化学品が分析対象期間中も主業の座を占めていた。

他のカテゴリーが軒並み減販となり、信号用火工品だけが増販になった2010年度にセグメント全体の利益率が大きく向上した事実に鑑みると、利益のドライバーは化学品のなかでも信号用火工品と推察される。規模のうえではボトリング事業が筆頭に来る。

■化学品事業
期間：2000.04-2010.03
得点掲示板：10-0
営業利益率：16.7%
利益占有率：62%
開示欄序列：1
事業本拠地：群馬県
独禁法違反：報道なし
—
1990年代：1-9
2010年代：3-0

業績推移（億円）

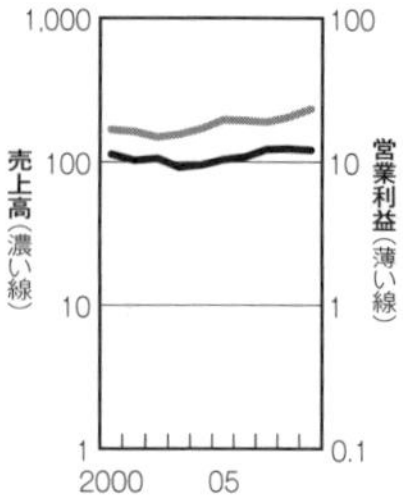

◉事業戦略▷▶▷▷▷川上統合

【立地】 売り物は発炎筒である。

売り先は自動車のメーカーや、車検を請け負うディーラーや修理工場である。

狭義の競合は発炎筒のメーカーで、未上場の中小企業まで視野に入れると、遅れて参入してきた国際化工や昭和化工あたりが浮かび上がるが、数の出る自動車用途は日本カーリットの独壇場になっている。

広義の競合はカーリット爆薬を手掛けるメーカーで、国内では日本カーリット以外に見当たらない。日本火薬工業会の会員企業で発炎筒を手掛けるのも、日本カーリットだけである。

【構え】 入手ルートは自社工場である。主原料の過塩素酸塩は渋川工場で製造し、それを同じ市内の赤木山麓、標高600メートルの地点に構えた専用工場に運んで発炎筒を製造している。

引き渡しルートは代理店経由と思われる。

【時機】 このケースは、先発に相当する。日本カーリットが自動車用発煙筒を発売した1966年には、トヨタ自動車工業が初代カローラをデビューさせている。ここから日本のモータリゼーションに火がついた。発炎筒の搭載が義務化されたとき、トヨタ自動車工業は日本カーリットの鉄道向け製品を小型化した発炎筒を純正採用したという。ここでは、終戦直後から運輸省の適格品認定をとり、長らく国鉄に信号炎管を納入していた実績が効いている。

【源泉】 この事業で高収益を許すのはミッションクリティカリティである。発炎筒は命を守るためのもので、性能に劣る発炎筒を安く買っても、いざというときに役に立たなければ極めて高くつくので、顧客は価格プレミアムを厭わない。しかも、立ち往生した列車や自動車が他車に危険を知らせるための発炎筒は、道路運送車両法に基づく国土交通省令が自動車への装着を義務づけているため、新車の販売台数に見合う市場を保証されている。さらに、JIS規格のD5711が有効期限を4年と定めているため、発炎筒は車検のたびに交換されている。ここまで営業努力抜きで売れる製品は珍しい。

【防壁】 この事業で高収益を守るのは規制である。発炎筒の製造を手掛けるには、火薬類取締法の規定を満たす必要があり、参入は容易でない。

【支柱】 この事業で高収益を支えるのは上流の原料製造部隊である。発炎筒は、発炎時間を延ばすために燃焼を低速にしなければならないが、暴風雨に見舞われても安定燃焼する原理自体は爆薬と変わらない。空気中の酸素に頼らない高速燃焼を可能にするために内部に搭載する酸化剤を硝酸エステルにするとダイナマイトになり、酸化剤を過塩素酸アンモニウムにするとカーリット爆薬になる。発煙筒は広く流通していない過塩素酸塩を酸化剤とするため、日本カーリット以外には容易に製造できない。日本カーリットはH2Aロケットの推進燃料に使われる過塩素酸アンモニウムで100%、漂白剤や殺菌剤として用いられる亜塩素酸ナトリウムで80%、除草剤になる塩素酸ナトリウムで30%と、国内首位の市場占有率を保持している。

■100%
80%
30%
ドラム缶工業会
2008.12

【選択】 1934年10月、浅野カーリットは群馬県渋川市に原料工場を建設した。化学コンビナートは物流を考慮して臨海工業地帯に設置するのが戦後の常識となっていたが、石油化学が勃興する前に立てられた当工場は、利根川水系を利用する自家水力発電を組み込んだ資本集約的なもので、塩の電気分解でコスト優位を発揮するように設計されていた。山麓部という立地が、爆薬の取扱を可能にすると同時に、参入障壁を形成した点が興味深い。

◉戦略旗手▶▷▷▷▷創業経営者

【人物】 このケースで戦略を推進したのは一代で浅野財閥を築いてセメント王と呼ばれた浅野総一郎氏である。カーリット爆薬の製造権をスウェーデンで購入してきたのは、浅野スレートの専務になった近藤会次郎氏という記述もある。

■あさの・そういちろう
生没：1848.??–1930.11
社員：—
役員：—
社長：—
会長：—

■近藤会次郎
『その男、はかりしれず』

初代総一郎氏は、事業に失敗して養子先から離縁され、偽名を使って借金取りから逃げるなかで、廃物利用に活路を見出した。

■保持者
『日本資本主義の群像』

それ以降、設立した株式会社の数では日本記録を打ち立て、現在まで記録保持者の地位を維持しているという。渋沢栄一氏と共同で手掛けた事業の一つに、東京に近い「山に眠る廃物」を活かそうとした磐城炭礦がある。このケースにも、ダイナマイトに負けて廃れた技術を敢えて拾い上げた面がある点は興味深い。

【着想】 初代総一郎氏の着想は国産化にあった。セメントおよび石炭の事業で大量に輸入ダイナマイトを使っていたところ、第1次世界大戦の余波で輸入が途絶えてしまい、その機を捉えて日本火薬製造（1916年設立、現在の日本化薬）や帝国火薬工業（1919年設立、現在の日油）がダイナマイトの国産化に乗り出す動きを横目で睨みつつ、初代総一郎氏は主原料の硝石やグリセリンを輸入に依存するダイナマイトを捨てて、塩と電力さえあれば製造できるカーリット爆薬に目をつけたという。

カーリット爆薬は、安全、安価な硝安油剤爆薬に取って代わられ、取り残された原料は工業薬品として外販する時代を迎えたが、塩素酸類の稀少性には拍車がかかった観がある。そこまで見通した選択とは思わないが、天の邪鬼の利を示唆するケースとは言ってよかろう。

［参照文献］
『日本カーリット七十五年史』2009年

ケース 827　ティーオーエー：音響事業

B：業務用AV機器（大空間での拡声）

戦略C/C比率◀◁◇▷▷
戦略D/E比率◀◁◇▷▷
対照：096

■ティーオーエー
直前決算期：2000.03
実質売上高：280億円
営業利益率：4.1%
海外売上率：27%
社内取締役：8
同順位相関：0.58
筆頭大株主：創業家
利益成長率：△/△/△
東名阪上場：1996.08

◉企業戦略▷▷▶▷▷販路応用多角化

【経緯】 ティーオーエー（以下、TOA）は1949年に神戸で東亜特殊電機製作所として設立された会社である。当初から選挙に不可欠なトランペット（ラッパ型）スピーカーを手掛け、これを戦後はショルダー型のメガホンに発展させてきた。その後は広く業務用の音響システムを一手に引き受ける道を歩んでいる。医用電子機器事業にも手を着けたが、これはスピンオフして、シスメックスとして1部上場を遂げている。1975年にプロ用のサウンドシステム、

1983年に有線テレビシステムを発売して、守備範囲を拡張しつつある。

【編成】本業は業務用音響機器で、これが分析対象期間中も主業の座を占めていた。販路の異なるプロ用サウンド機器は売上で10%程度にとどまったままで、映像機器と通信機器が売上で各々15%程度を占めるまで育っている。

◉事業戦略▶▷▷▷▷中核集中

■音響事業
期間：2000.04-2010.03
得点掲示板：10-0
営業利益率：19.1%
利益占有率：84%
開示欄序列：1
事業本拠地：兵庫県
独禁法違反：報道なし
—
1990年代：—
2010年代：—

【立地】売り物は大型建築物に組み込まれる非常用放送設備、商業施設や病院に組み込まれるBGMや案内放送設備、会議場の拡声設備などである。日本の消防法は、収容人員が20名以上の建築物には非常事態を知らせる何らかの措置を講じるよう義務づけており、そこにTOAの事業基盤がある。

売り先は建築物のオーナーである。

狭義の競合は非常用放送設備を扱うメーカーで、パナソニックやJVCが該当する。

広義の競合は業務用音響システムを扱うメーカーで、パナソニックが力を入れている。オンキヨーやボーズなども新興勢力として名乗りを上げている。メガホンに限ってみると、TOAは国内市場の過半を押さえるガリバーである。

業績推移（億円）

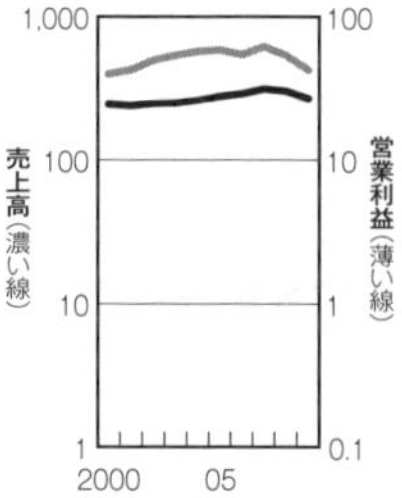

【構え】入手ルートは製品系列別に設けた生産子会社、および外注である。

引き渡しルートは電材や弱電設備の卸売業者経由である。海外は代理店を経由する。

【時機】このケースは、消防法の制定以前から非常用放送設備に取り組んでおり、先発に相当する。有馬温泉のホテル火災を間近に目撃して、法制化を予見したそうである。

【源泉】この事業で高収益を許すのはミッションクリティカリティである。非常用放送設備は命を守るためのもので、性能に劣る放送設備を安く入れても、いざというときに役に立たなければ極めて高くつくので、顧客は価格プレミアムを厭わない。

【防壁】この事業で高収益を守るのは規制である。規制の内容は年々高度化しており、規制当局の信任を得た事業者しか認定を得るのは難しい。この壁が安易な参入を妨げる。

【支柱】 この事業で高収益を支えるのは製造部隊である。パナソニックを向こうに回して受注をとるためには、TOAはコスト競争力で負けるわけにはいかない。

【選択】 1970年12月、東亜特殊電機は武雄トーアを設立した。ここから製品系列別の専門生産子会社の整備が始まった。立地先の佐賀県は宝塚から遠く離れていたが、ここで経験を積んだからこそ、TOAは1976年にインドネシア、1998年にイギリス、2001年にベトナムと世界展開を図ることができたのかもしれない。

■なかたに・たろう
生没：1921.01-1984.07
社員：—
役員：1949.04-1984.07
社長：1962.11-1984.07
会長：—

◉戦略旗手▷▶▷▷▷第２世代同族経営者

【人物】 このケースで戦略を推進したのは創業者の子息、中谷太郎氏である。創業者の時代はパナソニックの下請に甘んじていたが、それを自社ブランドを持つ上場企業に生まれ変わらせたのは太郎氏と見て間違いない。

■太陽系家族経営
近代中小企業 1973.4

【着想】 太郎氏の着想は太陽系家族経営と表現されている。これは本社を太陽、事業部を惑星、武雄トーアのような生産子会社を衛星に見立てた表現で、独立した衛星会社の社長にTOAの課長クラスを登用するというものであった。もちろん、衛星会社の規模は社員数60名以下で、リスクは限定してあるが、30代後半の人材に資金調達以外はすべて任せてしまおうという取り組みは大胆としか言いようがない。

■放送機器の専門メーカー…
週刊ダイヤモンド 1979.7.7

■人間というものを…
近代中小企業 1973.4

その背景には太郎氏の「放送機器の専門メーカーとして大手に対抗して生き残っていくためには、多品種少量の注文、見込み生産体制に小回りの効く経営組織で対応することが必要」という事業観のみならず、「人間というものを考えるとき、一人の権力者の道具でなしに、一人の人間として尊重されたとき、初めて自分の能力を発揮できる」という人間観の裏打ちがあったようである。

[参照文献]
証券アナリストジャーナル、1977年11月（中谷太郎）

ケース 828

理研計器

B：ガス検知器（作業現場の安全確保）

戦略C/C比率◀◁◇▷▷
戦略D/E比率◁◀◇▷▷
対照：—

◉企業戦略▶▷▷▷▷本業集中

【経緯】 理研計器は1934年に東京の板橋区で沢藤電気工業として設立された会社である。優れたガス検定器を発明した理化学研究所は、それを量産すべく、この会社を1938年に買収した。そもそも理化学研究所がガス検定器を開発したのはオイルタンカーの爆発事故を防ぐためであったが、それが同じ悩みを抱える炭鉱関係者の目にとまると、ポータブルということもあり、受注が殺到したという。この検定器は世界最小・最軽量の高度な干渉屈折計であった。炭鉱が斜陽に入ると、本腰を入れて市場開発に乗りだして、今日に至っている。

【編成】 本業はガス検知器で、それが分析対象期間中も主業の座を占めていた。

■理研計器
直前決算期：2000.03
実質売上高：140億円
営業利益率：10.5%
海外売上率：11%
社内取締役：6
同順位相関：0.93
筆頭大株主：持株会
利益成長率：△/○/○
東名阪上場：1961.10

◉事業戦略▶▷▷▷▷中核集中

【立地】 売り物は可燃性ガスや毒性ガスの濃度や漏洩を検知するシステムである。検知するガス種、可搬性、告知の方法などにおいて、ありとあらゆるニーズに応えるフルラインを敷いている。

売り先は石油化学コンビナート、排ガス測定を義務づけられた自動車整備工場、半導体工場と、変遷を遂げている。分析対象期間中には、自社システムに検知器を組み込む大手総合電機メーカーや工業ガス会社が目立っていた。

狭義の競合はフルラインを揃えるガス検知器のメーカーで、1960年に創業した新コスモス電機あたりが該当する。工業用ガス検知器全体でみると、理研計器のシェアは約40%と言われている。

広義の競合は単能検知器のメーカーで、一酸化炭素のフィガロ技研あたりが該当する。理研計器はフィガロ技研と合弁を組んでいる。

【構え】 入手ルートは自社工場が主力ながら、2割程度は協力工場（外注）である。半導体式センサの技術はフィガロ技研から導入し

■全社
期間：2000.04-2010.03
得点掲示板：8-2
営業利益率：11.6%
利益占有率：100%
開示欄序列：0
事業本拠地：東京都
独禁法違反：報道なし
—
1990年代：5-5
2010年代：4-0

■約40%
日経産業 1989.4.6

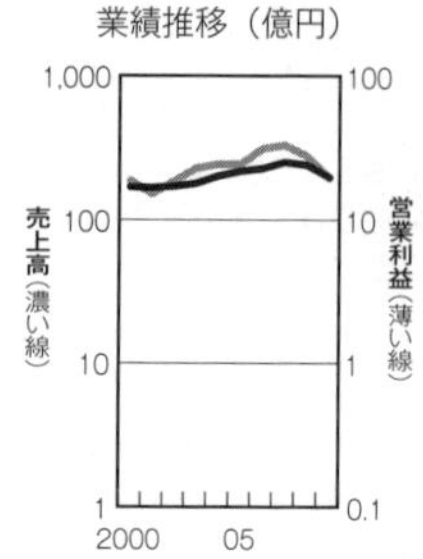

て、北海道の子会社で内製している。

引き渡しルートは受注生産品の直販を主体とするものの、一部製品や輸出で代理店を経由する。サービスや保守は専業子会社が提供する体制を敷いている。

【時機】 このケースは文句なしの先発に相当する。理研計器は、半導体工業の躍進という機を捉えて急伸した。

【源泉】 この事業で高収益を許すのはミッションクリティカリティである。検知器は命を守るためのもので、性能に劣る検知器を安く買っても、いざというときに役に立たなければ極めて高くつくので、顧客は価格プレミアムを厭わない。

【防壁】 この事業で高収益を守るのは技術と信用の蓄積である。いざというときに検知器が役に立つかどうかは事前にわからない。となると、実績を積み重ねたメーカーが選ばれるのは理に適っている。センサ部の感度の高さ、検知するガス種の多さ、検知器の寿命の長さ、装置の小ささ、そのいずれをとっても、スペシャリストの理研計器は他社を寄せ付けず、この壁が競合他社を跳ね返す。

【支柱】 この事業で高収益を支えるのはサービス部隊である。いざというときに役に立つことを保証するためには、センサ部が経時劣化する以上、定期的なメンテナンスが欠かせない。それを確実に行う体制がユーザーの安心を生み、戦略の均整を保つことになる。

【選択】 1970年1月、理研計器は製造部門拡充のために奈良工場を建設した。その背後にはシャープとの業務提携があり、共同開発が頓挫したことから、工場は1994年までシャープの下請と位置づけられることになった。この工場は累積赤字を解消できなかった模様であるが、70年史は「シャープとの提携により、同社の電子技術を吸収したことは、大きな収穫であった。技術部員たちはこの提携で得た技術、ノウハウにより、特にコンピューターの技術を以降の製品開発に生かし電子技術発展の基礎を作った」と評価している。

■おおしま・ひでお
生没：1911.09-1990.04
社員：1938.11-1948.07
役員：1948.07-1990.04

◉戦略旗手▶▷▷▷▷創業経営者

【人物】 このケースで戦略を推進したのは3代目社長の大嶋秀男氏である。初代は理研コンツェルンの大御所、2代目は光弾性実験の世界的な権威であった辻二郎博士で、物理屋を自認する大嶋氏は、創業時から彼らのサポートに回っていた。70年史には「理化学研究所時代から辻二郎氏の下で研究活動に勤しみ、当社入社後は経営の実務を行って辻二郎氏を支えてきた」と記されている。大嶋氏は社長に就任するや否や「中堅企業に徹する」という方針を打ち出した。

社長：1968.11-1980.07
会長：1980.07-1990.04

【着想】大嶋氏の着想は先見に由来するものと思われる。電卓で躍進を遂げていたシャープの技術部長と意気投合したのも、半導体時代の到来を見越していたからであろう。その背後には「いつ事故が発生しても、それをいち早く感知して、しかも確実に動かなくてはならない。その点では当社の仕事はまことに責任重大で、私はこれに生涯を賭けて取り組む覚悟でいる」という決意があったようである。

■いつ事故が発生しても…
証券アナリストジャーナル
1974.11

［参照文献］
『理研計器70年のあゆみ』2009年
証券アナリストジャーナル、1974年11月（大嶋秀男）
証券アナリストジャーナル、1977年7月（大嶋秀男）

ケース 627　帝国繊維：防災事業

P：防災資機材（公共・企業向け防災ソリューション）

戦略C/C比率◀◁◇▷▷
戦略D/E比率◀◁◇▷▷
対照：422，338

◉企業戦略▷▷▶▷▷販路応用多角化

【経緯】帝国繊維は1907年に東京で帝国製麻として設立された会社である。原料を国産化できる製麻業は日本の有力産業に数えられた時期もあったが、軍需に左右されやすく、終戦とともに供給過剰と合従連衡を繰り返した。帝国製麻は、日露戦争終結を機に麻のメーカーが大同団結して生まれた会社と言ってよい。戦後は合成繊維が台頭して麻の地位を脅かすに至り、帝国繊維は苦し紛れにボーリング場にも手を出した。そういうなかで開花したのが、祖業の川下事業の一つとして手掛けてきた消防ホースを拡張した防災事業である。

■帝国繊維
直前決算期：1999.12
実質売上高：200億円
営業利益率：6.4%
海外売上率：10%未満
社内取締役：7
同順位相関：0.89
筆頭大株主：安田グループ
利益成長率：×/×/×
東名阪上場：1950.09

【編成】本業は亜麻織物で、川上に位置する亜麻の糸や綿の糸を凌駕していた。その亜麻織物の川下に位置する消防ホースから生まれた防災事業は、初めてセグメント情報が開示された1991年12月期で既に繊維事業の赤字を埋める地位にあり、いまや押しも押されぬ主業の座に就いている。

■防災事業
期間：2000.01–2009.12
得点掲示板：9–1
営業利益率：15.4%
利益占有率：66%
開示欄序列：2
事業本拠地：栃木県
独禁法違反：1986.04
—
1990年代：2–7
2010年代：4–0

業績推移（億円）

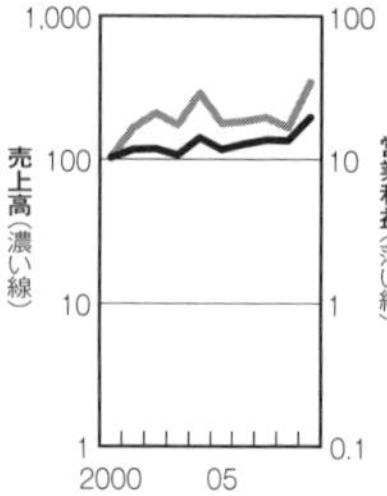

◉事業戦略▷▷▶▷▷販路応用マルチライン化

【立地】 売り物は防災という観点から取り揃えた各種資機材一式である。旧来の消防用ホースと消防士の防火服やユニフォームに加えて、防災用特殊車輌や各種危険物の検知器などを取り扱っている。

売り先は消防署、消防団、警察、空港、企業などである。日本では災害対策基本法によって市町村が一義的に防災任務を担うものと定められているため、末端の納品先は膨大な数に上る。

狭義の競合は個別商材の製造・販売事業者である。これは数が多い。典型例は消防ホースを製造する芦森工業で、高い内圧のかかる消防ホースに使える素材は長らく麻しかなかったところに、ここは合成繊維を持ち込んで一世を風靡した。しかしながら、検定における不正が発覚して芦森工業は後退を余儀なくされている。分析対象期間中に芦森工業（防災用繊維製品）は7勝3敗で通算利益率12.9%の戦績を残している。消化器や消防ポンプ車を製造するモリタ（防災関連）は10戦全敗で通算利益率6.9%の戦績に終わっている。

広義の競合は防災コンサルタントながら、これというところは見当たらない。

【構え】 入手ルートは国内外のメーカーである。

引き渡しルートは子会社である。子会社の帝商（東日本担当）とキンパイ商事（西日本担当）が消防機材店に向けてルート営業を展開しているが、取引関係は80年に及ぶこともあるという。

【時機】 このケースは先発に相当する。量的拡大が一巡した日本は、1980年代に質の向上を目指す路線に転換していった。そのなかで防災投資が拡大する傾向に、帝国繊維は後押しを受けている。

【源泉】 この事業で高収益を許すのはミッションクリティカリティである。消防ホースは人や車に踏まれたり、火の粉を浴びたりという極限的な状況で使用される。しかも、災害時には何が起きるか事前に予見できず、予め「極限」の内容を特定することは難しい。それでもなお、いざというときに役に立たなければならないのが防災資機材の宿命で、その性能は人命を左右する。それゆえ価格より性能が問われることになる。

【防壁】 この事業で高収益を守るのは防災ニーズを知り尽くすという専門性である。自分の財布を傷めない購買意思決定者は、誰が見ても納得する信用を重視する。また、メーカーの立場では他社商材を扱うことも難しく、それも複合的に参入障壁を形成する。

【支柱】 この事業で高収益を支えるのは点在する顧客にアプローチする販売ルートを守る営業部隊である。

【選択】 1983年3月、帝国繊維は従来のホース部門をホース・防災部門と書き換えた有価証券報告書を提出した。これは武井良平社長の就任に伴う措置で、ここから消防ホース事業は防災事業に脱皮を遂げたと言ってよい。消防ホースの販売ルートに、消防ホース以上の価値があることに気づき、力点をモノの品質から品揃えに移していった経緯は、まさに英断と呼ぶに値する。

◉戦略旗手▷▷▷▷▶文系社員

■さとう・ひでお
生没：1935.01-
社員：1982.12-1989.03
役員：1989.03-2013.03
社長：—
会長：—

【人物】 このケースで戦略を推進したのは佐藤英夫氏である。佐藤氏は、1957年に子会社の帝商に採用され、1979年に同社の防災部長に就任していた。その後、1982年12月に親会社の帝国繊維に転籍して、1984年3月に防災部長、1986年1月に防災開発部長と重用されていった。1993年3月に防災部門長に就任すると、その役割を78歳になるまで20年も背負い続けたことから見て、防災事業の第一人者であることは間違いない。

佐藤氏は、富士銀行から送り込まれ、1983年3月から8年にわたって社長を務めた武井良平氏を動かして、防災事業の性格を一変させると同時に、帝国繊維内の位置づけを大きく変えていったものと思われる。武井氏が社長に就任するや否や定款を変更して「各種消防・防災機器・救急救助器具の製造並びに売買」と「消防用車輌の製造並びに売買」の2項目を事業目的に追加したのも、その際に武井氏が「わが社は昔、麻で作った消防ホースを売っていた

■わが社は昔…
日経産業 1983.4.25

関係上、現在でも100店もの消防機材小売店と取引している。この販売ルートを生かそうと、防災関連商品に力を入れている」と訓示したのも、佐藤氏に触発された可能性が高い。

【着想】佐藤氏の着想は知る術がない。推測するに、25年に及ぶルート営業の経験から、変容する消防機材店のニーズを鋭敏に嗅ぎ取っていたのであろう。商社的な動きをしてソリューション提供に乗り出すのも、商事部門育ちの佐藤氏には怖くも何ともなかったはずである。子会社から人材を登用した采配が、ここまで企業の命運を変えるとは、ただ敬服するしかない。

［参照文献］

『帝國製麻株式會社五十年史』1959年

化織月報、1996年8月（飯田時章）

ケース 829　大東建託

P：アパートほか賃貸建物（地主向け資産運用策）

戦略C/C比率◀◁◇▷▷
戦略D/E比率◀◁◇▷▷
対照：179

■大東建託
直前決算期：2000.03
実質売上高：2,520億円
営業利益率：10.5%
海外売上率：10%未満
社内取締役：1
同順位相関：—
筆頭大株主：創業経営者
利益成長率：—/—/—
東名阪上場：1991.09

◉企業戦略▶▷▷▷▷本業集中

【経緯】大東建託は1974年に名古屋で大東産業として設立された会社である。飛び込み営業によって都市近郊に土地を保有する地主を発掘し、彼らの保有地の上にアパートや事務所や店舗などの賃貸物件を建設し、入居者の募集から、家賃の集金代行、建物の維持・管理までを請け負う「建託」事業を一貫して営んでいる。在宅介護、LPガス、海外ホテルなどもサイドで展開しているが、いずれも小規模にとどまっている。

【編成】本業は建託事業で、それが分析対象期間中も主業の座を占めていた。

　大東建託は、建設事業（工事）と不動産事業（仲介・管理）とその他（家賃保証）を分けて開示しているが、付帯サービスで顧客を呼び込んで、建設事業で利益を上げる構図があるうえ、どれも同じ事業の別の面に過ぎないので、ここでは全社を分析対象としている。

◉事業戦略▷▶▷▷▷川上・川下統合

■全社
期間：2000.04–2010.03
得点掲示板：8–2
営業利益率：10.2%
利益占有率：86%
開示欄序列：0
事業本拠地：東京都
独禁法違反：報道なし
—
1990年代：5–5
2010年代：0–4

【立地】 売り物は主に二階建てのアパートである。ただし、建託事業の要は固定資産税や相続税を節減する手段の提供にあり、それが本当の売り物と見るべきであろう。大東建託は、賃貸物件市場の調査、敷地に応じた建物の設計および施工、入居者の斡旋、管理運営、家賃保証、建設資金の融資、税務まで、一貫して顧客の面倒を見る体制を築いている。

売り先は運用可能な土地を保有する個人資産家である。大東建託の営業は歩くことを基本としており、空き地を見つけたらオーナーを割り出して提案活動を開始する。顧客満足度が高いせいか、新たに契約を結ぶ顧客の4割から5割はリピート組だそうである。

狭義の競合は建託事業を手掛ける事業者で、同じ愛知県下で大東建託に遅れること2年で創業した東建コーポレーションと、大東建託の関東進出に遅れること3年で東京で事業展開を始めたレオパレス21（当時の社名はエムディアイ）がある。東京証券取引所に1部上場したのは大東建託が1992年、東建コーポレーションが2003年、レオパレス21が2004年で、創業順となっているものの、差は拡大する傾向にある。同じ全社ベースで比較すると、分析対象期間中に東建コーポレーションは10戦全敗で通算5.0%、レオパレス21は6勝4敗で通算利益率8.3%の実績を残している。大東建託の棟数ベースのシェアは10.3%に達しており、企業規模も東建コーポレーションとレオパレス21の合計を凌駕する。

■10.3%
日経産業 2009.3.17

広義の競合はアパート建設を請け負う住宅メーカーや工務店である。大東建託は戸数ベースで積水ハウス、大和ハウス工業、積水化学工業と肩を並べており、実は日本を代表するハウスメーカーという一面を持っている。

【構え】 入手ルートは周辺企業群である。大東建託は部材を子会社で手掛ける一方で、建設工事は全国で数千に上る協力会社に委ねている。

引き渡しルートは自社で、ここが長い。賃貸物件を建てたくて建てる地主はいないにもかかわらず、住宅メーカーや工務店が建てることにしか関心を示さないのに対して、大東建託は建物を引き渡したあとも入居者を斡旋するなどして顧客の面倒を見続ける。そ

業績推移（億円）

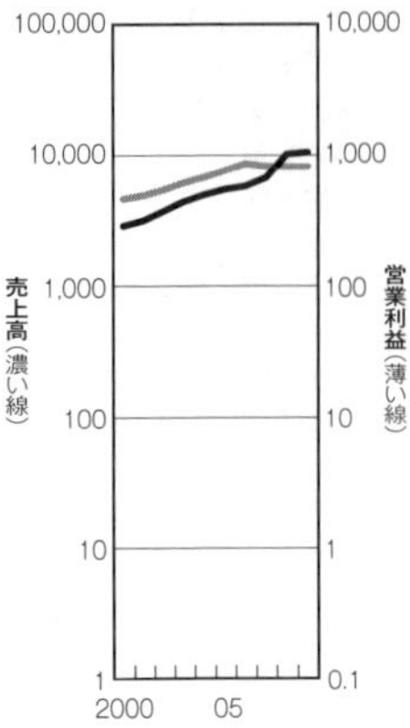

こに建託事業の真髄がある。

【時機】このケースは文句なしの先発に相当する。1973年に「住宅用地に対する課税標準の特例」が規定され、ここから地主は保有地のうえに住宅を建てると固定資産税を減免されるようになった。こうして生まれた建託事業の機会を機敏に活かしたのが大東建託と言ってよい。近年は、賃貸物件に対する需要が増えていることも追風となった。

【源泉】この事業で高収益を許すのはパフォーマンス優位である。儲けさせてもらい、そのプロセスを楽にしてもらう顧客は、ありがたみを実感するため、大東建託が儲けていようと気にしない。

【防壁】この事業で高収益を守るのは競合の自縛であった。何らかの家賃収入保証をつければ顧客が喜ぶことは目に見えているが、それはリスクを引き受けることを意味するため、他社は躊躇する。そこに大東建託は共済会という方式を持ち込んだが、これに対抗するところは現れなかった。

【支柱】この事業で高収益を支えるのはハウスコムやジューシィ出版などの子会社群である。何もしないで家賃保証をつければリスクとなるが、これらの子会社群は賃貸物件を探す人々に物件紹介サービスを提供して、空き室が出たら迅速に埋める機能を担っている。リスクを下げる手段を内包するからこそ、大東建託は他社より大胆な家賃保証を打ち出すことができるのである。

【選択】1980年3月、大東建設は大東共済会を設立して業務を開始した。これを鬼手と見なすのは、顧客同士で空き屋の家賃を補填し合う共済会方式では、アパートが全国的に供給過剰になるなどのシステミックなリスクに対応できないことが目に見えているからである。

■ただ・かつみ
生没：1945.07-
社員：—
役員：1974.06-2011.06
社長：1974.06-2004.04
　　　2006.10-2007.10
会長：2004.04-2011.06

◉戦略旗手▶▷▷▷▷創業経営者

【人物】このケースで戦略を推進したのは創業者の多田勝美氏である。勝美氏は自動車部品、運送、ガス、鋼材、車、不動産などの仕事を渡り歩いたすえ、社会人になって10年目に28歳で起業した。最初は貸倉庫を建てて土地活用を図るというビジネスを展開していたが、徐々に賃貸アパートに切り換えたという経緯がある。

「私は貧乏人の息子として生まれて運よく会社を上場させるまでになりました。（中略）その中で心掛けてきたことは、事業展開をするためには社会の求めるものを反映していけるのか、それによって会社として成長できるのか、社員にも良い職場をつくって良い生活ができる基盤を作っていけるのか、ということです」と勝美氏は語っている。

■私は貧乏人の息子…
地主の多くは…
経済界 1996.8.6

勝美氏は2004年3月に社長を降板したが、2006年9月に復帰した。そして2007年10月に二度目の社長交代を済ませると、その2ヶ月後には保有株式を入札にかけて世間の耳目をひいた。外資系のファンドがリーマンショックに巻き込まれたことから、この計画自体は頓挫したが、勝美氏は改正保険業法の影響を悲観したのかもしれない。これで確かに共済会方式は維持できなくなったものの、大東建託は30年一括借り上げ方式に切り換えることで持ち堪えている。

【着想】 勝美氏の着想は「地主の多くは、土地の有効利用をするために借金をしているため、いったん空き屋になってしまうと、次の入居者が来るまで支払いに困ってしまいます。空き屋自体はたいした数ではないので、だったら皆さんに会費を出してもらって互助会みたいにすれば保証できるのではないかということになり、緻密な計算をし、互助会が成り立つルールを考えたのです」という一言に凝縮されている。

家賃保証と聞くと保証をつける側のリスクが気になってしまうが、勝美氏は実勢に応じて会費率（家賃収入に対する会費の割合）を上げ下げしたり、または家賃の保証率（家賃に対する補填額の割合）を上げ下げしたりして、共済会を維持していった。さらに、入会査定はテナント営業部門に委ねることで、入居者の集まりにくい物件は共済会に入れないという工夫も凝らしているという。このあたりは勝美氏自身の交渉力の賜物とも言えるが、発想の柔軟性には恐れ入る。

勝美氏は倉庫から住宅に切り換えるに際して競合相手を選んだ節もある。たとえば「賃貸住宅で一番大事なのは客づけなんですね。その客づけに対してハウスメーカーさんは何の力も持っていない。地場の不動産屋さんに情報をまいておくだけで、建てた建物

■賃貸住宅で一番…
ハウスメーカーさんは…
財界 2002.4

の家賃の管理、契約の管理というキメ細かい管理もほとんど自分でやっていないんです。もう一つは、他社の新規の契約を獲得する営業は、農協の情報とか銀行の情報をもとにして営業する。あるいはアパート経営セミナーに集まってくるお客さんに対してだけの営業」という発言に、その兆候を読み取ることができる。

「ハウスメーカーさんは顕在顧客を獲得している（中略）我々は潜在しているお客さんを掘り起こして獲得している」という一言には、勝美氏の万感のプライドが現れているのではなかろうか。

［参照文献］

ヤノ・レポート、2010年8月10・25日

ケース 830　ジーエス・ユアサC：産業電池・電源装置事業

B：汎用電源（停電対策）

戦略C/C比率◁◁◇▶▷
戦略D/E比率◁◀◇▷▷
対照：073

■ユアサコーポレーション
直前決算期：2004.03
実質売上高：1,380億円
営業利益率：1.8%
海外売上率：37%
社内取締役：4
同順位相関：0.95
筆頭大株主：信託口
利益成長率：△/△/△
東名阪上場：1949.05

■日本電池
直前決算期：2004.03
実質売上高：990億円
営業利益率：2.8%
海外売上率：18%
社内取締役：9
同順位相関：0.94
筆頭大株主：金融機関
利益成長率：×/×/×
東名阪上場：1949.05

◉企業戦略▷▷▷▶▷本業辺境展開

【経緯】 ジーエス・ユアサCは2004年に日本電池（1917年設立）とユアサC（1918年設立）が合併して設立された会社である。京都が電池の聖地になったのは島津源蔵（2代目）の開発した鉛粉に負うところが大で、彼のイニシャルがジーエスという社名に刻まれている。両社とも電池の充電に必要な整流器を内製したことから電源装置事業が生まれ、水銀整流器を手がけた日本電池は海軍の依頼を受けて超高圧水銀灯を開発したところから照明事業にも進出したが、ともに基本は産業用電池の総合専業メーカーと言ってよい。

【編成】 本業は鉛蓄電池で、それが合併直前も主業の座を占めていた。合併後は電池・電源を国内と海外に分け、国内はさらに自動車向けと非自動車向けに分けて開示セグメントを定義している。この電池・電源が全社の9割近くを占めており、主業は国内の非自動車事業である。

■国内産業電池・装置事業
期間：2004.04-2010.03
得点掲示板：5-1

◉事業戦略▶▷▷▷▷中核集中

【立地】 売り物は非常用のバックアップ電池・電源である。停電へ

の備えとして、これらは至るところに配備されている。同じセグメントにはフォークリフト用のOEM・交換電池も含まれている。

売り先はデータセンター、通信基地、工場、ビル、発電所、変電所、放送局、防犯センター、地下鉄構内などである。

狭義の競合は非常用電源のメーカーで、新神戸電機や古河電池が該当する。両社とも電池・電源は一つのセグメントに括っており、常用と非常用の業績を分けて見ることはできない。なお、神鋼電機は撤退した。

広義の競合はディーゼルエンジンを中心とした小型発電システムを組むメーカーである。静止型が実現する前は、この方式が主流であった。

【構え】 入手ルートは自社工場群と思われる。

引き渡しルートは特約店経由と思われる。

【時機】 このケースは、国内では先発に相当する。交流を直流に変換して電池に蓄えるコンバーターは戦前からあったが、逆に電池から取り出す直流を交流に変換するインバーターはアメリカのGEが1961年に開発した。インバーターの要になるサイリスタというデバイスは、同じくGEが1956年に開発していた。日本電池は1960年にサイリスタの研究に着手して、その3年後にインバーターの初号機を完成させている。湯浅電池は1962年にサイリスタの研究に着手して、その6年後にインバーターの初号機を完成させている。非常用電源は、電気依存度が上昇する一方の社会から要請を受けて伸びた事業と言ってよい。分析対象期間中には、携帯電話基地局向けなどの新規需要が追風となっていたようである。

【源泉】 この事業で高収益を許すのはミッションクリティカリティである。非常用電源はオペレーションを守るためのもので、性能に劣る電源を安く入れても、いざというときに役に立たなければ極めて高くつくので、顧客は価格プレミアムを厭わない。

【防壁】 この事業で高収益を守るのは技術と信用の蓄積である。非常用電源は普段は待機しているだけであるが、いざというときには確実に作動しなくてはならない。安いかどうかよりも、信頼性がすべてと言ってよい。実績のない挑戦者が古参に対抗するのは難しい。

営業利益率：11.7%
利益占有率：67%
開示欄序列：2
事業本拠地：京都府
独禁法違反：報道なし
—
1990年代：—
2010年代：4-0

■主流
電気雑誌OHM 1961.12

業績推移（億円）

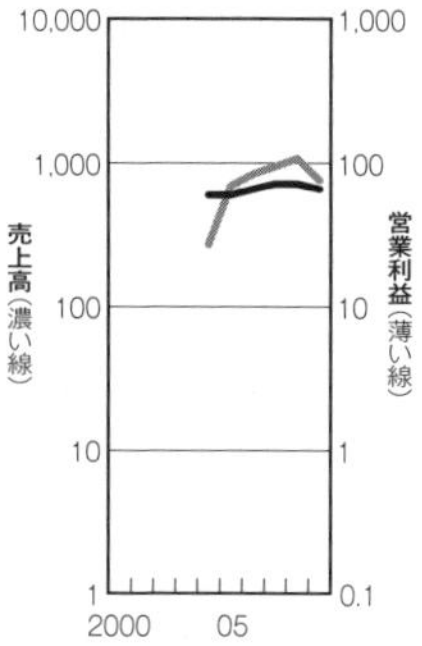

【支柱】この事業で高収益を支えるのは改良研究を続ける技術者たちである。一口に非常用電源と言っても、交流の波形や起動遅れを巡って回路の工夫は綿々と続いている。
【選択】1960年6月、それまでセレン整流器に携わっていた日本電池はサイリスタの研究に着手した。

■しまづ・げんぞう
生没：1869.06-1951.10
社員：—
役員：1917.01-1946.02
社長：1926.01-1946.02
会長：—

◉戦略旗手▶▷▷▷▷創業経営者
【人物】このケースで戦略を推進したのは創業者の2代目島津源蔵氏である。鉛蓄電池はドイツで1854年に基本原理が発見され、フランスで1859年に製法が発明され、同じくフランスで1880年に実用化されたと言われているが、源蔵氏は鉛蓄電池の研究に1894年から携わり、1903年に据置型蓄電池を完成させて島津製作所の工場予備電源に活用したそうである。ほぼ同じ時期に物理実験用小型電池を商品化して学校に売ったというが、非常用バックアップ電源は日本電池の祖業ということになる。

源蔵氏は1920年に易反応性鉛粉製造法という特許を出願して、鉛蓄電池においては世界の最前線に躍り出ている。この特許はドイツやアメリカでも成立しており、当人も「短日月のうちに一躍世界の水準を抜いたのであるが、私の微力が何ほどか寄与しているとすれば、私としては誠に光栄このうえもないことである」と述べていた。

■短日月のうちに一躍…
当時の不完全な発電…
科学朝日 1942.7

サイリスタの開発が当然視され、早くから研究所の開発テーマに上がっていたのは、源蔵氏がバックアップ電源という蓄電池の用途を開拓した時点から技術課題として認識されていたからに違いない。源蔵氏以降の経営者を調べてみてもインバーターに関する言及が見つからないのは、選択の余地すらなかったことを物語っている。
【着想】源蔵氏の着想は単純で、「当時の不完全な発電設備による頻々たる故障停電に刺激されて」バックアップ電源用途を考えついたようである。

島津製作所で源蔵氏の次の次の社長を務めた鈴木庸輔氏は、源蔵氏の訃報に際して「翁の新知識は、いっぺんの読書から得て、頭に描いてみただけの新知識とは本質的に異なっていた。それは

■翁の新知識は…
経済人 1952.2

文字通り体得であり、心の肉碑に刻まれた体験であり、血となり肉となって、いつでも発揚具現しうる態の新知識であった」と述べており、博識によって将来を見通していた可能性も否定できない。

［参照文献］
『クリーン・エネルギーを世界へ　YUASA75年史』1993年
『日本電池100年』1995年
ユアサ時報、1966年1月（山本忠典）

ケース628　指月電機製作所：電力システム事業

B：電源補償装置（電気品質の向上）

戦略C/C比率◀◁◇▷▷
戦略D/E比率◁◁◇▶▷
対照：429

■指月電機製作所
直前決算期：2000.03
実質売上高：180億円
営業利益率：2.9%
海外売上率：16%
社内取締役：7
同順位相関：0.41
筆頭大株主：三菱電機
利益成長率：—/—/—
東名阪上場：1963.05

◉企業戦略▷▶▷▷▷川下開拓

【経緯】指月電機製作所は1947年に西宮で設立された会社である。源流は1939年の指月電気工業まで遡り、祖業は電力用コンデンサであった。JIS規格が落雷対策を義務づけたことから衝撃電圧発生装置を手掛けるようになり、そこからコンデンサ応用機器（電力機器システム）の事業が立ち上がっている。さらにマイコンの登場を受けて始めた情報機器システム（大型電子表示板）を育成中である。

【編成】本業はコンデンサであったが、主業の座は規模に劣る電力システム事業に移っている。情報機器事業は、まだ存在感が薄い。

■電力システム事業
期間：2000.04–2010.03
得点掲示板：10–0
営業利益率：24.7%
利益占有率：56%
開示欄序列：2
事業本拠地：兵庫県
独禁法違反：報道なし
—
1990年代：10–0
2010年代：4–0

◉事業戦略▷▷▶▷▷技術応用マルチライン化

【立地】売り物は多岐にわたるが、中心を成すのは高調波を抑制したり、瞬時電圧低下を補償する装置である。いずれもコンデンサ応用製品の色彩が濃い。

売り先は主にシステム全体を受注する国内の総合電機メーカーである。

狭義の競合は個別機器のメーカーで、たとえばアクティブフィルターでは日立産機システム、瞬低対策装置ではニチコンを挙げることができる。分析対象期間中にニチコン（コンデンサを含む連結）は10戦全敗で通算利益率3.5%の戦績を残している。

業績推移（億円）

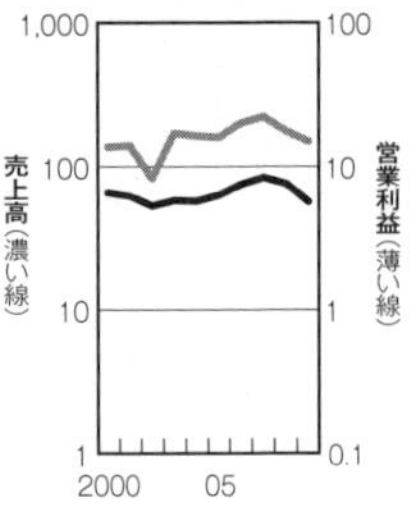

広義の競合はコンデンサ応用機器のメーカーで、これは数が多い。

【構え】入手ルートは100%子会社の九州指月である。

引き渡しルートは直販主体である。

【時機】このケースは、源流が遠く1950年代まで遡るもので、先発に相当する。このケースは省エネ指向、そして高調波対策の波を捉えたと見ることができる。

【源泉】この事業で高収益を許すのはミッションクリティカリティである。電力の品質異常は、受配電設備や様々な電気機器の焼損や故障につながり、工場の操業に致命的な影響が及び、生産停止が何日も続く事態を招きかねない。そこから発生する経済損失が余りに大きいため、対策装置には値引きよりも実効保証が求められる。すなわち、品質が利益に直結する素地がある。

【防壁】この事業で高収益を守るのは技術と信用の蓄積である。いざというときに電源補償装置が役に立つかどうかは事前にわからない。となると、実績を積み重ねたメーカーが選ばれるのは理に適っている。しかも指月電機はキーパーツを内製しており、他社の前にそびえ立つ壁は高い。

■技術者であろうと…
『昨日・今日・明日』

【支柱】この事業で高収益を支えるのは開発部隊である。アクティブフィルタを開発した矢部久博氏は「技術者であろうと積極的にお客様のところに足を運ばないといけない。試作品として完成したと思っていても、実際に現場でお客様に使っていただくと、いろいろな問題点が出てくる。そうした状況を詳しく知ることによって、何をしなければならないかがはっきりとわかってくる。そこに動機が生まれ、そこから改良、改善が始まる」と語っている。こうした改良、改善が戦略の均整を保つ点も、また顧客とのつながりは矢部氏が入社する前から続いている点も、ともに忘れてはならない。

【選択】1939年12月、設立されたばかりの指月電気工業は他社に先駆けて油充填式大型コンデンサのUK-200Aを仮型録に掲載した。当時の含浸材はパラフィンが主流であった。

■やまもと・しげお
生没：1909.02-2002.03
社員：—

◉戦略旗手▶▷▷▷▷創業経営者

【人物】このケースで戦略を推進したのは創業者の山本重雄氏であ

る。山本氏はラジオの勃興期に遭遇し、ラジオの設計や修理に携わるうちにコンデンサの製作に手を染めた。そして中国合同電気から盗電防止用コンデンサを受注したのを機に電力用コンデンサに舵を切り、独立した。社名は、山本氏の生まれ故郷にある毛利家の指月城からとったそうである。戦前の指月電機製作所は油含浸タイプの低圧進相用コンデンサで特に関東市場を席巻したという。

役員：1939.12-1944.04
1947.09-1988.06
社長：1944.04-1947.09
1965.04-1974.05
1976.06-1982.06
会長：1951.12-1965.04
1974.05-1976.06
1982.06-1988.06

【着想】 山本氏の着想は回顧録に記されている。長くなるが引用すると「そのころ住友電工はイタリアのピレリー社から導入したOFケーブル方式、すなわち鉱油を含浸した電力用ケーブルという製品があった。（中略）住友では、OFのセオリーを適用して“オイルコンデンサ”の研究が進められていた。その間、材料提供者として頻繁に出入りしているうちに自然といろんな情報が入手できたので、うちでもやってみると非常に具合がいい。研究の主体は住友だったが、結局、通信用として市場に出したのは私どもが早かった。コンデンサの歴史のなかでも画期的な成果だったと思う。現在の紙コンデンサはすべて液体含浸であるが、固体から液体に切り換えることは需要先で抵抗も大きかったが、特性の良さが幸いして、需要は時節もあって著しく拡大した」そうである。

これが起点となって指月電機は電力用コンデンサに基盤を築き、その川下で装置ビジネスを手がけるチャンスが向こうから転がり込んできたと言ってよい。そして、装置ビジネスが部品ビジネスより格段に高収益と判明した点が面白い。

[参照文献]
『指月電機70年史　創業者生誕100年によせて』2009年
『指月の昨日・今日・明日　創業者生誕100年によせて』2009年

9-1-2 請負サービス

請負サービスとは、顧客に襲いかかる負荷変動のピーク部分を請け負って、納期を遵守したり、品質を確保する手助けをすることを指す。象徴的に表現するなら、借りたい顧客に「猫の手」を貸すビジネスと言ってよかろう。具体的な手口としては(1)人員を派遣する、(2)業務を受託する、の2形態が浮かんでいる。

この戦略を活かした典型例はケース831のメイテックで、ここはエンジニアを集団で大企業に派遣する。もともとは業務受託を目指したが、人材派遣に切り替えてから飛躍を遂げた経緯がある。需要サイドでは、官公庁相手の仕事は予算がつくかどうか直前までわからない、それなのに予算がつくと厳しい納期の遵守を要求されるという日本の矛盾に対して、メイテックは雇用調整機能を提供している。供給サイドでは、日本のエンジニアは特定の研究室で実験実務を叩き込まれているが潰しが利かないため、ある分野が下火になると企業の重荷になってしまうという傾向に対して、メイテックはエンジニアの再教育機能を提供している。ここには矛盾が深ければ深いほど高収益が手に入る図式がある。ケース832のホリプロは、タレントを放送局や企業イベントなどに派遣する。タレントはエンジニア以上に浮き沈みが激しいため、放送局などが抱え込むにはリスクが大き過ぎる。そういうリスクを引き受けて、インフォーマルな教育によってタレント寿命の引き延ばしを図る手口は、メイテックと酷似する。

残る4ケースは受託型で、ケース833のベルシステム24が電話対応業務、ケース629のソランが大量計算業務、ケース630の協栄産業がソフト開発業務、ケース631のDOWAが熱処理作業を受託する。いずれのケースも顧客の側ではコンスタントに発生する業務ではないため、自社で抱え込むと効率が落ちてしまう。それに対して受託側では、多様な顧客を抱えることにより平準化を図ることができる。それゆえ、受託ビジネスが成立するのである。

これらのケースが高収益に恵まれるのは、相対パフォーマンスが高いからである。比較対象となるのは顧客が社内に実務部隊を抱え込むオプションで、そうすると稼働率やサービス水準を維持することは容易でない。だから請け負う側のパフォーマンスが相対的に高く見えるのである。他社が比較対象となりにくいのは、防壁が高いことによる。

この戦略が適用できる条件としては、顧客サイドの負荷変動が大きいことを挙げなければならない。それに加えて重要なのは、戦略を採用する側の社員教育能力である。サービス水準で顧客の期待を上回り続けるためには、社員教育が不可欠で、そこに穴が開いていては話にならない。

請負ビジネスは、最初の顧客を確保するまでの道のりが長くて苦しいが、その壁を乗り越えて実績と信用さえ手に入れてしまえば、あとは堰を切ったように伸びていく。日本でもニーズがあることは確かで、日本の発注元は外注を囲い込んで実績と信用の欠如を補完してきた。ところが、請け負う側は顧客を広く集めたほうが繁閑を均すことができるうえ、技能の習熟効果も大きくなる。経済合理性に裏打ちされている以上、競争圧力のなかで外注事業者が独立に向かうのは、それこそ時間の問題と言ってよい。

いまや請負ビジネスはありとあらゆるフィールドで野火のように拡がっている。海外ではエレクトロニクス分野のEMSのみならず、自動車の組立請負や食品の請負加工までが事業として成り立っているし、国内でも人知れず化粧品あたりで請負ビジネスが伸びている。ここに有望な戦略機会があることは間違いない。

ケース
831

メイテック：派遣事業

B：エンジニア（雇用・教育代行）

戦略C/C比率◀◁◇▷▷
戦略D/E比率◀◁◇▷▷
対照：—

■メイテック
直前決算期：2000.03
実質売上高：570億円
営業利益率：14.3%
海外売上率：10%未満
社内取締役：8
同順位相関：0.34
筆頭大株主：金融機関
利益成長率：—/—/—
東名阪上場：1991.02

◉企業戦略▷▷▷▶▷本業辺境展開

【経緯】 メイテックは1974年に名古屋で名古屋技術センターとして設立された会社である。当初は設計技術者7人で設計受託をしていたが、早々に見切りをつけ、派遣業態に切り替えてから急成長を遂げるに至っている。その後は、派遣業態の海外展開や、自社製品の開発や、研修事業や、再就職支援事業などに挑戦してきた。近年は設計受託にも再挑戦している。

【編成】 本業は派遣事業で、それが分析対象期間中も主業の座を占めていた。滲み出しを図ってはみたものの、国内本業以外は概してふるわない。

■全社
期間：2000.04-2010.03
得点掲示板：9-1
営業利益率：14.0%
利益占有率：100%以上
開示欄序列：0→1
事業本拠地：神奈川県
独禁法違反：報道なし
—
1990年代：5-1
2010年代：0-4

◉事業戦略▶▷▷▷▷中核集中

【立地】 売り物は機械、電気、ソフトウェアなどに精通したエンジニア集団である。純粋にエンジニアリングを天職としたい人々を中心に、メイテックは2000年時点で6,000人強を常用雇用していた。平均年齢は30歳である。大口顧客には何百人という単位で熟練エンジニアを、彼らの現場管理を行うスタッフとセットで派遣できるところにメイテック固有の強みがある。契約期間は最低で3ヶ月としている。

売り先はエンジニアを必要とするメーカーである。顧客リストには、パナソニック、ソニー、ニコン、セイコーエプソン、オムロン、トヨタ自動車、デンソー、三菱重工業などの大手一流メーカーが並んでいる。

狭義の競合は1985年に「労働者派遣事業の適正な運営の確保及び派遣労働者の保護等に関する法律」が成立する前から派遣事業に取り組んでいたところで、該当する競合は見当たらない。

広義の競合はエンジニアの派遣事業を営む事業者である。主要な同業は5社あるが、顧客の分野別ニーズに応えることができるのはメイテックだけと言われている。メイテックと創業者が重なる新興のVSN（エンジニア事業）は分析対象期間中に4勝1敗で通算利益率14.4%の戦績を残している。

【構え】 入手ルートは大手メーカーである。エンジニアの旧勤務先と派遣先が往々にして重なるところが興味深い。また、派遣先との契約が切れて非稼働状態に入ったエンジニアには社内で技術研修を実施して、彼らの市場価値を維持していく点にメイテックの特色がある。

引き渡しルートは自社営業である。メイテックは日本国内の製造業の集積地には必ずと言ってよいほど営業拠点を置いている。

【時機】 このケースは、法的な裏付けがないまま事業立地を切り開いたもので、先発に相当する。黎明期のメイテックは「仕事を一括して請け負い、便宜上相手の職場で働くという契約」を結ぶことで、労働基準局のチェックをかわしたというが、そこには三菱重工の名古屋航空宇宙システム製作所のような大口顧客の側面支援があったものと思われる。防衛産業は仕事量の変動が激しく、必要なときだけエンジニアを雇えるようにしておかないと事業継続がままならないからである。その意味で、メイテックは巧みに実需を捉えたと言ってよい。このケースは終身雇用崩壊の波を捉えたと見ることができる。高度成長が終わりを告げた日本において、人件費の変動費化は避けて通ることができない課題となった。メイテックは、顧客企業が終身雇用の建前を貫く裏側で受け皿の機能を提供したことになっている。リーマン・ショックで総需要が縮小すると、この業態も太刀打ちする術がなく、試練に直面している。ただし、分析対象期間後の不振はVSNの台頭と無縁ではない。

■仕事を一括して…
日経産業 1992.1.29

【源泉】 この事業で高収益を許すのはパフォーマンス優位である。メイテックはエンジニアを先行仕入して常用雇用するので、顧客企業の「すぐに始めて欲しい」というわがままを聞き入れることができる。そこに価格プレミアムの成立する素地がある。

【防壁】 この事業で高収益を守るのは外部経済性である。レベルの高い仕事を委託したい顧客企業は、腕利きのエンジニアを集めた派遣元に集まってくる。そういう派遣元では、社員が派遣先のレベルの高い仕事をこなすことで技量をさらに向上させていく。それゆえ正の循環が発生し、参入障壁が立ち上がるのである。

業績推移（億円）

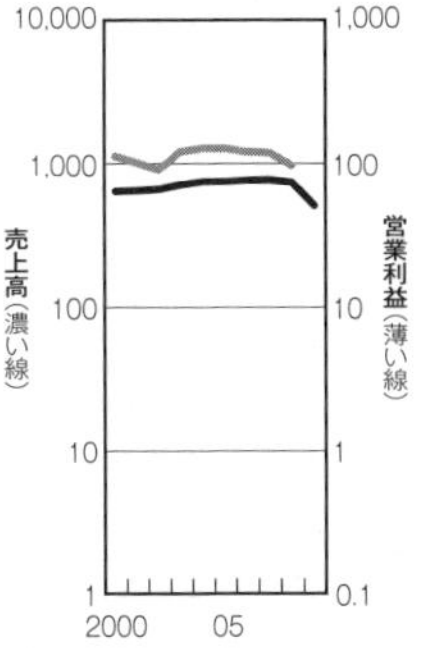

■社員のスペシャリスト…
月刊中小企業 1985.9

【支柱】この事業で高収益を支えるのは教育部隊である。彼らの奮闘がなければ、メイテックは町の登録人材派遣業者と何の差異化もできない。彼らが「社員のスペシャリスト志向、エンジニア魂を満足させ」、社員の技術分野別の習熟度を管理するからこそ、メイテックの戦略は均整を保つことができるのである。

【選択】1975年、名古屋技術センターは不況で大企業を辞めたエンジニアを18人採用した。翌年も6人採用したが、受託設計の仕事が回ってこないため、雇ったエンジニアは自宅待機とせざるをえなかった。当時は第1次石油ショックの残響が残っており、そこで人を抱え込むとは尋常の沙汰と言い難いところがあった。

■せきぐち・ふさろう
生没：1935.12-
社員：—
役員：1980.05-1997.06
社長：1980.05-1996.07
会長：—

■解任
日経朝刊 1996.8.7
日経産業 1996.8.23

◉戦略旗手▶▷▷▷▷創業経営者

【人物】このケースで戦略を推進したのは創業者の関口房朗氏である。房朗氏は1996年8月に取締役会で解任されてしまったが、メイテックに対抗するVSNを設立して2006年に上場に漕ぎつけている。房朗氏の二度にわたる上場は成功が偶然の賜物ではないことを物語る。

房朗氏は、尼崎産業高校を卒業したあと、父親が経営する製図機器販売会社に合流した。そして名古屋で独立してメーカーへの脱皮を図ったが、倒産の憂き目を見てしまう。そして、7人の社員が房朗氏のところに押しかけてきて、好きな設計を続けたいと懇願したところから、受託設計業に乗り出すことになったという。

■フェラーリ
日経産業 1992.1.28
日経産業 1992.1.29
日経産業 1992.1.30

房朗氏には毀誉褒貶が相半ばする。ディスコで入社式を開いたり、社員に貸し出すという名目でフェラーリを何台も買い集めたり、自らはロールスロイスを公用車にすれば、眉をひそめる人が出るのも当然であろう。取締役会のクーデターは、房朗氏の競走馬への投資を止めるためと説明されていたが、1996年6月に30歳の長男を入社半年で取締役に登用した人事が取締役の離反を招いたのかもしれない。

■過労と心労で…
月刊中小企業 1985.9

【着想】房朗氏の着想は熟考から生まれたようである。自宅待機させたエンジニアに支払う給与を個人保証して捻出する日々が続くなか、「過労と心労で身体をこわして、日赤病院に入院するはめになってしまったのです。でも、振り返ってみれば、この入院は新会社についてじっくり考えさせてくれるいいチャンスでした」と房朗氏は語っている。受託設計を試みた時期に機密情報を外に出せるわけがないと相手にされなかった経緯を踏まえ、房朗氏は「機密保持に責任を持つ人材派遣システム」と書いたダイレクトメールを病床から投函して、活路を開いたという。メーカーが機密性の高い設計図を社外に出すことに躊躇するなら、社員に客先で仕事をさせればよいではないかと発想を転換したわけである。こうして創業4年目に業態を転換したメイテックは急成長路線に乗り、1983年に10%という利益率目標を打ち立てた。

その後も「あらゆる産業の水面下で、事業システムの崩壊と再構築が始まっている。今後、コアの部分以外はアウトソーシングが急速に進むはずだ」と時流を見ながら房朗氏は舵を切っていたが、「結局は競馬に金をつぎ込みすぎた」ことが原因で表舞台から消えていった。

■あらゆる産業の水面下…
実業の日本 1995.3

■結局は競馬に金を…
週刊文春 2008.11.27

[参照文献]

関口房朗『開発の時代の技術興奮集団』エムジー、1987年

ケース 832　ホリプロ：〈制作〉事業

B：タレント（コンテンツ提供）

戦略C/C比率◀◁◇▷▷
戦略D/E比率◁◀◇▷▷
対照：—

◉企業戦略▷▷▷▶▷本業辺境展開

【経緯】 ホリプロは1963年に東京でホリプロダクションとして設立された会社である。興行からスタートして、設立2年目に音楽原盤制作と著作権管理、6年目にコマーシャルを含む番組制作に踏み出した。1993年から取り組んだアジア展開は必ずしも成功していない。

■ホリプロ
直前決算期：2000.03
実質売上高：150億円
営業利益率：9.4%
海外売上率：10%未満
社内取締役：7
同順位相関：0.69
筆頭大株主：創業経営者
利益成長率：—/—/—
東名阪上場：1997.03

【編成】 本業は制作で、それが分析対象期間中も主業の座を占めていた。制作と括っていたセグメントを2004年度分から出演（タレントの派遣ビジネス）とメディア（内製コンテンツの販売ビジネス）と音楽（著作権と原盤権のライセンスビジネス）に分割開示しているが、それにより主業がタレント派遣ビジネスであることが判明している。制作以外では興行と小売のビジネスがあるものの、主業

の座を射止めるにはほど遠い。

■制作事業
期間：2000.04-2010.03
得点掲示板：10-0
営業利益率：24.3%
利益占有率：94%
開示欄序列：1→1+2+3
事業本拠地：東京都
独禁法違反：報道なし
—
1990年代：10-0
2010年代：2-0

◉事業戦略▷▷▷▷▶複合化展開

【立地】 売り物は所属タレントと、彼らのために用意する楽曲の著作権と原盤権である。ホリプロには、綾瀬はるか、深田恭子、藤原竜也、妻夫木聡、さまぁーずなどの現行スターのほか、和田アキ子、榊原郁恵、秋吉久美子、泉谷しげる、片平なぎさなどのベテランも所属している。かつて所属したタレントには、山口百恵、石川さゆり、井上陽水などがいた。これらタレントを顧客の番組に派遣するほか、番組を自作して売るビジネスも営んでいる。ホリプロは、主力タレントが飲酒運転で検挙されて出演自粛を余儀なくされるという経験を草創期に積んでおり、全社売上の25%以上を特定のタレントに依存してはならないというポリシーを貫いている。

売り先は電通や博報堂などの広告代理店、およびTBS、フジテレビジョン、日本テレビ放送網、テレビ東京、テレビ朝日などの放送事業者である。

狭義の競合は有力タレントを多数抱えるプロダクションで、未上場の渡辺プロダクション（通称ナベプロ）が永遠のライバルと言ってよい。ほかにアミューズや吉本興業がある。分析対象期間中に、アミューズ（連結）は3勝7敗で通算利益率7.3%、吉本興業（制作）は6勝3敗で通算利益率12.4%の戦績を残している。

広義の競合はタレントが独立してつくる事務所で、ジャニーズ事務所やLDHなどがある。

【構え】 入手ルートはスカウトで、ホリプロはタレント・スカウト・キャラバンで組織的に新人を発掘すると同時に、それ自体を販売用の番組に仕立てる手法を採ってきた。これで発掘したタレントの代表格は榊原郁恵である。ちなみに、タレントの報酬は月々の固定給とするのが一般的で、仕事量の変動リスクはプロダクション側が吸収する。それゆえ、プロダクション側には自社タレントを売り込むインセンティブが作用する。

引き渡しルートは直販しかない。

【時機】 このケースは源流がテレビ勃興期の1960年5月にあり、先発に相当する。厳密に言えば、米軍キャンプで事業を営んでいた渡辺プロダクションが1年ほど先行したが、ほかの事務所と比べると、ともに草創期の古参に数えてよい。

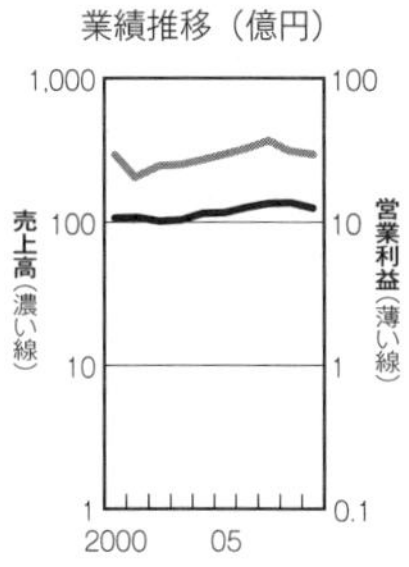

【源泉】 この事業で高収益を許すのはパフォーマンス優位である。多彩なタレントを数多く抱えるプロダクションは、顧客に対して提案できる内容に幅を持たせることができる。また、出演予定のタレントが何らかの理由で番組に穴を空けてしまう場合も、リカバリーの手段を豊富に持ち合わせる。顧客から見た信頼性の高さは、稼働率の向上に直結する。

【防壁】 この事業で高収益を守るのは外部効果である。タレントは出演を重ねるにしたがって知名度、そして経済価値が上昇する。顧客も、実際に出演するタレントだけでなく、プロダクションの抱えるタレントのラインアップを消費する面がある。その相乗効果によって、弱小プロダクションは新人を売り出す能力において大手にかなわないし、有力な新人を採用する競争にも勝ちにくくなる。この世界には、バイアスを是正するドラフト制度も存在しないため、大手の優位が持続する。

【支柱】 この事業で高収益を支えるのはタレントのマネージャーたちである。プロダクションは、売れていないタレントに投資して、売れっ子に育て上げていかなければならない。しかし、売れっ子に育ったタレントが、売れないタレントや裏方スタッフを扶養することを拒否して独立していくと、育成サイクルが成り立たなくなってしまう。それゆえ、マネージャーによるタレントの意識付けが重要になる。ホリプロは、タレント個人の人格と切り離してタレントを商品と呼ぶことにより、商品価値や商品寿命の最大化に工夫を凝らしている。独立路線を選んだ舟木一夫たちより、ホリプロに残った和田アキ子を長寿商品に育て上げた実績は、ホリプロ最大の財産と言ってよいのかもしれない。

第2代社長の小田信吾氏は、和田アキ子のマネージャーを務めた日々を振り返って「昔のアコはただのじゃじゃ馬！（中略）確かに歌はうまいんだろうなと思ったけど、そんな彼女がスターになる予感なんて僕にはまったくなかった。アコは本音はともかく『小田さんに何かあったら私は身体を張るわよ』と最初の頃からずっと言う

■**昔のアコはただの…**
苦労して頑張って…
50年史

んだ。すると僕は『お前がいなかったら枕を高くして寝られたんだ、バカヤロー』って返す。そんな会話ができるまで腹を割って付き合ってきた。理屈抜きに兄弟分のような関係ですね」と語っている。

逆に和田アキ子は「苦労して頑張っているうちに堀さんや小田さんたちみんなを好きになり、なんだか苦労じゃなくなったんですよね。彼らはアニキであったり、友達であったり、家族であったり。自分のこと全てを話せるようになった。（中略）きれいごとのようだけど、学歴もない私の歌を聴いて勇気をもらったとか、元気をもらったとか言ってくれる人が多いんですよ。そういう私を育ててくれた人が何人もいるわけです、ホリプロには。口ではいつも、何かあったらすぐにでもみんな引き連れて辞めるって言ってますけど、その人たちがいる限りは、やっぱりね…」と語っている。

小田氏の「ホリプロに入って10年以上活躍しているようなタレントを現場で担当しているマネージャーたちにとっては、自分たちがすごいスターを担当しているなんて感覚はないと思うんです。（中略）なんぼ歌や話術がうまいと言ったって、発表の場所がなければ終わりなんですから」というコメントに呼応するように、和田アキ子は「仕事を取ってくるのはマネージャーだけど、その仕事を次にまた広げられるか、もう一回オファーが来るか、それは私次第だと思うんです。もし、そのときに私の出来が悪ければこの一回で終わってしまう。だから、仕事の現場で私が全力を尽くせるように、それまでの全てを作るのはマネージャーなんですよって思うんです」と述べている。

【選択】1960年5月、堀プロダクションは堀威夫のマネージャー業専念パーティーを開催した。同じバンドのメンバー以外に所属タレントがいない状態での門出であった。

■ほり・たけお
生没：1932.10-
社員：—
役員：1963.01-2008.06
社長：1964.06-1984.03
会長：1984.03-2002.06

◉戦略旗手▶▷▷▷▷創業経営者

【人物】このケースで戦略を推進したのは創業者の堀威夫氏である。威夫氏は大学在学中からバンド活動を続けていたが、27歳で引退してホリプロを創業した。当人は「いまは若さと勢いで人気者になっているが、いつか限界が来る。そうならない前に表舞台を降りて、裏方で一生やっていこうと思った」と語っている。自身の経験に基づいてタレントの心理を知り抜いている点が、威夫氏の強みなのかもしれない。

■いまは若さと勢いで…
実業の日本 1984.12

威夫氏は、ホリプロを普通の会社にすることに情熱を傾けた。当人も「水商売的な要素が大きいと言われている仕事を、いかにして長続きさせるかに全力を注いできた」と語っている。そして「予測できない不慮の事態の発生というプロダクションが生来もっているアキレス腱をカバーする」ために、著作権と原盤権をベース収入とする構造を編み出した。

■水商売的な要素が…
予測できない不慮の…
証券アナリストジャーナル 1989.5

【着想】 威夫氏の着想は商品寿命の最大化に尽きる。それは「僕はタレントプロモーションの原点は、常にマーケットに飢餓感をもたせておくことだと考えています。需要があってもホイホイと供給しない。いつも供給を需要より少なめにしておく。買い手の言うなりに売らないことで、タレントの寿命も長くなるのです。ただし、売る売らぬで相手とケンカしちゃいけない。人間関係を壊さず断る。そこが腕なんですよ。そのためには、結局、人間を磨くしかない」というコメントに凝縮されている。

■僕はタレント…
実業の日本 1984.12

[参照文献]
『ホリプロ50年史』2011年
堀威夫『いつだって青春』東洋経済新報社、1992年

ケース 833　ベルシステム24

B：コールセンター（顧客接触代行）

戦略C/C比率◀◁◇▷▷
戦略D/E比率◁◀◇▷▷
対照：—

◉企業戦略▶▷▷▷▷本業集中

【経緯】 ベルシステム24は1982年に東京で設立された会社である。最初の4年間は電話転送システムを製造・販売していたチェスコムの傘下にあり、その川下部門として受信代行サービス事業を手掛けていた。次の18年間はCSKの傘下で、同社のシステムを使って発信代行、なかでもテレマーケティングも請け負う会社に変貌した。そのあとも親会社はNPIからベインキャピタルへと移り変わったが、コールセンター業界最大手という地位に変わりはない。

■ベルシステム二四
直前決算期：2000.05
実質売上高：430億円
営業利益率：14.9%
海外売上率：10%未満
社内取締役：7
同順位相関：0.70
筆頭大株主：CSK
利益成長率：—/—/—
東名阪上場：1997.02

【編成】本業はコールセンターで、それが分析対象期間中も主業の座を占めていた。

■全社
期間：2000.06-2010.02
得点掲示板：8-2
営業利益率：11.5%
利益占有率：100%
開示欄序列：0
事業本拠地：東京都
独禁法違反：報道なし
—
1990年代：4-3
2010年代：4-0

◉事業戦略▶▷▷▷▷中核集中

【立地】売り物は顧客クレームや問い合わせ、または商品発注を、クライアントに代わって電話で受け付ける代行サービスである。売上の5分の4以上は受信代行で、発信代行を圧倒している。

売り先は携帯通信事業者のほか、クレジットカードの発行者など、大手の企業である。変わり種では、日本スポーツ振興くじなども顧客リストに顔を出していた。

狭義の競合は受発信代行業者である。発信側では日本テレマーケティング協会が1988年に設立されたが、そこで代表理事に選出されたのは、ベルシステム24の社長と、NTTテレマーケティングの社長である。1987年の6月に起業して2000年11月に上場した三井物産系のもしもしホットラインは、分析対象期間中に10戦全勝で通算利益率12.1%の戦績を残している。

広義の競合は顧客企業である。ベルシステム24は、その気になれば顧客も臨時従業員を集めてできる業務を代行するだけなので、コストで勝たない限り仕事は回ってこない。

【構え】入手ルートは人海戦術で、社員1名に対して臨時従業員を15名ほど雇用してサービスを成立させていた。CSK傘下のベルシステム24は「六つの公約」を社員に提示して、「仕事が能率よく進められるように必要な設備やシステムには惜しまず投資」していった。

■六つの公約
日経産業 1997.1.31

■仕事が能率よく…
日経産業 1995.5.9

引き渡しルートは直販である。

【時機】このケースは、電話を使った事業の先駆けで、先発に相当する。ベルシステム24が設立される前年に、第2次臨時行政調査会が発足し、3公社の民営化に関する議論が始まった。その帰結として、日本電信電話公社は1985年4月から株式会社に生まれ変わっている。ベルシステム24には、この規制緩和の申し子という側面がある。このケースは顧客満足競争の波を捉えたと見ることができる。従来は売った店が顧客対応の窓口を務めていたが、それではサービス対応のスピードで負けてしまう。アメリカ発の革命が日本に押し寄せたのも無理はない。ベルシステム24の商機は、そこに発生した。

【源泉】この事業で高収益を許すのはコスト優位である。一時的なニーズに直面した顧客が自ら業務を遂行するよりも、ベルシステム24は設備とスタッフを流用できるため低いコストで同じ業務を遂行できる。そこに価格プレミアムが発生する素地がある。なお、ベルシステム24の顧客リストを見ると、1995年度時点ではツーカーホン関西やDDI東京ポケット電話など、後にauに合流する携帯電話サービス事業者が名を連ねていた。そしてKDDIが2002年にもしもしホットラインに切り替えると、ベルシステム24はソフトバンクからBBコールを買収して、同社のコールセンター業務を取り込んだ。要するに、ベルシステム24はNTT対抗勢力の受け皿になっており、顧客には選択肢がないに等しいことも高収益の源泉に数えてよい。

【防壁】この事業で高収益を守るのは大数の法則である。先に設備やスタッフを拡充した事業者は、プロジェクト間で稼働率を平準化しやすくなる。そのため後発の事業者には付け入る隙が限定されてしまう。

【支柱】この事業で高収益を支えるのは臨時従業員を束ねる現場マネージャーたちである。ベルシステム24が得意とする受信代行は、発信代行に比べて作業従事者の負荷が一般的に高い。そこに有効な負荷の軽減策を入れない限り、同社の戦略は均整を保てない。

【選択】1986年11月、大川功氏はベルシステム24を業績不振に陥ったチェスコムから買収した。チェスコム自体は事業の拡げすぎによって苦境に追い込まれたというが、ベルシステム24も民営化されたNTTの参入と、ポケットベルの登場により、斜陽が囁かれていた。

業績推移（億円）

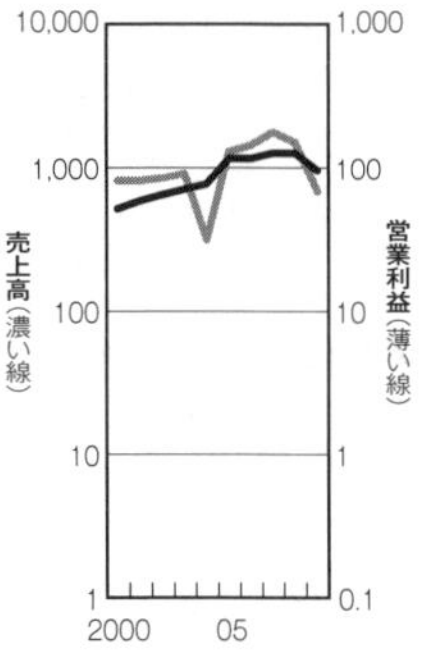

■チェスコム
WILL 1983.3
実業界1987.1

◉戦略旗手▶▷▷▷▷親会社の創業経営者

【人物】このケースで戦略を推進したのはCSKを創業した大川功氏である。大川氏は、ベルシステム24の買収を決断し、資金を注入したうえで、同社の会長に就任した。

大川氏は船場で洋反物卸商の二男に生まれ、病床で8年を過ご

■おおかわ・いさお
生没：1926.05-2001.03
社員：—
役員：1989.04-2001.03
社長：—
会長：1989.04-2001.03

した経歴を持つ。起業を決意したのは、計算代行事業に取り組む傍らで参加した日本IBMのパンチカードシステム講習会に触発されてのことらしい。そして42歳でコンピューターサービスを創立して、技術者派遣という業態を確立してみせた。大川氏は「どうせ企業をやるのなら、一代である程度のものにするには、業種を選ばなければならない」という持論に基づき、「21世紀の情報産業というのは、食べ物以上の価値をもってくる」と見込んで、人口知能に投資していった。

■どうせ企業をやる…
財界 1979.3

■21世紀の情報産業…
月刊公論 1988.1

ちなみに、ベルシステム24が伸びた時期に社長を務めたのは園山征夫氏である。園山氏は、4社を放浪した果てにCSKに辿り着き、入社2年目でベルシステム24に専務として送り込まれた。その翌年に大川功氏に「私に社長をやらせてください」と直訴して、社長の座を手に入れている。

■私に社長を…
日経産業 1997.1.31

大川功氏に重用された園山氏は、大川氏の他界後にベルシステム24の取締役会でクーデターを起こし、親会社からの独立を勝ち取った。ただし、第三者割当増資を引き受けてくれた日興系のNPIにクーデターを起こされ、2008年の株主総会で解任されている。従業員の士気が急降下したベルシステム24は、同業他社が人材を引き抜く「草刈り場」になっていると報道されたが、業績はわずか1年で反転した。落ち込んだのも実はリーマンショックの影響で、こうしてみると好業績を支えたのは園山氏のマネジメント、すなわち社員のモチベーション向上策とは言い難い。

■草刈り場
日経産業 2008.12.9

【着想】 大川氏の着想は先見に基づいている。チェスコムを買収する直前に大川氏は「最近は経済がころっと変わったのではないか、というのが私の実感です。（中略）油の値下がりと円高などでデフレという経済の底流から、マーケットが成熟しているものと考えています」と口にして、情報処理サービスの多角化を急いでいた。買収に際しては「機械化だけでは対応しきれない面が残る。そのとき、ベルのノウハウが生かせそうな気がする」という読みを披露している。

■最近は経済がころっと…
知識 1986.10

■機械化だけでは…
日経流通 1986.11.6

［参照文献］
ベルシステム24『顧客満足度』日本能率協会、1989年
ベルシステム24『対話の達人』プレジデント社、2003年

ケース 629 ソラン：情報処理サービス事業

B：情報処理結果（運用受託サービス）

戦略C/C比率◀◁◇▷▷
戦略D/E比率◁◀◇▷▷
対照：—

◉企業戦略▷▷▶▷▷販路応用多角化

【経緯】 ソランは1976年に東京でスタット・サプライとして設立された会社である。その後はM&Aで急成長を遂げており、飲み込んだ相手は、1986年のスタット・コンピューターシステムズ（川鉄商事および長銀子会社との合弁）、1988年のシステムウェア、1989年のスタット・サービスとワイシーシー（旧横浜計算センター）、1997年のエム・ケー・シー（旧松本計算センター）とグローバルソフトウェアサービス、1998年の日本タイムシェア、2001年のエムエス情報システム（旧長銀情報システム）など、多岐にわたる。しかしながら、2009年には買収される側に回り、2010年3月に上場を廃止した。2011年に他社と統合されて、ソランの社名も消滅した。

【編成】 本業はソフトウェア開発で、それが分析対象期間中も主業の座を占めていた。これは比較的新しい事業で、祖業はシステム機器販売になる。情報処理サービスは、祖業に準じる事業と言ってよい。システム関連サービスも含めて、いずれも収益性は等しく高い。

■エムケーシー・スタット
直前決算期：2000.03
実質売上高：470億円
営業利益率：8.6%
海外売上率：10%未満
社内取締役：5
同順位相関：▲0.10
筆頭大株主：創業経営者
利益成長率：—/—/—
東名阪上場：1992.08

◉事業戦略▶▷▷▷▷中核集中

【立地】 売り物は運用受託のサービスである。これは計算センターの発展型と言ってよい。

売り先はコンピューターの運用をアウトソースする決断を下した民間企業、および官公庁である。

狭義の競合は特定のメーカー系列に所属しない独立系のベンダーで、かつてはYCCやMKCも競合であった。業界の再編成に伴って大同団結が進んでいる。

広義の競合は顧客で、彼らの内部化圧力とソランは絶えず闘わなければならない運命にあった。

【構え】 入手ルートは自社および子会社である。

■情報処理サービス事業
期間：2000.04-2010.03
得点掲示板：8-2
営業利益率：11.1%
利益占有率：19%
開示欄序列：2
事業本拠地：東京都
独禁法違反：報道なし
—
1990年代：5-5
2010年代：—

業績推移（億円）

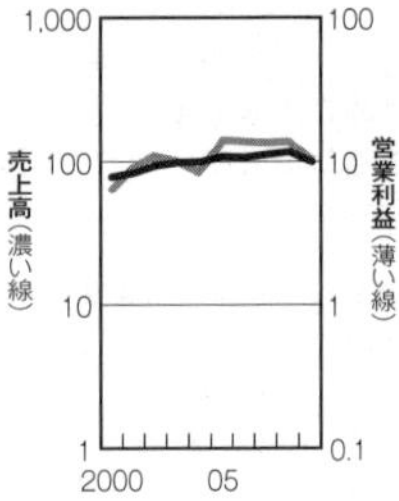

引き渡しルートは直販である。

【時機】このケースは、日本で電算化が進み始めた時期に立ち上がった会社をM&Aしており、先発に相当する。M&Aが成立したのは、同業他社がバブル経済の崩壊で経営危機に瀕したからで、まさに時機を捉えた観がある。分析対象期間中には顧客企業のアウトソーシングが進んでおり、これも機と言えよう。

【源泉】この事業で高収益を許すのはコスト優位である。運用を委託する顧客に比べてソランは人件費や販売管理費を抑制しているため、顧客が経費節減を実現する傍らで、高収益を享受することができる。同業他社をM&Aしても利益率が落ちないところを見ると、これは業界に共通した構造と見て間違いない。

【防壁】この事業で高収益を守るのはスイッチングコストである。いったん取引関係のできた顧客の仕事を奪いに来る他社に比べると、継続受注する側は経験に基づいてコストを低く抑えることができる。継続発注したほうが、顧客側は説明の手間を省けるので、切り替えは起こりにくい。

【支柱】この事業で高収益を支えるのは顧客から継続発注を勝ち取るオペレーション部隊であり、部隊を統括した石黒寿満子氏の功績は大とすべきであろう。石黒氏は1967年にスタット・サービスに入社してキーパンチャーからスタートした人物で、1983年から取締役に登用されていた。1993年から1995年までスタット・サービスの社長を務めたところを見ると、部隊からも顧客からも厚い信認を寄せられていたに違いない。

【選択】1967年4月、スタット・サービスが設立された。3年後には松本計算センターも設立されている。ともにソランに統合された会社である。いずれも素人が立ち上げた会社という点が共通している。

■きたがわ・じゅんじ
生没：1927.09-
社員：—
役員：1976.04-2011.03
社長：1976.04-1997.04
　　　1998.06-2002.04
会長：1997.04-1998.06
　　　2002.04-2011.03

◉戦略旗手▶▷▷▷▷創業経営者

【人物】このケースで戦略を推進したのはスタット・サプライの創業者、北川淳治氏である。淳治氏の継母の弟は戦前からパンチカードシステムの販売に携わっており、戦後は日本ビジネスコンサルタント（NBC）を設立していた。スタットという名称へのこだわりは、この叔父がIBM社に連なる日本ワットソン統計会計機械に籍を置いたことに由来する。

淳治氏は、日立製作所が50%を買い取ったNBCに1960年に入社して、パンチカードなどの消耗品（サプライ）事業を担当した。叔父がNBCを退任したあとはCMCやNIDやスタット・サービスの設立に営業責任者として関与したが、49歳で独立して、スタット・サプライを設立している。その主業はオペレーターやプログラマーの人材派遣であった。

【着想】淳治氏の着想は兄に語った「コンピューターが普及すればするほど、データ入力の作業量は増える。計算センターや入力センターはこれから有望な分野だと思う」という一言が要約している。この認識自体は業界で共有されており、特筆すべきものとは言い難い。

■コンピューターが普及…
『空翔けるM&A経営』

ちなみに、淳治氏の兄は水商売の代わりに始めるビジネスを探しており、淳治氏が手伝ってスタートしたのがNBCのデータ入力業務を肩代わりするスタット・サービスである。NBCの計算サービス事業は淳治氏の弟に委ねられていた。ソランの情報処理サービス事業は、兄弟3人の事業を統合して成り立っているところが興味深い。

［参照文献］

前田義寛『空翔けるM&A経営』コンピュータ・エージ社、2003年

ケース630 協栄産業：IT事業

B：ソフトウェア＆システム（設計・開発の請負）

戦略C/C比率◀◁◇▷▷
戦略D/E比率◀◁◇▷▷
対照：438

■協栄産業
直前決算期：2000.03
実質売上高：610億円
営業利益率：1.8%
海外売上率：10%未満
社内取締役：8
同順位相関：0.96
筆頭大株主：三菱電機
利益成長率：△/△/△
東名阪上場：1962.12

◉企業戦略▷▷▷▷▶多核化展開

【経緯】協栄産業は1947年に東京で三和工業として設立された会社である。設立翌年に三菱電機世田谷工場の特約店になることで経営は軌道に乗り、金属材料、蛍光灯、電子部品、電子計算機と取り扱い製品を増やすことで成長した。他方で、設立時に買い取った会社に工場が付随したことから1953年に編機の製造販売を始めたが、この事業は1969年に整理した。製造部門の中心は編機と別

に始めたプリント配線板に移行している。IT部門は、1962年に三菱電機が東京計算センターを開設したのに伴いプログラム開発に乗り出したところから立ち上がり、1972年には自前の情報計算センターも開設した。1979年からICの設計業務も手掛けている。

【編成】本業は商事部門で、それが分析対象期間中も主業の座を占めていた。ただし、主力取扱商品は金属材料から電子部品に移っている。IT部門は規模では比較にならないものの、利益では確たる第二の柱に育っている。

■ソリューション事業
期間：2000.04-2010.03
得点掲示板：9-1
営業利益率：11.9%
利益占有率：32%
開示欄序列：2
事業本拠地：東京都
独禁法違反：報道なし
—
1990年代：2-0
2010年代：2-2

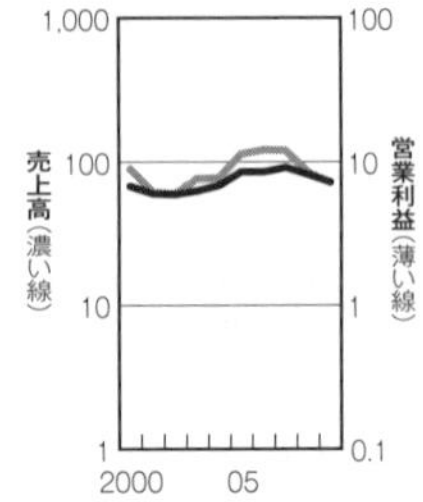

◉事業戦略▶▷▷▷▷中核集中

【立地】売り物はソフトウェアやシステムの開発能力である。分析対象期間中には、建築積算システム、タクシー業務処理システム、電力設備管理システム、保険販売システム、電子帳票システム、家電組込ソフトウェア、カーナビ用ソフトウェア、製造業向け映像システム、流通業向けシステム、運輸業向けシステムなどが業績を牽引した。ほかにオーディオビジュアル製品や自動車に搭載されるICのカスタム化も受託している。

売り先は三菱電機、または三菱電機の顧客企業が中心と思われる。ただし、分析対象期間中には日立製作所の系列かと思いたくなるような展開になっていた。企業戦略上、大型システム分野を勝負の土俵に選んだのが日立グループで、三菱電機は相対的に規模の小さいFA分野を選択した。そうした現実に協栄産業も適応しているのであろう。

狭義の競合は三菱電機の仕事を受託するIT企業で、菱光計算センター、メルコムコンピューターシステムズ、メルコム・オキタックシステムズなどの三菱電機グループ企業が居並んでいた。

広義の競合はソフトウェアやシステムの受託開発を行う企業で、数え切れないほど存在する。

【構え】入手ルートは8割が自社で、2割が外注である。

引き渡しルートは受注生産に特化するため直納になる。

【時機】このケースは、電子計算機の黎明期にスタートを切っており、先発に相当する。協栄産業がハードウェアの販促手段と位置づけていたソフトウェアを収益源と認識し始めたのは1980年代の前半で、PCやマイコン搭載家電の普及期に一致する。

【源泉】 この事業で高収益を許すのはミッションクリティカリティである。顧客の競争力を直接左右する仕事を請け負う反面、支払いは一回限りなので、顧客からすれば価格プレミアムを払っても腹は立たない。

【防壁】 この事業で高収益を守るのは技術と信用の蓄積である。顧客の固定度合が驚くほど高い事実に鑑みると、いったん信認を得た協栄産業は無風状態で受注を重ねているものと思われる。

【支柱】 この事業で高収益を支えるのは顧客との良好な関係を維持する営業部隊である。おそらく顧客の懐に深く入り込んで、機密性の高い開発ロードマップまで共有しているのであろう。

【選択】 1986年4月、協栄産業は日本鉄道建設公団関東支社次長の佐瀬克己氏を迎え入れた。入社10ヶ月後に佐瀬氏は取締役ソフトウェア事業本部長に就任し、ICデザインセンター所長も兼任した。協栄産業がソフト部門の売上高を開示したのは1985年11月期が初めてで、その時点でソフト部門は全社売上高の2.4%しか占めていなかった。

■佐瀬克己
JREA 1982.3

◉戦略旗手▷▶▷▷▷第2世代同族経営者

■ひらさわ・てるお
生没：1940.11-
社員：1963.03-1981.02
役員：1981.02-2014.06
社長：1994.06-2007.04
会長：2007.04-2011.06

【人物】 このケースで戦略を推進したのは創業者の二男、平澤照雄氏である。照雄氏は、大学を出て父親の会社に入ると電子計算機の営業を担当し、三菱電機の提携先にあたるフランスの会社で90日間のソフトウェア研修を受けるところから社歴をスタートさせたという。「社長に就任してからもしばらくは、長期休暇を利用しては自らソフトウェア開発に没頭してきた」そうである。

■社長に就任してからも…ソフトの開発は…
『新・經營者の肖像』

【着想】 照雄氏の着想は知る術がない。当人は「ソフトの開発は、無から有をつくり出す作業。その企業がどう使いたいのか、まさにゼロから始めるんですから。智恵は無尽蔵。そう思えるような楽しさがある。知識と智恵は違うでしょう。この差が開発力の差に繋がるんです」と語っており、おそらく自分でソフト事業をやりたかったに違いない。それを敢えて佐瀬氏に委ねたのは、自分の双肩に全社経営の責任がのしかかってくることを覚悟していたからであろう。1980年から照雄氏は企画室長を務めており、次善の策として佐瀬氏を譲り受けてきたのだと思われる。

佐瀬氏は国鉄で貨物列車のソフトウェア制御に実績をあげていた人物で、三菱電機と共同研究を進めていた。国鉄の民営化を機に協栄産業に移籍してからは、要員増強や技術開発に注力し、制御系のソフトウェアに強みを築いていった。照雄氏は、そういう佐瀬氏を16年間にわたって守り続け、そうすることによってソフトウェア事業を第二の柱に育て上げげたと言ってよい。

［参照文献］

『協栄産業40年史』1988年
『三菱電機社史 創立60周年』1982年
海田悠『新・經營者の肖像』中央公論新社、2003年

ケース 631 DOWA H：熱処理事業

B：ガス浸炭炉（自動車部品向け金属表面処理）

戦略C/C比率◀◁◇▷▷
戦略D/E比率◀◁◇▷▷
対照：—

■同和鉱業
直前決算期：2000.03
実質売上高：2,290億円
営業利益率：3.6%
海外売上率：10%未満
社内取締役：9
同順位相関：0.97
筆頭大株主：信託口
利益成長率：×/×/×
東名阪上場：1949.08

◉企業戦略▷▶▷▷▷川下開拓

【経緯】 DOWA Hは1937年に大阪で藤田組として設立された会社である。土台となったのは軍靴製造から土木工事に転地した組合組織の藤田組で、その源流は1869年まで遡る。明治政府から小坂鉱山の払い下げを1884年に受けて以来、黒鉱の採掘と製錬に力を注ぎ、戦前は住友、古河と肩を並べる非鉄金属の有力財閥に踊り出た。戦後は同和鉱業と改称して、現在に至るまで製錬事業を営んでいるが、その川下で金属加工、電子材料、環境・リサイクルなどの事業を立ち上げ、さらに旧藤田組の事業を継承して建設・不動産、物品販売なども続けている。

【編成】 本業は銅精錬であったが、主業は都市鉱山事業や電子材料事業に移っている。

■熱処理事業
期間：2000.04-2010.03
得点掲示板：8-2
営業利益率：12.0%
利益占有率：11%
開示欄序列：5→4→5

◉事業戦略▷▷▷▶▷本業辺境外販化

【立地】 売り物は金属の表面特性を変えるガス浸炭炉、もしくは自社製炉を用いたガス浸炭加工処理サービスである。

売り先は自動車部品を中心とする金属加工メーカーである。

狭義の競合は連続ガス浸炭炉のメーカーである。こちらはパシフィック・サイエンティフィック社が開発したもので、日本では1956年に東京熱処理工業が設立されて総代理店に収まって以来、挑戦者は出現していない。

事業本拠地：秋田県
独禁法違反：報道なし
—
1990年代：0-2
2010年代：1-3

広義の競合は高度成長期の草創期に業界標準を握っていた炉で、小川喜代一工学博士の解説書によると、サーフェス・コンバッション社の軽油燃焼加熱式炉と、リンドバーグ・エンジニアリング社の電気加熱式炉が双璧を成していた。ともにバッチ方式の炉で、サーフェス・コンバッション社の技術は1954年に中外炉工業が、リンドバーグ・エンジニアリング社の技術は1958年に光洋精工が、それぞれ技術導入に漕ぎつけている。

■小川喜代一
『精密工学講座Ⅳ-4』

【構え】 入手ルートは子会社のDOWAサーモテックである。ここは2006年に持株会社制に移行する前も独立子会社で、東京熱処理工業と名乗っていた。その前身は、1956年11月に設立された日本科学興業である。

引き渡しルートは同じく子会社のDOWAサーモテックと思われる。

【時機】 このケースは、技術導入の草創期に立ち上がっており、先発に相当する。このケースは自動車工業勃興の波を捉えたと見ることができる。日本の自動車工業が本格的に立ち上がる前に敢えて難易度の高い技術に挑戦して、ユーザーの期待に応えた動きは特筆に値する。

【源泉】 この事業で高収益を許すのはパフォーマンス優位である。1957年に東洋工業（現マツダ）の技術者たちが投稿した論文には、「近年わが国においてもガス浸炭の優越性が広く認識され始め、すでにその工業化に成功している工場もあるが、その大部分は箱型およびピット型式炉によるものであって、大規模な連続ガス浸炭炉による操業は本邦では今回初めて開始された。周知の如く米国の自動車工場を始め、その他の多量生産方式を採用する工場ではほとんどこの連続式ガス浸炭法を採用しているのである」と記されている。

■近年わが国においても…
日本金属学会誌 1957.6

【防壁】 この事業で高収益を守るのは川上の装置、およびそれを使いこなすノウハウの蓄積である。その点は、1950年代に事業化し

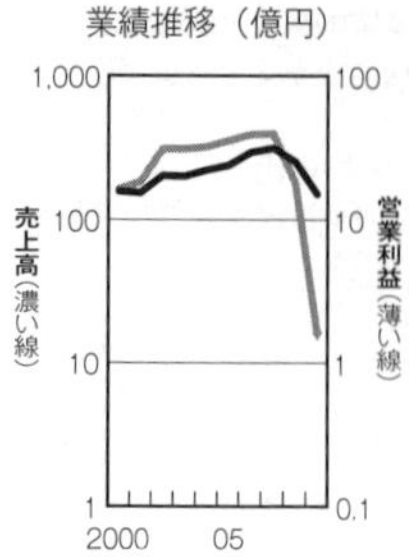

た3社が今日もガス浸炭炉のトップメーカーに収まっている事実が雄弁に物語る。特に連続式の炉では、加工対象物が炉から絶えず出入りするため、酸化や熱損失を防ぐ機構に工夫が求められる。そのため難易度が極めて高い。海外から技術を導入しても国産化には多大な困難がつきまとった事実は、光洋リンドバーグの社史が見事に描き出している。

【支柱】 この事業で高収益を支えるのは受託加工部隊である。この部隊は、自ら装置のユーザーとなることで装置開発に良質なフィードバックをもたらすのみならず、特殊表面処理に関するユーザーの先端ニーズを把握するアンテナの役割も果たしている。さらに大きいのは、不況を乗り切るときに果たす役割である。装置ビジネスは、景気変動以上に受注が上下する。そのせいか、中外炉工業も光洋精工も半導体製造装置などに多角化していった。DOWAサーモテックが表面処理炉専業を貫くことができたのは、受託加工事業が業績を下支えしているからであろう。

【選択】1959年8月、東京熱処理工業はパシフィック・サイエンティフィック社と技術提携を結び、連続式の無酸化雰囲気炉の国産化に踏み切った。この決断について、親会社にあたる同和鉱業の100年史には何の記述もない。この前年1月に、日本科学興業が同和鉱業の系列に入ったと記されているだけである。

　サーフェス・コンバッション社の技術を導入した中外炉工業は、鉄鋼の内部組織を変化させる焼き入れ・焼き戻し用の炉を主軸とする炉の総合メーカーであった。リンドバーグ・エンジニアリング社の技術を導入した光洋精工はベアリングのメーカーで、ユーザーの立場からガス浸炭炉を内製化したことになっていた。ともに基盤の整ったメーカーと言ってよい。それに対して東京熱処理工業は、これという製造基盤のない販売代理店に過ぎなかった。果敢な挑戦というよりも、無謀な挑戦に近かったのではなかろうか。

■おがわ・えいいち
生没：1900.01-1978.12
社員：—
役員：1957.05-1963.05
社長：—
会長：—

◉戦略旗手▷▷▶▷▷外様経営者

【人物】 このケースで戦略を推進したのは小川栄一氏である。小川氏は、安田信託銀行で貸付係をしていた30代に頭角を現して、創業者の没後に傾いた藤田家の財産整理を担うことになる。そして藤田興業を設立して社長に就任すると、藤田家の邸宅や庭園を活かして観光事業を興し、箱根の別荘は小涌園、東京の椿山荘は結婚式場、京都別邸は国際ホテル、大阪本邸は太閤閣へと衣替えしていった。こうして財産整理に一段落つけると、小川氏は藤田観光を分離したうえで、藤田興産を同和鉱業に合流させて幕を引いた。

小川氏が東京熱処理工業の設立に動いたのは、藤田観光を切り離した直後のことであった。「なるほど日本は戦争に敗れた。そして軍需産業はつぶれてしまった。しかし戦争ほど機械産業の発達をうながすものはない。したがって世界を相手に戦った日本の軍需産業はやがて平和産業として切り替えられる。そして日本が新しい平和産業の基地となるとき、大衆は必ず緑に向かって行進するに違いない」という一節は、東京熱処理工業と藤田観光を結びつける時代観として興味が尽きない。ここでいう平和産業は自動車であり、緑は自然に恵まれた小涌園や椿山荘を指している。

■なるほど日本は…
私の履歴書

【着想】 小川氏の着想は経験と疑問に基づいている。小川氏は安田信託銀行を辞めたあと大分県の鯛生金山の経営に関与したことがあり、そこで鉱山技術者と親交を結んだという。藤田興業入りしたのも、彼らの就職先を探していたことが契機となっている。熱処理に関する知見を、小川氏は鯛生金山の技術者から得た可能性は小さくない。そしてアメリカの建設機械類がスペアなしで稼働しているのは精密な熱処理に負うと知り、戦後はパシフィック・サイエンティフィック社の炉を輸入販売すると同時に、受託加工事業を立ち上げた。

小川氏が初代社長に就いた東京熱処理工業は、「当初は、日吉工場に12台のガス浸炭炉を並べて、実演をかねたショールーム的色彩が強かった」らしいが、「近在の自動車および自動車部品工業から注目されて、加工受託部門が順調に伸びて技術上の実績が示されると同時に、設備投資ブームに乗って装置も受注量が急速に増した」と当時の工場訪問記録に紹介されている。

■当初は、日吉工場に…
近在の自動車…
金属 1965.5

ただし、回顧録のなかで小川氏は東京熱処理工業について一言も言及していない。安田信託銀行、日本曹達、ラサ工業、藤田興業、同和鉱業と渡り歩いてきた小川氏にしてみれば、取るに足らない小さな事業ということなのであろうか。それが独走するとは、脱帽するしかない。

[参照文献]
『創業百年史』1985年
光洋精工株式会社『光洋精工70年史』1993年
光洋リンドバーグ株式会社『二十年のあゆみ』1988年
中外炉工業株式会社『中外炉工業四十年史』1985年
小川栄一「私の履歴書」日本経済新聞、1963年5月
小川栄一『わがフロンティア経営』実業之日本、1964年
小川喜代一『精密工学講座Ⅳ-4 熱処理』日刊工業新聞社、1959年

9-1-3 プレスクリプション

プレスクリプションとは処方箋のことで、顧客サイドの負荷内容のバラツキを分析したうえで、手持ちの標準解を適切に組み合わせた処方を提示することを指す。

この戦略を活かした典型例はケース834のダイセキで、ここは廃油を受け入れて再生するか、もしくは廃棄処理を受託する。受け入れる前に廃油の成分を正確に分析しておくことが事業の成否を分けるという。ケース632の栗田工業は、ボイラー水のスケール付着を緩和するところから出発して、工業用水や廃水の薬品処理に活路を見出した。ケース633の多木化学は、上水道水などの不純物を凝集・沈殿させる薬剤を扱っている。いずれも、処理する水や油の事前分析が欠かせない。

残る3ケースは趣が少し異なる。ケース835のコーセルは標準電源でカスタム電源に対抗する。電源は、顧客が企画する機器の特性に合わせて設計されることが多いが、ここは電源に対するニーズのバリエーションを綿密に分析することで、標準メニューを提示した。電源を先に決めてから機器設計に入れば開発期間を短縮できるところにバリュープロポジションがある。ケース836のロームはリニアICを手がけている。これも電子回路をモジュール化して、一部の回路に同社のカスタムLSIを採用すれば、顧客サイドは性能を犠牲にすることなく設計負荷を軽減できると訴求する。ケース634の不動テトラは、フランスの知財権に基づく消波ブロックの型枠を賃貸する。そこには負荷変動を吸収する機能もあるが、消波ブロックのサイズ選択を簡素化して標準工法を売る面も無視できない。

プレスクリプションが高収益を生むのは、二つの理由による。一つは、顧客がプライオリティの高いタスクに専念することを助けるからである。どのケースも、顧客から見れば本務の周辺を扱うに過ぎず、それに付随する煩わしさをプレスクリプションが軽減するので、感謝されることになる。もう一つは、第1章にも登場したマスカスタマイゼーションの要素がプレスクリプションにあるからである。汎用解では、すぐに泥沼の競争に引きずりこまれてしまう。

この戦略が適用できる条件としては、顧客の深刻なニーズと、安価な解決手段が交わることを挙げることができる。深刻なニーズがないところでは、そもそも顧客が振り向いてくれない。顧客が解こうとすると高くつく問題を、社外で解けば安くなるのでなければ収益は出ない。ここに登場するケースは、顧客多数のニーズを集約してプレスクリプションに結びつけることで、安い解を手に入れている。

この戦略の可能性を探ってみようと思うなら、まずは顧客多数が相互に分断された状態で直面する共通の問題を見つけることである。たとえば給与計算や経費精算のように誰でも思いつくようなシェアードサービスなどは、競り合いが激しくなることが目に見えているので、高収益を望めない。見つけるまでが一苦労であればあるほど問題は有望で、ゆえに初動が勝負となる。経営幹部候補生にしてみれば、才覚を発揮する余地が大きいという意味で、楽しみも大きい戦略パターンと言ってよかろう。

有望な問題を見つけるのに成功した旗手たちは、ハンズオン系が圧倒的に多い。他の人が気がつかない事業機会に反応するには、誰よりも深く現場に浸り切り、現場から発想するしかないのであろう。ただし、いくら現場に浸っていても、与えられた目先のミッションを果たすことだけ考えているようでは、そこに潜む事業機会を見過ごしてしまいかねない。一種の探究心、またはセレンディピティの強さが最後は勝敗を分けるのではなかろうか。

ケース 834 ダイセキ

B：廃油および再生油（産業廃棄物中間処理）

戦略C/C比率◁◀◇▷▷
戦略D/E比率◀◁◇▷▷
対照：309

■ダイセキ
直前決算期：2000.02
実質売上高：120億円
営業利益率：16.0%
海外売上率：10%未満
社内取締役：4
同順位相関：0.40
筆頭大株主：創業経営者
利益成長率：—/—/—
東名阪上場：1999.08

◉企業戦略▷▷▷▶▷本業辺境展開

【経緯】ダイセキは1958年に名古屋で大同石油化学工業として設立された会社である。廃油の再資源化からスタートして、その後は汚泥や電灯や電池を含む産業廃棄物の中間処理まで手を拡げ、近年は、環境分析サービスも外販するに至っている。事業拠点も名古屋にとどまらず、北陸、関西、九州、関東の順に増設してきた。2004年には、土壌汚染対策に特化する特定子会社のダイセキ環境ソリューションを上場させている。

【編成】本業は廃水処理で、それが分析対象期間中も主業の座を占めていた。再生油の販売収入は、産業廃棄物の受け入れから発生する収入に比べると一桁小さい。廃水処理と土壌浄化は機能ドメインを共有する面もあるが、市場や技術は必ずしも重ならない。

■全社
期間：2000.03-2010.02
得点掲示板：10-0
営業利益率：18.9%
利益占有率：100%
開示欄序列：0
事業本拠地：愛知県
独禁法違反：報道なし
—
1990年代：6-0
2010年代：4-0

■もともと油屋
INDUST 2010.8

◉事業戦略▷▶▷▷▷川上・川下統合

【立地】売り物は二種類ある。一つは製鉄所から出る圧延油や機械工場から出る切削油で、これは引き渡すのではなく、受け入れる。通常とは逆で、価格が負と思えばよい。もう一つは廃油を再生して製造したコンクリートの離型油、工業用潤滑油、防錆剤などである。これは正の価格で引き渡す。

売り先は廃油を抱える事業者と、再生油を利用するユーザーである。

狭義の競合は廃油の再生まで手掛ける事業者である。「もともと油屋」を自認するダイセキは、逆に再生から事業を立ち上げており、異色の存在と言ってよい。液体廃棄物の再生に取り組むダイセキに対して、固体廃棄物の再生に挑むサニックスは苦戦を強いられている。

広義の競合は産業廃棄物を受け入れる地域零細事業者たちである。

【構え】入手ルートは自社工場である。処理拠点は、名古屋、石川

業績推移（億円）

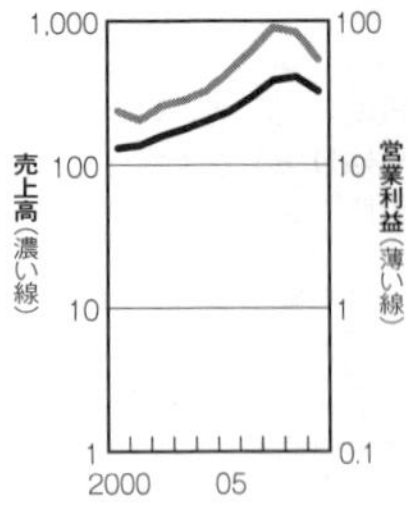

■入口でしっかり…
INDUST 2010.8

県の松任、福岡県の北九州、千葉県の袖ヶ浦、兵庫県の尼崎に構えている。

引き渡しルートは受け入れが直販で、販売は代理店経由と思われる。

【時機】このケースは、先発に相当する。1970年に「廃棄物の処理及び清掃に関する法律」が成立して、名古屋市で第1号事業者に指定されたのはダイセキであった。第1号指定の背後には、1957年から積み上げてきた実績があることは言うまでもない。このケースは公害対策の波を捉えたと見ることができる。1971年には宮崎県で砒素、1975年には東京都で六価クロム、その後は香川県豊島で産廃の不法投棄が明るみに出て、企業には厳しい目が向けられるようになっていった。

【源泉】この事業で高収益を許すのはパフォーマンス優位である。ダイセキは「入口でしっかり管理する。それが廃棄物処理・リサイクルの基本です」という立場に基づいて、サンプルを分析してから価格と処理方法を提案する。処理の信頼性において、ダイセキの右に出る競合はいない。それが価格プレミアムの源泉になっている。

【防壁】この事業で高収益を守るのは経験曲線である。最初の処理工場を建設する前に、ダイセキは再生事業に10年以上も取り組んでおり、その点で他社の追随を許さない。産業廃棄物の処理を真面目にやろうと思えば、受け入れる廃液の分析に従事する分析部門を抱えなければならない。さらに設備、そして広大な土地も必要になる。公害が社会問題化する前に業界のパイオニアとして創業したダイセキは、徐々に業容を拡大しつつ、経験を積むことを許された。後追いする競合に勝ち目はないに等しい。

【支柱】この事業で高収益を支えるのは生産管理部隊である。再生油は原料代を払わないで済むため、利益率は高い。しかし、品質管理は当然として、安定供給まで保証しない限りビジネスにはならない。そこにダイセキのノウハウがある。

【選択】1971年5月、大同石油化学工業は産業廃棄物処理工場を建設して、産業廃棄物の中間処理事業に本格参入した。当時は先例がなく、手探りの要素が残っていたものと思われる。

◉戦略旗手▶▷▷▷▷創業経営者

■いとう・はるお
生没：1915.10–2003.08
社員：—
役員：1958.10–2003.08
社長：1958.10–1991.02
会長：1991.02–2003.08

【人物】このケースで戦略を推進したのは創業者の伊藤治雄氏である。治雄氏の右腕と左腕を務めたのは、それぞれ長男と次男であった。

治雄氏は、三重県の山村で小作農の家に生まれ、12歳で父親と死別したあと、15歳で名古屋市内の飾り屋に奉公に出た。年季明けと同時に中央発條の下請けに転じ、軍需用バネの生産に勤しんだが、戦後は菜種油の採油から再出発を図らざるをえなかった。新設したばかりの再生工場を半年も経たないうちに伊勢湾台風で失っても、なお再起を期す強靱な精神力は、生い立ちの為せる業と当人は説明していた。

【着想】治雄氏の着想はセレンディピティの産物である。治雄氏は元手を持たない自分にも勝ち目のある事業、すなわち身の丈に合った事業を成人前から探し求めていた。戦後はガソリンスタンドを開業したが、コモディティ商品の限界を知り、出入りの缶屋から漏れ聞いたアカユ（戦時中の再生油）に目をつけたという。

［参照文献］
和木康光『志を抱いて』中部経済新聞社、2002年

ケース 632 栗田工業：水処理薬品事業

B：各種化学薬品（水関連のトラブル防止策）

戦略C/C比率◁◁◇▶▷
戦略D/E比率◁◀◇▷▷
対照：—

◉企業戦略▷▷▷▶▷本業辺境展開

■栗田工業
直前決算期：2000.03
実質売上高：1,290億円
営業利益率：8.6%
海外売上率：10%未満
社内取締役：18
同順位相関：0.92
筆頭大株主：伊藤忠商事
利益成長率：△/○/○
東名阪上場：1961.10

【経緯】栗田工業は1949年に神戸で水処理薬品の製造・販売を目的として設立された会社である。1954年には昌平工業を吸収してイオン交換樹脂を使った水処理装置にも進出している。その一方で、1951年に西宮、1961年に横浜に研究所を開設し、水の総合エンジニアリング分野で名声を高めていった。発電所のボイラー洗浄からスタートした事業も、工場排水処理、排水の再循環、純水供給などへと広がりを見せている。

【編成】本業は水処理装置で、それが分析対象期間中も主業の座を占めていた。祖業を逆転した水処理装置のほうも分析対象期間中

に通算利益率10.1%の戦績を残しているが、星勘定が4勝6敗であった。すべての事業は水に関連しており、営む事業間の関係はドメイン定義で説明できる。

■水処理薬品事業
期間：2000.04-2010.03
得点掲示板：10-0
営業利益率：14.6%
利益占有率：39%
開示欄序列：1
事業本拠地：東京都
独禁法違反：報道なし
—
1990年代：10-0
2010年代：4-0

◉事業戦略▷▶▷▷▷川上・川下統合

【立地】 売り物は配管のスケール付着防止、腐食防止、洗浄、排水の消臭、浄化などに効果を発揮する化学薬品類である。栗田工業は複数の薬品を組み合わせたスペシャルケミカルズを得意とし、薬品の組成は多岐にわたるが、そこに顧客の関心はない。顧客が求めるのは結果だけで、顧客の水を分析したうえで提案するレシピ自体、または稼働保証が栗田工業の本質的な売り物と見なすべきであろう。

売り先は半導体メーカーから製紙メーカー、電力会社、ゼネコン、自治体まで、多岐にわたっている。用途としては、ボイラーや空調配管の維持管理、工場や公共の排水処理あたりが大きい。

狭義の競合は水質分析の結果に応じて最適な薬品を提案できるメーカーで、栗田工業のほかはオルガノ、荏原製作所などがある。水専業を貫くオルガノ（薬品事業）は、分析対象期間中に5勝5敗、平均利益率9.7%の戦績を残している。栗田工業は1980年代には40%前後のシェアを維持していたが、近年は23%まで下がったようである。

■40%
日経産業 1985.3.16

■23%
日経産業 2004.9.8

広義の競合は個々の水処理薬品のメーカーで、その数は少なくない。製造に限って言えば、参入障壁はないに等しい。

【構え】 入手ルートは自社工場ながら、1968年に分離独立させていた。その後は拠点数も増えたが、2000年代に再編統合している。ブレンドする前の化学薬品は、伊藤忠の系列会社が主な仕入れ先となっている。

引き渡しルートは直販のほか、商社・特約店経由がある。24時間体制のサービスを求められる空調用途については、専業子会社を置いている。

【時機】 このケースは、戦後の混乱のなかでスタートを切っており、先発に相当する。このケースは公害対策の波を捉えたと見ることができる。1967年8月に公害対策基本法が施行されてから、栗田工業には本格的な追風が吹き出した。

【源泉】この事業で高収益を許すのはミッションクリティカリティである。腐食やスケールの付着を防止できないと、ユーザーは設備の停止やリプレースを迫られることになり、機会損失が多額にのぼる。それに比べると水処理薬品は安く、信頼性の高いサービスが組み合わされば価格プレミアムをとることは難しくない。

業績推移（億円）

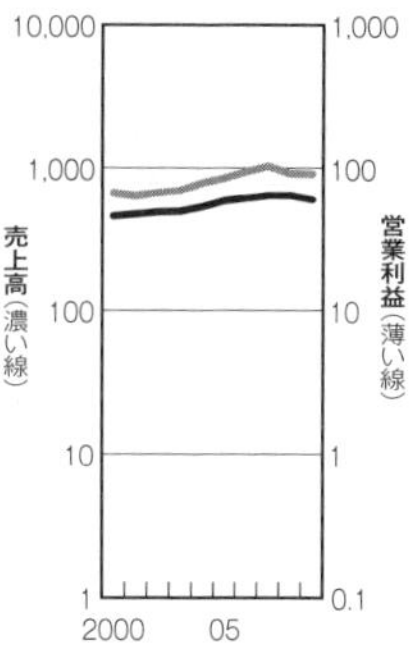

【防壁】この事業で高収益を守るのは一種の経験曲線である。栗田工業の設立当時は、ボイラー（汽缶）に清缶剤を添加してスケールの付着を未然に防止するという技術は民間に行き渡っていなかった。そこに栗田工業は日本の海軍が培ったリン酸ソーダを持ち込んで、誰より早く事業を立ち上げた。一口に水質と言っても、ユーザーの取水方法や設備配管によって内実が様々であることから、先に経験を積み重ねた事業者は自ずと優位に立つ傾向が強く出る。

【支柱】この事業で高収益を支えるのは水質分析部隊である。社史が部門編第6章で詳述するように、彼らがサービスの信頼性を大きく左右する。

【選択】1951年9月、栗田工業は西宮に汽缶給水研究所を開設した。これが研究開発重視路線を確定したと言ってよい。関東化学の販売総代理店という看板は掲げていたものの、当時はハンマーとタガネでスケールを掻き取るボイラー洗浄で食いつないでいたのが実情で、そこから研究所へ発想が飛ぶとは恐れ入る。

◉戦略旗手▶▷▷▷▷創業経営者

■くりた・はるお
生没：1919.04–1981.08
社員：—
役員：1949.07–1968.03
社長：1949.07–1967.12
会長：1967.12–1968.03

【人物】このケースで戦略を推進したのは創業者の栗田春生氏である。栗田氏は日経ビジネスの「敗軍の将、兵を語る」のコーナーで、「私はかつて栗田工業の社長として脱税、汚職（贈賄）、粉飾決算…と代表的な経済犯罪をすべて体験した。体験したというよりは、すべて私が部下を指揮して行ったものだ」と語っている。そして道半ばで会社を追われ、有罪判決を受けたあと、再起を期してクリタ・タイランドを設立し、和僑を志したが、この会社も倒産させてしまった。現地の警察に拘禁されたというニュースが流れたのは、兵を語った7ヶ月後のことであった。

栗田氏は海軍式経営で一世を風靡して、全国各地の青年会議所で講演していた頃を指して、あの頃が人生の絶頂期だったと振り返っている。その一方で、「一通りの悪いことはやってきたけれど、私腹を肥やしたことは一度もない」と口にしていた。

■一通りの悪いことは…
中央公論経営問題 1978年春季

栗田氏が降板を余儀なくされたあとの再建にあたったのは、伊藤忠の副社長まで務めた貝石真三氏である。栗田工業を存続させた功績は大としなければならないが、その貝石氏自身も「救いは蓄積された高い技術にあった」と語っている。

■救いは蓄積された…
実業界 1974.6

【着想】栗田氏の着想はセレンディピティの産物である。海軍機関学校を出て従軍したのち、終戦後は日本汽罐製作所に入社していた栗田氏は、神戸分工場でボイラーのスケール落としをしていたとき、船の機関士に「あんたたち、海軍出身だと聞いたけど、なぜお客に浄缶剤をすすめないんだ、あれは素晴らしい技術だったはずだが」と声をかけられ、ハッとしたという。そこで清缶剤と缶水試験器をセットで売るアイディアを会社に提案したところ、海軍機関学校の先輩にあたる社長から思いがけず独立を勧められ、栗田工業を設立した。当時は民間に清缶剤が普及していなかったので缶水試験器とセットにすることを考えついたのであろうが、このアイディアが水処理薬品事業の立地を定義した点が興味深い。

■あんたたち…
50年史

［参照文献］
『水を究めて50年 栗田工業50年史』2000年

ケース633 多木化学：化学品事業

B&G：ポリ塩化アルミニウム（水質改善策）

戦略C/C比率◀◁◇▷▷
戦略D/E比率◁◀◇▷▷
対照：415

■多木化学
直前決算期：1999.12
実質売上高：270億円
営業利益率：5.1%
海外売上率：10%未満
社内取締役：9
同順位相関：0.22
筆頭大株主：創業家
利益成長率：△/△/△
東名阪上場：1949.05

◉企業戦略▷▷▷▷▶多核化展開

【経緯】多木化学は1918年に加古川で多木製肥所として設立された会社である。1885年の創業当初は獣骨を燐酸源にしていたが、次第に輸入燐鉱石と自製硫酸を混ぜて造る過燐酸肥料に切り替えていった。合従連衡を繰り返して業界の盟主になった大日本人造肥料（日産化学）とは対照的に、多木化学は東播磨の地にとどまり、今日まで独立独歩を貫いている。戦後は早くも1957年に定款を改定して化学品に進出する意志を固め、1974年には多木化学と社名を変更した。

【編成】本業は肥料であったが、主業の座は化学品に移っている。地域コングロマリットとして、建材、石油・ガス、不動産、運輸と拡げた事業のポートフォリオに一貫したテーマを見出すことは難しい。

化学品の中身は水処理薬剤と機能性材料に分かれるが、利益源は水処理薬剤のほうと推察される。

◉事業戦略▷▶▷▷▷川上・川下統合

■化学品事業
期間：2000.01-2009.12
得点掲示板：9-1
営業利益率：12.3%
利益占有率：44%
開示欄序列：2
事業本拠地：兵庫県
独禁法違反：2014.04
—
1990年代：9-1
2010年代：4-0

【立地】売り物は水処理薬剤である。水に含まれる細かい粒子を凝集させるポリ塩化アルミニウム（PAC）を中心として、無機系凝集剤、有機高分子凝集剤、医薬品用殺菌剤、食品添加用殺菌料など、水処理衛生管理薬剤を広く取り揃えている。ただし、薬剤以上に技術サービスを売っている側面が濃厚である。

売り先は上下水道局や工場や学校や商業施設など多岐にわたる。多木化学は海外12ヶ国を相手に技術輸出契約もまとめている。

■大明化学工業
工業用水 1974.4
経済月報 2013.2

狭義の競合はPACのメーカーで、大明化学工業が1966年に迂回特許を取得して攻め入ってきた。ただし、大明化学工業は凝集剤のうち市場の大きな薬剤を数点カバーするだけで、水処理以外の無機工業薬品に注力した。同社の売上高営業利益率は5%前後にとどまっている。PAC全体に占める多木化学の数量ベースの占有率は33%にとどまるが、上水用途に限ると、もっと大きいはずである。

■33%
日経産業 1995.8.18

広義の競合は多種多様な水処理薬剤のメーカーで、これは数が多い。利根川や多摩川水系の上水は早くから高性能なPACを採用していたが、安価な硫酸アルミニウムを使用していた淀川水系などの上水で、PACは置き換えを進めていった。

【構え】入手ルートは自社工場と他社工場である。東播磨の本社工場で近畿・中国エリアを押さえると、1970年には千葉工場を建設して関東を押さえ、1973年には鐵興社（のちに東ソーが吸収）が山形県に建設した工場のアウトプットを全量買い受ける契約を結んで東北を押さえるに至っている。さらに、鉄道輸送とタンク基地

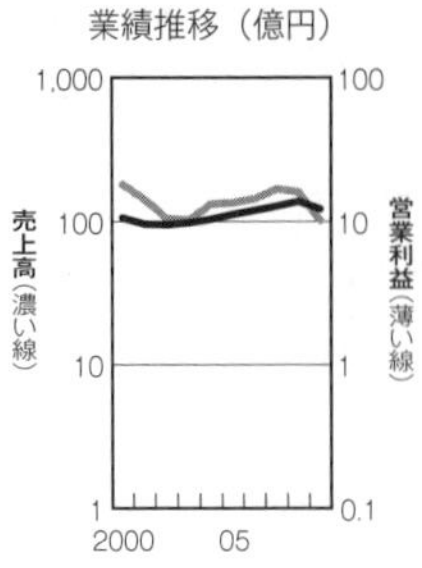

を組み合わせて、九州圏にも進出した。これは、1996年に建設した九州工場の下地となっている。1978年には主要原料の塩酸を内製化して、コスト優位も築いている。アルミ源についても、日本蓄電器工業と1978年に契約を結び、同社のアルミ箔エッチング工程から副生する塩化アルミ液を手に入れている。

引き渡しルートは直販を主体とする。なお、上水用途で必要になる装置は神鋼ファウドラーが担当した。

【時機】このケースは、工業規格の制定につながったもので、先発に相当する。それについては後で詳述する。このケースは公害対策の波を捉えたと見ることができる。多木化学は量産工場を建設する前に、朝日麦酒の吹田工場から出るビール廃液と、日本鋼管福山製鉄所から出る冷延廃水で実証研究を積み重ねていた。当時は公害が社会問題と化しており、工場廃液の処理法に関心が集まっていた。社史も「1970年頃から水質による公害問題が社会現象として大きく取り上げられるようになった」と記している。

【源泉】この事業で高収益を許すのはミッションクリティカリティである。PACは安い材料でありながら、上水に対する品質クレームを大きく減らす効果を持つため、価格以上に納期や品質を問われやすく、そこに高収益が成り立つものと思われる。

【防壁】この事業で高収益を守るのは信用である。多木化学は量産工場を建設する前から阪神上水道技術試験所と共同研究を行っており、早々にPACと言えば多木化学という認識を水道技術者のあいだに広めてしまった。そして1967年にはPACによる工場廃液処理に関する成果発表を日本水道協会で行い、協会は同社の量産工場の完成に合わせるかのようにPACの工業規格を制定した。こうして多木化学は事業開始と同時に強固な参入障壁を築きあげてしまった。

【支柱】この事業で高収益を支えるのは技術サービスである。社史は「当社は水処理剤の販売にあたっては、同時に水処理技術も並行して売り込む必要があり、当初は水質分析も含めたソフト面については、ほとんど無償サービスとして行っていた。ところが公害問題がクローズアップされるなかで、需要家のなかには有償でもサービスを受けたいという希望が顕著になってきた。同じ頃、政府も公害防止の見地から、計量法を改正して水質分析業務を営業としても行えるようにしたことから、当社はただちに資格申請して…」と説明している。この付帯サービスが収益源となるだけでなく、参入障壁としても機能する。

【選択】 1968年8月、多木製肥所は加古川でPACの量産工場の建設に着手した。1970年12月には千葉にもPAC工場を完成させている。それまで多木化学は肥料の会社で、化学メーカーとしては販路も信用もないに等しい。しかも、5年前に石膏ボードに参入したばかりで、経営資源にも余裕はなかったものと思われる。

◉戦略旗手▷▶▷▷▷第3世代同族経営者

■たき・りんたろう
生没：1904.12-1992.09
社員：1929.02-1931.02
役員：1931.02-1990.03
社長：1956.02-1980.03
会長：1980.03-1990.03

【人物】 このケースで戦略を推進したのは創業者の孫にあたる多木燐太郎氏である。名前の「燐」の字が過燐酸肥料に由来することは言うまでもない。その燐太郎氏が肥料に勝る新規事業を創り上げたのは、何とも皮肉である。

燐太郎氏は、多木化学の社長に就任する前に、製鉄化学工業の社外取締役を務めていた。PAC以外にも、珪酸微粉末や、燐酸アルミや、石膏ボードの事業を立ち上げている。

【着想】 燐太郎氏の着想は祖業の先行きを悲観視したところにある。社長就任の挨拶で「社長が替わっても会社の方針が変わるというものではありません。しかし最近当社は重大な困難に直面しております」と訓示するや否や、燐太郎氏は新規事業の探索に乗り出している。その具現化策の一つが神戸大学の井上嘉亀教授と進めた共同研究で、そこから世界に先駆けてPACが誕生した。

■社長が替わっても…
百年史

［参照文献］
『多木化学百年史』1985年

ケース 835 コーセル

B：標準電源モジュール（直流安定化）

戦略C/C比率◁◀◇▷▷
戦略D/E比率◁◁◇▶▷
対照：310

◉企業戦略▶▷▷▷▷本業集中

■コーセル
直前決算期：2000.05
実質売上高：150億円

【経緯】 コーセルは1969年に富山でエルコーとして設立された会社

営業利益率：25.2%
海外売上率：19%
社内取締役：5
同順位相関：0.50
筆頭大株主：創業経営者
利益成長率：—/—/—
東名阪上場：1999.01

である。当初は電子部品の販売を手掛けていたが、次第に販社機能を捨てて製造一本槍、電子部品を狭めて電源装置、電源装置のなかでも標準電源と、事業立地を次第に絞り込む道を歩んでいる。多角化を指向する会社が多いなかで、その真逆を行くところがユニークである。

【編成】 本業は電源で、それが分析対象期間中も主業の座を占めていた。この事業は早くも1980年には売上高営業利益率を二桁に乗せていたようである。

■全社
期間：2000.05-2010.05
得点掲示板：10-0
営業利益率：23.7%
利益占有率：100%
開示欄序列：0
事業本拠地：富山県
独禁法違反：報道なし
—
1990年代：7-0
2010年代：4-0

■5,700種類 500円から15万円
日経産業 2004.10.8

■TDKラムダ
日経金融 2002.6.4

■30%
日経産業 2007.12.12

◉事業戦略▶▷▷▷▷中核集中

【立地】 売り物は汎用タイプの標準電源である。半導体のように直流を使うデバイスを内部に搭載する電気機器は、コンセントから受ける交流電力を安定した直流電力に変換しなければならない。この変換を担うのがスイッチング電源で、市場の大半は機器の特性に応じて設計するカスタム品が占めている。コーセルは敢えて市場の小さな標準品に特化する。コーセルの製品は5,700種類、単価も500円から15万円程度まで幅がある。1989年3月にCIM化した工場が操業を開始し、多品種展開に拍車がかかったようである。

売り先はOA機器、工作機械、自動販売機、アーケードゲーム機、電話交換機、医療機器などのメーカーになる。

狭義の競合は標準電源のメーカーで、コーセルはTDKラムダと市場を二分している。ほかにイーター電機工業、新電元工業も無視できないが、コーセルは占有率30%を割り込んでいない。

広義の競合は電源のメーカーである。カスタム電源を手掛けるメーカーは容易に数え切れない。

【構え】 入手ルートは主に国内の自社工場である。外注依存度は10%前後で、この体制でコーセルは多品種少量生産に磨きをかけてきた。精神論的な経費削減策には背を向ける一方で、TQC（全社的品質管理）やTPM（全員参加の生産保全）やTPS（トヨタ生産方式）やCIM（コンピューターによる統合生産）には熱心である。コーセルは、先に価格を決めてから開発に入るという。

引き渡しルートはリョーサンのような代理店経由である。

【時機】 このケースは、先発に相当する。日本で標準電源に注目が集まるようになったのは、1980年前後からで、その時点でコーセルは既に事業を展開していた。このケースは製品寿命短縮化の波を捉えたと見ることができる。顧客製品の総出荷台数が伸び悩むと、相対的にカスタム電源は不利に、そして標準電源は有利になる。

【源泉】 この事業で高収益を許すのはコスト優位である。特定の顧客製品に合わせて設計するカスタム電源に比べると、汎用性を持つ標準電源は開発費を薄く分散できる可能性を秘めている。この可能性を引き出すために「数の少ない小口の受注案件をたくさん足で稼いでくる。これが我が社の戦略」と2代目の社長は明言していた。そして長い目で見ると、捨てたはずのカスタム電源市場をコーセルは着実に取り込んでいる。その具体策が、標準電源の品揃えの拡充や、電源の機能を分解したモジュール製品の投入で、水面下でカスタム電源の置き換えが進行する仕掛けになっている。

【防壁】 この事業で高収益を守るのは競合の自縛である。差異化の効かない標準品に特化すると、一般には価格競争が待ち受けると言われるので、同業他社が技術力を発揮しやすいカスタム品に流れたのも理解できる。しかし、電源では標準品よりカスタム品のほうが量のまとまるビジネスになりやすく、受注と失注の差が大きくなる。この論理に気づいても、設計技術者を大量に放出する覚悟を決めない限り、カスタム品を選んだ会社が標準品に移行するのは難しい。そこに高い移動障壁が立ち上がる。

【支柱】 この事業で高収益を支えるのはマーケティング部隊である。どこで標準品の品揃えをするかによって、コーセルの運命は決まってしまう。

【選択】 1975年6月、エルコーはスイッチング方式の標準電源を発売した。そこから大口受注に背を向けるコーセルの標準化路線は揺らいでいない。

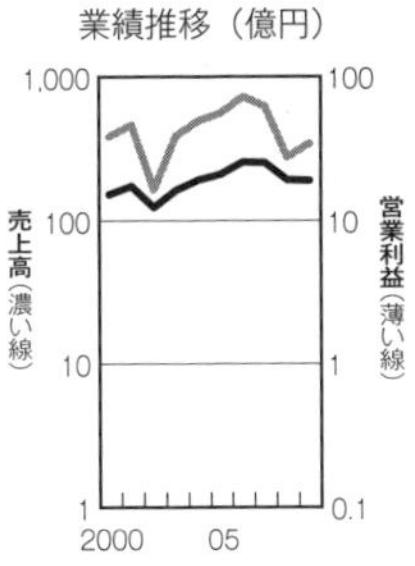

■数の少ない小口の…
日経産業 2004.10.8

◉戦略旗手▶▷▷▷▷創業経営者

【人物】 このケースで戦略を推進したのは創業者の飴久晴氏である。飴氏の右腕は幼なじみの買場清氏が務めていた。

高校を卒業して就職した大手総合電機メーカーについて飴氏は、

■あめ・ひさはる
生没：1942.03-
社員：—
役員：1969.07-2011.08
社長：1969.07-2002.08
会長：2002.08-2011.08

■受注に成功しても…
日経朝刊 2000.2.26
地方経済面（北陸）

「受注に成功しても、うちは値引きして売る会社ではない、小企業との直接取引は不渡りの危険があるので得点にはならない、などと社内でクレームがつく。それに学歴の壁。努力が報われない職場はむなしいとつくづく思った」と語っていた。そこで一念発起して起業すると、努力した人が報われる会社づくりを指向した。そういう自分が社員に対して理不尽を働くことのないように、株式保有比率を30%以下に抑え、敢えて社長解任の可能性を残したというから、これは筋金入りと言ってよい。

■製造力と営業力の…
特殊な商品を開発…
何社かのユーザーの…
北陸経済研究 1981.12

■まだまだ電源で…
日刊工業 1995.5.16

【着想】 飴氏の着想は試行錯誤に基づいている。「製造力と営業力のバランスがとれていないと中小企業は伸びていけない」との信念から1970年に東京に進出したが、競争の厳しい東京では「特殊な商品を開発する必要に迫られ」、「何社かのユーザーの要望に応える」うちに、標準電源に辿り着いたという。その後も「まだまだ電源で技術を積み重ねていく。いま、ここで経営資源を分散したくはない」と変心することはなかった。

［参照文献］
証券、1999年3月（飴久晴）

ケース 836 ローム

B：リニアIC（新製品開発支援）

戦略C/C比率◀◁◇▷▷
戦略D/E比率◀◁◇▷▷
対照：328

■ローム
直前決算期：2000.03
実質売上高：3,550億円
営業利益率：34.0%
海外売上率：53%
社内取締役：5
同順位相関：0.40
筆頭大株主：創業経営者
利益成長率：—/—/—
東名阪上場：1986.09

◉企業戦略▶▷▷▷▷本業集中

【経緯】 ロームは1958年に京都で東洋電具製作所として設立された会社である。当初は炭素皮膜固定抵抗器を手がけたことから、電気抵抗を表すRと、その測定単位のオームを組み合わせて1981年にロームと改称したが、その時点での主業はハイブリッドICにシフトしていた。ICには1969年から取り組んでおり、早くも1971年にはアメリカのシリコンバレーに進出し、1986年には現地メーカーを買収することでCMOSを取り込んでいる。国内でも1999年にヤマハの半導体工場、そして2008年に沖電気工業の半導体部門を買収して業容を拡大した。

【編成】 本業はリニアICで、それが分析対象期間中もかろうじて主業の座を占めていたようである。電子部品事業のなかに四つの製品カテゴリーがあり、2000年3月期の実績を見ると、売上の41%がIC、40%がLEDやトランジスタに代表される個別半導体素子、10%が祖業の受動部品、9%がディスプレイとなっていた。2010年3月期にはICの比率が56%に上がっている。

◉事業戦略▶▷▷▷▷中核集中

■全社
期間：2000.04-2010.03
得点掲示板：8-2
営業利益率：19.3%
利益占有率：100%
開示欄序列：0
事業本拠地：京都府
独禁法違反：報道なし
—
1990年代：8-2
2010年代：0-4

【立地】売り物は顧客ごとに設計を変更するカスタムICで、「ほぼ全量が個別ユーザー対応の特注品」である。なかでも電子機器のフロントエンドでアナログ信号処理を担うリニアICに強みを持つ。ただし、ICの設計は臨機応変に変えており、「ヘッドホンステレオが流行すれば1.5ボルト動作のヘッドホンステレオ用ICを出す。VTRがブームになればドラム、キャプスタンのモーター回転数・位相制御用ICのワンチップ化を実現する。電話機市場が開放されればハンドフリーホンの受話・送話切り替え用LSIをタイミングよく売り出す」と言われていた。本当の売り物は、顧客の設計代行能力と言うべきかもしれない。

■ほぼ全量が個別…
日経産業 1994.11.11

■ヘッドホンステレオが…
日経産業 1985.6.12

売り先は国内では主に関西の電機メーカーが上位を占め、1980年代からアジアや欧州も取り込んできた。2000年代では、シャープの占める地位が2008年まで目立って上昇しており、液晶テレビに関与したことを窺い知ることができる。ただし、2009年以降は中国を含むアジア一色に染まった観がある。

狭義の競合は同業者で、海外に点在するだけである。彼らは日本の顧客に素早く対応することができないため、ロームにとって大きな脅威とは言い難い。

広義の競合は顧客と言ってよい。ICを内製する顧客にICを売るのがロームだからである。顧客の社内部門より腰を低くして、きめ細かい対応をしない限り、ロームに活路は開けない。

【構え】入手ルートは往々にして地方の他人資本を入れた製造子会社群に偏っていた。そこには「経営能力を持ちながら、チャンスに恵まれない経営者を県庁や商工会議所に紹介してもらい、この人ならいけるという人を発見し、この人と共同で会社を運営していく」という方針があったそうである。ただし、近年は海外シフト

■経営能力を持ちながら…
30年史

と、100％子会社化が進んでいる。ヤマハが1999年に手放した半導体工場の買収に110億円、沖電気工業が2008年に手放した半導体工場の買収に900億円を投じたのも、生産技術の難度があがっているからであろう。

引き渡しルートは全国に張り巡らせた自社営業部門、および海外販社である。

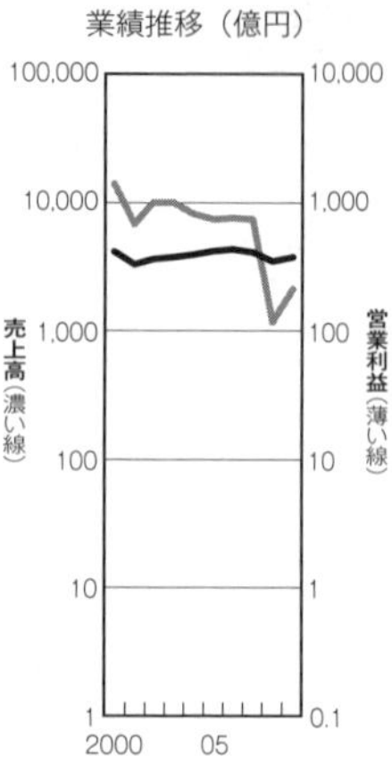

【時機】このケースは、日本ではカスタムICの草分けを演じたもので、先発に相当する。ロームが手がけるようになってからICは飛躍的に伸びており、ありとあらゆる機器に搭載されるようになっていった。しかも、日本勢が機器側で国際競争力を発揮した。このケースは合理化の波を捉えたと見ることができる。第1次石油ショック以降、日本企業は員数管理を厳しく行うようになり、商品寿命の短いエレクトロニクスでは設計者が不足する企業が続出した。そこにロームは食い込んだ。ただし、入力信号のデジタル化が進むにつれて、ロームの領分は急速に狭まる傾向を見せている。

【源泉】この事業で高収益を許すのはミッションクリティカリティである。カスタムICは、顧客製品の原価に占める比重は大きくないが、顧客製品の性能を大きく左右するため、強気の価格設定が通ってしまう。

■**大手がやりたがらない…**
日経ビジネス 1996.6.3

【防壁】この事業で高収益を守るのは競合の自縛である。ソニーの副社長の職にあった森尾稔氏は「大手がやりたがらない製品を積極的に取り込み、しかも素早く安く作れるのがロームだ」と看破している。技術者は大手でも挑戦を厭わないことを考慮すると、やりたがらないのは、経営計画で売上目標を課せられたIC製造部門の幹部であろう。彼らが目標の達成に大きく貢献するメインストリーム製品を追い求めるあまり、ニッチ製品を捨ててしまうのである。その自縛が参入障壁として機能する。

■**基本的に1人の…**
日経産業 1998.7.10

【支柱】この事業で高収益を支えるのは営業部隊である。ロームは技術者をアプリケーション別に組織化したうえで、「基本的に1人の営業マンが1社を担当し、朝から晩まで顧客先に張り付いて」という営業体制を敷いている。この体制が、戦略に均整をもたらしているものと思われる。顧客が主要回路の開発に注力し、ロームが周辺回路の面倒を見るという棲み分けの図式は、驚くほど長い期間にわたって効力を発揮した。

【選択】 1967年1月、東洋電具製作所は抵抗器からICへと大きく舵を切った。抵抗器では1984年に1部上場を遂げたKOAを除くと淘汰が進んでおり、ロームの先見の明には感服せざるをえない。

◉戦略旗手▶▷▷▷▷創業経営者

【人物】 このケースで戦略を推進したのは創業者の佐藤研一郎氏である。父親が「NHK交響楽団の前身、新交響楽団」でコンサートマスターを務めていた影響で、研一郎氏自身もピアニストを目指していたが、その道を大学2年で断念すると、すぐに小型抵抗器の実用新案を取得し、ロームを起業した。そして35歳でICへの転地を決断している。

芸術家らしく、研一郎氏は変人と形容されることが多い。社外の人に会わない、新入社員の入社式すら顔を出さないと言われるが、当の研一郎氏は「飲みに行く時間があったら、エンジニアとか営業とか、会社の連中でも上より下の方と一杯飲んで話をするのが好きなんです」と、世評とは異なる一面を覗かせている。

NECの羽田祐一取締役も「佐藤社長はオーナー社長だが、決してワンマンではない。しかも部下が生き生きとしていて明るい」と語っていた。実際にロームの30年史が掲載する座談会は、研一郎氏を前にして和気藹々の趣がある。研一郎氏も、「課長クラスまでなら全員わかる。若手、女性もそこそこ名前と顔が一致する」と述べている。

実際に、頑張った社員には社長賞で報いるのがローム流で、研一郎氏は式典会場で1,000万円を現金で手渡しすることを慣例としてきた。昇進は厳しく審査するため「部課長ポストは欠員だらけ」で、部長以上は年俸制で処遇し、役員は失態1回で更迭するのもローム流である。こうした人事制度が機能するのは、評価する側が社内で起きていることを裏表なく把握しているからにほかならない。

研一郎氏の人物像を的確に捉えたエピソードがある。原価を知る製造部長に価格決定権を持たせる仕組みにしていたのに、営業が独断で値引き販売をしていた事実が発覚したときには、営業担

■さとう・けんいちろう
生没：1931.03–
社員：—
役員：1958.09–2010.04
社長：1958.09–2010.04
会長：—

■NHK交響楽団…
日経産業 1998.4.24

■飲みに行く時間が…
日経ビジネス 1993.11.22

■佐藤社長はオーナー社長…
日経ビジネス 1993.3.8

■課長クラスまでなら…
日経ビジネス 1989.9.11

■部課長ポストは…
日経ビジネス 1993.11.22

当の常務、営業本部長を兼務する常務、管理本部長を務める常務、取締役経理部長、取締役人事部長、取締役購買部長、取締役物流管理部長を解任した。これは当時の取締役会の過半数に相当する。しかも、解任された役員の1人は研一郎氏の義弟で、まだ52歳であった。信賞のみならず、必罰を断行できる人は少ない。

売上高営業利益率で見ると、ロームのピークは1999年度にある。1962年以来ナンバー2の立場にあった同窓の藤原幸和氏が、1996年度を最後に引退したことが響いているのかもしれない。

■今やIC暴風が…
3年後には東洋電具の…
30年史

【着想】 研一郎氏の着想は先見に基づいている。「今やIC暴風が吹きまくろうとしている。もしもこの暴風に見舞われ世の中がIC一色につつまれたならば、われわれの作っている抵抗器は必要でなくなり、東洋電具はどこかへふっ飛ばされてしまうことになる」という事業観のうえに立ち、1967年1月の社内報で「3年後には東洋電具のICで世のIC暴風を迎え撃とうではないか」と檄を飛ばしたところをみると、研一郎氏が絶えずアンテナを高く張り、舵取りに専心したことは疑う余地がない。

［参照文献］
『ロームの30年』1988年
証券アナリストジャーナル、1983年12月（佐藤研一郎）

ケース634　不動テトラ：型枠賃貸事業

B：消波ブロック型枠（固定資産軽減策）

戦略C/C比率◀◁◇▷▷
戦略D/E比率◀◁◇▷▷
対照：—

■テトラ
直前決算期：2000.03
実質売上高：410億円
営業利益率：4.0%
海外売上率：10%未満
社内取締役：7
同順位相関：0.95
筆頭大株主：新日本製鐵
利益成長率：△/△/△
東名阪上場：1972.11

◉企業戦略▷▶▷▷▷川下開拓

【経緯】 不動テトラは1961年に東京で日本テトラポッドとして設立された会社である。設立以来、テトラポッドの制作・販売、およびテトラポッドを使った護岸工事の設計・施工に従事している。債務超過に陥った不動建設と2006年に合併したのは、両社が同じ新日本製鐵系列に属する縁による措置で、実質的には救済劇と言ってよい。ただし、公共工事の入札資格を維持するために、形式上は不動建設が存続会社となっている。

【編成】 本業は護岸工事であったが、バブル経済が崩壊して公共工事予算が減るなかで、主業は型枠賃貸にシフトしていった。合併後の建設事業は赤字基調で、依然として型枠賃貸が主業の座を守っている。

◉事業戦略▶▷▷▷▷中核集中

■型枠賃貸事業
期間：2000.04-2010.03
得点掲示板：8-2
営業利益率：15.5%
利益占有率：100%以上
開示欄序列：2
事業本拠地：福岡県
独禁法違反：報道なし
—
1990年代：4-2
2010年代：2-2

【立地】 売り物はコンクリート製のテトラポッドを成形する鋼製の型枠である。テトラポッドとは、日本では不動テトラが商標登録した名称で、突起が四方に突き出たコンクリート製消波ブロックのことを指している。これは重量が何トンから何十トンにも及び、しかも工事現場では何十個、何百個と使うため、工場で成形して運搬するのは無理である。このテトラポッドを工事現場で成形できるようにするサービスが、型枠賃貸事業にほかならない。1970年代の後半に不動テトラは約3万台の型枠を保有していた。

売り先は護岸工事のライバル事業者たちである。

狭義の競合はテトラポッドの型枠を持つ事業者ながら、そこは不動テトラの独壇場となっている。

広義の競合はテトラポッドの代替品を手掛ける事業者で、次第に目立つようになっている。1958年創業の技研興業と、1964年創業の日建工学が健闘しているが、テトラの優位は揺らいでいない。

【構え】 入手ルートは連結子会社のテトラ商事で、製造機能は有していないものと思われる。型枠の管理は不動テトラとの関係がわかりにくい関係会社が担っている。

引き渡しルートも上述した関係会社が所管しているようである。

【時機】 このケースは、日本に初めて護岸用のコンクリート製ブロックを持ち込んでおり、先発に相当する。もともとテトラポッドを開発したのはフランスのネールピック社で、日仏間の協議によって違法コピー対策を進めるために「テトラポッド堤体構築法特許」の専用実施権者として日本テトラポッドを設立することが合意された経緯がある。このケースは社会インフラ投資の波を捉えたと見ることができる。1961年は、池田勇人内閣が策定した国民所得倍増計画の初年度に相当する。海岸部門の社会資本投資額は、ここを起点に1997年まで名目6.2%の勢いで増え続けた。テトラは、このトレンドに乗った会社と言ってよい。分析対象期間以降の低迷は、

業績推移（億円）

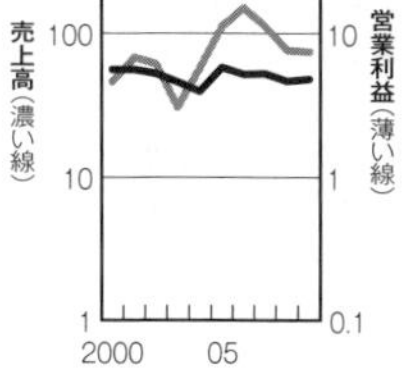

「コンクリートから人へ」を謳う民主党政権の誕生に伴い、市場が急速に縮小したことによる。

【源泉】この事業で高収益を許すのはコスト優位である。護岸工事を請け負う事業者にしてみれば、型枠を大量に保有すると、市場縮小期には固定費負担が重くなり、財務リスクを負うことになる。プロジェクト間で型枠を融通する立場にある日本テトラポッドは、このリスクを軽減できる。

【防壁】この事業で高収益を守るのは当初はフランスのネールピック社と交わした特許実施契約であった。もともと違法コピーを封じ込める点に日本テトラポッド設立の目的があったことから、テトラポッドの型枠は施工業者に積極的に貸し出され、日本では型枠は借りるものとなっている。こうして自社で型枠資産と運用インフラストラクチャー（保管、運搬、保守機能）を持たない施工業者が増えて、テトラポッドの賃貸市場が拡がった。すなわち、顧客の囲い込みが実現したことになる。

【支柱】この事業で高収益を支えるのは型枠の運用部隊である。彼らが顧客の不満を抑え込まないと、戦略の均整は保てない。

【選択】1964年1月、日本テトラポッドはネールピック型枠特許の再実施権を含む甲種技術援助契約を締結した。一民間企業が違法コピー対策に乗り出すとは、大胆としか言いようがない。

◉戦略旗手▶▷▷▷▷創業経営者

【人物】このケースで戦略を推進したのは初代社長の江口辰五郎氏である。江口氏は内務省と運輸省で23年間にわたって港湾工事に従事し、その後は八幡製鉄所で土木部長を務め、専用港を築いた人物である。「製鉄工業港計画論」という論文を執筆し、工学博士の学位を1962年に授与されたことを見ても、一生を護岸工事に捧げた人物と言ってよかろう。テトラの経営については「高能率、高賃金」を標榜していたことが知られている。

【着想】江口氏の着想は自らの技術的知見に基づいている。ネールピック社との提携も、型枠の製造、賃貸、テトラポッドの製造、施工、水理研究に及ぶ総合経営を行う日本テトラポッドの設立も、外務省国際経済局長の入れ知恵と追悼録に書かれているが、テト

■えぐち・たつごろう
生没：1902.08–1986.08
社員：—
役員：1961.05–1980.06
社長：1961.05–1977.06
会長：—

■専用港
港湾 1953.5

■製鉄工業港計画論
諸富町史

■高能率、高賃金
サンデー毎日 1974.11

ラポッド技術の優位性を正しく理解したからこそ、違法コピー対策が日仏間の国際問題に発展したとき八幡製鉄を動かして、特許実施権の受け皿企業の設立に動くことができたものと思われる。特許紛争を解決した功績により、江口氏はレジオン・ドヌール勲章を授与された。

[参照文献]

『日本テトラポッド20年のあゆみ』1981年
『江口さんを偲ぶ』1988年

2　誰かを儲けさせる「売り物」

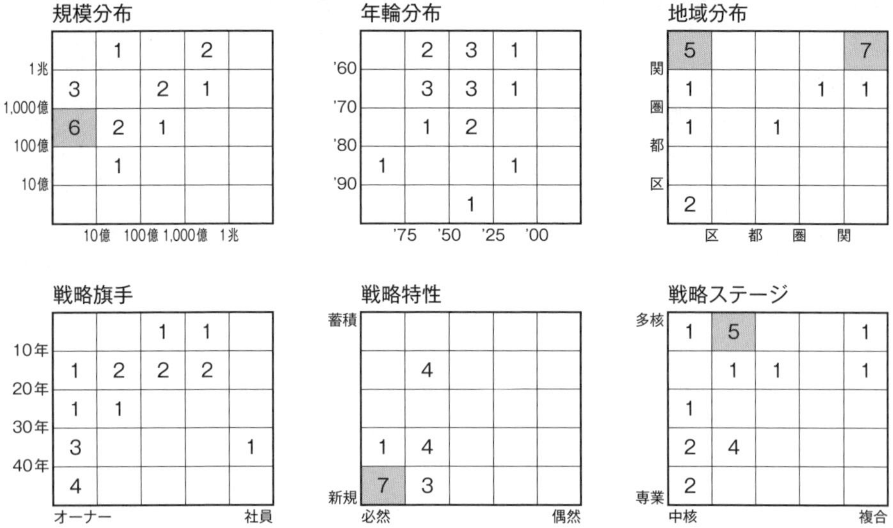

顧客に感謝されるには、彼らに儲けてもらう手もある。その具体的な手口として、本巻では顧客のために(1)モノの造り方を変えてしまう、(2)新しいモノを形にしてみせる、(3)異次元の管理を可能にする、の3パターンが浮上している。モノの造り方とモノの形は一体不可分の場合も多く、無理に(1)と(2)を区別する必要はない。

これは応用可能性の高い戦略で、スタートアップにも事業多数を抱える大企業にも門戸は開かれている。ここに登場する19ケースのうち、11ケースはベンチャーの手になるものであるが、そうでないケースも八つある。「戦略ステージ」マトリックスは広く分散しており、多核化企業のケースも多いし、「戦略旗手」マトリックスも広く分散しており、必ずしも強力なリーダーを必要としないことがわかる。

その一方で、非凡な発想が不可欠であることは「戦略特性」マトリックスの偏在が示すとおりである。個々のケースを吟味すると、何らかの経緯によって「小さな池」の住人となり、そこで脇目もふらずに葛藤するうちに非凡な発想が降りてくるようである。だとすれば、インスピレーション（霊感）よりパースピレーション（汗）が大事ということになる。そこは第7章と大きく異なる点である。なお、「年輪分布」マトリックスは、いったん成功すると高収益が息長く持続することを示している。非凡な発想の価値は極めて大きいと言ってよい。

9-2-1 工数削減策

工数削減策とは、(1) 製造工程に入る自動機械、(2) 顧客が自作する製造ラインを支える基幹部材、(3) 製法を劇的に変える機能部品、などを提供することを意味する。機械や部材や部品に汎用性があり、カタログを作成することが可能であれば、市場が拡がるか、または市場の浮沈に対する耐性が強くなる。

この戦略を活かした典型例はケース837のファナックで、ここは生産工程の自動化を可能にするロボットを供給するのみならず、制御用の産業コンピューターを工作機械のメーカーに供給する。事務処理用のコンピューターはアメリカのIBMが制したが、その陰で工場制御用のコンピューターを制した偉業は注目に値する。ケース838の倉敷機械は、ファナックの前段部分、しかもファナックより小さい池に特化して成功した。いずれも (1) に該当する。

次の2ケースは (2) のカテゴリーに該当するもので、ケース839のSMCはソレノイドバルブ、ケース840の日東工器は継ぎ手を供給し、共に圧縮空気で駆動する小型、軽量、簡便、安価な生産ラインの内作を可能にしている。

次の3ケースは (3) に属するもので、いずれも「着脱」をワンモーション化するファスナーを供給する。ケース841のニフコは樹脂製ファスナーの専門メーカーで、なかでも自動車の内装部品の取付工程に強みを築いている。ケース842のヒロセ電機はコネクタの専門メーカーで、電子機器の軽薄短小化や高周波化を陰で支えている。ケース843の日東精工は極小精密ネジの専門メーカーで、同じくカメラなどの軽薄短小化を陰で支えている。

最後の3ケースは（1）に戻るが、汎用性は相対的に低く、特定の製品と結びついて成り立つものである。ケース844のレオン自動機は柔らかい食品の製造工程、ケース635のCKDは柔らかい溶融ガラスの成形工程を自動化する。ケース845のウシオ電機は、その手の自動機を背後で支える産業用ランプを手がけている。いずれも、顧客は選別していない。

これらのケースが高収益を生み続けるのは、顧客を儲けさせるからである。具体的なモノは違っても、顧客の生産コストを引き下げたり、製品競争力を引き上げて、そこから発生する利益の分与に預かる点は同じと言ってよい。ある顧客が採用すると、生き残るために同業他社も導入せざるをえなくなり、それで量が出る面もある。

注意したいのは、事業立地を絞るからこそ高収益が実現する点である。どのケースを見ても、すぐ隣には不毛の事業立地が拡がっており、手を出そうと思えばいつでも手を出せるのに、敢えて手を出していない。広大でも不毛な隣接事業立地を見て見ぬふりをする自制心が、戦略の鍵を握っている。どこにでも手に入る汎用性の高い機械、部材、部品を供給していては、競争環境に置かれた顧客を儲けさせることなど望めないということである。

この戦略が適用できる条件としては顧客への良好なアクセスを挙げておきたい。ここに登場するケースでは、顧客が競争上ネクストステージへの移行を求められており、それを可能にする貢献をして初めて自らも報われる図式がある。言うまでもなく、そういう貢献をしようと思えば、顧客が直面する状況を正確に理解することが前提となる。

興味深いことに、この戦略で成功した企業は基本的に一業専心を貫いている。川上や川下の垂直方向に延伸したり、海外に事業を拡げるケースはあっても、多角化を追求して成功したケースは見当たらない。顧客に深くコミットして、他社を寄せ付けないからこそ、高収益を長く維持できると考えるべきなのであろう。

もう一言足すなら、どのケースでもいわゆる御用聞きをしていない。顧客の先に回って提案を持ちかけている。モノ自体の原価は必ずしも高くないため、高収益は提案内容に対する対価と捉えたほうがよさそうである。だとすると、創造力のマネジメントも重要な条件になる。顧客以上に顧客のことを考え抜く社員を育てないと、この戦略は均整を保てない。その面では、ケース837とケース842が特に参考になる。

ただし、創造力が生きるのは事業立地あってのことで、その意味では立地を選定する段階における先見の明を最初に称えなければならない。ケース841、842、843あたりは製品設計のモジュール化、ケース837、838、844、835あたりは生産工程の自動化、ケース839、840あたりは組立ラインのモジュール化という流れに乗っている。いまとなっては当然のように聞こえるが、各社が動いたタイミングは巷が騒ぎ始めた頃に比べると10年、20年は早く、文字通りの「先見の明」に驚嘆を禁じえない。

こうしてみると、どのケースにも明確な旗手がいることに合点がいく。誰よりも研鑽を積んだ人が流れを的確に捉え、それに沿う手段を具体的な形にして、さらに顧客の現場で機能するように磨き上げ、その後も流れに合わせて改善改良を続けていく。まさに一生涯をかけて「一仕事」を成し遂げたと呼ぶにふさわしい姿が、そこにある。

戦略C/C比率◀◁◇▷▷
戦略D/E比率◀◁◇▷▷
対照：―

ケース 837 ファナック

B：ロボットおよび構成部品（工場オートメーション）

■ファナック
直前決算期：2000.03
実質売上高：2,060億円
営業利益率：30.5%
海外売上率：62%
社内取締役：23
同順位相関：0.62
筆頭大株主：富士通
利益成長率：△/△/△
東名阪上場：1976.11

◉企業戦略▷▶▷▷▷川下開拓

【経緯】 ファナックは1955年に生まれた富士通のNC部門がスピンアウトして1972年に設立された会社である。独立すると間髪を容れず川下のロボットに進出した。さらに加工機や成形機など、ロボマシン分野も開拓している。世界市場への展開には設立当初から積極的で、自称「小さな巨人」であることを誇りとしてきた。1980年から6年かけて工場や本社を山梨県の富士山麓に全面移転させて、建物や製品をコーポレートカラーの黄色で染め抜いたことで知られている。

【編成】 本業はNCシステムであったが、分析対象期間中は川下のロボットが売上で肩を並べるに至っている。

■全社
期間：2000.04-2010.03
得点掲示板：10-0
営業利益率：34.1%
利益占有率：100%
開示欄序列：0
事業本拠地：山梨県
独禁法違反：報道なし
―
1990年代：10-0
2010年代：4-0

◉事業戦略▷▶▷▷▷川上統合

【立地】 売り物はCNCシステムとサーボモーター、それらを応用したロボットやロボマシンである。工具の軌道を定める計算機がCNCで、軌道に沿って工具を移動させるアクチュエーターがサーボモーターと捉えればよい。ロボットは、工作機械に加工対象物を仕掛けたり取り外したりするところから出発しており、工場の完全自動化を達成するのに不可欠な要素だったという。

売り先はスター精密や牧野フライス製作所のような工作機械メーカーと、アップルのようなハードウェアメーカーと、鴻海精密工業のようなEMSに分かれる。CNCシステムを購入してくれる工作機械メーカーのビジネスを荒らさないよう、ファナックは自らの川下展開を彼らが手掛けないロボット領域に限定してきた経緯がある。

■EMS
電子機器受託生産業者

狭義の競合はCNCのメーカーと産業用ロボットのメーカーである。前者でファナックは国内市場の約7割、世界市場の約5割を押さえている。黎明期には日立製作所、三菱電機、東芝あたりの汎用大型コンピューターメーカーが開発レースに参戦したが、富士

■約7割
約5割
日経産業 2004.5.28

通時代のファナックは電気・油圧パルスモーターというアクチュエーター部の特許で防戦に成功した。非コンピューターメーカーの新潟鉄工所、三井精機あたりは、電子計算機による群管理の時代が到来して脱落した。最後まで残った安川電機（モーションコントロール）は分析対象期間中に2勝8敗で通算利益率5.6％の戦績に終わっている。

■群管理
精密機械 1969.3

後者は黎明期に安川電機、川崎重工、ABBをはじめとして100社以上が参戦した市場で、ここでもファナックは2割強のシェアを確保して世界首位の座を争う位置につけている。安川電機（ロボット）は分析対象期間中に10戦全敗で通算利益率4.3％であった。

■100社以上
計測と制御 1974.11

■2割強
日経産業 2005.7.19

広義の競合は他のパラダイムで自動化を達成しようとするベンチャーながら、有力なところは出現していない。

【構え】 入手ルートは山梨県、およびアメリカや韓国に置いた自社工場群である。作業の10％弱は外注に回している。外部調達品は古河グループからの購入が目立つ。ファナックの工場では、自社製知能ロボットが販売用のロボットを組み立てている。創業者が「研究所が主体となり、そこで開発された結果を製品化するための工場が附属している」と表現したように、研究開発主体の工場群と言ってよい。ファナックは、原価は製造工場で下げるものではなく、研究開発で下げるものと捉えている。

■研究所が主体
精密機械 1980.1

業績推移（億円）

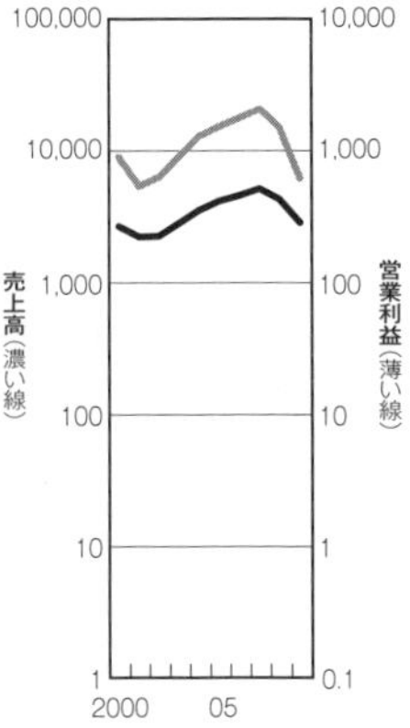

引き渡しルートは構成部品の外売りについては直販、完成品ロボットについても直販主体である。後者については他社を経由するルートもある。貿易摩擦が燃え上がった時代は、いち早く大手ユーザーのGMやGEと合弁を組み、バッシングの標的となる可能性を極小化した。

【時機】 このケースは、1955年に源流があり、世界先発に相当する。アメリカではMITがNCを1954年に発表していたが、実用化には至っていなかった。このケースは製造現場におけるオートメーションの波を捉えたと見ることができる。1972年以降、日本の攻勢にさらされたアメリカは自動化投資に走り、その後で円高に苦しめられた日本勢も自動化投資を惜しまなかった。分析対象期間中は、アップル社の MacBook や iPhone を可能にしたロボドリルや、ランダムピッキングを可能にしたゲンコツ・ロボットが爆発的に普及

■NC
数値制御

した。

■CNC
コンピューター数値制御

【源泉】この事業で高収益を許すのはミッションクリティカリティである。工作機械メーカーにしてみれば、CNCを搭載しないと機械単体では売れない時代に入ってしまった。そしてコンピューターメーカーが手がけた高性能CNCとなると、ファナック製しか手に入らない。ロボットのユーザーにしてみれば、多品種少量生産工場を自動化・省力化することから得られる競争力の改善効果は大きく、自社の利益を決定的に左右する。ファナックのCNCやロボットは決して安くないが、培われた信頼が強気の価格を正当化してしまう。

■一つの商品が企業化…
精密機械 1980.1

■電気技術者は油だらけ…NC軍団
『ロボット時代を拓く』

【防壁】この事業で高収益を守るのは事業草創期に育った人材である。ファナックの創業者は「一つの商品が企業化されるためには、少なくとも10年の歳月を要するものと考えられる。一つの商品が企業化されるのに2〜3年の時日しか要しないとすれば、その商品の根は浅く、恐らく他社の進出追従もたやすいものであろう」と語っている。富士通時代のファナックは、最初の10年で「電気技術者は油だらけになって機械と取り組み、機械技術者はシンクロスコープにしがみつくというように、二つの分野はまったく入り混ざって」という経験を積んだ。そうして機電一体、またはメカトロニクスを得手とする「NC軍団」を創り上げたのである。こうして生まれた人材は、同様の試行錯誤をスキップした競合他社には入手できない。

■抜群の競争力と高度の…
精密機械 1980.1

【支柱】この事業で高収益を支えるのは逃げない研究開発部隊である。「抜群の競争力と高度の利益を生み出す製品」を商品と定義するファナックは、綿密な市場調査に基づいて競争力のある販売価格を先に設定し、そこから利益を差し引いて目標原価を決定し、それ以下の原価で開発できた製品しか売りに出さない。こうして課される試練に耐え抜く社員がいて、初めてファナックの戦略は均整を回復することになる。

■DC
直流

【選択】1974年7月、ファナックはゲティス社からDCサーボモーターの技術を導入した。この決断は、自前で開発した電気・油圧パルスモーターで初期のリードを築いてきたファナックにとっては、屈辱的とも映りかねない。ただし、自前の油圧モーターは石油ショックを機に効率の悪さが目立つようになっていたので、1974年1月に電気モーターの開発指令を出していたが、期限の5月末にできあがったモーターの出来映えに失望して、技術導入に切り替えたという。なかなかできることではない。

◉戦略旗手▶▷▷▷▷創業経営者

【人物】 このケースで戦略を推進したのは創業者の稲葉清右衛門氏である。創業者と言っても47歳まで富士通の社員であり、ファナック株は数千しか保有しなかった。富士通には1946年に入社して、最初の10年近くは「技術的な成果もなく、会社にもあまり貢献もせず、学生時代に経験もしなかった実社会の勉強に専念」したという。ところが入社10年目に技術担当常務に呼ばれて、制御システムの開発を託された。そして1958年3月に電子技術部自動制御課長、1965年7月に計算制御技術部長&販売部長を歴任する。最初の10年は赤字の連続で、清右衛門氏が1961年に開示した自社の納入実績を見ると、どのユーザーも研究目的で1台だけ導入したことがわかる。「従来の試作研究の域を脱けて、工作機械メーカーの主体性のもとにこの新しい電子頭脳を持った機械の開発・販売に乗り出す段階に来た」と檄を飛ばしてはみたが、効果はなかったということなのであろう。「この間の苦闘の連続が、私を経営者として鍛えあげることに非常に有意義であったと思う」という言葉は、事務屋の分析から「領域を狭くすることが企業発展の基本」と学び、一部の事業や注文を捨てたことを指している。

なお、清右衛門氏を登用したのは富士通で技術を担当した尾見半左右常務であった。彼は、富士通は従来のコミュニケーションに加えてコンピューターとコントロールを新たに事業化すべしと考えて、コンピューターを池田敏雄氏に、コントロールを稲葉清右衛門氏に委ねることにした。同じ3Cでも、NECの小林宏治氏はコントロールを採らず、コンポーネントを重視した。興味深い分岐点と言えよう。尾見氏は課長時代の清右衛門氏を焚き付けて、「電気・油圧パルスモーターを使用した数値制御系」という博士論文を書かせもした。それ以来、清右衛門氏は管理職になっても主任研究員の肩書きを外さないよう指導した。

■いなば・せいうえもん
生没：1925.03-
社員：—
役員：1972.05-2000.06
社長：1975.05-1995.06
会長：1995.06-2000.06

■技術的な成果も…
精密工学会誌 2004.3

■従来の試作研究の…
マシナリー 1962.12.1

■この間の苦闘の連続…
精密機械 1980.1

■領域を狭くすることが…
『ロボット時代を拓く』

【着想】清右衛門氏の着想は大学時代のプロジェクトに由来する。工学部造兵学科で砲身の向きを制御するプロジェクトに従事した清右衛門氏は、その続編をCNCに見出したようである。自動化・省力化に対する入れ込みようは、尋常の域を超えていた。1968年の論文では「単なる数値制御の採用だけでなく、工程管理の部門をも併せて工場の能力を最大に発揮させることを目指す」と謳っている。

■単なる数値制御の…
電気雑誌OHM 1969.1

1958年の論文では「工作機械そのものにサーボ機構、さらにこれに指令を与える電子装置、また、その電子装置を動かすための指令すなわちテープ式の符号の準備等高度の技術を要するが、従来の工作機械をそのまま改良でき、しかも一度この装置を作っておけば、あとはテープさえ作れば、いかなる種目にたいしても機械を自在に使用できる」と説明しており、技術的な造詣の深さを窺い知ることができる。

■工作機械そのものに…
機械技術 1958.1

［参照文献］
『FA&ROBOT FANUC』1995年
稲葉清右衛門『ロボット時代を拓く』PHP研究所、1982年

ケース 838　倉敷機械：一般機械事業

B：CNC横中ぐりフライス盤（切削加工自動化）

戦略C/C比率◁◁◇▶▷
戦略D/E比率◁◀◇▷▷
対照：308

■倉敷機械
直前決算期：2004.03
実質売上高：50億円
営業利益率：11.9%
海外売上率：48%
社内取締役：2
同順位相関：―
筆頭大株主：倉敷紡績
利益成長率：―/―/―
東名阪上場：2000.03

◉企業戦略▷▷▶▷▷販路・技術応用多角化

【経緯】倉敷機械は1938年に長岡で日本重工業として設立された会社である。倉敷紡績の出資を受けており、戦時中に同社の傘下に入ったことから社名を変更した経緯がある。戦後は繊維機械に取り組んだが、徐々に軸足を工作機械に移して、今日に至っている。1985年から自動車用金型メーカー向けのCAD/CAMシステムを事業化して、この分野のパイオニアと呼ばれる一方で、豆腐の製造装置にも注力して経営の安定化を目指してきた。これらの産業機械は、2003年以降は整理縮小の対象となっている。なお、クラボウが多角化の一環として完全子会社化したことから、倉敷機械は2011年に上場を廃止した。

【編成】本業は工作機械で、それが分析対象期間中も主業の座を占めていた。それに続く情報機器は、CAD/CAMやNC切削シミュレーションを行うシステムを販売するもので、本業と顧客および技術を共有する。

◉事業戦略▶▷▷▷▷中核集中

■一般機械事業
期間：2004.03–2010.03
得点掲示板：6–0
営業利益率：19.7%
利益占有率：94%
開示欄序列：1
事業本拠地：新潟県
独禁法違反：報道なし
—
1990年代：—
2010年代：0–1

【立地】売り物は横中ぐりフライス盤である。これは太い水平繰り出し主軸を持つ工作機械で、側方からの深い切削加工を得手とする。金型を横置きして切削すると切りくずが重力で落下することから作業員の介入を必要とせず、無人化運転が可能になる。

売り先は金型製作を得意とする受託事業者、または機械工場の金型製作部門である。

狭義の競合は中型の横中ぐり盤メーカーである。長らく東芝機械と倉敷機械が君臨していたが、造船や産業機械に使う大型機を手がけていた三菱重工が1986年に参入してきた。市場占有率は東芝機械が50%、倉敷機械が35〜40%と言われている。テーブル型横中ぐり盤では「38年間、常に業界1位（1996年度、国内シェア60%）の実績をもつ」と言われている。

■50%
35〜40%
日経朝刊 2003.6.25
地方経済面（新潟）

■38年間、常に…
メタルワーク 1997.8

広義の競合は他の工作機械メーカーである。特にフレキシブルマシニングセンターとは競合する場面が多い。

【構え】入手ルートは新潟の本社工場である。作業の15%前後は外注に回している。CNC装置はファナック製を採用した機種が多い。

引き渡しルートは主に商社経由である。韓国では現代重工業に技術供与して、同社経由で納品する体制を敷いている。

【時機】このケースは、戦時中の草創期にさかのぼるもので、先発に相当する。分析対象期間中には、建設機械や造船向けの需要が拡大して、大型機を中心に受注残は1年分を超えたという。

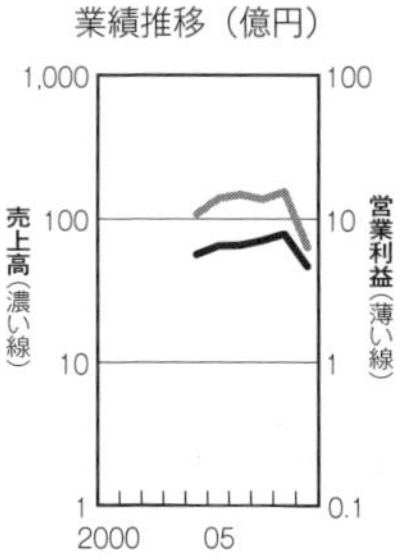

【源泉】この事業で高収益を許すのはミッションクリティカリティである。顧客は限られるが、横中ぐり盤を必要とする顧客にとって倉敷機械は痒いところに手が届く機種を送り出してくるため、価格プレミアムを支払うことになる。

【防壁】この事業で高収益を守るのは競合の自縛である。工作機械は汎用性が高いほど市場の規模が拡大するため、力のあるメーカーは用途が限定され、市場も小さい横中ぐり盤に手をかけない。

【支柱】 この事業で高収益を支えるのはマーケティング部隊である。モジュール化を図ったり、フレキシブルシステムを組んだり、高速化を達成したり、数々の改善も方向を誤ると戦略の均整を保てない。

■モジュール化 フレキシブルシステム
機械技術 1992.1

■高速化
日本機械学会 2007.11

【選択】 1960年頃、繊維機械に見切りを付けた倉敷機械は、大阪変圧器の助力を仰いで溶接機、池貝鉄工の助力を仰いで横中ぐり盤に進出した。池貝鉄工が協力した理由は、探ってみたが藪のなかである。

◉戦略旗手▷▷▶▷▷外様経営者

■すわ・かおる
生没：1910.01-1984.03
社員：????.??-????.??
役員：????.??-1978.06
社長：1965.05-1977.06
会長：1977.06-1978.06

【人物】 このケースで戦略を推進したのは倉敷紡績から移籍してきた諏訪薫氏である。倉敷紡績の社長が会長を兼務するなかで、常勤の諏訪氏が取締役総務部長として下地をつくり、専務取締役に昇格した1957年以降は池貝鉄工と技術販売提携を結んだり、増資して設備投資を敢行した。1960年頃に舵を切ったあとは、3年で「非常な意欲で、しかも時宜を得た体質改善への努力は実って、いまでは小型ながら総合機械メーカーとして業界でも特異な存在ぶりを発揮している」と形容されるところまで評価を上げた手腕は感服に値する。

■非常な意欲で…
週刊日本経済 1963.11

【着想】 諏訪氏の着想は先祖返りにある。日本重工業時代の技術を掘り起こしたからこそ、わずか3年で「身上とする横中ぐり盤のごときは、当社工作機械部門売上高の70%を占め、しかも業界第一の実力を誇っている」という評価を勝ち得たに違いない。

■身上とする横中ぐり盤…
週刊日本経済 1963.12

［参照文献］
機械と工具、1967年8月（鰐渕好輝）

ケース 839 SMC：自動制御機器事業

B：空気圧機器（自動化・省力化策）

戦略C/C比率◁◁◇▶▷
戦略D/E比率◁◀◇▷▷
対照：—

◉企業戦略▶▷▷▷▷本業集中

■エスエムシー
直前決算期：2000.03
実質売上高：1,910億円

【経緯】 SMCは1959年に東京の千代田区で焼結金属工業として設

立された会社である。当初手掛けたのは空気圧機器のなかでゴミを取り除く焼結濾過体であったが、翌年には空気圧機器本体に進出し、コンプレッサーを除く空気圧補助機器三点セット（エアフィルタ、必要に応じて減圧するレギュレーター、潤滑油を加えるルブリケーター）を揃えていった。さらに方向制御機器（ソレノイドバルブ）と駆動機器（シリンダ）も取り揃え、いまや押しも押されぬ空気圧の総合メーカーに成長している。

【編成】本業は空気圧機器で、それが分析対象期間中も主業の座を占めていた。ほかに物流を手がける「その他」セグメントを開示していたが、売上規模は自動制御機器の5%にも達していない。

営業利益率：18.3%
海外売上率：40%
社内取締役：13
同順位相関：0.76
筆頭大株主：東京タングステン
利益成長率：—/—/—
東名阪上場：1987.12

◉事業戦略▶▷▷▷▷中核集中

【立地】売り物は空気圧機器である。空気圧は、油圧や電気モーターに比べると、小型軽量物の把持や搬送に向いており、ユーザーが設計する自動機にSMCの空気圧機器が構成部品として使われることが多い。

売り先は空気圧を使って生産工程を簡便に自動化する工場、もしくは工場の生産技術者である。設立当初は全体の30%ほどが自動車業界向けで、それに電気・電子機器業界が続いていた。

狭義の競合は空気圧機器のメーカーで、ここでSMCは国内シェア60%、世界シェア25%を確保する。いずれも占有率は二位メーカーの倍以上に相当するという。個別分野で黒田精工やシーケーディのようなライバルも目に付くが、SMCの牙城を崩すには至っていない。

広義の競合は空気圧以外で作動する自動化機器のメーカーで、容易に数え切れない。空気圧は簡便で信頼性も高く、空気圧の守備領域は狭くなるどころか、広くなる傾向にある。

【構え】入手ルートは国内外に構えた自社工場である。空気圧機器がダウンすると、顧客の生産計画は大幅に狂ってしまうため、SMCは即納体制を敷いて信頼の獲得に努めている。納期を短縮する鍵は5,000種ほどの仕掛品在庫で、その最適在庫水準を割り出すために数理統計の専門家を社内に抱えるところがSMCらしい。この中間在庫から生まれる最終品種は56万を数えるという。

■自動制御機器事業
期間：2000.04-2010.03
得点掲示板：10-0
営業利益率：21.8%
利益占有率：100%
開示欄序列：1→0
事業本拠地：茨城県
独禁法違反：報道なし
—
1990年代：9-1
2010年代：4-0

■30%
証券アナリストジャーナル
1988.2

■60%
25%
日経朝刊 2007.6.5
地方経済面（茨城）

■56万
日経産業 2002.2.28

業績推移（億円）

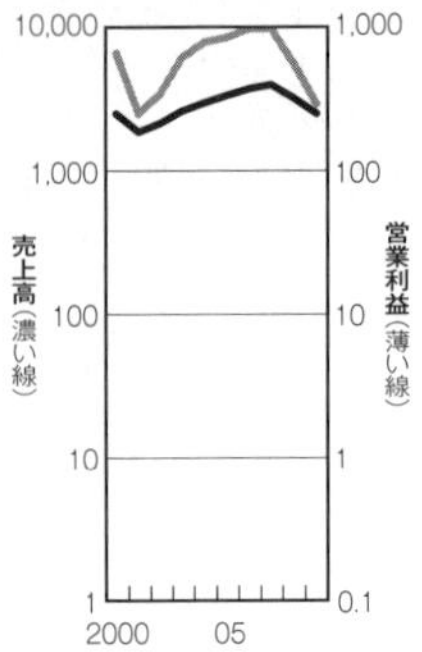

引き渡しルートは直販のほか、代理店経由、商社経由がある。同業他社に比べるとSMCは直販の色彩が濃い。事業所は全国50カ所前後に展開している。

【時機】 このケースは、空気圧利用の草創期に端を発しており、先発に相当する。日本では、早くも1960年頃から人手不足を補うための自動化ニーズが顕著になったという。このケースは軽量自動化の波を捉えたと見ることができる。デバイスの小型化が進み、変種変量生産に移行するにつれて、重厚長大な自動化ラインは競争力を失い、軽快な自動化ラインが求められるようになってきた。空気圧機器を活かした自動化ラインは一個流しに向いており、野火のように拡がっている。

【源泉】 この事業で高収益を許すのはミッションクリティカリティである。空気圧機器は簡便で、他の自動化アプローチに比べると、製造ラインを軽く、安くできる。その特徴を活かして思いのままに自動化ラインを組むことができるなら、顧客は競争上の優位に立つことができるため、個別の機器が少々高くても腹は立たない。

【防壁】 この事業で高収益を守るのは製品ラインアップである。先行の利を活かして、これという競合が参入する間隙を早々に消してしまったので、SMCは空気圧機器市場をほぼ制覇するに至っている。そうなれば経験曲線まで効果を発揮するので、SMCの市場占有率が漸増傾向を辿るのも無理はない。

【支柱】 この事業で高収益を支えるのは全社員である。次から次に競争力の高い製品を開発して、多品種を造り分けるべく、SMCは草創期から「独算」制を取り入れてきた。これは組織を多数の自律的ユニットに分割し、各々が経理とは独立に損得を計算する体制である。言うなれば社員が自主管理をしつつ、戦略の均整を保つことになっている。

■独算
あさひ銀総研レポート
1992.10

【選択】 1960年7月、焼結金属工業はフィルタ付き減圧弁の製造・販売を開始した。これが焼結金属から空気圧機器への転進を象徴する。

◉戦略旗手▶▷▷▷▷創業経営者

■おおむら・すすむ
生没：1916.01-2007.09
社員：—

【人物】 このケースで戦略を推進したのは創業者の大村進氏である。

大村氏は工学部造兵科を卒業したあと、長らく大学院に籍を置いた。東京タングステンに入社すると、3年で取締役に取り立てられ、同社常務のまま焼結金属工業を設立したが、その後も東京タングステンの専務取締役を1973年まで務めていた。高い技術力を買われてのことであろう。

役員：1959.04–1998.04
社長：1959.04–1989.05
会長：1989.05–1998.04

大村氏は「研究者らしく極めて真面目な人柄の持ち主として知られる」と評されていた。大村氏は徹底的に合理性を追求したことでも知られている。

■研究者らしく…
財界 1982.12

【着想】大村氏の着想は技術者魂に導かれたものと思われる。祖業の焼結濾過体は空気圧機器の一構成部品で、そこから川下の機器本体に降りる決断を下したのは、そこに解決すべき課題を見出したことによる。機器本体の市場が伸びなければ部品ビジネスが伸びる余地も限られているため、合理的な判断と言えよう。

［参照文献］
証券、1988年2月
証券アナリストジャーナル、1988年2月（大村進）

ケース 840 日東工器：迅速流体継手事業

B：カプラ（流体配管の人件費削減策）

戦略C/C比率◀◁◇▷▷
戦略D/E比率◁◀◇▷▷
対照：—

◉企業戦略▷▷▷▷▶多核化展開

【経緯】日東工器は1956年に東京の大田区に設立された会社である。祖業はマイクロメーターながら、その付属品にあたる迅速流体継手のほうが事業として自立を遂げたところが興味深い。1958年には携帯式磁気ボール盤を、1961年には空気式高速多針タガネを発売して、機械工具事業も現在の形を整えた。1973年にはリニア駆動ポンプ（空圧機器用コンプレッサー）事業を立ち上げて、第三の事業も出揃った。その後は1989年に大日機工を買収してロボット事業に進出したり、2000年に白河デンセイを買収して電動工具事業に手を染めたり、飛び地への多角化を試みているが、これらは大輪を咲かせるには至っていない。

■日東工器
直前決算期：2000.03
実質売上高：200億円
営業利益率：11.3%
海外売上率：19%
社内取締役：6
同順位相関：▲0.58
筆頭大株主：創業家
利益成長率：—/—/—
東名阪上場：1998.04

【編成】本業は継手と機械工具で、ほぼ同時期に立ち上がった別々の事業が、相互に肩を並べて発展する姿は珍しい。空気圧を共通項とする事業が多いものの、機械工具事業は他とつながりがない。

■迅速流体継手事業
期間：2000.04–2010.03
得点掲示板：9–1
営業利益率：16.9%
利益占有率：40%
開示欄序列：1
事業本拠地：東京都
独禁法違反：報道なし
—
1990年代：5–1
2010年代：4–0

◉事業戦略▶▷▷▷▷中核集中

【立地】 売り物は配管と配管をつなぐ継手、またはカプラである。配管の内部は真空の場合もあれば、圧縮空気、ガス、油、薬品の場合もあるが、日東工器は3,000系統、2万5,000点の品種を展開しており、文字通りカプラのデパートを営んでいる。

■3,000
2万5,000
日刊工業 1995.12.6

売り先は気体や流体を扱う機器や配管のメーカーで、極めて多岐にわたる。用途は、それこそ家庭用ガスレンジから宇宙ロケットまで拡がっている。日東工器はユーザーが享受する便益に基づいて価格を設定しているそうである。

■80%
工場管理 1979.10

■50%超
日経金融 1997.8.19

狭義の競合はカプラのメーカーで、これという名前が浮かんでこない。日東工器の国内シェアは1980年前後には80%と言われていた。その後も50%超を維持している。

広義の競合はカプラに代わる接合器具のメーカーで、かつてはホースを締め付ける金具のメーカーをはじめとして多数存在したが、次から次へとカプラに置き換わり、いまや影が薄くなっている。

【構え】 入手ルートは製造子会社群である。

■8,000
WEDGE 1996.4

引き渡しルートは代理店経由で、日東会として8,000社を組織化している。

【時機】 このケースは、戦後の草創期に起源があり、先発に相当する。日東工器の設立は初期のカプラ市場、すなわち電気冷蔵庫の登場に先駆けていた。それゆえ、日東工器は極めて順調なスタートを切ったという。このケースは流体制御の波を捉えたと見ることができる。その背後には圧縮空気を利用した軽量自動化ラインの普及や、薬液自動供給ラインの拡がりがある。

業績推移（億円）

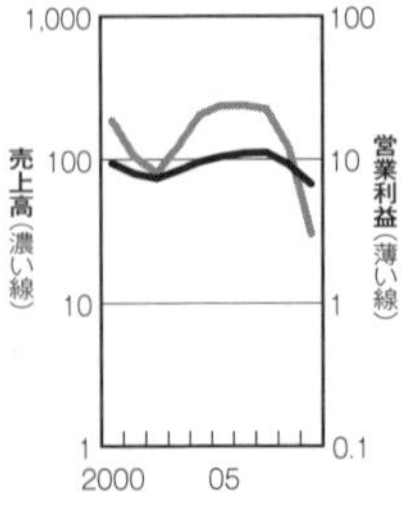

【源泉】 この事業で高収益を許すのはミッションクリティカリティである。カプラは安い部品でありながら、接合状態でも、脱着時にも、気体や液体を漏らしてはいけない配管接合部の施工を、片手でできるようにしてしまう。その工数・人件費削減効果が極めて大きいため、価格引き下げ圧力は強くならない。

【防壁】 この事業で高収益を守るのは製品ラインアップである。先行の利を活かして、これという競合が参入する間隙を早々に消してしまったので、日東工器はカプラ市場を専有するに至っている。

【支柱】 この事業で高収益を支えるのは研究開発部隊である。日東工器はエレベーターのない3階建ての研究所2階にマーケティング部隊を入居させて、開発とマーケティングの連携を階段コミュニケーションで促している。この策を活かす研究開発陣には敬意を払ってもよかろう。

■3階建て
日経ビジネス 1980.2.11

【選択】 1960年前後のどこかで、日東工器は祖業の空気マイクロメーターを捨てて、その付属品に過ぎなかったカプラを量産すると決断した。

◉戦略旗手▶▷▷▷▷創業経営者

■みきや・としお
生没：1926.03–
社員：—
役員：1956.10–
社長：1956.10–1992.06
会長：1992.06–1994.06
　　　2003.06–

【人物】 このケースで戦略を推進したのは創業者の御器谷俊雄氏である。曾祖父は萬金物製造所を営み、兄は御器谷メタルを経営するという俊雄氏は、兄の会社に籍を置いた4年ほどの期間に流体力学の権威の下で空気マイクロメーターを開発したという。そして1人で起業して、夜は自宅で製造、昼は外で営業という日々の中から日東工器の事業基盤を築き上げてみせた。ちなみに、機械工具事業は兄の会社の作業現場を改善するところから立ち上がっている。

【着想】 俊雄氏氏の着想は柔軟である。やりたかったのは精密工具で、そのために精密測定が必要になり、マイクロメーターを製作したところ部品のカプラに引き合いがきたので応じたということらしい。俊雄氏は「開発は企業の保険である」を社是として、製品開発と市場開発と人材開発の三位一体を重視し続けた。

■開発は企業の保険なり
マシナリー 1969.12

［参照文献］
証券、1998年6月

戦略C/C比率◀◁◇▷▷
戦略D/E比率◀◁◇▷▷
対照：—

■ニフコ
直前決算期：2000.03
実質売上高：910億円
営業利益率：11.7%
海外売上率：22%
社内取締役：6
同順位相関：0.81
筆頭大株主：創業経営者
利益成長率：○/△/○
東名阪上場：1979.07

ケース841 ニフコ：合成樹脂成形品事業

B：樹脂製ファスナー（組立コスト削減策）

◉企業戦略▷▷▷▷▶多核化展開

【経緯】ニフコは1967年に東京の千代田区で日本工業ファスナーとして設立された会社である。一方の親会社、アメリカのイリノイ・ツール・ワークス（ITW）社が工業用ファスナーの技術を提供し、他方の日英物産が製造と営業を担う体制でスタートした。この合弁は大きく成功し、10年で本家ITW社の売上を追い抜いたニフコは日英物産を吸収し、創業20年でITW社の保有株も買い取った。自立を遂げたあとは海外展開を本格化させると同時に、1996年にジャパンタイムズとベッドのシモンズを買収することで、新たな事業の柱を追加している。

【編成】本業は工業用ファスナーで、それが分析対象期間中も主業の座を占めていた。新聞やベッドは工業用ファスナーと何の関係もないが、目の前に出現しつつある機会を追求した事業という点では本業と変わらない。

■合成樹脂成形品事業
期間：2000.04-2010.03
得点掲示板：9-1
営業利益率：12.3%
利益占有率：89%
開示欄序列：1
事業本拠地：神奈川県
独禁法違反：報道なし
—
1990年代：10-0
2010年代：4-0

■150種類
400～500個
日経産業 2007.6.21

◉事業戦略▷▶▷▷▷川上統合

【立地】売り物は樹脂製の部品で、締結や連結の機能を果たすものが主力である。自動車で言えば、内装パネルをドアに固定するクリップ、エンジンルームで配線やホース類を束ねるクリップなどが工業用ファスナーに数えられる。いずれも裏方に回るのでドライバーやパッセンジャーの目にはつかないが、車1台につき150種類前後、数にして400～500個のファスナーが搭載されているという。これらをユーザーと設計段階で作り込んでいくので、ニフコはコスト削減策を販売しているという見方も成り立つ。

売り先は家電業界にも広がっているものの、圧倒的に自動車業界に偏っている。顧客リストにはトヨタ自動車に続いて本田技研工業、スズキ、富士重工業あたりが顔を出す。

狭義の競合は樹脂製ファスナーのメーカーで、加藤発条など数社しか社名が浮かばない。自動車向けファスナーでニフコは国内の

70%、世界の20%を握っている。規模の限られた市場はニフコ一社でほぼ飽和状態にある。

広義の競合は代替的な締結材のメーカーである。ボルトやナットまで数えると、相手は無数にいる。

【構え】入手ルートは自社工場で、国内3工場のほか海外にも拠点を抱えている。企画→設計→試作→金型製作→成形という一連の流れを一貫して社内でこなすのがニフコ独自の構えである。

引き渡しルートは直販で、自動車工場の集積地には必ずと言ってよいほど営業所を置いている。

【時機】このケースは、新しい事業立地を立ち上げたもので、先発に相当する。ニフコの設立はトヨタがカローラの4ドアセダンを発売する3ヶ月前のことであった。このケースは日本の自動車産業興隆の波を捉えたと見ることができる。円高局面を迎えたあとは、ますます原価低減の要請が強まっており、ニフコが活躍する余地は拡がる一方である。

【源泉】この事業で高収益を許すのはミッションクリティカリティである。樹脂製ファスナーは安い部品でありながら、ボルトとナットの組み合わせによる締結作業を片面から行えるようにした。しかもワンタッチで済むので、作業時間が大幅に短くなる。そのうえ樹脂は軽くて錆びない。自動車メーカーにしてみれば、これを使うか使わないかで競争力に差がついてしまう。ニフコの立場が強いのは、それなりの根拠があってのことと言ってよい。原価管理に厳しいことで知られるトヨタ自動車を向こうに回して高収益をあげるとは、見上げたものである。

【防壁】この事業で高収益を守るのは特許であった。合弁パートナーのITW社がおびただしい数の特許を持っており、それが初期の参入を阻んだことは疑う余地がない。

【支柱】この事業で高収益を支えるのは開発営業部隊である。単純な樹脂成形品で、しかも特許が切れたあともニフコが異様に高いシェアを誇るのは、ニフコが次から次に新しいファスナーを提案して採用に至るからである。まさに「攻撃は最大の防御」の図式で、顧客に向けた新たな製品提案が値下げ要求に対するディフェンスになる。もちろん、新たな提案が出なくなると命運が尽きてしまう

■70%
20%
日経産業 2007.6.21

業績推移（億円）

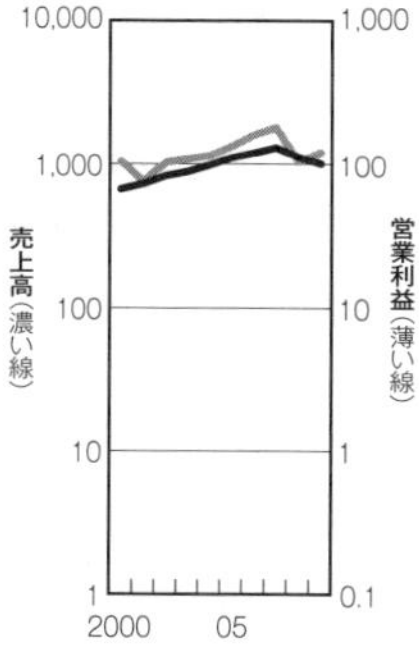

■8割
日経ビジネス 1978.5.8

ため、ニフコは営業人員の8割をセールスエンジニアとしたうえで、営業部内に商品設計機能を持たせる独特の体制を構築することで、戦略の均整を保ってきた。

【選択】 1967年2月、日本工業ファスナーが事業を開始した。このタイミングはマイカーブームの到来に先行しており、見えない市場に向かって先陣を切ったことになっていた。

■おがさわら・としあき
生没：1931.03-
社員：―
役員：1967.02-
社長：1967.02-2001.06
会長：2001.06-2008.06
2010.06-

◉戦略旗手▶▷▷▷▷創業経営者

【人物】 このケースで戦略を推進したのは創業者の小笠原敏晶氏である。敏晶氏は、終戦直後にアルバイト先のイギリス系在日商社の代表に留学を勧められ、給費生としてロンドン大学を卒業すると、同じ商社の出資を得て日英物産を設立することになった。そこで原資を手にした敏晶氏は、次はアメリカのプリンストン大学に留学し、大学院で政治学を専攻する。母方には新潟の代議士がいて、田中角栄とも親しかったので、政治家になりたかったという。

■私から外国企業との…
日経産業 1982.9.20

「私から外国企業との結びつきを取ったら何も残らない」と口にする敏晶氏は1983年からジャパンタイムズの社長を兼務し、買収に至るまでは2足のわらじを履き続けていた。2014年には所得税の申告漏れが発覚して久々にニュースに登場した。

■外国技術援助契約…
東商 1961.8

■マジックテープ
財界 2007.7

敏晶氏は早くも1961年に「外国技術援助契約を円滑に、しかも冗費なく、いかに締結するかというと、これは非常に難事であり、過去のその経過を見るに、これには未だ相当の批判と反省の余地が残されている」と述べていた。この前年には、米国のベルクロ社と技術提携し、日本ベルクロを設立している。ちなみに「マジックテープ」の名付け親は小笠原敏晶氏にほかならない。これを新幹線のヘッドレストカバー用に売り込んで成功すると、敏晶氏は日本ベルクロ社をクラレに売却し、アメリカに留学した。

出国直前の1964年にはアメリカのハートウェル社から技術を導入して、ナイラッチというプラスチックファスナーの製造販売にも乗り出している。また1965年にはアメリカのマーソン社から技術を導入して、金属工業用ファスナーの輸入販売にも乗り出している。ファスナーのデパートを狙ったことは疑う余地がない。

【着想】 敏晶氏の着想は日本と他国を絶えず比較する複眼に由来す

る。一貫してファスナーに携わった理由を問われて、「欧米では作業時間の短縮、コスト低減という面から工業用ファスナーの開発が進んでいたのに対し、日本で工業用ファスナーと言えば、ズボンのジッパーの大きなもの程度というぐらいの認識しかなかった」と述べている。

■欧米では作業時間…
財界 1977.3

ITW社の社長と合弁契約を結ぶに至ったのは、留学先のプリンストン大学で彼と出会ったことが縁となっている。それを敏晶氏は「ITWは日本市場への進出を計画、提携相手を物色していた……キャスカート氏はベルクロの事業とも関係していた縁で私に白羽の矢を立てたわけだ」と振り返る。既にファスナーで実績を積んでいたことが伏線となったことは間違いない。

■ITWは日本市場への…
日経産業 1982.9.20

[参照文献]
証券アナリストジャーナル、1979年8月(小笠原敏晶)
実業往来、1981年4月(佐田一郎)

ケース 842 ヒロセ電機

B:コネクタ(電気・電子メーカーの新製品改良策)

戦略C/C比率◀◁◇▷▷
戦略D/E比率◀◁◇▷▷
対照:—

◉企業戦略▶▷▷▷▷本業集中

【経緯】 ヒロセ電機は1937年に東京の赤坂で広瀬商会として設立された会社である。当初は絶縁材(ベークライトやエボナイト)の加工・販売に従事していたが、戦後になって警察庁や防衛庁や電電公社が通信機器の国産化を進めるなかでコネクタの開発を担当した。経営基盤を確立したのはボタン電話用のコネクタで、その後も民生用を主軸にコネクタ一本槍を貫いている。

【編成】 本業はコネクタで、それが分析対象期間中も主業の座を占めていた。多角化を模索した時期もあったが、結局は実っていない。

■ヒロセ電機
直前決算期:2000.03
実質売上高:790億円
営業利益率:33.4%
海外売上率:28%
社内取締役:5
同順位相関:0.05
筆頭大株主:創業家
利益成長率:○/○/○
東名阪上場:1972.12

◉事業戦略▶▷▷▷▷中核集中

【立地】 売り物はコネクタながら、5万点にのぼる商品群のうち、毎年1万点を新製品に切り替えていくのがヒロセ電機である。規格

■全社
期間:2000.04-2010.03
得点掲示板:10-0
営業利益率:29.8%

利益占有率：100%
開示欄序列：0
事業本拠地：岩手県
独禁法違反：報道なし
—
1990年代：10-0
2010年代：4-0

の定まったコネクタは顧客が他社から買えるので捨ててしまい、顧客製品の競争力を引き上げる独自のコネクタだけに専念する。言うなればヒロセ電機は「新しい規格」を売り物にしている。その中身には低背化もあれば多ピン化もあり、ノイズレス化もあれば、防水化や作業性の向上もあり、それこそ開発テーマが尽きることはない。

■5万点
∞無限大 2007

売り先はヒロセ電機の「新しい規格」を高く評価してくれる顧客で、臨機応変に変えていく。当初は信頼性を重視する官公庁（NHKを含む）を主力としたが、その後は軽薄短小を追求するAV機器メーカーに変わってきた。2000年代は、携帯電話端末メーカーに的を絞った結果、前半は富士通、日本電気、東芝、三菱電機が客先に名を連ね、中盤はノキア一色になり、終盤は中国の受託製造拠点が新たな客先に浮かんでいる。

狭義の競合はヒロセ電機と同じ事業立地で勝負するメーカーで、これが意外と見当たらない。規模の限られた市場はヒロセ電機一社でほぼ飽和状態にある。

■70社
日経産業 2005.11.2

広義の競合はコネクタのメーカーで、国内だけでも70社に達している。コネクタは、機器側のニーズが多岐にわたるため、特定の顧客のためにカスタム品さえ用意すれば、新規参入は決して難しくないし、導電性の金属端子を絶縁性の樹脂で覆う構造は、プレスと射出成形機があれば試行錯誤で作れてしまう。ヒロセ電機は多極コネクタで首位の座をしめているものの、占有率は15%に過ぎない。先頭集団には外資系のタイコ（旧AMP）やモレックスのほか、日本航空電子工業やSMKなどがいる。分析対象期間中に日本航空電子工業（連結）は10戦全敗で通算利益率6.6%、SMK（連結）も10戦全敗で通算利益率4.1%に終わっている。

■15%
日本マーケットシェア事典 2002

■約300
日経産業 2010.8.31

【構え】入手ルートは外注である。東北地方を中心に約300の協力メーカーを抱え、これらの外注委託先に互換性を持たせたからこそ、生産変動を分散できたのである。顧客の新製品は予想外の大ヒットになることもあれば、まったく売れないこともあり、平均的な受注は数百個というビジネスでは、需要予測に基づいて生産計画を組むような発想では、あっという間に経営危機に陥ってしまう。逆に固定費を低く抑えているからこそ、稼働率を上げるために

■数百
日経産業 2005.3.15

数量を追う必要がなく、顧客の新製品開発につきあうことが許される。ただし、近年は自社工場を構えて、一個流しで多品種少量生産に乗り出している。構えの要衝がフレキシビリティにあることは以前と変わりない。

引き渡しルートは直販主体で、これを一握りの代理店で補完する。この体制がユーザーニーズを吸い上げるうえで差異化ポイントとなっている。

【時機】 このケースは、戦後の草創期に起源があり、先発に相当する。1960年にはNHKや日本電信電話公社や警察や自衛隊が戦後のインフラ整備に乗り出しており、こうした官公需をヒロセ電機は取り込んだ。このケースはモバイルの波を捉えたと見ることができる。携帯電話やスマートフォンが薄くなり、やりとりする信号線が増えるたびに、ただでさえ高度なコネクタの進化が不可避となる。ピンとピンの間のピッチは狭くなる一方で、ヒロセ電機のコネクタがあって初めて世に出た機種も少なくない。

【源泉】 この事業で高収益を許すのはミッションクリティカリティである。コネクタは安い部品でありながら、顧客製品の外形や性能を大きく左右するため、プレミアムが発生しやすい。ただし、原価を積み上げて価格を決めるような管理体制で高収益は望めない。顧客が刈り取る価値をベースに値決めする体制を構築したうえで、旬を過ぎた品番を刈り取る作業は欠かせない。

【防壁】 この事業で高収益を守るのは競合の自縛である。競合他社は見える市場に群がって、価格競争に参戦した。彼らはコスト優位を樹立すべく重い自動化に走るので、固定費の大きいコスト構造や、原価低減を重視する企業風土ができあがり、ヒロセ電機が選んだ事業立地には入りたくても入れない。すなわち、競合サイドの自縛が、確かな参入障壁として機能する。

【支柱】 この事業で高収益を支えるのはマーケティング部隊である。ヒロセ電機が手に入れた高収益事業立地を維持していくには、おびただしい数の新製品開発を絶やしてはいけない。マーケッターが顧客に先んじて開発課題を見極める眼力と、開発案件の事業性まで判断する主体性を身につけて初めて戦略は均整を保つことになる。

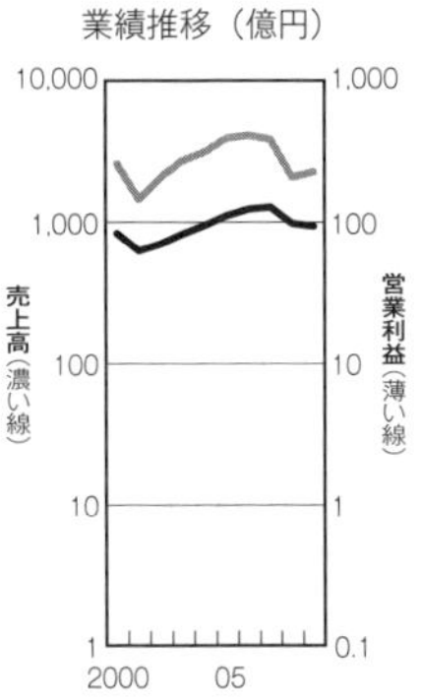

【選択】1960年、外資の前に大型商談を逃した広瀬商会は、ここで狭義の立地を転換し、独自規格製品の開発に舵を切った。この決断は、既に急成長の波に乗っていた規格大量生産型の民生市場や、多品種少量生産型の産業市場を捨てることを意味していた。成長市場に背を向ける決断は、容易でなかったと思われる。

■さかい・ひでき
生没：1934.02-2006.09
社員：1952.03-1966.09
役員：1966.09-2006.09
社長：1971.05-2000.06
会長：2000.06-2006.06

■学歴の上からも組織の…
私の責任は年齢…
オール生活 1975.1

■教わり、育てられ…
オール生活 1976.1

■遺産相続の事務作業
日経産業 2003.7.8

◉戦略旗手▷▷▷▷▶理系社員

【人物】このケースで戦略を推進したのは2代目の社長、酒井秀樹氏である。工業高校を卒業した酒井氏は、「学歴の上からも組織の部分品にしかなれない大企業へ行くよりは、未完成な分野で思う存分の仕事ができる中小企業の職場に魅力を感じて」広瀬商会製作所に1954年に入社したという。株式会社と言っても従業員数は40に足らず、実態はワンマン経営の町工場に近かったはずで、生家の事情で進学を断念した酒井氏には、大企業に就職した同級生を見返したいという気持ちが強かったという。

酒井氏を得た広瀬商会製作所は自社製品の開発に動き出し、酒井氏は「私の責任は年齢、経験に比してあまりにも重すぎる感じだった。といって、そこまで信頼を受けた以上、弱みは絶対見せられない」という立場にいきなり追い込まれた。そして社業飛躍の契機となった自主規格コネクタを一から作り上げ、26歳で技術部長に就任し、「教わり、育てられ、壁にぶつかり、勉強した」そうである。

創業者の広瀬銈三氏は1960年の英断を下したあと、間もなく病没した。その跡を継いで37歳で社長の座に就いた酒井氏の初仕事は遺産相続の事務作業で、遺族から株式の一部を買い取るために会社は銀行から融資を受け、酒井氏は連帯保証人を引き受けたという。2部上場を遂げたのは、その翌年のことである。

ヒロセ電機の筆頭株主3人は、1983年まで広瀬姓の女性で、法定相続権と株式保有比率から判断すると、1人は創業者の未亡人、2人は令嬢と推察される。酒井氏は、これらの遺族から経営権を受託し、彼らの生計を配当で成り立たせる責務を背負い込んだ。令嬢2人は、酒井氏の社長在任期間を通して大株主欄に名を連ねていた。これは、配当不足を補うために持分を市場で売却する必要がなかったことを物語っている。酒井氏が利益に執着したのは、目に見える株主に報い続けるためと思われる。

【着想】 酒井氏の着想は合理的である。それは「私は敢えて民生用のシェアを増やすつもりはありません。民生用の分野は競争が厳しく経営効率が悪いからです」という説明に象徴的に現れている。「スケールメリットを考えて万単位以下の生産はしません」という競合を横目に、「うちでは千単位の注文を数多く取ることによって持ち味を活かそうということなんです」と、選別受注の多品種少量生産路線を貫いた。

■私は敢えて民生用の…
スケールメリットを…
うちでは千単位の…
経済界 1978.5

その背後にあるのは「親会社におんぶするとか、銀行に背負ってもらうとか、できませんから自らの力に頼る以外ありません」という覚悟であった。酒井氏は「自分が社長として先頭に立ってやれば、社員だってついてきてくれるはずだ。毎日こんなことを考えながら、大げさに言えば寝ずにやったのです」とも述べている。

■親会社におんぶ…
自分が社長として
通信工業 1989.10

酒井氏は新製品の開発案件と旧製品の廃番案件を自ら決裁した。社外の催事には顔を出さず、現場にも足を運ばなかったのは、「様々なデータを緻密に分析」する日課が多忙を極めたからという。「もともと宝が埋まっていない山を一生懸命掘っても無駄な努力になります。（中略）どちらの方向に行ったら売れる商品があるのか、あるいは伸びる事業が見つかるのか、トップがいつも考えるようにしていないといけないですね」という言葉を酒井氏は遺している。

■様々なデータを…
日経ビジネス 2003.3.17

■もともと宝が…
経営者 1999.3

［参照文献］
『ヒロセ電機株式会社創業50周年記念誌』1987年
証券アナリストジャーナル、1973年2月（酒井秀樹）

ケース 843　日東精工：ファスナー事業

B：精密ねじ（新製品改良策）

戦略C/C比率◁◀◇▷▷
戦略D/E比率◁◀◇▷▷
対照：—

◉企業戦略▷▷▷▷▶多核化展開

【経緯】 日東精工は1938年に綾部で設立された会社である。狙いは精密機械加工に置いており、軍需生産を脱却したあとはカメラに挑戦したが、結局は千代田光学精工（ミノルタ）の受託組立と、

■日東精工
直前決算期：1999.12
実質売上高：200億円
営業利益率：1.0%
海外売上率：12%
社内取締役：9

同順位相関：0.89
筆頭大株主：持株会
利益成長率：△/△/△
東名阪上場：1980.06

水道メーターで経営を軌道にのせた経緯がある。水道メーターは精密流量計事業に発展し、カメラは精密ねじにつながった。1956年にアメリカのフィリップス・スクリュー社からプラスねじの技術を導入することで社業は飛躍的に発展し、1965年に同じアメリカのイリノイズ・ツール・ワークス（ITW）社からネジ締め機の技術も導入することで、第三の事業も出揃った。1980年代の半ば以降は海外展開を試みている。

【編成】 本業はねじで、それが分析対象期間中も主業の座を占めていた。ねじと産業機械は最終顧客を一部で共有するが、流量計は自立している。精密機械加工というドメイン設定から乱立した事業群がたまたま同居する事業ポートフォリオと言ってよい。

■ファスナー事業
期間：2000.01-2009.12
得点掲示板：8-2
営業利益率：11.3%
利益占有率：67%
開示欄序列：1
事業本拠地：京都府
独禁法違反：報道なし
—
1990年代：6-3
2010年代：0-4

◉事業戦略▷▶▷▷▷川上統合

【立地】 売り物は工業用ファスナーの一種、金属製プラスねじである。締結が容易なうえ、締結後はゆるまない設計に日東精工の特徴がある。なかでも重量1グラム未満、直径1ミリ未満の極小ねじを得意とし、カメラや軽薄短小を訴求するAV製品領域で圧倒的な強さを発揮する。ただし完全なカスタム品を手掛けるわけではなく、新たな規格を起こすところにミソがある。

売り先は自動車や精密機器のメーカーも含むが、電気・電子機器のメーカーが主力と見て間違いない。

■70%
証券アナリストジャーナル
1985.11

狭義の競合は通常の規格の範囲を超えた極小ねじのメーカーで、これという競合が見当たらない。日東精工の占有率は70%を超えるという。規模の限られた市場は日東精工一社でほぼ飽和状態にある。

広義の競合は一般ねじのメーカーで、こちらは中小企業が無数にひしめいている。

【構え】 入手ルートは綾部の自社工場に集中しており、製造設備や工具類まで内製して、特殊冷間圧造などの技法を駆使しているという。

引き渡しルートはネジの専門商社経由主体である。社史は「創業以来本社と工場とを販売市場から離れた丹波の山奥においているために、販売組織の整備、人員および拠点の確保については、格別の努力を重ねてきた」と記している。

【時機】このケースは、戦後の草創期に起源があり、先発に相当する。日東精工がねじに着手する前の年（1955年）にソニーが日本初のポータブル型トランジスタラジオ、TR-55を発売している。このケースはデジタルガジェットの波を捉えたと見ることができる。分析対象期間以降はスマートフォンが台頭し、コンパクトデジタルカメラが失速した。それに伴い、日東精工の業績にも異変が生じている。

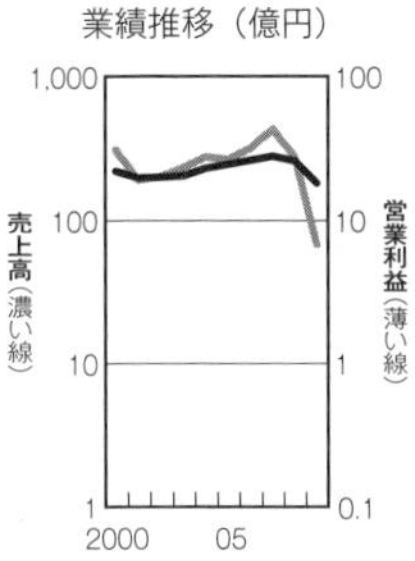

【源泉】この事業で高収益を許すのはミッションクリティカリティである。精密ねじは安い部品でありながら、顧客製品のサイズと品質を大きく左右する。そこに価格プレミアムが成立する。

【防壁】この事業で高収益を守るのは競合の自縛である。規格外のねじは、顧客の要望を聞き入れて造っても、いくら売れるかわからない。どのように拡販すればよいのかもわからない。それに対して規格ねじは確実に商社が引き取ってくれるので、リスクを嫌う他社は規格外品に背を向ける。ただし、そこには猫も杓子も集まるため、価格競争が待ち受けることは言うまでもない。しかも大量生産設備に投資しているので、事後的に転進を図るのも難しい。

一つ注意しておきたいのは、日東精工には規格外品に向いた素地がある点である。たとえば工具から事業に入ったので、同業他社に比べると特殊品や少量品を造りやすい。工具を外部から購入するメーカーでは、そうはいかない。また、産機部門を抱えるので、顧客に自動締結機とセットで規格外品の要望に対応することができる。そうなれば、顧客は無理を押して規格品を使うより、規格外品を特注しやすくなる。自動締結機を持たないメーカーでは、そうはいかない。そう考えると、このケースには企業戦略の勝利という面もある。

【支柱】この事業で高収益を支えるのは販路の窓口部隊である。日東精工は一貫して東京支店長と大阪支店長を取締役に据えて、戦略の均整を保ってきた。

【選択】1956年8月、日東精工はねじの製造を開始した。この決断は、一時はカメラ本体に挑戦しながらも、汎用性の高い一構成部品に社運を託すことを意味していた。カメラに比べると、ねじは市場規模も注目度も著しく低い。カメラや流量計では製品設計が花形部門になるが、ねじでは生産技術に社運がかかる。極めて大胆な転進と言ってよい。

■ゆら・きんいち
生没：1896.01-1968.10
社員：—
役員：1938.02-1944.02
1952.07-1968.10
社長：1943.11-1944.02
1955.02-1968.10
会長：1952.08-1955.02

◉戦略旗手▶▷▷▷▷創業経営者

【人物】 このケースで戦略を推進したのは設立発起人の由良金一氏である。金一氏は綾部で由良産婦人科医院を開業しており、日東精工が設立された時点では郡是製糸の取締役と何鹿銀行の頭取を兼務していた。地元の名士と言ってよい。

設立時の中心人物は綾部本町で時計の修理工房を営んでいた四方重吉氏であったが、重吉氏は終戦直後の混乱のなかで会社を去って行った。戦後の復興を担ったのは、戦中は応召されていた金一氏である。復帰すると金一氏はただちにカメラのプロジェクトに待ったをかけ、組立受託へと舵を切り、さらにプラスねじに活路を求めていった。1963年には渡米して現地調査を敢行し、そこから怒濤のごとく先進技術の導入に走っている。

■資性まことに温厚篤実…
経営は郡是製糸…
50年史

社葬の弔辞では「資性まことに温厚篤実、温顔の中に堅い信念を蔵されたかたでありました」と形容されている。実際に毎月の朝礼では常に「誠」を説いたそうである。会社設立の基本方針にも「経営は郡是製糸株式会社の根本精神にならい、誠実を基とし内外に信用を獲得し地方の発展に寄与すること」と謳われているが、これは金一氏が挿入したものと見て間違いない。

プラスねじとの縁は、旧来の取引先の大沢商会がフィリップス・スクリュー社の特許実施権を持っており、日東精工に工具の製作依頼を寄せたところから始まっている。依頼を引き寄せたのも、それに応えたのも、至誠の業と見るべきかもしれない。大沢商会とは1967年に折半出資で大沢日東技術研究所も設立している。

【着想】 金一氏の着想は開き直りかもしれない。東京や大阪の需要地から遠く離れた綾部の地で事業を続けていくにはどうすればよいのかを金一氏は考え抜いた。そして顧客の無理な要求も聞かざるをえないと腹を括り、規格外品を手掛けたという。不利を逆手にとる機転は見習いたい。

ねじへの傾斜には裏話があって、プラスねじの十字部を成形する工具を開発するために圧造機を購入してテスト打ちをしていたところ、ねじの山ができてしまい、それを捨てるのが惜しくてねじを売り始めたという。

［参照文献］
『日東精工50年史』1988年
証券アナリストジャーナル、1985年11月

ケース844 レオン自動機：食品加工機械事業

B：食品成形機（自動化・省力化策）

戦略C/C比率◀◁◇▷▷
戦略D/E比率◁◀◇▷▷
対照：302

■レオン自動機
直前決算期：2000.03
実質売上高：150億円
営業利益率：6.6%
海外売上率：41%
社内取締役：9
同順位相関：▲0.15
筆頭大株主：創業経営者
利益成長率：—/—/—
東名阪上場：1987.02

◉企業戦略▷▶▷▷▷川下開拓

【経緯】 レオン自動機は1963年に栃木で設立された会社である。その源流は1954年まで遡る。1974年には自動蒸ライン、1975年には菓子パンの多品種製造システム、1983年には無加圧型連続自動製パンラインの開発に成功した。ドイツ進出から始まって海外展開には積極的で、アメリカにはクロワッサンを自社製ラインで作って売るオレンジベーカリーを設立している。

【編成】 本業は食品成形機で、それが分析対象期間中も主業の座を占めていた。包あん機（イン・クラスティングマシン）からスタートして、あんを包む生地の製造ラインも取り込んだことから、製パンラインをシステムとして販売できるところまで社業は発展した。ベーカリー事業は第二のセグメントを構成するところまで育っているが、もともとはクロワッサンの製造ラインを売るためのショールームからスタートした事業で、本業の川下展開と見なしてよい。

■食品加工機械事業
期間：2000.04-2010.03
得点掲示板：9-1
営業利益率：13.3%
利益占有率：87%
開示欄序列：1
事業本拠地：栃木県
独禁法違反：報道なし
—
1990年代：4-6
2010年代：3-1

◉事業戦略▶▷▷▷▷中核集中

【立地】 売り物は生地にあんを包ませる包あん機と、生地を造るライン、または製造システムである。売上の15%程度は有償の修理サービスに由来する。

売り先は国内外の食品メーカーである。国内の顧客リストには山崎製パンをはじめとする大手の製パンメーカーが居並んでおり、そこにロッテが顔を出すのは「雪見だいふく」のヒットによるもの

と思われる。

狭義の競合は包あん機や生地製造ラインのメーカーで、レオン自動機の独占に近い。日本の大福餅は9割以上、肉まんや冷凍ピザになると100%、そして世界のクロワッサンも9割はレオン自動機の機械が製造しているという。規模の限られた市場はレオン自動機一社でほぼ飽和状態にある。

■9割以上
9割
コンセンサス 2003.7-8

■100%
証券アナリストジャーナル 1986.2

広義の競合は単体の食品機械を売るメーカーで、こちらには中小企業がひしめいている。

業績推移（億円）

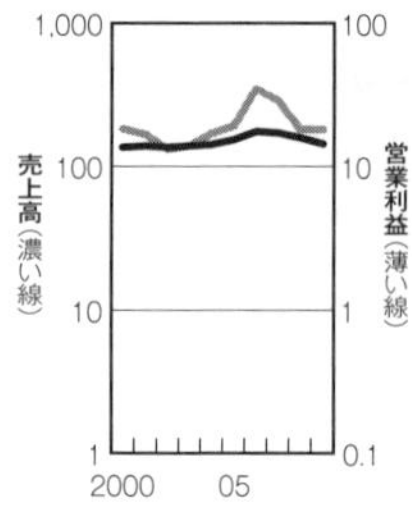

【構え】 入手ルートは宇都宮に展開した自社工場群である。部品加工には協力工場群に依存するが、製品の開発と組立はレオン自動機本体が営んでいる。

引き渡しルートは直販主体で、特にドイツ販社の健闘が目立つ。修理もレオン自動機本体が営んでいる。ただし、アジアだけは商社や代理店を使って事業展開を試みている。

【時機】 このケースは、戦後の草創期に起源があり、先発に相当する。1955年には井村屋が肉まん・あんまんを発売して、しばらくすると冷凍ピザが日本に上陸している。このケースは食品工業化の波を捉えたと見ることができる。食品の場合は、単に人件費を削減するためだけではなく、品質や食品安全衛生という観点からも自動化が嘱望されている。

【源泉】 この事業で高収益を許すのはパフォーマンス優位である。我々が目にする食品のなかには、レオン自動機の機械があって初めて生まれたものが少なくない。顧客にしてみれば、機械が多少高くても、値切るより良いサポートを引き出すことで、魅力的な新ジャンル製品を開発すれば元は十分に取れてしまう。

【防壁】 この事業で高収益を守るのは特許である。苦節10年余で包あん機を送り出したあとも、レオン自動機は「生地のゲルを弾性内成形するチクソロトピー成形法」を完成させて、これをパンやパイに適用していった。この方式は「従来のようなローラーによる挟圧方式ではなく、振動・引っぱり法による成形法であるため、ストレスフリー生産システムと呼ばれ、パン生地の内相（グルテン）を損傷させない点で画期的な新製パン法といえるものであった」という。生地をシート形状のまま加工するので生産性が大きく上昇する

■生地のゲルを弾性内…
従来のようなローラー…
日本会社史総覧、1995年

うえ、おいしくなると来たら、競合は舌を巻くしかなかろう。

【支柱】 この事業で高収益を支えるのは技術サービス部隊である。顧客が造りたい製品に応じて調整、改良、補修を施して、機械は初めて売れる。レオン自動機は開発設計部門とは別に営業本部の傘下に技術部門を置き、全社員の2割を技術サービスの提供に割いていた。こうした配慮が、粘弾性加工対象物に照準を合わせた戦略の均整を保つのである。

■2割
日経ビジネス 1997.10.20

【選択】 1954年12月、虎彦製菓が鬼怒川温泉で創業した。1950年3月に金沢で創業した株式会社虎彦が既に経営危機に陥っていたことを考慮に入れると、自動包あん機に対する執念にはただ頭が下がる。

◉戦略旗手▶▷▷▷▷創業経営者

■はやし・とらひこ
生没：1926.05–
社員：—
役員：1963.03–2007.06
社長：1963.03–2005.06
会長：2005.06–2007.06

【人物】 このケースで戦略を推進したのは創業者の林虎彦氏である。虎彦氏は、父親が製糖会社で技師長を務めていた関係で台湾に生まれ、終戦と共に単身で日本に引き揚げてきた。母親は戦中に病死、兄は特攻隊で戦死しており、帰国後は生活保護を受けた時期もあるという。金沢に流れ着いて和菓子の住み込み職人になったのは、どこかで砂糖とつながっているのかもしれない。

虎彦氏は金沢で独立して和菓子店を開いたが、自動機の製造に熱中して店を倒産させてしまった。そのため配偶者の実家の土地と家を差し押さえられたというから、ただごとではない。そういう虎彦氏を周囲は「饅頭きちがい」と扱っていたそうである。

自動機の開発に没頭する虎彦氏は、国会図書館に通って研究を重ねるうちにレオロジー（流動学）と出会う。これは粘弾性物質の変形や流動を分析する学問で、化学や金属材料に適用されるのが一般的であるが、虎彦氏は食材に使えると直観した。そこから包あん機とレオン自動機が世に出ることになったという。

【着想】 虎彦氏の着想は知的好奇心に由来する。それは「私が菓子の製造機械、特に包あん機の開発に異常なまでの関心を示し、失敗すればするほど情熱を傾倒してきたのは、この半流体の持つ極めて興味津々たる諸特性のゆえであった」という述懐に見て取ることができる。虎彦氏は「失敗の連続でついに破産までしたこの宿

■私が菓子の製造機械…
失敗の連続でついに…
お菓子の中間製品…
菓子は安くなくては…
製菓製パン 1964.3

命のR式包あん機を7年後に完成して、その100人分の能力を公開実証した」こと以上に「お菓子の中間製品のような半流体素材に対する世界に前例のない独特な加工理論を、ともかく無から築き上げてきた」ことに感慨を新たにしていたのである。

■和菓子職人の仕事は…
東海総研マネジメント
2001.11

包あん機の開発動機については「菓子は安くなくてはならない」と消費者を持ち出すときもあれば、「和菓子職人の仕事は単純労働の繰り返しです。人が遊んでいるときに忙しく、夜中まであんを煉っている。創作の楽しみなどありません。パンも同じですが、職人の犠牲のうえに庶民の生活が成り立っているというメカニズムは、どこかおかしいのではないか」と作り手を持ち出すときもあって、説明は揺れている。異様な数の論文から判断するなら、虎彦氏を駆り立てたのは研究者魂と言いたくなるが、誰かが自動機を待ち望んでいることは知っていたに違いない。

包あん機の一号機を展示する資料館の説明文に「研究生活の大半は混合物の粘性や弾性に関する物理的研究が主であり、またそれらに関する創造的な加工理論の展開に情熱を燃やした激しい闘いの記録であり、平和な、またロマンチックな思い出は残念ながら一つとして浮かばない」と虎彦氏は記している。

[参照文献]
食品工業、1967年2月（林虎彦）
安達巖『レオン革命』陽光出版社、1983年

ケース 635 シーケーディ：自動機械事業

B：組立・加工・梱包・検査機械（自動化策）

戦略C/C比率◁◀◇▷▷
戦略D/E比率◁◀◇▷▷
対照：—

■シーケーディ
直前決算期：2000.03
実質売上高：750億円
営業利益率：3.1%
海外売上率：20%
社内取締役：10
同順位相関：0.72
筆頭大株主：信託口
利益成長率：△/△/△
東名阪上場：1971.02

◉企業戦略▷▶▷▷▷川上開拓

【経緯】 シーケーディは1943年に名古屋に日本航空電機として戦時中に設立された会社である。これは日本電気、川崎重工業、小糸製作所、住友金属工業、東洋紡績が出資する軍需企業で、航空機プロペラ可変ピッチ用ガバナを製造する使命を担っていた。戦後は中京電機と社名を改めて、日本電気に真空管の加工機械を納めるところから再スタートを切った。それ以降は電機および製薬・食

品メーカーに供給する自動機の種類を増やす一方で、自動機械の汎用構成部品を外販して今日に至っている。

【編成】本業は自動制御機器で、それが分析対象期間中も主業の座を占めていた。これは自動機械事業から見れば川上に位置するバルブやシリンダを製造・販売する事業で、通算利益率は9.7%であった。

◉事業戦略▷▶▷▷▷川下統合

■自動機械事業
期間：2000.04-2010.03
得点掲示板：10-0
営業利益率：15.7%
利益占有率：31%
開示欄序列：1
事業本拠地：愛知県
独禁法違反：報道なし
—
1990年代：8-2
2010年代：4-0

【立地】売り物は生産工程を自動化する機械である。製品ラインアップは多種多様を極めており、コンデンサ組立機、バックライト製造装置、三次元はんだ印刷検査機、リチウムイオン電池製造装置、蛍光灯製造装置、薬品・食品・雑貨用ブリスター包装機などが居並んでいる。

売り先は主に電機メーカーや製薬メーカーである。いずれも大手企業が目立つ。

狭義の競合は特定業界の特定用途でぶつかるメーカーで、意外と少ない。シーケーディの市場占有率は管球製造装置で70%、ブリスターバック機で80%、電解コンデンサ組立装機で100%と言われている。規模の限られた市場はシーケーディ一社で飽和状態にあると見て間違いない。

■70%
80%
100%
日経金融 1995.8.15

広義の競合は顧客である。自社ノウハウの流出を恐れて内製化を指向する顧客も少なくないが、開発費を負担しきれず、結局はシーケーディに戻ってくるという。

【構え】入手ルートは自社工場群である。一部の部品を含めて、設計も自社で手掛けている。

引き渡しルートは地域別に置いた販売子会社で、営業所は全国50カ所以上に及ぶという。設立当初は丸紅飯田を代理店としていた。

業績推移（億円）

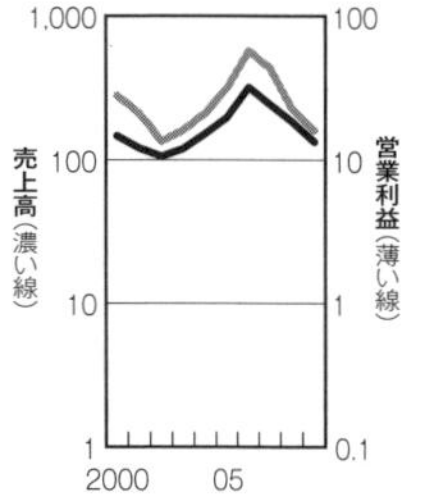

【時機】このケースは、戦後の草創期に起源があり、先発に相当する。日本の主要電機・製薬メーカーが大量生産に乗り出す時期に居合わせたという意味で、幸運に恵まれたと言ってよい。武田薬品がガラス製のアンプルに注射薬を充填する機械を必要としたとき、または松下電器産業が乾電池の自動製造ラインを必要とした

とき、それに応えられる機械メーカーは少なかった。分析対象期間中はジェネリック薬の興隆に伴い薬品包装機械が好調で、2005年夏あたりから液晶ディスプレイ用のバックライト製造装置も売れに売れたという。

【源泉】この事業で高収益を許すのはパフォーマンス優位である。我々が目にするガラス加工製品のなかには、同社の機械があって初めて生まれたものが少なくない。顧客にしてみれば、機械が多少高くても、値切るより良いサポートを引き出すことで、競争力のある新事業を立ち上げることができれば元は十分に取れてしまう。

【防壁】この事業で高収益を守るのはフォーカスである。シーケーディは、加工が難しい粘弾性の高いワークを扱う領域に受注を絞ってしまい、臆することなく海外の先進企業から技術を導入してきた。①川下業界の絞り込みと、②手掛ける製品の適度な広がりは、蓄積の効率を引き上げると同時に、相乗効果を通して蓄積を膨らませる効果を発揮して、競合を寄せ付けない障壁を形成した。

【支柱】この事業で高収益を支えるのは営業部隊である。シーケーディが選んだ事業立地では、製品技術を顧客から教わらない限り機械を設計できない。そして、自社技術の拡散を嫌う顧客は、信用の置ける取引先にしか必要事項を教えない。顧客の信用をつなぐ活動が、戦略の均整を保つうえで決定的に重要である。

【選択】1948年11月、中京電機は松下電器産業向けの電球製造プラントの設計に着手した。それ以前に手掛けた真空管の加工機械はかつての親会社向けで、しかもアメリカ製の図面を供給されたうえでの仕事であった。松下電器産業からの受注は、まさにビジネスで、しかもガラス熱処理技術や真空技術を必要とする難度の高いものであったが、シーケーディは「なんでも屋」を自認して引き受けた。

■とうじょう・ひさし
生没：1893.01–1954.09
社員：—
役員：1943.04–1954.09
社長：1947.10–1954.09
会長：—

◉戦略旗手▷▷▶▷▷外様経営者

【人物】このケースで戦略を推進したのは2代目社長の東條壽氏である。初代社長は日本電気の第5代社長が務めたものの、公職追放に備えて早々に辞任した。東條壽氏の社長在任中には兄がA級戦犯として死刑になっている。

東條氏は、川崎造船に入社して7年目にヨーロッパに研究に出かけ、帰国後は飛行機の設計に従事した。飛行機部長から専務取締役に登り詰めたのは、その道の第一人者であったからであろう。シーケーディにおいては設立時から取締役を務めていた。

【着想】 東條氏の着想は積年の夢に由来する。自ら装置を運転して川下に展開しようという機運もあり、戦後の混乱期に中京電機が誰に何を売る会社になるのかは極めて流動的であった。そういう時期に東條氏は「電気と機械をコンバインしたものを作りたい」という夢を語り、シーケーディの事業立地を規定した。この発想は、近年の用語で言えばメカトロニクスに相当する。

[参照文献]
『シーケーディ40年のあゆみ』1984年
『50年のあゆみ 技術編』1995年
証券アナリストジャーナル、1979年6月

ケース845 ウシオ電機：光応用製品事業

B：特殊ランプ&応用機器（強力光源）

戦略C/C比率◁◁◇▶▷
戦略D/E比率◁◀◇▷▷
対照：—

■ウシオ電機
直前決算期：2000.03
実質売上高：720億円
営業利益率：12.5%
海外売上率：43%
社内取締役：9
同順位相関：▲0.21
筆頭大株主：金融機関
利益成長率：△/○/○
東名阪上場：1970.05

◉企業戦略▷▶▷▷▷川下開拓

【経緯】 ウシオ電機は1964年にウシオ工業の電機部門がスピンアウトして設立された会社である。その源流は1916年に設立された姫路電球に遡る。この会社は照明用白熱球を手がけたが、慢性的な赤字に陥ってしまい、それがスピンオフにつながった。ウシオ電機は、すでにジアゾ式複写機用の水銀灯の開発や、ハロゲンランプのアメリカGE社からの技術導入を終えており、紆余曲折はあったものの、好スタートを切っている。そしてランプの顧客を救済したり、買収することにより、川下の映写機器にも進出した。

【編成】 本業は産業用途のランプで、それが分析対象期間中も主業の座を占めていた。開示情報はランプと機器を区別しておらず、主業の座はランプから川下の機器にシフトした可能性は否定できない。

■光応用製品事業
期間：2000.04-2010.03
得点掲示板：8-2
営業利益率：13.0%
利益占有率：99%
開示欄序列：1
事業本拠地：兵庫県
独禁法違反：報道なし
—
1990年代：7-3
2010年代：4-0

■輸出
実業の日本 1968.12.15

■8割以上
日経産業 2005.5.23

■5割以上
日経産業 2005.12.8

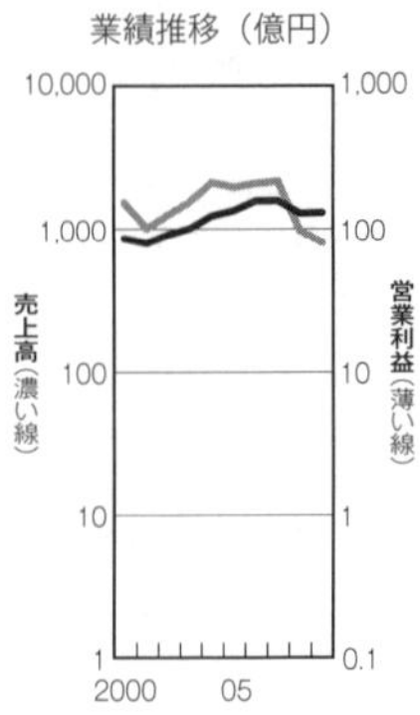

◉事業戦略▷▶▷▷▷川下統合

【立地】 売り物はハロゲンや希ガスを封入した産業用特殊ランプ、および自社製ランプを組み込んだ映画館用映写機、紫外線硬化装置、電子部品製造用の露光装置などである。

売り先は事務機、複写機、光学機器などのメーカーである。ランプは輸出向けも多い。

狭義の競合は産業用特殊ランプに特化するメーカーである。液晶パネル洗浄用途に代表されるように、自ら市場をつくって制覇するのがウシオ電機のスタイルで、半導体の露光用途や液晶パネルの洗浄用途などで8割以上の世界シェアを保持するのは、その成果と言ってよい。劇場用映写機のランプでも世界シェアは5割以上とされている。

広義の競合は総合ランプメーカーである。日本ならパナソニックや東芝ライテックのような大手が該当する。世界には、もっと巨大なGE、フィリップス、シーメンス系列のオスラムがいる。非家庭用ランプの量産を指向する岩崎電気（連結）は分析対象期間中に10戦全敗で通算利益率3.1%の戦績に終わっている。

【構え】 入手ルートは国内外の自社工場群である。ガラスをはじめとする購入品の原価構成比率は1割未満にとどまっている。

引き渡しルートは直販である。

【時機】 このケースは、これというライバルがいないため、先発に相当する。岩崎電気もスタートを切ったのはほぼ同じ時期である。

【源泉】 この事業で高収益を許すのはパフォーマンス優位である。ウシオ電機が照準を合わせたのは、太陽のような可視光、および赤外線と紫外線の3分野で、そういう特殊な光を生む光源に注力するメーカーは数えるほども存在しなかった。顧客にしてみれば、やりたいことを実現するにはウシオ電機に頼るしかないし、優れた光源を手にすれば他でコストを削減する余地が生じることもあり、価格を引き下げる交渉は二の次となりやすい。

【防壁】 この事業で高収益を守るのは競合の自縛である。真空状態を保つガラス球を製造する設備に投資すれば、大型市場の家庭用照明ランプを手がけることもできるし、それに準じる非家庭用照明ランプを量産することもできる。規模の限られた特殊ランプ市場を狙う企画は、事業の規模感を重視する大企業では通りにくい。

【支柱】 この事業で高収益を支えるのは開発部隊である。ウシオ電機は次から次へと新しい光源を開発しなければならない路線を歩んでおり、その期待に応えてみせる人々が戦略の均整を保っている。

【選択】 1959年3月、ウシオ工業はリコーにトップ営業をかけて複写機用の水銀灯を納入する商談をとりまとめた。リコーと商談できるほどの存在ではなかったウシオ工業をリコーに紹介したのは、神戸銀行の銀座支店だったという。

◉戦略旗手▶▷▷▷▷創業経営者

■うしお・じろう
生没：1931.02-
社員：—
役員：1964.03-
社長：1964.03-1979.04
会長：1979.04-

【人物】 このケースで戦略を推進したのは創業者の牛尾治朗氏である。治朗氏の祖父、梅吉は姫路銀行を創設した人物で、神戸財界の中心にいた。父親の健治は家業を継いだものの、公職追放の憂き目に遭い、銀行や電力などの中核事業を失ってしまう。その父親が1958年に他界したあと、治朗氏は若くしてウシオ工業の取締役に就任したが、6年で兄と袂を分かち、赤字の電機事業を背負って独立した。兄が継いだウシオ工業の方は、ゴム入り繊維メーカーとして急成長を遂げたものの、1983年に約40億円の負債を抱えて和議を申請している。支援を求められた治朗氏は拒絶したそうである。

■約40億円の負債
実業界 1983.6

治朗氏は、経済同友会の活動を大切にした祖父や父親に倣ったのか、30歳になる前から青年会議所に加入した。それに伴い、関心は自社の経営から国家の政策に移っていった。40代で社長の座を譲ったのも、その反映と言えよう。

【着想】 治朗氏の着想は常人に理解できる範囲を超えている。事業立地を特殊ランプに定めたのは、大阪大学理学部の浅田常三郎教授の「光をあかりではなく、エネルギーとして利用するんです。それには、赤外線と紫外線、それと太陽光線に限りなく近い可視光線。この3つの光の分野はおもしろい」というアドバイスと、ニコンの長岡正男会長の「太陽光線に近いクセノン電球は、これからは重要な技術になります。はじめは苦しいでしょうが、いいものをつくっていれば、必ず報われます」というアドバイスに従ったことによる。

そして紫外線ランプが前述したリコーの商談を通して事業になった。このビジネスがあったからこそ、治朗氏はウシオ工業からスピンアウトすることができたことを考えると、ここにすべての始まりがあると言っても過言ではない。

■to do good
私の履歴書

この経緯の上っ面を眺めると、踏み台となった白熱球の事業も祖父と父親が築いたものであるし、頼った人脈も祖父と父親が築いたもので、単なる七光かと見えてしまう。しかし、そこには大学時代に陽明学者の安岡正篤氏から受けた「to do good を考える前に、to be good を目指しなさい」という教えが色濃く反映されていることは注目に値する。治朗氏が社外活動を重視したのは、個別判断に気を揉んでも仕方ない、それより人間を磨くことだと割り切ったからであろう。こうして実務と距離を置く治朗氏の経営スタイルが実を結んだ事実に鑑みると、経営者の仕事は土台（戦略）を据えたらほぼ終わると思えてくる。

[参照文献]
『小さな光のものがたり ウシオの40年』2006年
牛尾治朗「私の履歴書」日本経済新聞、1999年10月

9-2-2 開発支援策

開発支援策とは、顧客の製品を成り立たせる (1) 基幹材料、もしくは (2) 基幹部品、などを提供することを意味する。ここでいう「顧客」は一種の固有名詞で、無差別に誰でも相手にすることを意味しない。注意深く選んだ特定の顧客を伸ばすことにより、規模と高収益を同時に確保していく発想が重要になる。

この戦略を活かした典型例は信越化学工業で、ケース636から638まで3ケースも成功させている。ケース636はシリコーン、ケース637はセルロース誘導体、ケース638は半導体シリコンとモノは違うが、手口が似通っている。総合化学メーカーは量の出るオレフィンを主体とするが、信越化学工業はオレフィンを避けて通る。そして川上に遡ることでチャレンジャーに門戸を閉ざし、川下に降りることで自らキメ細かく市場を創っていく。ケース639の日東電工も信越化学工業に似た面があり、総合化学メーカーが手を出さないフッ素樹脂に着眼した。ただし、日東電工は川上にも川下にも踏み込まず、加工によって有為な機能を発現するところまでモノを造り込んでくる。

ここまでは (1) の基幹材料に相当するが、次の2ケースは (2) の基幹部品に該当するもので、ケース846の浜松ホトニクスは光電子倍増管、ケース847の日本セラミックはセラミックセンサを手がけている。ともに容易に入手できるモノではなく、顧客のニーズに合わせて開発する。

これらのケースが高収益を生み続けるのは、やはり顧客を儲けさせるからである。同じ目的を達成する他の手段に比べると、材料費や施工費を劇的に削ったり、際立つ製品を市場に送り出すことを可能にして実現する利益の分与に預かるところは、モノは違っても同じと言ってよい。いずれも顧客との共同開発を要するため手間暇がかかる反面、選んだ顧客への貢献度は高くなる。

この戦略が適用できる条件としては、事業立地の奥行きを挙げることができる。間口を絞る以上、それを補償する何かがないと事業に存在感が生まれない。ケース636のシリコーンとケース637のセルロース誘導体は、ともに化学修飾の余地が大きいという意味において奥の深い事業立地を選んだことになっている。ケース638の半導体シリコンはコモディティと見なされることもあるが、川下に降りて加工サービスを手がけることによって事業立地に奥行きを生み出している。ケース639のフッ素樹脂は、ケース636のシリコーンやケース637のセルロース誘導体と同じで、様々な機能を発現させることができる。ケース846の光電子倍増管とケース847のセラミックセンサの懐が深いのは、原理と素材を知り抜いているがゆえ、多種多様な顧客ニーズに応えることができるためである。

この項でも、顧客と向き合いつつ創造力を発揮することは重要ながら、それを許す事業立地を予め選び取っていなければ話にならない。その意味で、すべてに先だって事業の立地を選んだ異才に敬意を表する必要がある点は、前項と同じである。ただし、前項のケースが起業した時点から一徹に工数削減策を追求したのとは異なって、本項のケースは別の路線を歩んでいた企業で立地を仕切り直したものばかりである。ケースの絶対数では工数削減策の方が勝るものの、顧客の開発支援に回る方は、それだけハードルが低いのかもしれない。また、信越化学工業の事例を見ればわかるように、いったん手口を体得すると、それを他のフィールドに横展開する道も開けている。広く検討に値する戦略パターンとして推奨しておきたい。

ケース 636 信越化学工業：有機・無機化学品事業

B：シリコーン（樹脂素材）

戦略C/C比率◀◁◇▷▷
戦略D/E比率◀◁◇▷▷
対照：—

■信越化学工業
直前決算期：2000.03
実質売上高：6,690億円
営業利益率：12.9%
海外売上率：51%
社内取締役：15
同順位相関：0.76
筆頭大株主：金融機関
利益成長率：○/○/○
東名阪上場：1949.05

◉企業戦略▷▷▷▷▶多核化展開

【経緯】 信越化学工業は1926年に長野で信越窒素肥料として設立された会社である。信濃電気60%、日本窒素40%の合弁としてスタートしており、余剰電力の有効利用を図る目的で電気炉の活用に主眼があった。まずは直江津で石灰窒素、次に磯部で金属マンガン、武生で石灰窒素と業容を拡げたところで終戦を迎え、戦後は磯部がシリコーン、直江津がセルロース誘導体、武生が希土類磁石の拠点に転じていった。ほかに半導体シリコンにも進出して、今日に連なる事業ポートフォリオの大枠が完成している。

【編成】 本業は石灰窒素で、そこから信越化学工業は転地した。分析対象期間中の主業は三つあり、シリコーンと半導体シリコンと希土類磁石が抜きつ抜かれつを演じる様は、まさに多核経営と呼ぶにふさわしい。塩素と珪素が戦後の土台を形作った面もあるが、希土類磁石はどちらにも縁がない。

有機・無機化学品セグメントは、塩ビとシリコーンを柱とし、ほかにメタノール、セルロース誘導体、苛性ソーダ、酢酸ビニール、ポバールなどを含んでいた。2010年度以降はシリコーンが独立セグメントとなり、利益率は以前の混合セグメントより飛躍的に高くなっている。

■有機・無機化学品事業
期間：2000.04-2010.03
得点掲示板：10-0
営業利益率：13.8%
利益占有率：45%
開示欄序列：1
事業本拠地：群馬県
独禁法違反：報道なし
—
1990年代：3-7
2010年代：4-0

◉事業戦略▷▶▷▷▷川上・川下統合

【立地】 売り物はシリコーンである。これは結合エネルギーの大きいシロキサン結合を主骨格とする高分子化合物の総称で、オイル、グリース、消泡剤、離型材、レジン、ゴムなどとして使われる。耐熱性や耐候性が高く、生体への毒性が低いなどの特徴を有している。製品次元では毎年100種以上の追加があり、総数は数千を数えるという。

売り先は多種多様なメーカーで、全製造業に及ぶ。事業の立ち上げに際しては、1954年11月に自社での研究と製造を止めた日立製作所と販売協定を結んでおり、これが躍進の原動力となったと言われている。1980年以降は海外市場の開拓にも打って出ている。

狭義の競合はフルライン、一貫生産を指向するシリコーンの国内メーカーで、GEと東芝の合弁、およびダウコーニングと東レの合弁を挙げることができる。ダウは信越化学工業に合弁を打診したが、拒否されたことから東レと組んだ経緯がある。信越化学工業は国内で首位に立ち、およそ50%の占有率を保持すると言われていた。

■50%
ヤノ・レポート 1984.3.17

広義の競合は世界のプレーヤーで、技術の出所に相当するGEとダウが立ちはだかっている。信越化学工業は世界で3位につけている。

■3位
日経産業 1999.7.11

【構え】 入手ルートは群馬の磯部工場である。主要原料の金属珪素は構内で内製し、もう一つの主要原料にあたるクロロメタンは直江津工場から送り込んでいる。1991年にはモノマーの第二プラントが建設され、分工場と位置づけられた。

業績推移（億円）

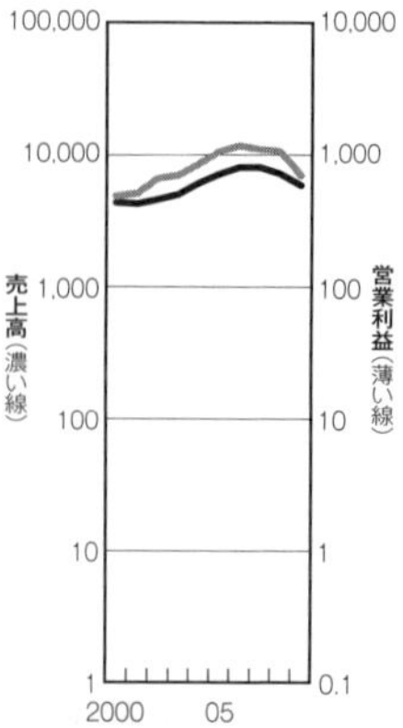

引き渡しルートは上場子会社の信越ポリマーである。ここは、主に電子機器メーカー、半導体メーカー、建設業界に向けて、信越化学工業のシリコーンと塩ビ樹脂を成形・加工して販売している。その川下には三菱商事や三井物産をはじめとする有力代理店が居並んでおり、それも強みの一部と数えてよい。

【時機】 このケースは国内に限られており、先発に相当する。学術研究会議に珪素樹脂研究班が設置されたのが1947年で、そこから虚々実々の駆け引きが始まり、住友化学がレースから降りたあと、東芝と信越化学工業が1953年にGEと特許実施契約に漕ぎつけている。この2社が、日本のパイオニアとして、アメリカに遅れること10年弱でスタートを切った。先述したとおり、日立製作所は信越化学工業と組んで東芝に対抗する道を選択した。

シリコーンは多彩な形状を持ち、応用の範囲が広いことから「上市以来30年の歴史を持つシリコーンは、今なお新製品・新用途が開発されつつあり、ここ数年二桁成長を続けている」と紹介されている。

■上市以来30年の歴史…
研究開発費を投じて…
シリコーンという商品…
ヤノ・レポート 1984.3.17

【源泉】 この事業で高収益を許すのはミッションクリティカリティである。「研究開発費を投じて、工場とユーザーの間を往復しながらやっと商品を納める」のがシリコーンで、その裏返しとしてユーザーは代替不可能な品番に依存する製品や工程を抱え込んでしまうようにできている。

【防壁】この事業で高収益を守るのは技術と信用の蓄積である。「シリコーンという商品は、ユーザーの細かな要求をフォローして、多品種少量生産の開発商品という性格を持っているため、メーカーとユーザーの結びつきが強く、信頼関係が重要なポイントとなるため」シェアが動きにくいと指摘されている。

【支柱】この事業で高収益を支えるのはユーザーのところに足を運ぶセールスエンジニアたちである。今日の売上を確保できるのは、彼らが競合他社に競り勝つ提案をするからこそで、さらに明日の売上が拡大するとしたら、彼らが競合他社に見えないユーザーニーズを汲み取って研究所に持ち帰るからである。

【選択】1949年10月、信越化学工業はシリコーンの研究を開始すべく技術者7名に異動を命じた。そのうちの1人は後に副社長としてシリコン事業を仕切った田村喜八氏である。このメンバーの研究成果がGEやダウを焦らせたことにより、彼らを技術供与に走らせた面があることは否めない。

◉戦略旗手▷▶▷▷▷第2世代同族経営者

【人物】このケースで戦略を推進したのは創業経営者の三男にあたる小坂徳三郎氏である。大学を卒業して10年間は朝日新聞の経済記者として活躍していた徳三郎氏は、父親が創業した信越化学工業に入社したものの、20年後に衆議院議員に当選し、第30代経済企画庁長官や第53代運輸大臣などを歴任した。「兄貴は大蔵政務次官や自由党政調会長をやった小坂善太郎氏、義兄は美濃部達吉博士の御曹司、大内兵衛教授一門の亮吉氏ときている」せいか、徳三郎氏は物怖じしない心臓と、記者的な顔と、毛並みのよさを持ち合わせた人物と評されることが多かった。

父親から「人間というものは、今の職業とか今の地位というものをあまり問題にしてはいかぬ。それで評価してはいかぬ。その人がずっと歩いてきた道をずっと見ることだ。自分もそうだ。ずっと歩いてきて振り返ってみろ。人間というものは誰でも日なたばかり飛

■こさか・とくさぶろう
生没：1916.01-1996.02
社員：1949.05-1949.06
役員：1949.06-1973.11
　　　1993.06-1995.06
社長：1956.07-1971.07
会長：1993.06-1995.06

■兄貴は大蔵政務次官…
経営者 1952.11

■人間というものは…
日本でもっとも…
財界 1960.4

んで歩きたがるが、まっすぐ歩けば日なたもあれば日かげもある。それをまっすぐ自分で決めた方向を歩いていくのだ。それが一番人間的に大事だ」と教えられた徳三郎氏は、「日本でもっともユニークなものをつくっているとか、もっとも技術がよいとか、そういう特色を求めていくべきだ。やたらにでっかくなってみてもしょうがない」という持論の下に信越化学工業の活路を探った。

■当社従業員一人あたり…
先見経済 1953.4.5

その理想は「当社従業員一人あたりの売上は月間10万円である。化学工業界の平均5万円に比較して如何に当社の能率が優秀であるかが明瞭であると思う」という言葉に現れている。やれるものには何でも手を出す財閥系の総合化学メーカーをアンチテーゼとしたことは間違いない。

■肥料工業は…
経済時代 1954.1

■19世紀の工業は炭素…
先見経済 1953.4.5

■金属珪素を現在…
経済時代 1954.1

【着想】徳三郎氏の着想は国際的な視野の広さに由来する。シリコーンを選んだ背景には「肥料工業はあくまでも総合経営で大規模な化学工業でなければ国際競争に直面した場合に弱いんじゃないかと思いますね」という消去法の発想に加えて、「19世紀の工業は炭素原子を中心として発達したが、20世紀の今後は珪素原子を中心として発達するであろうと言われ、珪素樹脂はその尖端に立つものである」とか、世界を見渡しても「金属珪素を現在自給しているのは当社だけです」という攻めの発想もあったようである。

■日本は原料に…
実業界 1960.10

■有機合成製品の質の…
先見経済 1960.11.15

■私は日本人は外資に…
実業界 1960.10

ほかに技術導入に走った理由は「日本は原料に恵まれていないので、加工部門の充実が是非必要だし、その面で良い技術があれば、どんどん入れるべきだと思います」と、川下に出た理由は「有機合成製品の質の向上をはかり、海外との競争を乗り越えて製品の輸出をはかるという構想の下に信越ポリマーという加工の新会社を設立した」と説明していた。その背後には「私は日本人は外資に対して何か黒船来る式で必要以上に警戒しすぎると思うのです」という持論があったことも指摘しておきたい。

[参照文献]
『信越化学工業社史』1992年
『信越化学工業80年史』2009年

ケース
637

信越化学工業：有機・無機化学品材料事業

B：セルロース誘導体（産業素材・助剤）

戦略C/C比率◁◀◇▷▷
戦略D/E比率◁◀◇▷▷
対照：—

◉企業戦略▷▷▷▷▶多核化展開

【経緯】 信越化学工業は1926年に長野で信越窒素肥料として設立された会社である。信濃電気60%、日本窒素40%の合弁としてスタートしており、余剰電力の有効利用を図る目的で生まれた会社と言ってよい。まずは直江津で石灰窒素、次に磯部で金属マンガン、武生で石灰窒素と業容を拡げたところで終戦を迎え、戦後は磯部がシリコーン、直江津がセルロース誘導体、武生が希土類磁石の拠点に転じていった。ほかに半導体シリコンにも進出して、今日に連なる事業ポートフォリオの大枠が完成している。

【編成】 本業は石灰窒素で、そこから信越化学工業は転地した。分析対象期間中の主業は三つあり、シリコーンと半導体シリコンと希土類磁石が抜きつ抜かれつを演じる様は、まさに多核経営と呼ぶにふさわしい。塩素と珪素が戦後の土台を形作った面もあるが、希土類磁石はどちらにも縁がない。

有機・無機化学品セグメントは、塩ビとシリコーンを柱とし、ほかにメタノール、セルロース誘導体、苛性ソーダ、酢酸ビニール、ポバールなどを含んでいた。2010年度以降は機能性化学品が独立セグメントとなり、利益率の水準が以前より高い傾向にある。機能性化学品セグメントは、セルロース誘導体を筆頭としつつ、ほかに金属珪素と、ポバールおよび性フェロモンを含んでいる。金属珪素の社内売上高は100億円弱の水準である。

■信越化学工業
直前決算期：2000.03
実質売上高：6,690億円
営業利益率：12.9%
海外売上率：51%
社内取締役：15
同順位相関：0.76
筆頭大株主：金融機関
利益成長率：○/○/○
東名阪上場：1949.05

◉事業戦略▷▶▷▷▷川上・川下統合

【立地】 売り物は天然セルロースの分子構造を一部入れ替えて水に溶けるようにした誘導体である。薬を包むカプセル、窯業サイディング素材の成形助剤、水中で分離を防ぐセメント用添加剤、泡をキメ細かくする添加剤などが用途の一例である。

売り先は製薬製剤メーカー、住宅用外装材のメーカー、セメントのメーカー、日用品のメーカーなど、多岐にわたる。

■有機・無機化学品事業
期間：2000.04–2010.03
得点掲示板：10–0
営業利益率：13.8%
利益占有率：45%
開示欄序列：1
事業本拠地：新潟県
独禁法違反：報道なし
—
1990年代：3–7
2010年代：4–0

狭義の競合は国内のセルロース誘導体メーカーである。ダイセルや富士フイルムが該当するものの、信越化学工業は国内首位の座を確保しており、医薬品向けではシェア9割と言われている。

■9割
日経朝刊 2007.4.24

広義の競合は世界のセルロース誘導体メーカーである。アメリカのダウ社やハーキュレス社が存在感を発揮しているが、信越化学工業は世界シェア約3割を保持するところにつけている。

■約3割
日経朝刊 2007.3.21

【構え】入手ルートは直江津事業所である。主要原料の苛性ソーダとメチルクロライドは事業所内で内製し、パルプは外部から購入する。生産拠点はドイツにも設けている。1990年頃にプラントの安全強化策を採用したが、2007年に爆発事故に見舞われた。

引き渡しルートは商社、代理店経由と思われる。

業績推移（億円）

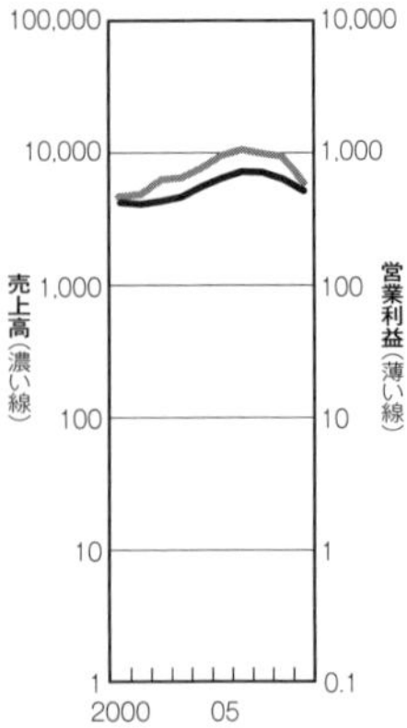

【時機】このケースは、アメリカのダウから1959年に技術を導入しており、先発に相当する。これは時機を捉えての判断というより、シリコーンの原料として生産を始めたメチルクロライドの余剰を解消するための起業であった。起業から15年で20億円、30年で100億円の売上を計上するようになったのも、用途開拓の為せる業と言えよう。

【源泉】この事業で高収益を許すのはミッションクリティカリティである。2007年に爆発事故を起こしたプラントが停止したとき、多くのユーザーは二次停止の危機に見舞われた。それだけ信越化学工業への依存度が高いと見てよい。

【防壁】この事業で高収益を守るのは原料である。メタンと塩素を合わせ持つメーカーは少なく、信越化学工業にコストで太刀打ちできるところは見当たらない。

【支柱】この事業で高収益を支えるのは用途開拓に走る技術サービス部隊である。単一巨大市場のない製品だけに、用途開拓が生命線を握ると言っても過言ではない。

【選択】1976年9月、第2工場の完成に合わせて信越化学工業はセルロース事業部と合成技術研究所を設置した。その3年前に直江津工場は塩ビのプラントで爆発事故を起こし、死者を出していた。セルロース誘導体が工場の新たな柱となる使命を帯びていたことは想像に難くない。

◉戦略旗手▷▶▷▷▷第２世代同族経営者

■おだぎり・しんたろう
生没：1907.08–1997.04
社員：1936.07–1948.06
役員：1948.06–1995.06
社長：1974.07–1983.08
会長：1983.08–1987.08

【人物】 このケースで戦略を推進したのは小坂徳三郎氏の次の次の社長に就任した小田切新太郎氏である。信越窒素肥料の初代社長が須坂の旧家、小田切家から出ている関係で、ここでは創業家一族の人と見なしている。信越化学工業では、小坂家の人々に次ぐ大株主の地位を保ちつつ、経理畑を歩んできた。

塩ビ事業を率いた金川千尋氏をはじめとして、新太郎氏を敬愛する人は多い。人望のほどが偲ばれる。

【着想】 新太郎氏の着想は知る術がない。ただし、社長に就任して2ヶ月後に緊急対策会議、5ヶ月後に経営調査室、8ヶ月後に研究開発本部、13ヶ月後に直江津自立化推進チームを設けたのは、直江津の爆発事故と石油ショックを受けて、問題を先送りしないと腹を括ったものと思われる。新太郎氏はシンテックの100%子会社化も後押ししており、塩ビを直江津からアメリカに移し、直江津に新たな事業の柱を建てる覚悟を固めたに違いない。セルロース誘導体の第2工場の完成に先駆けて塩ビポリマー設備の再建を止めたのも、合成技術研究所を社長直轄組織としたのも、決意の表れと見てよかろう。

［参照文献］
『信越化学工業社史』1992年
『信越化学工業80年史』2009年
金児昭『小田切新太郎 社長の器』イースト・プレス、2013年

ケース 638　信越化学工業：電子材料事業

B：シリコンウエハー（半導体素材）

戦略C/C比率◀◁◇▷▷
戦略D/E比率◀◁◇▷▷
対照：035, 046, 308

◉企業戦略▷▷▷▷▶多核化展開

■信越化学工業
直前決算期：2000.03
実質売上高：6,690億円
営業利益率：12.9%
海外売上率：51%
社内取締役：15
同順位相関：0.76
筆頭大株主：金融機関
利益成長率：○/○/○

【経緯】 信越化学工業は1926年に長野で信越窒素肥料として設立された会社である。信濃電気60%、日本窒素40%の合弁としてスタートしており、余剰電力の有効利用を図る目的で生まれた会社と言ってよい。まずは直江津で石灰窒素、次に磯部で金属マンガン、武生で石灰窒素と業容を拡げたところで終戦を迎え、戦後は磯部

東名阪上場：1949.05

がシリコーン、直江津がセルロース誘導体、武生が希土類磁石の拠点に転じていった。ほかに半導体シリコンにも進出して、今日に連なる事業ポートフォリオの大枠が完成している。

【編成】本業は石灰窒素で、そこから信越化学工業は転地した。分析対象期間中の主業は三つあり、シリコーンと半導体シリコンと希土類磁石が抜きつ抜かれつを演じる様は、まさに多核経営と呼ぶにふさわしい。塩素と珪素が戦後の土台を形作った面もあるが、希土類磁石はどちらにも縁がない。

電子材料セグメントは、半導体シリコンを筆頭としつつも、ほかに電子産業用有機材と希土類、さらにフォトレジストを含んでいた。2010年度以降は半導体シリコンが独立セグメントになり、利益率は二桁を維持しているが、以前に比べると水準は低下した。

■電子材料事業
期間：2000.04-2010.03
得点掲示板：10-0
営業利益率：19.6%
利益占有率：41%
開示欄序列：2
事業本拠地：福島県
独禁法違反：報道なし
—
1990年代：7-3
2010年代：4-0

◉事業戦略▷▶▷▷▷川上・川下統合

【立地】売り物は単結晶シリコンのインゴットをスライスしたシリコンウエハーと、それに鏡面加工などを施した加工品である。ウエハーは8インチや12インチという具合に直径で区別されるが、実は要求スペックが顧客ごとに異なっており、品種は見かけ以上に膨大な数に上る。信越化学工業は、トランジスタやLEDのような個別半導体に向いたFZ法単結晶と、DRAMなような集積回路に向いたCZ法単結晶の両方を手掛けてきた。

売り先は好不況の波に洗われる世界中の半導体メーカーである。事業草創期は国内、離陸期は海外、成長期は国内、成熟期は海外と、信越化学工業は売り先を適宜シフトさせてきた経緯がある。周知のとおり、1990年代半ばまで日本勢が飛ぶ鳥を落とす勢いで伸びたが、その後はアメリカ勢、韓国勢、台湾勢に押されて影が薄くなっている。

狭義の競合は専業のウエハーメーカーである。当初はデュポン、メルク、ダウ・コーニング、モンサントが市場を支配していたが、アメリカ勢は激しい市況変動を嫌って撤退していった。日本勢も遅まきながらシリコンサイクルに耐えられなくなり、三菱マテリアルと住友金属工業が財閥の壁を越えて2002年に事業を統合したほか、その結果として2005年に誕生したSUMCOにコマツ電子金属も翌年合流している。こうして信越半導体に対抗する勢力の大同団結が実現したが、信越半導体は世界シェア3割強を誇り、首位の座を守り抜いた。分析対象期間中にSUMCO（連結）は5勝1敗、通算利益率14.1％の戦績を残しているが、これは設備の7年償却を前提とする数字で、3年償却に切り替えた信越半導体に比べると下駄を履いた数字であることに留意する必要がある。

■3割強
日経朝刊 2009.1.8

広義の競合は半導体メーカーの内製部門である。アメリカのIBM社、AT&T社、TI社などは内製比率が高い。日本でも日立製作所が内製部門を抱えていたが、1999年に信越化学工業および信越半導体に事業を譲渡した。東芝も東芝セラミックスを2006年にファンドに売却して、内製は放棄した。

【構え】 入手ルートは自社グループである。インゴットを製造するのは100％子会社の信越半導体で、それをスライス、研磨するのは不二越の資本を入れた長野電子工業、その出資を受けた直江津電子工業、鏡面研磨を得意とする三益産業の資本を入れた三益半導体工業であった。その後、マレーシア、アメリカ、イギリス、台湾の子会社も戦列に加わっている。信越化学工業は金属珪素を内製しており、一貫生産に特徴がある。有形固定資産残高の地域別配分を見ると、SUMCOは海外が約1割であるのに対して、信越半導体は約4割に達している。

業績推移（億円）

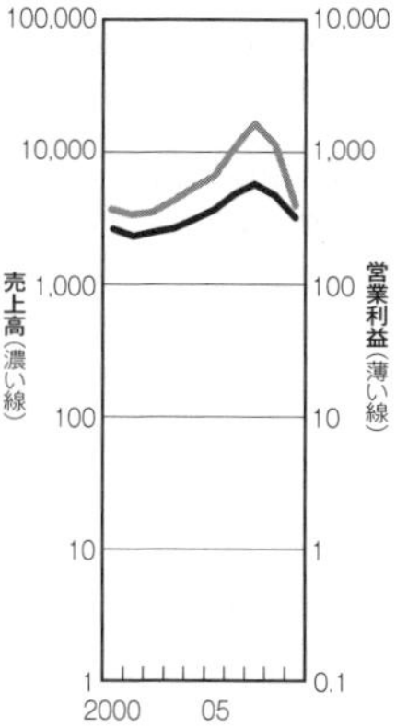

引き渡しルートは国内は信越半導体経由、海外は主に直販である。

【時機】 このケースは動いたタイミングが1980年前後で、かろうじて揺籃期に間に合った。大局を俯瞰するならば、このケースは半導体における日米再逆転という時機を捉えたことになっている。この業界では1995年にインテルが首位の座に就き、サムスンが6位に浮上した。日本企業3社はサムスンより上位にいたが、2000年になるとそれが2社に減り、2005年に皆無となっている。それ以降はインテル1位、サムスン2位、テキサス・インスツルメンツ3位の序列が固定化した。

【源泉】 この事業で高収益を許すのはミッションクリティカリティである。半導体メーカーの要求仕様が相互に異なるのは、それだけ各社の製造プロセスに個性があり、それに合致するウエハーを必要とするからである。こうした業界特性を踏まえたうえで、信越半導体は特殊ウエハーについては加工子会社群で対応して小回りを利かせ、標準ウエハーについては人件費の安いマレーシアで量産する体制を構築した。それが強みとなっている。

【防壁】 この事業で高収益を守るのは絶えざる革新である。半導体デバイスの集積度が上がるにつれてシリコンウエハーに対する要求は厳しくなる一方で、次世代の開発課題がわからない新規参入者にはチャンスなどないに等しい。それが新規参入を妨げる。「長い期間をかけて絶えず新しい技術を開発してきた。攻勢は受けて立つ」という信越半導体のスタンスは、こうした業界事情を反映する。

■**長い期間をかけて…**
日経産業 1986.4.21

【支柱】 この事業で高収益を支えるのは販売部隊である。信越半導体は「価格は収益の生命線」という認識の下に「量を減らされても値下げに応じない。断固たる態度で臨む」という経営方針を打ち出している。顧客と相対する営業人員が、この方針を実行に移すのは針のムシロを歩くに等しいはずで、心労のほどが偲ばれる。戦略の均整を保つのは、頑健な社員の面々と言ってよい。

■**価格は収益の生命線**
日経朝刊 1997.1.23

■**量を減らされても…**
日経朝刊 2001.6.13

【選択】 1979年6月、信越化学工業はダウ・コーニング社の持分45%を買い取って信越半導体を100%子会社とした。合弁を組んだのが1967年3月で、そこから12年でダウは川上の多結晶シリコン、信越化学工業は川下の単結晶シリコンと事業立地の選択が分かれたことになっている。この垂直分業措置により信越化学工業は事業を海外に展開する自由を手に入れた。

■**ダウ**
新金属工業 1988夏

◉戦略旗手▷▷▷▶▷操業経営者

【人物】 このケースで戦略を推進したのは田村喜八氏である。「小坂徳三郎信越化学最高顧問や小田切新太郎同会長が、事業家としてすぐれた才能を持つ田村喜八社長のワンマン経営に全面的に委ねた」のがシリコンウエハー事業と言われている。社長という肩書きがつくのは、事業を子会社に切り出して、そのトップに田村氏を据え付けたことによる。ちなみに、塩ビ樹脂事業もシンテックを切り出して、そちらを委ねられたのが金川千尋氏である。共に合弁から始めて、相手の持分を買い取った点が共通している。

■**たむら・きはち**
生没：1916.06–1986.04
社員：1948.01–1964.07
役員：1964.07–1986.04
社長：—
会長：—

■**小坂徳三郎…**
日経朝刊 1984.9.24

田村氏はシリコーンの開発に携わっていたが、1966年から高純度シリコンに異動した。磯部の純粋金属事業の流れを汲むシリコン事業は、それまで国内の個別半導体メーカーにウエハーを納めていたが、田村氏は「本場米国で売れなければ本物ではない」と断じて、シリコーン事業の技術導入元にあたるダウ・コーニング社と合弁を設立する方向に大きく舵を切った。セカンドソースを確立する必要に迫られていたダウ・コーニングは、信越半導体をアメリカ市場への供給基地と位置づけており、まさに田村氏の目論見どおりに事業は展開していった。

■本場米国で…
日経産業 1989.3.1

分析対象期間中に信越半導体は600億円を投じた世界初の12インチウエハー工場を稼働させている。2001年初頭のことであったが、1999年4月時点でも量産前の12インチウエハーは7〜8万円の価格をつけており、川下の半導体メーカーからは「現状では移行するコストメリットがない」という声が上がっていた。メリットが出る価格は2万円とされており、市況が悪化するなかで供給サイドも需要サイドも様子見を決め込むだけであったが、独り信越半導体が量産に乗り出したわけである。そして2001年9月中間期で同業他社が軒並み赤字決算に陥るのを尻目に、信越半導体は12インチウエハーでシェア50〜60%を確保して、増益を記録した。

■7〜8万円
現状では移行する…
2万円
日経産業 1999.4.16

■50〜60%
日経朝刊 2002.1.10

この投資判断を下したのは信越化学工業社長の金川千尋氏であるが、それに先だって田村氏は「先を読んでタイミングよく投資するのがこのビジネスの基本」という事業観を部下たちに語り伝えていた。ユーザーニーズにきめ細かく対応していく手口もシリコーン事業と共通で、田村氏が持ち込んだものであろう。信越半導体は、田村氏の時代に構えの基本を完成させており、早くも国内シェア50%、世界シェア30%を押さえこんでいる。残念ながら田村氏はソウルに出張中、現地で倒れて早世してしまった。

■先を読んで…
日経朝刊 1984.9.24

【着想】 田村氏の着想は機を見るところから生まれている。ダウ・コーニング社と合弁を組んだのは、資本自由化を機にアメリカ勢がダンピングを仕掛けてくるかもしれないという懸念に対処するためであった。この決断には創業家の小坂徳三郎氏も関与したようである。

■小坂徳三郎氏
実業界 1967.4

12年後に合弁を解消したのは、ダンピングの懸念がなくなった

■米国がこれから…
米国における最終…
産業新潮 1984.3

からという面もあるが、日米の地位逆転が効いている。田村氏は「米国がこれからどう出てくるか。自国の産業を保護するために、日本からの輸入に制約を加えてくることがないとはいえません。繊維しかり、テレビしかり、自動車もまたしかりです。（中略）今の日本からの輸出は、野放図に、雪崩のように、と言ってもいいほどですからね」と1984年に述べていた。こうして機を見るに敏なところは、いかにも信越化学工業らしい。

田村氏が需要地生産体制を早くから志したのは、「米国における最終システムのマーケットはでかい。それに使われるICは、どうしても必要です」という大局観に基づいていた。ICの生産が日本から海外に移ることは織り込み済みで、どう転んでもシリコンウエハー事業を守る手立ては早々に打ってあったということである。

［参照文献］
『信越化学工業社史』1992年
『信越化学工業80年史』2009年
産業新潮、1984年3月号（田村喜八）

ケース 639　日東電工：機能材料事業

B：フッ素樹脂加工品（コスト削減・機能向上策）

戦略C/C比率◀◁◇▷▷
戦略D/E比率◀◁◇▷▷
対照：—

■日東電工
直前決算期：2000.03
実質売上高：3,210億円
営業利益率：8.2%
海外売上率：34%
社内取締役：13
同順位相関：0.93
筆頭大株主：日立グループ
利益成長率：△/△/△
東名阪上場：1962.08

◉企業戦略▷▷▷▶▷本業辺境展開

【経緯】日東電工は1918年に東京の大崎で日東電気工業として設立された会社である。電気絶縁材料を祖業とするベンチャーで、1937年に日立製作所による救済を仰いだが、1948年に自立して、1946年に絶縁テープ、1966年に半導体封止材、1973年にフレキシブル回路基板、1975年にLCD偏光フィルム、1976年に高分子分離膜、1983年に経皮吸収型テープ製剤と業容を拡げ、1969年から海外展開にも挑んでいる。消費財事業（乾電池・磁気テープ）は1961年にマクセル電気工業としてスピンオフした。すべての事業は樹脂に根ざしているが、樹脂そのものを手がけない。三新（新製品、新用途、新需要）活動を重視するのは、屋台骨に相当する基幹事業を持たず、革新の連打を要するからであろう。

【編成】本業は工業用テープであったが、主業の座はLCD偏光フィルムを中心とする電子材料に移っている。新興の機能材料は桁が一つ小さいままである。

機能性材料は医療材料と高分子膜とフッ素樹脂製品から成り立つセグメントで、2010年度からフッ素樹脂製品が分離されてから大きく利益率が下がっている。高収益なのは売上高が200億円に満たないフッ素樹脂製品と思われる。

◉事業戦略▷▷▶▷▷技術応用マルチライン化

■機能材料事業
期間：2000.04-2010.03
得点掲示板：8-2
営業利益率：13.2%
利益占有率：12%
開示欄序列：3
事業本拠地：愛知県
独禁法違反：報道なし
—
1990年代：0-2
2010年代：—

業績推移（億円）

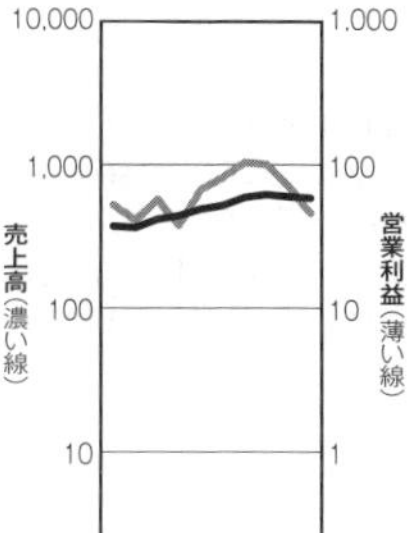

【立地】売り物はフッ素樹脂の特性を活かした加工製品群である。フッ素樹脂には、電気絶縁性や薬品耐性や耐熱性が高く、摩擦係数が極端に小さいという特性がある。個々の製品は顧客のニーズに応じて開発しており、たとえば耐熱性を要求する自動車ヘッドライトの内圧調整膜を一例として挙げることができる。ほかに自動車の鋼板パネルのびびり音を解消するテープも手品のようである。

売り先は食品メーカー、エレクトロニクスメーカー、自動車部品メーカーなどである。

狭義の競合はフッ素樹脂加工製品群に活路を見出すメーカーで、アメリカの3Mを筆頭に挙げることができる。日本バルカー工業やニチアスもフッ素樹脂加工製品に強いが、日東電工とは顧客やアプリケーションの領域が重ならない。

広義の競合は同じ機能を別の素材で実現するメーカーで、無数にひしめいている。

【構え】入手ルートは埼玉県深谷市にある自社工場に限定されている。フッ素樹脂は社外から購入する。

引き渡しルートは代理店経由から直販に移行した。

【時機】このケースは、1961年から事業化しており、先発に相当する。特定の機を掴んだケースとは見なしがたい。

【源泉】この事業で高収益を許すのはコスト優位である。日東電工は、ほかの素材で同じ効果を引き出すと桁違いに高くなる分野に狙いを定めて開発資源を投入する。それゆえ、顧客には喜ばれつつ、高収益を手にすることができる。

【防壁】この事業で高収益を守るのは技術と信用の蓄積である。日東電工には絶縁テープで培った含浸塗布や圧延、ペースト押出、成形・切削などのコア技術があり、そこから発展した各種の基盤技術の複合化により新たな製品が次々と生まれてきた経緯がある。同じフッ素樹脂から加工製品群を生み出す日本バルカー工業やニチアスと市場でぶつからないのは、基盤技術の蓄積の差と見て間違いない。また、フッ素樹脂は加工が難しく、それが新規参入を拒む要因となっていることも指摘しておきたい。

【支柱】 この事業で高収益を支えるのは技術開発陣である。

■当社の商品開発の…
日東技報 1996.5

フッ素樹脂の応用分野の一つである多孔質膜の開発に携わっていた高畠栄治氏は「当社の商品開発の基本は、その分野での先駆者やリーダーを目指すことにある。そのためには、お客様のニーズをいかに早く的確にキャッチし、それに我々の固有技術を融合して喜ばれる商品へと反映させられるかが課題である。これが可能になることにより、多様化する社会ニーズや環境等の問題改善等に有益な商品の提供をもって企業としての貢献になると考えている」と述べている。大型商品のない事業では、解決するに値する問題を見出したうえで、解法まで編み出す高畠氏のような技術者が集団を形成しない限り、戦略の均整は保てない。

【選択】 1967年9月、日東電気工業はフッ素樹脂総合加工工場として関東工場を創設した。

■みなかわ・としお
生没：1907.03-1974.06
社員：1944.08-1947.01
役員：1947.01-1974.06
社長：1955.04-1974.06
会長：―

◉戦略旗手▷▷▶▷▷中途経営者

【人物】 このケースで戦略を推進したのは皆川利男氏と思われる。皆川氏は工業高校を出て日立製作所に就職したが、日東電工に37歳で茨木工場長として迎えられていた。そして社員40名未満の会社を、約2,000名を擁するところまで牽引しており、実質的な創業者に近いところがある。

■本多善三
日東技報 1988.12

日東電工のフッ素樹脂製品の歴史は、本多善三氏によると1959年から62年が初期、1963年から67年が黎明期、1968年から72年が成長期、1973年から75年が質的転換期とされている。個々の製品に功績のある技術者は何人もいて、初期から転換期まで一貫して皆川氏が社長を務めていたことを考え合わせると、旗手は皆川氏と判断するしかない。成形品部門を、祖業の絶縁材料、そして新たな主業となったテープに次ぐ第三の柱と位置づけたのは、皆川氏であった。

研究開発と人材開発を重視する社内の常識をつくりあげたのも皆川氏である。そのあたりは「企業の発展は研究、開発力を強化し、次々と新製品を出して販路を世界に拡大し、売上の向上を図ることだ」という発言や、「教育訓練の成果をあげるには年功序列型の昇給昇進を廃し、実力実績主義で進む。幹部の啓発人事考課の公正、給与水準の向上、福利厚生施設の充実、労使の協議、幹部同士の和、トップの人格などあらゆる面が適正に行われなければならぬ」という発言を汲み取れば、明々白々であろう。

■企業の発展は研究…
教育訓練の成果を…
関西経協 1967.11

皆川氏は「大型テーマの開発に関しては、プロジェクト・チームをつくるが、ベンチャービジネス式開発の精神をもって発憤努力さすべきである。またテーマは、需要者のニーズに結びつくものを選ぶべきである」とも述べている。まさに日東電工の真髄が、ここに定義されている。

■大型テーマの開発に…
終戦後、我が社は…
絶縁材料の全体の…
天然の油脂、樹脂…
ナイロン、テトロン…
テトロン、ナイロンと…
関西経協 1971.10

【着想】 皆川氏の着想は論理的である。まず「終戦後、我が社は絶縁材料（中略）の国内需要の25～30%のシェアを確保し、我が国の主力メーカーと自負しうるまでになった」と振り返り、「絶縁材料の全体の需要の伸びは、電力需要の伸びに比例する。最近、家電とくにテレビなどの普及で電力の伸びは急増し、年率15%と言われる」と先行きが明るいことを確認する。

しかし、そこで「天然の油脂、樹脂、あるいは綿布などを主体とした絶縁材料は、プラスチック工業の進歩とともに合成樹脂（中略）で置き換えられるようになった」と視界を広げ、「ナイロン、テトロンなどにそのシェアを侵され、我々の分野の伸びは2～3%に過ぎない」と不都合な真実に目を向ける。そのうえで「テトロン、ナイロンといった高級品は、絶縁材料メーカーの資本ではできず、東レ、帝人などが造っている」現実を変えようと決断したに違いない。

ここでいうテトロンは、アメリカのデュポン社が自社開発したフッ素樹脂につけた商標である。推測の域を出ないが、茨木工場の近くでフッ素樹脂の生産を始めたダイキン工業に皆川氏は目をつけて、彼らの樹脂を加工する川下ビジネスに勝機を見出したのかもしれない。

［参照文献］
『日東電工50年の歩み』1968年
日東技報、1988年12月（森山康弘ほか）

ケース846　浜松ホトニクス：光電子部品事業

B：光電子倍増管（微弱光センサ）

戦略C/C比率◁◁◇▶▷
戦略D/E比率◁◀◇▷▷
対照：—

■浜松ホトニクス
直前決算期：1999.09
実質売上高：400億円
営業利益率：6.2%
海外売上率：42%
社内取締役：10
同順位相関：0.46
筆頭大株主：持株会
利益成長率：—/—/—
東名阪上場：1996.07

◉企業戦略▷▶▷▷▷川下開拓

【経緯】 浜松ホトニクスは1953年に浜松で浜松テレビとして設立された会社である。源流は1948年設立の東海電子研究所に遡るが、これはグローランプに手を出して行き詰まった。高柳健次郎門下生の流れを汲むことから社名にテレビと謳ったが、手がけたのはブラウン感の逆の動作をする光電管であった。主業に育った光電子増倍管も1950年代に開発されたもので、1960年代からは光電子倍増管の改良と、応用製品への展開を進めている。ニュートリノの研究で名を馳せたスーパーカミオカンデを支えるのも、浜松ホトニクスの光電子倍増管である。

【編成】 本業は光電子部品で、それが分析対象期間中も主業の座を占めていた。川下に降りた計測機器は、まだ桁が一つ小さい。光の探求をドメインの機能的定義とする企業体で、そこに迷いはない。

■光電子部品事業
期間：1999.10-2009.09
得点掲示板：10-0
営業利益率：29.7%
利益占有率：93%
開示欄序列：1
事業本拠地：静岡県
独禁法違反：報道なし
—
1990年代：6-3
2010年代：4-0

◉事業戦略▶▷▷▷▷中核集中

【立地】 売り物は光電子増倍管、および光半導体素子である。これらは各種の光を電流に換える機能を持つ。ほかにマイクロフォーカスX線源のような光源も扱っている。浜松ホトニクスは、微弱光を短時間で測る工夫に情熱を傾けてきた。

売り先は医療用診断装置のメーカーや、半導体の検査装置のメーカーや、自動車部品のメーカーである。なかでもレントゲン、X線CT、PETのように、人体を透視する画像診断に浜松ホトニクスの製品は欠かせない。カメラの自動測距も同じである。

狭義の競合は光電子増倍管のメーカーで、国内にライバルはいない。アメリカのRCA社やイギリスのEMI社を向こうに回しながら、浜松ホトニクスは世界シェアを65%まで引き上げてきた。

■65%
日経産業 2006.4.24

広義の競合は真空管や半導体のメーカーである。こちらは参入者が多く、激戦区となっている。

【構え】 入手ルートは主に静岡県内に集積した自社工場群である。技術開発は静岡大学電子工学研究所と連携してきた。

引き渡しルートは直販が主体である。

【時機】 このケースは、技術の黎明期に挑戦したもので、先発に相当する。リードカスタマーは長らくアメリカ企業だったという。

【源泉】 この事業で高収益を許すのはパフォーマンス優位である。実質的な創業者の言葉を借りると「分析機器とか理化学機器というのはサイエンスのニーズから、これでいいということはないわけです。もっと何とかならんかということが常にありまして、ですから品質と言いますか、パフォーマンスと言いますか、そういうものに対するニーズというのが、いつもあったわけです」となる。それゆえ、パフォーマンス優位が利益に結びつくのである。浜松ホトニクスは値下げを要求する顧客は拒絶するという。

■分析機器とか理化学…
O plus E 1980.12

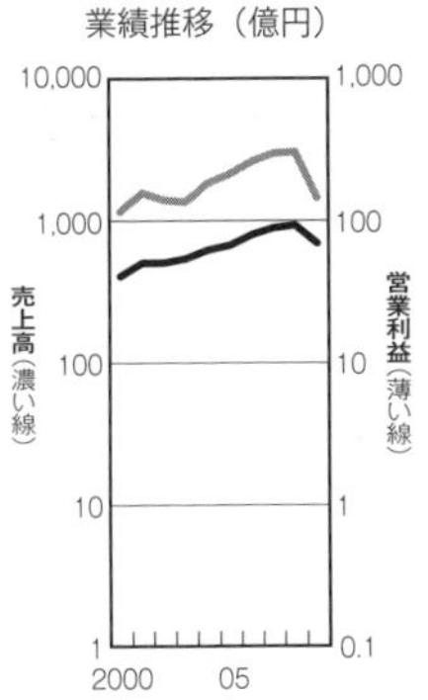

【防壁】 この事業で高収益を守るのは競合の自縛である。光電子増倍管は、量産が効かず、製造に手がかかる。それゆえ大手メーカーは割に合わないと参入を見送るか、参入してもすぐに辞めてしまう。

【支柱】 この事業で高収益を支えるのは「研究工業」に挑戦する研究員たちである。「創造性とは何かというと、本当に正しいものがあるのか、あるいは絶対真理は存在するのかといったことに基づく生き方をすることだ」と語る創業者についていくのは難しい。作業ではなく、本当の意味における研究を追求する社員たちがいて、初めて浜松ホトニクスの戦略は均整を保つことができるのである。

■創造性とは何か…
現代化学 1986.12

【選択】 1953年9月、浜松テレビが創業した。前の会社が立ち行かなくなっていたうえ、再挑戦にあたって目論見らしき目論見がなかったことを考えると、これは鬼手に相当する。実質的な創業者は「母校の静岡大学工学部の技術を伝承するということに、何かしらの共鳴感があったわけですが、いずれにしろ、最初から光に目をつ

■母校の静岡大学…
O plus E 1980.12

けてやり始めたということではないんです。光というのが大事だなぁという感じが強まってきたのは、いろんなお客さんと会ったり、いろんなことをやっているうちに、これは大変なことを始めたな…という感じが次第に強くなってきたわけですね。創立して4～5年経ってからですね、我々は光をあてにして生きるんだということを言い出したのは」と語っている。

■ひるま・てるお
生没：1926.09-
社員：—
役員：1953.09-
社長：1978.10-2009.12
会長：2009.12-

◉戦略旗手▶▷▷▷▷創業経営者

【人物】 このケースで戦略を推進したのは実質的な創業者の晝馬輝夫氏である。本当の創業者は堀内平八郎氏であるが、輝夫氏は創業の時点から経営陣の一角を占めており、技術開発の前線を担ったのも若き輝夫氏であった。そして、輝夫氏が社長に就任してから浜松ホトニクスは成長軌道に乗っている。輝夫氏が自身の降板に際して長男の明氏に社長の座を譲ったのも、驚くに値しない。

■光の本質は判ってない…
O plus E 1980.12

【着想】 輝夫氏の着想は「光の本質は判ってない点が多いんですね。それから物質の表面のことも判ってない。ですから光と電子の間のエネルギーの授受という問題も判ってない。そういう理屈の判ってないものを、こうやったらこうなったぜ、ということで私どもは作っているんです」という一言に凝縮している。

[参照文献]
『光と共に 浜松ホトニクス40年のあゆみ』1994年

ケース 847 日本セラミック

B：超音波・赤外線センサ（機能電子部品）

戦略C/C比率◁◀◇▷▷
戦略D/E比率◁◀◇▷▷
対照：328

■日本セラミック
直前決算期：1999.12
実質売上高：100億円
営業利益率：18.8%
海外売上率：68%
社内取締役：8
同順位相関：▲0.02
筆頭大株主：創業経営者
利益成長率：—/—/—
東名阪上場：2000.03

◉企業戦略▷▶▷▷▷川下開拓

【経緯】 日本セラミックは1975年に鳥取で設立された会社である。テレビのリモコン用超音波センサから出発して、焦電型赤外線センサをラインアップに加えるのと並行して自動車用途や防犯用途を開拓していった。米国特許の取得を鋭意進めると同時に、1986年から製造拠点を中国上海と昆山に築いている。

【編成】 本業はセンサで、それが分析対象期間中も主業の座に留まっている。

◉事業戦略▷▶▷▷▷川上統合

【立地】 売り物はセラミックセンサ、フェライトコア、モジュール製品などである。製品の多くは安全確保や防犯のために使われている。フルライン展開とは距離を置き、「ニッチなマーケットでもかまわないので、とにかくその中でトップシェアを狙う」ことができる物に照準を合わせている。

売り先は自動車部品メーカーや家電製品メーカーや警備会社などである。海外が主力ながら、国内では照明のオーデリックやシャープが主要顧客として浮かんでいる。

狭義の競合は日本セラミックが手がける個別製品のメーカーで、シーメンス系列のハイマンの名が挙がっている。

広義の競合はセンサのメーカーで、オムロンやキーエンスや旭化成エレクトロニクスが該当する。それでも日本セラミックは超音波センサと赤外線センサで世界市場の6割から7割を押さえているという。

【構え】 入手ルートは自社工場である。日本セラミックは素材を内製し、加工組立用の設備も自作している。一貫生産にこだわるのは、顧客要求にキメ細かく対応するためという。社員の3分の1以上は技術者で、彼らが日本で開発試作した製品を、中国の工場が量産する体制ができている。

引き渡しルートは直販が基本である。

【時機】 このケースは自ら市場を創造してきた経緯があり、先発に相当する。日本セラミックが捉えた機は海外における防犯意識の高まりで、「自然界にある物質はすべてその温度固有の赤外線を出していますから、人の体温付近の赤外線に反応するセンサをつくれば不審な人物の存在がわかる」という読みがあたったと言ってよい。

【源泉】 この事業で高収益を許すのはパフォーマンス優位である。日本セラミックのセンサは誤動作が格段に少なく、顧客に儲けてもらうから利益が落ちるという古典的な図式ができあがっている。

【防壁】 この事業で高収益を守るのは競合の自縛である。技術、コ

■全社
期間：2000.01-2009.12
得点掲示板：8-2
営業利益率：13.7%
利益占有率：100%
開示欄序列：0
事業本拠地：鳥取県
独禁法違反：報道なし
—
1990年代：5-5
2010年代：4-0

■ニッチなマーケット…6割から7割
山陰の経済 2005.10

■3分の1以上
日経ビジネス 1992.2.17

■自然界にある物質は…
SAPIO 2004.5

業績推移（億円）

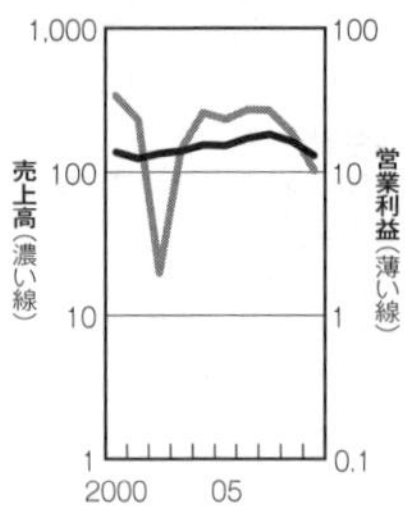

スト、信用の三面で大企業に勝てるものしか手がけてこない日本セラミックに対抗しようと思えば、技術開発に経営資源を注ぎ込むしかない。ところが、それで食い込むことのできる市場は大きくないと来ているので、普通の会社なら他の事業機会を求めて自ら立ち去って行く。

【支柱】この事業で高収益を支えるのは技術営業部隊である。日本セラミックは、その成り立ちからして絶えず新製品を送り出す必要がある。ただし、新製品と言っても大がかりなものではなく、部品の形状を変えたり、材料ミックスを変えたり、ちょっとした工夫を凝らした程度のものが多い。となると、鍵を握るのは客先に出向く営業部隊で、そこに技術者を投入して日本セラミックは商談2回で受注に持ち込むという。

■商談２回
日経ビジネス 2001.9.3

【選択】1986年11月、日本セラミックは研究所を設置した。まだ未上場の段階で、2ヶ月前には中国で合弁会社も設立しており、資金繰りは薄氷を踏むようであったに違いない。

■たにぐち・よしはる
生没：1936.11-2014.02
社員：—
役員：1975.06-2014.02
社長：1975.06-2014.02
会長：2006.03-2014.02

■高い能力を持った…
市場が50億円を…
SAPIO 2004.5

◉戦略旗手▶▷▷▷▷創業経営者

【人物】このケースで戦略を推進したのは創業者の谷口義晴氏である。日本フェライトで技術の仕事をしていた義晴氏は、上司に「高い能力を持った技術者ならどこでもやっていけるはずなのに、そうじゃないから寄生虫のように会社にしがみつくんじゃないのか」と言われて、希望退職に応じたという。部下4人を引き連れて起業したのはよいが、職場は自宅の子供部屋で、自分の技術を証明したい一心で会社を発展させてきたそうである。

【着想】義晴氏の着想は「市場が50億円を超えない程度の分野なら大手も恐らく手を出さないでしょう」という一言に要約されている。

[参照文献]

証券アナリストジャーナル、1990年12月（谷口義晴）

9-2-3 管理支援策

管理支援策とは、顧客の業務管理を精緻化して、利益拡大に貢献することを指す。

この戦略を活かした典型例はケース640のヤマタネで、ここは棚卸し在庫を管理しやすくするメニューを幅広く取り揃えている。ケース848のアマノは社員の勤怠管理からスタートして、駐車場の課金管理などに守備範囲を拡張してきた。ケース641のクラリオンはAV機器からIT機器に転進して、業務用車両の運行管理に新たな牙城を築きつつある。

これらのケースが高収益を生み続けるのは、比較対象のパフォーマンスが極端に低いからである。いずれも避けて通ることが許されない反面、極端に手間暇のかかる管理業務ばかりで、従来はローテクに頼るしかなかった。そこに狙いを定め、必ずしもハイテクではないが技術の恩恵をもたらした点に、共通の勝因がある。

この戦略が適用できる条件としては、管理の難しい領域の存在を挙げることができる。ケース640の棚卸し在庫は動きが激しい分、管理が難しい。特に操業や営業を中断することなく法定管理要件を見たそうと思えば、様々な工夫が欠かせない。ケース848の「時間」も、計測と計算に独特のノウハウを必要とする。ケース641の業務用車両は目に届かないところを運行するため、遠隔管理が不可避となる。どのケースも間口は狭いが、関連業務や関連機器の広がりが事業に奥行きを与える面がある。

ここでも広義の事業立地を選び取ったのは創業者に近い人物であるが、新たな技術を新たなニーズと結びつけたのは現場に近い社員である。その意味では、応用可能性の広い戦略と言ってよかろう。

戦略C/C比率◀◁◇▷▷
戦略D/E比率◁◀◇▷▷
対照：—

■ヤマタネ
直前決算期：2000.03
実質売上高：730億円
営業利益率：5.7%
海外売上率：10%未満
社内取締役：5
同順位相関：0.90
筆頭大株主：創業家
利益成長率：△/△/△
東名阪上場：1950.10

ケース640 ヤマタネ：情報事業

B：ハンディターミナル（棚卸の省力化策）

◉企業戦略▷▷▷▶▷本業辺境展開

【経緯】ヤマタネは1924年に東京で山崎種二商店として設立された会社である。祖業は回米問屋で、米を保管するために自前の倉庫を1928年に建設し、1937年に出資した辰巳倉庫を1940年に買い取ることにより株式会社となった。米や小豆や大豆の相場で利益を上げたことから1933年には証券業に進出し、その翌年には熱海で不動産業にも進出している。こうして戦前に完成した事業ポートフォリオは戦後に継承し、情報業を1984年に追加したほか、証券業を2011年から廃業して、今日に至っている。

【編成】本業は倉庫で、そこから発展・派生した物流事業が分析対象期間中も主業の座を占めていた。すべての事業は米穀卸売業から派生したもので、その限界を見越したヤマタネは、早くも1980年代にウェアハウスからソフトウェアへの転地を標榜した。ただし、転地への道のりは遠い。

■情報事業
期間：2000.04-2010.03
得点掲示板：10-0
営業利益率：13.8%
利益占有率：13%
開示欄序列：3
事業本拠地：東京都
独禁法違反：報道なし
—
1990年代：1-0
2010年代：4-0

◉事業戦略▷▶▷▷▷川上・川下統合

【立地】売り物は棚卸である。そのデリバリー形態には、ハンディターミナルをレンタルするだけのものもあれば、川下側に降りてハンディターミナルが格納した棚卸情報を取りだして加工したデータを納品するものもあれば、川上側に遡って要員を派遣するものもある。川上から川下まで一括して受注すれば、ヤマタネは棚卸を代行することになる。

売り先は百貨店やスーパーから、アパレルや書籍の専門店まで、小売業を広くカバーしている。顧客第一号は丸井であった。

狭義の競合は物流実務を熟知するソフトウェア開発事業者で、そこはヤマタネの牙城となっている。人海戦術時代から棚卸代行を手掛けてきた事業者には、エイジスなどがある。2005年に自社製の棚卸専用端末機器を開発したエイジス（連結）は分析対象期間中に10戦全勝で通算利益率11.3%の戦績を残している。

広義の競合はソフトウェアの開発事業者で、そこは乱戦状態と言ってよい。

【構え】入手ルートはハンディターミナルについてはカシオ計算機、ソフトウェアについては自社である。

引き渡しルートは直販と思われる。

【時機】このケースは、先発に相当する。1982年には「倉庫業が単に空間を貸すだけのサービス業にとどまるか、それともメーカーから消費者までつながる物流の中心的役割を果たしていくのか分かれ道にさしかかっている」と指摘されていた。ヤマタネが早くも1969年に情報部門を立ち上げて、この日に向けて社内で試行錯誤を続けていた事実は特筆に値する。このケースは小売台頭の波を捉えたと見ることができる。日本国内の高度成長が止まると、売り方に工夫が求められるようになり、様々な工夫を凝らした新小売業態が続々と登場した。また、カテゴリーキラーと呼ばれる大型チェーンが登場し、零細小売を置き換えている。それに伴い、棚卸を必要とする売り場は飛躍的に増えたものと思われる。

【源泉】この事業で高収益を許すのはパフォーマンス優位である。他社に先駆けてヤマタネのシステムを全店に導入した丸井によると、「手作業で行っていた場合に比べ約3割の人手が削減でき、集計時間も2週間から4日間に大幅短縮できた」そうである。これだけコスト節減効果が大きければ、強気の見積もりも通ってしまう。

【防壁】この事業で高収益を守るのは特殊人材である。ヤマタネは物流実務に従事してきた社員で情報部門を構成し、物流業務の電算化に1969年から取り組んできた。そして朝日情報センターで一流のソフトウェア技術者を採用し、この子会社と本体の間で徐々に人事交流を進めることにより、物流業務の基本要件に精通する最強のSE集団を手に入れた。この集団に太刀打ちできる人材は、物流業界にも、ソフトウェア業界にも見当たらない。

具体的に言い換えると、商品バーコードを読み込んでいくハンディターミナルは、顧客サイドのバーコード・データベースと接続して初めて棚卸をしたことになるが、顧客の荷物を預かる物流事業でヤマタネは顧客サイドのデータベースと自社のデータベースを接合することに慣れており、データ変換コードも山ほど書いてきた

業績推移（億円）

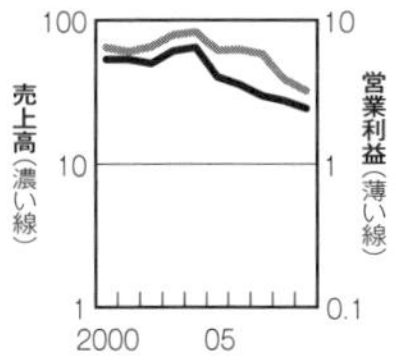

■倉庫業が単に空間を…
日経産業 1982.8.5

■手作業で行っていた…
日経流通 1990.11.6

経緯がある。ここに参入障壁がそびえ立つのである。

【支柱】この事業で高収益を支えるのは鬼籍に入った創業者である。彼が遺した「信は万事の本をなす」という理念が大手優良顧客を同社の倉庫に釘付けにするのと同じで、同社のシステムも他の新興ソフトハウスにはない信用力に支えられているのではなかろうか。

【選択】1983年4月、辰巳倉庫は朝日情報センターを設立して情報事業の外販に乗り出した。翌年には社名を辰巳倉庫から山種産業に変更している。NECがPC-100、ジャストシステムがJS-WORDを発売したのは1983年10月のことで、マイクロソフトが日本法人を立ち上げたのは1986年2月のことである。見事にヤマタネは人材獲得競争の機先を制したと言ってよい。

■やまざき・せいぞう
生没：1927.02–2011.11
社員：—
役員：1950.05–1994.06
社長：1967.06–1980.12
会長：1980.12–1994.06

■父は余り倉庫の方には…
自社で考えて使い…
『男の軌跡』

■ベンチャー企業を…
日経産業 1985.5.20

◉戦略旗手▷▶▷▷▷第２世代同族経営者

【人物】このケースで戦略を推進したのは創業者の三男にあたる山崎誠三氏である。誠三氏によると「父は余り倉庫の方には関心がなかった」そうである。二男が主力の証券事業を継承する傍らで、物流事業を任された誠三氏は、代替わりするや否や情報部門を創設した。そして中小の倉庫会社を大きく発展させ、連続増益記録を打ち立てている。

【着想】誠三氏の着想は好奇心に由来するように思われる。倉庫や運送や引っ越しやレジャーを自らビジネスとして手がけるなかで、「自社で考えて使い、効率が上がったというソフトウェア、ハードウェアを、このように広く同業者および流通業者に開放し、お役に立てばという意味もあって販売に踏み切った」らしい。誠三氏は、「ベンチャー企業をつくりたいから是非、参画してくれ」と自らリクルートに乗り出して、20代の技術者を10人あまり朝日情報センターに集めると、あとは彼らに委ねたという。

[参照文献]
日刊工業新聞編集局『男の軌跡 第6集』にっかん書房、1987年
尾崎芳雄『山崎種二 その生涯と事業』山種グループ記念出版会、1989年

ケース 848

アマノ：時間情報システム事業

B：タイムレコーダー（時間管理の省力化策）

戦略C/C比率◁◀◇▷▷
戦略D/E比率◀◁◇▷▷
対照：—

◉企業戦略▷▷▷▷▶多核化展開

■アマノ
直前決算期：2000.03
実質売上高：530億円
営業利益率：9.2%
海外売上率：17%
社内取締役：19
同順位相関：0.80
筆頭大株主：金融機関
利益成長率：△/△/△
東名阪上場：1961.10

【経緯】 アマノは1945年に神奈川の菊名で横浜機器として設立された会社である。その源流は1931年にタイムレコーダーの国産化を狙って個人創業した天野製作所にさかのぼる。戦後はタイムレコーダーの製造を再開しつつ、1951年に真空掃除機に着手して第二の柱を打ち立てた。タイムレコーダーでは1964年にアメリカ現地法人を設立して、1978年から現地生産に切り替え、同業のシンシナティタイム社を1991年に買収するなど、積極的に海外展開を図っている。また1975年には駐車場管理機器にも進出した。

【編成】 本業はタイムレコーダーで、それが分析対象期間中も主業の座を占めていた。集塵機を中心とする第二の柱は、本業の陰に隠れたままである。

◉事業戦略▷▷▷▷▶複合化展開

■時間情報システム事業
期間：2000.04-2010.03
得点掲示板：8-2
営業利益率：12.8%
利益占有率：74%
開示欄序列：1
事業本拠地：神奈川県
独禁法違反：報道なし
—
1990年代：10-0
2010年代：3-1

【立地】 売り物はタイムスタンプに基づく時間管理の手段で、個別には出退勤を記録するタイムレコーダー、それを発展させた就業管理システム、時間に応じて課金する駐車料金精算システムなどがある。当初は純然たる機械であったが、次第に電気、ソフトウェアの要素が入り込んできた。就業規則や給与体系や課金体系は企業ごとに特徴があり、各社の方針に則したカスタマイゼーションが重要性を増している。

売り先は工場やオフィスのほか、パーキング事業者などである。

狭義の競合は時間管理システムを手掛ける事業者である。アマノはオフィス用途で80%、駐車場用途で60%の占有率を保持している。駐車場管理システムでは2007年にオムロンの事業を譲り受けており、勝負ありの観がある。

■60%
80%
日経金融 1989.10.4

広義の競合はタイムレコーダーのメーカーである。かつてはアマノが圧倒的な存在感を誇っていたが、電子化のタイミングを狙ってマックスなどの参入が相次ぎ、市場占有率は1989年で

■45%
日本マーケットシェア事典 2002

■60%
日経金融 2005.7.15

業績推移（億円）

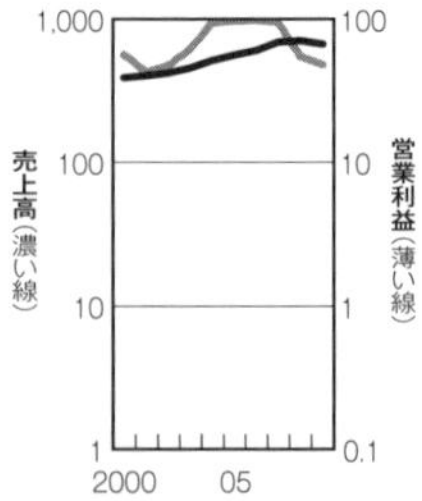

60%、2000年で45%と低下傾向を見せている。

【構え】 入手ルートは自社工場と外注のミックスである。時間管理機器と駐車場管理機器は4割程度が外注依存になっていた。

引き渡しルートは大口案件は直販で、それ以外は代理店経由である。その大半は文具・事務用品の問屋を兼ねている。

【時機】 このケースは、戦前の黎明期に起源があり、先発に相当する。かつてはタイムレコーダーが記録した時刻を手作業で計算機に入力していたが、その煩雑さに不満が募るのは時間の問題であった。高度成長の波に乗ってタイムレコーダーが売れに売れる状況に浮かれることなく、アマノは次の一手を他社に先駆けて繰り出した。このケースは人事制度改革の波を捉えたと見ることができる。フレックス制の導入に代表されるように、就業体系の柔軟化が進行すると、次から次へとタイムレコーダーに新たな需要が生まれている。

【源泉】 この事業で高収益を許すのはパフォーマンス優位である。アマノのタイムレコーダーは煩雑な入力作業を省くだけでなく、入力ミスに起因する苦情処理もなくしてしまう。コスト節減効果は計り知れないため、強気の見積もりも通ってしまう。

【防壁】 この事業で高収益を守るのは技術の多面性である。当初は時計にスタンプ機能を付加するための機械的な工夫が参入障壁を形作ったが、電算化の時代に入ってからは、様々な特殊ニーズに応えるためのソフトウェア部品の集積が他社を寄せ付けない。ソフトウェアの開発能力が高いライバルが現れても、古い機械の要素で行く先を阻まれてしまう。時間管理というドメイン設定は、意外と奥が深い。

【支柱】 この事業で高収益を支えるのは品質管理部隊である。時間情報システムは課金のベースとなるだけに、誤作動は許されない。そこでミスがあっては、戦略も均整は保ちようがない。

【選択】 1968年2月、アマノはアレコデータシステム部を発足させて、社運を賭けたプロジェクトに取り組み始めた。これはタイムレコーダーとコンピューターを直結して給与計算の電算化に道を開く試みにほかならない。米国IBM社のシリーズ360の出荷が始まったのが1965年11月のことなので、コンピューターの民間利用は緒に就いたばかりであった。社史も「アレコデータシステムは目前に市場のニーズがあって開発しようとしたというより、市場的には全く未知であるが5年、10年先には必ずこういうニーズが発生するであろうとの確信から出てきた商品であった（中略）長期にわたる開発の試練に耐えなくてはならなかったが、現在ではこの頃の先駆的な開発が正しかったことが証明されている」と評価している。

■アレコデータ…
50年史

◉戦略旗手▷▷▷▶▷操業経営者

■すがわら・ただし
生没：1926.03–1989.07
社員：1952.10–1961.11
役員：1961.11–1989.07
社長：1977.02–1989.06
会長：1989.06–1989.07

【人物】このケースで戦略を推進したのは実質的な2代目社長の菅原正氏である。創業者の天野修一氏は1968年にインサイダートレーディングと脱税の嫌疑をかけられて引退したが、1970年に79歳で社長に復帰した。その高齢社長をナンバー2として補佐し、跡を継いだのが菅原氏である。創業者が返り咲いたのはアレコデータシステムを完成させるためと言われているが、いかんせん本格的な電子化を進めるには時代が早すぎた。菅原氏が社長として手掛けた初仕事は、アレコデータシステムの不良在庫処分であったという。ちなみに、創業者の子息たちは大学教授の道を歩んでいる。菅原氏は早稲田大学法学部を面白くないとして中退し、草創期のアマノに入社した。数ヶ月で取締役に取り立てられ、マーケットリサーチを担当し、自らの調査結果に基づいて創設した福岡支店の初代支店長を務めるなかで「販売の神様」という評価を打ち立てたそうである。米国工場の建設に断を下したのも、菅原氏だという。社長になってからは機械式のタイムレコーダーを中国、インド、メキシコあたりに持ち込んで、元手を取り終えた技術から二度目の収益を上げて開発原資を捻出する役回りを自ら担っていた。

■販売の神様
巨体から湧き出る…
日経産業 1984.6.4

菅原氏は「巨体から湧き出る体力で1年のうち通算3ヶ月は商用で海外を飛び回る」と言われており、急性心不全で絶命したのも出張先のナホトカであった。訃報を伝える記事には「取締役就任時の年商は約10億円だったが、今年3月期には約330億円へと拡大させた」と記されている。

■取締役就任時の年商は…
日経産業 1989.7.8

【着想】菅原氏の着想は研ぎ澄まされていた。アレコデータシステムについて「技術導入にメクラ判を押して毎日冷や汗をかいていたが、あのときエレクトロニクス技術の導入を断行しなかったならば

■技術導入にメクラ判…
日経産業 1984.6.5

■勝ち目のない競争に…
日経産業 1983.9.27

今日のアマノはなかった」と総括したのは、一種の謙遜であろう。社長時代にはPC進出の噂もあったが、「勝ち目のない競争に飛び込むより、ソフトを増やしてタイムレコーダー市場でシェアをどんどん伸ばしていくことが先決」と決断しており、勝ち戦を見据えていたことは間違いない。

［参照文献］
『アマノ50年史』1982年
天野修一『鈍根運 天野修一自伝』1963年

ケース 641 クラリオン：特機事業

B：車両用AV機器（安全・効率運行支援）

戦略C/C比率◀◁◇▷▷
戦略D/E比率◀◁◇▷▷
対照：052

■クラリオン
直前決算期：2000.03
実質売上高：1,890億円
営業利益率：1.7%
海外売上率：50%
社内取締役：10
同順位相関：0.38
筆頭大株主：日産自動車
利益成長率：△/△/△
東名阪上場：1962.08

◉企業戦略▷▷▷▶▷本業辺境展開

【経緯】 クラリオンは1939年に東京で瀧澤無線電機工業として設立された会社である。設立当初は家庭用ラジオを製造していたが、戦中に白山無線電機と合併して帝国電波となり、戦後はカーラジオとバス用拡声装置を開発して、車載用AV機器のパイオニアとなった。日産自動車の系列に入って企業基盤が強固になると、1973年にカークーラー、1974年に厨房機器、1976年に業務用カラオケと、多角化に打って出たが、いずれも開花せず、2000年代に筆頭株主は日産自動車から日立製作所にシフトした。

【編成】 本業は自動車機器事業で、それが分析対象期間中も主業の座を占めていた。多角化は徒労に終わり、今日まで残っているのはバス用拡声装置から出発した特機事業だけである。これは「その他」から独立したセグメントで、1998年度から開示対象となったが、2010年度から非開示に戻っている。

■特機事業
期間：2000.04-2010.03
得点掲示板：8-2
営業利益率：14.5%
利益占有率：31%
開示欄序列：3→2
事業本拠地：福島県
独禁法違反：報道なし

◉事業戦略▷▷▷▷▶複合化展開

【立地】 売り物は観光バス用の拡声装置、エンターテイメント機器、ナビゲーション機器、路線バス用の行き先表示装置、バス・トラック用のリアカメラシステム、ドライブレコーダー、業務車両用の運行管理システムなどである。

売り先はバス・トラックをはじめとする業務用車両のオペレーターである。

—
1990年代：0–1
2010年代：—

狭義の競合は業務用車両用AV機器のメーカーであるが、ここはクラリオンの独壇場と言ってよい。たとえば車内放送設備のシェアは、1963年時点で90%、路線案内システムのシェアは1989年時点で70%に達していた。

■90%
オール生活 1963.6

■70%
日経流通 1989.1.17

広義の競合は汎用AV機器のメーカーである。同じAV機器でも車載用となると「マイナス40度からプラス85度の温度変化や振動など」にさらされ、求められる信頼性の水準が桁違いに上昇することから、プレイヤーはデンソー、パナソニック、パイオニア、アルパインあたりに限られる。

■マイナス40度から…
クオリティマネジメント 2011.9

業績推移（億円）

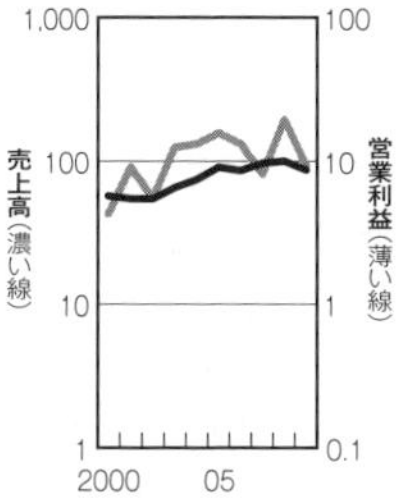

【構え】 入手ルートは主に自社の海外工場である。クラリオンは職能制をとっており、特機専用の工場は存在しない。

引き渡しルートは車両メーカーと思われるが、特機事業の相対規模が小さいため確かなことはわからない。営業組織も特機事業は自動車機器事業と相乗りになっている。

【時機】 このケースは、戦後の草創期に起源があり、先発に相当する。「日立、東芝と競争して同じものを作ったのでは、力が違う」と常々考えていた創業者の滝澤左内氏は、終戦直後に進駐軍の車にラジオがついているのを目撃して「電灯線を使わないラジオなら、蓄電池に強い私の仕事だ!!」と膝を打った。そして当時の日本には自家用車がなかったので、とりあえず富士自動車（旧中島飛行機）のバスからスタートしたという。1948年に売り出したバス用拡声装置は、日本初と言われている。このケースはバス特需の波を捉えたと見ることができる。バス事業は、2000年に免許制が許可制に変更された。この規制緩和を契機に、貸し切りバス事業者は10年で2,800から4,500にまで増加した。2005年あたりからは高速ツアーバスが全盛期を迎えている。

■日立、東芝と…
先見経済 1964.11

■電灯線を使わない…
オール生活 1963.6

■2,800から4,500
日経朝刊 2012.7.29

【源泉】 この事業で高収益を生むのはミッションクリティカリティである。顧客獲得競争が熾烈を極めるバスやトラックの運行事業者にしてみれば、顧客に対するサービスの向上と、運行管理の強化は、生死を分けるほどクリティカルとなっている。クラリオンが提供する具体策は、減価償却ベースでは安く映るため、強気の価格が通りやすい。

【防壁】この事業で高収益を守るのは競合の自縛である。クラリオンのような有力メーカーが1社あれば飽和してしまうほど規模が小さい市場では、敢えて参入を試みる強豪など現れない。ゆえに先手必勝となる。

【支柱】この事業で高収益を支えるのは開発部隊である。不慣れなITへの挑戦は、苦難の連続であったと推察される。

【選択】2001年4月、2期連続で最終赤字に転落したクラリオンは「新創業21計画」を発表した。これは軸足をAVからITに移すことを謳っていた。AVを得手としてきたクラリオンはITの技術基盤など持ち合わせないに等しかったことを考えると、これは鬼手である。

■いずみ・たつひこ
生没：1952.04-
社員：1976.04-1999.06
役員：1999.06-
社長：2001.05-2014.04
会長：2014.04-

◉戦略旗手▷▷▷▶▷操業経営者

【人物】このケースで戦略を推進したのは新創業21計画を起草した泉龍彦氏である。泉氏の父親は東京日産自動車販売で会長まで務めた人物で、当人は大学を卒業してから1年間を語学留学に費やし、それからクラリオンに入社した。営業畑が長く、二度の米国駐在で販売パートナーから経営を学んだり、成功体験を積んだという。

■ゴーンショック
日経産業 2005.5.18

カルロス・ゴーン以前の日産自動車から送り込まれた社長がわずか2ヶ月で退任するほど、クラリオンにとって「ゴーンショック」は激震に相当した。未曾有の経営危機に遭遇したクラリオンを託された泉氏は、新創業21計画の策定に携わり、「積極的な人材登用と経営の若返り」を謳った計画の発表と同時に社長に就任した。特機の戦略や営業を担当したのは松岡義久氏であるが、事業立地の転換を唱えたのは泉氏以外に考えられない。

観光バス向けのカラオケはクラリオンの独壇場に近い領域であったが、バブル経済が崩壊したあとは集客力が衰えて、それにしがみつく経営は成り立たなくなっていた。1990年代の10年間で、特機を含む「その他」部門が黒字になったのは2年だけで、そのうち1年は苦し紛れに始めた空調や住設という多角化部門の貢献を無視できない。その多角化部門も数年で行き詰まり、早々に撤退したあとも「その他」部門の赤字はとまらなかった。新創業21計画で泉氏は「車載音響機器事業から情報通信機器事業への質的転換」を宣言し、バス運行事業者の収益力向上策に的を絞った。

【着想】 泉氏の着想は重ねに重ねた熟慮に基づいている。その内容は、「車の情報技術（IT）化が進むなかで、我々が置かれている立場は悪くない」という大局観と、「自動車で生きる」という決断から推し量ることができよう。泉氏はカラオケ事業を手放すと、日立製作所の傘下に入る道を選択した。そこには資金面と技術面の後ろ盾を用意して、デンソーの向こうを張る意志を汲み取ることができる。

■車の情報技術（IT）化…
日経産業 2001.5.10

■自動車で生きる
日経産業 2003.2.5

[参照文献]
東洋経済新報社編『日本会社史総覧』1997年

3 入手困難な「売り物」

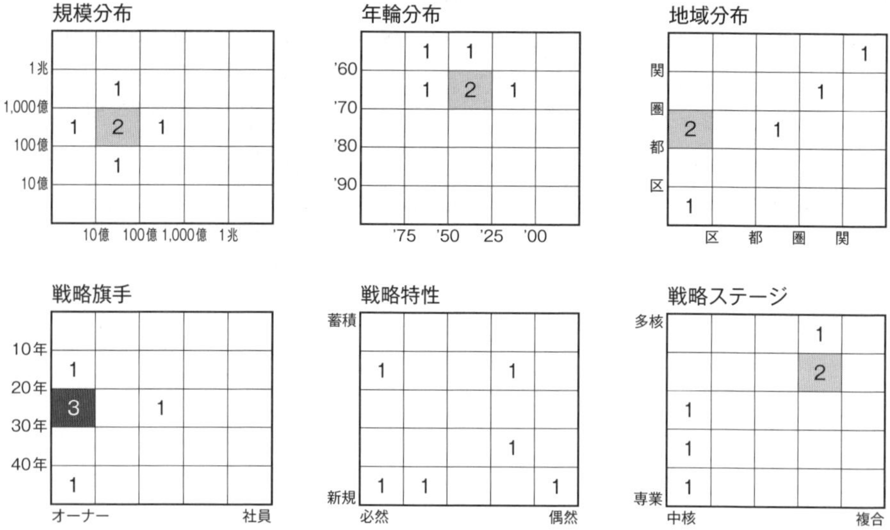

顧客に感謝されるには、第三の道もある。それは、入手が困難なモノを供給することである。市場に溢れかえるモノに感謝は集まらないが、探してもなかなか見つからない、または手に入れることができないモノを供給すると、顧客は感謝の念を抱きやすい。

ダッシュボードは、分散の激しいマトリックスと、偏在の見られるマトリックスが、半々になっている。規模分布からは、成長性は見られるものの事業規模に期待できないことがわかる。年輪分布からは、着手時期が古く、戦略の有効寿命が異様に長いことを見て取ることができる。そして戦略旗手からは、戦略が特定の経営者に依存せず長命であることを窺い知ることもできる。普遍性には欠けるものの、決まれば技ありとなる妙味に溢れた戦略なので、一考には値するものと思われる。

9-3-1 ライフセーバー

ライフセーバーとは、所望するモノが入手困難なことに気付いた顧客に救いの手を差し伸べることを指す。その具体的な手口として、(1) 廃番になった装置や売れない装置の消耗品を供給し続ける、(2) 新しい技術の陰で霞んでしまった旧製品を供給し続ける、の2パターンが本巻では浮上している。

この戦略を活かした典型例はケース642の日機装で、ここは人工透析装置と消耗品（一種のフィルタ）をセットで手がけている。消耗品が入手できない装置も、マッチングする装置のない消耗品も、無用の長物と化してしまう。その点を踏まえたうえで無駄が出ないように事業を展開するのが、日機装ということになる。このケースは文字通り人命を救うライフセイバーでもある。ケース643のタムラ製作所はハンダ付け装置と薬品をセットで供給し、ケース849のマックスはホチキスの器具と針をセットで供給する。ともに意味合いは日機装と同じで、上述した (1) に該当する。

続く3ケースは (2) に該当するもので、ケース850のエクセディはマニュアルトランスミッションの主要構成部品を供給し続けている。周知のとおり、マニュアルトランスミッションはオートマティックトランスミッションに凌駕されて見る影もないが、根強いファンが残っている。ケース851の東京コスモス電機はアナログかつ機械式のポテンショメーターを供給し続けている。これも、デジタル式のタッチパネルやボタンへの置き換えが進んでいる。ケース644の日立粉末冶金はブラウン管用の黒鉛塗料を供給し続けた。ブラウン管は液晶パネルに置き換えられてしまい、続々と生産停止のニュースが流れている。それゆえ残存者利益を享受したケースと表現してもよい。

これらのケースが高収益を生み続けるのは、入手困難なモノに執着する顧客の性質による。特定のモノにいくらまでなら払ってよいと思うかという限界値のことを、経済学では留保価格と呼ぶ。これは、売り手には見通せない。普通の市場には留保価格の高い潜在顧客と低い潜在顧客が混在しており、数量を出そうと思うなら、価格を低く設定して、より多くの顧客を取り込むしか道はない。こうして成立する市場価格より留保価格が高かった顧客は、差額分を「儲けた」ことになる。この儲けを経済学では消費者余剰という。入手が困難なモノを追い求める顧客は、自らの留保価格が高いことを自白しているに等しい。それゆえ、メーカーが価格を高く設定して消費者余剰を取り込んで、高収益を享受しても、なおかつ顧客は感謝するのである。

この戦略が適用できる条件としては、機器と消耗品のセットを組めること、または新技術の登場を挙げることができるが、それとは別の留意事項もある。消耗品に言及するとプリンターを想起する読者も多いと思うが、あれは成功事例と見なしがたい。プリンターの消耗品は、競合するメーカー間または機種間に互換性を持たせなかったので、プリンターを購入した顧客は高くても指定された消耗品（インク）を買わざるをえない状態にトラップされる。そうなると顧客の囲い込み競争に火がつくのは時間の問題で、プリンターをただ同然でばらまいて、消耗品で稼ぎ返すというビジネスモデルが定着した。ところが、利益率の高い消耗品がサードパーティー製品を市場に呼び込むのは時間の問題で、プリンターメーカーは対処に苦しんだからである。安易なビジネスモデルを追いかけると、あとが怖い。

ここに登場するケースでは、機器・装置サイドの市場が小さく、競争が熾烈でないこともあり、消耗品に頼らず利益を確保しているものと思われる。そこに勝因があることは指摘しておきたい。

ケース 642　日機装：医療事業

B：血液透析装置（透析患者の支援）

戦略C/C比率◀◁◇▷▷
戦略D/E比率◁◀◇▷▷
対照：—

◉企業戦略▷▷▷▶▷本業辺境展開

【経緯】 日機装は1953年に東京で特殊ポンプ工業として設立された会社である。ボイラー水の処理装置用にアメリカのミルトン・ロイ社の定量注入ポンプを輸入販売するところから出発したが、早くも1956年に自社工場を整備して国産化への道を開いている。火力発電所に出入りする関係で計装分野にも進出し、これが機械計装分野の基盤となった。1959年には東京大学医学部助手から要請を受けて人工心臓の試作に挑戦し、さらに1966年にはミルトン・ロイ社の要請に応えて同社の人工腎臓装置の輸入販売に踏み切ったことから、医療事業も立ち上がった。1981年からは航空機向けに炭素繊維の応用製品も手掛けている。

【編成】 本業は祖業の特殊ポンプであったが、いまや医療部門が肩を並べるに至っている。特殊ポンプと計装は顧客を共有し、特殊ポンプと医療は技術を共有する。

■日機装
直前決算期：2000.03
実質売上高：500億円
営業利益率：6.0%
海外売上率：20%
社内取締役：13
同順位相関：0.84
筆頭大株主：金融機関
利益成長率：△/△/△
東名阪上場：1961.10

◉事業戦略▷▷▷▶▷本業辺境外販化

【立地】 売り物は腎機能を代替する血液の透析装置・透析器・製剤一式である。透析装置は特殊ポンプとモニタリング用計装の塊と言ってよい。

売り先は透析医療を手掛ける病院、および透析医療を受ける個人である。透析患者数は年々増えており、日本では25万人を超えるところまで来ている。

狭義の競合は透析装置のメーカーである。東レやニプロが挑戦しているが、日機装の国内シェアは約6割と揺るがない。一言に装置と言っても幅が広く、一式を取り揃えているのは日機装だけであろう。

広義の競合は透析装置に組み込む消耗品、ダイアライザーのメーカーである。ダイアライザーは、製品によって除去できる血中老廃物と除去できない血中老廃物が異なってくる。長らく輸入品

■メディカル事業
期間：2000.04-2010.03
得点掲示板：8-2
営業利益率：11.8%
利益占有率：60%
開示欄序列：2
事業本拠地：東京都
独禁法違反：1983.10
—
1990年代：6-4
2010年代：4-0

■25万人
日本機械学会誌
2007.3

■約6割
日経産業 2000.2.3

■約25%
日経産業 2000.6.15

に頼っていた日機装は、ポリエーテルスルホン樹脂製のダイアライザーを自主開発すると同時に、それ以外のラインアップについては国内トップで約25%のシェアを持つ旭メディカルからOEM調達する決断を下し、強者連合を結成した。旭メディカルは高度な中空糸の技術を持つ旭化成の孫会社に相当する。

【構え】入手ルートは自社の静岡製作所（装置）と金沢製作所（消耗品）である。透析器とも呼ばれるダイアライザーや製剤など、消耗品の一部は外部から調達している。

　引き渡しルートは直販を基本とする。患者の生命を左右する装置だけに、日機装は24時間ノンストップのアフタサービス体制を担う子会社群を置いている。

業績推移（億円）

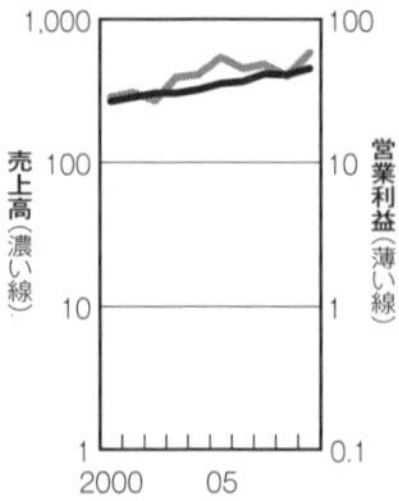

【時機】このケースは、国内では先発に相当する。ただし、ダイアライザーの内製化では後発に回っている。このケースは人工透析療法普及の波を捉えたと見ることができる。日機装は、人工透析に健康保険が適用された1971年時点で既に国内市場の過半を押さえ込んでいた。

【源泉】この事業で高収益を許すのはパフォーマンス優位である。装置の設計もさることながら、優位の一部は24時間体制のサポートにある。

■一度事故を起こしたら…
日経ビジネス 1975.1.20

【防壁】この事業で高収益を守るのは競合の自縛である。透析装置は「一度事故を起こしたら、それこそ企業イメージに決定的な打撃を与えかねない。大企業にしてみれば、全体の売上に対しわずかな比重しか占めない分野での失敗が、全体の営業の命取りになりかねないとすれば、本格進出してこれるだろうか」という疑念がつきまとう。また、品揃えが限定的では、保守部隊を支えきれない面もある。

【支柱】この事業で高収益を支えるのは開発部隊である。日機装は、人工透析の奥の深さを知り抜き、医療従事者の声にも耳を傾けながら、不断の改良を図ってきた。それが戦略の均整を保つうえで大きな貢献となっている。

【選択】1969年10月、日機装は医療器部を設置して、ミルトン・ロイ社からの輸入に頼っていた人工腎臓装置の国産化に乗り出した。当時の日機装は医療機器に関して素人同然で、世の中には「人の命にかかわる事業だけには手を出すな」とリスクを嫌う会社が多いことを考えると、大胆な挑戦と言ってよい。

◉戦略旗手▶▷▷▷▷創業経営者

■おと・けいじろう
生没：1919.01–2000.10
社員：―
役員：1953.12–2000.10
社長：1953.12–1986.12
会長：1986.12–2000.10

【人物】 このケースで戦略を推進したのは創業者の音桂二郎氏である。桂二郎氏は戦中は海軍技術大尉まで務めた人物で、欧米技術の先進性を知り抜いていた。終戦直後は自動車修理業を立ち上げたが、三菱商事が解体されて生まれた金商に請われて入社すると、三菱化成工業が開発したイオン交換樹脂の商品化を担当することになった。そして広く水処理事業を興そうと日本錬水を設立するが、イオン交換樹脂の増販にしか興味のない経営陣と衝突し、独立を思い立ったという。そして日本錬水時代に接触したミルトン・ロイ社と父親の支援を得て特殊ポンプ工業を設立した。

■でっかい組織とか…
自分で生産し出して…
いくら安くても…
当時は能力があって…
潰れたらまた…
日経ビジネス 1979.12.3

　ミルトン・ロイ社の社長は「でっかい組織とか何とかは要らない。一生懸命やってくれる男が1人いればいい」と桂二郎氏に命運を託したという。桂二郎氏は、輸入専業の総代理店から事業を立ち上げて、しばらくしてメーカーに転進するというものであった。「自分で生産し出してからも、相手が期待したロイヤリティーの10倍も送っちゃったんです」ということで、ミルトン・ロイ社も桂二郎氏の戦略に同意したらしい。桂二郎氏は「いくら安くても悪いという評判ができたらダメ。高くてもいいから良いものをつくれ」という方針を貫いたそうである。

【着想】 桂二郎氏の着想は人事にある。「当時は能力があってフラフラしてる人間が結構いたんですよ。とにかくまだ混乱してる時代でしたから、まずそういう人を集めて、それから大学で赤旗を振ってたヤツを採ったんです。こんなのは、どこの会社も迎えませんわな。会社へ入ってガチガチやられたらたまったもんじゃないって。だけど、そういう連中はバイタリティーがあるでしょう」と割り切って、意欲溢れる人材で国産化に挑んだという。

　実際に全学連の委員長を社員にしたことから組合が先鋭化した時期もあったが、桂二郎氏は「潰れたらまた1人で会社をつくればいいって考えてましたから。どうせ1人で始めた仕事で、代理店権は私が自分で持っている。そうすると、パンクして困るのは彼らでしょう。ほかに行く所もないんでしょうから。それで、平気だったんです」としたたかな面を覗かせていた。

[参照文献]

『日機装40年史』1995年

ケース643 タムラ製作所：はんだ付け事業

B：はんだ付け装置・材料（基板実装の改良策）

戦略C/C比率◀◁◇▷▷
戦略D/E比率◀◁◇▷▷
対照：439

■タムラ製作所
直前決算期：2000.03
実質売上高：760億円
営業利益率：5.2%
海外売上率：55%
社内取締役：5
同順位相関：▲0.80
筆頭大株主：金融機関
利益成長率：△/△/△
東名阪上場：1961.10

◉企業戦略▷▷▷▶▷本業辺境展開

【経緯】タムラ製作所は1939年に東京で田村ラヂオ商会の流れを継承して設立された会社である。高性能ラジオをつくる通信機部門と、その鍵を握る変成器（トランス）部門を擁してスタートしたが、戦後はトランス専業メーカーとして電電公社からの受注で経営を安定させ、その後は民生用で量産体制を構築した。はんだ付けペーストに進出したのは、トランスが断線する品質事故を調べるうちに、非腐食性のフラックス（溶剤）を完成させたことによる。1960年に放送機器（ミクシング・コンソール）に参入したのは、トランスの有力顧客であったNHKとの関係による。1980年前後に立ち上がった電源機器は、トランスの川下に相当する。

【編成】本業はトランスであったが、主業の座ははんだ付け装置・材料にシフトした。電子部品事業は今日でも最大部門のままであるが、収益力は見るに忍びない。祖業の流れを汲む放送機器も存在感は薄い。

■はんだ付け装置事業
期間：2000.04-2010.03
得点掲示板：9-1
営業利益率：13.8%
利益占有率：86%
開示欄序列：3→2
事業本拠地：埼玉県
独禁法違反：報道なし
—
1990年代：10-0
2010年代：2-2

◉事業戦略▷▷▷▶▷本業辺境外販化

【立地】売り物は電子回路基板の実装工程で使われる各種の化学材料と装置である。レジスト、フラックス、導電性ペースト、層間絶縁材料と、多様な材料を一式揃えているところにタムラ製作所の強みがある。装置はリフローを中心に据えている。

売り先は電子回路基板の実装工程を抱えるメーカーで、主力は電気メーカーと見て間違いない。

狭義の競合ははんだ付け装置や材料のメーカーである。いずれも市場が小さいため、参戦しているのは中小企業ばかりと言ってよい。タムラ製作所は得意中の得意とするフラックス材料で市場の65%、同じくリフロー装置で市場の40%を押さえ込んでいる。装置全体では、2005年に古河電気工業と事業統合に漕ぎつけたことにより、タムラ製作所は世界市場の30%を占有し、首位に躍り出た。

■65%
日経産業 1981.11.18

■40%
日経産業 2008.7.11

■30%
日経朝刊 2006.9.28

広義の競合は今のところ見当たらない。

【構え】 入手ルートはタムラ化研とタムラエフエーシステムという子会社で、前者が材料、後者が装置を担当する。装置の一部は中国の蘇州工場に委ねている。

引き渡しルートは直販主体である。国内では本社のほか、3営業所、2出張所で全国をカバーする。海外はシンガポールと香港以外は代理店を使っており、その数は中国だけでも軽く1ダースを超えている。

【時機】 このケースは、先発に相当する。タムラ化研の前身は、ソニーがトランジスタラジオTR-55を発表した翌年に立ち上がっている。このケースは技術革新の波を捉えたと見ることができる。はんだの世界では噴流工法化、自動化、表面実装化、半導体のファインピッチ化、鉛フリー化などが進展し、タムラ化研は休む間もなく対応を迫られた。

業績推移（億円）

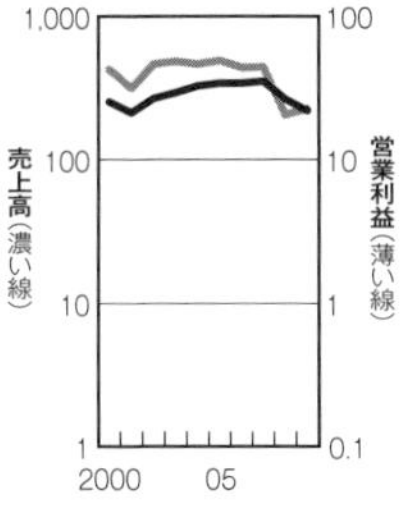

【源泉】 この事業で高収益を許すのはミッションクリティカリティである。はんだは安い材料でありながら、顧客製品の品質を大きく左右する。

【防壁】 この事業で高収益を守るのは競合の自縛である。はんだ抜きで電子工業が成り立たないのは事実でも、世間の耳目は集積回路やコンデンサの微細化という華々しいニュースに集まる。そのせいか、大手で興味を示すところは皆無に近かった。小回りの利く中小企業は、いわゆる縁の下の力持ちという領域でタムラ製作所が人知れず勝ち取ったデファクトスタンダードに跳ね返されてしまう。タムラ製作所は、タムラ化研の設立から5年ほどフラックス市場を独占する間にユーザーに促され、1968年に自動はんだ付け装置を開発した。そこから先は装置と材料の相互最適化が進み、他社を寄せ付けない。

【支柱】この事業で高収益を支えるのは分析部隊である。彼らが手持ちの分析装置や構造解析装置を駆使して、トラブルに直面したユーザーのサポートを怠らないからこそ、タムラ製作所は競合の付け入る隙を塞ぐことができることを忘れてはならない。なお、子会社を事業主体としたことで、この事業は無用な成長ドライブを免れているようである。これも均整をとる工夫と言えるかもしれない。
【選択】1958年9月、タムラ製作所はタムラ化研を設立した。これで、本業とは技術面でも市場面でも異質な分野への挑戦を始めたことになる。

■たむら・とくまつ
生没：1886.09–1962.07
社員：—
役員：1939.11–1962.07
社長：1939.11–1960.05
会長：1960.05–1962.07

◉戦略旗手▶▷▷▷▷創業経営者

【人物】このケースで戦略を推進したのは創業経営者の田村得松氏である。得松氏は島根県の新聞社に勤めたことから世界の動きに関心を抱くようになり、20歳で神戸港から単身渡米した。そしてデトロイトの自動車メーカーに職を得て、35歳になるまで彼の地で修行を重ねたという。帰国後はラジオの将来性に魅せられて東京で起業したが、修理を請け負ううちに輸入品のトランスに弱点があることを見出し、その代替品の試作に乗り出した。タムラ製作所の原点は、ここにある。
【着想】得松氏の着想は知る術がない。社史の語るストーリーはわかりやすい。トランスの断線事故に遭遇して「エレクトロニクス用化学材料が、将来タムラの事業の大きな柱になる」と確信して、会社の化学室を自宅敷地の一角に移転させ、研究員を毎日のように励ますうちに、タムラ化研の最初の製品が誕生したということである。

ただし、この話には伏線がある。得松氏の妹が結婚した相手は、いまの東京工業大学で応用化学を専攻した人物で、アメリカから帰国した得松氏は妹夫婦の家に身を寄せており、そこから応用化学に関心を抱くようになったのではなかろうか。

［参照文献］
『21世紀へのみちしるべ タムラ製作所75年のあゆみ』2000年

ケース 849 マックス：オフィス機器事業

B&C：ホッチキス（書類を綴じるための文具）

戦略C/C比率◁◀◇▷▷
戦略D/E比率◁◁◇▶▷
対照：—

◉企業戦略▷▷▷▷▶多核化展開

【経緯】 マックスは高崎で山田航空工業として1942年に設立された会社である。戦時中は中島飛行機の下請けに終始したが、戦後はホッチキスの生産を開始して、あっという間に国内市場を席巻した。1963年にはアメリカのボステッチ社と資本・技術・販売にわたる提携に踏み切って、第二の柱となるエアネイラ事業を打ち立てている。提携先の親会社が替わったのを機に1993年に提携関係は解消したが、事業はマックスに残った。

【編成】 本業はホッチキスのままながら、規模のうえではエアネイラのほうが大きくなっている。留めるという点でホッチキスとエアネイラは共通しているが、製造工程や販路は似ても似つかない。

■マックス
直前決算期：2000.03
実質売上高：450億円
営業利益率：11.0%
海外売上率：17.6%
社内取締役：14
同順位相関：0.83
筆頭大株主：金融機関
利益成長率：○/△/○
東名阪上場：1970.03

◉事業戦略▷▷▷▶▷本業辺境外販化

【立地】 売り物はホッチキスと、その替え針である。いずれもフルラインで展開している。

売り先は一般消費者や企業のフォイス、および電子ホッチキスを組み込む複写機のメーカーなどである。

狭義の競合はホッチキスのメーカーながら、自社ブランドで製販を統合しているのはマックスだけと思われる。紙や樹脂や金属など多種多様な素材を扱う文具メーカーの場合、生産には中小企業を下請けとして活用している公算が大きい。マックスは器具で国内シェア7割程度、針で国内シェア80%以上を押さえ込んでいる。

広義の競合はホッチキスの販売事業者で、マックスのほかにコクヨやプラスのような文具メーカーが器具と針を販売する。

【構え】 入手ルートは群馬県に配置した自社工場群である。鋼材を購入したあとの加工は、自社設備で行っている。

引き渡しルートは支店、代理店、特約店、小売店と流れる経路を主軸とする。

■オフィス機器事業
期間：2000.04-2010.03
得点掲示板：10-0
営業利益率：21.5%
利益占有率：96%
開示欄序列：1
事業本拠地：群馬県
独禁法違反：報道なし
—
1990年代：8-2
2010年代：4-0

■7割程度
80%
日経産業 1999.8.5

業績推移（億円）

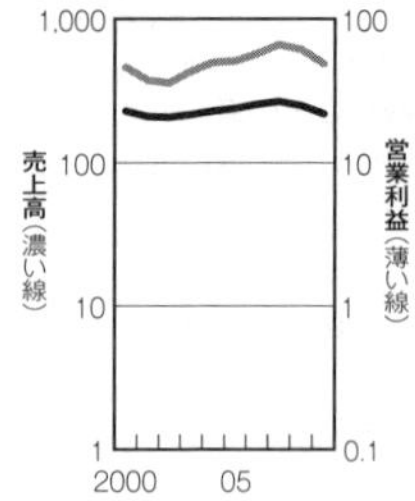

【時機】このケースは、先発に相当する。戦前にホッチキスが輸入されており、国産化を図る企業家もいたが、事業として成り立たせたのはマックスである。分析対象期間中にマックスの海外売上高比率が10%ポイントほど上昇したのは、新興国の成長という時機を捉えたからであろう。

【源泉】この事業で高収益を許すのはコスト優位である。マックスの針工場は世界最大規模で、多品種少量生産と無人化を両立させており、これに太刀打ちできるところはない。同業他社がかろうじて事業継続できる価格でも、マックスが大きな利益をあげることができるのは、コスト差による。

【防壁】この事業で高収益を守るのは経験曲線である。マックスは1960年に器具工場を新設して、その3年後に針工場も新設した。針工場は1990年代後半に3年半かけて操業を続けながらスクラップ＆ビルドしており、当初の体制は今日まで続いている。この間の累積生産量は他を完全に引き離しているため、マックスに価格競争を挑むのは自殺行為に等しい。

【支柱】この事業で高収益を支えるのは製品開発部隊である。彼らが意欲的に新製品を投入し続けるため、競合他社はニッチ製品を突破口とすることもできない。それこそ完封勝利の図式が実現している。

【選択】1963年8月、マックス工業は針を生産するために藤岡工場を新設した。これは未上場段階での大型投資であった。

■やまだ・たつお
生没：1911.05–1988.12
社員：1942.11–1944.03
役員：1944.03–1971.11
社長：1951.02–1971.11
会長：—

◉戦略旗手▶▷▷▷▷創業経営者

【人物】このケースで戦略を推進したのは創業者の山田辰雄氏である。辰雄氏は中学時代から熱心なクリスチャンで、そのせいか「明るく働きやすい職場」づくりには人一倍の努力を払ってきた。従業員に自社株を持たせたり、退職金を積み立てたり、団体生命保険に加入したり、販売が計画を上回ると奨励金を払ったり、その心遣いは徹底している。会社の運営についても「地味に、自らの力で相撲をとることを信条としてきた」と語っていた。

■明るく働きやすい職場
地味に、自らの力で…
工場管理 1957.9

【着想】辰雄氏の着想は偶然の産物から生まれている。戦前にホッチキスを手掛けていた向野光雄氏から金型や社員をまるごと譲る

■向野光雄氏
日経産業 1998.3.12

という話を持ちかけられ、そこに民需転換の突破口を求めて、数年で低廉な小型製品を出したところ、またたく間にホッチキスは日本で必需品の地位を獲得したということのようである。そのあとの増産対応フェーズでは、辰雄氏の人に配慮した経営管理が功を奏したと言ってよい。

[参照文献]

『ホッチキス物語』1992年

ケース 850 エクセディ：MT事業

B：クラッチディスク（手動変速装置用の部品）

戦略C/C比率◁◁◇▶▷
戦略D/E比率◁◁◇▶▷
対照：325

■エクセディ
直前決算期：2002.03
実質売上高：1,030億円
営業利益率：6.0%
海外売上率：30%
社内取締役：11
同順位相関：0.78
筆頭大株主：アイシン精機
利益成長率：△/△/△
東名阪上場：1996.09

◉企業戦略▶▷▷▷▷本業集中

【経緯】エクセディは1950年に大阪で大金製作所として設立された会社である。祖業はクラッチディスクで、源流は1923年まで遡る。1970年には自動変速機用の部品にも参入し、1980年代の後半からは海外現地生産にも乗り出した。長らく日産自動車の系列に属していたが、2001年度中に同社が株式を売却したことから、トヨタ系列の変速機メーカー、アイシングループが筆頭株主に躍り出ている。

【編成】本業はトランスミッション用の部品で、規模に劣るマニュアル用が、規模に勝るオートマチック用と利益では拮抗する状態にある。

◉事業戦略▶▷▷▷▷中核集中

■MT
期間：2002.04–2010.03
得点掲示板：8–0
営業利益率：13.2%
利益占有率：46%
開示欄序列：1
事業本拠地：大阪府
独禁法違反：報道なし
—
1990年代：—
2010年代：4–0

【立地】売り物はマニュアルトランスミッション用のクラッチディスク、クラッチカバー、およびフライホイールである。

売り先は自動車やトラックのメーカーで、売掛金リストの上位にはダイハツ工業、日産系のジヤトコ、富士重工業、マツダ、いすゞ自動車などが並んでいる。アイシン精機をグループ内に抱えるトヨタ自動車と、エフ・シー・シーを重用する本田技研工業以外は、エクセディをトップサプライヤーに据えているようである。

狭義の競合はマニュアルトランスミッション用のクラッチディス

■**大半**
日経金融 1994.3.9

ク、クラッチカバー、およびフライホイールのメーカーである。独立系のエクセディは商用車に限ると国内市場の大半を占有しているが、乗用車も含めるとトヨタ系のアイシン・エーアイが僅差で迫っている模様である。その親会社で自動変速機に強いアイシン精機（連結）は分析対象期間中に10戦全敗で通算利益率4.8%に終わっている。

広義の競合は海外のメーカーで、フランスのヴァレオやアメリカのLUKが新興国需要を狙っている。

業績推移（億円）

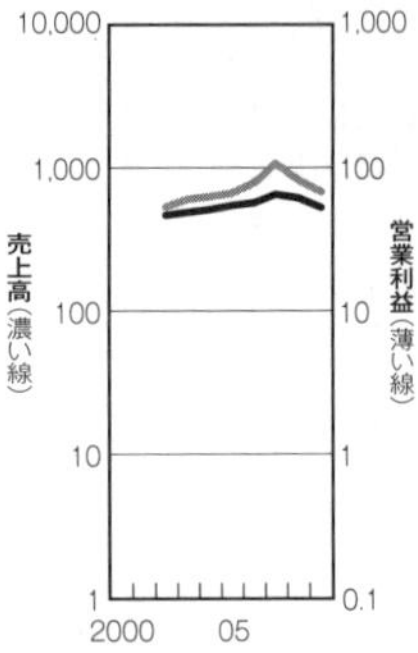

【構え】入手ルートは大阪、埼玉、広島に配置した国内工場のほか、アメリカ、タイ、中国に開設した自社工場である。

引き渡しルートは主に直販である。輸出については商社経由もある。補修品は特約店経由としている。

【時機】このケースは、日本における自動車工業の黎明期まで遡るもので、明らかに先発に相当する。新興国需要の盛り上がりが時機となったのかもしれない。

【源泉】この事業で高収益を許すのはミッションクリティカリティである。クラッチは、自動車の乗り心地を左右するだけでなく、自動車を立ち往生させる原因にもなりかねない。それゆえ、車輛メーカーも信頼性に対してプレミアムを払うことを厭わないのであろう。

【防壁】この事業で高収益を守るのは規模の経済である。戦時中に90%のシェアを獲得したエクセディは、戦後も車輛メーカーの内製部門に打ち克って、トヨタ系列以外では不動の地位を固めている。これは、最小効率生産規模が極めて大きいことを物語る。

【支柱】この事業で高収益を支えるのは開発部隊である。エクセディは、製品改良の手を緩めることなく、潜在的な参入企業に付け入る隙を与えてこなかった。

【選択】1960年11月、大金製作所は寝屋川に本社工場用地を手当した。当時のエクセディは未上場で、同年3月には広島工場の用地も手当したばかりであった。この怒濤の投資によって、エクセディは不動の地位を確立した。

◉戦略旗手▶▷▷▷▷創業経営者

■あだち・かずま
生没：1906.03–1980.07
社員：—
役員：1950.07–1980.07
社長：1954.06–1980.07
会長：—

【人物】このケースで戦略を推進したのは創業者の足立一馬氏である。12歳で鉄問屋に丁稚奉公に出て独立を遂げた一馬氏は、クラッチディスクを修理して欲しいという注文が飛び込んで来るのに引きずられるようにして、クラッチディスクに特化していった。そして防振型のクラッチディスクを自ら開発して「足立式」の名を売ったり、積極的に海外から技術を導入することで唯一の独立系として独走体制を築き上げてきた。

■時の流れとはまったく…
私は常に事業の主体を…
月刊自動車部品 1973.7

【着想】一馬氏の着想は次の回顧録に要約されている。「時の流れとはまったく無関係に、私の脳中にいまだに去来し続けているものはクラッチに関する諸々のメカニズムであって、敢えて技術革新という言葉を用いずとも、常に新しい方向への模索がときには私の時代の変容すら忘れさせてしまうのです」と一馬氏は語っていた。「私は常に事業の主体を技術の開発に置き、自分の企業は決して利己的なものであってはならないと信じている」という言葉と合わせて考えると、技術一筋と言ってよかろう。

［参照文献］
『大金製作所60年史』1985年

ケース851　東京コスモス電機：可変抵抗器事業

B：ポテンショメーター（電子機器向け機構部品）

戦略C/C比率◁◁◇▶▷
戦略D/E比率◀◁◇▷▷
対照：311

◉企業戦略▷▶▷▷▷川下開拓

■東京コスモス電機
直前決算期：2000.03
実質売上高：100億円
営業利益率：6.6%
海外売上率：22%
社内取締役：5
同順位相関：0.11
筆頭大株主：金融機関
利益成長率：—/—/—
東名阪上場：1961.10

■EBO
エンプロイー・バイアウト

【経緯】東京コスモス電機は1957年に東京で福島電機の東京工場をEBOすることにより設立された会社である。福島電機は1934年に大阪で設立されて、可変抵抗器の名門企業と呼ばれるに至ったが、川下のラジオ事業に進出したタイミングで鍋底不況に遭遇し、資金繰りに行き詰まってしまった。誕生の経緯から多角化にアレルギーがあるのか、東京コスモス電機は独立して20年間近くも可変抵抗器一本槍を貫いていたが、1976年に車載用電装センサ、1984年に面状発熱体に進出する決断を下している。

【編成】本業は可変抵抗器で、それが分析対象期間中も主業の座を占めていた。川下の応用製品にあたるセンサが第二の柱に育っているが、自動車用ドアミラーの曇りどめに使われる面状発熱体は苦戦を強いられている。混成集積回路は市況が悪化し、2003年度を最後に外部調達に切り替えた。

■可変抵抗器事業
期間：2000.04–2010.03
得点掲示板：10–0
営業利益率：17.0%
利益占有率：62%
開示欄序列：1
事業本拠地：神奈川県
独禁法違反：報道なし
—
1990年代：1–0
2010年代：4–0

■技術の東京コスモス
週刊日本経済 1965.8

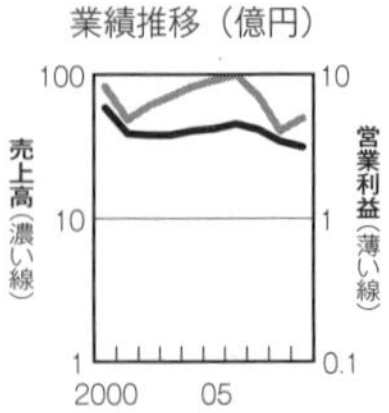

◉事業戦略▶▷▷▷▷中核集中

【立地】 売り物は産業機械用のポテンショメーターである。これは、基板に導電インクと抵抗インクを印刷して、スライダを取り付けた構造をしており、回転つまみ等を操作して音量や温度を調節する機構に使われる。東京コスモス電機は防衛庁の認定を受けており、品質に対する信頼は揺るぎない。業界では「技術の東京コスモス」と言われたそうである。

売り先は産業機器メーカーである。

狭義の競合はポテンショメーターのメーカーで、松下電器産業のほか、東芝や日本電気が出資して1944年に設立された帝国通信工業が立ちはだかっている。帝国通信工業は早くも1961年に固定抵抗器とコンデンサに進出して、その後も民生用機器市場に触手を伸ばしてきた。その結果、同社の電子部品事業は、東京コスモス電機の可変抵抗器事業の4倍を超える規模に達しているが、売上高営業利益率は5%前後に低迷している。

広義の競合はポテンショメーターの代替品メーカーである。これという強豪は見当たらない。

【構え】 入手ルートは福島県や大分県に設立した製造子会社である。

引き渡しルートは日本とアメリカと台湾に設立した販売子会社である。

【時機】 このケースは、先発に相当する。東京コスモス電機が独立した1957年は、電電公社、防衛庁、NHK、航空宇宙技術研究所といった最終需要家の勃興期に相当する。こうした有力顧客に、日本電気、富士通、日立製作所、東芝などを経由して可変抵抗器を納めることにより、同社は独立後4年で上場に漕ぎ着けるという快挙を成し遂げたと言われている。

【源泉】 この事業で高収益を許すのはミッションクリティカリティである。ポテンショメーターは顧客の原価に占めるウェイトが低い割には、機器全体の信頼性を左右する。

【防壁】 この事業で高収益を守るのは競合の自縛である。あまりに小さい市場なので、並み居る強豪は敢えて参入してこない。

【支柱】 この事業で高収益を支えるのは製造品質を確保する製造部隊である。

【選択】 1961年5月、帝国通信工業は固定抵抗器に進出した。その7ヶ月後にはコンデンサにも進出している。同じ年に東京コスモス電機は神奈川工場と大阪営業所を新設しただけで、多角化は見送って2部上場を達成した。この時点における自制が、東京コスモス電機の運命を決めたと言ってよい。多角化を見送れば、社業が停滞し、他社に飲み込まれてしまうリスクを懸念する人は多いが、東京コスモス電機は半世紀にわたって独立を維持している。

◉戦略旗手▷▷▶▷▷外様経営者

【人物】 このケースで戦略を推進したのは渡辺泰秀氏と思われる。渡辺氏は、福島電機の救済に動いた富国産業の常務であった。大学を卒業したあと国際運輸という会社に入社して、1945年から3年間にわたって中国の牡丹江支社長を務めていた。時期と場所を考慮すると、おそらく日本に引き揚げてくる入植者たちの支援に尽力したものと推察される。

■わたなべ・やすひで
生没：1906.03-1992.06
社員：1959.12-1960.05
役員：1960.05-1989.06
社長：1960.05-1973.05
会長：1973.05-1987.06

渡辺氏は、大株主欄に名を連ね、取締役を退任したあとも、監査役として最後の最後まで社業に関与し続けた。存命中に指名した2人の社長は、いずれも中途入社した人物で、それぞれ13年、14年にわたって指揮を執っている。自然発生的な事業拡大の誘惑を押さえ込むには、このくらいの体制が必要なのかもしれない。

【着想】 渡辺氏の着想はインタビューに応えて語った一言が象徴している。「日本におけるトップパーツメーカーとして自負してはいます」という発言のなかで注目すべきはパーツという言葉で、川下に降りて破綻した福島電機の教訓を大事にして、成長機会を敢えて見送ったことを思わせる。

■日本におけるトップ
週刊日本経済 1965.8

[参照文献]
マネジメント、1968年11月

戦略C/C比率◀◁◇▷▷
戦略D/E比率◁◁◇▷▶
対照：342，345

■日立粉末冶金
直前決算期：2000.03
実質売上高：320億円
営業利益率：9.8%
海外売上率：29%
社内取締役：6
同順位相関：0.70
筆頭大株主：日立化成
利益成長率：—/—/—
東名阪上場：1987.01

ケース644 日立粉末冶金：化成品事業

B：コロイド黒鉛塗料（ブラウン管用導電材料）

◉企業戦略▷▷▶▷▷技術応用多角化

【経緯】 日立粉末冶金は1952年に東京で日立化工として設立された会社である。祖業は、日立製作所の中央研究所が試作に漕ぎつけたコロイド黒鉛で、設立間もなく手を伸ばした粉末冶金が2本目の柱を成している。1963年には、日立製作所から新たに分離された日立化成工業に吸収されたが、1968年に再分離・独立を遂げ、日立粉末冶金が誕生した。その翌年には日本鉱業の子会社、日本含油合金製造所と合併している。そこから自主独立経営の時代が長く続いたが、2008年3月に再び日立化成工業の完全子会社となり、上場を廃止した。

【編成】 本業は粉末冶金であったが、1990年代半ばに祖業の流れを汲む化成品が主業の座に躍り出た。

■化成品事業
期間：2000.04-2008.03
得点掲示板：7-1
営業利益率：20.9%
利益占有率：47%
開示欄序列：2
事業本拠地：千葉県
独禁法違反：報道なし
—
1990年代：10-0
2010年代：—

業績推移（億円）

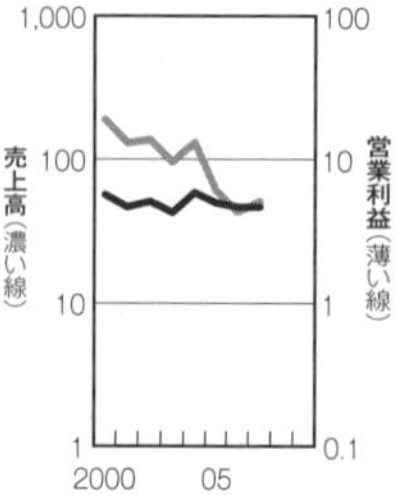

◉事業戦略▶▷▷▷▷中核集中

【立地】 売り物はカスタム仕様のコロイド黒鉛である。コロイド黒鉛は、粒径1ミクロン以下の黒鉛を液体中に分散させた材料で、川下の仕様に合わせて造り込む必要がある。

売り先はブラウン管メーカーである。ブラウン管の内面と外面には導電性が不可欠で、そのためにコロイド黒鉛が塗布されている。一般に内面用と外面用では仕様が異なる。

狭義の競合はコロイド黒鉛を手掛ける国内のメーカーで、意外と見当たらない。

広義の競合はコロイド黒鉛を手掛ける海外のメーカーである。日立製作所が採用を決めると、それに三菱電機、松下電子工業、日本電気が続き、「輸入品を完全に駆逐することができた」と社史は述べている。のちにブラウン管を内製化したソニーも、オランダのフィリップスも顧客リストに加わった。

【構え】 入手ルートは自社工場である。

引き渡しルートは直販である。

【時機】 このケースは、先発に相当する。1953年1月には、シャープが国産第1号の白黒テレビを発売した。翌月にはNHKのテレビ放送が始まり、ブラウン管テレビの市場が立ち上がった。その後の興隆は周知のとおりである。1963年から1966年まで工場長を務めた松本寅雄氏がコロイド黒鉛に言及して社史で「収益は良いのですが、売上が伸びず困っていました」と述べている。この問題を解決したのが、カラーテレビのブームであった。

【源泉】 この事業で高収益を許すのはミッションクリティカリティである。コロイド黒鉛は安いわりにブラウン管の品質を大きく左右する。

【防壁】 この事業で高収益を守るのは最小効率生産規模の大きさである。これが市場規模に比して大きいため、後発参入は容易でない。ゆえに実質的な独占状態が持続する。

【支柱】 この事業で高収益を支えるのは製造品質を確保する製造部隊である。

【選択】 1952年8月、日立化工は日立製作所中央研究所および同社茂原工場と協同で開発に乗り出した。

◉戦略旗手▶▷▷▷▷創業経営者

■くらた・ひろよし
生没：1917.06–1996.04
社員：—
役員：1952.05–1985.06
社長：1968.08–1985.06
会長：—

【人物】 このケースで戦略を推進したのは設立メンバーの倉田博順氏と思われる。設立後、博順氏はコロイド黒鉛の製造を担当していた。

博順氏は、日立製作所の社長を務めた主税氏の長男である。海軍技術将校として終戦を迎えたあとは、同僚と三交産業を設立して「日立絵具」の製造に従事していた。絵具とコロイド黒鉛は、分散技術に依拠するという点で共通しており、日本人造黒鉛の社長が声をかけて日立化工の設立に至ったという。

【着想】 博順氏の着想は知る術がない。起業の目論見は、チルドロール用の離型材として日立製作所若松工場の需要をまかなうところにあったが、注湯時にガスが異常発生する問題を解決できず、この用途開発は早くも1954年に挫折した。しかし、いちはやく製造設備を持ったことが強みとなり、ブラウン管用途の開発案件が日立製作所茂原工場から舞い込んだらしい。

[参照文献]
『二十年史』1972年

4 川上に強みのある「売り物」

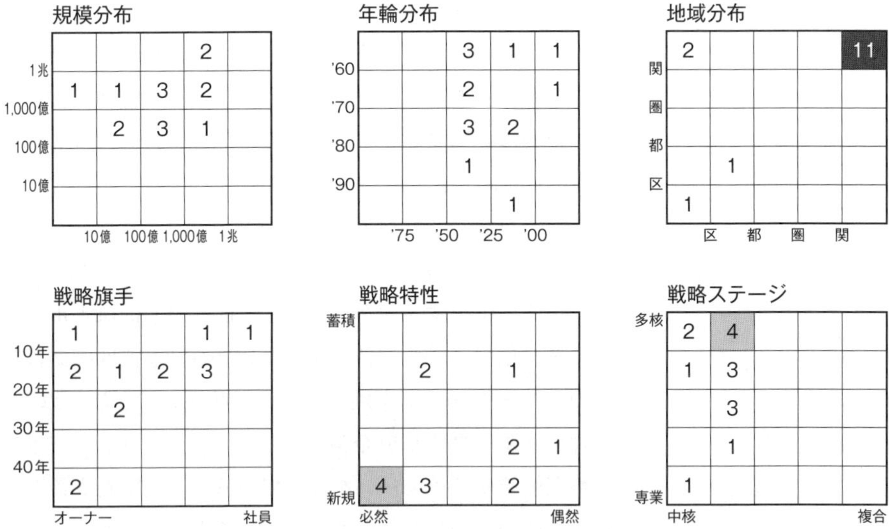

売り物については、古典的戦略論で議論されるように、自社を見る内向きの戦略も成立する。自社が保有する強みを活かす戦略が、それに該当する。

ダッシュボードからわかるように、古典的戦略を採用して成功した企業には、戦前に遡る歴史と伝統を持ち、地域社会の核として君臨し、それなりに規模が大きいところが目立つ。実際に15ケースのなかには繊維系のケースが五つ、炭鉱系のケースが二つ混ざっており、この節は脱斜陽の戦略を代表する面もある。「戦略旗手」マトリックスを見る限り、必ずしも強力なリーダーを必要としないところが興味深い。保有資源を活かす古典的戦略は、現場に密着した実務家にも実行可能ということなのであろう。ただし、古典的戦略が本巻に占める位置は決して高くない。それは汎用性の欠如、または適用条件の特殊性を物語る。

9-4-1 セラミックス

セラミックスは無機物の焼結体を総称するが、構成要素となる元素が多岐にわたるうえ、焼結条件により粒径分布が変わることから、奥行きの深い材料である。この材料に強みを築いた企業は、知見の蓄積を活かして他社を寄せ付けないモノを世に送り出し、高収益を享受する。

この戦略を活かした典型例はケース645の共立マテリアルで、ここはチタン酸バリウムの合成原料を、ケース853のライバル企業に供給する。ケース646の日本碍子は自動車の排気ガスを浄化する触媒担体、ケース852の日本特殊陶業は自動車のスパークプラグを供給する。興味深いことに、以上3社は森村グループの構成企業で、共立マテリアルが他の2社に原料を供給するチェーンを築いている。明治維新直後から国産窯業資源に着眼し、いちはやく外貨を稼ぐ事業群を立ち上げた森村グループの偉業には、脱帽するしかない。

ケース853の村田製作所は、チタン酸バリウムの誘電特性を活かした積層セラミック・コンデンサの雄である。ほかに圧電特性や焦電特性を活かした電子部品も手がけている。ケース647のHOYAは、光学ガラスを様々な製品に落とし込んでいる。ちなみに、ケース645は電気特性、ケース646とケース852は耐熱特性、ケース852は絶縁特性を活かしており、セラミックスの奥行きの深さを再認識させられる。

これらのケースが高収益を生み続けるのは、特殊な原料に関する知見を押さえ込んでいるからである。そこには蓄積の効果が働くため、容易に他社が追随できるものではない。

この戦略が適用できる条件としては、言うまでもなくセラミックスに強いことを挙げなければならない。明らかに先行者が優位に立つ図式があり、本巻の読者にとっては一般に門戸が固く閉ざされた戦略と見るべきであろう。

ケース
645

共立マテリアル：電子部材事業

B：セラミック・ペースト（部品材料供給）

戦略C/C比率◁◁◇▶▷
戦略D/E比率◁◁◇▶▷
対照：426

■共立マテリアル
直前決算期：2000.03
実質売上高：130億円
営業利益率：5.7%
海外売上率：16%
社内取締役：7
同順位相関：0.95
筆頭大株主：ノリタケ
利益成長率：—/—/—
東名阪上場：1949.05

共立マテリアルは名古屋証券取引所第2部に上場していた。本書の調査対象には含まれないが、同社を2001年に連結子会社化（2012年に完全子会社化）した親会社のノリタケカンパニーリミテドが調査対象に入っており、セラミック・マテリアル事業セグメントがケース選定基準を満たしている。この事業の実質が共立マテリアルにあることから、ここでは上場子会社の方を取り上げることにした。

◉企業戦略▷▷▶▷▷技術応用多角化

【経緯】 共立マテリアルは1936年に名古屋で共立原料として設立された会社である。設立したのは日本陶器（現ノリタケカンパニーリミテド）と東洋陶器（現TOTO）と日本碍子の3社で、相互の原料鉱山および精製工場を統合運営する狙いがあった。当初は森村グループ各社に窯業原料を安定供給する使命を忠実に果たしていたが、戦後は独占禁止法を横目で睨みつつ、外販に乗りだして上場した。そして1963年に磁器コンデンサ用の合成原料、1968年にブラウン管用ガラス研磨材に進出し、電子部材事業を拡充してきた。

【編成】 本業は窯業原料（のちにセラミックス）であったが、主業の座は工業材料（のちに電子部材）にシフトした。

◉事業戦略▷▶▷▷▷川上統合

■電子部材事業
期間：2000.04–2010.03
得点掲示板：10–0
営業利益率：20.0%
利益占有率：64%
開示欄序列：2
事業本拠地：愛知/三重
独禁法違反：報道なし
—
1990年代：7–0
2010年代：2–0

【立地】 売り物は誘電体のチタン酸バリウム合成原料である。これは、窯業原料に独自の加工や調合を加えて、森村グループ各社が手掛けていない川下に半歩下りた事業になっている。売上の2割程度は日本電気硝子向けのガラス研磨材が占めているが、それは取り上げない。

売り先は主に積層セラミック・コンデンサのメーカーである。共立マテリアルがチタン酸バリウムの本格生産に乗り出したタイミン

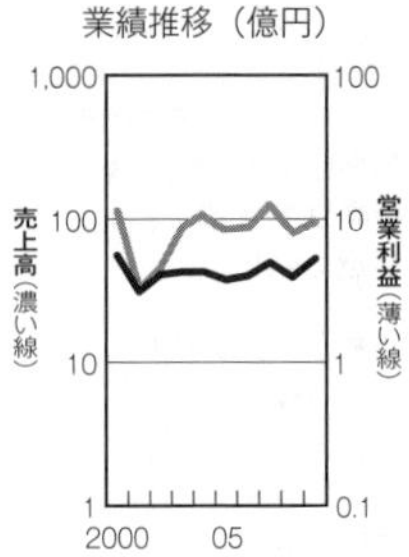

グは、セラミック・コンデンサの有力メーカー、太陽誘電が原材料の内製を放棄したタイミングと一致する。それ以来、太陽誘電の支払手形の振り出し先を見ると一貫して共立マテリアルが登場する。逆に共立マテリアルの売掛金の相手先には一貫して太陽誘電が登場する。ほかにプラズマディスプレイのパネルメーカーも、誘電体を必要とした。

狭義の競合はチタン酸バリウム合成原料の供給メーカーながら、これというところは見当たらない。

広義の競合は顧客である。顧客が内製化に乗り出せば、共立マテリアルの事業は消滅する。

【構え】 入手ルートは子会社のキヨリックス三重である。共立マテリアルは原料鉱区まで押さえている。

引き渡しルートは直販と思われる。

【時機】 このケースは、先発に相当する。1964年の東京オリンピックを機に、日本ではカラーテレビが普及期に入り、これでコンデンサに対する需要が爆発的に増加した。共立マテリアルの新規事業は、この機を巧みに捉えたことになっている。

【源泉】 この事業で高収益を許すのはミッションクリティカリティである。「チタン酸バリウムそのものの結晶粒径を著しく小さくすることによって誘電特性の安定性が著しく改善されることが見出されている」とか「誘電特性は磁器の主体を成している砿物組成を選ぶことによって極めて広範囲に変えることができ、また副原料の添加とか製造条件の変更などの手段によって特性の改善が可能である」と言われるように、原料はセラミック・コンデンサの特性を決定的に左右するため、顧客にしてみれば価格は二の次となる。

■**チタン酸バリウム…**
誘電特性は磁器の…
磁器誘電材料 1968.2

【防壁】 この事業で高収益を守るのは顧客のスイッチングコストである。顧客側はチタン酸バリウム合成原料の焼成ノウハウで勝負するが、それは原料特性を前提とするもので、安易にサプライヤーを切り替えるのは自殺行為に等しくなる。また、設備投資に踏み切ってサンプルを出さないと顧客を掴む目処は立たないが、設備投資を先行させても顧客がつかなければ設備を捨てるしかない。このリスクも、新規参入を寄せ付けない。

【支柱】 この事業で高収益を支えるのは顧客と研究所の間を往き来

する技術者集団である。

【選択】1961年2月、共立窯業原料はチタン酸バリウムを製造する目的でトンネル型電気炉を購入した。翌年9月には既存工場の敷地内に専用棟を建設している。これで共立マテリアルの有形固定資産額は一気に2.5倍以上に膨らんだ。特定大口顧客にコミットした英断は敬服に値するが、顧客もコミットしており、意外と均整はとれている。

◉戦略旗手▷▷▶▷▷外様経営者

■さえぎ・うしろう
生没：1891.02-1972.01
社員：―
役員：1942.11-1963.12
社長：1947.02-1963.12
会長：―

【人物】このケースで戦略を推進したのは佐伯卯四郎氏と思われる。佐伯氏は1914年に森村組に入社して、「よく上司と衝突もした」、「同期生のなかで一番昇進が遅れた」という社員時代を過ごしたが、合併により日本陶器に転籍すると43歳で取締役営業部長に任ぜられ、1946年に社長に就任した。そこから先は公職多数を兼務しつつ、18年にわたって日本陶器のトップに君臨した。佐伯氏は1955年に欧米諸国、1958年にアメリカを歴訪しており、電子工業の興隆には精通していたものと思われる。

■よく上司と衝突…
同期生のなかで…
『佐伯卯四郎追想録』

佐伯語録の一端を紹介すると、「最初からのワンマンによる決定や単なる多数決による決定では事柄は成就するものではない」、「頭というのは、いわゆる頭の良い悪いということより、むしろその物事を常に真剣に考えていることによってできてくるものである」、「いかに数字をもって確認し、勘を駆使しても一歩先のことには不明の点が多いものである。そのためにあらゆる危険と不確実性がつきまとう。ここに経営者の勇気ある決断が必要となる」、「有能な社外重役を迎えることは特に現在のごとく変化の激しい時代には必要である。とかく特定事業一本に打ち込んで昇進した人は、ややもすれば茶の木畠に入って大局を見失うことになりやすい」などがある。

■佐伯語録
『佐伯卯四郎追想録』

【着想】佐伯氏の着想は知る術がない。多角化を模索するなかで、共立マテリアルは電気、セラミック・コンデンサ、チタン酸バリウムと順に包囲網を狭めてきたという。そこには、コンデンサメーカーの内製材料はロットが小さいため品質のバラツキが避けがたく、輸入材料は異様に高価なため、材料メーカーが国内で工業生産に乗り出す間隙が残されているという見立てがあった。設備投資に動いた段階では、既に1年半の研究期間を経てサンプル出荷をしており、その際に名古屋市立工業研究所の紹介で和久茂氏の指導を仰いだことが、太陽誘電との関係につながったようである。和久氏はチタン酸バリウムの誘電特性を発見した研究者で、太陽誘電の創業者が彼の元部下という関係にあった。

［参照文献］
共立窯業原料株式会社『五十年史』1987年
日本陶器株式会社『佐伯卯四郎追想録』1973年
電子材料、1996年12月（中山和尊・仙田慎嗣・吉見考正）

ケース 646 日本碍子：セラミックス事業

B：ハニカム筒（排気ガス浄化用触媒担体）

戦略C/C比率◁◁◇▶▷
戦略D/E比率◁◀◇▷▷
対照：426

■日本碍子
直前決算期：2000.03
実質売上高：3,110億円
営業利益率：7.4%
海外売上率：24%
社内取締役：21
同順位相関：0.83
筆頭大株主：金融機関
利益成長率：△/△/△
東名阪上場：1949.05

◉企業戦略▷▷▶▷▷技術応用多角化

【経緯】日本碍子は1919年に名古屋で設立された会社である。源流は1904年に輸出用陶磁器の開発に乗り出した日本陶器（現ノリタケカンパニーリミテド）にある。設立当初から送電・変電・配電用の碍子を主業としているが、1971年には電子工業用、1976年には自動車用にセラミック技術を応用した製品に進出し、多角化を図ってきた。近年は、風力や太陽光で発電した電力を貯蔵するNAS電池に力を入れている。水関連のエンジニアリング事業と、旭テックが担っていた素形材事業は社外に切り出した。

【編成】本業は碍子であったが、いまや自動車用のセラミックスが主業の座に就いている。エレクトロニクス事業は、碍子を逆転するには至っていない。

■セラミックス事業
期間：2000.04-2010.03
得点掲示板：10-0
営業利益率：19.7%
利益占有率：57%
開示欄序列：2
事業本拠地：愛知県
独禁法違反：報道なし

◉事業戦略▷▶▷▷▷川上統合

【立地】売り物は排気ガス浄化用の触媒担体である。この担体は、そこを通過する排気ガスが触媒に触れて初めて意味を成すため、金属触媒がコーティングされる内壁の表面積は最大にしつつ、反応効率が良い1,000度以上の高温に対する耐久性と機械的な強度を維持しなければならない。ゆえに、ハニカム状の筒の形に押出成形されたセラミック製品が主流となっている。もう一つの売り物は炭化ケイ素系の微粒子捕集フィルタで、これも形状は触媒担体と同様である。

売り先は自動車メーカー、もしくは彼らの指定部品メーカーである。触媒担体は、排気ガス規制を敷いている国で売られる全ての自動車に搭載されている。

狭義の競合は触媒担体ではアメリカのコーニング社で、2000年頃から高性能ディーゼルエンジンに搭載されるようになった微粒子捕集フィルタではイビデンである。いずれも日本碍子と世界市場を二分する。分析対象期間中にイビデン（セラミック）は7勝3敗で通算利益率18.6%の戦績を残している。

広義の競合は新規参入者である。開発レースにはデンソー、京セラ、旭硝子、日本特殊陶業あたりが参戦したが、日本碍子の牙城を崩すには至っていない。

【構え】 入手ルートは自社工場である。森村グループの一角を占める日本碍子は、セラミック原料をグループ内で調達しており、原料からの一貫生産に特徴がある。

引き渡しルートは直販と思われる。

【時機】 このケースは、先発に相当する。1970年にアメリカの議会が通称マスキー法を可決して、1976年以降に製造される自動車に窒素酸化物排出量を劇的に減らすよう求めたことから、一斉に触媒担体の開発レースが始まった。

【源泉】 この事業で高収益を許すのはミッションクリティカリティである。自動車メーカーにしてみれば、触媒担体なくして事業が成り立たない。

【防壁】 この事業で高収益を守るのは川上の素材である。場合によっては1,200度という高温にさらされる触媒担体や微粒子捕集フィルタをつくるには、セラミック原料に関する知見が欠かせない。日本碍子は、熱膨張係数が極めて小さく、熱衝撃に強いコージエライト系と呼ばれるセラミックス（マグネシアとアルミナとシリカの混合物）に絞って開発を進めており、これが開発レースを他社より速く駆け抜けるうえで有利に働いた。言うまでもなく、これ

—
1990年代：7-3
2010年代：4-0

業績推移（億円）

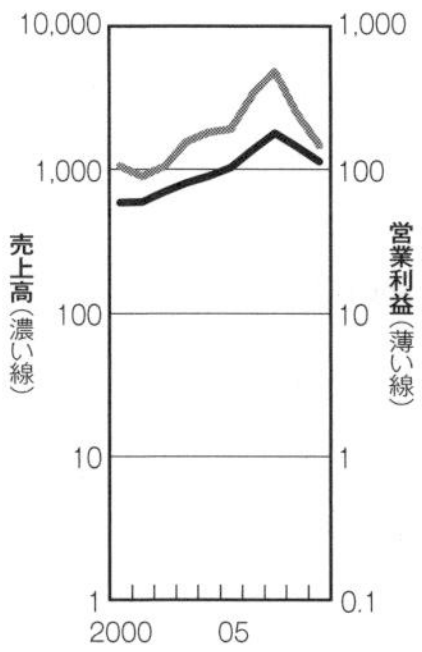

は偶然の産物ではなく、長年にわたって積み重ねた研究の成果にほかならない。ちなみに、ガソリンエンジンとディーゼルエンジンで連勝を納めたのは日本碍子だけである。

【支柱】この事業で高収益を支えるのは製造部隊である。自動車の大量生産に追随し、なおかつ品質問題を起こさないからこそ、ユーザーの信認を得ることができる事実を忘れてはならない。

【選択】1971年8月、日本碍子は自動車用触媒担体の開発に乗り出した。その成果は、1978年1月に出願した製法特許に結実している。この特許技術によって、日本碍子は担体を小さくして、エンジン始動時の排気ガス浄化性能を飛躍的に向上させることに成功した。

■製法特許
特開昭54-100409

◉戦略旗手▷▷▷▶▷操業経営者

■のぶち・さんじ
生没：1901.10-1971.08
社員：1926.01-1941.05
役員：1941.05-1970.05
社長：1959.10-1969.11
会長：—

【人物】このケースで戦略を推進したのは5代目社長の野淵三治氏である。開発を陣頭指揮したのは山本登氏で、彼がハニカム構造を選択して、部下の副島繁雄氏が割れない素材の配合を見出した。よほど人望が厚かったのか、野淵氏には追想録と遺稿集が編まれている。興味深いことに、258ページに及ぶ遺稿集のうち、会社に言及したのはわずか3ページで、驚くほど分量が少ない。それに対して20ページ以上は西洋文明史論で、残りは短歌や詩、そして日々の雑感とも言うべきエッセーである。いわゆる会社人間とは人種が違う。

【着想】野淵氏の着想は達観に由来する。野淵氏は、これから高度成長が始まるという時点で、碍子を多用する高圧電線はいずれ国内に行き渡り、そうなると100年は置き換え需要が出て来ないので、「碍子だけではいずれ喰えなくなる」と確信し、変身を社是とした。社長就任時点では全社売上高の1割しかなかった非碍子の売上を4割まで増やすべく、事業部制を採用し、開発と製造と営業を一体化させて新商品部を立ち上げたのは、変身に向けた具体策にほかならない。

■碍子だけではいずれ…
日経産業 2001.12.18

その一方で野淵氏は「工業用陶磁器は温度、圧力、摩擦に対して非常に強い耐久性を持っている。いや、これをさらに高度に上げうる可能性を持っている」と確信を披露しつつ、「セラミックと

**■工業用陶磁器は…
セラミックという…**
セラミックス 1969.7

いうものには洋々たる将来性がある」と開発陣を鼓舞していた。

[参照文献]
『五十年史資料』1970年
『野淵前社長 追想』1971年
『大和粉雪 野淵三治遺稿集』1972年

ケース 852 日本特殊陶業：自動車事業

B：スパークプラグ（エンジン部品）

戦略C/C比率◁◁◇▶▷
戦略D/E比率◁◀◇▷▷
対照：426

◉企業戦略▷▷▶▷▷技術応用多角化

【経緯】 日本特殊陶業は1936年に名古屋で設立された会社である。源流は1921年に自動車向けスパークプラグの開発に乗り出した日本碍子にある。戦前は輸入品から市場を奪うのに苦戦を強いられて、軍用機向けの生産に特化したものの、戦後は日本自動車工業の発展に歩調を合わせるように成長を遂げて、あらたにエレクトロニクス業界に向けてセラミック応用部品を送り出してきた。

【編成】 本業は自動車向けスパークプラグで、それが分析対象期間中も主業の座を占めていた。半導体用セラミック製パッケージをはじめとするエレクトロニクス製品は、いまだ苦難の道を歩んでいる。

■日本特殊陶業
直前決算期：2000.03
実質売上高：1,930億円
営業利益率：7.4%
海外売上率：78%
社内取締役：22
同順位相関：0.98
筆頭大株主：金融機関
利益成長率：△/△/△
東名阪上場：1949.05

◉事業戦略▷▶▷▷▷川上統合

【立地】 売り物は自動車用のスパークプラグである。NGKブランドを浸透させるために、多額の広告宣伝費を投下している。1973年に着手した温度センサ、1982年に着手した酸素センサでも強い地位を築いているが、センサ事業に進出してから売上高営業利益率は低下傾向にある。

売り先はOEMの自動車メーカーと、アフタマーケットの自動車修理工場などである。

狭義の競合はスパークプラグの国内メーカーである。日本では、スパークプラグの実用化に道を開いたドイツのロバート・ボッシュ社と組んだデンソーが1957年に参入を果たしたが、日本特殊陶業

■自動車事業
期間：2000.04-2010.03
得点掲示板：9-1
営業利益率：15.1%
利益占有率：100%以上
開示欄序列：1
事業本拠地：愛知県
独禁法違反：2014.08
—
1990年代：5-5
2010年代：4-0

■プラグ
ガソリンに点火するスパークプラグとディーゼル燃料の自己着火を助けるグロー

プラグがある

■70%以上
日経夕刊 2004.4.27

■40%
日経産業 2010.1.22

は依然として国内で70%以上、世界でも40%の市場占有率を維持している。

広義の競合はスパークプラグの海外メーカーである。アメリカでは、アルバート・チャンピオンが創業したチャンピオン社とACスパークプラグ社が市場を牛耳っている。ここまで先行者が優位を維持する業界は珍しい。

【構え】入手ルートは世界中に張り巡らせた自社工場である。グループ企業から原料供給を受ける日本特殊陶業は一貫生産を貫いている。

引き渡しルートは直販が主体で、海外は販社経由である。

業績推移（億円）

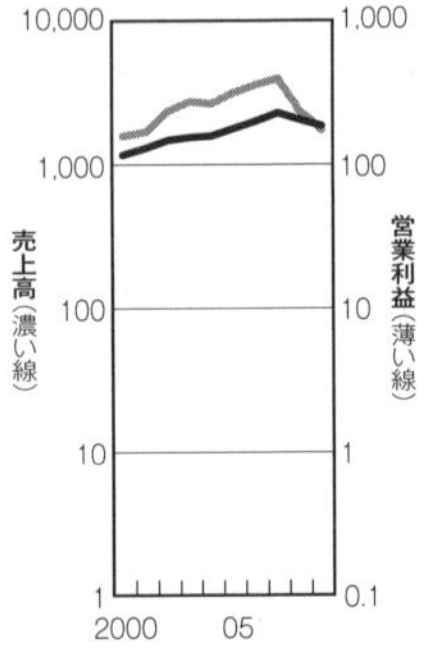

【時機】このケースは、国内先発に相当する。日本碍子がスパークプラグの研究に乗り出した1921年は、アメリカで自動車工業の威容が初めて姿を現した時期に相当する。ゼネラルモーターズではデトロイトの旧本社ビル群が、フォードではルージュ川工場が建設中であった。日本では、トヨタ自動車も、日産自動車の前身も、まだ設立されていない。

【源泉】この事業で高収益を許すのはパフォーマンス優位である。ただし、ここでいう優位は比較相手が少ないことによる面が強く、パフォーマンスも製品性能より納期を指す面が強いことに留意されたい。

【防壁】この事業で高収益を守るのは川上の原料である。スパークプラグは、高い電圧を印加された瞬間に電極間で放電し、圧縮されたガソリン混合気に着火する機能を担う。電極部は燃焼室の内部に露出しており、毎秒何十回も高温と高圧にさらされる宿命にある。しかもガソリンの燃焼カスは導電性のため、ショートの危険性と背中合わせと言ってよい。それなのにスパークプラグは何年も何万キロも、ただ黙々と着火し続けなければならない。セラミックスに関する知見を欠く新参者では太刀打ちできない世界がここにある。

【支柱】この事業で高収益を支えるのは製造部隊である。スパークプラグの品質問題は、車両の立ち往生に直結しかねないため、何としても食い止めなければならない。

【選択】1927年12月、日本碍子は米国ハロップ社のトンネル窯の建設工事を開始した。ここから品質向上への取り組みが本格化したという。

◉戦略旗手▶▷▷▷▷創業経営者

【人物】 このケースで戦略を推進したのは初代社長の江副孫右衛門氏である。江副氏は、1922年から日本碍子の取締役、1929年から常務取締役、1939年から取締役社長を務めた人物で、日本特殊陶業の設立発起に加わった。

江副氏は、有田の陶磁器製造業の家に生まれ、大学で近代窯業の基礎を学んだあと、日本陶器に職を得た。当時の日本陶器は世界で通用する唯一の国産陶磁器メーカーであったが、アメリカ市場で求められる白色の八寸皿を焼くことができず、業績の悪化に苦しんでいた。そこで日本陶器は技師長を解任し、20代半ばの江副氏に開発を託す道を選んだ。解任された技師長は移籍先に熟練工を連れていったため、江副氏に残されたのは窯だけである。江副氏は、ここで近代科学のアプローチを採用し、原料の一部を輸入品に置き換えることで白い八寸皿の完成に漕ぎ着けている。それが第1次世界大戦中にドイツ製品の間隙をぬってアメリカ市場を席巻した結果、日本陶器は一気に息を吹き返したのである。

【着想】 江副氏の着想は米国視察に由来する。1918年に碍子の開発を命じられ、その翌年に日本碍子を設立した江副氏は、35歳にして実質的な経営責任者になったに等しい。そして1920年に4ヶ月にわたるアメリカ視察旅行に出かけ、自動車産業の興隆を目の当たりにした。本来の目的はGE社の碍子工場の調査にあったが、月産600万個のペースでスパークプラグを生産するチャンピオン社の工場を日曜日に見学させてもらい、国産化の決意を固めたという。江副氏は、日本碍子と日本特殊陶業の社長を務めただけでなく、戦時中は共立窯業原料の社長も兼任し、戦後は執拗な労働争議に明け暮れた東洋陶器（現TOTO）の社長に就任し、その再建を主導した。どの会社においても、江副氏は原料や工程のバラツキを排除して、良品率の向上に尽力した。その功績は、日本のF.W.テイラーと呼ぶに値する。

■えぞえ・まごえもん
生没：1885.02–1964.08
社員：—
役員：1936.10–1944.05
　　　1961.05–1964.08
社長：1936.10–1944.05
会長：—

■F.W.テイラー
科学的管理手法の父と呼ばれるアメリカの技術者（1856–1915）

[参照文献]
『60年史』1997年
小出種彦『江副孫右衛門』江副孫右衛門伝記纂集会、1961年

ケース 853 村田製作所：コンポーネント事業

B：セラミック製電子部品（電子回路用受動素子）

戦略C/C比率◀◁◇▷▷
戦略D/E比率◀◁◇▷▷
対照：078，109

■村田製作所
直前決算期：2000.03
実質売上高：4,520億円
営業利益率：22.0%
海外売上率：67%
社内取締役：11
同順位相関：0.64
筆頭大株主：外国法人
利益成長率：△/○/○
東名阪上場：1969.12

◉企業戦略▷▶▷▷▷川下開拓

【経緯】村田製作所は1950年に京都市で設立された会社である。創業はセラミック・コンデンサの草創期に相当する1944年にさかのぼり、そこから今日に至るまでセラミック製電子部品一本槍で、社名も変えていない。1965年にアメリカに販社を設立して以来、事業の海外展開を着実に進めており、多角化よりも国際化によって成長を遂げてきた会社と言ってよい。

【編成】本業はセラミック・コンデンサで、それが分析対象期間中も主業の座を占めていた。部品をモジュール製品に組み上げて川下領域にも踏み込んだが、2009年度に初めて開示されたセグメント別情報によると収益源はモジュール製品ではなく、旧来の単体部品のままであることがわかる。

■全社
期間：2000.04-2010.03
得点掲示板：9-1
営業利益率：17.6%
利益占有率：100%
開示欄序列：0→1
事業本拠地：福井県
独禁法違反：報道なし
—
1990年代：10-0
2010年代：4-0

◉事業戦略▷▶▷▷▷川上統合

【立地】売り物はチタン酸バリウムを主材料とする各種電子部品である。この材料は優れた比誘電率を持つことで知られている。最大の製品カテゴリーは電荷を蓄える積層セラミック・コンデンサで、ほかに特定の周波数帯域の電気信号を選択的に取り出す表面弾性波フィルタ、電磁波障害除去フィルタ、回路のクロック役を果たすセラミック発振子やチューナーなどがある。

売り先は電子機器を製造するメーカーである。主力は東芝やシャープからノキアへ、そしてアメリカ勢や中国勢に移っていった。

狭義の競合は積層セラミック・コンデンサのメーカーである。世界占有率は村田製作所が35%、TDKが15%、太陽誘電が15%

前後と言われている。国内の後発参入組では京セラが残留しているが、ロームとパナソニックは村田製作所に事業譲渡して撤退した。近年は、標準品番を中心に韓国勢や中国勢が参入してきて、一部で価格競争が起きている。分析対象期間中にTDK（電子素材部品）は5勝5敗で通算利益率6.6%、太陽誘電（連結）は1勝9敗で通算利益率5.5%の戦績に終わっている。

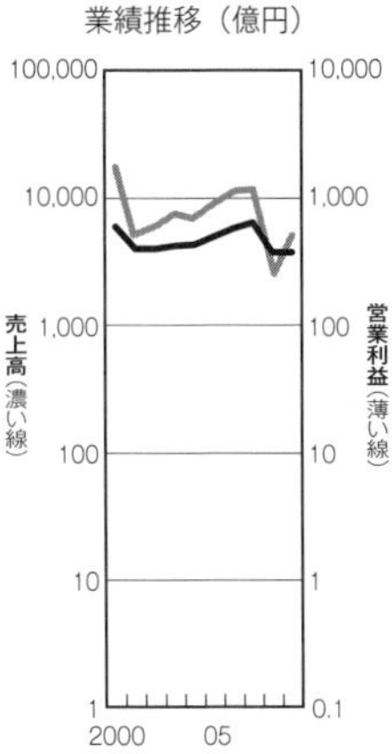

広義の競合は半導体である。集積回路の側に機能を取り込まれてしまうと、受動素子の出る幕は減ってしまう。半導体が伸びる兆しを見せると、TDKは磁気テープに傾斜を強め、太陽誘電もTDKの後を追い、磁気テープの次を担う光ディスクに傾斜していき、リスク緩和の策に出た。

【構え】 入手ルートは地方に展開した子会社群である。ただし、セラミック材料だけは本体が購入品を加工・調合する。本体は、ほかに開発と営業と管理を担っている。

引き渡しルートは直販を主力とする。村田製作所は厳密な管理会計システムを構築しており、数ある製品の個別採算を把握しているという。

【時機】 このケースは、戦後の草創期に起源があり、先発に相当する。当時は真空管ラジオの黄金期で、テレビは黎明期を迎えていた。このケースは高周波利用の波を捉えたと見ることができる。半導体の興隆に伴ってセラミック製電子部品は活躍の場が増える一方でビデオデッキ、パーソナルコンピューター、デジタルカメラ、携帯電話端末、スマートフォンと、次々と大型ヒット商品が生まれてきた。

【源泉】 この事業で高収益を許すのはパフォーマンス優位である。村田製作所は他社に先駆けて積層セラミック・コンデンサを小型化し、またセラミック素材の異なる特性を引き出した製品を投入してきた。村田製作所の部品を採用して一世を風靡した末端製品はいくつもあり、価格プレミアムの正当性を実証している。

太陽誘電の1万点強、TDKの2万点強に対して、村田製作所は6万点超という桁違いの品種を展開している。こうして価格競争に陥りやすい標準品種以外の品揃えを重視していることも収益に寄与する。数の出ない稀少品番は、需給の法則が示唆するとおり、強気の価格が通りやすい。

【防壁】 この事業で高収益を守るのは川上の素材である。パフォーマンスを上げたり、品種展開を拡充するには、チタン酸バリウムの粒径をはじめとする諸特性を制御することが欠かせない。そこで村田製作所は原料工場を構えたが、そこまで積層セラミック・コンデンサ事業にコミットするところは現れていない。

【支柱】 この事業で高収益を支えるのは材料部隊である。村田製作所は、酸化チタンと炭酸バリウムを別々に購入して、社内の窯業工場で合成している。そのため、同じセラミック・コンデンサでも、同社は用途に応じて定格電圧や静電容量の異なる品番を容易に造り分けることができる。

【選択】 1962年9月、村田製作所は滋賀県八日市に窯業工場を建設して一貫生産体制を整えた。窯業工場は、原料の粉砕・混合用のトロンミル、粉末成形用のロータリーラブレットマシン、高温焼成用電気トンネル炉などを完備していた。当時はラジオやテレビのメーカーから増産に次ぐ増産を求められており、太陽誘電は同じ時期に原料を外部調達に切り替えて、増産体制の構築を急いだ経緯がある。

村田製作所の利益は1959年から1965年にかけて低迷した。1970年代の後半に入って売上高営業利益率が二桁にのるようになったのは、草創期の無謀な投資と無縁ではなかろう。

■むらた・あきら
生没：1921.03-2006.02
社員：—
役員：1950.12-1995.06
社長：1950.12-1991.06
会長：1991.06-1995.06

■不思議な石ころ
良い電子機器は…
私の履歴書

◉戦略旗手▶▷▷▷▷創業経営者

【人物】 このケースで戦略を推進したのは創業者の村田昭氏である。昭氏は清水焼に携わる家に生まれ、消費者向け陶磁器の技能を産業用途に転用した。そしてチタン酸バリウム（チタバリ）に出会い、それを「不思議な石ころ」と名付け、生涯を通して慈しんだ。その正体をつきとめるべく、1955年に旧本社工場の一角に大宮技研を設立し、1957年に長岡京の新天地に新装移転させたところを見ると、大量生産して利益を刈り取るところに関心がなかったことは明らかである。「良い電子機器は良い部品から、良い部品は良い材料から」という持論が、その知恵を凝縮している。

昭氏は戦略が苦手で、その場その場で判断してきただけと語っているが、そういう判断に戦略性が宿るのは、優れた観と経験による。昭氏の場合、幼少期に病気がちで学校教育の機会に恵まれなかった反動から、大人になってから貪欲に勉強したことが観を培い、自ら手を汚してモノ造りに携わった20代が経験を厚くしたものと思われる。

【着想】昭氏の着想は好奇心から生まれている。同業他社が特定の顧客にコミットしたのに対して、昭氏が特定の素材にコミットして、それを多様な商品に展開する道を選択したのは、究極的には好奇心の為せる業としか考えられない。

1946年に京都大学の田中哲郎助教授にチタン酸バリウムを紹介された昭氏は、その特性の探求を当座の事業より重視した。特に田中助教授がアメリカから取り寄せてくれた製品カタログは格好の教材となったようで、品種展開の多様性を見て昭氏は「ああ、これはえらいこっちゃ」と思ったそうである。そこから昭氏は一貫して海外動向を強く意識しており、1957年以降は年100日以上を海外で過ごしたという。そこで仕入れた情報が、昭氏の慧眼を支えたことは間違いない。

同業他社が成長著しい民需対応に走った時期も、ICが単体部品を駆逐するというシナリオを信じて脱コンデンサを標榜した時期も、難易度の高い官公需に執着したり、コンデンサの製法改革に乗り出したのは、「ジェット機の時代にプロペラ機は、なお多く活躍し、つぎつぎと改良されている。今後も、まだまだプロペラ機は飛ぶであろう。同じように、単体部品も存続するであろうし、モジュール化も進むであろう。ジェット機は、我々の市場を押しつぶすほどに新しい外国の部品を運んでくるであろうことを思いながら、我々の新しい道を見出すべき時期ではなかろうか」という発想に基づいている。

■ジェット機の時代に…
電子 1963.6

昭氏は「自由化に立ち向かう日本の産業界では国際競争力をつけるためにまず規模を大きくすることに最大の重点が置かれ、企業合併、企業系列化が盛んに行われている。それによって投資の無駄を省くことを目的とされているのであろうが、しかしいたずらに規模ばかり大きくしても各企業内部の質的な弱点を解決することを疎かにしていては、とうてい国際競争において優位に立てることは

■自由化に立ち向かう…
資本的にも、販売上…
独自の技術開発…
これからは国際分業…
経営者 1963.10

できないと思う」と達観したうえで、「資本的にも、販売上にも力強い背景を持っていない企業にとっては特にその企業しか持ち得ないような技術力のみが唯一の存立を可能にするものとなる」と推し量り、「独自の技術開発のためには人材、資金の点で中小規模の企業では一社のみでは無理な場合があろう。したがって研究も共同研究の体制を作ることが必要である」と指針に結びつけていた。「これからは国際分業の世の中である。狭い国内市場の占有率のみに目を奪われず、常に視点を全世界に向け世界の中の企業として独自性を持つならば、きわめて強い競争力を持つことができる」という見通しと合わせて、半世紀を経た今日でも至言と言ってよかろう。

[参照文献]
『不思議な石ころの半世紀 村田製作所50年史』1995年
村田昭「私の履歴書」日本経済新聞、1993年7月
政策研究大学院大学『村田昭オーラル・ヒストリー』2004年

ケース647 HOYA：エレクトロオプティクス事業

B：光学ガラス応用製品（電子産業用の光学部材）

戦略C/C比率◁◀◇▷▷
戦略D/E比率◁◁◇▷▶
対照：118，119

■ホーヤ
直前決算期：2000.03
実質売上高：1,980億円
営業利益率：17.2%
海外売上率：37%
社内取締役：3
同順位相関：1.00
筆頭大株主：金融機関
利益成長率：○/○/○
東名阪上場：1961.10

◉企業戦略▷▷▷▷▶多核化展開

【経緯】 HOYAは1944年に東京の保谷で東洋光学硝子製造所として設立された会社である。戦時中は海軍に向けてレンズ用の光学ガラス生地を供給したが、この事業を1952年に再開するまでの間に立ち上げた進駐軍向けのクリスタル食器事業が第二の柱となり、さらに1962年に立ち上げた眼鏡レンズ事業が第三の柱に成長した。1972年にはソフトコンタクトレンズにも進出している。2009年にはライフサイクルの衰退期を迎えたクリスタル事業に終止符を打つ一方で、2008年に吸収合併したペンタックスが新たに三本目の柱になっている。

【編成】 本業は光学ガラスで、それを含むエレクトロオプティクスが新たな主業になっている。本業から派生したアイケア事業も主業に迫る勢いを見せているが、アイケア事業の素材はガラスから

樹脂に移行しており、いまとなってはシナジー効果が大きいとは言い難い。

◉事業戦略▶▷▷▷▷中核集中

【立地】 売り物は細かく見ると三つある。一つめは半導体集積回路や液晶パネルに転写する回路パターン原版に相当するフォトマスク、または回路パターンを書き込む前のガラス基板（マスクブランクス）。マスクブランクスには遮光性の薄膜が形成されており、それを部分的にエッチング工程で除去することによりフォトマスクができあがる。二つ目はハードディスクドライブ（HDD）内部で磁性体を保持するガラス基板、もしくは基板に磁性体まで塗布したメモリーディスク。三つ目はカメラのレンズやプリズム素材、もしくは平坦なフィルタ素材。いずれも、表面が極限まで平滑であること、熱膨張しないこと、気泡などの内部欠陥がないことなど、厳しい技術的要求を満たすよう求められる。

■エレクトロオプティクス事業
期間：2000.04–2010.03
得点掲示板：10–0
営業利益率：31.8%
利益占有率：66%
開示欄序列：1
事業本拠地：東京都
独禁法違反：報道なし
—
1990年代：8–2
2010年代：4–0

売り先は世界中の半導体集積回路メーカー、またはフォトマスクのメーカー、アメリカのHDDメーカー、カメラレンズのメーカーなどである。

狭義の競合は光学グレードのガラスを手がけるフルラインメーカーで、HOYA以外に日本のオハラとドイツのショットを数えるに過ぎない。いずれも250前後の組成をカタログ化しており、一眼レフ用カメラレンズは3社いずれかの光学ガラスを使うという。

広義の競合は合成石英のメーカーで、信越化学工業が該当する。マスクブランクスの素材がガラスから石英に移行したことにより、同社がチャレンジャーとして名乗りを上げてきたが、HOYAの世界市場占有率は7割から動いていない。フォトマスクでは大日本印刷が世界首位で、HOYAは凸版印刷に次ぐ5位につけている。HDD基板は耐衝撃性に優れたガラス素材を用いるが、ここでもHOYAは旭硝子を向こうに回して市場の4分の3以上を押さえ込んでいる。

■7割
日経産業 2001.8.1

■5位
日経産業 2002.5.31

【構え】 入手ルートは自社工場である。原料の一部は信越化学工業から仕入れている模様である。

引き渡しルートは直販である。

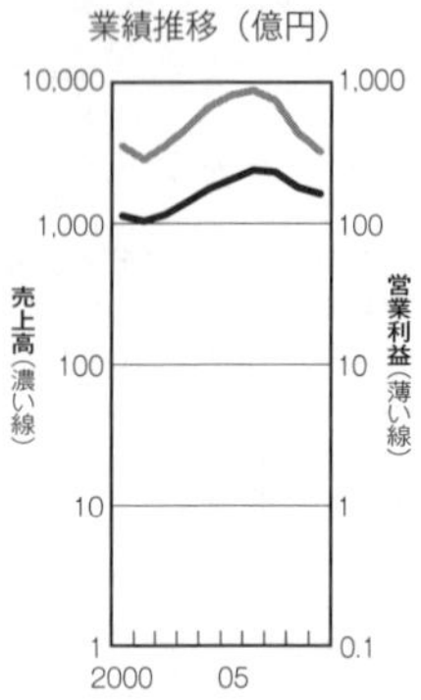

【時機】このケースは先発に相当する。オハラの設立年もHOYAと同じで、両社が日本のパイオニアと言ってよい。

【源泉】この事業で高収益を許すのはミッションクリティカリティである。HOYAの手がける製品群は、いずれも品質問題が顧客に壊滅的な打撃をもたらしうるものばかりである。それゆえ、顧客の関心は価格より品質や性能の確認に向かいやすい。

【防壁】この事業で高収益を守るのは川上の素材、すなわち特殊ガラスである。これは、白金で内面をコーティングした坩堝で高温溶解、成形、徐冷するもので、特殊な設備とノウハウを必要とする。それゆえ、素材にコミットしない限り参入は容易でなく、寡占体制になりやすい。

【支柱】この事業で高収益を支えるのは研究開発陣である。彼らが顧客の絶えざる要求に応えるからこそ、強気の価格設定が許されることを忘れてはならない。

【選択】1941年11月、山中正一と茂の兄弟が東洋光学硝子製造所を個人創業した。山中兄弟はガラスと何の縁もない人生を歩んでいた。

■やまなか・しょういち
生没：1897.01-1976.02
社員：—
役員：1944.08-1960.11
社長：1944.08-1949.07
会長：1949.07-1957.02

◉戦略旗手▶▷▷▷▷創業経営者

【人物】このケースで戦略を推進したのは創業者の山中正一氏である。正一氏は愛知県で製紙会社を営んでいたが、工場が名古屋パルプに併合され、事業を手放した。そこで手にした資金を、急逝した知人が建設に漕ぎつけていた光学ガラス工場に投じることにしたところから、HOYAはスタートしている。茂氏は、愛知県でバス・タクシー会社を経営していたが、同じく会社を売却して兄に合流した。光学ガラスという事業立地は降ってきたもので、狙って選択したものとは言い難い。

【着想】正一氏の着想は知人の遺志を継ぐという一点にあったに違いない。建設中の工場と集まった技術者を引き継ぐと、すぐに海軍の技術指導を授かったのは想定外であった可能性が高いが、この指導がHOYAに幸いした。技術移転でもなければ、創業したての素人集団が大きく羽ばたく展開など考えられない。光学ガラスは艦船用の測距儀に必要不可欠であったにもかかわらず、ドイツからの輸入が途絶えて海軍が困ることを、志半ばで急逝した幻の創業者は見越していたのかもしれないが、陸軍工科学校を出た正一氏には、海軍の内情も、光学ガラスの周辺に拡がる豊かな事業機会も、見えていなかったものと思われる。

[参照文献]
『HOYAのマネジメント 1941-2005』2005年
吉田正太郎『カメラマンのための写真レンズの科学』地人書館、1997年

9-4-2 負け組の合成繊維

負け組の合成繊維とは、三大合繊に数えられたナイロン、ポリエステル、アクリル以外の合成繊維のことを指す。その筆頭格はビニロン繊維とアセテート繊維で、ここではアクリル繊維も負け組に含めている。アクリル繊維はポリエステル繊維に圧倒されてしまい、期待されたように数量が伸びなかったからである。そういう負け組繊維が、それぞれに固有の特性ゆえに、姿形を変えて後に高収益事業の礎石となる現象が浮上している。勝ち組のポリエステル繊維が高収益事業になっていない事実に鑑みると、文字どおり「負けるが勝ち」なのである。実に興味深い。

この戦略を活かした典型例はケース648のクラレで、ここはビニロン繊維の原料を別の出口に展開して成功した。ケース854のダイセル化学工業も、アセテート繊維の原料を別の出口に展開して成功した。ともに酢酸から出発して、出口は液晶テレビに連なっている。酢酸は、生産設備の最小効率規模が大きいことから稀少性があり、そこにポイントがあるようである。ケース649の東レはアクリル繊維から水素と酸素を飛ばした炭素繊維で大躍進中である。化学繊維のレーヨンで創業した点はクラレと共通している。

これらのケースが高収益を生み続けるのは、原料の稀少性と、原料に関する知見の蓄積によるところが大きい。石油化学の主流に相当するオレフィンに群がった大手メーカーが供給過剰に悩むのとは、好対照を描いている。そっぽを向いたという意味においては5-2-1と共通する面がある。

この戦略が適用できる条件としては、言うまでもなく負け組繊維を抱え込んでいることを挙げなければならない。したがって誰にでも開かれた戦略とは言いがたいが、そのロジックは他でも活きる可能性を秘めている。

ケース 648 クラレ：化成品・樹脂事業

B：ポバール・エバール（特殊化学原料）

戦略C/C比率◁◀◇▷▷
戦略D/E比率◁◁◇▶▷
対照：345，424

◉企業戦略▷▷▷▶▷本業辺境展開

【経緯】 クラレは1926年に倉敷で倉敷絹織として設立された会社である。祖業は化繊のレーヨンであったが、1950年にビニロンに着手して、その川上で1962年にはポバールの専用工場を立ち上げている。1972年にはエバールとポリイソプレンゴムの生産も立ち上げて、化学品の主要製品が出揃った。1980年代から海外展開を本格化させており、ポバールのアジア展開では日本合成化学工業と組んでいる。レーヨンは2001年に生産を停止した。

【編成】 本業はレーヨンであったが、主業の座は繊維から化学品へと移行した。規模の大きい繊維は収益力が低く、人工皮革とメディカルが規模が小さい。

化成品・樹脂はポバール、エバール、メタクリル樹脂、イソプレン誘導品などを含む混成セグメントであったが、開示単位が2010年度以降は細分化され、収益性が良いのはポバールとエバールであることが明確になっている。なお、クラレは2000年度以前は化成品・樹脂に収益性の悪い活性炭を合わせて化学品と括っていた。

■クラレ
直前決算期：2001.03
実質売上高：3,150億円
営業利益率：6.4%
海外売上率：28%
社内取締役：18
同順位相関：0.83
筆頭大株主：信託口
利益成長率：△/△/△
東名阪上場：1949.05

◉事業戦略▶▷▷▷▷中核集中

【立地】 売り物はポリビニルアルコール（PVA）とエチレン・ビニルアルコール共重合体（EVAL）である。前者はポバール、後者はエバールと呼ばれている。

売り先は水溶性や接着性や乳化性を持つポバールが紙加工剤のメーカーやガラス用中間膜のメーカーで、最高度のガスバリア性を持つエバールは食品包装材やガソリンタンクのメーカーになる。分析対象期間中は、液晶ディスプレイに搭載される偏光板メーカーという大口の売り先がポバールに浮上してきた。

狭義の競合はポバールとエバールのメーカーで、日本合成化学工業や信越化学工業が該当する。分析対象期間中に日本合成化学

■化学品・樹脂事業
期間：2001.04-2010.03
得点掲示板：9-0
営業利益率：17.3%
利益占有率：74%
開示欄序列：1
事業本拠地：岡山県
独禁法違反：報道なし
—
1990年代：—
2010年代：4-0

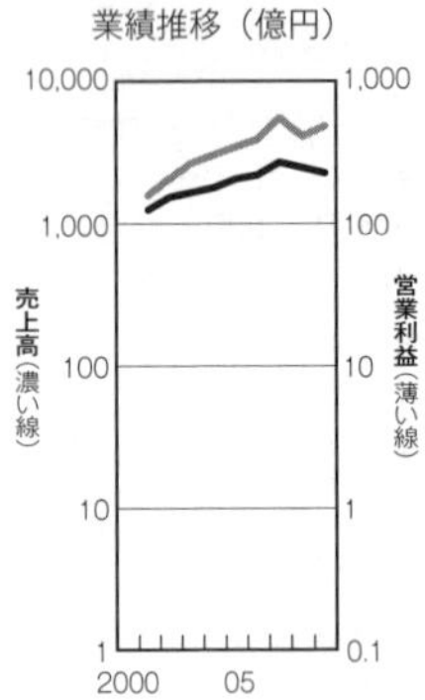

工業（合成樹脂）は1勝9敗で通算利益率5.1%の戦績を残している。

広義の競合は代替素材のメーカーで、ポバールには見当たらない。エバールには、安い基材フィルムにポリ塩化ビニリデンやアルミやアルミナを蒸着させた素材が高いガスバリア性を持つようになり、エバールは食品包装材としてマイナーな存在になりつつある。

【構え】 入手ルートは自社の岡山および新潟事業所である。川上側で原料のエチレンや酢酸は購入し、川下側でポバールやエバールをフィルムにする設備は自社で抱えている。

引き渡しルートは主に商社経由で、ポバールの大口顧客に浮上した日東電工には直販する。

【時機】 このケースは先発に相当する。クラレはポバールを世界で初めて事業化した。エバールについても食品包装用途で重要な基本特許を持っていた。分析対象期間中は液晶テレビの爆発的な成長が追風になったようである。

【源泉】 この事業で高収益を許すのはミッションクリティカリティである。自動車の衝突安全性を支えるガラス用中間膜や液晶ディスプレイを可能にする偏光板は、ポバールがないとつくれない。それゆえ、顧客と仕様を擦り合わせたポバールは強気の価格を設定しても通ってしまう。

【防壁】 この事業で高収益を守るのは川上の素材、すなわち酢酸ビニルである。これは日本発の合成繊維と呼ばれるビニロンの原料になるもので、クラレも繊維事業への関心から酢酸ビニルを手がけた経緯がある。しかしながら、ビニロンは海外発の合成繊維に凌駕されてしまい、一時は参入したメーカーも次から次へと脱落し、自ずと寡占状態が実現した。

【支柱】 この事業で高収益を支えるのは技術開発陣である。ビニロンが窮地に追い込まれたあと、クラレは特殊ポバールの開発に活路を見出そうとしてきた。その要請に技術開発陣が応えてみせたからこそ、戦略の均整は保たれた。

【選択】 1950年10月、倉敷レイヨンは世界最初のポバール工場を富山に建設した。ビニロンに追随した他社は、原料のポバールについては日本合成化学工業から調達する道を選択した。ポバールを内製した理由は、「技師長をされていた友成博士の経験に基づくもので、岡山工場のレーヨンの製造課長をされたとき、原料パルプとその製品である繊維の品質との間に密接な関係があり、製品の品質をコントロールするためには原料ポバールの品質をコントロールしなければならないことを痛感されたためであろう」と富山工場長は述べている。もちろん、投資を伴う進言だけに、最終判断は社長にゆだねられたはずである。

■技師長をされていた…
高分子加工 1968.8

◉戦略旗手▷▶▷▷▷第２世代同族経営者

■おおはら・そういちろう
生没：1909.07-1968.07
社員：1932.11-1938.12
役員：1938.12-1968.07
社長：1939.05-1947.08
1948.06-1968.07
会長：—

【人物】 このケースで戦略を推進したのは創業者の長男、大原總一郎氏である。1947年には同郷の先輩に懇願され、物価庁に転出した経験も持っており、異色の経営者と言ってよい。定量的な考察を記した論文を多数発表しており、経済と技術の両面にわたる論客としては、右に出る人物は思い浮かばない。

【着想】 總一郎氏の着想は大局観に由来する。長くなるが紹介すると「もともと繊維工業は日本の産業構造としては重大な地歩を占め、輸出貿易の大宗を形成してきた。しかも日本としては繊維資源に恵まれること極めて貧弱で、わずかに絹を産するのみ、綿も羊毛もそのことごとくを輸入に仰がねばならない。これらの輸入が国際収支上大きな負担となるのみならず、食糧や他の工業用原料の輸入をも困難ならしめてきたのであって、日本の繊維工業が加工貿易の範囲を出てなかったことが逆に日本経済の進展上大きな制約条件となっていた。しかるに合成繊維は天然の繊維資源に依存するものではない。アミランは原料を合成石炭酸に求めるため、現在の技術においては鉄工業の発展状況いかんに制約されざるをえないが、ビニロンは国内に無尽蔵ともいうべき石灰石や石炭を主原料とし、また日本として比較的豊富な電力を必要とするが、これらの自治を図ることは資源的にほとんどまったく問題がない。この意味ではビニロン工業こそ日本経済の現状から見て最も望ましく、しかも世界の繊維界に先んじて日本の技術陣が生み出した唯一のものである」という具合である。

■もともと繊維工業は…
再建評論 1949.12

ただし、ポリエステルという伏兵が登場したこともあり、ビニロンは總一郎氏が思い描いたようには伸びなかった。そして、原料

■この5年間、倉敷…
高分子加工 1968.8

のポバールのほうが開花するという数奇な運命を辿ることになるが、その過程では「この5年間、倉敷レイヨンはレーヨンで、ニチボーは紡績糸でビニロン部門の赤字を補填し、かろうじてその経営を続けたものであった。倉敷レイヨンの大原社長は財界や業界からいろんな批判を受け、一時はだめだと言われたが、頑張り抜いたものであった」と記されている。

[参照文献]
『創新 クラレ80年の軌跡』2006年
樹脂加工、1960年6月（進藤喜信）

ケース 854 ダイセル化学工業：セルロース事業

B：酢酸セルロース（特殊化学原料）

戦略C/C比率◀◁◇▷▷
戦略D/E比率◀◁◇▷▷
対照：417，067

■ダイセル化学工業
直前決算期：2000.03
実質売上高：2,350億円
営業利益率：6.0%
海外売上率：21%
社内取締役：7
同順位相関：0.45
筆頭大株主：三井グループ
利益成長率：△/△/△
東名阪上場：1949.05

◉企業戦略▷▷▷▶▷本業辺境展開

【経緯】ダイセル化学工業は1919年に堺で大日本セルロイドとして設立された会社である。これは乱立した8社が大同団結に至ったもので、目論見どおりセルロイド生地では世界一に躍り出た。海外勢の日本進出に先駆けて写真フィルム工場を1933年に完成させたが、これは翌年にスピンアウトしている（富士写真フイルム）。そして易燃性がつきまとうセルロイドの代替材としてアセチロイドを手がけることにしたが、事業化は戦後まで待たなければならなかった。新たに立ち上がった酢酸系の事業の川下では、繊維事業は撤退に追い込まれたものの、1954年に砲弾用無煙火薬とたばこフィルター用トウが出揃って、事業の骨格が姿を見せている。

【編成】本業はセルロイドであったが、分析対象期間中は石油化学系の合成樹脂が主業の座を占めていた。ただし、祖業の流れを引くセルロースや、それに隣接する有機合成も、ほぼ主業と肩を並べている。火工品は新たにエアバック用のインフレーターという用途が生まれたものの、ほかに比べると影が薄い。

セルロース事業は、酢酸セルロースとトウと水溶性高分子から成り立っている。いずれも収益性は良好ながら、好不調の波から判断すると、分析対象期間中に収益を牽引したのは酢酸セルロースと思われる。

◉事業戦略▷▶▷▷▷川上・川下統合

■セルロース事業
期間：2000.04-2010.03
得点掲示板：9-1
営業利益率：14.7%
利益占有率：30%
開示欄序列：1
事業本拠地：兵庫県
独禁法違反：報道なし
—
1990年代：4-6
2010年代：4-0

【立地】 売り物は酢酸セルロースである。これは、1990年頃までは写真フィルムの基材フィルムの原料として用いられていた。その後は液晶ディスプレイ（LCD）に搭載される偏光板の基材フィルム（TAC）の原料として用いられている。

売り先は写真フィルムのメーカー、またはTACフィルムのメーカーで、どちらも富士フイルムの寡占になっている。戦後の富士フイルムは独立を遂げており、ダイセル化学工業の所有比率は3%前後に留まっていた。

狭義の競合は酢酸セルロースのメーカーながら、見当たらない。

広義の競合は酢酸のメーカーで、三菱系の日本合成化学工業に限られるが、ここは酢酸を酢酸ビニルや酢酸エチルにもっていくので、酢酸セルロースではぶつからない。分析対象期間中に日本合成化学工業（化学品）は1勝9敗で通算利益率5.1%の戦績に終わっている。

【構え】 入手ルートは自社工場である。ただし、ダイセル化学工業は自社でつくる一酸化炭素と三菱ガス化学から調達するメタノールを供給して、酢酸自体は後述する協同酢酸に製造させている。

引き渡しルートは大口顧客への直販である。

【時機】 このケースは戦前に起源があり、先発に相当する。分析対象期間中は、液晶テレビの爆発的普及が追風となったことは間違いない。

【源泉】 この事業で高収益を許すのはミッションクリティカリティである。主要顧客である富士フイルムにとって酢酸セルロースは生死を分ける原料となっており、何よりも安定供給に主眼を置かざるをえない。

【防壁】 この事業で高収益を守るのは川上の素材、酢酸である。ダイセル化学工業は1975年にアメリカのモンサント社からメタノール法の技術導入を図り、製造コストを30%引き下げるのに成功した。それに対抗できなかった昭和電工は撤退を余儀なくされ、1963年に稼働したプラントでアセトアルデヒド法を採用した日本

業績推移（億円）

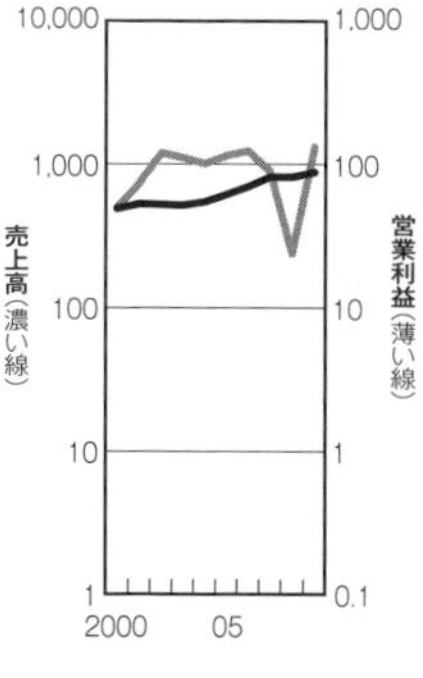

合成化学工業も追随を断念している。酢酸の需要は第1次石油ショックで頭打ちとなっており、新増設は考えられないことから、いまとなってはダイセル化学工業に対抗することは難しい。

【支柱】この事業で高収益を支えるのは製造部隊である。化学コンビナートは絶えず発火や爆発の危険と背中合わせで、事故が起きると操業停止に追い込まれてしまう。日々の安全確保がなされて初めて戦略の均整が保たれることを忘れてはならない。

【選択】1977年7月、ダイセルは三菱ガス化学と合弁でメタノール法酢酸を製造する協同酢酸を設立して、70%を出資した。これは、1975年の技術導入を形にするもので、1974年に同じく技術導入していた日本合成化学工業を出し抜く動きであった。

■さかや・ただし
生没：1909.10-1991.11
社員：—
役員：1971.01-1987.06
社長：1971.01-1979.09
会長：1979.09-1983.06

◉戦略旗手▷▷▶▷▷外様経営者

【人物】このケースで戦略を推進したのは三井銀行の専務取締役を務めた昌谷忠氏である。銀行から社長として送り込まれたのは、1960年代の石油化学工業への過大な投資が原因となり、ダイセル化学工業が無配転落したからである。昌谷氏の初仕事は2割近い人員削減であった。

昌谷氏は2年半のシベリア抑留生活のなかで、字と接する機会のない日々を怖れたという。「そこで私は最大の努力をした。（中略）自己思索を繰り返し、自分の頭のなかで独りで理論闘争を繰り返し、毎日こうして意識して考えることにのみ最大の努力をしてきた」という言葉には想像を絶する重みがある。

【着想】昌谷氏の着想は知る術がない。社長就任当初は饒舌だった当人が、酢酸の製法転換が焦点になるにつれて表に出るのを控えてしまったからである。

■目立った変化のない…
化学工業 1974.7

■味の素
化学と工業 1976.5

酢酸業界は「目立った変化のない業界の典型的な存在」と言われていたが、エチレンから誘導する従来のアセトアルデヒド法が石油ショックの直撃を受けたところから波風が立ち始めた。コスト高と供給不安を背景に最大手ユーザーの味の素が原料を廃糖蜜に再転換する検討を始めたと伝えられる一方で、メタノール法も肝心のメタノール源が定まらず、何から何まで不確実という状況に置かれてしまったのである。

昌谷氏は1974年9月に「酢酸の需要は今後も増加すると考えるので、当面はアセトアルデヒド法の増強を進めることにしている。(中略) メタノール法は、今後、原料メタノールの供給が増加し、一方ではアセトアルデヒドの入手が困難になると予想されるので、将来の酢酸製造の主流になると考えられる。当社においても数年前から米国モンサント社とコンタクトを持ち、研究を重ね、いつでも実施できる準備をしている。しかしながら、最低10万トン/年単位であり、急激な増産は業界の混乱を招くおそれがあり、また最近の設備費の高騰などをも考慮し、慎重に検討すべきものとして保留している状況である」と語っていた。

■酢酸の需要は今後も…
証券アナリストジャーナル 1974.9

このコメントと相前後して、業界最大手の日本合成化学工業は年産20万トンでメタノール法を導入する計画を発表していた。これは「三菱化成グループ各社を結集した黒崎における重質油分解計画の一貫」で、酢酸については「既存用途での需要増は5万トンであり、残り15万トン」の新規用途開拓が「計画具体化のためには不可欠の条件」となっていたが、3社(三菱化成、日本化成、日本合成化学工業)をまたぐ遠大な全体最適計画は延期を余儀なくされ、第2次石油ショックに巻き込まれるなかで立ち消えてしまった。

■三菱化成グループ各社…
既存用途での需要増…
計画具体化のためには…
化学経済 1974.10

それに対してダイセルの計画は、1975年にスタートした体質改善4カ年計画の中核を成すもので、酢酸のコスト低減に狙いを絞っていた。工場は1980年1月に竣工して、それまで日本合成化学工業の後塵を拝していたダイセルは、同社の倍の酢酸生産能力を持つことになったのである。需要水準から見て、後手に回った計画は実行に移すと自爆になることが目に見えていた水面下の駆け引きで、昌谷氏は見事に機先を制したと言ってよい。三菱瓦斯化学、電気化学、チッソ、協和醗酵を巻き込んで結束の固い三菱化成グループの鼻を明かした手腕は、自己思索の賜物なのであろう。

[参照文献]
『ダイセル化学工業60年史』1981年
化学経済、1977年11月

戦略C/C比率◀◁◇▷▷
戦略D/E比率◁◀◇▷▷
対照：012，424

■東レ
直前決算期：2004.03
実質売上高：11,410億円
営業利益率：5.2%
海外売上率：41%
社内取締役：30
同順位相関：0.88
筆頭大株主：信託口
利益成長率：△/×/△
東名阪上場：1949.05

ケース649 東レ：炭素繊維複合材料事業

B：PAN系炭素繊維（航空機を軽くする構造材）

◉企業戦略▷▷▷▶▷本業辺境展開

【経緯】 東レは1926年に東京で東洋レーヨンとして設立された会社である。設立を主導したのは三井物産の常務で、当初はレーヨンステープルから出発して、1951年にデュポンから技術を導入してナイロン、1958年にICIから技術を導入してポリエステル、1964年に独自技術でアクリル、1971年に炭素繊維を追加した。非繊維では、1959年にポリエステルフィルム、1964年にABS樹脂、1970年にポリプロピレンフィルム、1975年にPBT樹脂を起業した。1985年から医薬品も育てている。

【編成】 本業は繊維であったが、分析対象期間を前に化成品（プラスチック・情報通信材料）への転地が実現して、その後は情報通信材料が主業に育っている。炭素繊維が独立セグメントとなったのは意外と遅く、ボーイング787型機への供給が始まってからである。営む事業間の関係は複雑で、合成繊維の原料を別の川下に展開したプラスチック、さらに川下へ降りた情報通信材料、合成繊維そのものを川下に展開した炭素繊維複合材料、社内サービスを外販したエンジニアリング、研究所から出たライフサイエンスが同居している。

■炭素繊維複合材料事業
期間：2004.04-2010.03
得点掲示板：5-1
営業利益率：14.8%
利益占有率：12%
開示欄序列：4
事業本拠地：滋賀県
独禁法違反：2000年3月
—
1990年代：—
2010年代：2-2

■34%
日経朝刊 2008.1.16

◉事業戦略▷▶▷▷▷川上・川下統合

【立地】 売り物は鉄より強くアルミより軽いPAN系炭素繊維と、その織物に樹脂を含浸させたプリプレグである。

売り先は航空機メーカー、スポーツ用品メーカー、建設事業者に留まらず、次から次へと拡がっている。

狭義の競合は宇宙航空向け炭素繊維のメーカーで、ここはボーイング社のB787を押さえた東レの独壇場と言ってよい。東レはエアバスにも炭素繊維を供給する。東レ単独の世界シェアは34%だそうである。

広義の競合は炭素繊維のメーカーで、ここには石油精製や石炭乾留の副産物からつくるピッチ系も含まれる。強度に劣る等方性ピッチでは呉羽化学工業、強度でPAN系に迫る異方性ピッチではアメリカのユニオン・カーバイド社が1980年代から企業化していた。ただし直近では、PAN系の東レと東邦テナックス（旧東邦レーヨン、現在は帝人の完全子会社）と三菱レイヨンの3社が世界シェアの約7割を占めると言われている。分析対象期間中に東邦レーヨン（化成品）は2勝5敗で通算利益率6.6%、三菱レイヨン（炭素繊維・機能膜）は2勝4敗で通算利益率8.6%に終わっている。

■約7割
日経朝刊 2007.2.9

【構え】 入手ルートはマザー工場の愛媛をはじめとする複数の自社工場である。原料にあたるアクリロニトリルを東レは社外から購入して、中間原料となるアクリル繊維を内製し、それに自社で耐炎化・炭化処理を施して炭素繊維を製造し、それをさらに自社で加工する。川下工程は国内外に分散している。

引き渡しルートは主に直販と思われる。

【時機】 このケースは、1973年に量産を開始しており、明確な先発に相当する。東レは、ユニオン・カーバイド社をはじめとする世界の強豪に技術導出する立場にあった。このケースは原油高騰の波を捉えたと見ることができる。なかでも航空機は燃油の消費量を問われるようになり、高価でも軽くて強い炭素繊維を初めて本格的に採用する時代を迎えることになった。

業績推移（億円）

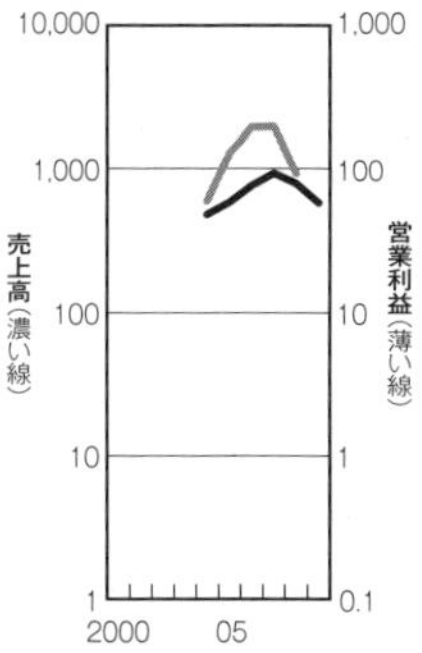

【源泉】 この事業で高収益を許すのはパフォーマンス優位である。ボーイングは炭素繊維をB767で試験的に2次構造材として採用し、B777で尾翼に採用し、B787で機体重量50%相当の1次・2次構造材に採用した。B787は従来機比で20%も燃費が向上しており、それに伴い航続距離が大幅に伸びている。強度があがった恩恵でキャビンの気圧も高く設定することができ、窓も大きくなった。エアラインにしてみれば、燃油価格の上昇をものともせず、従来にない新たな路線を切り開き、顧客サービスを劇的に向上させる機材と歓迎するのも無理はない。その成否を握る材料が価格プレミアムを享受するのは当然と言えよう。

【防壁】 この事業で高収益を守るのは川上の素材、すなわち原糸である。アウトプット（炭素）に関する知見より、インプット（アクリル繊維）に関する知見が決定的に重要なことは、ユニオン・カーバイド、日本カーボン、東海カーボンといった炭素材料メーカーが早くから挑戦したにもかかわらず撤退に追い込まれ、炭素繊維にとどまるのがレーヨンを主業とした繊維メーカーだけという事実が雄弁に物語る。

【支柱】 この事業で高収益を支えるのはボーイング社やエアバス社との間を取り持つ技術サービス部隊である。航空機に要求される安全性を視野に入れると、折衝の厳しさは想像に難くない。

【選択】 1972年11月、東レは愛媛事業場で炭素繊維の量産設備の建設を開始した。これは、ニクソンショックの余波を受けて輸出急減の憂き目を見た翌年度の決断で、ほかにポリエステルの無人化生産を目指して石川工場の新設に乗り出していたことも考慮すると、大胆と言わざるをえない。

■ふじよし・つぐひで
生没：1913.01–1985.05
社員：1935.04–1962.11
役員：1962.11–1985.05
社長：1971.11–1980.06
会長：1980.06–1985.05

■当社には当時…
化学工学 1994.1

◉戦略旗手▷▷▷▶▷操業経営者

【人物】 このケースで戦略を推進したのは藤吉次英氏である。藤吉氏は若くしてナイロンの自主技術生産に道を開いて以来、一貫して生産技術畑を歩んでいた。名古屋工場を建設し、工場長も務めた経歴を持つ。東レ中興の祖と目される田代茂樹会長に指名されながら、田代氏を会長に戴かない戦後最初の社長となったことで、世間の耳目を集めた面もある。愛媛工場で初代の生産掛長を務めた渡辺静男氏は「当社には当時このユニークな研究成果を事業化にまで結びつけた二つの大きな要素があったと考える。その一つは、当時の藤吉副社長の開発への決断であり、第二は東レの中に工務研究所の存在であろう」と述べている。

もっとも開発面では藤吉氏と別の立役者がいたことを認識しておく必要がある。「超高強度炭素繊維の開発」で1993年度の高分子学会賞を受賞したのは、樋口富壮、平松徹、山根祥司、野口健一の各氏である。また炭化促進につながるビニルモノマーを持ち込んだのは、基礎研究所の森田健一氏であった。ボーイング社に食い込むに際しては、技術導出先のユニオン・カーバイド社が先兵の役割を果たしたことも付記しておかなければならない。

そうは言っても、1969年3月に策定された第3次長期経営計画の新規事業に姿形もなかった炭素繊維を事業化したのは藤吉氏で、藤吉氏以外に功労者は見当たらない。1966年に東レは炭素繊維の研究に着手して、その3年後に製法を開発した。1970年に知財面で条件を整え、1971年4月に月産0.3トンのパイロットプラントを稼働させ、1973年に事業化に踏み切ったあとは、スポーツ用品市場、そして宇宙航空市場が順調に立ち上がり、事業は軌道に乗った観がある。

ただし、1985年度に新規事業の売上構成比が4.7%に達した段階でも「新事業開拓のために投じられた多大な経営努力を考えると、4.7%という値はその成果というより、新事業分野の開拓の難しさを示しているとみるべきであろう」という辛辣な声があったことは、記憶にとどめておきたい。

■新事業開拓のために…
70年史

藤吉氏は1970年8月に新設された新事業小委員会の委員長を務め、1971年4月に新事業推進部を発足させている。当時は人工皮革のエクセーヌや医薬品が新事業の主役であったが、その陰で炭素繊維に事業化指令が出たことが、このケースでは決定的に効いている。ちなみに新事業推進部の担当取締役は伊藤昌壽氏で、藤吉氏は彼を後継社長に指名した点も興味深い。

伊藤氏は「我々はこの素材のマーケットを見出すことができないでいた。しかし、トップ・マネジメントはこの新素材が将来必ず新しい市場を開くに違いないと確信していた。そこで、製造技術を確立するための投資を行うとともに、100人近い研究者を集中して投入した。また、大規模にマーケット開発を進めるため5トンの商業生産を開始した。(中略) 我々はこの経験から、トップマネジメントの忍耐と固い信念が開発プロジェクトを成功に導く大変重要な鍵であることを学んだ」と述懐している。

■我々はこの素材の…
WILL 1982.11

【着想】 藤吉氏の着想は伊藤昌壽氏の発言に垣間見ることができる。「軽くて強い材料は、将来、必ず宇宙航空をはじめ各種の産業機械に使われるはずだ」という確信が、当時の関係者の間で共有されていたに違いない。

毒説居士と形容された藤吉氏は、「私はサラリーマン経営者であることに誇りを感じています。これもヒト、モノ、カネという経営資源をいかにうまくハンドルしていくかという意味で、やはり一種の技術だと思うからです。またサラリーマン経営者というのはリ

■毒説居士
日経夕刊 1982.5.17

■私はサラリーマン…
プレジデント 1979.10

レーのランナーのようなものですから、自分がバトンタッチされた瞬間から次のランナーにバトンタッチすることを考えています。ただその前に願わくば少しでも“いい企業”にして…ということです。これも私はすがすがしくていいと思います」と口にしていた。

［参照文献］
『東レ70年史』1997年

9-4-3 金属材料

ここでいう金属材料は「その他」に相当する。9-4-1の「セラミックス」や9-4-2の「負け組の合成繊維」に比肩する強い意味合いがないからである。最初の2ケースはファイン素材ながら、残る1ケースはバルク素材で、全体を貫く芯は見当たらない。ただし、どのケースも金属の主流を成す鉄鋼や非鉄金属からは遠く離れており、等しく5-2-1の「そっぽ指向」の影を見ることができるため、この節に位置づけるのが正しいと考えた次第である。

この戦略を活かした典型例はケース855の戸田工業で、ここは江戸時代の弁柄を継承して酸化鉄でスペシャリストの地位を確立している。製造工程で硫酸を多用することから、原料の入手は容易でない。ケース650の信越化学工業は複数の事業を高収益に仕立てているが、ここでは希土類磁石が浮かび上がっている。希土類元素の分離精製が難しいため、これも原料は容易に入手できないが、信越化学工業は原料を内製して事業化に先行した。ちなみに、強力な磁石に用いられる希土類元素は元素周期表では金属のカテゴリーに分類されるのが普通である。ケース856の北川鉄工所は、技術導入したミーハナイト鋼にパワーチャックという出口を見出して成功した。

これらのケースが高収益を生み続けるのは、原料の稀少性と、原料に関する知見の蓄積によるところが大きい。本質的には9-4-1のセラミックスや9-4-2の合成繊維と同じと言ってよい。

この戦略が適用できる条件としては、言うまでもなく稀少性のある金属材料にアクセスがあることを挙げなければならない。したがって誰にでも開かれた戦略とは言いがたいが、そのロジックは他でも活きる可能性を秘めている。

戦略C/C比率◀◁◇▷▷
戦略D/E比率◁◀◇▷▷
対照：047

■戸田工業
直前決算期：2004.03
実質売上高：260億円
営業利益率：5.0%
海外売上率：31%
社内取締役：4
同順位相関：1.00
筆頭大株主：創業家
利益成長率：○/△/○
東名阪上場：1982.11

ケース855　戸田工業：機能性顔料事業

B：酸化鉄顔料（複写機トナー原料）

◉企業戦略▶▷▷▷▷本業集中

【経緯】戸田工業は1933年に広島県で弁柄メーカーとして設立された会社である。その源流は1823年まで遡るという。戦後は1953年にフェライト材料、1969年に磁気テープ用磁性粉末、1973年に湿式着色顔料の生産に乗り出した。日本のビデオを陰で支えたのは戸田工業の高級磁性粉末と言っても過言ではない。同社は世界で唯一の酸化鉄専業メーカーとも呼ばれている。

【編成】本業は磁性粉末材料で、それが分析対象期間中も主業の座を占めていた。フェライト材料から派生したリチウムイオン電池の正極材料は、まだ育成段階にある。

戸田工業は2004年度から酸化鉄と電池材を分けて開示し、2006年度以降はフェライト材料を酸化鉄から電池材に移している。それにより、磁性粉末材料と各種着色材料を合わせた機能性顔料が収益の柱と判明した。顔料は祖業に由来するもので、その製法改革が副生物として磁性粉末やフェライトをもたらしたという経緯がある。

■酸化鉄事業
期間：2004.04-2010.03
得点掲示板：5-1
営業利益率：14.7%
利益占有率：100%以上
開示欄序列：1
事業本拠地：広島県
独禁法違反：報道なし
—
1990年代：-
2010年代：4-0

◉事業戦略▶▷▷▷▷中核集中

【立地】売り物は磁性着色材料である。これは磁性トナーを吸着し、紙の表面まで運ぶ球状マグネタイトのことを指している。直径は数十ミクロンの粒子で、高画質カラー複写機では球状樹脂キャリアと呼ばれるが、それは繰り返し利用されるマグネタイトの摩耗を防ぐために表面が樹脂コーティングされているからである。

売り先はレーザープリンター、およびカラー複写機のメーカーである。大口顧客にキヤノンの名前が挙がっている。

狭義の競合は磁性着色材料のメーカーながら、これというところは見当たらない。VTR用の磁性粉末材料も戸田工業が世界的に独占の状態にあったという。

■独占の状態
ファインケミカル 1979.7

広義の競合は同等機能を果たす代替材料のメーカーながら、これというところは見当たらない。

【構え】 入手ルートは自社工場である。分析対象期間中に工場の数は急拡大した。ただし、工場と言っても設備投資は軽く、必要人員も多くない。

引き渡しルートは大口顧客が直販、小口顧客が商社経由である。

【時機】 このケースは、白黒レーザープリンターの黎明期から事業を営んでおり、先発に相当する。戸田工業は江戸時代から伝わる赤色顔料の弁柄（酸化鉄）で起業し、京都大学の高田利夫助手が進めていた有田焼の赤絵の研究に基づいて新たな酸化鉄の合成法を1960年前後に開発していた。

【源泉】 この事業で高収益を許すのはミッションクリティカリティである。磁性着色材料の耐摩耗性が低いと、複写機やプリンターの画質に影響が出たり、またはトナーカセットの交換頻度を上げざるをえず、ユーザーから不評を買ってしまう。トナーカセットに占める原価構成比が極めて低い磁性着色材料で製品競争力を落としては割りに合わないので、顧客は価格より性能を求めることになる。それゆえ強気の価格が通りやすい。

【防壁】 この事業で高収益を守るのは川上の素材、すなわち硫酸鉄である。戸田工業は、鋼板の酸洗を行う帝国化工（現テイカ）から硫酸鉄を確保する体制を築いているが、スポット市場が存在しないため、他社は容易に硫酸鉄を入手できない。入手しようと思えば、それなりのコミットメントを要求されるため、それがリスクとなる。

【支柱】 この事業で高収益を支えるのは技術開発陣である。彼らが顧客からの絶えざる要求に応えるからこそ、値下げ要求を回避できることを忘れてはならない。

【選択】 1953年8月、戸田工業は京都大学に「鉄熱分解による弁柄製造の研究」を委託した。京都大学金相研究室で岩瀬慶三教授と小川和彦講師の下にいた高田利夫氏が1957年に「熱分解による酸化物粒子の研究」という博士論文を提出して受理されたことから判断すると、委託研究の実質を担ったのは高田氏と思われる。高田氏は「酸化鉄赤絵の研究」という論文も1958年に発表しており、委託研究に基づいて湿式の酸化鉄合成技術を開発した。これが、

業績推移（億円）

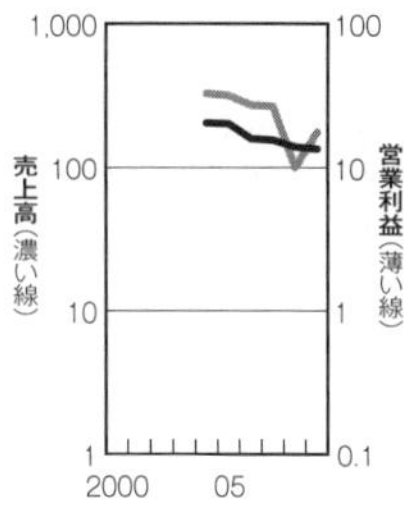

■岩瀬慶三
小川和彦
日本金属学会講演概要
1952.2

■委託
日本会社史総覧

■酸化鉄赤絵の研究
粉体および粉末冶金 1958

磁性粉末事業の基礎を形成したと見てよかろう。

■とだ・ひでお
生没：1921.12–1971.02
社員：—
役員：1948.??–1971.02
社長：1950.??–1971.02
会長：—

■弁柄及び弁柄による…
応用物理 1953

◉戦略旗手▷▶▷▷▷同族経営者

【人物】 このケースで戦略を推進したのは戸田英夫氏である。英夫氏は早稲田大学理工学部の応用物理教室の出身で、大学院を出た5年後に「弁柄及び弁柄による研磨過程の研究（序報）」という論文を共著で発表していた。研磨材用途は大きな事業にならなかったが、社長を務める傍らで学究の道を捨てなかったからこそ、産学連携への道が開いたことは間違いなかろう。

【着想】 英夫氏の着想は知る術がない。「硫酸鉄熱分解による弁柄製造」という研究発表を聴いた同じ月に研究委託をしていることから判断すると、自ら理解する素地を持ち合わせる研究内容のポテンシャルを直観したに違いない。京都大学の教授になった高田利夫氏との関係は長く続き、社員数名を研究室に常時派遣したという。それも院生時代の高田氏を見出したからこそと言えよう。

［参照文献］
証券アナリストジャーナル、1980年11月

ケース 650 信越化学工業：電子・機能材料事業

B：希土類磁石（高効率モーター用機能部材）

戦略C/C比率◀◁◇▷▷
戦略D/E比率◁◀◇▷▷
対照：045，093

■信越化学工業
直前決算期：2000.03
実質売上高：6,690億円
営業利益率：12.9%
海外売上率：51%
社内取締役：15
同順位相関：0.76
筆頭大株主：金融機関
利益成長率：○/○/○
東名阪上場：1949.05

◉企業戦略▷▷▷▷▶多核化展開

【経緯】 信越化学工業は1926年に長野で信越窒素肥料として設立された会社である。信濃電気60％、日本窒素40％の合弁としてスタートしており、余剰電力の有効利用を図る目的で電気炉の活用に主眼があった。まずは直江津で石灰窒素、次に磯部で金属マンガン、武生で石灰窒素と業容を拡げたところで終戦を迎え、戦後は磯部がシリコーン、直江津がセルロース誘導体、武生が希土類磁石の拠点に転じていった。ほかに半導体シリコンにも進出して、今日に連なる事業ポートフォリオの大枠が完成している。

【編成】 本業は石灰窒素で、そこから信越化学工業は転地した。分析対象期間中の主業は三つあり、シリコーンと半導体シリコンと希

土類磁石が抜きつ抜かれつを演じる様は、まさに多核経営と呼ぶにふさわしい。塩素と珪素が戦後の土台を形作った面もあるが、希土類磁石はどちらにも縁がない。

希土類磁石は一般用は機能材料、電子産業用は電子材料と、2009年度まで二つのセグメントをまたいでいたが、2010年度から新設された電子・機能材料セグメントに一本化された。それに伴い利益率が跳ね上がったところを見ると、収益を牽引する事業と推察される。新たな電子・機能材料セグメントは希土類磁石を主力としつつも、ほかに半導体用封止材、フォトレジスト、マスクブランクスなどを含んでいるが、希土類磁石以外は業界で後発チャレンジャーの立場にある。

◉事業戦略▷▶▷▷▷川上統合

【立地】 売り物は希土類磁石である。これはサマリウム、ネオジムなどの希土類元素を用いた永久磁石のことで、磁束密度と保磁力が極めて強いため、小型化できるところに特徴がある。

売り先はハードディスクドライブ（HDD）磁気ヘッドのスイングアクチュエーターのメーカー、同じくスピンドルモーターのメーカー、MRIのメーカー、エアコン用モーターのメーカー、ハイブリッド自動車用モーターのメーカーなど、多岐にわたっている。

狭義の競合は希土類磁石のメーカーで、ネオジム系の日立金属（旧住友特殊金属）とTDK、サマリウムコバルト系のセイコーインスツルなどがある。マグナ、相模化学金属、マグファインのように、製品を標準化したうえで中国に工場を構えるところもある。分析対象期間中に住友特殊金属（連結）は2勝5敗で通算利益率6.6%の戦績に終わっている。

広義の競合はフェライト系やアルニコ系といった代替磁石のメーカーである。こちらはTDKをはじめとして、列挙できないほど競合がいる。

【構え】 入手ルートは自社の武生工場である。ここは、珍しくレア・アースの抽出から磁石の製造まで一貫体制を敷いている。競合他社は精製されたレア・アースを購入するが、信越化学工業はカナダやアメリカに原料ソースを持ち、それを自社で分離・精製する。

■機能材料事業
期間：2000.04–2010.03
得点掲示板：10–0
営業利益率：12.7%
利益占有率：14%
開示欄序列：3
事業本拠地：福井県
独禁法違反：報道なし
—
1990年代：1–3
2010年代：4–0

■磁石
電子材料 1974.10

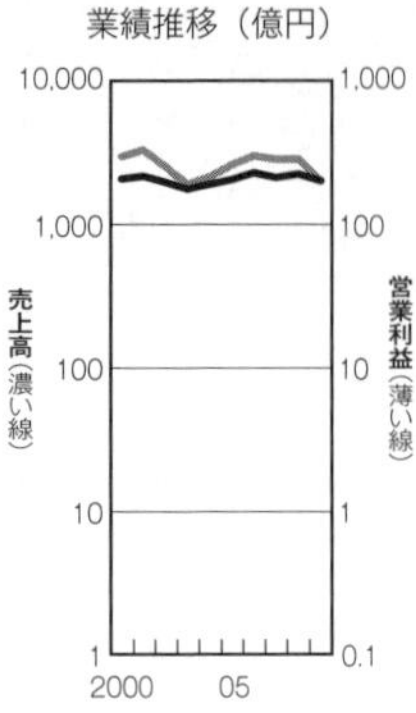

引き渡しルートは大口が直販、それ以外は大手の総合商社経由である。

【時機】このケースは先発に相当する。旧住友特殊金属がネオジム系の磁石を開発して脚光を浴び、磁石ベンチャーが立ち上がったのは1980年代のことであった。それに対して戦前にジュラルミンの原料となる金属マグネシウムを手がけた信越化学工業は、戦後も純粋金属を有望視して研究を立ち上げるなかで、アメリカでイットリウムの精製が始まったことをキャッチして、1967年に自ら事業を立ち上げている。当初は新金属課と呼んだところが信越化学工業らしい。当初はカラーテレビの蛍光体が事業の出口となっていたが、電子機器の軽薄短小化が進むにつれて、磁石という出口が現れた。分析対象期間中にはエコという絶好の機も出現し、希土類磁石には追風が吹きまくっている。

【源泉】この事業で高収益を許すのはミッションクリティカリティである。薄型で高速回転を求められるHDD用のモーターや、軽量で高出力を求められる自動車動力用のモーターは、希土類磁石があって初めて成り立つものであり、ユーザーにしてみれば値切るよりは性能アップを求めたいフェーズにある。

【防壁】この事業で高収益を守るのは川上の素材である。希土類磁石の大口ユーザーは、当然のことながら安定供給能力と、性能アップを求めてくる。いずれにせよ、レア・アースの自給能力が効いてくるが、その精錬工程は複雑で、そう簡単に投資に踏み切れるものではない。

【支柱】この事業で高収益を支えるのは新たな用途を開拓する技術開発陣である。環境意識の高まりを背景として、それに見合う用途を開拓できたからこそ、この事業は高収益に転じることができたと言ってよい。

【選択】1976年6月、信越化学工業は武生工場でレア・アースマグネットの製造を開始した。同時に磁性材料研究所を工場内に設け、社長直轄組織としている。これは、それまで細々と続けていた研究に終止符を打ち、事業化に踏み出すことと、レア・アースという素材から川下に降りることを意味していた。

◉戦略旗手▷▶▷▷▷第2世代同族経営者

【人物】 このケースで戦略を推進したのは小坂徳三郎氏の次の次の社長に就任した小田切新太郎氏である。信越窒素肥料の初代社長が須坂の旧家、小田切家から出ている関係で、ここでは創業家一族の人と見なしている。信越化学工業では、小坂家の人々に次ぐ大株主の地位を保ちつつ、経理畑を歩んできた。

磁石の研究開発を担ったのは大橋健氏や、1976年に松下電器産業から移籍してきた俵好夫氏であるが、戦略を担ったのは別の面々である。

【着想】 新太郎氏の着想は知る術がない。信越化学工業は、シリコーンとシリコンを抱える磯部工場は好調であったが、直江津工場と武生工場は転地が課題となっていた。ところが、政界に転じた小坂徳三郎氏は女房役と謳われた小林周蔵氏に社長の座を譲ってしまう。そして武生工場で期待の星、グラスウールが撤退に追い込まれ、直江津工場が爆発事故を起こしたところで、小坂徳三郎氏は総理府総務長官に就任して、取締役最高顧問も降りてしまった。そこから8ヶ月後に、社長に就任して3年経った小林周蔵氏から登板要請を受けたのが新太郎氏であった。

新太郎氏は、直江津はセルロース誘導体、武生はレア・アース磁石の拠点と位置づけて、それぞれの自立を促した。信越化学工業が事業化したことにより、レア・アース磁石の生産量は1976年に初めて5トンを記録した。そしてウォークマンの登場と軌を一にして1978年には45トンに跳ね上がり、HDDに採用され1981年に150トンと飛躍した。そして1988年には初めて1000トンを突破したのである。絶妙のタイミングを捉えて事業化に踏み切った決断は、見事と言うほかはない。

ダウ社のCEOを務めたブランチ氏は、新太郎氏の訃報に接して「これまで産業界で、彼以上に尊敬の念を抱かせた人物には、世界広しと言えども巡り合うことはありませんでした」と記し、「当時、深刻な経営課題を抱えていた信越化学工業は小田切さんによって近代的な優良企業へと生まれ変わったのであり、本当に素晴らしい功績を残されました」と称えている。

■おだぎり・しんたろう
生没：1907.08-1997.04
社員：1936.07-1948.06
役員：1948.06-1995.06
社長：1974.07-1983.08
会長：1983.08-1987.08

■5トン
工業レアメタル 1989.4

■これまで産業界で…
当時、深刻な経営課題…
化学経済 1997.8

[参照文献]
『信越化学工業80年史』2009年
新金属工業、1988年夏（長谷川良佑）
材料技術、1999年2月（俵好夫）

ケース 856 北川鉄工所：工機事業

B：旋盤用チャック（機械加工メーカー向け資材）

戦略C/C比率◀◁◇▷▷
戦略D/E比率◁◁◇▶▷
対照：039

■北川鉄工所
直前決算期：2000.03
実質売上高：300億円
営業利益率：0.2%
海外売上率：10%未満
社内取締役：10
同順位相関：0.93
筆頭大株主：持株会
利益成長率：△/△/△
東名阪上場：1962.08

◉企業戦略▷▷▷▷▶多核化展開

【経緯】北川鉄工所は1918年に広島で北川船具製作所として設立された会社である。祖業は船用の木製滑車で、1924年に鋳物工場と機械工場を増設すると船用のウインチも手掛けるようになり、その後は鉱山や土建に用途を拡げていった。1936年に北川鉄工所を新設すると旋盤用チャックの製造に乗り出し、戦後は1947年に医療施設事業、1962年に土木建築請負事業、1969年にプレハブハウス事業、1990年にアメリカで不動産事業、1992年に日本で立体駐車場事業と、果敢に新規事業への挑戦を続けている。

【編成】本業はミーハナイト鋳物で、それが分析対象期間中も主業の座を占めていた。同じ鋳物でも受注生産の金属素形材事業より、旋盤用チャックを中心とする見込み生産の工作機器事業のほうが概して利益率は高い。コンクリートミキサを中心とする産業機械事業が第二の柱で、これも利益率は高い。自走式立体駐車場を扱う駐車場事業だけは利益率が低い。

■工作機器事業
期間：2000.04-2010.03
得点掲示板：8-2
営業利益率：15.7%
利益占有率：71%
開示欄序列：2
事業本拠地：広島県
独禁法違反：報道なし
—
1990年代：1-0
2010年代：4-0

◉事業戦略▷▶▷▷▷川上統合

【立地】売り物は旋盤に加工対象物を固定する保持具である。これはパワーチャックと呼ばれており、北川鉄工所は標準品を得意とする。

売り先は工作機械メーカー、および工作機械の末端ユーザーである。

狭義の競合はミーハナイト鋳鉄で旋盤用チャックをつくるメーカーである。ここにライバルは見当たらなかった。

広義の競合はNC旋盤用チャックのメーカーで、豊和工業などが参入している。北川鉄工所の世界市場占有率は70%に達するという。

■70%
日経朝刊 1990.6.9
地方経済面（広島）

【構え】 入手ルートは専任の子会社である。開発は北川鉄工所の技術本部が手掛けている。

引き渡しルートは専任の子会社がOEMビジネスを担い、工作機械商社経由で交換需要を満たしている。

【時機】 このケースは戦前に起源があり、先発に相当する。このケースは日本における産業復興の波を捉えたと見ることができる。金属の旋盤加工があるところには、必ずと言ってよいほど北川鉄工所のチャックがある。

【源泉】 この事業で高収益を許すのはパフォーマンス優位である。チャックは旋盤加工の精度や生産性を左右することから、価格プレミアムを正当化する余地がある。

業績推移（億円）

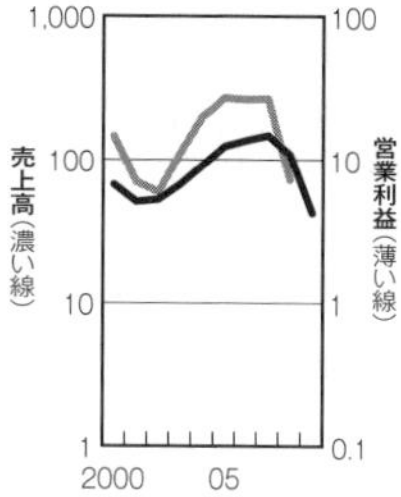

【防壁】 この事業で高収益を守ったのは川上の素材、すなわちミーハナイト鋳鉄である。ミーハナイト鋳鉄は耐熱性、耐酸性に優れ、機械加工性がよいうえ、熱処理も容易で、強度も高く、チャックには最適の素材であった。北川鉄工所は、まだ鋼が高価な時代にミーハナイト鋳鉄のライセンスを手に入れて、これを活かすべく多方面に事業を展開した。この企業戦略がミーハナイト・メタル社の歓心を買うことにつながり、他社を封じ込めたに違いない。

【支柱】 この事業で高収益を支えるのはミーハナイト鋳鉄がスティールに対する優位を失ったあとも販路を守り抜いた営業部隊である。

【選択】 1955年5月、北川鉄工所はアメリカのミーハナイト・メタル社から特許実施権を非独占的に得るために、7,500ドルを支払った。売上に対するロイヤリティは2%前後になる計算で、重い負担を背負ったことになっていた。

◉戦略旗手▶▷▷▷▷創業経営者

■きたがわ・じつお
生没：1904.11–1997.01
社員：—
役員：1941.11–1993.06
社長：1941.11–1958.04
　　　1965.02–1975.11
会長：1958.04–1965.02
　　　1975.11–1993.06

【人物】 このケースで戦略を推進したのは創業者の北川實夫氏である。實夫氏は副業として滑車を造っていた父親の下で力をつけたが、1936年に袂を分かち、再婚した父親と競い合う道を選んでいた。起業資金は生命保険に加入して調達しており、命を担保に差し入れたことになっている。終戦直後に進駐軍のアメリカ人将校たちと良好な人間関係を築いたあたりから、實夫氏の人生は好転したように見える。

實夫氏は地元への還元に人一倍注力した。私財を投じて北川病院と北川工業学校を開設したのみならず、地元府中で市長を2期にわたって務めている。

■鋳鉄と鋼の中間的…現在では…
『わが七十七年の歩み』

■企業家としては…
中国新聞 1997.1.7

【着想】 實夫氏の着想は先見の明に満ちている。鋳造の美点も弱点も知り抜いていた實夫氏は、「鋳鉄と鋼の中間的特性を有するミーハナイトメタルが米国で開発されたことを知り、ただちにこの会社と提携し技術の導入をはかった」と述べている。そして「現在では(中略)日本最大の鋳物工場になっている」と誇らしげに言葉を足した部分と読み合わせると、一貫した狙い目があったと言ってよかろう。實夫氏は、「企業家としては、とにかく先見性に富んでいた」と周囲の人々に評価されていた。

北川鉄工所はミーハナイト・メタル社との契約を2006年まで更新し続けた。それだけ恩義を感じており、信義を最後の最後まで大切にしたのであろう。

[参照文献]
北川實夫『わが七十七年の歩み』1982年
週刊時事編集部『この人・その事業 第7』時事通信社、1968年

9-4-4 余剰資源

余剰資源とは、主力事業で余った資源を他用途に転用することを指している。同じ資源を有償で入手する競合に比べるとコスト優位に立つため、労せず高収益を享受することができる。

この戦略を活かした典型例はケース651の常磐興産で、ここは炭鉱から湧き出す熱水を活かして磐城の地に常夏のリゾートを作り上げた。かつて掘り出していた石炭より、捨てていた熱水のほうに価値があると判明したのは、皮肉としか言いようがない。ケース652の住石Hは、使い慣れた爆薬を使う衝撃圧縮法で多結晶ダイヤモンドを造っている。人里離れた地に坑道でも保有しない限り、追随できる事業ではない。以上2ケースは、炭鉱業からの転地を成功させている。

残る2ケースは、繊維周辺から転地を遂げている。ケース653の日本化薬は、かつて繊維産業に供給していた染料を、液晶プロジェクターの偏光板という新たな出口に転用した。ケース654の四国化成工業は、かつてレーヨンのメーカーに二硫化炭素を供給していたが、苦境に陥った取引先から引き取った化合物に出口を見つけるのに成功した。陰る繊維から伸びる電子へという図式は、ともに同じである。

これらのケースが高収益を生み続けるのは、原料や場所が稀少だからである。稀少性が生まれるのは、もともとの事業が斜陽に入ったからで、そこに一種の逆説がある。ただし、斜陽事業に留まり続けては意味がない。稀少性のある原料や場所を伸びる出口に展開しなおすからこそ、高収益が視野に入るのである。

この戦略を適用できる条件としては、言うまでもなく余剰資源の存在を挙げなければならない。容易に転用可能な土地は、第8章で見たように、余っていても大きな落とし穴と隣り合わせなので、そこは注意されたい。

ケース 651

常磐興産：観光事業

C：スパ・リゾート（大衆向けの近くて安いハワイ）

戦略C/C比率◀◁◇▷▷
戦略D/E比率◀◁◇▷▷
対照：340，427

■常磐興産
直前決算期：2000.03
実質売上高：500億円
営業利益率：2.9%
海外売上率：10%未満
社内取締役：6
同順位相関：0.81
筆頭大株主：マルト商事
利益成長率：△/△/△
東名阪上場：1949.05

◉企業戦略▷▷▷▶▷本業辺境展開

【経緯】 常磐興産は1944年に東京で常磐炭礦として設立された会社である。前史は1883年に遡り、石炭を首都圏に供給する役割を担ってきた磐城炭礦と入山採炭が合併して生まれたが、1962年に石油の輸入が自由化されて以来、従業員1万6,000人の雇用死守を至上命令とせざるをえなくなった。手を出した事業は都市ガス、コンクリート製造、建設工事、計算センターから、畜産、倉庫、病院、観光に及んでいる。

【編成】 本業は採炭であったが、分析対象期間中の主業は観光に移っていた。祖業との縁を絶ちきれず、石炭・石油の輸入卸売業にも手を伸ばしたが、これは利益貢献するには至っていない。

■観光事業
期間：2000.04-2010.03
得点掲示板：8-2
営業利益率：12.3%
利益占有率：57%
開示欄序列：1
事業本拠地：福島県
独禁法違反：報道なし
—
1990年代：2-8
2010年代：3-1

◉事業戦略▷▶▷▷▷川上統合

【立地】 売り物は福島県いわき市に位置するスパリゾートハワイアンズで、その中身はリーズナブルな大衆レジャーである。スパリゾートハワイアンズは7,000㎡もある大ドームを通年で28℃に保っており、名ばかりの「ハワイ」とは訳が違う。

売り先は地元や首都圏の一般消費者である。

狭義の競合は1年を通して天候に左右されず、本物の椰子の木やバナナの木に囲まれて異国情緒を満喫できる国内施設で、これに近いのはナガシマスパーランドくらいであろう。ここは熱水の湧出量で常磐を上回るが、名古屋圏にあるため関東圏のスパリゾートハワイアンズとは直接競合しない。未上場企業なので不確定数値ながら、長島観光開発（単体）は分析対象期間中に7戦全敗、通算利益率6.0%に終わったものと推定される。

広義の競合は親子三代で楽しめるレジャー施設で、関東地区にはとしまえん、よみうりランド、富士急ハイランド、東京健康ランド、東京ドイツ村、日光江戸村と、有力な競合がひしめいている。

【構え】 入手ルートは自前である。「ハワイ」を実現する熱源は、旧炭鉱口から湧き出す58.8℃の熱水、毎分3トンで、サービスを提供するスタッフは、炭鉱の従業員、または彼らの家族であった。

引き渡しルートは考慮する必要がない。デリバリーしなくても、顧客が施設にやってくるからである。

【時機】 このケースは、日本で最初のテーマパークと言われており、先発に相当する。ちなみに、特定のテーマを掲げないグランスパー長島温泉は1964年に営業を開始した。このケースは余暇消費の波を捉えたと見ることができる。常磐ハワイアンセンターの開設準備が始まった1964年は、池田勇人内閣の所得倍増計画が効果を現し始めた時期に相当する。しかも、当時はハワイが日本人の憧れの的であった。開業4年にして年間来場者数155万人を達成したのは、こうした事情と無縁でない。

【源泉】 この事業で高収益を許すのはコスト優位である。かつて常磐炭礦は、石炭1トンを掘り出すのに湧き出る熱水を70トンも捨てる必要に苛まれ、熱水を炭鉱の敵と呼んでいた。石炭を捨てて熱水を使うスパリゾートハワイアンズは、敵を福に転換したことになっている。単一施設としては国内最大級の熱水使用量を誇り、それにエネルギーコストがかからない点に圧倒的な優位がある。

【防壁】 この事業で高収益を守るのは川上の素材、すなわち熱水である。常磐炭礦の湧出量に対抗できるところは日本に数えるほどもない。

【支柱】 この事業で高収益を支えるのはフラガールたちである。炭鉱部門が累積債務を抱えるため、常磐ハワイアンセンターは継続的に設備投資をすることを許されない宿命を抱えていた。1965年に設立された常磐音楽舞踊学院は、ハードウェアではなく、ショーの魅力で施設の経済寿命を引き延ばす作戦が当初から仕込まれていたことを物語る。巨額の設備投資が重荷となって破綻した宮崎のシーガイアや長崎のハウステンボスのことを考えると、これは慧眼と言ってよい。映画『フラガール』が劇場公開された2006年には累積入場者数が5,000万人を突破したが、開業から40年で改装は一度限りというから、ただただ驚くほかはない。

【選択】 1966年1月、常磐興産は常磐ハワイアンセンターを開業した。炭鉱町の人々をサービス業に挑戦させるのは鬼手に見えたが、

業績推移（億円）

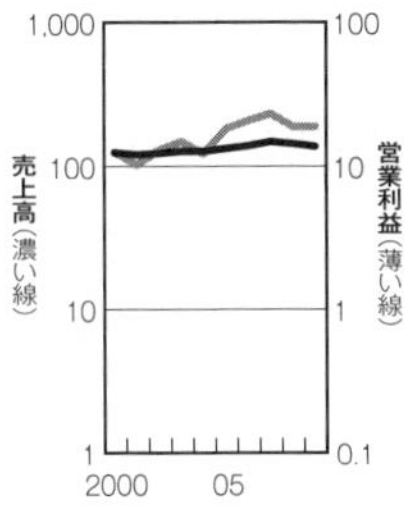

結果は上述したとおりである。

■なかむら・ゆたか
生没：1902.02-1987.08
社員：1927.04-1945.12
役員：1945.12-1983.06
社長：1967.05-1980.06
会長：1980.06-1983.06

◉戦略旗手▷▷▷▶▷操業経営者

【人物】 このケースで戦略を推進したのは副社長の地位にあった中村豊氏である。多角化先の選定を託されていた中村氏は、常磐ハワイアンセンターを無事に開業して社長に任命されると、社名を常磐炭礦から常磐興産に変更し、あっという間に主業を炭鉱から観光に入れ替えてしまった。そのうえで1977年に最後の炭鉱を閉ざし、石炭採掘事業に終止符を打っている。かつての炭鉱従業員が1980年頃から年金受給年齢に差しかかると、中村氏は静かに引退した。

■じいさんが…
俺は炭砿の…
本当のオーナー…
運輸と経済 1988.6

常磐興産で専務まで務めた田中昭吾氏は、「じいさんが抗夫で、おやじは肥前唐津炭田の飯場頭…」、「俺は炭砿の江戸っ子だよ」と自称していた中村氏について、「本当のオーナーではないが、まさにオーナー的に行動した人であった」と述懐している。実際に、中村氏は50歳にして「次期社長を以て自他共に認めている」と言われていた。その一方で、「いまだに自分の家も作らず、社宅に住んでいる有様」と書かれたあたりは、生粋の炭鉱マンを偲ばせる。「温泉をカネにすることによって最後の1トンまで掘り抜く体制を固めたい。観光会社はその目的のために設立するものである」と役員陣を説き伏せたあたりは、中村氏ならではと言ってよい。まさに内部者による変革の典型である。

■次期社長を以て…
いまだに自分の家も…
財界人物記 1953.1

■温泉をカネに…
運輸と経済 1988.6

【着想】 中村氏の着想はセレンディピティから生まれている。常務時代から「石炭1トンについて約70トンも湧き出る湯を利用して温泉つきの大観光ホテルを建設すること」が夢と口にしていたが、ただの観光ホテルでは確信が持てなかったに違いない。「千円もってハワイに行こう」という基本コンセプトを打ち出して事業化を決意したのは、多角化事業の糸口探しに欧米視察に出かけた際、寄港地のハワイでフラダンスに巡り会った瞬間だったという。そして1964年に準備母体となる子会社を設立し、2年で常磐ハワイアンセンターの開業を成功に導いた。

■石炭1トンについて…
財界人物記 1953.1

■千円もって…
ホームページ

［参照文献］
『レジャーサービス業のTQCへの挑戦』1990年

運輸と経済、1988年6月（田中昭吾）

ケース 652 住石H：新素材事業

B：人工ダイヤモンド（工業用超精密研磨材）

戦略C/C比率◁◀◇▷▷
戦略D/E比率◁◁◇▶▷
対照：340，427

■住友石炭鉱業
直前決算期：2000.03
実質売上高：1,210億円
営業利益率：▲0.3%
海外売上率：10%未満
社内取締役：4
同順位相関：0.63
筆頭大株主：住友グループ
利益成長率：×/△/△
東名阪上場：1949.10

◉企業戦略▷▷▷▷▶多核化展開

【経緯】 住石H（以下、住石と省略）は1930年に大阪で住友炭礦として設立された会社である。前史は住友発祥の地、愛媛の別子鉱山に遡り、北海道の住友坂炭礦と九州の住友九州炭礦が合併することにより住友炭礦が誕生した経緯がある。戦後は1962年に石油の輸入が自由化されて経営が苦しくなると、採掘条件が年々悪くなる鉱山を順次閉鎖する傍らで、スーパーマーケット、セメント、砕石、不動産、硅石、放電焼結、人工水晶と、着手できる事業には何でも手を出していった。住友石炭鉱業は、2008年に住石Hが設立されると、その100%子会社となり、住石マテリアルズへと社名を変更している。

【編成】 本業は採炭であったが、分析対象期間中の主業は石炭の輸入卸売ビジネスに移行している。

新素材事業の一部を成していた放電プラズマ焼結機部門は2005年に他社に譲渡しており、柱は多結晶人工ダイヤモンドと見て間違いない。

■新素材事業
期間：2000.04-2010.03
得点掲示板：9-1
営業利益率：20.6%
利益占有率：12%
開示欄序列：7→2
事業本拠地：北海道
独禁法違反：報道なし
—
1990年代：—
2010年代：4-0

◉事業戦略▶▷▷▷▷中核集中

【立地】 売り物は工業用の多結晶人工ダイヤモンドである。顧客のニーズに呼応して、パウダー、スラリー、ペースト、スプレーなど、多様な形状がある。工業用人工ダイヤモンドというと、一般には高温高圧法や気相法で造られるミリメートル級の単結晶を想起するが、住石が衝撃圧縮法で造る多結晶は粒径5ナノメートル前後の粉で、切削工具等には使えない。それゆえ用途開発の努力が続いている。半導体基板や絶縁基板の超精密研磨材として活路が開けつつあるが、まだまだ市場は小さい。

売り先は主にエレクトロニクスのメーカーである。

狭義の競合は衝撃圧縮法を採用するメーカーで、先駆者のデュポンの特許が切れたあとも、これという挑戦者は住石以外に出ていない。デュポン社も三井鉱山も日本油脂も研究段階で事業化を断念した。

広義の競合は人工ダイヤモンドのメーカーで、住友電気工業や三菱マテリアルが頂点に立つ。多結晶の市場は1990年時点で全体の2%程度と言われていた。

■全体の2%程度
日経産業 1990.11.12

【構え】 入手ルートは自社の赤平砿跡地である。住石は合成と分級を自ら手がけている。試作は子会社のイズミダイヤが担っていた。

引き渡しルートは提携先の日本研紙である。日本研紙は研磨材メーカー国内大手5社の一角を占める会社で、1988年に住石と資本・業務提携を結んでいる。

【時機】 このケースは、事業化という意味では先発に相当する。このケースはエレクトロニクスの技術高度化の波を捉えたと見ることができる。「半導体、セラミックスなどの研磨剤として衝撃法ダイヤモンド特有のユニークな特性が見直され、その需要が急速に増大した」と言われている。デュポン社が端緒を開いた1961年前後も、2度目の機運が盛り上がった1980年代の初頭も、結果的には時期尚早であった。

■半導体、セラミックス…
NEW DIAMOND 1995.7

業績推移（億円）

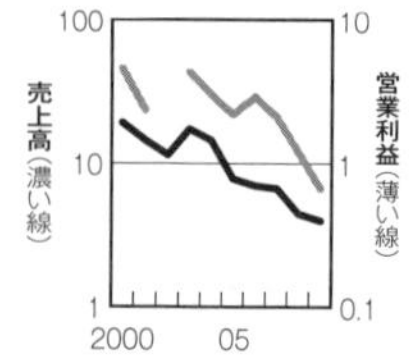

【源泉】 この事業で高収益を許すのはパフォーマンス優位である。衝撃圧縮法の多結晶人工ダイヤモンドは他社から入手できないため、これを敢えて選ぶ顧客は価格プレミアムを支払うことなど問題にしないに違いない。

【防壁】 この事業で高収益を守るのは装置、すなわち1938年に開坑した北海道の赤平砿である。これが最後の最後まで炭鉱として生き残り、その坑道跡が衝撃圧縮法の好適地となった。衝撃圧縮法は、高温、高圧状態を作るのに火薬の爆発力を利用するため、一般的な意味におけるリスクは高い。住石は、従業員が火薬の取り扱い方に習熟している赤平砿を活用して衝撃圧縮法に挑戦した。爆発に伴う音や振動も人里離れた赤平砿なら公害にならない。赤平砿の人々は、新素材事業を「石炭から芽生えた若木」と呼んだそうである。

■石炭から芽生えた…
60年史

【支柱】 この事業で高収益を支えるのは営業部隊である。このケースの成否は、ひとえに用途開発にかかっている。

【選択】 1983年8月、東京工業大学の工学材料研究所に籍を置く澤岡昭教授がニューメキシコ工科大学爆発工学研究センターに客員として招かれたのを機に、住友石炭鉱業は赤平砿勤務の研究者、明石保氏を同じセンターに助手として送り込んだ。現地で「土日を返上しての猛烈ぶりで有名になった」と評された明石氏は、デュポンが開発した円筒衝撃法を熟知するに至り、澤岡教授が日本に帰ったあとも研究を継続して、1987年1月に人工ダイヤモンドの合成に成功した。

■**土日を返上…**
日経ハイテク情報
1986.3.17

■**1987年1月に…**
日経朝刊 1987.1.19

◉戦略旗手▷▷▷▷▶理系社員

■**いしうち・かずゆき**
生没：1951.00-
社員：1976.??-2005.04
役員：2003.01-2005.04
社長：—
会長：—

【人物】 このケースで戦略を推進したのは石内和之氏である。石内氏は明石氏の同僚で、「ダイヤモンド砥粒の製造方法」という1990年出願の特許に、3人目の発明者として名を刻んでいる。当時の社長、百瀬雄次氏は、住友銀行の専務を務めた人物で、融資第三部長として安宅産業の破綻処理に従事した経験を持つせいか、もっぱら財務のリストラクチャリングに専心していた。

社史が編まれた1990年段階で、住友石炭鉱業の研究開発部にはプロジェクトが七つ走っていた。その一つが衝撃圧縮プロジェクトで、こちらは明石氏がリードしたものと思われる。もう一つが研磨・研削プロジェクトで、こちらを石内氏がリードした可能性が高い。後者は多結晶ダイヤモンドの商品化を目的とするものであった。

石内氏は2000年にダイヤ事業部長、2003年に執行役員新素材事業部長に任命され、事業化を模索した。しかしながら、2005年に日本研紙に転出して、先方で執行役員営業本部市場開発部長という役割を与えられた経緯に鑑みると、用途開発に苦戦したものと思われる。石内氏は、2008年3月時点では執行役員福山工場技術部長と肩書きが変わっており、その4年後に退任した。

【着想】 石内氏の着想は炭鉱と不可分と言ってよい。イズミダイヤ赤平事業所長を務めていた石内氏は、1992年に「時代の流れで石炭から脱石炭へと向かい、私も炭鉱技術者からダイヤづくりへと転身しました。これからは事業責任者として、経営を安定軌道に乗

■**時代の流れで…**
北海道新聞夕刊
1992.1,25

せることが当面の目標です。従業員は15人。半数が炭鉱離職者で、雇用面でも一定の貢献ができたのではないかと思っています」と語っていた。

[参照文献]

『わが社のあゆみ』1990年

ケース 653 日本化薬：機能化学品事業

B：染料系偏向フィルム（LCDメーカー向け部材）

戦略C/C比率◀◁◇▷▷
戦略D/E比率◀◁◇▷▷
対照：041，049

■日本化薬
直前決算期：2003.05
実質売上高：1,280億円
営業利益率：7.9%
海外売上率：16%
社内取締役：13
同順位相関：0.82
筆頭大株主：外国法人
利益成長率：△/△/△
東名阪上場：1949.05

◉企業戦略▷▷▷▷▶多核化展開

【経緯】 日本化薬は1916年に東京で日本火薬製造として設立された会社である。陸軍が軍用化薬を自製していたのを別とすれば、産業火薬の国産化はこれが最初で、設立には三井OBの山本条太郎、鈴木商店の金子直吉、横浜商人の茂木惣兵衛らが関与した。火薬の次はペニシリンの国産化に挑戦すべく、1931年に山川製薬を設立した。そして戦中の1943年には帝国染料製造を吸収したことにより、爆薬、医薬、農薬、薬品、染料の複合経営体制に移行している。戦後は日本化薬と社名を変更したが、業容は変わっていない。機能化学品事業は主に機能材の伸長に応じて2004年度に新設されたセグメントで、機能性材料、電子情報材料、触媒、セイフティシステムズを含んでいる。このうちセイフティは爆薬を応用したエアバックのインフレーターを主力とするが、2006年度から独自のセグメントに分離されている。

【編成】 本業は火薬であったが、転地が実現した。分析対象期間中は、機能化学品と医薬が主業の座を争っている。

■機能化学品事業
期間：2003.06-2010.05
得点掲示板：6-1
営業利益率：11.8%
利益占有率：43%
開示欄序列：1
事業本拠地：東京都
独禁法違反：報道なし
—

◉事業戦略▷▶▷▷▷川上統合

【立地】 売り物は液晶の構成部品、偏光板である。一般にはヨウ素が偏光機能を担うが、日本化薬はヨウ素を特殊染料に置き換えることで、耐熱性能の高い偏光板を供給する。

売り先は耐熱性能の高い液晶を必要とするプロジェクターやプロジェクションテレビのメーカーである。

狭義の競合は染料系の偏光板メーカーで、画面が暗くなる欠点を悲観してか、大企業は参入していない。日本化薬以外で染料系に着目したのは、三菱電機系の有沢製作所くらいなものと言われている。その有沢製作所と日本化薬が組んだため、競合らしい競合は存在しない。プロジェクター用途や車載用途でポラテクノは7割以上の世界占有率を獲得するに至っている。分析対象期間中にポラテクノ（光学部材）は3勝3敗で通算利益率6.7%の戦績を残している。無機偏光板が足を引っ張ったようである。

1990年代：—
2010年代：4-0

■7割以上
日経産業 2007.6.12

広義の競合は偏光板のメーカーで、テレビ用途を睨んだヨウ素系の液晶が主流を成している。こちらでは日東電工や住友化学工業が強い地位を築いている。

【構え】 入手ルートはポラテクノである。これは日本化薬が1991年に有沢製作所と折半出資で設立した合弁会社である。工場は有沢製作所の本拠地、新潟県上越市にある。

引き渡しルートはポラテクノの直販である。

【時機】 このケースは1984年に始動しており、先発に相当する。このケースはプロジェクター市場興隆の波を捉えたと見ることができる。1994年12月にエプソンが発売した液晶プロジェクターが市場を立ち上げて以来、市場はジワジワと世界中のオフィスや教室に拡がっていった。

【源泉】 この事業で高収益を許すのはパフォーマンス優位である。耐熱性を必要とする用途では、ポラテクノの製品は置き換え不能となっている。

【防壁】 この事業で高収益を守るのは川上の素材、すなわち日本化薬の特殊染料である。日本化薬の染料事業は、日本の繊維産業の衰退と歩調を合わせるかのように赤字の垂れ流し状態に陥っていた。それを見かねた実質的な創業社長の「染料を何が何でも黒字化してみせる」という1980年初頭の決意を受けて、研究陣がLCDのカラーフィルタに照準を定めて色素の研究を進めるなかで、偏光機能を持つ色素を見つけたという。

■染料を何が何でも…
日経産業 1983.9.20

【支柱】 この事業で高収益を支えるのは合弁パートナーの有沢製作所である。有沢製作所はガラス繊維織物に樹脂加工を施すプロセスを得意としてきたが、矛先を軽薄短小に転換し、1981年に液晶

業績推移（億円）

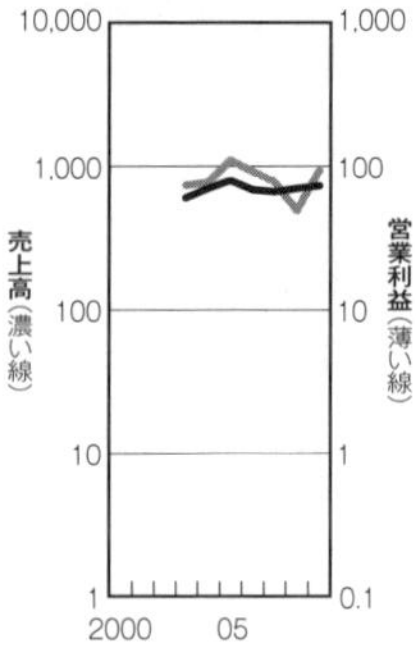

用偏光板の生産ラインを立ち上げていた。分析対象期間の終端でも、有沢製作所はポラテクノの20%以上を所有して、常勤の取締役を2人送り込んでいた。

【選択】1995年6月、日本化薬はポラテクノに有沢製作所のナンバースリーを迎え入れ、社長に据え付けた。これを転機として、有沢製作所は自社に残してあった偏光板事業をポラテクノに譲渡している。

日本化薬は、1985年に単独で設立したカヤポーラーの初代社長には、染料事業発祥の地にあたる広島県の福山工場長を充てていた。ここは自動車の計器盤や屋外に持ち出すOA機器に着目していたが、ワードプロセッサーやテレビに照準を移し、最後は電卓やICカードを追いかけて頓挫した。

1991年に設立したポラテクノは有沢製作所の資本を50%入れた合弁で、日本化薬にしてみれば自らは染料の供給に徹する一方で、有沢製作所の加工技術を活かす路線に転換したことになっていた。初代社長には応用開発研究所長を登用して、カーナビ用のLCD、または車内に放置される可能性のあるノートブック・コンピューター用のLCDを狙ったものの、60億円かけて建設した新鋭工場は赤字の山を築くだけに終わってしまった。

■**黒字転換**
日経朝刊 1997.6.4
地方経済面（新潟）

そこで日本化薬は技術開発指向の強い有沢製作所に再建を一任して、最後の賭けに出た。有沢製作所から送り込まれた近藤一男氏は照準をプロジェクターに絞り込み、1996年度に黒字転換を実現した。プロジェクターは輝度の高いランプを内蔵するため、内蔵するLCDがかなりの高温にさらされる。しかも光の三原色に合わせて3枚のLCDを使うため、市場としても広がりが出る。

こうしてポラテクノの離陸に目処をつけた近藤氏は1999年に退任し、有沢製作所はポラテクノの株式5%を日本化薬に売却した。初めて開示されたポラテクノの2000年度決算を見ると、売上高は140億円に届く勢いで、売上高経常利益率は25%を超えていた。

■**たけだ・かずひこ**
生没：1927.04-2006.12
社員：1954.04-1983.08
役員：1983.08-1997.07

◉戦略旗手▷▷▷▶▷操業経営者

【人物】 このケースで戦略を推進したのは竹田和彦氏と思われる。前任の坂野常和氏は実質的創業者、原安三郎氏の娘婿に相当するが、発言のなかでカヤポーラーやポラテクノに触れたことがない。それに対して竹田氏は「ポラテクノという合弁子会社をつくって3年半ですし、その前にカヤポーラという子会社で4～5年かかりましたので、なんだかんだと7～8年かかっている。当社は液晶のディスプレイに使われる偏光板を染料系でやっていて、やっと最近では染料系を必要とする市場が拡大してきましたから、少しずつ成果があがってきた」と述べている。カヤポーラーがポラテクノに移行するタイミングも、竹田氏の社長登板と一致する。

社長：1989.08–1997.07
会長：—

■ポラテクノという…
当社では機能製品…
医薬品と機能材に…
化学経済 1996.4

竹田氏は法学部の出身で、取締役になる前は特許室長を務めていた。樹脂を持つ有沢製作所に対して、染料しか持たない日本化薬が事業の主導権を確保できた背景には、竹田氏の知財に関する見識があるように思えて仕方ない。社長就任と同時に、竹田氏は1）顧客指向の研究開発、2）他社との戦略的提携、3）フォーカスとファースト、という方針を打ち出していた。

■顧客志向の研究開発
化学経済 1996.4

【着想】竹田氏の着想は「当社では機能製品といっていますが、これは映像情報産業がリーディング産業になるでしょうから、そこを支える産業として将来性がある」という一言に凝縮されている。プロジェクターの成長を見越していたに違いない。また「医薬品と機能材に重点を置いて経営していく。そこに何か特色を出して、生き残っていこうという考え方です」という発言には、ニッチ指向が色濃く滲んでいる。

［参照文献］
『火薬から化薬まで』1967年
『日本化薬のあゆみ』1976年

ケース 654　四国化成工業：化学品事業

B：イミダゾール（プリント基板用の防錆剤）

戦略C/C比率◀◁◇▷▷
戦略D/E比率◁◁◇▶▷
対照：086，437

◉企業戦略▷▷▷▷▶多核化展開

■四国化成工業
直前決算期：2000.03
実質売上高：380億円
営業利益率：4.2%
海外売上率：12%
社内取締役：6

【経緯】四国化成工業は1947年に香川県丸亀市で戦後派ベンチャーの草分けとして設立された会社である。創業者が選んだ事業は二硫化炭素で、川下のレーヨン工業を有望と考えての決断であった。

同順位相関：0.58
筆頭大株主：日清紡績
利益成長率：△/△/△
東名阪上場：1962.10

ところが、二硫化炭素のトップメーカーに躍り出た瞬間、回収技術が登場して、二硫化炭素の使用量は劇的に減ってしまう。そこで中性無水芒硝、セルロース系水溶性高分子のCMC、シアヌル酸、イミダゾールと展開し、グリコール酸ナトリウム糊料から派生した内装壁材にも進出した。後者を足がかりとして始めたアコーディオン門扉が大きく化けて、一部への指定替えが実現している。

【編成】 本業は化学品で、それが分析対象期間中も主業の座を占めていた。飛び地に展開したエクステリア建材事業も、主業に迫る勢いを見せている。

化学品は、創業事業の流れを汲む個別事業の集積体で、プール用の殺菌消毒剤、プリント基板用の防錆剤、ラジアルタイヤ用の加硫剤と高収益商材が三つある。業績の浮沈と最も強く相関するように見えるのは防錆剤で、ここではそれを取り上げる。

■化学品事業
期間：2000.04-2010.03
得点掲示板：10-0
営業利益率：17.4%
利益占有率：68%
開示欄序列：1
事業本拠地：香川県
独禁法違反：報道なし
—
1990年代：6-4
2010年代：4-0

◉事業戦略▷▶▷▷▷川上統合

【立地】 売り物はプリント基板用の防錆剤、またはエポキシ樹脂の硬化剤や硬化促進剤である。いずれもニトリル化合物とアミン化合物を原料とするイミダゾールの応用製品と位置づけてよい。五員環のイミダゾールは多様な化学修飾を受け付けるという特徴を持ち合わせている。

売り先はプリント基板や半導体封止材のメーカーである。

■5割程度
日経朝刊 2007.2.28
地方経済面（四国）

狭義の競合はイミダゾール2位置換体のメーカーながら、これという企業は見当たらない。ドイツのBASF社とアメリカのファイク社がイミダゾールを生産しているが、モノも用途も厳密には重ならない。その結果、四国化成工業は伸びる市場で世界占有率5割程度を確保すると言われている。

広義の競合は別種の硬化剤や防錆剤であるが、イミダゾールに代わるものは出ていない。

【構え】 入手ルートは自社の丸亀工場および徳島工場である。

引き渡しルートは商社および代理店経由である。

【時機】 このケースは先発に相当する。イミダゾールは物質として知られてはいたが、産業用途が見つからない時代が長く続いていた。事業化に成功したのは、四国化成工業が初めてである。エポキシ樹脂硬化剤という新用途は半導体集積回路の急伸、プリント基板の水溶性防錆剤（プレフラックス）という新用途は表面実装への転換という流れを捉え、大きく開花した。

【源泉】 この事業で高収益を許すのはミッションクリティカリティである。防錆剤には、銅配線だけを被覆する選択性に加えて、はんだの熱に耐える耐熱性や、短時間で処理が済む生産性が求められる。しかも環境負荷を減らすために、有機溶剤を使わないことや、鉛フリーはんだとの相性まで求められるようになっており、イミダゾールを超える物質は現れていない。硬化剤用途でも、事情は似通っている。

【防壁】 この事業で高収益を守るのは特許である。1977年の特許第1094336号と1988年の特許第1859637号は、社史も引用しており、特に効力が高かったものと思われる。前者は製法特許で、日本化学会で1982年度の化学技術賞を受賞するベースとなった。後者は防錆に関する用途特許である。なお、売上高が開示されていた最後の有価証券報告書（1999年3月期）によるとイミダゾールの売上高は60億円を割っており、大手企業にとって事業化提案しにくい規模であることも有利に働いたものと思われる。

【支柱】 この事業で高収益を支えるのは新用途の定着を支えた技術サービス部隊である。

【選択】 1972年11月、四国化成工業は四国ファインケミカルズを設立した。この子会社はファイン製品の営業を使命とするもので、それまで研究者が考えていた用途開発を研究開発陣から切り離し、専任の営業部隊に移管する決断が背後にあったと見て間違いない。この分断により、売るものがない四国ファインケミカルズは用途開発に劇的な成果を収め、研究陣も製法改善のブレークスルーを成し遂げた。

業績推移（億円）

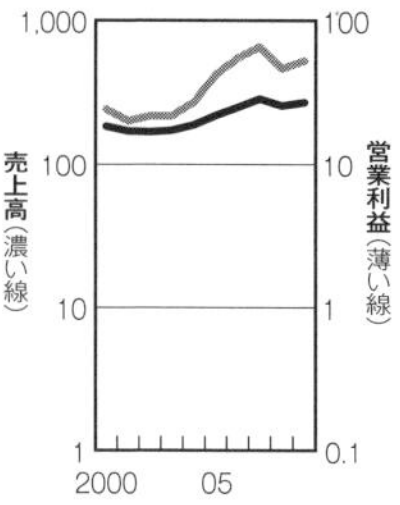

◉戦略旗手▶▷▷▷▷創業経営者

【人物】 このケースで戦略を推進したのは丸亀被服を創業した西川謙次氏である。西川氏は、地元の学士（多津白年氏）の二硫化炭素企業化計画に賛同し、全財産を投げ打って資金協力した。それもあって、設立時点では監査役に就いていた。多津氏が天衣無縫

▩にしかわ・けんじ
生没：1915.04–1991.04
社員：—
役員：1949.03–1991.04
社長：1972.05–1985.06
会長：1985.06–1991.04

■人の使い方がうまい…
『日本の経営者』

な発明家であったのに対して、西川氏は義理堅く「人の使い方がうまい親分肌」と言われていた。

西川氏は、石油ショックに見舞われて減量経営一色に染まる世相を尻目に、未来事業の方向を検討する探索グループを編成し、3年余にわたって活動させた。そして1978年には東京開発センターを開設して、試作機能を持たせている。

探索グループの中心人物は四国化成工業にUターン就職した川崎忠氏であった。川崎氏は四国ファインケミカルズの初代社長を務め、社史が「産業構造の変化を背景に、当社は、それまでユーザーの要求にしたがってスポット的に進めてきたイミダゾールの用途開発の焦点を、明確に電子材料分野に定めた」と記述する展開において、主導的な役割を果たしたことは間違いない。川崎氏は、入社以来、企画畑を歩んでいた人物である。

研究開発を主導したのは、東邦レーヨンからイミダゾールと共に移籍してきた澤夏雄氏であった。イミダゾールは、もともと二硫化炭素の顧客であった東邦レーヨンが経営危機に際して手放した事業で、四国化成工業は1968年に継承していた。

■本当に息の長い…
『さぬきの人間模様』

【着想】西川氏の着想は知る術がない。打ち手から推測するに、開発部隊をユーザーに近づけようとしたことは一貫している。社長になる前から西川氏は「本当に息の長い事業をやるには人を失望させるような言動があったらいかんよ。約束の実行が事業家の生命だ」と信条を披露していた。

［参照文献］
『四国化成五十年史』1997年
山陽新聞社高松支社編『さぬきの人間模様』山陽新聞社、1966年
化学経済、1983年10月（澤夏雄）

5 細かな違いに気がつく「売り先」

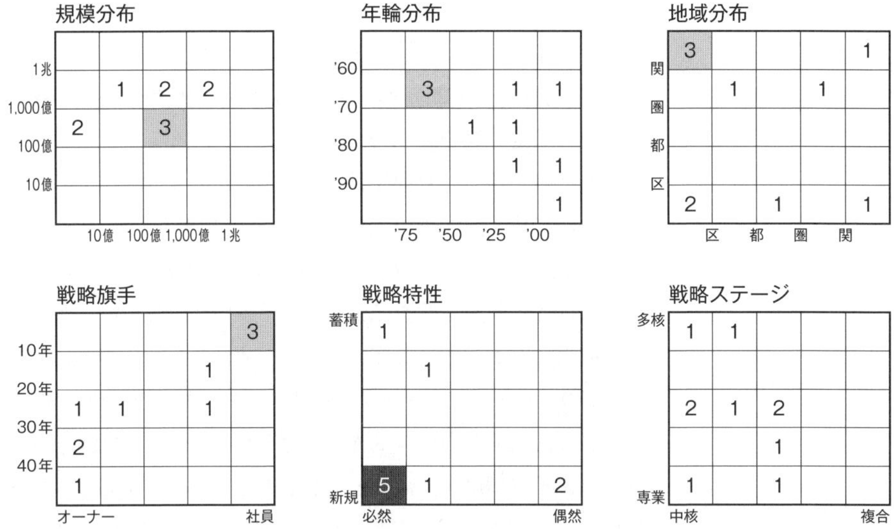

売り先を選ぶにあたっては、ヘビーユーザーかライトユーザーか、いずれかに照準を合わせる戦略が高収益につながりやすい。この節で取り上げるヘビーユーザーのほうは使い勝手の違いに敏感で、技術的な努力を評価してくれる素地がある。特に職業上のヘビーユーザーは、メーカー側の技術をカネに換える術をもっており、そこに高収益の基盤がある。

ダッシュボードの「年輪分布」マトリックスには、戦後派ベンチャーと戦前派大企業が共存するさまを読み取ることができる。この共存を反映して、「地域分布」や「戦略旗手」や「戦略ステージ」マトリックスも多極化する傾向を示す。しかしながら、「戦略特性」マトリックスだけは左下コーナーに収斂する。行き当たりばったりでヘビーユーザーのツボにはまるということは稀で、やはり狙い打ちを要するからなのであろう。

9-5-1 プロフェッショナル

ここでいうプロフェッショナルとは、医師、税理士、会計士を指している。いずれも個人の技量が問われる職業で、使う道具の良し悪しで仕事の結果や生産性が大きく左右されるところに共通の特徴がある。

この戦略を活かした典型例はケース655のオリンパスで、ここは医師に内視鏡を提供する。せっかく検査を受けた患者の病変を見落としては、プロフェッショナルの名にもとるため、医師の細部にわたる要求は厳しい。そういう内視鏡を一から医師と協働しながら作り上げてきたのがオリンパスである。ケース656のテルモは、カテーテルのガイドワイヤーを得意とする。消化管に挿入する内視鏡は光源とカメラのほかに、生検をするための鉗子や薬剤を注入する導管などを一体化しており、ある程度の太さがあるが、カテーテルは動脈に挿入されるもので、足の付け根や手首から心臓まで辿り着き、そこで分岐する細い血管に入っていかなければならない。内視鏡以上に自由に曲がりくねり、医師の手技に敏感に反応することを要求される。

ケース857のTKCは税理士向けの計算サービス、ケース858の日本デジタル研究所は会計事務所向けの計算機を手がけている。医師のように人命を預かることはないものの、税理士・会計士は会社の財産を預かって、厳密な締切に向かって仕事をする。それゆえ、生産性に配慮を尽くさないと相手にしてもらえない。

これらのケースが高収益を生み続けるのは、ヘビーユーザーの稼ぎを向上させるからである。その意味では、本章第2節と類似する。

この戦略が適用できる条件として特筆すべきものはない。プロフェッショナルの種類も増えており、門戸は意外と広いのではなかろうか。

ケース 655 オリンパス：医療事業

P：医療用内視鏡（観察・診断・処置用機器）

戦略C/C比率◀◁◇▷▷
戦略D/E比率◁◁◇▷▶
対照：—

◉企業戦略▷▷▶▷▷技術応用多角化

【経緯】 オリンパスは1919年に東京で高千穂製作所として設立された会社である。設立目的であった顕微鏡の国産化を成し遂げると、次の開発テーマにカメラを選び、1936年に最初の写真レンズを発売し、その2年後に最初のカメラを試作した。戦後はカメラで復興を遂げて、顕微鏡の生産を再開すると、早くも1949年に内視鏡（ガストロカメラ）の開発をスタートさせている。

【編成】 本業はカメラであったが、主業の座は内視鏡にシフトした。内視鏡もカメラも顕微鏡も、レンズを必要とする点が同じである。

■オリンパス光学工業
直前決算期：2000.03
実質売上高：4,220億円
営業利益率：7.0%
海外売上率：66%
社内取締役：20
同順位相関：0.83
筆頭大株主：金融機関
利益成長率：△/△/△
東名阪上場：1949.05

◉事業戦略▷▶▷▷▷川上統合

【立地】 売り物は消化器や気管支や泌尿器向け、および産婦人科用の内視鏡である。初期の内視鏡はもっぱら形状観察に用いられたが、その後の開発により、鉗子で組織を採取する生検や、染色液を用いた病理検査や、「切開、止血、縫合、局部注射、異物摘出、結石摘出」などの処置にも使われるようになっている。それどころか、最近では腫瘍の切断回収や病変部の焼灼も内視鏡で行うのが一般的になっている。

売り先は病院である。

狭義の競合は内視鏡のメーカーで、ペンタックスや富士フイルムなどがある。分析対象期間中にペンタックス（医療/ライフケア）は5勝2敗で通算利益率11.8%の戦績を残している。オリンパスは国内で80%、世界で60%の市場占有率を誇っていたという。

広義の競合はX線診断装置のメーカーで、富士フイルムなどがある。

【構え】 入手ルートは6割方が生産子会社で、そこで組み上がった部品をオリンパス本体で製品に仕上げる体制ができている。

引き渡しルートは販売子会社経由としている。

【時機】 このケースは世界的に見ても先発に相当する。事業の発端

■医療事業
期間：2000.04-2010.03
得点掲示板：10-0
営業利益率：24.9%
利益占有率：88%
開示欄序列：2
事業本拠地：東京都
独禁法違反：報道なし
—
1990年代：10-0
2010年代：4-0

■切開、止血、縫合…
医科器械学 1976.7

■80%
60%
『胃カメラの技術物語』

■宇治達郎
時計とレンズ 1951.2
医科器械学 1951.7

は、東京大学附属病院小石川分院外科で副手を務めていた宇治達郎氏がオリンパスを訪ねた1949年7月に遡る。博士論文を書きたい宇治氏から、胃の中に入れるカメラはできないかと問われた中野撤夫常務は、杉浦睦夫研究員にバトンを渡し、杉浦氏が翌1950年にプロトタイプを完成させたが、それは長い開発史の始まりに過ぎなかった。そこから医療サイドの早期発見を重視する傾向と歩調を合わせるように、内視鏡事業も徐々に拡大していった。

業績推移（億円）

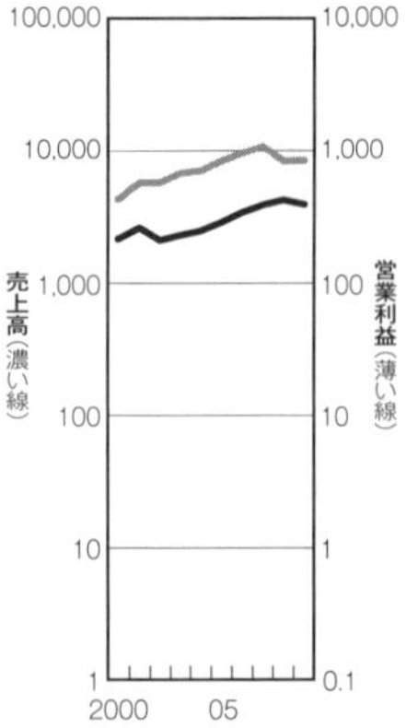

【源泉】 この事業で高収益を許すのはミッションクリティカリティである。診断を受け持つ医師にしてみれば、内視鏡検査で病変を見落とすと、悔やんでも悔やみきれない結末が待ち受けることがわかっている。それゆえ、内視鏡については高い安いより、使い勝手に拘泥する。そこに価格プレミアムが成立する素地がある。

【防壁】 この事業で高収益を守るのは技術と信用の蓄積である。内視鏡の原理は模倣しやすいが、医療機器としての要件を満たしつつ、医師が自由自在に操れるようにするためには多くの工夫が必要となる。オリンパスは、1955年に胃カメラ研究会を立ち上げた東京大学医学部の田坂定孝教授の内科教室とガストロ懇談会を始めて以来、普及の労を執った医師たちからの忌憚のない改善要求に耳を傾け、改良に次ぐ改良に取り組んできた。学界の反主流派とでも組まない限り、他社が割って入る余地はないに等しい。

なお、市場のサイズも他社の参入意欲を殺ぐ方向に作用する点は指摘しておきたい。分析対象期間の始点において世界市場は1,500億円程度に過ぎなかった。

【支柱】 この事業で高収益を支えるのは生産技術部隊である。医師の高度な要求に応えるには、オリンパスは工法から手をつける必要があったことを忘れてはならない。

【選択】 1963年4月、オリンパス光学工業は光ファイバーを内製する方針を打ち出した。そして1970年前後に胃カメラからファイバースコープへの転換を果たしている。技術の転換期は参入を招きやすいが、通信用光ファイバーの実用化される前から開発に取り組んだことにより、オリンパスは牙城の防衛に成功した。

◉戦略旗手▷▷▷▷▶理系社員

■ふかうみ・まさはる
生没：1920.02–
社員：1948.04–1970.06
役員：1970.06–1984.01
社長：—
会長：—

【人物】このケースで戦略を推進したのは深海正治氏である。深海氏は入社するや否やプロトタイプの開発に駆り出され、そこから内視鏡の改良に次ぐ改良に職業人生を捧げた人物である。その功績を認められて、1975年度の日本医科器械学会技術賞を受賞している。オリンパスでは専務取締役まで登り詰め、最後はオリンパス精機の社長に転出した。

■良質なイメージガイド…
数万本の繊維を束ねて…
日本の医学界と…
医科器械学 1976.7

【着想】深海氏の着想は「良質なイメージガイドを得るためには、まず良質な繊維を得、またその束ね方を確立する必要があった。繊維としては外部からの購入も検討したが満足できず、自社開発と決めて直ちに基礎研究に着手した」というように、シンプルであった。繊維とは光ファイバーのことを指しており、「数万本の繊維を束ねて1本の良質イメージガイドを得るには、個々の繊維の性質を極めて均質にそろえる必要がある。そのために材料の選定、設備の設計、製造条件の設定など莫大な作業と投資が必要になった」という述懐からわかるように、判断は論理的に導かれたようである。

ファイバースコープの事業性については、「日本の医学界と人間社会の貢献していることに大きな意義と誇りを感じていた」という発言から判断すると、眼中になかったというべきなのであろう。

[参照文献]
『50年の歩み』1969年
『胃カメラの技術物語』1999年

ケース656 テルモ：心臓・血管領域事業

P：カテーテル（血管内の病変部治療器具）

戦略C/C比率◀◁◇▷▷
戦略D/E比率◀◁◇▷▷
対照：—

◉企業戦略▷▷▷▷▶多核化展開

■テルモ
直前決算期：2001.03
実質売上高：1,770億円
営業利益率：16.4%
海外売上率：33%
社内取締役：12
同順位相関：0.18
筆頭大株主：信託口

【経緯】テルモは1921年に東京で赤線検温器として設立された会社である。第1次世界大戦で輸入できなくなった体温計の国産化を設立目的としていたが、1963年に樹脂製注射筒を発売して以来、ディスポーザブル医療器具に注力して、1969年には血液バックの利益成長率：—/—/—
東名阪上場：1982.06

製品化に漕ぎつけている。1977年に参入した人工透析用のダイアライザー、1985年に立ち上げた血管造影用カテーテルは、クロスボーダーM&Aによって陣営を強化する路線を歩んでいる。

【編成】 本業は注射器具類であったが、開示セグメントが細分化された2002年度の時点では既に注射器具類を含まない心臓・血管領域に主業の座が移っていた。体温計→注射器具類→輸液剤→カテーテルシステムと、連続的な転地の上に成り立つ会社と言ってよい。

◉事業戦略▶▷▷▷▷中核集中

■心臓・血管領域事業
期間：2001.04-2010.03
得点掲示板：9-0
営業利益率：30.6%
利益占有率：49%
開示欄序列：2
事業本拠地：静岡県
独禁法違反：報道なし
—
1990年代：—
2010年代：4-0

【立地】 売り物はカテーテルシステムである。システムのなかでもテルモは血管内部の病変部にアクセスするためのガイドワイヤーに独特の強みを持つ。事業セグメント全体としては、1999年に米国3M社の人工心肺事業、2006年に米国マイクロベンション社の脳動脈瘤治療用コイル事業、2008年にエーザイ子会社のカテーテル事業と積極的にM&Aを行いつつ、テルモは事業立地を拡大しつつある。

売り先は手術を手掛ける病院である。

■60〜70%
世界で5位
技術と経済 2012.8

狭義の競合は患部へのアクセス路を確保するガイドワイヤーのメーカーである。ここでテルモは世界の60〜70%を押さえるに至っている。

広義の競合はカテーテルシステムのメーカーで、ここでテルモは世界で5位につけている。先行するのは、アメリカのボストンサイエンティフィック、ジョンソン・エンド・ジョンソン、メドトロニック、アボットで、彼らはシステムのなかでも血管の病変部に留置するステントに力を入れている。ステントは、いかに小さく折りたたむか、開いたあとの構造的強度をいかに確保するか、再狭窄を防ぐための薬剤をいかに長持ちさせるかなどなど、開発テーマが尽きず、他社はこちらに注力する。

【構え】 入手ルートはテルモの愛鷹工場である。

引き渡しルートは主に代理店経由である。

【時機】 このケースは国内先発に相当する。テルモは1979年に開発に着手して、1985年から血管造影用カテーテルを外販している。

病変部を切開する外科手術に比べると、遠く離れた動脈からカテーテルを挿入する治療法は低侵襲で、入院日数が短くて済むため医療費の削減につながることから採用が増えている。挿入部の動脈血管が細いほど止血が容易なため医療費の削減効果が大きく、大腿部から手首へのシフトが起きており、それに伴ってテルモの相対優位が拡大する傾向にある。その意味で、これは医療費削減要請の波を捉えたと見ることができる。

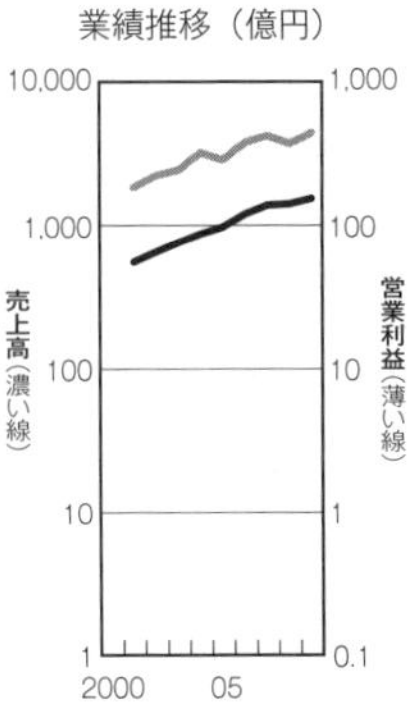

【源泉】 この事業で高収益を許すのはミッションクリティカリティである。ガイドワイヤーは、施術を担当する医師が手技を発揮するうえで最も良し悪しを感じる構成部品でありながら、システム全体に占めるコスト比は小さい。そこに価格プレミアムが成立する素地がある。治療に要する時間が短くなれば、患者の身体的負担も軽くなるうえ、医療費の削減効果も大きくなる。

【防壁】 この事業で高収益を守るのは技術と信用の蓄積である。ガイドワイヤーは超弾性合金を芯材として、その表面を親水性のコポリマーで覆ったものであるが、操作性の評価には医師の協力が欠かせない。そのため先発が優位を確立しやすい。「水に濡れると“ヌルヌル”するMコート」はテルモの差異化技術で、他社のカテーテルでは入っていけないほど細くて曲がりくねった血管に入り込める点に特長がある。テルモが操作性の高いガイドワイヤーを出したら、ステントに注力したい他社は自らドロップアウトしていった面もある。

■水に濡れると…
70年史

【支柱】 この事業で高収益を支えるのは医師の声に耳を傾ける技術サービス部隊である。テルモはメディカルプラネックスという施設をつくり、「いつでも現場の医師が来訪して医療技術のトライアルや手技のトレーニングができるような場を提供している」そうである。ここが情報を吸い上げる場になることは言うまでもない。

■いつでも現場の医師が…
技術と経済 2012.8

【選択】 1977年10月、テルモは血管造影用カテーテルに挑戦すると決定した。血管造影用カテーテルとは、足の付け根や手首から挿入して、曲がりくねった動脈の内部を分け進んで心臓や脳といった患部まで辿り着くと、そこでヨード造影剤などをリリースする高度な医療器具であり、体温計や注射器とは難易度の次元が違う。テルモは1973年に汎用カテーテルに参入してはいたものの、これは輸液バッグの延長線に位置するもので、高機能カテーテルとは似て非なるものであった。

◉戦略旗手▷▷▷▶▷操業経営者

■とざわ・みつお
生没：1923.02-1993.04
社員：1943.04-1951.05
役員：1951.05-1993.04
社長：1971.12-1993.04
会長：—

■最初はディスポ…
『追想 戸澤三雄』

■商品会議
70年史

■この企業の…
これまでは…
この3～5年…
『追想 戸澤三雄』

【人物】 このケースで戦略を推進したのは戸澤三雄氏である。戸澤氏は入社するなり戦後の再建を担うことになり、社員に配る食料の確保から始めて、体温計工場の整備、資材の調達、生産の立ち上げなどをやり抜いた人物である。戸澤氏は「最初はディスポーザブルから入って、血液バッグ、輸液剤に拡げて、その後人工臓器をつくったり、今は体内に入れるカテーテルに注力しており、今後はそれに使う関連機器をつくっていこうと考えています」と語っており、体温計以降の事業展開ロードマップを自ら構想していた。

高機能カテーテルを開発したのは田辺進氏が率いる技術者チームで、新商品を管轄したのは担当常務が主宰する商品委員会であった。しかしながら、事業化に手間取る開発部隊を横目で睨みつつ、戸澤氏は商品委員会の権限を既存領域に限定し、新規領域では社長が主宰する商品会議を立ち上げた。そのタイミングは、高機能カテーテルを上市した翌月である。ガイドワイヤーに着目し、事業化への道筋をつけたのは戸澤氏と考えてよかろう。

【着想】 戸澤氏の着想は「この企業の先行きを考えた場合、根本的に商品を質的に転換をしていかねばと思うようになりました」という一言に凝縮されている。そして、そこから生まれたのが湘南の研究開発センターと駿河工場である。それぞれ1989年と1991年に完成しており、カテーテル事業を伸ばす基盤となっている。戸澤氏の置き土産と言い換えてもよかろう。

研究開発センターについて戸澤氏は「これまでは工学部出身の人たちでしたが、もう体内に入ってくると、これからは医学部の先生方にリーダーになってもらって技術の幅を広げていかなければならない。だから今はまったく技術の転換をさせているというところですよ」と語る一方で、「この3～5年というのが一番きついところでしょうが、10年後を考えると、非常にいろいろなものを生み出すだろうなと。ただ、私が生きている間に生み出すかなということになると、ちょっと疑問ですけれども。あと3年や5年は何とか元気にしているだろうと思いますから、その間に少なくとも基礎はできると思いますよ。あとは摘み取りですから、そのときいる人たちが刈り取っていけばいいわけです」と達観していた。

戸澤氏を駆り立てたのは「日本の医療器というのは、国際的にみると非常に後発で、オリジナルの医療器がないんですよ（中略）生命に直接かかわるようなもの、ひとつ間違ったら死亡するという、そういうリスクが大きい機器は、日本のメーカーは手がけてないんです、怖がって。だから日本でも何としてもそういう製品をつくらねばいけない」という使命感であったに違いない。

■日本の医療器…
『追想 戸澤三雄』

［参照文献］
『医療とともに テルモ60年のあゆみ』1892年
『医療とともに テルモ70年のあゆみ』1992年
『追想 戸澤三雄』1994年
『人にやさしい医療をめざして 1991～2001』2002年
一橋ビジネスレビュー、2005年冬（青島矢一）

ケース 857　TKC：会計事務所事業

P：業務用ハード&ソフト&サプライ（業務支援策）

戦略C/C比率◀◁◇▷▷
戦略D/E比率◀◁◇▷▷
対照：—

■テイケイシイ
直前決算期：1999.09
実質売上高：470億円
営業利益率：10.7%
海外売上率：10%未満
社内取締役：7
同順位相関：0.80
筆頭大株主：創業家
利益成長率：—/—/—
東名阪上場：1987.07

◉企業戦略▶▷▷▷▷本業集中

【経緯】 TKCは1966年に宇都宮で栃木県計算センターとして設立された会社である。会計事務所の職域防衛と地方行政の効率向上を目的とした計算センターと用品センターの全国展開が設立10年で一段落すると、1978年からシステム開発研究所、税務研究所、マネジメントコンサルティング子会社、OA技術開発センター、戦略経営研究所などを次から次へと開設する傍らで、計算センターを情報センターに衣替えしていき、今日に至っている。

【編成】 本業は会計事務所の支援で、それが分析対象期間中も主業の座を占めていた。それと関連する地方公共団体の支援を第二の柱とする。顧客が必要とする伝票類の印刷事業は規模も小さく、収益性も低い。

■会計事務所支援事業
期間：1999.10–2009.09
得点掲示板：10–0
営業利益率：13.7%
利益占有率：86%
開示欄序列：1
事業本拠地：栃木県
独禁法違反：報道なし
—
1990年代：5–4
2010年代：3–1

■約7,000
日経産業 1993.4.26

■TKC全国会
週刊東洋経済 2002.11.2

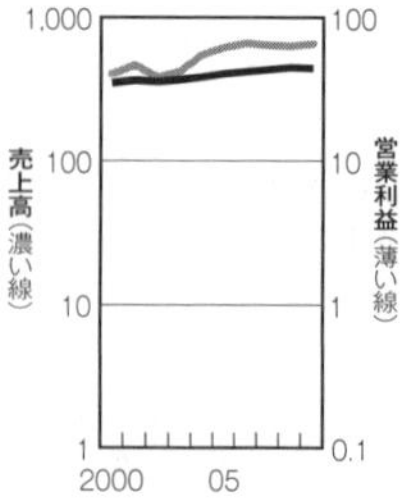

◉事業戦略▶▷▷▷▷中核集中

【立地】 売り物は大型コンピューターの処理時間で、客先に置いたターミナルと自社の計算センターをオンラインで結び、決算書類や税務申告書を代行作成するサービスが主柱と言ってよい。その周辺で、導入時のコンサルティングサービス、およびオフィス機器とソフトウェアとサプライも提供する。オンライン方式なので、税務以外にも進出しやすい。

売り先は会計事務所と彼らのクライアントである。TKCは約7,000の会計事務所を押さえているが、租税正義の実現を理念に掲げ、彼らをTKC地域会、そしてTKC全国会に組織化しており、その理事会が定めた方針を自らの経営戦略とする。言うなれば、会計士・税理士による、会計士・税理士のための業務インフラストラクチャーを提供する影武者と言ってよい。

狭義の競合は税務に特化する計算センターながら、これというところは見当たらない。

広義の競合は代替手段で税務をサポートする事業者である。専用オフィスコンピューターを販売する日本デジタル研究所やミロク情報サービス、汎用オフィスコンピューターを販売するオービック、PC用に会計ソフトウェアを供給するピー・シー・エーなどが該当する。

【構え】 入手ルートは企画が自社研究所で、ハードウェアは富士通や東芝となっている。

引き渡しルートは全国15都市に配置した自社情報センターである。

【時機】 このケースは業界で草分けと呼ばれるもので、先発に相当する。分析対象期間中はアウトソーシングの流れが追風となっていた。

【源泉】 この事業で高収益を許すのはミッションクリティカリティである。特に会計事務所にとっては生命線といってよい業務を担う製品を扱うため、価格より使い勝手と信頼性を顧客は重視する。それゆえ、開発努力が収益に直結する。

【防壁】 この事業で高収益を守るのはスイッチングコストである。いったん顧客がTKCの業務フローに慣れてしまうと、他社に切り替えるにはアンラーニングを必要とするため、たとえ無料のオファーを受けても拒絶する顧客が続出する。

【支柱】 この事業で高収益を支えるのは日本の政府である。次から次へと税制改革の波が押し寄せるたびに中小企業は対応を迫られて、TKCが提供するサービスの価値を再認識することになる。

【選択】 1966年10月、創業者が栃木県計算センターを設立した。当時の会計事務所は帳面を使っており、コンピューターはパンチカードの時代であった。会計事務所に業務フローの切り替えを迫るのは容易でなかったと思われる。

◉戦略旗手▶▷▷▷▷創業経営者

■いいづか・たけし
生没：1918.07-2004.11
社員：—
役員：1966.10-2002.12
社長：1966.10-1983.12
会長：1983.12-2002.12

■単に税法会計学の…
月刊カレント 1975.12

【人物】 このケースで戦略を推進したのは創業者の飯塚毅氏である。1946年に自分の会計事務所を開設した毅氏は各国の租税実務を比較考量することに多大な関心を抱き、優れた国際感覚を持っていた。その反面、TKC全国会の会長要件に「単に税法会計学の精通者のみでは足らず、無私の人、道元禅師のいう心身脱落、脱落心身底の人あること」という条項を設けたところが対照的で興味深い。課税の公正にかける正義心は並大抵ではなく、毅氏は法廷闘争も辞さなかった。

■同じく中小企業を客先…
現在の中小会計事務所…
実践の結果に全人格を…
企業会計 1970.6

【着想】 毅氏の着想は文字通り会計事務所の職域防衛に根ざしている。何から防衛するかと言えば、一つは「同じく中小企業を客先とする会計事務所とは喧嘩せず、霧のごとくなめらかに会計事務所の計算能力の貧困を衝いて」くる銀行で、もう一つは「現在の中小会計事務所の職員は、大部分が帳面屋であるため、その生産性、平たくいえば1人あたりの水揚げ金額が非常に低く、もはや労働強化以外にその生産性を高める方法が」ないという窮状である。

そして防衛の具体的な手段が「実践の結果に全人格をかけた責任を持つ実務家が、経験と学究の成果を注入して作った、会計事務所の業務に関する総合的システムを備置している計算センターを、最低のコストで活用」することだと毅氏は説いていた。そうでもしない限り、超大型電算機を保有する銀行が、まずは給料計算計算事務や販売管理事務、次に在庫管理事務や原価管理事務、そして最後に財務計算サービスを受託してしまい、職業会計人の居場所はなくなってしまうというわけである。

■会計事務所近代化は…
税理 1963.3

1962年に欧米視察に出かけた折には「会計事務所近代化は、その巨大化を通じて初めて可能であり、その巨大化は資本蓄積の可能性を前提として初めて可能になる」と感想を述べていたが、このあたりが原点と言えるのかもしれない。

［参照文献］
証券アナリストジャーナル、1987年8月（飯塚真玄）

ケース 858 日本デジタル研究所：電子機器事業

P：税務用ハード&ソフト（経理業務の省力化策）

戦略C/C比率◀◁◇▷▷
戦略D/E比率◀◁◇▷▷
対照：—

■日本デジタル研究所
直前決算期：2000.03
実質売上高：210億円
営業利益率：22.3%
海外売上率：10%未満
社内取締役：8
同順位相関：0.04
筆頭大株主：創業経営者
利益成長率：—/—/—
東名阪上場：1991.02

◉企業戦略▷▷▷▷▶多核化展開

【経緯】 日本デジタル研究所（以下JDL）は1968年に川崎で設立された会社である。早くも1968年に「デジタル」を標榜した先見性は注目に値する。当初の狙い目は中小企業向けの小型コンピューターであったが、会計事務所に目をつけたことで牙城を築き、今日に至っている。ブランドを確立するためと割り切って、1981年には「文作くん」と命名した作図機能つきのワープロを世に送り出している。航空測量と航空機整備に従事する国際航空輸送を1993年に買収して以来、航空事業にも携わっている。

【編成】 本業は会計用のハードとソフトで、それが分析対象期間中も主業の座を占めていた。航空事業は本業の10分の1の規模に留まっている。

■全社
期間：2000.04-2010.03
得点掲示板：10-0
営業利益率：21.6%
利益占有率：100%
開示欄序列：0→1
事業本拠地：東京都
独禁法違反：報道なし
—
1990年代：10-0
2010年代：4-0

◉事業戦略▷▶▷▷▷川上統合

【立地】 売り物は税務会計に特化したソフトウェアを組み込んだコンピューターである。大手が汎用機を追うのに対して、JDLは意図的に専用機に焦点を絞っている。

■約3万5,000
日経産業 2000.7.4

売り先は全国で約3万5,000を数える会計事務所、および彼らのクライアントである。会計事務所を攻め落とすと、その顧客も同じシステムを採用する確率が高いため、一網打尽の構図になりやすい。

狭義の競合は会計事務所用オフィスコンピューターのメーカー

である。市場の40%をJDL、25%をミロク情報サービスが握っている。エプソンも挑戦したが、脱落した。JDLの主要取引先は会計事務所1万軒で、業界首位を走り続けている。ハードウェアをOEM調達するミロク情報サービス（連結）は分析対象期間中に10戦全敗で通算利益率は3.4%に終わっている。

■1万軒
日経産業 1999.5.25

広義の競合は専用機を手がけることなく代替機能を提供する事業者で、計算代行から出発したTKC、PC用会計ソフトウェアに特化するオービックビジネスコンサルタントやピー・シー・エーなどが該当する。会計事務所の顧客企業は専用機よりPCを選ぶ傾向が強くなったことから、JDLもミロク情報サービスも、直近ではPC用会計ソフトウェアへの進出を余儀なくされている。

【構え】 入手ルートは開発も製造も自社である。工場のある郡山と本社のある川崎に加えて松本と札幌に研究所を設けており、拠点間を専用ヘリコプターで結んでいる。コンピューター本体だけでなく、一部の半導体まで自製しているというから驚くが、ネットワーク機能が重要性を帯び、1998年にマイクロソフトと提携してからは、さすがにOSの内作は停止したという。

業績推移（億円）

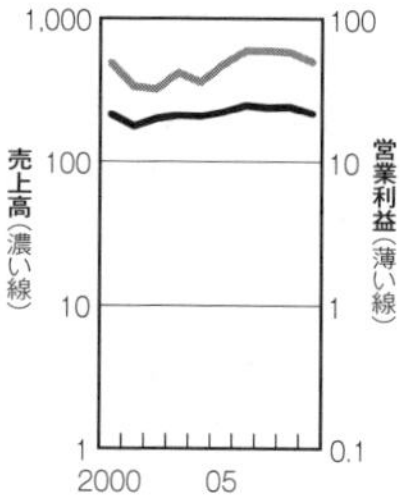

引き渡しルートは直販で、アフタケアにも力を入れている。JDLは「ユーザーに発し、ユーザーに還る」を社是としており、ユーザーは製品を使い始めて半年から1年経たないと不満を口にしないことを知ったうえで、頃合いを見計らって「ユーザーの声に謙虚に耳を傾け、教わっていく姿勢」を実践している。

【時機】 このケースはマイクロプロセッサーの登場より前に立ち上がったもので、文句なしに先発に相当する。ミロク情報サービスはマイクロプロセッサーの登場を見届けてから、1977年に設立されている。

【源泉】 この事業で高収益を許すのはミッションクリティカリティである。特に会計事務所にとっては生命線といってよい業務を担う製品を扱うため、価格より使い勝手と信頼性を顧客は重視する。それゆえ、開発努力が収益に直結する。

【防壁】 この事業で高収益を守るのはスイッチングコストである。いったん顧客がJDLの製品に慣れてしまうと、他社製品に切り替えるにはアンラーニングを必要とするため、たとえ無料で製品の提供を受けても拒絶する顧客が続出する。ゆえに、先発の利が大きく、ベンチャーの後追いは難しい。大企業は大企業で、「日本で一番小さいコンピューターメーカー」であることを誇りにするJDLに挑戦する理由を見いだせない。

■日本で一番小さい…
実業界 1990.2

【支柱】 この事業で高収益を支えるのは日本の政府である。次から次へと税制改革の波が押し寄せるたびに中小企業は対応を迫られて、JDLが提供するサービスの価値を再認識することになる。

【選択】 1968年9月、創業者がJDLを設立した。当時はIBM社のシステム360が日本に上陸したばかりで、コンピューターと言えば広大な専用ルームに鎮座するものであった。

◉戦略旗手▶▷▷▷▷創業経営者

■まえざわ・かずお
生没：1945.01-
社員：—
役員：1968.09-
社長：1968.09-
会長：—

【人物】 このケースで戦略を推進したのは創業者の前澤和夫氏である。前澤氏は大工の家に7人兄弟の末っ子として生まれ、高校の電子工学科を出て日立製作所に就職したが、コンピューターの生産工場で設計の補助作業程度の仕事しか与えられず、3年で退職してしまう。そして転職先の日響電機で社長に「こんど量産設備を作られるそうだが、ついては独立して会社をつくりたいので、一部仕事を回してくれないか」と直談判に及んだという。その結果、社長から40%の出資を仰ぎ、兄が構えていた会計事務所の一角を借りて、JDLが誕生した。前澤氏23歳での起業であった。

■こんど量産設備を…
オール生活 1970.8

起業に成功してからは、飛行機やヘリコプターの操縦に加えて、乗馬や渓流釣りを趣味にするそうである。

前澤氏は「ベンチャービジネスは大手をスピンアウトして5〜6年は大変な勢いで伸びていくが、それを境に徐々に力が落ち、10年ぐらいすると消えていくものが多い。これは、経営者のほとんどが大手企業の中で技術力を身につけ、外に飛び出した40〜50歳ぐらいの人たちで、自分の技術を過信しており、また、日進月歩の技術革新についていけないことによるものだ」と達観し、自らは「誰が使うのか、どうやって売るのか」を考えるほうに力を入れているという。

■ベンチャービジネス…
証券アナリストジャーナル 1990.1

■誰が使うのか…
実業界 1990.2

【着想】 前澤氏の着想は「将来、必ず中小企業がコンピューターを使う時代がやってくる」という確信と、「トランジスタで機械をつ

■将来、必ず中小…
実業の日本 1984.5

くるのは相当にしんどいけれど、ICを使うなら俺でもできる」という見通しの組み合わせに基づいている。「非常に狭いマーケットにターゲットを絞り込む戦略をとってきたので、大手がほとんど参入してこない」という発言や、「中小企業の業務をいろいろと分析した結果、たったひとつだけ完全にパッケージプログラム化に適合する業務が見つかりました。それが税務申告だった」という発言からわかるように、すべては計算尽くと見て間違いない。

■トランジスタで機械…
実業界 1990.2

■非常に狭いマーケット…
証券アナリストジャーナル 1990.1

■中小企業の業務を…
実業の日本 1995.1

[参照文献]

証券アナリストジャーナル、1990年1月(前澤和夫)

9-5-2 企業内専門家

ここでいう企業内専門家とは、高い専門性を有するため、企業内で狭いキャリアを歩む人たちのことを指す。彼らも職業意識の高いヘビーユーザーという意味では、9-5-1で取り上げたプロフェッショナルに準じるところがある。

この戦略を活かした典型例はケース859の島津製作所で、ここは専ら研究者を相手にして、計測のニーズに幅広く応える機器を取り揃えている。ケース860の東陽テクニカは、IT部門の専門職スタッフを相手にして、診断のニーズに幅広く応えている。ケース861の東京精密は、生産技術部門や品質管理部門のスタッフを相手にして、精密測定のニーズに的確に応えている。

これらのケースが高収益を生み続けるのは、購入意思決定者が時間と闘っているからである。競合他社に対して先行できるかどうかを競っている開発現場や生産現場では、計測機器や測定装置を安く買っても誰にも褒めてもらえない。それより、開発や生産を前倒しするほうが、自社への貢献は比べものにならないほど大きくなる。それゆえ、測定結果の信頼性や機器のサービス体制を購入基準に据える傾向が強い。価格が二の次で、注ぎ込んだ努力を正当に評価してくれるユーザーを相手にする以上、高収益は当然の帰結と言ってよい。ただし、性能に妥協が許されないことは言を待たない。

この戦略が適用できる条件としては、事業立地の選択を別にすれば、圧倒的な技術力を挙げることができる。ここでいう技術力には経験の要素も絡むため、どうしても蓄積の厚い先行者が有利になる。それゆえ、誰かの後を追う発想は捨てたほうがよい。これからというフィールドで、パイオニアになれそうなら、躊躇する暇を惜しむべきであろう。そういう先端領域では誰も等しく無知なので、挑戦する資格の有無を問うのは馬鹿げている。

ケース 859

島津製作所：計測機器事業

P：各種計測機器（研究開発の側面支援策）

戦略C/C比率◁◁◇▶▷
戦略D/E比率◁◀◇▷▷
対照：337

◉企業戦略▷▷▶▷▷技術応用多角化

【経緯】 島津製作所は1917年に京都で設立された会社である。源流は1875年まで遡り、殖産興業政策に乗って理化学器械分野で外国技術の導入に努めてきた。日本で初めてX線装置や蓄電池を実用化して、後者では1917年に日本電池を設立している。戦後は1956年に化学工業向けのガスクロマトグラフ、1960年に鉄鋼業向けの発光分析装置、1961年に医療機関向けのX線テレビジョンを送り出し、分析機器、ライフサイエンス研究機器、測定機器、環境計測機器、プロセス計測制御機器、試験検査機器、医用機器、産業機器、航空宇宙機器、センサ・デバイスなどの分野で多種多様な製品を手がけるに至っている。

【編成】 本業は計測機器で、それが分析対象期間中も主業の座を占めていた。医用機器と航空・産業機器は、合計しても計測機器に肩を並べるには至っていない。

■島津製作所
直前決算期：2000.03
実質売上高：1,930億円
営業利益率：3.0%
海外売上率：26%
社内取締役：12
同順位相関：0.75
筆頭大株主：金融機関
利益成長率：×/△/△
東名阪上場：1949.05

◉事業戦略▷▷▶▷▷販路応用マルチライン化

【立地】 売り物は物質の表面、質量、組成、形状などを分析する装置類である。分析の原理が多種多様なため、装置も多岐にわたる。

売り先は鉄鋼、金属、電機、石油、化学、繊維、食品などを扱うメーカーのほか、試験所や大学の研究室などである。

狭義の競合は研究開発用分析装置のフルラインメーカーで、これというところは見当たらない。敢えて挙げるなら、堀場製作所が多様な機器を揃えており、競合の趣を呈している。分析対象期間中に堀場製作所（分析システム機器）は10戦全敗で通算利益率4.5%の戦績に終わっている。

広義の競合は特定領域の分析装置メーカーである。

【構え】 入手ルートは自社工場が主力である。光分析装置用部品の一部は浜松ホトニクスから購入している。

引き渡しルートは直販と代理店経由を併用している。

■計測機器事業
期間：2000.04-2010.03
得点掲示板：8-2
営業利益率：14.2%
利益占有率：77%
開示欄序列：1
事業本拠地：京都府
独禁法違反：1995.08
—
1990年代：4-6
2010年代：3-1

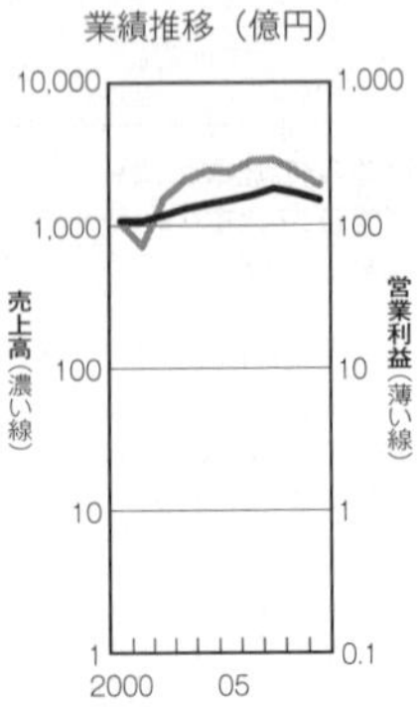

【時機】このケースは戦前に起源があり、先発に相当する。日本で研究開発が盛んになるにつれて、島津製作所には自ずと追風が吹く図式がある。

【源泉】この事業で高収益を許すのはミッションクリティカリティである。研究開発の現場では、従来は測れなかったものを精度よく測れるようになると、ブレークスルーにつながることがある。そこから生まれる成果に比べると分析装置は決して高くないため、値引いて売る必要がない。

【防壁】この事業で高収益を守るのは技術と信用の蓄積である。分析装置を安く手に入れても、測りたいものが測れなかったり、測定の精度が上がらなければ、顧客は研究予算を浪費したことになってしまう。それゆえ、過去からの蓄積の厚みが他社を寄せ付けない。

【支柱】この事業で高収益を支えるのはサービス子会社群である。分析装置は、据付、保守、修理が伴って、初めて実力を発揮する。

【選択】1961年11月、島津製作所は東京支社内に分析ステーションを設置した。1971年には各地のステーションが連携して、分析センターに発展している。これは、機器装置の開発にあたっていた技術者を営業に配置転換することを意味していた。

■すずき・ようすけ
生没：1887.07-1966.01
社員：1911.06-1919.07
役員：1919.07-1966.01
社長：1945.11-1965.05
会長：1965.05-1966.01

■娘婿
関西経協 1966.2

■温厚で、趣味が豊かで…
そうと決まれば…
経営者 1949.3

■このたびの敗戦に…
敗戦を契機として…
島津評論 1948.3

◉戦略旗手▷▶▷▷▷第２世代同族経営者

【人物】このケースで戦略を推進したのは3代目社長の鈴木庸輔氏である。庸輔氏は中津川に生まれ、松坂屋で前垂れかけの修行をしているときに2代目島津源蔵氏の目にとまり、請われて娘婿になったという。島津兄弟は発明家揃いで、経営を委ねることのできる人物を探していたらしい。

一方では「温厚で、趣味が豊かで、人当たりがよく、人情家」と形容されつつ、他方で庸輔氏は「そうと決まれば敢然時勢の先端に立つのが、この人の特質である」とも評されていた。

【着想】庸輔氏の着想は敗戦のショックに根ざしている。それを端的に表すのが『島津評論』復刊号の巻頭言で、「このたびの敗戦によって、我々が戦時中あのように誇り、あのように信じていた日本の科学水準が世界のそれに比べて甚だしい懸隔のあったことを、あまりにも惨めに見せられた我々は、たとえそれが如何ともしがたい当時の独善的封鎖状態のしからしめた結果と言いながら、創業以来70余年、新知識を世界に求めて斬新の科学器機械を製造し、我が国の文化水準の向上、科学知識の普及に自ら任じてきた当社としても誠に忸怩たらざるをえない」と庸輔氏は1947年11月に述べていた。

そして続けた「敗戦を契機として、国民の文化水準の向上、科学知識の普及が喫緊の大事として要請せられているとき、この要請に応じて科学器機械製造工業、特に当社のごとく多種多様の発展分化を遂げて、しかもその各種各様に発達した技術部門を総合的に発揮しうる形態にある製造工業会社の果たすべき責務は、いわば自ら任ずると任ぜざるにかかわらず、誠に重かつ大と言わざるをえない」という言葉に嘘がないことは、その後の言動が裏付けている。

このような認識のうえに立ち、庸輔氏は「産業経営者の科学的知識の貧困と、これが事業運営への積極的な活用の欠如、技術者の旧態依然たる古い経験のみより脱皮しないという不勉強、これを打破し勇敢大胆に科学的施設とその運営を行わぬ限り、決して産業の復興はありえない」という信条の遂行をライフワークとしたのであろう。分析センターも、機器を製造するだけでは現実を変えるに至らないという反省のもとに、損得を顧みず整備したに違いない。

■産業経営者の科学的…
経済人 1949.10

[参照文献]
『科学とともに百二十年』1995年
『科学技術で未来を拓く』2005年

ケース 860 東陽テクニカ

P：情報通信測定機器（ネットワークの信頼性）

戦略C/C比率◀◁◇▷▷
戦略D/E比率◀◁◇▷▷
対照：—

■東陽テクニカ
直前決算期：1999.09
実質売上高：230億円
営業利益率：14.8%

◉企業戦略▶▷▷▷▷本業集中

【経緯】東陽テクニカは1953年に東京で光和通商として設立された会社である。祖業は工作機械の輸入販売であったが、設立2年後に

海外売上率：10%
社内取締役：7
同順位相関：0.56
筆頭大株主：金融機関
利益成長率：—/—/—
東名阪上場：1985.07

イギリスのEMIファクトリーの総代理店になったのを機に電子計測器分野に進出し、軸足を機械から電子に移していった。1967年にはサポート体制を整えて、世界のリーディングカンパニー約90社の日本総代理店を務めるに至っている。1990年にバイオメイション社を買収して開発拠点をアメリカに設けたが、これは4年で売却して、アメリカからは撤退したものの、それ以降は急速に情報通信分野への傾斜が加速した。

【編成】 本業は電子計測機器で、それが分析対象期間中も主業の座を占めていた。

■全社
期間：1999.10–2009.09
得点掲示板：9–1
営業利益率：13.4%
利益占有率：100%
開示欄序列：0
事業本拠地：東京都
独禁法違反：報道なし
—
1990年代：2–8
2010年代：3–1

業績推移（億円）

◉事業戦略▷▷▶▷▷販路応用マルチライン化

【立地】 売り物はLANアナライザーや無線通信性能評価装置などである。

売り先は通信事業会社、携帯端末メーカー、自動車メーカー、および防衛省などである。

狭義の競合は電子機器を取り扱う専門商社や電子機器の国産メーカーで、前者では伯東、後者ではアンリツなどが該当する。分析対象期間中に伯東（エレクトロニクス）は10戦全敗で通算利益率4.6%、アンリツ（計測器）は2勝8敗で通算利益率7.3%の戦績に終わっている。

広義の競合は取り扱いメーカーである。日本での売れ行きが好調と見ると、彼らは東陽テクニカの担当者を引き抜いて、日本販社を自ら設立する選択肢をいつでも持っている。現に離反したメーカーもあり、それを警戒する東陽テクニカは有能な社員の待遇を良くする工夫を続けている。

【構え】 入手ルートは主に米国の測定機器メーカーで、一部は島津製作所から調達している模様である。

引き渡しルートは直販である。東陽テクニカの社員は、半数が理工系出身のセールスエンジニアであった。

【時機】 このケースはアメリカとの講和が実現した直後にスタートを切っており、先発に相当する。

【源泉】 この事業で高収益を許すのはミッションクリティカリティである。測定機器は、いくら安くても精度が低ければ意味がない。

それゆえ価格プレミアムが通りやすい。

【防壁】 この事業で高収益を守るのは製品寿命の短さである。エレクトロニクスは進歩が速いため、模倣品が出てくる頃には性能を大幅に引き上げた新製品を投入して、模造品を売れなくしてしまうことができる。そのためチャレンジャーは現れにくい。これには「限定競争で陽の当たる」製品を選んで取り扱うという経営方針が功を奏してきた面もある。

■限定競争で陽の…
財界 1982.12

【支柱】 この事業で高収益を支えるのはセールスエンジニアによるサービス体制である。輸入品であっても、東陽テクニカは自社の技術者が常時ユーザーをサポートする体制を敷いている。また、ユーザーから相談を受けて、システムを組んで提案する能力も備えている。

【選択】 1967年3月、東陽通商はエレショップを新設して、外注修理から社内修理に切り換えた。これは、修理は商社の業務範囲を超えるという常識への挑戦であった。

◉戦略旗手▶▷▷▷▷創業経営者

【人物】 このケースで戦略を推進したのは創業者の野村長氏である。東陽テクニカは、倒産した三洋商会の社員有志が結託して設立した会社で、野村氏は設立時から専務として経営を担ってきた。戦艦武蔵の情報士官として米軍の暗号解読に挑戦したことのある野村氏は、戦中にアメリカの技術力に圧倒され、技術輸入の仕事を選んだようである。「日本の技術が優れるのは生産技術。チャレンジ精神で新技術を開発していく開発技術の面では、まだ米国が圧倒的に強い」という野村氏の持論は傾聴に値する。

■のむら・ひさし
生没：1920.03-1997.05
社員：—
役員：1953.09-1997.05
社長：1969.08-1987.12
会長：1987.12-1997.05

■日本の技術が優れる…
財界 1982.12

【着想】 野村氏の着想は経験に裏打ちされている。自ら天職とするセールスについて「元来、セールスということは、単に物財を売るのではなく、その物財の持っている機能を売ることである。セールスとは、その物財を求める顧客に対して、それを利用することによって得られるメリット、デメリットのあらゆる情報を提供し、それの相談にあずかることである。セールスはその意味において一方的なものではなく、ユーザーとの機能を巡っての議論という過程を含むものであり、コンサルタント的なものである。（中略）そして

■元来、セールスと…
電子技術 1971.3

機能のセールスは、あらゆる機能が補完関係にあることを通して、システムとしてのセールスへと発展する道を辿るのである」というのは、野村氏の変わらぬ持論であった。

[参照文献]

証券アナリストジャーナル、1985年9月（野村長）

ケース 861 東京精密：計測機器事業

P：三次元座標測定機（品質管理の側面支援策）

戦略C/C比率◁◁◇▷▶
戦略D/E比率◀◁◇▷▷
対照：337

■東京精密
直前決算期：2000.03
実質売上高：450億円
営業利益率：17.6%
海外売上率：42%
社内取締役：6
同順位相関：0.94
筆頭大株主：信託口
利益成長率：△/△/△
東名阪上場：1962.08

◉企業戦略▷▷▶▷▷技術応用多角化

【経緯】東京精密は1949年に東京で東京精密工具として設立された会社である。その源流は日本電力が大起製作所を買収し、東京航空器材とした1939年まで遡る。戦後はミシン加工用の切削工具で再興を遂げたが、1953年に日本で初めて高圧流量式空気マイクロメーターの工業化に成功して海外展開に乗り出した。1967年に真円度測定器、1969年に三次元座標測定機と、その後も計測器分野で画期的な開発が続いている。1964年に開発したプロービングマシンは、半導体製造装置ビジネスを立ち上げる端緒となった。

【編成】本業は計測機器であったが、主業の座は規模に勝る半導体製造装置にシフトした。

■計測機器事業
期間：2000.04–2010.03
得点掲示板：9–1
営業利益率：20.7%
利益占有率：53%
開示欄序列：2
事業本拠地：茨城県
独禁法違反：報道なし
—
1990年代：4–6
2010年代：4–0

◉事業戦略▷▷▶▷▷技術応用マルチライン化

【立地】売り物は物体の形状を測定する機器類で、真円度測定機を筆頭に、ベアリングの製造工程を管理するための測定機に強みがある。ただし、市場規模が大きいのは三次元座標測定機と思われる。

売り先は自動車メーカー、自動車部品メーカー、工作機械メーカーなどである。

狭義の競合は形状測定機のフルラインメーカーで、ミツトヨを挙げることができる。ここは未上場ながら規模では東京精密を上回っている。東京精密もミツトヨも人脈としては津上退助につながっており、いわば兄弟のようなところがある。その点ではミネベアやオリンパスも同様である。

広義の競合は単体機器のメーカーで、三次元座標測定機ではニコンあたりが該当する。

【構え】入手ルートは自社工場で、外注依存度は20%程度に収まっている。

引き渡しルートは国内総代理店を務める三井物産経由である。三井物産は120社前後のディーラー網を整備している。

【時機】このケースは国内先発に相当する。マイクロメーターではミツトヨが先行していたが、三次元座標測定機は東京精密が1969年7月に初号機を完成させており、僅差でミツトヨをリードした。

【源泉】この事業で高収益を許すのはミッションクリティカリティである。測定精度が上がらないと、顧客は不良の山を築くことになりかねない。測定機を安く買い叩いても、それでは本末転倒になってしまうため、価格プレミアムが通りやすい。

【防壁】この事業で高収益を守るのは技術と信用の蓄積である。三次元測定機は、テーブル上にセットした被測定物に接触させたプローブの位置を測定するもので、測定精度を上げるにはプローブの支持部を頑強にすればよいが、そうすれば重さに耐えかねて支持部が微妙にたわんでしまう。それゆえ、精度を上げるための工夫は尽きず、新参者は容易に追いつけない。

【支柱】この事業で高収益を支えるのは次から次へと新機種を送り出す開発部隊である。

【選択】1975年2月、東京精密は1975年3月期決算の赤字転落を受けて危機突破方策実施方針を発表した。これは、三鷹工場の売却と人件費の30%カットを骨子としており、およそ230名の人員整理を伴うものであった。本格的な三次元座標測定機M400とCNC全自動は、この危機のなかで開発が進み、翌1976年の秋から1977年の春にかけて発売されている。

業績推移（億円）

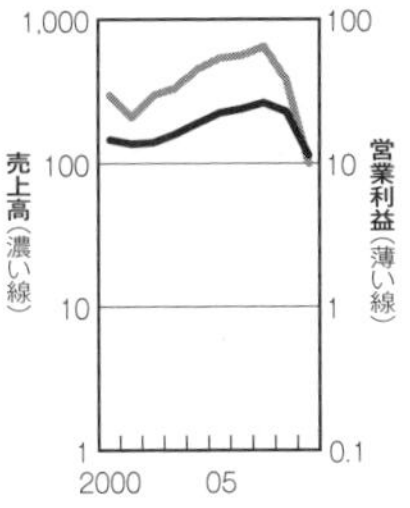

◉戦略旗手▶▷▷▶▷創業経営者的な操業経営者

■たかぎ・まこと
生没：1914.02–1995.12
社員：—
役員：1948.04–1949.01
社長：1949.01–1988.06
会長：1980.06–1986.10

【人物】このケースで戦略を推進したのは第3代社長の高城誠氏である。高城氏は、工作機械の雄として知られた津上製作所の信州工場で課長職に就いていたが、戦後の混乱のなかで工場が閉鎖されてしまったのを機に、部下20名余を引き連れて東京精密の前進にあたる東京機器製作所に移籍してきた。そして叔父の葉山健二郎氏の資金援助を得て、東京精密工具を設立した。高圧流量式空気式マイクロメーターを開発して、トヨタ自動車に食い込み、飛躍の土台を形作ったのも、高城氏であった。

他社から移籍してきた身ではありながら、高城氏には創業経営者の趣がある。それは、筆頭株主が長らく高城氏の親族であったことに関係する。なお、葉山健二郎氏は久原財閥の経営陣に登用されていた。専務を務めていた義兄の井海健吾氏は、石油ショックが強要した人員整理のさなかに54歳で急逝している。

【着想】高城氏の着想は「良い部品、良い製品をつくるために良い測定器が絶対不可欠である」という確信に由来する。それが「当社も脱本業ということでいろいろ新しい分野にトライしようかという意見もありましたが、やはり餅は餅屋ということで、技術的な裏付けのあるものを積み重ねてアプローチしなければいけないのではないかということになりました」という判断につながったと見るべきであろう。

■良い部品、良い製品…
マシナリー 1969.8

■当社も脱本業という…
日本の科学と技術 1973.9

[参照文献]
『東京精密三十年史』1979年
日刊工業新聞編集局『男の軌跡 第四集』にっかん書房、1985年

9-5-3 半導体メーカー

半導体メーカーは熾烈な競争に曝されており、製品開発、プロセス開発、装置開発、ユーティリティなど、ありとあらゆる領域で技術者たちが企業内専門家と化している。ゆえに半導体メーカーには苦境に追い込まれるところも続出するが、彼らに照準を合わせて高収益化した川上事業は多い。

この戦略を活かした典型例はケース657の日産化学工業で、ここはケース606に登場したJSRのフォトレジストを補完する。露光用の光がウエハー表面で反射して、意図せぬ経路でレジストを露光させてしまうようになり、半導体メーカーが頭を抱えた時点で有効な対策を持っていたのは日産化学工業だけであった。ケース658の電気化学工業は、同様にケース607の住友ベークライトの封止材を補完する。封止材は、エポキシ樹脂を減らすかわりに、耐熱性の高いフィラーを増やす方向にあり、それを支えたのが電気化学工業の技術であった。ケース659のニチアスは、薬液やガスの純度を保つうえで必要なコーティング材料を供給する。なお、ケース639の日東電工とケース659のニチアスは共にフッ素樹脂のユーザーで、本章第4節に近い面がある。しかしながら、どちらも川上の原料を持たないので、川上とは別の面を強調することにした。

これらのケースが高収益を生み続けるのは、顧客の命運を左右するからである。そして顧客が技術を正当に評価する手立てを持っていることも、高収益に貢献する。ただし、いずれも代替技術が登場すると一夜にして没落する可能性と背中合わせであることも確かである。

この戦略が適用できる条件としては、半導体メーカーと何らかの接点があることを挙げなければならない。それゆえ門戸の広い戦略とは言いがたい。

ケース 657 日産化学工業：化学品事業

B：ポリイミド樹脂（半導体露光反射防止策）

戦略C/C比率◀◁◇▷▷
戦略D/E比率◁◀◇▷▷
対照：098，441

■日産化学工業
直前決算期：2002.03
実質売上高：1,400億円
営業利益率：6.8%
海外売上率：18%
社内取締役：17
同順位相関：0.89
筆頭大株主：信託口
利益成長率：△/△/△
東名阪上場：1949.05

◉企業戦略▷▷▶▷▷技術・販路応用多角化

【経緯】 日産化学工業は1887年に利農報国のために東京人造肥料として設立された会社である。後に酵素研究で名を挙げる高峰譲吉博士が発起人で、渋沢栄一が資金面で支援した。過燐酸石灰を国産化したが、事業は容易に安定せず、合併に合併を重ね、戦中には日本鉱業の傘下に置かれて日本油脂と一体運営されていた。1965年に念願の石油化学に進出したが、これも苦境に追い込まれ、1988年に分離・売却している。残ったのは、肥料の原料を別の出口に展開したアンモニア系製品と、肥料の顧客に仕える農薬で、前者に属する尿素法メラミンが世界首位の座を勝ち取った。

【編成】 本業は肥料であったが、それを包含する農業化学品が新たな主業に躍り出ている。

化学品セグメントは2001年度まで化学系の事業を一括りにしていたが、2002年度に農業化学品と医薬品が、2010年度に機能性材料も分離独立した。収益性が良いのは独立したセグメントの方で、分析対象期間中に化学品が高収益に見えたのは機能性材料の貢献によることが明確になっている。機能性材料は液晶ディスプレイ用材料、半導体材料、無機コロイド材料の三つの製品群から構成されているが、好不調の波から判断すると、収益の柱は半導体材料と思われる。

■化学品事業
期間：2002.04-2010.03
得点掲示板：7-1
営業利益率：13.3%
利益占有率：67%
開示欄序列：1
事業本拠地：富山県
談合の嫌疑：報道なし
―
1990年代：―
2010年代：4-0

◉事業戦略▶▷▷▷▷中核集中

【立地】 売り物は半導体ウエハーを露光する工程で用いられる反射防止剤である。集積回路の集積度が上がるにつれて、回路パターンをウエハーに焼き付けるときにウエハー表面で反射する光が意図せざる経路でレジストを感光させてしまう現象が問題となり、反射を抑え込む必要性が認識されるようになっていた。

売り先は世界中に分散する半導体メーカーに限られる。

狭義の競合は反射防止剤のメーカーながら、これというところが見当たらない。日産化学工業は世界市場の約7割を占有する。

広義の競合は別のルートで同じ問題を解決する事業者になるが、こちらも目立つところは見当たらない。

【構え】 入手ルートは自社工場である。技術はアメリカのベンチャー企業、ブリューワー・サイエンス社から導入したもので、それゆえ販売地域はアジアに限定されている。

引き渡しルートは主に商社および特約店経由である。

【時機】 このケースは先発に相当する。反射防止剤の必要性が広く認識されるようになったのは、集積回路の回路線幅が350ナノメートルを割り込むようになってからで、1997年時点でも社史は「台湾で少量売れただけ」と述べている。日産化学工業が機先を制したことは間違いない。

【源泉】 この事業で高収益を許すのはミッションクリティカリティである。回路線幅が一定の限度を割り込んだ時点から、半導体集積回路は反射防止剤無くして成り立たなくなっている。しかも、半導体集積回路の市場価格に比べると、反射防止剤の原価構成比は無視可能なほどに小さい。安定供給が価格より重視される以上、高収益は当然の帰結と言ってよい。

【防壁】 この事業で高収益を守るのはスイッチングコストである。いったん信頼に足る反射防止剤が採用されると、半導体メーカーからのフィードバックが桁違いに濃密になり、開発ロードマップの精度が上がる。しかも、そのロードマップを前提にレジストや露光装置の開発が進んでいくので、後発の挑戦者が割って入る隙間は針の穴のようになってしまう。

【支柱】 この事業で高収益を支えるのは技術開発陣である。自社製品が採用されたあとに半導体メーカーから矢継ぎ早に寄せられるフィードバックに適切かつ迅速に対応しないと、後発の挑戦者に割り込む隙を与えることになりかねない。

【選択】 1993年5月、日産化学工業はアメリカのブリューワー・サイエンス社と提携して反射防止剤の輸入販売を開始した。当時は500ナノメートル級のi線ステッパーが主役になろうかという時代で、反射防止剤の市場など存在しなかった。

■約7割
日経産業 2004.6.24

業績推移（億円）

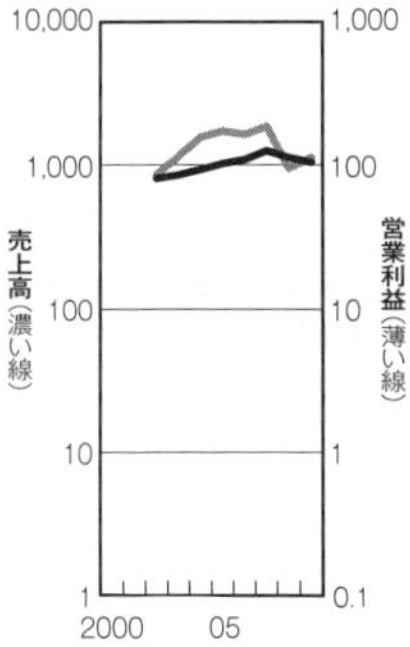

■にいつ・ゆたか
生没：1945.08-
社員：1971.04-1999.06
役員：1999.06-2013.06
社長：—
会長：—

◉戦略旗手▷▷▷▷▶理系社員

【人物】このケースで戦略を推進したのは新津豊氏と思われる。新津氏は、1993年1月に機能製品事業部電子材料部の初代部長に就任しており、初仕事としてブリューワー・サイエンス社との提携を仕上げたに違いない。1997年6月には輸入販売から国内生産に切り替えるべく、技術導入契約に切り替えたが、それも新津氏の判断である。新津氏は2000年6月の機構改革で電子材料部が事業部に昇格すると、ここでも初代の事業部長に就任し、副社長に昇進して医薬品を担当するようになった2011年6月まで電子材料事業部長を勤めていた。

ブリューワー・サイエンス社の反射防止剤は、日産化学工業が電子材料開発チームを結成して新たな事業の種を探すなかで、偶然にもアメリカの学会で見つけたものである。まさにセレンディピティの為せる業で、そこから事業化に持ち込んだ新津氏の功績は大としなければならない。副社長にまで登用されたのは、会社が功績を認めた証と言えるのではなかろうか。

■ニッチな市場で大きな…
大企業相手に苦戦…
日経産業 2004.2.16

【着想】新津氏の着想は「ニッチな市場で大きなシェアを獲得したい」という発言に現れている。石油化学工業に進出して「大企業相手に苦戦してきた」歴史の教訓だそうである。

[参照文献]
『百二十年史』2007年
化学経済、1993年9月（石原耕一）

ケース 658 電気化学工業：電子材料事業

B：球状溶融シリカ（半導体封止材材料）

戦略C/C比率◀◁◇▷▷
戦略D/E比率◁◁◇▷▶
対照：028，108

■電気化学工業
直前決算期：2003.03
実質売上高：2,520億円
営業利益率：7.4%
海外売上率：18%
社内取締役：16
同順位相関：0.57
筆頭大株主：信託口
利益成長率：△/△/△

◉企業戦略▷▷▶▷▷技術応用多角化

【経緯】電気化学工業は1915年に東京で設立された会社である。日本のカーバイド工業の始祖と呼ばれる藤山常一博士が興した北海カーバイドに、三井合名が資本を注入して誕生した会社と言ってよい。設立後は福岡県大牟田市に製造拠点を新設し、三井鉱山から余剰電力とコークスと硫酸の供給を受けて、石灰窒素や変性硫安の製造に乗り出した。戦後は、石灰を活かしてセメント事業に挑戦したほか、石炭由来のカーバイド工業を脅かし始めた石油化学に自ら進出して、合成ゴムやスチレンを手掛けている。新規案件としては、医薬事業もある。

東名阪上場：1949.05

【編成】 本業は無機系素材（肥料およびカーバイド）であったが、主業の座は機能製品、なかでも電子材料にシフトした。売上規模の大きい有機系素材（スチレン系樹脂類）は収益力が弱い。

◉事業戦略▶▷▷▷▷中核集中

■電子材料事業
期間：2003.04–2010.03
得点掲示板：6–1
営業利益率：16.0%
利益占有率：25%
開示欄序列：3
事業本拠地：新潟県
独禁法違反：報道なし
—
1990年代：—
2010年代：2–2

【立地】 売り物は半導体の経年劣化を防ぐ封止材にフィラーとして混入する球状溶融シリカである。封止材は、半導体を湿気や埃から守る役割を担うが、密閉性に秀でたエポキシ樹脂を使うと、熱で膨張したり、吸湿したり、半導体に悪影響が及ぶ。そこで樹脂にシリカを混ぜ込んで、密閉性を確保したまま膨張や吸湿の問題を抑え込む対策がとられている。溶融シリカは表面張力によって球状になるが、その粒径を制御して大小の組み合わせを最適化すると、エポキシ樹脂の使用量を減らすことができる。競合製品は重量比で樹脂が30%になるが、電気化学工業は粒径制御に秀でており、樹脂の重量比を10%未満に抑えることができるという。

■10%
FC Report 2002.9

売り先は封止材のメーカーである。

狭義の競合は球状溶融シリカのメーカーで、新日本製鐵系のマイクロンと、専業メーカーの龍森の2社くらいに限られる。電気化学工業は5割超の世界占有率を誇っている。

■5割超
日経産業 2006.9.21

広義の競合は代替材を開発するメーカーで、アルミナ系の封止材を押す昭和電工を挙げることができる。

【構え】 入手ルートは大牟田やシンガポールで操業する自社工場である。

引き渡しルートは直販と思われる。

【時機】 このケースは、先発に相当する。電気化学工業が大牟田工場で電炉を利用して溶融シリカの製造を開始したのは1971年のことで、当時は用途が定かでなく、鉄鋼メーカーが連続鋳造のノズルに採用した程度であった。この段階では月産250トンに達していない。ところが1976年に半導体封止材のフィラーという新たな用

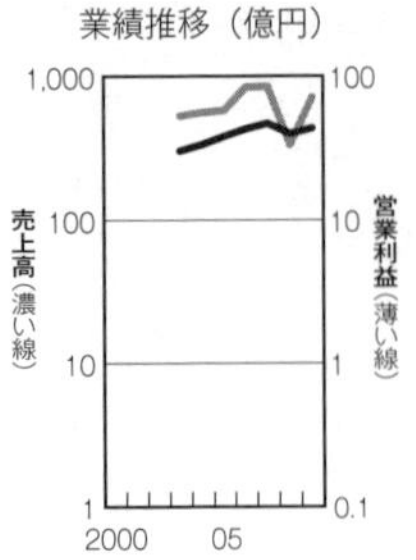

途が持ち上がり、世界が一変した。利益貢献が目立つようになったのは、シンガポール工場がフル稼働したあとのことで、この工場は月産1,000トンを突破した。溶融シリカが決算発表で話題に上ったのは1997年3月期が初めてであった。これはウィンドウズ95の登場に伴ってPCが普及期に入り、半導体の封止材が高価なセラミックスから安価な樹脂に置き換わるタイミングと一致する。

【源泉】 この事業で高収益を許すのはミッションクリティカリティである。特に1993年7月に住友化学のエポキシプラントが爆発して以来、エポキシ樹脂の使用量を減らすことが急務となり、それを機に球状溶融シリカは封止にとってなくてはならない重要素材に変貌していったという。

【防壁】 この事業で高収益を守るのは製造装置である。かつての破砕シリカと違って、高温火炎中で溶融される球状シリカは「100マイクロメートルの原料を球状化する時間はわずか0.01秒という瞬間であり、この瞬間に重要な品質が決定される恐ろしい工程」を経て製造される。そこで品質を確保すべく、電気化学工業は「技術の心臓部であるためバーナーはすべて自社設計し、指定のメーカーで製作」する体制を敷いている。

■100ミクロンの原料…
技術の心臓部である…
当社独自の実験式を…
Fine Ceramics Report
2002.9

【支柱】 この事業で高収益を支えるのは技術サービス部隊である。「当社独自の実験式を加味したフィラーの自社基本設計理論を使い、ユーザーニーズに最も適応したフィラーを短時間で設計・提案可能としています。（中略）標準樹脂組成物としての自社評価を実施し、設計の妥当性を確認して紹介できる点は、ユーザーより非常に高く評価されて」いるそうである。

【選択】 1989年10月、電気化学工業は溶融シリカの製造拠点をシンガポールに設けると発表した。封止材国内大手3社が東南アジア進出を決めたあとなので、シンガポールへの投資はリスクが低かった。

■こばやし・あきら
生没：1944.08-
社員：1967.04-2002.06
役員：2002.06-2006.06
　　　2007.06-2009.04
社長：—

◉戦略旗手▷▷▷▷▶理系社員

【人物】 このケースで戦略を推進したのは小林晃氏と思われる。小林氏は1970年代から溶融シリカの研究に携わっており、製法特許を多数出願していた。1983年には「封止樹脂用充填剤」と用途を特定した最初の特許で、筆頭発明者に名を連ねている。1995年に大牟田工場製造部長、2002年に取締役大牟田工場長に任命された経緯を見ると、会社が功労者として処遇していることは明らかである。

会長：—

【着想】 小林氏の着想は知る術がない。球状溶融シリカ事業は、1990年前後の電気化学工業においては傍流中の傍流という位置づけであったと思われる。名前が表に出てくる人は限られており、出てくる人も他部門に異動となるのが通例であった。そこから考えると、これは収益性は二の次の現場主導で進んだケースと判定したい。

［参照文献］
『90年抄史』2006年

ケース 659 ニチアス：工業製品事業

B：フッ素樹脂加工品（半導体製造装置材料）

戦略C/C比率◀◁◇▷▷
戦略D/E比率◀◁◇▷▷
対照：—

■ニチアス
直前決算期：2000.03
実質売上高：1,030億円
営業利益率：5.6%
海外売上率：10%未満
社内取締役：9
同順位相関：0.84
筆頭大株主：持株会
利益成長率：×/△/△
東名阪上場：1961.10

◉企業戦略▷▶▷▷▷川下開拓

【経緯】 ニチアスは1896年に大阪で日本アスベストとして設立された会社である。アスベスト（石綿）という新素材の事業化を目的として、シート製品をヒットさせたが、1937年には国産の玄武岩や安山岩からロックウールをつくり、アスベストの代替素材も手に入れた。1951年にはアメリカのデュポン社から原料を調達して、アスベストと似た特性を持つフッ素樹脂製品も試作した。1970年代に入るとアスベストの発癌性が問われるようになったが、積年の研究に基づいて、ニチアスは他社に先駆けてアスベストフリー化を達成している。現在は、保温・断熱に加えて、防音・防臭といった機能を追求しつつ、材料ビジネスと施工ビジネスを展開している。

【編成】 本業は石綿製品であったが、主業の座はアスベストフリーの高機能工業製品にシフトした。機能面では、保温・断熱から、耐食や耐熱シールにシフトしている。建材は製品も工事も見劣りがする。

■工業製品事業
期間：2000.04-2010.03
得点掲示板：8-2
営業利益率：11.6%
利益占有率：68%
開示欄序列：1
事業本拠地：東京都
独禁法違反：報道なし
—
1990年代：1-0
2010年代：2-2

業績推移（億円）

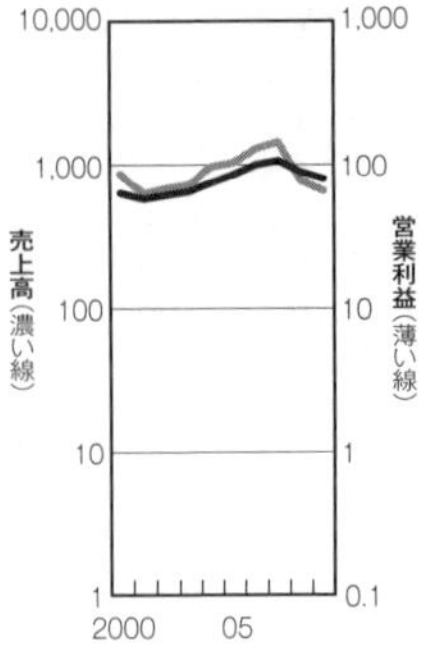

◉事業戦略▷▷▶▷▷販路応用マルチライン化

【立地】 売り物は主にフッ素樹脂加工品で、シール材、耐火断熱材、耐食材料などがある。

売り先は耐食材料については半導体の製造装置メーカーである。特に半導体の製造工程は、薬品や純水を運ぶ配管の素材から異物が混入する可能性を嫌うため、管路を四フッ化エチレン樹脂や四フッ化エチレン・パーフルオロアルコキシエチレン共重合樹脂などでコーティングまたはライニングしたり、四フッ化エチレン・六フッ化プロピレン共重合樹脂などで成形した配管を用いることが多い。シール材は自動車メーカー、耐火断熱材料は電力事業者が売り先になる。

狭義の競合はフッ素樹脂の加工品メーカーで、日本バルカー工業が該当する。ニチアスと首位の座を争う日本バルカー工業（連結）はシール材に強く、分析対象期間中に10戦全敗で通算利益率は6.6%に終わっている。

広義の競合は似た特性を持つ代替素材を提供するメーカーながら、半導体分野の特殊市場はフッ素樹脂加工品の独壇場に近い。

【構え】 入手ルートは国内自社工場群である。フッ素樹脂は社外から購入している。

引き渡しルートは直販である。

【時機】 このケースは、1951年に源流があり、先発に相当する。分析対象期間中は半導体の世界的躍進が追風となったものと思われる。

【源泉】 この事業で高収益を許すのはミッションクリティカリティである。半導体メーカーが異物混入で被る損失の大きさを考えると、フッ素樹脂加工品の価格など問題にならない。それゆえ、技術が収益に投影される。

【防壁】 この事業で高収益を守るのは技術と信用の蓄積である。配管等の良し悪しは経年変化を受けるなかで初めて明らかになることから、様々な問題を解決してきた先発組は優位に立つ。紙の上で優秀なパフォーマンスを出していても、ユーザーは安易に新参者の製品を採用できない。

【支柱】 この事業で高収益を支えるのは技術開発陣である。彼らがユーザーと向き合い、次から次へと降りかかってくる問題を地道に解決してきたからこそ、戦略の均整が保たれることを忘れてはならない。

【選択】 1985年12月、ニチアスは機構改革を実施して、フッ素樹脂事業部を設置した。もともとは開発チームだった組織のメンバーは、この措置によりユーザーと接点を持つよう迫られた。ニチアスは全国ネットの営業支社を置いていたので、支社の反対を押し切ったに違いない。

◉戦略旗手▷▷▷▶▷操業経営者

【人物】 このケースで戦略を推進したのは音馬峻氏である。音馬氏は1959年に「四フッ化レジンの海外事情と新しい利用について」という論文を書いており、その中でバルブやコックへの応用を紹介していた。そして1963年になると「配管材料への利用」という論文を書いており、配管系を四フッ化樹脂で構成するための研究がバルブやコック以外にも及んだことがわかる。1972年には研究部長と研究所長に任命され、その7年後には企画開発部長に転じたことから、フッ素樹脂加工品の事業化を命じられたのであろう。

社長就任挨拶でも、「当社の現在における最大の問題点は製品構成の転換であり、さらに根本的には企業体質の転換である」と宣言していたが、その時点で耐食材料と分類されたフッ素樹脂製品は全社売上高の10%にも満たなかった。それを拡大強化事業に位置づけて、音馬氏は転換に挑んだのである。本業の石綿製品が斜陽に入るなかで、新たな主業の育成しか選択肢はないと踏んだに違いない。

【着想】 音馬氏の着想は研究員時代に培われたようである。もともと四フッ化エチレン樹脂に着目したのは化学工業への応用が念頭にあったようで、論文のなかでも「化学工業は装置産業であり、しかも原料、中間体、製品が流体の場合が多いので、その装置はタンクとかパイプおよびそれらの付属品より成り、しかも取り扱う流体は腐食性のものが多く、四フッ化エチレン樹脂のように絶対的な耐食性の材料の出現は長く期待されていた」と述べていた。音馬氏の目には、半導体も化学工業の一種と映ったのかもしれない。

■おとうま・たかし
生没：1928.11-
社員：1952.04-1973.11
役員：1973.11-2003.06
社長：1985.06-2000.06
会長：2000.06-2003.06

■四フッ化レジンの…
プラスチックス 1959.3

■配管材料への利用
工業材料 1963.4

■当社の現在における…
百年史

ちなみに、音馬氏は社長になる直前に東京支社長に就いていた。事業部制に対する社内の反発を抑え込むうえで、この経歴は有利に働いた可能性がある。

［参照文献］

『ニチアス株式会社百年史』1996年

6 手取り足取りを要する「売り先」

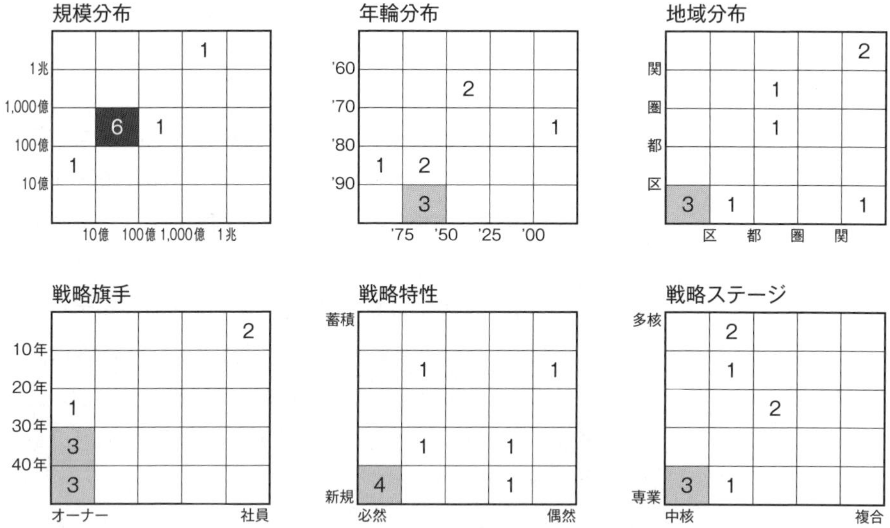

売り先を選ぶにあたっては、ヘビーユーザーかライトユーザーか、いずれかに照準を合わせる戦略が高収益につながりやすい。この節で取り上げるライトユーザーは、(1) 別の世界に生きているので関心すら抱いてくれない、(2) 一過性のニーズを満たそうとするだけで格段の知識を持ち合わせない、の2パターンに分かれている。いずれにせよ、何から何まで面倒を見てくれるサービスを評価する。彼らにとっての理想は、必要なものは着実にバックグランドで動いていて、それを忘れて本業に専心できる状態なのである。ここには、忘れさせるサービスに報酬が発生する。

ダッシュボードを見る限り、この戦略は新興ベンチャーか社内ベンチャーに向いている。「戦略旗手」マトリックスが二極に分かれるのは、双方の対比を反映するからである。ただし、ここでも狙い打ちが重要な点は共通している。

9-6-1 別世界プロフェッショナル

別世界プロフェッショナルとは、懸案の売り物とは別の世界で勝負をしている人々のことを指している。少なくとも意識のうえではライトユーザーである。

この戦略を活かした典型例はケース862の三浦工業で、ここは小型貫流ボイラーに専念する。顧客は水蒸気を必要とする自営業者や小規模工場で、そういう顧客を相手に三浦工業は保守サービスまで提供する。ケース660のツカモトCは、アパレル系小売の店舗改装を請け負っている。もともとはマネキン人形を製造・販売していたが、アパレルに関心の向かう顧客に什器一式を納入し、改装プランの提案まで手がけるよう進化した。

続く5ケースは、ITから取り残された人々にITの恩恵をもたらす。ケース863のマースエンジニアリングは、パチンコホールに景品管理システムを提供する。ケース661のナックは中小の工務店を相手に、見込み客リストや工法を提供する。職人の管理に追われる中小の工務店に照準を合わせたところが勘所と言ってよい。ケース864のオービックは統合業務パッケージソフトウェア、ケース865の東計電算は単機能ソフトウェア、ケース866のピー・シー・エーはPC用パッケージソフトウェアを提供する。先に登場したケース857のTKCやケース858の日本デジタル研究所が税理士や会計士を経由して彼らのクライアントにシステムを入れようとするのに対して、直に中堅・中小企業に働きかける点に特徴がある。

これらのケースが高収益を生み続けるのは、手間暇をかけるからである。諦めかけていた利便性を手にした顧客は、手間暇をかけてくれたサービスの価値を身を持って知ることになり、対価を惜しまない。

この戦略が適用できる条件として特筆すべきものはない。潜在的な応用範囲は広いと思われる。

ケース 862 三浦工業

P：小型貫流ボイラー（水蒸気の供給）

戦略C/C比率◀◁◇▷▷
戦略D/E比率◀◁◇▷▷
対照：084

◉企業戦略▶▷▷▷▷本業集中

【経緯】 三浦工業は1959年に松山市で三浦製作所として設立された会社である。源流は1927年まで遡り、押麦をつくる蒸気圧扁機を開発したが、精麦機からボイラー部門を独立させて小型・簡易ボイラーを手がけたところから成長が始まった。石油ショックに遭遇すると、省エネ製品を投入する傍らでメンテナンス事業を立ち上げて、川下で医療用滅菌機器、食品加工機、脱酸素装置など小型ボイラーの応用展開も試みている。

【編成】 本業は小型貫流ボイラーで、それが分析対象期間中も主業の座を占めていた。応用機器事業は顕著な伸びを見せていないが、メンテナンス事業は全社売上高の3分の1を超えるところまで伸びてきた。ボイラー用の水処理薬品も全社売上高の10分の1を超えたようである。

■三浦工業
直前決算期：2000.03
実質売上高：470億円
営業利益率：13.3%
海外売上率：10%未満
社内取締役：13
同順位相関：0.93
筆頭大株主：創業家
利益成長率：—/—/—
東名阪上場：1984.12

◉事業戦略▷▶▷▷▷川下統合

【立地】 売り物はコンパクトで完全自動の小型貫流ボイラー、および設置したボイラーに向けた水処理薬品やメンテナンスサービスである。蒸気をつくるボイラーは陸用と舶用を手がけているが、主力は圧倒的に陸用と言ってよい。メンテナンスサービスは有償契約に基づくもので、3ヶ月に一度の定期点検をすることで、予防保全を図っている。

売り先は鍍金工場、醸造所、製菓・製パン工場、製麺所、クリーニング店、町の豆腐屋、おしぼり屋、漬物屋などである。社員が10名強の段階で東京に営業所を構えたときから、全国展開は既定路線となっている。

狭義の競合はタクマである。タクマは香川県のサムソンや神戸市の日本サーモエナーから小型ボイラーの供給を受け、自らは大型ボイラーを製造する。荏原製作所のボイラー子会社も買収したが、小型では三浦工業が国内シェア50%を握り、首位の座を確保して

■全社
期間：2000.04-2010.03
得点掲示板：9-1
営業利益率：12.3%
利益占有率：100%
開示欄序列：0
事業本拠地：愛媛県
独禁法違反：報道なし
—
1990年代：10-0
2010年代：1-3

■50%
日経朝刊 2005.7.12

いる。分析対象期間中にタクマ（民生熱エネルギー）は5戦全敗で通算利益率▲0.6%に終わっている。ちなみに、タクマはアメリカのクレイトン社から技術を導入して事業を立ち上げた。

広義の競合は大型ボイラーのメーカーで、重工メーカーやタクマがひしめいている。ボイラーには労働安全衛生法で定められた区分や基準があり、彼らは三浦工業の土俵から締め出されているが、タクマは小型ボイラーを連装する方式で大型の市場にも食い込んでいる。

【構え】 入手ルートは自社工場を主力としつつも、外注依存度は50%に近い。水処理薬品は他社から仕入れている。

引き渡しルートは直販と代理店経由が併存する。サービス拠点は1977時点で全国40ヶ所前後だったのが、1999年には全国86ヶ所に拡大していた。

■**40ヶ所**
オール生活 1977.8

【時機】 このケースは、先発に相当する。三浦工業は、ボイラー及び圧力容器安全規則が1959年4月に施行されるのを見届けて設立されている。高温高圧を伴うボイラーには厳しい規制が設けられていたが、この規則は「圧力が1㎠あたり10kg以下、伝熱面積10㎡以下であれば、従来の法規制を受けない」と定めており、この隙間市場に三浦工業は狙いを定めたことになっている。なお、これは燃料が石炭から石油に切り替わるタイミングにも一致する。

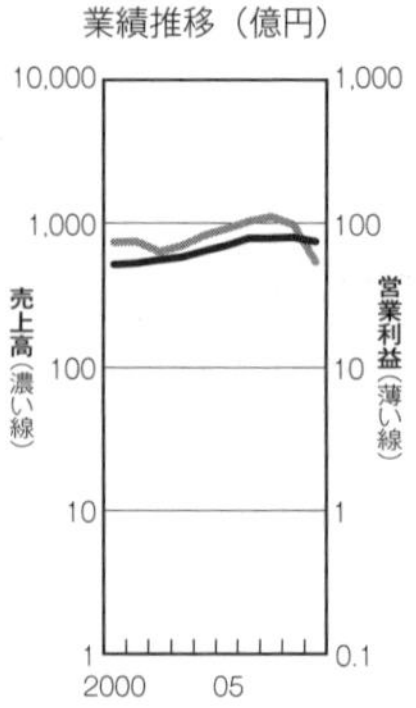

【源泉】 この事業で高収益を許すのはミッションクリティカリティである。相手にするのは、ボイラーが動かないと操業停止に追い込まれる顧客ばかりで、しかもボイラーの素人ばかりと来ている。三浦工業は、自社が提供する技術サービスやメンテナンスサービスの価値が最大になる立地を選んだと言ってよい。ちなみに、小型貫流ボイラーより大きい小規模ボイラーでは顧客がボイラー取扱技能講習修了者を抱えなければならないし、それより大きい大型ボイラーではボイラー技士免許所持者を抱えなければならない。有資格者を抱える顧客は、ボイラーを単なるモノと見る傾向がどうしても強くなる。

【防壁】 この事業で高収益を守るのは競合の自縛である。小型ボイラーの市場規模は小さく、大企業には魅力的と映らない。それゆえ彼らは技術的にも難易度の高い大型ボイラーに挑戦する。ちなみに、中小企業では三浦工業が整備した営業・サービス拠点網に太刀打ちできないことも、独走が持続する理由に数えてよい。

【支柱】 この事業で高収益を支えるのはサービス部隊である。顧客から呼び出しがかかると1時間以内に駆けつける体制を敷いていても、彼らは絶えず顧客に叱られる役回りで、精神的に負荷が大きい。それゆえ、呼び出しがかからないように予防保全に力を入れる結果として、有償サービスの契約率が上がっていく。このサービスは前払い制なので、三浦工業の資金繰りを劇的に改善する効果も併せ持つ。

【選択】 1969年秋、三浦製作所はアフタサービスから「ビフォアサービス」への転換を標榜して、ZM契約制度を立ち上げた。これは定期巡回保守メンテナンスを行う有料サービスであった。当時は予防保全という考え方が浸透しておらず、特に小型貫流ボイラーの顧客には零細自営業者が多いことを考えると、有料サービスを成立させるには一方ならぬ苦労があったものと思われる。

◉戦略旗手▶▷▷▷▷創業経営者

【人物】 このケースで戦略を推進したのは創業者の三浦保氏である。精麦機を手がけたのは父親の政次郎氏であったが、小型ボイラー規制緩和の動きを見て長男の保氏は「よし、当社は貫流ボイラーをやろう」と即決し、会社を法人組織に切り換えたという。政次郎氏が他界して6年目の決断である。その背後には、押麦の需要後退という現実があった。

保氏は学校を出て就職したものの、「上から指示されたことだけを黙々とやるのは『仕事』ではなく『使役』である」とわずか半年で辞めていた。のちに「この半年はまったくよいことのない暗黒の半年であった」と述懐している。それだけに、社員のマネジメントには人一倍気を遣っている。

保氏には、列島改造論が吹き荒れたときも「こりゃバカ景気だぞ、設備拡張なんぞしない。我々は騙されん」とやり過ごす才覚があった。それが持続的発展の秘訣かもしれない。人柄としては「田舎の発明家二世は地味である。ゴルフも麻雀も…何もしない」と形容されていた。

■みうら・たもつ
生没：1928.12-1996.09
社員：—
役員：1959.05-1996.09
社長：1959.05-1989.07
会長：1989.07-1996.09

■よし、当社は貫流…
上から指示された…
この半年はまったく…
50年史

■こりゃバカ景気だぞ…
オール生活 1977.8

■田舎の発明家二世…
財界 1983.2.15

■自分で図面から作った…
アメリカのクレイトン…
オール生活 1977.8

【着想】保氏の着想は三通りの説明を与えられている。一つは「自分で図面から作ったブランドは、あくまでも自力で売って、あとあとまで責任を持つ」というもので、もう一つは「アメリカのクレイトン社がなぜ高いボイラーを売って繁栄しているのか、その理由を実地に見に行って理解した。同社は、メリットさえあれば高くても買うという大手食品メーカーのような高級設備に台数を入れている。その人気の一つは、きちっとしたメンテナンスにあった」というもので、もう一つは「営業の後始末」に終始していたメンテナンス担当者に意欲の持てる仕事をさせてやりたいというものである。第三の説明は事後のストーリーかもしれない。

■営業の後始末
50年史

［参照文献］
『三浦工業50年史』2009年
『伝記 三浦保』1998年

ケース 660 ツカモトC：陳列用器具賃貸事業

P：マネキン・什器（店舗向け商品展示の改良策）

戦略C/C比率◀◁◇▷▷
戦略D/E比率◀◁◇▷▷
対照：069，331

■ツカモト
直前決算期：2000.03
実質売上高：500億円
営業利益率：2.3%
海外売上率：10%未満
社内取締役：9
同順位相関：0.95
筆頭大株主：金融機関
利益成長率：×/×/×
東名阪上場：1963.10

◉企業戦略▷▷▷▶▷本業辺境展開

【経緯】ツカモトコーポレーション（以下、ツカモトと省略）は1920年に東京で塚本商店として設立された会社である。その源流は1812年創業の甲府柳町の小間物問屋にさかのぼり、1823年から先は呉服商に転じていた。文化先進地の関西で呉服を仕入れ、それを関東で行商販売する方式を確立し、1872年に東京に店を構えるに至っている。東西分業の業態は終戦直後まで効力を発揮したが、戦後は衰退する和装を洋装服地で補う道を歩んできた。2008年に和装の市田を傘下に収めたことにより、先方からラルフローレンのホームファニシング事業が新たに加わっている。

【編成】本業は和装で、その斜陽を克服するために洋装服地に注力したが、結局のところ主業の座を射止めたのは伏兵の陳列用器具であった。この裏方事業は、売上で比べると和装や洋装の半分にも届かない。

◉事業戦略▷▶▷▷▷川上統合

【立地】 売り物はマネキン人形や陳列什器で、売り切るのではなく、賃貸する。ツカモトは顧客の要望に応じて内装工事も引き受けている。

売り先は百貨店や商業施設に出店するアパレルメーカーである。

狭義の競合は売り場づくりをアシストできる事業者で、強敵は見当たらない。

広義の競合はマネキンのメーカーである。単体の製造事業には中小零細300社がひしめくと言われている。

【構え】 入手ルートは社外もあるが、マネキンは1973年に内製化した。和装・洋装事業の競合相手を顧客とする陳列用器具事業には独特の難しさがついて回るが、ツカモトは子会社を事業主体とすることでコンフリクトを回避している。

引き渡しルートは子会社による直販で、営業所は、箱根以東を隈無く網羅するように配置されている。

【時機】 このケースは、1980年前後に新たな事業立地を開拓したもので、先発に相当する。ファッションビルの先駆けとして名高いSHIBUYA109が開業したのは1979年のことであった。このケースはファッション大衆化の波を捉えたと見ることができる。社史は事業着手の経緯を「百貨店等の店舗では、商品のディスプレイが重要視されるようになってきたことから、当社では、1957年6月マネキン人形の賃貸及び販売業務を開始しました」と説明する。この流れに拍車がかかったのが、百貨店が冬の時代に突入した1980年代以降のことであった。

【源泉】 この事業で高収益を許すのはミッションクリティカリティである。商品のディスプレイは顧客企業の業績を大きく左右するゆえ、請求書の金額よりも業績の改善効果を問われることになりやすい。しかも、モノ商売では原価を見透かされるが、サービスでは原価がわからない。そこに高収益の生まれる素地がある。

【防壁】 この事業で高収益を守るのは適正規模である。素材も加工法も異なるモノを幅広く取りそろえようとすると、ミューズマネキンより規模が大きい会社では小回りがきかない反面、多店舗展開する顧客の要求に追随しようとすると、ミューズマネキンより規模

■陳列用器具賃貸事業
期間：2000.04–2010.03
得点掲示板：10–0
営業利益率：18.8%
利益占有率：79%
開示欄序列：3→4
事業本拠地：東京都
独禁法違反：報道なし
—
1990年代：1–0
2010年代：3–0

■300社
日経産業 1980.2.22

業績推移（億円）

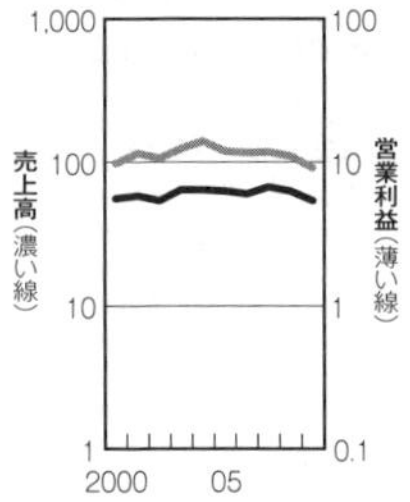

が小さい会社では体力が続かない。ツカモトは強い営業基盤を持つ東日本に絞り込んで事業を展開することで適正規模を保ち、競合に突き入る隙を与えていない。

【支柱】この事業で高収益を支えるのは顧客との折衝を担う営業部隊である。彼らの機敏な動きが、戦略の均整を保つうえで欠かせない。

【選択】1978年9月、塚本商事はミューズマネキンという別会社を設立した。これは1973年に立ち上げたマネキンの製造子会社に、ツカモトから営業機能を移管して生まれた会社である。さらに1980年にはツカモトの店装事業もミューズマネキンに移管して、事業再編が完了している。

■ひらい・つねよし
生没：1940.01-
社員：1958.03-1978.09
役員：—
社長：—
会長：—

■実際に切り回している
24時間仕事の…
親会社から離れた…
マネキン業界と…
みてください…
日経産業 1980.2.22

◉戦略旗手▷▷▷▷▶文系社員

【人物】このケースで戦略を推進したのは社員の平井恒良氏である。平井氏はマネキン事業の発足翌年に塚本商事に入社して、1978年にショップシステム事業部長を拝命した。ミューズマネキンが発足するや否や取締役営業部長に昇格して、同社を「実際に切り回している」張本人と社外からも見られていたようである。

平井氏は、くじ引きでマネキン部に配属になったというが、ミューズマネキンの取締役になってからは「24時間仕事のことばかり考えている」と語っていた。「親会社から離れたことで、従業員ひとりひとりが頑張るようになった」というコメントも、自身の感想かもしれない。1983年に43歳でミューズマネキンの社長に就任し、1986年に社名をアディスミューズに変更して「マネキン」からの脱皮を宣言したところまでは順風満帆であったが、まもなくツカモトから和装出身の常務取締役が送り込まれ、平井氏の足跡は消えてしまった。何が起きたのかは、わからない。ツカモトは、2013年6月にアディスミューズに同社の全株式を約2億円で譲渡した。事業面でシナジーがなく、人事面でも交流がないに等しいためだそうである。

【着想】平井氏の着想は実務から生まれている。ツカモトから店装事業の移管を実現させた直後には、「マネキン業界といっても、今では扱い商品の大半はコートハンガーやショーケースなどディスプレイ器具。マネキン人形そのものの扱いが占める構成比は2割ぐらいのものですよ。ま、いうなれば店づくりのコンサルタント会社を目指していると考えてください」と移管の理由を説明していた。「みてください、この業績を。1980年2月期の通期決算では（中略）利益は7割も増えている。（中略）昔のようなマネキン売りではなく、店舗づくりに協力するような姿勢をとったことがよかった」というコメントには、読みが的中して鬼の首をとったかのような気勢を汲み取ることができよう。

［参照文献］
『ミューズ塚本 170年のあゆみ』1985年

ケース 863 マースエンジニアリング

P：電子精算システム（パチンコホール省人化）

戦略C/C比率◁◁◇▶▷
戦略D/E比率◁◁◇▷▶
対照：344

■マースエンジニアリング
直前決算期：2000.03
実質売上高：130億円
営業利益率：9.2%
海外売上率：10%未満
社内取締役：4
同順位相関：0.40
筆頭大株主：創業家
利益成長率：—/—/—
東名阪上場：1996.09

◉企業戦略▷▷▷▷▶多核化展開

【経緯】 マースエンジニアリングは1974年に新宿で設立された会社である。カシオ計算機の販売特約店としてスタートを切る傍らで、1980年にパチンコホール向けの景品管理システムを開発すると、そこから徐々にパチンコホールの省人化に活路を見出していった。1994年にはホールコンピューターが完成し、1998年にはカードシステムを追加している。後者は翌年からプリペイドカードに切り替え、2000年には東芝ケミカルのRFID事業を買収して非接触ICカードに対応する技術基盤も整えた。1998年からホテル事業にも取り組んでいる。

【編成】 本業はパチンコホール用の周辺管理機器で、それが分析対象期間中も主業の座を占めていた。多角化先のRFID事業とホテル事業は全社収益の足を引っ張っている。

■全社
期間：2000.04-2010.03
得点掲示板：10-0
営業利益率：24.5%
利益占有率：100%
開示欄序列：0

◉事業戦略▷▶▷▷▷川下統合

【立地】 売り物は「パーソナル」である。これは、パチンコ台ごとに据え付けられた計数機のデータを会員カードに読み込んで、PCでリアルタイム管理するシステムと考えればよい。パチンコホール

事業本拠地：東京都
独禁法違反：報道なし
—
1990年代：5-3
2010年代：4-0

内で旧来の通貨は玉そのものであったが、「パーソナル」は玉を台のなかに留め置いて、通貨を電子情報化してしまう。それにより、従業員や顧客が重い玉箱を運搬する必要が解消する。

売り先は全国のパチンコホールで、得意とするのは大手のチェーン店である。

狭義の競合はホールコンピューターのメーカーで、1984年に景品管理システムを投入してきたダイコク電機を挙げることができる。分析対象期間中に、ダイコク電機（情報システム）は4勝1敗で通算利益率16.1%の戦績を残している。マースエンジニアリングのシェアはほぼ5割と言われている。

■ほぼ5割
日経産業 1994.10.7

広義の競合は玉積みを是とするパチンコホールである。通路に積み上がった玉箱が来場者を惹きつけると考えるのが、従来の常識であった。

【構え】入手ルートは開発も製造も自社で、磁気カードのリーダー・ライターは日本信号から調達している。

引き渡しルートは直販を主力とするが、一部にゲオのような取扱店を介在させることもある。アフタサービスは全国に30前後の拠点を設けており、自社で実施する。

業績推移（億円）

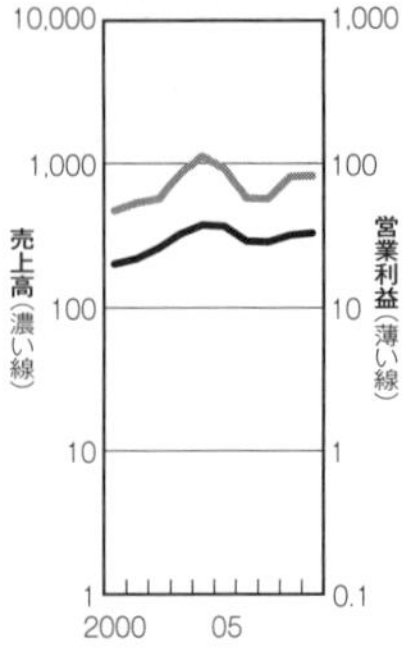

【時機】このケースは、先発に相当する。台の外で出玉を電子情報化する構想は、マースエンジニアリングがパイオニアと言われている。1996年から射幸性を抑制する業界自主規制が始まり、パチンコが衰退産業に変貌していくなかで、パチスロ機の台頭やホールの大型化がマースエンジニアリングには追風となったようである。

【源泉】この事業で高収益を許すのはミッションクリティカリティである。激化する顧客争奪戦を生き残るには、パチンコホールとしては大きな店を少ない人員で回して、経費節減を図る一方で、顧客を囲い込むしかない。そのための具体策を提供できるマースエンジニアリングは、勝ち組ホールの利益分与に預かることになる。いったん設置した機器のメンテナンスも、ホールにとってはミッションクリティカルで、そこにもマースエンジニアリングの収益源がある。

【防壁】この事業で高収益を守るのは競合の自縛である。ただでさえ限られた市場が縮小傾向を見せるなかで、システムを構成する多種多様な機器の生産に魅力を感じる企業は少ない。さらに販売先が特殊販路を要するパチンコホールとなると、大手メーカーは敬遠する。

【支柱】 この事業で高収益を支えるのは保守部隊である。マースエンジニアリングのシステムを採用したパチンコホールは、下手をすると機器のトラブルにより開店休業状態に追い込まれてしまう。一刻も早い復旧を約束できる保守部隊がいてこそ、戦略の均整が保たれる。

【選択】 1998年7月、マースエンジニアリングはパチンコサイクルカードシステムを開発し、販売を開始した。1996年に発売した「パーソナル」も思うように普及しておらず、既にパチンコ業界には冬の時代が訪れていた。

◉戦略旗手▶▷▷▷▷創業経営者

【人物】 このケースで戦略を推進したのは創業者の松波廣和氏である。廣和氏は高千穂バローズ（のちの日本ユニシス）の子会社で技術部長の職にあったが、ゴタゴタ続きに嫌気がさして技術者3人と独立したそうである。株価の新聞組版システム、図書館業務省力化システム、写真現像所入出荷管理システムなどを下請開発して食いつなぐなかで、カシオのオフィスコンピューターの営業を担当していた社員がパチンコホールからPOS管理の相談を持ちかけられたという。そこからマースエンジニアリングの自立と飛躍が始まった。ただし、パチンコホールへの傾斜を強めたことで「60人の社員のうち女性中心に約20人が辞めてしまった」という。

【着想】 廣和氏の着想は偶然の産物であることを、「先見性のある人は別にして、運のない人に事業はできないと思う。運八分、実力二分だ」と語る当人が認めている。

[参照文献]

証券、1996年11月（松波廣和）

■まつなみ・ひろかず
生没：1938.04–2000.00
社員：—
役員：1974.09–
社長：1974.09–2000.04
会長：2000.04–2004.10

■60人の社員のうち女性…
先見性のある人は別に…
Venture Club 1994.12

ケース 661 ナック：建築コンサルティング事業

P：ローコスト住宅システム（工務店強化策）

戦略C/C比率◁◁◇▶▷
戦略D/E比率◁◀◇▷▷
対照：073，082

■ナック
直前決算期：2000.03
実質売上高：120億円
営業利益率：7.5%
海外売上率：10%未満
社内取締役：2
同順位相関：—
筆頭大株主：創業経営者
利益成長率：—/—/—
東名阪上場：1997.01

◉企業戦略▷▷▶▷▷技術（手口）応用多角化

【経緯】 ナックは1971年に東京の町田でダスキン鶴川として設立された会社である。社名が示唆するとおり、これはダスト雑巾で1963年に起業したダスキンのフランチャイジーであったが、そこにとどまることなく、ナックはドトールコーヒーやダイオーズのフランチャイジーに手を拡げる一方で、自らフランチャイザー事業に挑んでいった。その展開は「異種混成型企業」と自称するとおり、造花リース、害虫駆除、建築コンサルティング、ローコスト住宅、宅配水と多岐に渡っている。

【編成】 本業はダスキンのフランチャイジー事業で、それが分析対象期間中も主業の座を占めていた。フランチャイザー事業の建築コンサルティングも順調に伸びている。技術も市場も異なるが、手がける事業はいずれもフランチャイズという手口を共有する。ダスキンがキャッシュカウで、それが他の新規事業をファンディングしていると見て間違いない。

■建築コンサルティング事業
期間：2000.04-2010.03
得点掲示板：10-0
営業利益率：36.5%
利益占有率：47%
開示欄序列：2
事業本拠地：東京都
独禁法違反：報道なし
—
1990年代：3-0
2010年代：4-0

■6,500
日刊工業 1999.9.8

■タマホーム
日刊木材 2005.3.5

◉事業戦略▷▷▶▷▷販路応用マルチライン化

【立地】 売り物は住宅の顧客リストからスタートして、ローコスト住宅建築システム、プレカット構造材、住宅業界に適した人材と変遷を遂げている。中核にあるのは注文住宅の受注・設計支援を担う統合ソフトウェアで、変わらぬ売り物はITを駆使して住宅工務店を支える総合コンサルティングと考えればわかりやすい。これをナックは「情報工学システム」事業と呼んでいる。

売り先は約6,500の工務店である。中小の地場工務店が多いものの、タマホームのように躍進するパワービルダーもナックの顧客となっていた。

狭義の競合は工務店にITサービスを提供するところであるが、これというところは見当たらない。

広義の競合はパワービルダーと競合する大手の住宅メーカーで

ある。ちなみに、ナックが提供するローコスト住宅は大手住宅メーカーに比べると坪単価が半値に近い。

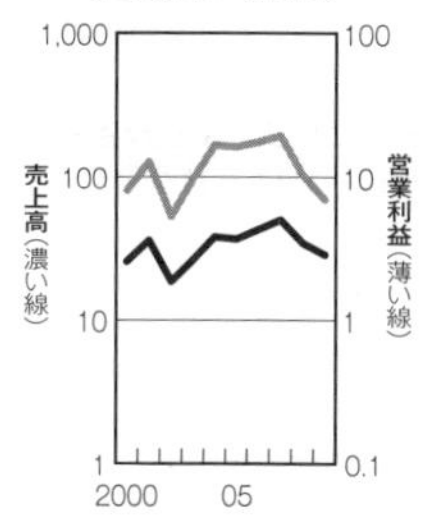

【構え】 入手ルートはアキュラホームや鈴木工務店であった。ナックは意欲的な工務店が開発するローコスト住宅のノウハウをパッケージ化して、総販売元になるところからスタートを切っている。ソフトウェアについても、他社と契約を結んで導入したものを使っていた。

引き渡しルートはフランチャイジーである。彼らはナックからデータ管理ソフトウェアと1万世帯分の営業権を840万円で買い取って、テリトリー内の役所と家庭を訪問しながら1軒あたり272項目の情報を入力する女性営業員が作り上げるデータベースを武器として、工務店にマーケティング企画を提案し、対象顧客リストを有償で販売した。ナックのソフトウェアは、様々な複合検索条件に応じて顧客リストを出力することができた。

【時機】 このケースは1992年に端緒があり、先発に相当する。ナックは、バブル経済が崩壊して工務店の経営が苦しくなるタイミングを捉えたことになっている。

【源泉】 この事業で高収益を許すのはミッションクリティカリティである。知名度でも信用面でも見劣りする独立工務店は、住宅メーカーやパワービルダーの台頭を前にして苦戦を強いられている。競争力の向上は彼らにとっては死活問題で、有効な手を打たないと下請に甘んじざるをえなくなるため、ナックにプレミアムを払うことを厭わない。

【防壁】 この事業で高収益を守るのは競合の自縛である。一般には「負け組」と目される中小工務店を救いに行っても面白いことにはならないと考える人が多い。ゆえに、ナックは強豪のいない市場を半ば独り占めにすることを許された。

【支柱】 この事業で高収益を支えるのは工務店と向き合うコンサルタントである。経営が厳しいなかでフィーを捻出する工務店経営者の期待値は高いはずで、それに応えていくプロセスは決して甘くないものと思われる。

【選択】 1992年10月、ナックはデータベースマーケティング事業に乗り出した。タイミングはバブル経済崩壊期のスタートに一致しており、最悪と思われた。

■にしやま・よしゆき
生没：1942.01-
社員：—
役員：1971.05-2011.06
社長：1971.05-2005.06
会長：2005.06-2011.06

◉戦略旗手▶▷▷▷▷創業経営者

【人物】このケースで戦略を推進したのは創業者の西山由之氏である。大学を中退して社員食堂で起業すると、西山氏は「中小零細商店を活性化する方策はないか」と考えて造花リース事業を始めたという。その言葉を真に受けると、社会的弱者の救済に発想が向かうように生まれ育ったのかもしれない。だとすると、建築コンサルティング事業の発想も理解できる。それに着手する構想は、ナック設立20周年の記念式典の場で発表したそうである。

■中小零細商店を…
日経産業 1996.8.27

■大企業が不得手で…
オール生活 1992.2

■全国に207,000社…
技術や材質の革命が…
日経朝刊 1996.12.17

■今後淘汰が進む…
日経朝刊 1996.7.25

【着想】西山氏の着想は一貫して「大企業が不得手で、我々ができることは何か」という問いから生まれている。建築コンサルティング事業に着手した理由も「全国に207,000社ある中小工務店はまだ組織化されていない最後の大集団」と説明していた。しかも職人が減っていくなかで、「技術や材質の革命が進み、工務店は荒波にもまれる」、「今後淘汰が進むのは必至。生き残りの知恵を提供すれば大きなビジネスチャンスがある」と確かな読みを立てていたところが興味深い。事業立地の取捨選択に対する独特の感性が、他社とぶつからない結果につながっているのであろう。

[参照文献]
財界、1984年4月25日

ケース 864　オービック

B：コンピューターシステム一式（業務合理化策）

戦略C/C比率◀◁◇▷▷
戦略D/E比率◀◁◇▷▷
対照：—

■オービック
直前決算期：2000.03
実質売上高：380億円
営業利益率：18.6%
海外売上率：10%未満
社内取締役：9
同順位相関：0.94
筆頭大株主：創業経営者
利益成長率：—/—/—
東名阪上場：1998.12

◉企業戦略▶▷▷▷▷本業集中

【経緯】オービックは1968年に大阪で大阪ビジネスとして設立された会社である。古くなった機械式の会計機を大企業から買い取って中小企業にレンタルする事業からスタートして、三菱電機のオフィスコンピューターを販売する事業に転進した。東京進出を果たすと設立10年でトップディーラーに躍り出るが、時期を同じくして管理会計の重要性に目覚めてソフト開発に舵を切る。設立22

年目にはアメリカに支店を出して情報収集にあたり、PC時代に向けて再び舵を切り、純国産の統合基幹業務ソフトウェアの開発に漕ぎつけた。

【編成】 本業はシステムインテグレーション（SI）サービスで、それが分析対象期間中も主業の座を占めていた。ほかにサポートサービスも提供しているが、規模はSIの半分に満たない。機器・用品を販売するオフィスオートメーション事業は祖業ながら、いまとなっては規模でも収益性でも見劣りがする。オービックビジネスコンサルタントは持分法適用会社で、このケースと直接の関係はない。

◉事業戦略▶▷▷▷▷中核集中

【立地】 売り物はSIサービス、および中核となるコンピューターである。SIとは、プログラマーやシステムエンジニアの機能を提供するサービスにほかならず、顧客のニーズに合致するコンピューターを選ぶところから始まって、周辺機器、ソフトウェア、保守サービス、ファシリティマネジメント、サプライをバンドリングする。わかりやすく言えば、素人がコンピューターを使いこなせるようにするサービス何から何までと表現してもよい。

売り先は国内の企業や銀行である。オービックは特定業種に偏らない全方位営業を是としており、顧客リストは1万社を数えるという。その主力はシステム専任者を置いていない中堅企業で、オービックが提供するシステムへの依存度が高い傾向にある。

狭義の競合は中堅企業を相手にするSI事業者で、大塚商会が筆頭に挙がる。業界では、オービックと大塚商会の二強の利益率が群を抜いて高いと言われている。分析対象期間中に大塚商会（SIとサービス&サポートの合計）は10戦全敗で通算利益率6.0%の戦績を残している。

広義の競合は大企業をも相手にするSI事業者で、野村総合研究所、NTTデータ、NEC、富士通などが該当する。彼らはSAP社の統合基幹業務ソフトウェアを担ぐことが多いが、オービックは売り先を中小規模に絞り込むことで、価格を3分の1程度に抑え込んだ独自ソフトウェアで対抗している。分析対象期間中に、2001年

■全社
期間：2000.04-2010.03
得点掲示板：10-0
営業利益率：27.5%
利益占有率：100%
開示欄序列：0
事業本拠地：東京都
独禁法違反：報道なし
—
1990年代：2-1
2010年代：4-0

■1万社
日経金融 2000.1.19

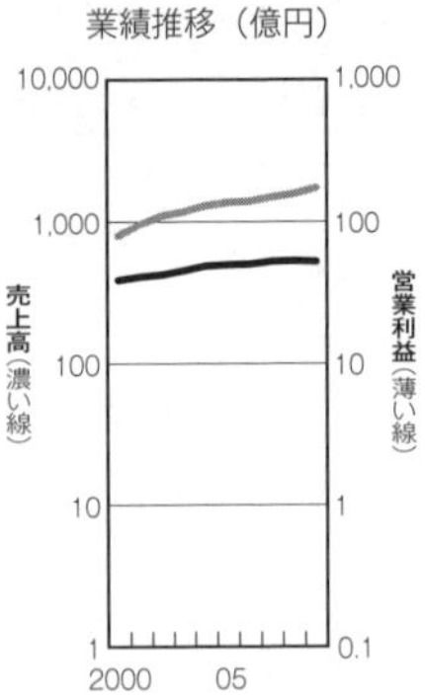

■日本では特異な存在
近代企業リサーチ 1970.7

に上場した野村総合研究所（システムソリューションサービス）は10戦全勝で通算利益率13.3%、NTTデータ（SIとネットワークシステムサービスの合計）は2勝8敗で通算利益率8.8%の戦績を残している。

【構え】入手ルートは二つある。ハードウェアは主に富士通や日立製作所や三菱電機から調達し、ソフトウェアは主に子会社から調達する。

引き渡しルートは直販ながら、ハードウェアについてはリース会社が間に入ることが多い。

【時機】このケースは、ソリューションプロバイダーとしては先発に相当する。1970年時点で「日本では特異な存在」と自認していたが、設立10年目にしてハードウェアからソフトウェアに舵を切る決断がOA化という機を見事に捉え、飛躍の原動力になっている。

【源泉】この事業で高収益を許すのはミッションクリティカリティである。オービックが提供するシステムは顧客の業務を飛躍的に効率化する一方で、下手をすると混乱の極みに追い込む可能性をも秘めている。それゆえサービスが有償でも顧客は信頼性の確保を優先する。コンピューターの所有価値はゼロに等しく、使用価値を引き出すオービックに利益が落ちるのも無理はない。

【防壁】この事業で高収益を守るのは守備範囲の広さである。システムのインストレーション、顧客のトレーニング、予防メンテナンス、トラブル対応を含むワンストップサービスを提供できるのは、大塚商会とオービックに限られる。

【支柱】この事業で高収益を支えるのは保守部隊である。顧客のシステムがダウンしたとき、一刻も早く現場に駆けつけて復旧させるのは、決して楽な仕事ではない。顧客のなかには夜が稼ぎ時という業種もあり、文字通りの24時間対応を迫られる。そこから逃げないがゆえオービックの高収益が持続することを忘れてはならない。

【選択】1981年9月、オービックはオービックビジネスソリューションを設立した。この時期に「ソリューション」を標榜する事業者など見当たらなかった。

◉戦略旗手▶▷▷▷▷創業経営者

【人物】 このケースで戦略を推進したのは創業者の野田順弘氏である。順弘氏は近鉄百貨店に就職したが、そこで日本レミントンユニバックのセールスと出会い、目に見えない技術を売るというスタンスに衝撃を受ける。居ても立っても居られずにドイツ製の機械式会計機の輸入商社に転職したが、次第に国産の電子式会計機に押されるようになり、窮してしまう。やむなく独立して設立したのが大阪ビジネスで、簿記の資格を持つ配偶者との二人三脚がここから始まった。配偶者のみづき氏もオービックの経営に一貫して関与している。

順弘氏は、売る前と売った後の仕事ぶりが顧客の信認を得られるかどうかを分けることを、自身の営業経験から知っていた。さらに、顧客と一口に言っても、経営者と現場担当者では視点が異なることまで熟知しており、それがオービックの基底を成している。

【着想】 順弘氏の着想は窮地で生まれたものである。独立して何をするか考えたとき、自分で大手企業に売った会計機のうちお払い箱になったものを安く買い戻し、自分たちで整備したうえで予算の厳しい中小企業にリースする仕事ならできると思いついたという。これは三方良しのビジネスで、所有価値より使用価値を訴求するオービックの基礎は、ここに見出すことができる。

機械式会計機からコンピューターの時代に移行したあとも、順弘氏は「オービックが成り立っている基盤は、ユーザーのニーズを良く汲み取って、ユーザーに付加価値の高いソフトウェアを供給していくところにあります」と語っていた。そして「大阪で創業して本当に良かったと思います。大阪の場合、これでナンボ儲かるんだとすぐにメリットを追求してきますから」と付け加えている。

［参照文献］

野田順弘「私の履歴書」日本経済新聞、2010年6月

■のだ・まさひろ
生没：1938.08-
社員：—
役員：1968.04-
社長：1968.04-2003.04
　　　2006.02-2013.04
会長：2003.04-

■オービックが成り…
大阪で創業して…
WILL 1983.10

戦略C/C比率◀◁◇▷▷
戦略D/E比率◀◁◇▷▷
対照：—

■東計電算
直前決算期：1999.12
実質売上高：110億円
営業利益率：11.0%
海外売上率：10%未満
社内取締役：1
同順位相関：—
筆頭大株主：創業経営者
利益成長率：—/—/—
東名阪上場：2000.03

ケース 865 東計電算

B：コンピューターシステム一式（業務合理化策）

◉企業戦略▶▷▷▷▷本業集中

【経緯】 東計電算は1970年に川崎で東京濾器計算センターとして設立された会社である。受託計算を祖業とし、1979年に日本電気の販売取扱店になると、その翌年からソフトウェア開発も手がけ始め、1982年には業種別システム設計部門を設置した。1985年からリース事業を内部に取り込んでいる。1989年からパチンコホールに狙いを定めた機器を投入していったが、これは実を結んだ形跡がない。

【編成】 本業はシステムインテグレーション（SI）サービスで、それが分析対象期間中も主業の座を占めていた。

■全社
期間：2000.01-2009.12
得点掲示板：10-0
営業利益率：14.0%
利益占有率：100%
開示欄序列：0
事業本拠地：神奈川県
独禁法違反：報道なし
—
1990年代：2-0
2010年代：4-0

■約千社
日経金融 2000.2.28

◉事業戦略▶▷▷▷▷中核集中

【立地】 売り物は単能ソフトウェア、および計算受託サービスである。配車管理や賃貸物件管理のように、機能を絞り込んだ製品群に特長がある。

売り先は国内の中小企業で、2000年時点で約1,000社に納入実績があった。物流業界、食品卸業界、建設業界、大学あたりに強みを築いている。

狭義の競合は東計電算が狙いを定めた業界を攻めるソフトウェア開発事業者ながら、これというところが見当たらない。東計電算が隙間を狙っているため実際に競り合う場面は少ないものと思われる。

広義の競合は大手のソフトウェア開発事業者で、NTTデータ、NEC、富士通あたりが該当する。

【構え】 入手ルートは主に自社で、外注比率は10%程度に留まっている。

引き渡しルートは直販である。

【時機】 このケースは、特定業務向けのソフトウェア開発に絞ると先発に相当する。計算センターとしては後発であったが、ソフトウェア開発に切り替えたタイミングは早かった。合理化を迫られる日本企業が増えれば増えるほど東計電算は繁盛する図式を考慮に入れると、バブル経済の崩壊は大きな追風であった。

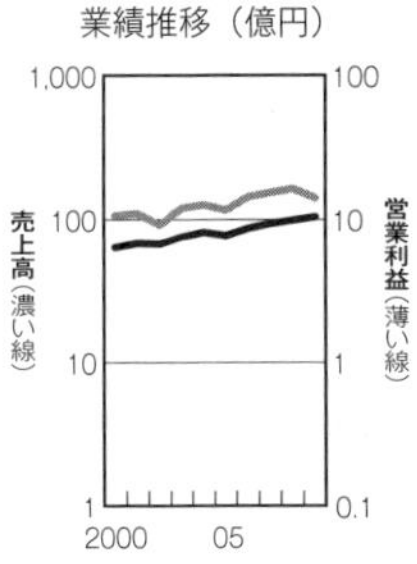

【源泉】 この事業で高収益を許すのはパフォーマンス優位である。顧客には省人効果や時短効果、ひいては収益への貢献額が見えるので、それを上回らない限りにおいては財布の紐が緩くなる。そこに高収益の源泉がある。

【防壁】 この事業で高収益を守るのは市場のサイズである。東計電算が狙う市場は1社で飽和してしまうほど小さいので、敢えて挑戦してくる競合が現れないものと思われる。

【支柱】 この事業で高収益を支えるのは攻めるべき市場を見出し、研究を重ねる営業と技術の担当社員である。ターゲット顧客のニーズに習熟しやすいよう、彼らは担当業界別に編成されているが、誰でも顧客に入り込めるものではないに違いない。

【選択】 1980年3月、親会社から自立を遂げて東計電算センターと名乗っていた東計電算は、このタイミングで社名を変更して「センター」の4文字を消し去った。それまで東計電算は大型コンピューターを使って計算受託サービスに徹していたが、中小企業でも購入できるオフィスコンピューターの登場を見届けて、すぐに業態変更に乗り出したわけである。

◉戦略旗手▶▷▷▷▷創業経営者

■こうだ・ひろやす
生没：1935.03-
社員：—
役員：1970.04-
社長：1980.03-2008.03
会長：2008.03-

【人物】 このケースで戦略を推進したのは創業者の甲田博康氏である。博康氏は石川島播磨重工業に就職し、同社のコンピューター部門に勤務していたが転職し、日本IBM在職中に公認会計士の資格をとった人物である。甲田会計事務所を開設して独立すると旧知の顧客から相談が舞い込んで、自動車部品メーカーの東京濾器が「機械計算課を分社して計算センターをつくりたい」というので、先方と折半出資で計算センターを立ち上げたのが東計電算の始まりだそうである。

■機械計算課を分社…
私自身も…
Best Partner 2002.1

東京濾器計算センターの設立は1970年4月で、その月から博康氏は『経理実務』という雑誌で「EDPSと経理業務」という連載を担当していた。この連載は20回も続き、1971年11月に最終回を迎えている。機械計算の受託にかかわりながら、早くもコンピューターを経営管理に使う可能性が視野に入っていたと見て間違いなかろう。博康氏が東京濾器の話に乗って起業した理由を「私自身もコンピューター産業の成長性に注目していた」と説明する背景には、このような事実がある。

■ニッチな市場に目を…
日経システムプロバイダ
2002.8.30

【着想】 博康氏の着想は「ニッチな市場に目を向け、深く掘っていけば、必ず展望は開ける」という確信に基づいている。そのため6・3・3制を敷き、狙うのは6業種の3業務（ロジスティクス、制御、人事)、または3シーズ（システム運用、e-ビジネス、ファシリティ）と割り切っている。

［参照文献］
証券、2000年5月（甲田博康）
経営実務、1970年3月（甲田博康）

ケース 866　ピー・シー・エー

B：パッケージソフトウェア（業務効率化支援策）

戦略C/C比率◁◀◇▷▷
戦略D/E比率◁◀◇▷▷
対照：—

■ピー・シー・エー
直前決算期：2000.03
実質売上高：50億円
営業利益率：27.5%
海外売上率：10%未満
社内取締役：4
同順位相関：0.80
筆頭大株主：創業経営者
利益成長率：—/—/—
東名阪上場：2000.02

◉企業戦略▶▷▷▷▷本業集中

【経緯】 ピー・シー・エーは1980年に渋谷で公認会計士たちによって設立された会社である。まずはシャープのPC用に財務会計、給与計算、減価償却のパッケージソフトウェアを発売し、そこからPCの対応機種を増やしていった。その後は販売管理と在庫管理をラインアップに追加する傍らで、対象顧客を個人事業者や非営利法人や医療法人にまで広げ、さらにクライアント/サーバーシステムへの対応を図りながら、今日に至っている。

【編成】 本業はパッケージソフトウェアで、それが分析対象期間中も主業の座を占めていた。

■全社
期間：2000.04-2010.03
得点掲示板：10-0
営業利益率：21.5%
利益占有率：100%
開示欄序列：0

◉事業戦略▶▷▷▷▷中核集中

【立地】 売り物は財務会計、税務計算、人事管理、在庫管理などに特化したパッケージソフトウェアである。

売り先は中堅企業、中小企業、個人事業主、非営利法人、医療

事業本拠地：東京都
独禁法違反：報道なし
—
1990年代：8-0
2010年代：2-2

法人などである。いずれも経理や管理の専門家が不在に近いところに共通項がある。

狭義の競合は会計・管理系のパッケージソフトウェアを開発する事業者で、2004年に上場したオービックビジネスコンサルタント（OBC）や2003年にアメリカのインテュイットからMBOした弥生あたりが挙がってくる。ピー・シー・エーは、ウィンドウズNTを担いだOBCに抜かれ、後発の弥生にも並ばれたと言われている。首位に躍り出たOBC（単体）は分析対象期間中に10戦全勝で通算利益率38.0%の戦績を残している。

■ウィンドウズNT
日経産業 2000.9.1

広義の競合は統合基幹業務ソフトウェアの開発事業者で、オービックあたりが該当する。

業績推移（億円）

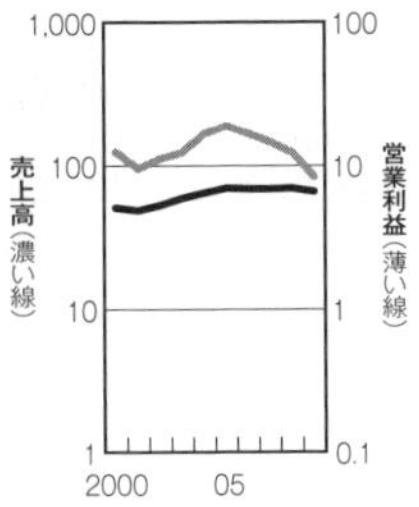

【構え】 入手ルートは主に自社である。製品の企画、設計、検証まで自社でこなし、販売用のパッケージ化は外部に委託している。

引き渡しルートは直販か販売店経由で、間に問屋やハードウェアのメーカーを介在させることもある。近年は直販比率が上がっているようである。

【時機】 このケースは、PC用パッケージソフトウェアとして見れば先発に相当する。最初のプラットフォームに選んだシャープのMZ-80は1978年11月に発売されており、2年で対応ソフトウェアを出した事実は驚嘆に値する。しかしながら、ピー・シー・エーがPCの低価格化および高機能化の波に乗ったことは間違いない。

【源泉】 この事業で高収益を許すのはコスト優位である。大型コンピューターを使った計算受託サービスや、オフィスコンピューターと比較すると、PCベースのシステムは格段に安くつく。そこで顧客が手にする節約の一部が、ピー・シー・エーの収益に回ってくる。

【防壁】 この事業で高収益を守るのはスイッチングコストである。いったんユーザーが特定のパッケージソフトウェアに慣れてしまうと、ソフトウェアの後方互換性や、ユーザーの習熟効果が他社製ソフトウェアに乗り換えるうえでの障壁を形成する。それゆえ、後発の新規参入は難しい。

【支柱】 この事業で高収益を支えるのはソフトウェアの制作部隊である。後方互換性を持たせつつ、OSの進歩に追随していかないと、このビジネスは成り立たない。

【選択】 1980年8月、創業者はピー・シー・エーを設立した。P.C.A.と聞くと、サーティファイド・パブリック・アカウンタント、すなわちアメリカの公認会計士を思い出すが、Pはプロフェッショナル、Cはコンピューター、Aはオートメーションを現すそうで、狙っていたのはPCであった。設立のタイミングは1981年8月のIBM製PCの発売、1982年10月のNEC製PC9801の発売に先行する。のちに主流となるPCより先にソフトウェアを発売するとは、鬼手の資格十分と言えよう。

■かわしま・まさお
生没：1935.03–2014.06
社員：—
役員：1980.08–2011.06
社長：1980.08–2000.06
　　　2006.06–2007.06
会長：2000.06–2010.06

◉戦略旗手▶▷▷▷▷創業経営者

【人物】 このケースで戦略を推進したのは創業者の川島正夫氏である。川島氏は幼少期から算盤が趣味で、高校2年で簿記1級を取得して以来、会計一筋の道を歩んできた。

川島氏は4足の草鞋を履く。1965年に川島公認会計士事務所、1967年に大型コンピューターのソフトウェアをつくるシステムズ・デザイン、1972年にパンチカードを作成する千代田電子計算、1980年にピー・シー・エーを立ち上げ、それぞれの経営に関わり続けているという。コンピューターに興味を抱いたのは、大学を出てプライスウォーターハウスに就職し、1960年から3年ほどIBMの監査を担当するうちに、知り合った社員と会話を重ねたことによる。この人物とは、システムズ・デザインを共同で立ち上げた。

■これからは中小企業…
週刊ダイヤモンド 1998.3.7

【着想】 川島氏の着想は単純で、「これからは中小企業でも買うことのできるパソコンが普及するだろう」という見通しに基づいていた。ただし、設立当初は開発したソフトウェアのバグや、プログラマーの勤怠管理に頭を悩ませたそうである。1967年に設立した会社から出てくるキャッシュフローがなければ、ピー・シー・エーは頓挫していたかもしれない。

［参照文献］
証券、2000年4月（川島正夫）

9-6-2 パッサー・バイ

パッサー・バイとは、一般には通りすがりの人のことであるが、ここでは一過性のニーズに直面したライトユーザーのことを指す。同じ試練に頻繁に立ち向かう人たちは、プロフェッショナルの域に到達することはないとしても、それなりに知識を蓄積していくため、サプライヤーを軽く見る傾向が目立つようになる。それに対して、初めての試練に遭遇する人は知識の乏しい状態で対処を迫られ、戸惑いながら立ちつくすことが多い。彼らに照準を合わせ、高度な知識に裏付けられたサービスを提供すると、知識の差が価値のベースとなり、感謝されやすい。

この戦略を活かした典型例はケース867のピジョンで、ここは初めての育児に翻弄される親に適切な知識と育児用品をセットで提供する。大家族や共同体のなかで子育てが行われる時代には成立しにくい事業が、核家族化の深化に伴って伸び始め、高収益化したと見てよかろう。ケース662の京セラは、一般家庭に住宅用の太陽電池を供給する。住宅メーカー向けのOEMや発電事業者向けの大型商談に比べると、既設住宅市場は個別に設計が必要で、比較にならないほど手間暇がかかってしまう。京セラは、そこに勝機を見出して、量を追った競合を寄せ付けない成果をあげている。

これらのケースが高収益を生み続けるのは、個人には一過性のニーズでも、そこに照準を合わせて横断的に経験を積む機会に恵まれる事業主体の側は、体系的に知識を構築できるからである。前述したとおり、こうして生まれる知識の差が感謝、そして収益に直結する。

この戦略が適用できる条件として特筆すべきものはない。一過性のニーズは至る所にあるはずで、潜在的な応用範囲は限りなく広い。他者に先駆けて有望な事業立地を切り拓いた者が高収益で報われることになるに違いない。

ケース 867 ピジョン：育児事業

C：育児用品（育児支援）

戦略C/C比率◀◁◇▷▷
戦略D/E比率◁◁◇▶▷
対照：077

■ピジョン
直前決算期：2000.01
実質売上高：330億円
営業利益率：6.1%
海外売上率：10%未満
社内取締役：7
同順位相関：▲0.73
筆頭大株主：創業家
利益成長率：—/—/—
東名阪上場：1995.07

◉企業戦略▷▷▶▷▷販路応用多角化

【経緯】 ピジョンは1949年に茅ヶ崎でピジョン哺乳器として設立され、1957年にピジョン哺乳器本舗として再スタートした会社である。1966年に社名から「哺乳器」を外すと、紙おむつや乳児用スキンケア製品の取扱を開始して、総合育児用品メーカーへの脱皮を遂げていった。1975年にはシルバー市場に向けた事業にも手を着けている。なお、アジアで利益を伴う成長を遂げている点は特筆に値する。

【編成】 本業は育児事業で、それが分析対象期間中も主業の座を占めていた。介護や女性ケアは、まだまだ第二の柱と呼ぶには力不足と言わざるをえない。

■育児事業
期間：2000.02-2010.01
得点掲示板：10-0
営業利益率：15.1%
利益占有率：90%
開示欄序列：1
事業本拠地：茨城県
独禁法違反：1991.11
—
1990年代：9-0
2010年代：4-0

■ピジョンが今日ある…
実業の日本 1985.1

■日本で唯一の総合育児…
ブレーン 1977.5

■100%
90%以上
日経朝刊 1988.8.26

◉事業戦略▷▷▶▷▷販路応用マルチライン化

【立地】 売り物は乳幼児向けのスキンケア用品、授乳関連用品、離乳関連用品を主軸とする。哺乳器の素材をいち早くガラスから樹脂に置き換えたり、その後も樹脂の種類を変えていくなど、不断の改良にピジョンの特徴がある。2代目の社長は「ピジョンが今日あるのは、モノではなく、信頼を売っているからです」と語っている。また、自社を「日本で唯一の総合育児メーカー」とも称している。

売り先は育児に従事する家庭である。子育てに臨む夫婦にとって、ピジョンが祖父母や父母より心強い存在に映ったとしても驚くには値しない。

狭義の競合は育児用品の製造・販売事業者である。ただし、ピジョンに競合らしい競合は見当たらない。市場占有率は、哺乳器と哺乳器洗剤で100%、おしゃぶり、おむつ洗剤で90%以上と、圧倒的な強さを誇っている。社史によると、早くも1968年時点で授乳用品の市場占有率は80%に達していたという。

広義の競合は顧客である。顧客が自前で用を足してしまえば、ピジョンの出る幕はない。

【構え】 入手ルートは社外調達がメインである。一部については製造子会社が内製する。ピジョンは1988年に店頭登録を果たして資金を手にすると、その翌年には筑波に工場を新設し、1991年には工場内に中央研究所、1993年には研究所内に保育施設を開設した。国内では、工場以上に物流センターへの投資が増えている。

引き渡しルートは代理店経由の小売となっている。ピジョンでは、プロダクト・マネージャーが企画、開発、生産、販売のプロセスを一気通貫で統括する。

■**プロダクト・マネージャー**
日経流通 1990.3.31

【時機】 このケースは先発に相当する。ピジョンは少子化と女性の社会進出の波を捉え、これらのトレンドを「思い入れ育児」、「省力型育児」と翻訳して、事業展開に結びつけてきた。

■**思い入れ育児**
省力型育児
日経金融 1997.4.22

【源泉】 この事業で高収益を許すのはミッションクリティカリティである。夫婦にとって子育ては一大事で、それを無事に遂行するためにも、自分たちの負担を軽減するためにも、ピジョンの製品は手放せない。

【防壁】 この事業で高収益を守るのは乳幼児に関する知見の厚みである。育児に携わる母親たち数百人、数千人にモニター調査を行い、乳幼児の製品使用状況を科学的に観察・分析する研究を続けるピジョンに、他社が付け入る隙はない。妊婦用のサプリメント、搾乳用品、乳児用離乳食、乳児用ソープ、乳児用ヘアケア用品、乳幼児用体温計、乳幼児用歯ブラシ、ベビーカーなどなど、幅の広い製品ラインアップは、観察・分析から広がった。

■**数百人、数千人**
日経流通 1990.3.31
日経金融 1997.4.22

業績推移（億円）

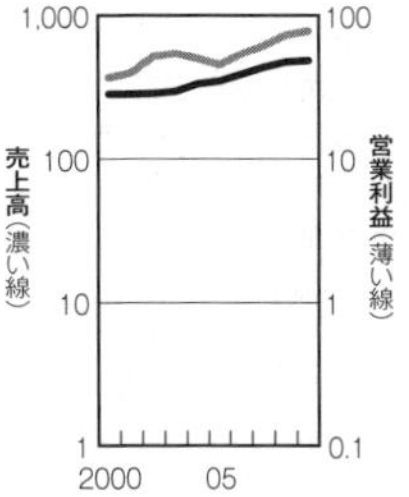

【支柱】 この事業で高収益を支えるのは品質管理部隊である。免疫力の弱い乳児向けの哺乳器などは、衛生管理に細心の注意を必要とする。事故に伴うブランド毀損リスクは、極めて大きい。ピジョンは工場をスクラップ＆ビルドして、このリスクと向き合っており、ここに戦略の均整をとるうえでの要衝があると見てよい。

【選択】 1966年6月、ピジョンは社名から「哺乳器」を取り去った。その3年前には国産第1号の紙おむつを発売しており、ここでモノから育児に事業目的が明確に変容を遂げたと見てよかろう。

■なかた・ゆういち
生没：1910.06-1993.09
社員：1950.09-1951.04
役員：1957.08-1993.09
社長：1957.08-1983.05
会長：1983.05-1993.09

■創業者…
オール生活 1985.9

■単にミルク…
何かをつくる…
『小さな哺乳びんの…』

◉戦略旗手▶▷▷▷▷創業経営者

【人物】このケースで戦略を推進したのは創業者の仲田祐一氏である。厳密に言うとピジョンの創業者は別にいるが、会社は赤字続きで、これを救って再生させたのが祐一氏にほかならない。

祐一氏は20代半ばで満州にわたり、シベリア抑留を経験した。社名に平和のシンボル「鳩」を選んだのは、壮絶な戦争体験の裏返しと思われる。

【着想】祐一氏の着想は「単にミルクを与えるのではなく、お母さんのおっぱいを飲むときの安心感まで作り出せないか」という探究心に根ざしている。社史も「何かをつくるときに、効率ばかりを追い求めるのではなく、不器用でもいいから、一歩一歩確かめながら誠実に進めていく。失敗にぶつかっても、それを無駄にしないで次の成長の糧にしていこう。商品づくりにおいても会社づくりにおいても、ピジョンはそんな姿勢を大切にしながら成長してきました」と述べている。そこに経営戦略の発想はない。

[参照文献]
『小さな哺乳びんの、大きな旅』2007年
『いつか、蛍が育つ山へ』2007年

ケース 662 京セラ：ファインセラミック応用品事業

C&B：太陽電池（電気料金の節減策）

戦略C/C比率◁◀◇▷▷
戦略D/E比率◁◁◇▶▷
対照：307

■京セラ
直前決算期：2003.03
実質売上高：11,070億円
営業利益率：7.8%
海外売上率：60%
社内取締役：10
同順位相関：0.49
筆頭大株主：信託口
利益成長率：○/△/○
東名阪上場：1972.09

◉企業戦略▷▷▷▷▶多核化展開

【経緯】京セラは1959年に京都で京都セラミックとして設立されたベンチャーである。ファインセラミックス業界では他社より10年遅い門出であったが、セラミックスの電気絶縁性を活かした機構部品に特化したことで熾烈な競争を免れた。飛躍を遂げたのは、アメリカ企業の要請に応じてIC用のセラミック製封止材を作り上げたことによる。そこからは技術を応用して多角的な事業展開を図るだけでなく、日本の通信自由化に呼応して第二電電を設立したり、経営破綻した企業の再建を引き受けて、今では珍しいコングロマリットに変貌しつつある。

【編成】本業はファインセラミックスで、分析対象期間中はコンデンサを中心とする電子デバイスと複写機を中心とする情報機器が主業の座を争っていた。ファインセラミック事業は、2003年度分から応用品と部品と半導体部品に分割されており、それぞれを太陽光発電システム、機構部品、半導体封止材が牽引する陣形となっている。

◉事業戦略▷▶▷▷▷川上・川下統合

■ファインセラミック事業
期間：2003.04-2010.03
得点掲示板：7-0
営業利益率：17.3%
利益占有率：22%
開示欄序列：3
事業本拠地：鹿児島県
独禁法違反：報道なし
—
1990年代：—
2010年代：2-2

【立地】売り物は太陽電池で、京セラは多結晶シリコン製のものを得意とする。2003年に発売したSAMURAIは、パネルの大きさを従来の3分の1に縮小して、三角屋根に搭載できるようにしたほか、セルとセルの間の目地を黒色にして見映えを改良したもので、従来の発電効率至上主義の発想からすれば許されない製品であった。

売り先は国内外で、公共、産業、家庭の三つのルートに分かれていたが、分析対象期間中に発電事業者という4番目のルートが登場した。家庭用には変換効率の高い単結晶シリコン製か多結晶シリコン製が適しているが、発電事業者用には低価格の非シリコン製かシリコン薄膜系が適している。

狭義の競合は国内の太陽電池モジュールメーカーで、シャープや三洋電機（現パナソニック）が筆頭に挙がってくる。シャープは、技術の粋を集めて発電効率を引き上げたうえで、業界をあっと言わせる大型投資を敢行した。赤字覚悟の価格をつけて普及に弾みをつける一方、量産効果でセル原価を引き下げていき、あとで利益を出すという古典的な経験曲線の戦略に打って出たわけである。発電事業者向けの市場が立ち上がるとシャープは薄膜系を用意して当然のように飛びついたが、京セラは違った。分析対象期間中にシャープ（電子部品）は10戦全敗で通算利益率5.3%に終わっている。

業績推移（億円）

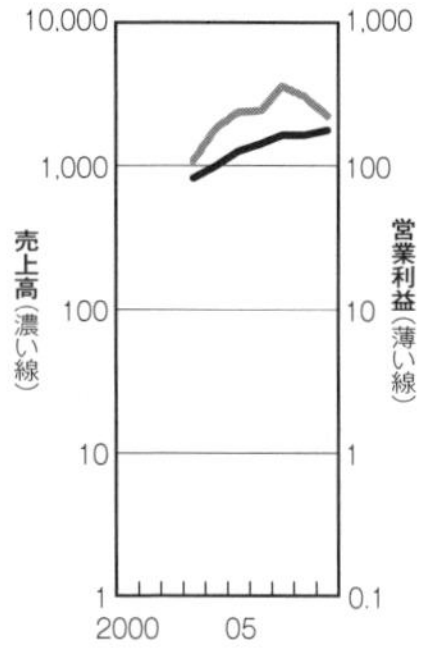

広義の競合は海外の新興勢力である。彼らの採用する戦略はシャープと同じで、価格競争を歓迎する。京セラは世界2位につけていたが、ドイツのQセルズ、アメリカのファーストソーラー、中国のサンテックに抜かれてしまった。

【構え】入手ルートは自社工場である。滋賀県の八日市工場で製造

■八日市工場

エコノミスト 2009.7.7

した15センチ角のセルを、需要地でモジュールに組み立てている。京セラは多結晶インゴット製造、セル製造、モジュール組立の流れをすべて社内に取り込んでおり、一貫生産に特徴がある。

引き渡しルートは世界中に張り巡らした販売子会社経由である。日本では1996年に販売・施工・サービス会社を設立して、3年後にフランチャイジーの募集に踏み切っている。太陽電池は10年、20年、30年と稼働し続けて初めて設置者にメリットをもたらす。いくら高性能を誇る太陽電池でも、設置後のメインテナンスを怠れば見かけ倒しに終わりかねない。京セラは、たとえデータのうえでは負ける製品でも、地域に密着したフランチャイジーがキメの細かなサービスを提供することにより、顧客満足では絶対に負けない体制を組みあげたのである。

【時機】 このケースは、京セラが念願の上場を遂げて多額の資金を手にしたタイミングで石油ショックに遭遇し、そこから手がけているため先発に相当する。研究に着手した時点で見るとシャープが先行したが、事業化では京セラも並んだと見てよい。日本では1994年から2005年まで補助金がつき、それにより追風が吹いた。分析対象期間中には石油価格が急騰し、欧州政府が補助金をつけたことから、太陽電池は欧米でバンドワゴンと化していったが、京セラは適度に距離を置いたようである。

【源泉】 この事業で高収益を許すのはパフォーマンス優位である。京セラが注力する家庭用市場は、信頼性や見栄えやサービスという無形のパフォーマンスを高く評価する。そこで顧客接点を重視して独自のチャネルを築いてきた京セラは、高い評価を得て、価格プレミアムを正当化する。

【防壁】 この事業で高収益を守るのは顧客接点である。顧客接点の構築には時間がかかるため、あとで重要性に気付いても他社は容易にキャッチアップできず、別の戦略を選ぶしかなくなってしまうところが怖ろしい。

【支柱】 この事業で高収益を支えるのは技術開発部隊である。単結晶を選んだシャープに対して、京セラは多結晶を選んだことでコスト優位に立つ。その代償となるのが変換効率のはずであったが、京セラの技術陣は17.5%という効率を多結晶で実現してみせた。変換効率で不利を跳ね返すと、無形のパフォーマンス優位が生きてくるうえ、コスト優位が収益構造に投影されることになる。

【選択】 1996年9月、京セラは販売、施工、サービスを担当する京セラソーラーコーポレーションを設立した。この会社は、設置後の修理や点検も手がけることになっていた。シャープは1995年7月に太陽電池の生産を倍増すると発表しており、競合が規模の経済に訴えて原価を下げに出たタイミングで、京セラは販路の整備に経営資源を配分したことになっている。投資の方向が川上と川下で真逆になった点が興味深い。

◉戦略旗手▷▷▷▷▶理系社員

■てづか・ひろふみ
生没：1949.03-
社員：1980.03-1997.06
役員：1997.06-2000.01
社長：—
会長：—

【人物】 このケースで戦略を推進したのは手塚博文氏である。手塚氏はソーラーエネルギー事業部長を務めていたが、京セラソーラーコーポレーションの設立に際して同社の初代社長に就任して、製販を兼務した。

創業者の稲盛和夫氏は、太陽電池が国運を左右すると信じて独断で飛び地の太陽電池事業に着手したが、賭けたのはリボン型で、1986年に京セラの社長も、太陽電池事業の母胎となった合弁企業の社長も降りている。この段階で太陽電池は黒字化の目処すら立っていなかった。それゆえ旗手とは見なしがたい。手塚氏のあとに腕を振るった前田辰巳氏が太陽電池事業を統括するようになったのは2005年のことで、やはり旗手とは見なしがたい。

手塚氏は、オフィス家具メーカーを経て中途入社した人物で、京セラが多結晶シリコンに舵をきったあとで太陽電池関連の特許出願レースをリードした。1993年から技術と事業企画の責任者に起用されていたが、2000年1月に前触れもなく京セラを依願退職したのは、通産省から支給された補助金を不正流用した疑惑を部下の著書で告発されたことと無縁ではないのかもしれない。

■部下の著書
瀧本忠夫
『京セラ悪の経営術』
イーストプレス、1999年

【着想】 手塚氏の着想は知る術がない。京セラを去ったあとは、太陽電池に触手を伸ばしたフジプレアムというベンチャー企業の役員を経て、2007年に千葉県の補助金を受けてソーラーシリコンテクノロジーという会社を起業したが、ここでも社員を不当に解雇したと提訴されている。同社の2011年の売上高は約8億円で、赤字経営が続いていたが、その翌年にはスマートソーラーという子会社を設立して低価格蓄電システムの販売を始めている。推察の域を出ないが、稲盛氏の心意気にほだされて、太陽電池の普及しか眼中になかった人物なのであろう。

そう考えると、同業他社が国内では大手住宅メーカーに標準採用を働きかけ、海外では大型発電プロジェクトに次から次へと応札して件名営業に明け暮れるのを冷めた目で眺めつつ、設備投資を抑制して、既設住宅というマイクロ事業立地を開拓しに出た判断も理解できる。京セラソーラーコーポレーションは、のちの事業展開を制約する楔のように機能したが、それは意図せざる効果に過ぎない。

［参照文献］
『果てしない未来への挑戦 京セラ 心の経営40年』2000年

第10章　　Chapter 10

構えの基本設計

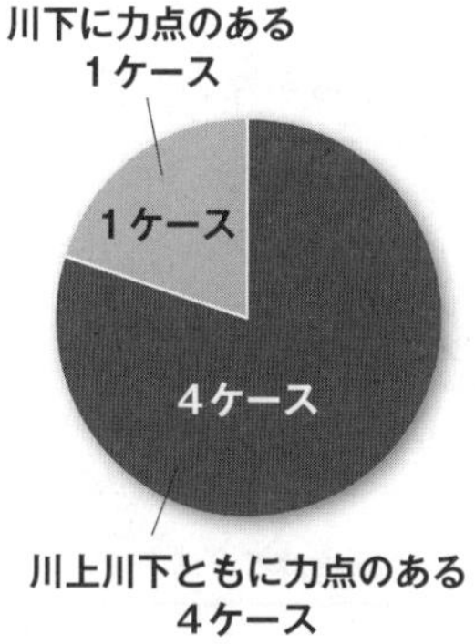

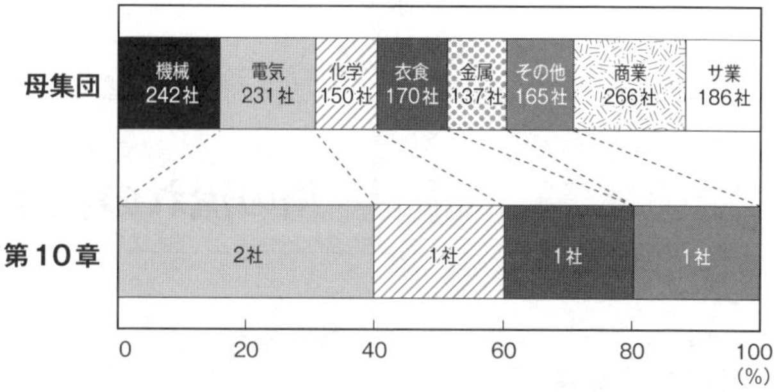

ポーターは分析に主眼を置いた『競争の戦略』を出したあと、『競争優位の戦略』を続刊とした。そのため、事業戦略における実行の要諦を、構え（バリューチェーン）の改変に求めたことになっている。その見解に従えば、成功ケースは本章に集中するはずであった。ところが、151の成功ケースのうち、ここに集まったのは5ケースに過ぎない。第1部の第2章、第2部の第6章を併せても総計13ケースで、少なくとも高収益を目指す限り、構えに意識を集中しても良い結果を生まないことが本巻では鮮明になっている。

この錯誤は、ポーターに固有のものではない。私が編著にあたった『経営は十年にして成らず』では、操業経営者が高収益事業を築き上げる過程に注目し、5ケースを取り上げた。そのうち3ケースが本巻の選出母集団に入っているが、その3ケースは漏れなく本章に登場する。

アメリカでも日本でも、範例中の範例とされたケースは、意外と類例がない。むしろ孤高の存在と言ったほうがよい。場当たり的にケースを集めると、どうしても知名度の高い大企業の成功事例に関心が向かってしまうが、そこには無視できないバイアスがかかっていることを思い知らされる。成功ケースが集中する第9章を振り返ると、自らの成功を喧伝しない「ステルス高収益企業」が多いことに気付く。真似をされたくない、標的にされたくないと考えるのは当然のことで、研究に値するケースは地道に発掘するしかないと受け止めるしかない。

1 川の流れの整流化

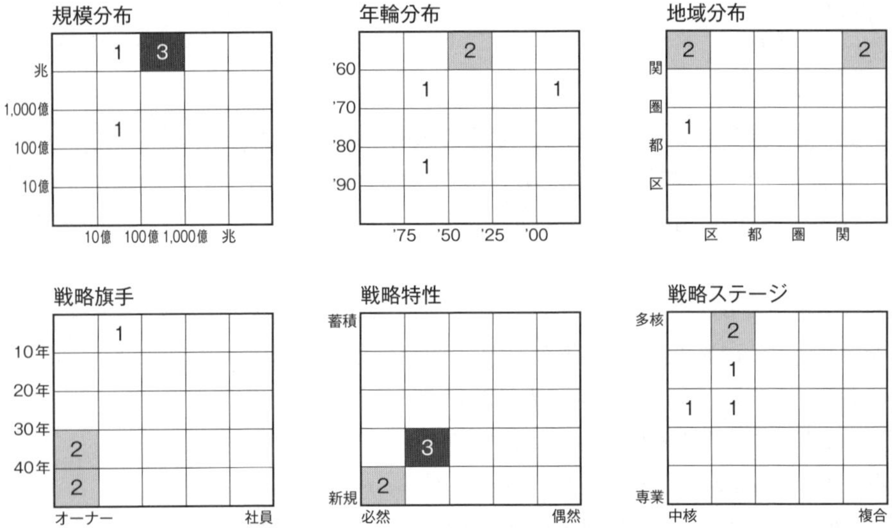

川の流れの整流化とは、川上（原材料の入手から加工まで）と川下（出荷から販売・施工・保守まで）の均整をとることを指す。川の流れに製品開発や装置開発という支流を加

えても、均整の重要性は変わらない。構えを設計するうえでの要諦は、均整に尽きると言っても過言ではない。

均整が重要になる理由は、ここに登場するケースがすべて一般消費者向けビジネス、またはそれに類するものであることの意味を汲むと、自ずと明らかになる。消費者向けの市場は広大である。特定の地域を攻めて市場を立ち上げようとしている間に、手口を学習した競合他社が別の地域に地盤を築き、簡単には倒されない勢力になってしまう。それゆえ、消費者ビジネスでは立ち上げ期の拡大スピードが後の収益ポテンシャルを大きく左右する。いくら川上が強くても、川下に隘路があれば、スピードは鈍ってしまう。川下を強化しても、川上に隘路があれば、やはりスピードは上がらない。だから立ち上げ期の均整が何にも増して死命を制することになるのである。

ダッシュボードには、消費者ビジネスの特徴が色濃く現れている。まず、成功すると企業規模は兆の桁にのる。製造・物流に広大な施設を要するため都会型のビジネスにはなりにくいし、経営資源の物量がものをいうため出発時点でもベンチャーの影は薄い。広域にわたる均整をとるとなると、さらに超人的な経営者の存在が不可欠となる。彼らの在任期間が長くなるのは、立ち上げ期の後も求心力を保つ必要があるからと見てよい。

なお、『経営は十年にして成らず』では操業経営者の采配に注目したが、それは同書の編集方針だったからである。あらためて高収益の基盤を問い直してみると、やはり操業経営者に先立つ創業経営者を無視するわけにはいかない。偉大な創業経営者が、揺籃期に高収益の基盤を作り込んだのみならず、後を託す後任の選抜・育成にも抜かりがなかった。それを立証したのが『経営は十年にして成らず』であったと、ここでは再解釈しておきたい。経営幹部候補生も、創業経営者のレガシーを見つめ直すとよいと思う。

10-1-1 事業システム

事業システムとは、加護野が『「競争優位」のシステム』で唱え、井上と共著で『事業システム戦略』という教科書にまとめた概念である。その内容は、事業の周辺には多くの協力者が存在し、彼らを上手に巻き込む仕組みの有無が事業の成否を分けるという主張である。ここでは、この概念の有効性を裏付ける事例が3ケース出ている。

典型例はケース868の積水ハウスで、ここは川上で建材事業を営む積水化学工業、川下で施工を担当する工務店、さらには家を建てた施主たちをうまく巻き込んできた。そして大和ハウス工業を凌ぐスピードで全国展開を果たし、仇敵を多核化戦略に走らせている。ケース869の花王も、川上で東南アジアのパーム農園、川下で問屋を巻き込んで、洗濯洗剤で仇敵のライオンを抑え込むことに成功した。ケース870のキューサイは、川上で青汁原料のケールを栽培してくれる農家、川下で訪問販売に従事するキューサイレディたちを巻き込んで、大企業の追随を振り切った。

これらのケースが高収益を生み続けるのは、先発の利を活かして市場を押さえ込んでしまったからである。いずれも参入障壁の低いビジネスばかりなので、売場を実効支配するなり、名声を打ち立てるなり、先発の利を活かさない限り高収益に手は届かない。

この戦略が適用できる条件としては、土台の存在を挙げることができる。展開のスピードで勝負する以上、無いもの尽くしのベンチャーでは歯が立たない。ケース868の積水ハウスには積水化学工業という親会社があったし、ケース869の花王には戦中に伸ばした油脂事業があった。ケース870のキューサイにしても、OEMに徹する冷食事業が土台として機能した。この点は留意したほうがよい。

ケース
868

積水ハウス：工業化住宅請負事業

C：プレファブハウス（メーカー保証付き戸建て住宅）

戦略C／C比率◀◁◇▷▷
戦略D／E比率◀◁◇▷▷
対照：073，082，122

■積水ハウス
直前決算期：2000.01
実質売上高：13,110億円
営業利益率：5.7%
海外売上率：10%未満
社内取締役：26
同順位相関：0.87
筆頭大株主：積水化学工業
利益成長率：○／△／○
東名阪上場：1970.08

◉企業戦略▷▷▷▶▷本業辺境展開

【経緯】 積水ハウスは1960年に大阪で積水ハウス産業として設立された会社である。積水化学工業のハウス事業部がスピンアウトしてスタートを切ったが、積水化学工業も1971年にユニット住宅の「ハイム」を投入し、改めて同じ事業に参入してきた経緯がある。最初は滋賀に工場を建てて全国をカバーしていたが、ブロックごとに工場が建つにつれ、コストは下がっていった。1977年に従来の鉄骨系とは別の木造住宅を発売すると同時に、マンション分譲にも乗り出した。六甲アイランドを手始めに関西圏で都市開発の経験を積んだ後、2010年頃から海外で不動産開発に取り組んでいる。

【編成】 本業は工業化住宅で、それが分析対象期間中も主業の座を占めていた。ほかに不動産販売事業と不動産賃貸事業を営んでいるが、いずれも本業の周辺に滲み出した事業と言ってよい。建売住宅やマンションの分譲は、不動産販売事業に分類されている。

■住宅請負事業
期間：2000.02-2010.01
得点掲示板：8-2
営業利益率：10.8%
利益占有率：76%
開示欄序列：1
事業本拠地：大阪府
独禁法違反：報道なし
—
1990年代：7-3
2010年代：4-0

◉事業戦略▷▶▷▷▷川下統合

【立地】 売り物は主に軽量鉄骨系のプレファブ住宅である。エンジニアリングされた構造に基づいて、工場生産される部材で家を建てることから、基本性能の高さを訴求するが、同時に「邸別自由設計」を謳う点に積水ハウスの特徴がある。洋風に加えて和風のデザインも、重量鉄骨系やコンクリート系に加えて木質系も取り揃えており、高額帯に偏りがちではあるものの、品揃えはフルラインと言ってよい。建売部門への内販は、全体の数%に留まっている。
売り先は経済的に余裕のある一般消費者である。市場のローエンドは木造軸組住宅が主流で、工務店、または工務店から発展したパワービルダーの独壇場となっている。

狭義の競合はプレファブを手がけるメーカーで、大和ハウス工業やパナホームやトヨタホームなどが該当する。日本を代表するメーカーのトヨタ自動車や松下電工（現パナソニック）が子会社を設立して参入している点や、日本窒素の流れを汲む積水化学工業と旭化成が参入している点が興味深い。分析対象期間中に大和ハウス工業（住宅事業）は10戦全敗で通算利益率5.1%、積水化学工業（住宅事業）は10戦全敗で通算利益率2.6%の戦績を残している。

■5%ほど
日本マーケットシェア事典2002

広義の競合は新築住宅を手がけるすべての事業者である。積水ハウスは業界首位を占めているが、戸数シェアは5%ほどに過ぎない。

【構え】 入手ルートは自社工場群である、北は宮城県から南は山口県まで、大都市圏を両側から挟み込む6工場体制で全国をカバーする。部材は100%内製化しているが、現場施工は積水ハウスの研修を受けた協力工事店が担っている。品質に重大な影響の及ぶ基礎工事は、三和銀行の出資を仰いで地域ごとに設立した専業子会社が施工する。積水ハウスが運命協同体（共同体ではない）と自称するのは「住宅事業は多くの人の協力によって成り立っている。だからこそ、社員と志を同じくしてくれる協力工事店、協力業者の方々との絆を大切に」と50年史が記す理念を反映する。7,000を超える協力工事店に、積水ハウスは主任技能者検定試験を受験する機会と共に、積立年金制度や入院補償制度などを提供している。

■7,000
50年史

引き渡しルートは営業所に所属する営業人員である。販売も施工も社外に託さない「直接契約の責任施工」という構えを当初から採ったのは積水ハウスだけで、それがアフターサービスで差をつけた。1999年時点で積水ハウスは全国に600強の営業拠点を張り巡らせていた。

業績推移（億円）

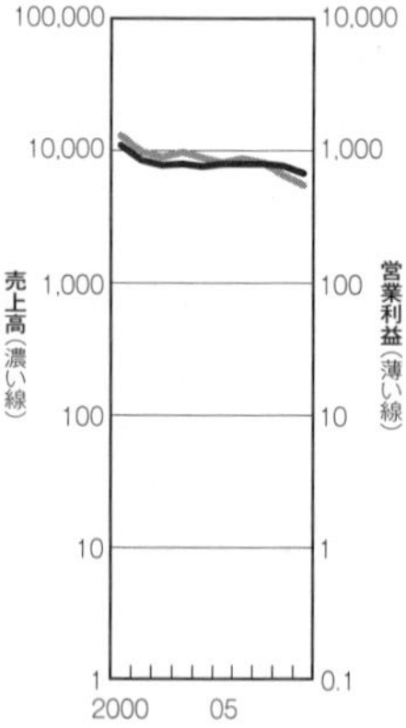

【時機】 このケースは先発に相当する。設立は大和ハウス工業のほうが5年早いが、同社が売り出していたのはパイプを組み上げた小屋で、キッチンやバスを完備した住宅への進出は積水ハウスに遅れること2年の1962年であった。その直後から団塊の世代の中学進学が始まり、住宅金融公庫から融資を受けてマイホームを建設する層が現れ始めたことを考えると、両社とも高度成長の機を捉えたと言ってよい。

【源泉】 この事業で高収益を許すのはパフォーマンス優位である。部材の自在な組み合わせによって顧客の自由設計願望を満たす。市中でローンが組みにくいときは、積水ハウスが金融機関の協力を仰いでローンを用意する。住宅を引き渡したあとは、改善改良が必要な箇所を会社負担で修繕して回る。徹底したサービスに満足した顧客は周囲に積水ハウスを勧めて止まない。こうして高まった名声は次第に価格プレミアムを正当化するようになる。このサイクルが、積水ハウスを高収益企業に仕立て上げていった。住宅が長期にわたってアフタサービスを必要とすることを考えると、経営基盤が安定することは顧客の利にも適っている。

【防壁】 この事業で高収益を守るのは名声である。積水ハウスが高級住宅の代名詞となったのは、ハードウェアだけに依存する結果ではないため、他社がキャッチアップしようにも道筋すら見えないのが実情である。

【支柱】 この事業で高収益を支えるのは社外の工事業者や、過去に積水ハウスを建てたオーナーたちである。いくら住宅の設計が優れていても、施工に手抜きやミスがあれば狙った性能は実現しない。また、広告宣伝に巨費を投じても、口コミで悪い評判が伝われば逆効果になりかねない。住宅事業で戦略の均整を保ちたければ、目につきにくいボトルネックへの配慮は絶対に欠かせない。

【選択】 1964年3月、積水ハウスは代理店販売から直接販売方式への切り替えに踏み切った。当時は前例のない切り替えであったが、積水ハウスは営業人員の勤務体系や日本独自の住宅展示場を整備して、これを断行した。直接販売方式も、いまとなっては他社の追随するところとなっている。

◉戦略旗手▶▷▷▶▷創業経営者的な操業経営者

【人物】 このケースで戦略を推進したのは創業経営者に相当する田鍋健氏である。田鍋氏は、積水化学工業では社長に次ぐ専務の職を占めていた。設立直後の3年間は積水ハウスの取締役であったが、社長は積水化学工業の上野次朗男社長が兼任しており、田鍋氏が実質的なトップと見て間違いない。累積赤字が資本金の倍に達した段階で上野氏に「住宅産業はこれから成長しますよ。もう少し様子を見たらどうでしょうか」と進言したところ、「それならお前が行ってやれ」と言われたという。

積水ハウスでは50人足らずの出向社員に向かって「とにかくオ

■たなべ・まさる
生没：1912.10–1993.08
社員：—
役員：1960.08–1993.08
社長：1963.06–1992.04
会長：1992.04–1993.08

■住宅産業はこれから…それならお前が…
経済界 1975.5

■とにかくオレに…

会社内の地位は…
経済界 1975.5

■よし、やってみい…
財界 1975.9

■値段は需給で決まる…
財界 1975.9

■社員の精神環境の…
私の履歴書

■1937年から朝鮮に…
経済界 1975.5

■販売力の勝負に…
私の履歴書

■当社の直接販売…
当社は最初から…
先発メーカーという…

レについてくる者は親会社と縁を切って、積水ハウスの人間になりきって仕事をしようじゃないか」と檄を飛ばしたというが、その一方で「会社内の地位は職責としてやむを得ないが、一個の人間、私人としては平等なんです。そういう意味で社長の私は従業員と同じ立場です。したがって威張る資格はないし、逆に遠慮することもいらない」という人間観を持っていたところがいかにも田鍋氏らしい。若手からの重要な提案に対しては「よし、やってみい。稟議書はあとから送っとけよ」と返すことが多かったそうである。そのせいか、営業所独自の創意工夫が絶えない。

積水ハウスが業界首位の座に躍り出て、業界の盟主となったのは第1次石油ショックに続く混乱のなかであった。材料費や人件費の高騰を前にして他社は建売住宅を建てまくるという選択をしたが、田鍋氏は「値段は需給で決まるものだ。無いといって騒ぐ物資は、すぐに供給が追いつく。年が明けたら必ず値下がりする」と断言して、真逆の在庫削減策に出たのである。既契約分については価格を据え置き、新規契約分についても値上げ幅は他社の半分以下に抑えた結果、独り積水ハウスは1970年代を通して増収増益を継続した。

田鍋氏は大阪の商家に生まれ、下町の義理と人情のなかで育ったという。10歳で父母を亡くしたが、高校時代にはラグビー部のキャプテンを務め、その縁で入社した日本窒素時代には野口遵社長の薫陶も受けている。「社員の精神環境の不断の浄化こそ、経営者の最も配慮すべきこと」という信条は、自身の体験に根ざしている。非凡な判断も、「1937年から朝鮮に行って、総督府に入り浸りしているうちに政治や行政の動きの先行きなどがキャッチできて、そこでモノの見方、捉え方が修練できたんです」と語ったように、自身の経験に基づいている。

【着想】田鍋氏の着想は「販売力の勝負になる」という読みに尽きる。プレファブという言葉自体が実は工法を指しており、ただでさえ積水ハウスのようなメーカーはモノ造りに関心が向かうところ、田鍋氏は量産体制が整う前の1963年に事業の本質を見切っていた。これについては「当社の直接販売システムは戦略ではないんです。住宅メーカーとしての良心というもいうべきでしょうか。私の理念なのです」という発言も勘案しなければならないが、独自の構えを築いたという意味においては戦略である。

投資経済 1971.9

路線の選択についても、田鍋氏は「当社は最初から高級住宅を焦点としてやってきました。高級で優秀な住宅ですが、人間の願望は必ずそこに帰ってくるものなんです」と、独自の読みを入れている。

急成長の理由を尋ねられて「先発メーカーという信頼感も大きく作用していると思いますが、それに加えて当社はプレファブ住宅に専念してきたこともプラスしていると思います。私はさっきも申し上げましたように儲け主義で経営しているのではありませんから土地造成やレジャーなどには見向きもしなかった。要するにプレファブ専業に徹してきたんです」と答えたあたりには、同業他社に対する競争意識も顔を出している。土地造成やレジャーは、大和ハウス工業が力を入れていたからである。

日本窒素で肥料を売ったのが唯一の営業経験という田鍋氏であったが、住宅事業に携わるようになってからは「国民所得が年々上昇するなかにあっては、高度の機能を住宅に求める傾向が強まってくる。（中略）現在の政府の施策住宅、民間アパート、あるいは建売住宅などで火災が起きたらどうなるかと考えたら慄然としてくる。それでなくても果たして人間が住むところかと思われるのだが、数の上で建設が進んでいるというのは、実はこういう人間の生活環境を無視したような建物なのである。（中略）人間が住むにふさわしい住宅を我々は提供していかなければならない」と事業理念を口にすることが多かった。こうした理念が戦略をガイドしたことについては疑う余地がない。

■**国民所得が年々上昇…**
先見経済 1970.11

[参照文献]
『積水ハウス50年史』2010年
『人間 田鍋健 追想録』1994年
田鍋健「私の履歴書」日本経済新聞、1985年10月

戦略C/C比率◀◁◇▷▷
戦略D/E比率◀◁◇▷▷
対照：104

ケース 869 花王：ファブリック&ホームケア事業

C：衣料用洗剤（洗濯のパフォーマンス向上策）

■花王
直前決算期：2000.03
実質売上高：8,340億円
営業利益率：11.7%
海外売上率：23%
社内取締役：18
同順位相関：0.26
筆頭大株主：外国法人
利益成長率：○/○/○
東名阪上場：1949.05

◉企業戦略▷▷▶▷▷技術応用多角化

【経緯】花王は1940年に東京の日本橋で日本有機として設立された会社である。源流は1887年の長瀬富郎商店にあり、花王石鹸を1890年から販売している。1975年に自動車シートクッション材、1980年に化粧品、1986年にフロッピーディスクに進出して多角化路線を歩み始めたが、情報メディア事業からは1999年に撤退した。1986年からは海外M&Aを多用しており、2006年にはカネボウ化粧品の大型買収を実現させている。

【編成】本業は石鹸および洗剤で、それが分析対象期間中も主業の座を占めていた。すべての事業は界面科学の知見を共有する。

■家庭用製品事業
期間：2000.04-2010.03
得点掲示板：10-0
営業利益率：15.3%
利益占有率：68%
開示欄序列：1→3
事業本拠地：和歌山県
独禁法違反：報道なし
―
1990年代：3-7
2010年代：4-0

◉事業戦略▷▶▷▷▷川上・川下統合

【立地】売り物は家庭で洗濯機に投入する衣料用洗剤である。ワンダフル、ザブ、ニュービーズと合成洗剤の改良品を投入してきたが、1983年に酵素を配合したアタックを発売して以来、カテゴリーブランドは変更していない。2009年には一段とコンパクト化した液体のアタックNEOを投入した。

売り先は一般消費者である。日本以外ではアジアに展開しているが、日本中心のビジネスと考えてよい。

狭義の競合はナショナルブランドの洗剤メーカーで、ライオンとP&Gが該当する。分析対象期間中にライオン（歯磨きを含む家庭品事業）は10戦全敗で通算利益率4.0%の戦績を残している。

広義の競合はプライベートブランドで洗剤を供給する力を持ったメーカーで、第一工業製薬と旭電化と日本油脂あたりが該当する。この3社と花王およびライオンが、かつて洗剤5社と呼ばれていた。粉末でも液体でも、花王の衣料用合成洗剤のシェアは2000年時点で40%弱であった。

■洗剤5社
化学経済 1964.4

■40%
日本マーケットシェア事典 2002

【構え】入手ルートは和歌山の油脂コンビナートを主力とする自社工場群である。花王は工場に研究所を併設する点に独自色がある。

いわゆる中央研究所は設けていない。

引き渡しルートは自営の販売子会社から小売店を経由する。問屋に頼っていた時期もあるが、花王は1960年代から流通の内部化に取り組んできた。製販分離を貫いているところにも、花王の独自色が色濃く出ている。

【時機】 このケースは先発に相当する。花王が1951年に発売したワンダフルは衣料用合成洗剤の先駆けと言われている。その翌年には東芝が小型攪拌式洗濯機P型を発売しており、洗濯機が三種の神器の一つに数えられる端緒となった。花王は、こうした流れを巧みに捉えたことになっている。

【源泉】 この事業で高収益を許すのはコスト優位である。ライオンとの利益率格差は、それ以外に説明できない。

業績推移（億円）

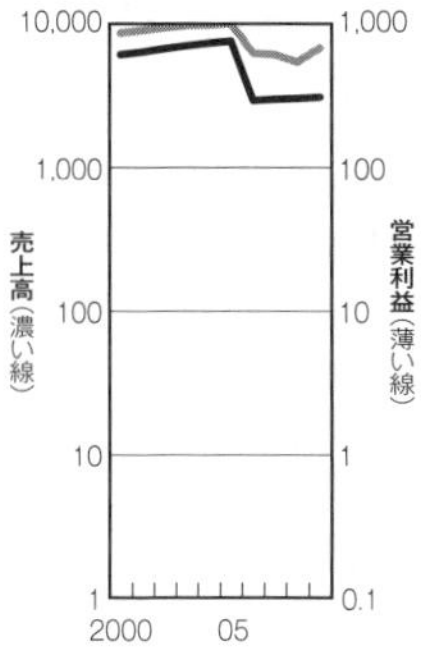

【防壁】 この事業で高収益を守るのは自営販社である。衣料用洗剤は消費者が毎日使うもので、買い置きもできることから、小売店で特売されやすい。総需要は限られているのに値崩れを許してしまえば、高収益など望むべくもない。値崩れを防ぐには流通在庫を適正水準に保つに限るが、メーカーと小売の間に問屋が入ると流通在庫を正確に把握するのは至難の業となる。自営販社は、この問題に対する根治対策になる点が特筆に値する。

【支柱】 この事業で高収益を支えるのは和歌山工場で働く人々である。彼らが不断のコスト削減にあたるからこそ、花王はコスト優位を保つことができると見て間違いない。

【選択】 1967年5月、花王石鹸は地域ごとの問屋に働きかけて、全国で100社以上の花王販社を発足させた。花王販社に資本金を出資して、社員も出向させる問屋にとって、この販社は自らの仕事を奪うライバル以外の何物でもなかった。自主独立経営を貫いてきた問屋に、花王製品だけを扱う販社に軸足を移せと言うのは、正気の沙汰とは思えない。

◉戦略旗手▶▶▷▷▷創業経営者的な第２世代同族経営者

■いとう・えいぞう
生没：1902.12–1971.10
社員：1919.11–1931.06
役員：1931.06–1971.10
社長：1968.05–1971.10
会長：—

【人物】 このケースで戦略を推進したのは伊藤英三氏である。伊藤氏は長瀬清次郎の二男で、養子に出されたことから伊藤姓を名乗ったが、花王を創業した初代長瀬富郎の遠縁にあたる。そして、

■小学校にあがるか…
石鹸はミツワ石鹸や…
戦後の花王再建は…
『追慕・伊藤英三』

創業者の実弟の長女と結婚した。伊藤氏は「小学校にあがるかあがらない時分から、おれは東京へ行って花王石鹸の小僧になるんだと言っていた」そうである。

花王は3社に分かれた状態で終戦を迎えたが、その1社の日本有機の社長は終戦直後から伊藤氏が務めていた。これは和歌山のオペレーションを担当する会社であった。1954年の大同団結に際して、花王は経団連の事務局長を務めていた人物を社長に迎え入れたが、この前任社長の下で伊藤氏は副社長として実務部隊の指揮を執っていた。

終戦直後を振り返って長尾春雄氏は「石鹸はミツワ石鹸や牛乳石鹸に押され売上高は第3位、これは戦後の統制解除後、ミツワや牛乳はただちに戦時中保存の香料を使用したのに対し、花王は統制品をそのまま継続して立ち遅れとなったもの。洗濯石鹸は品質不良で毎月多大の返品を受ける始末、これは熟練工の退社によるもの。またシャンプーは戦前より品質の落ちた固形で新味がなく、丸田さんの工夫されたせっかくの合成洗剤も“花王粉せんたく”という奇妙な名称で包装も田舎じみたもので、第一工業の“モノゲン”にまったく圧倒されていました。（中略）今日の花王からはまったく想像もできないことです。このような戦後の非常に不利な、混乱とも言うべき環境のなかで、伊藤社長は静かに、焦らず熟慮し、合成洗剤の将来の発展を見通し、ここに一大転換、当時としては全力投球して“花王粉せんたく”を“ワンダフル”と改名、改装して発売しました」と回顧している。

同様に荒井一雄氏は「戦後の花王再建は、分割された3社の一本化にあることは何人の胸にもあった。この願いは悲願ともなって、多くの時間をかけて進行した。その背後に流れる人間の織りなすドラマチックな数々の場面は、花王戦後史の貴重な一コマとして私ども若輩の胸に印象深く刻み込まれた。統一への舞台は伊藤さんを主軸として大きく展開した。合併統一は1954年の夏に実現した。しかしそれは伊藤さんにとって、再度苦悩への出発点であった。財政的な窮乏からの脱却が、その一歩であった」と述べている。

【着想】 伊藤氏の着想は自筆稿にまとめられている。長くなるが引用しておくと「花王は1967年、自社製品専門取扱代理店“花王販社”を設立して、流通チャネルの再編成に乗り出したことは周知のことと思う。当初は、当然のことながら、抵抗も強く、また理解もされなかった（中略）昨年末から今年にかけて流通業界は、スーパー、ビッグストアの躍進という小売市場の変革に刺激され、また、メーカーサイドからの強制的ではないにしても、問屋再編成の気運が表面化して、だいぶ様相が変わってきている。すなわち、小売業界とメーカーの間に挟まれ、否応なしに理解せざるをえなくなってきている（中略）この業界は競争が激しいため、外資としても、一挙に拡大する戦争を始めた場合、兵も痛みすぎることが予想されるため、戦略的にはかなり長い路線を敷いてくるものと思われる（中略）業界内で内ゲバを起こしていては、いっそう弱体化してしまうだけで、併存的な考えで行かねば、業界の発展強化は図れないわけである。市場が弱体化すれば、簡単に外資に占拠されることは明白であり、そのため、いっそうの秩序を確立し、その間に自らの体質を強め、共存共栄できるような手段を講じなければならない」ということであった。

■花王は1967年…
国際商業 1970.1

［参照文献］
『花王史100年（1890～1990年）』1993年
『花王120年（1890～2010年）』2012年
『追慕・伊藤英三』1972年

ケース 870 キューサイ：健康食品事業

C：ケール葉ジュース（一般消費者向け健康飲料）

戦略C／C比率◁◀◇▷▷
戦略D／E比率◁◀◇▷▷
対照：428，025

◉企業戦略▷▷▶▷▷販路応用多角化

【経緯】 キューサイは1965年に福岡で長老製菓として設立された会社である。1969年からニチレイのOEM生産工場として経営基盤を確立したが、1982年に開発した自社製品の冷凍青汁がヒットして、1999年に上場した。キューサイのキューは本拠地の九州、サイは野菜を意味している。2000年に有機野菜宅配のらでぃっしゅぼーやを買収したが、それを手放した直後にMBOを実施して、2007

■キューサイ
直前決算期：2000.02
実質売上高：190億円
営業利益率：27.8%
海外売上率：10%未満
社内取締役：2
同順位相関：—
筆頭大株主：創業経営者
利益成長率：—/—/—
東名阪上場：1999.09

年3月に上場を廃止した。青汁事業は2010年10月からコカ・コーラウエストの傘下に入り、独立セグメントになっている。

【編成】 本業は青汁で、買収したらでぃっしゅぼーやに規模で抜かれたあとも、主業であり続けた。

■青汁事業
期間：2000.03-2007.02
得点掲示板：6-0
営業利益率：22.0%
利益占有率：86%
開示欄序列：1
事業本拠地：福岡県
独禁法違反：報道なし
—
1990年代：1-0
2010年代：4-0

◉事業戦略▶▷▷▷▷中核集中

【立地】 売り物は南欧原産のケールという緑黄色野菜を、洗浄、切断、圧搾、充填、冷凍した青汁である。キューサイの青汁は「まずい、もう一杯」の名キャッチコピーで広く知られている。

売り先は一般消費者のなかでも健康への関心がひときわ強い層である。

狭義の競合は青汁の販売事業者である。福岡から「まずくない」を訴求する後続メーカーが出始めると、それに続いて大企業が参入してきた。サントリー、アサヒビール、ヤクルト、日清オイリオ、日本製粉、キユーピーあたりが代表格で、市場は大乱戦の様相を呈している。

広義の競合は野菜ジュースのメーカーで、カゴメやキリンや伊藤園をはじめとして、数は多い。

【構え】 入手ルートは自社工場である。原料のケールは、市況変動に左右されない安定収入を求める農家と栽培契約を結び、全量を買い上げている。

引き渡しルートはキューサイ・レディである。これは青汁の熱狂的なファンを戦力化した販売員で、収入は売上高に比例する独立事業者と位置づけられている。キューサイ・レディは、無料サンプルの配布を通して拡販に精を出すのみならず、青汁のストックが底を突く頃を見計らって顧客宅を訪問して、何気ない会話を交わしながら次の注文をとりつける。キューサイがTVショッピングに軸足を移し、宅配しやすい粉末製品を投入したあとで利益率が下降線を辿った事実は、独自販路による顧客の囲い込みが同社の生命線であることを物語る。2000年時点では1万2,000人のキューサイ・レディが40万世帯の固定客を訪問していたという。

【時機】 このケースは、青汁というコンセプトを打ち立てたのがキューサイであることから、先発に相当する。1978年に日本は世界一の長寿国となり、1985年の国勢調査で10人に1人が高齢者と判明した。こうした変化を背景として、青汁はファンを拡げていった。

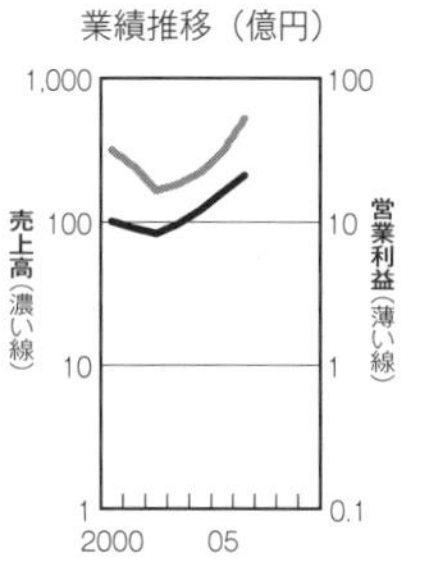

【源泉】 この事業で高収益を許すのはコスト優位である。キューサイの青汁事業は変動費ビジネスとして構築されており、リスクらしきリスクがない。川上は契約農家、川下は独立事業者、川中は冷凍食品事業の設備で回っており、固定費負担が最小化されている。考え抜かれた構えと言ってよい。

【防壁】 この事業で高収益を守るのは競合の自縛である。青汁は、特定少数の顧客が毎日のように飲み続ける商品で、不特定多数の顧客を対象とする販売方式に適さない。それがわかっていても、競合他社は新聞広告を出し、希望者に無料サンプルを送るだけで、あとはリピート・オーダーが入るのを受け身で待つ。専業チャネルの構築に踏み切るところまで青汁事業にコミットできないからに違いない。時間をかけて独自チャネルを構築したキューサイは、先行の利を活かしたことになっている。

【支柱】 この事業で高収益を支えるのは購買・製造部隊である。固定客を逃がさないようにするには安定供給が絶対となるが、ケールという農産物から出発する以上、これが容易でないことは想像に難くない。

【選択】 1986年9月、ハセガワ冷食は福岡県宗像市に青汁の専用工場を建設した。1982年9月の事業着手から4年しか経過していなかったため、この時点では販路が十分にできあがっていなかった可能性が高い。

◉戦略旗手▶▷▷▷▷創業経営者

■はせがわ・つねお
生没：1933.08-
社員：—
役員：1965.10-2006.05
社長：1965.10-2006.05
会長：—

【人物】 このケースで戦略を推進したのは創業者の長谷川常雄氏である。常雄氏は大沢商会で腕時計を売っていたが、博多駅の建て替え計画を知り、6年半で起業した。最初に起業したのは駅ビルで売る土産用の菓子であったが、出入りの卵屋の勧めで始めた冷凍卵焼きがヒットして、冷凍食品事業に転進したという。

49歳で3回目の起業に挑戦して青汁をものにした常雄氏は、長男の浩氏を1994年4月に取締役営業本部長、2001年5月に青汁事業本部長に任命したが、軸足をTVショッピングに移そうとしたためか、2003年5月に解任してしまった。最終的に常雄氏は1989年に中途入社してきた叩き上げの役員を後継者に選んでいる。

【着想】 常雄氏の着想は一般には面白おかしく説明されている。大病を患ったのを機に青汁を開発した。当初は酒販店の店頭に置いて回ったが、泣かず飛ばずのまま2年が過ぎた。その時点で遅まきながら「お世辞にもおいしいとはいえない青汁」を「不特定多数の人に売ろうとしたことが間違いだった」と気がついた。そこで周囲を見渡すとヤクルト・レディが目に飛び込んできて、キューサイ・レディに賭けたというストーリーである。

■お世辞にも…
日経ベンチャー 2000.3

これと似たバージョンで、2年経った時点で諦めかけていたところ、新聞広告を出しましょうという社員がいて、サンプルを無料配布すると面白いように電話が鳴り始めて、あとはいけいけというストーリーもある。

■冷凍食品は…
日経流通 2004.10.27

青汁を愛飲する伊藤元重教授には、常雄氏は「冷凍食品は、市場は大きいが競合との差別化が難しく、利幅も小さい。少し油断すれば競合相手にやられてしまう。それに対して、健康食品である青汁はお客の信頼さえ確保できれば高くて安定的な利幅が確保できる。ただ、そうした商品を普通の流通ルートで売ればすぐに売れるだろうが、かならず競合品が出てくる。競合品が出てくれば、値引き要求が出てくる。それでは利幅もさがってしまう。時間がかかってもよいので、顧客を一人ひとり開拓していく方が好ましい」と語っている。

最初か二番目の説明を採るならキューサイは偶然の産物ということになるし、最後の説明を採るならキューサイは熟慮の産物ということになる。最初の2年は試行錯誤で、そこから先が用意周到というあたりが真相ではなかろうか。

［参照文献］
財界、2000年2月1日
財界、2002年11月5日

10-1-2 一気通貫

一気通貫とは、川上から川下まで自社、または自社グループの統制下に置くことを指す。そのメリットは、やはり均整に現れる。いくら技術開発に資源を投入しても、出てきた新製品を売り捌く販路が弱ければ成果につながらないし、新技術の革新性を十分に販売の現場で顧客に伝えることができなければ、開発投資も無駄になりかねない。逆に販路が強くても、有力な新製品が出てこなければ、やがて販路を維持することは難しくなる。開発成果を高収益に結びつけるには、川上と川下のバランスが鍵を握るのである。

一気通貫の戦略を活かした典型例はケース871のキヤノンで、ここは一眼レフカメラの性能を左右するコンポーネントの内製化を推し進める一方で、マーケティング組織を別会社にして小売サイドとの連携を密にしてきた。ケース663のリコーも部品と販路の内部化を進めている。ちなみに、ケース869の花王は問屋を巻き込んで自販ルートを構築したが、それから20年以上かけて問屋が保有する株式を買い上げていき、自営マーケティング組織に仕立て上げた。登山ルートは別々でも、辿り着いた山頂はキヤノンと同じで、その意味においては花王は10-1-2に分類してもよい。

これらのケースが高収益を生み続けるのは、どのケースも参入障壁は決して高くないが、先発の利を活かし、追随するものには対抗しえないパフォーマンス優位やコスト優位を築いてしまったからである。一気通貫が可能にする全体最適の威力が、いかんなく発揮されている。

この戦略が適用できる条件としては、製品技術の複雑性とアフターサービスの重要性を挙げることができる。手のかかるビジネスだからこそ、全体最適の威力は増すと考えればわかりやすい。

ケース 871

キヤノン：コンシューマ事業

P&C：デジタル一眼レフカメラ（静止画記録）

戦略C／C比率◁◀◇▷▷
戦略D／E比率◁◀◇▷▷
対照：325

■キヤノン
直前決算期：1999.12
実質売上高：25,840億円
営業利益率：6.7%
海外売上率：71%
社内取締役：21
同順位相関：0.70
筆頭大株主：金融機関
利益成長率：○/○/○
東名阪上場：1949.05

◉企業戦略▷▷▷▷▶多核化展開

【経緯】 キヤノンは1937年に東京の目黒で精機光学工業として設立された会社である。設立当初の目的は高級小型カメラの国産化にあり、終戦直後にキヤノンカメラと社名を変更したが、1969年に社名から「カメラ」が消えたのは、1964年の電卓から始まった事務機事業が伸びたからにほかならない。この事業には、1968年に普通紙複写機、1975年にレーザープリンターが加わっている。1970年には半導体製造装置を先兵として第三の産業機器事業が立ち上がったものの、ディスプレイへの挑戦は未だ成功していない。

【編成】 本業はカメラであったが、主業はカメラがファンディングした事務機に移っており、転地が実現した。なお、キヤノンは2008年度から事業セグメント区分を大きく変更しており、カメラは消費者向けのインクジェットプリンターと統合されたことに注意されたい。

■カメラ事業
期間：2000.01-2009.12
得点掲示板：9-1
営業利益率：18.4%
利益占有率：26%
開示欄序列：2
事業本拠地：大分県
独禁法違反：報道なし
—
1990年代：1-8
2010年代：4-0

■50%強
■35%弱
BCNランキング

◉事業戦略▷▶▷▷▷川上・川下統合

【立地】 売り物はEOSブランドのレンズ交換式デジタル一眼レフカメラと、それに適合するEFブランドの交換用レンズ群である。

売り先はプロのフォトジャーナリスト、ハイアマチュアと呼ばれる一般消費者、および初めて一眼レフを使う一般消費者である。

狭義の競合はプロに選ばれるカメラをつくるメーカーで、実質的にはニコンだけである。機種構成やレンズの品揃えや修理体制においてニコンとキヤノンは群を抜いている。市場占有率は台数ベースでキヤノンが50%強、ニコンが35%弱で、分析対象期間中にニコン（映像事業）は3勝7敗で通算利益率9.0%の戦績を残している。

広義の競合はアマチュア機のメーカーで、ニコン以外にミノルタやペンタックス（現HOYA）が含まれる。ソニーに事業譲渡する前のミノルタ（光学機器事業）は2戦全敗で通算利益率▲4.1%、ペンタックス（イメージングシステム事業）は10戦全敗で通算利益率▲0.7%の戦績を残している。

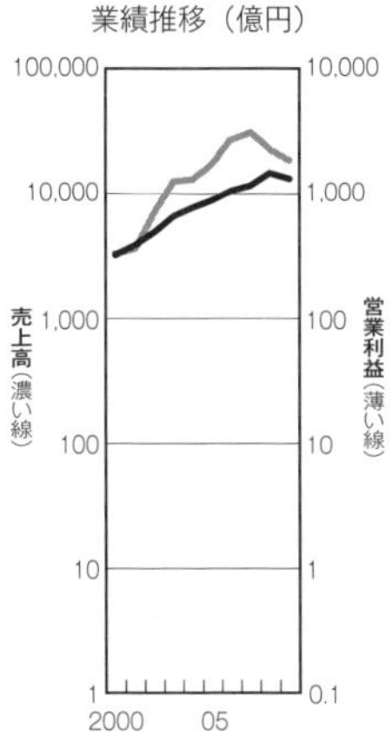

【構え】 入手ルートは主に子会社群で、垂直統合が徹底している。本体の綾瀬事業所で半導体撮像素子を自製するほか、オハラでレンズ用光学ガラス、キヤノンオプトロンで高性能レンズ用蛍石、キヤノン化成でレンズ用コーティング材料、キヤノンプレシジョンで超音波モーター、ニスカで絞りユニット、キヤノンオプト・マレーシアでペンタプリズム、台湾キヤノンでフラッシュ、キヤノン・コンポーネンツでプリント配線板を内製する。カメラの組立は大分キヤノンが担当し、EFレンズの組立は本体の宇都宮事業所が担当する。装置や金型やソフトウェアを内製する子会社群も抱えている。

引き渡しルートはキヤノンマーケティングジャパン経由のカメラ専門店および家電製品量販店である。販売後のサービスはキヤノンシステムアンドサポートが担当する。海外は、当初はイギリスのジャーディン・マセソン社が構築した販路を活用したが、その販路を1955年に引き継いで、自販体制に切り替えた。

【時機】 このケースは先発に相当する。キヤノンは戦前からカメラを手がけており、スタートはニコンより早い。戦災を免れたこともあり、戦後は進駐軍にカメラを売って経済復興の旗手となった。35ミリのカメラを創り上げたドイツのライカは、1954年にM3というレンジファインダー機を投入してきたが、それに対抗して一眼レフカメラを普及させることで、日本勢は世界の標準を塗り替えてしまった経緯がある。それゆえ、国際的にもキヤノンは先発と見なしてよい。第2次世界大戦が終わり、人々が自由に往き来して旅の想い出を写真に残すようになった機を、キヤノンは捉えたことになっている。

【源泉】 この事業で高収益を許すのはパフォーマンス優位である。カメラがデジタルになっても、レンズはアナログのままで、設計の自由度が極めて高い。設計が違えば、何種類にも及ぶ収差に微妙な違いが生まれ、それがレンズ固有の味となる。ユーザーは絶えず味の異なるレンズを手に入れる衝動と闘わなければならず「レンズ沼」に落ちていく。もちろん、そこには価格プレミアムが成立するため、豊富なレンズのラインアップでユーザーを惹きつけることができるメーカーは、開発投資に対して高いリターンを手にするのである。

【防壁】 この事業で高収益を守るのはスイッチング・コストである。いったんカメラを購入したユーザーは、そのカメラに合わせて交換レンズを買い集めていく。いったんレンズ資産を抱えると、カメラの買い換え時期を迎えても既に選んだメーカーを選ぶしかない。こうしてユーザーの囲い込みが労せずして実現するのが一眼レフカメラなのである。充実したレンズのラインアップを持たない新規参入企業は、奇手でも繰り出さないとユーザーに見向きしてもらえない。

【支柱】 この事業で高収益を支えるのは衛星のようにキヤノン本体を取り囲む関係会社群である。たとえば、ミノルタが1985年2月にα7000を発売すると、キヤノンは一眼レフ市場占有率を2年で30%ポイントも落とす憂き目を見たことがある。俗に言うαショックである。α7000はカスタムIC9個を共通のシリアルデータバスに乗せて、世界で初めて本格的なオートフォーカスを一眼レフカメラで実現していた。キヤノンはレンズ一体型のコンパクトカメラ（1979年発売のオートボーイ）で既に自動焦点を実現しており、問題は、カメラとレンズの合わせ技が必要になる一眼レフに、自動焦点機能をどう組み込むかであった。

■9個
電子技術 1986年8月

ミノルタはカメラ内部にモーターを積んで、シャフトを介して物理的にレンズ側の合焦機構や絞り機構を駆動する方式を選択した。そしてマウントと呼ばれるボディとレンズの接合部を一新して、両者間の通信路を確保した。マウントを変更すると、ミノルタのユーザーは過去に買い集めたレンズ資産を新世代のカメラには使えなくなってしまう。自動露光を実現するために1977年にマウントを変更したばかりのミノルタは、ユーザーから厳しい批判を受ける可能性があったにもかかわらず、創業者の鶴の一声で二度目のマウント変更に踏み切った。こうして生まれたのがα7000である。

ユーザー第一の漸進主義をとるニコンは、1972年に続いて今回も後方互換性を維持するアップデートで対応した。ミノルタと同じシャフト駆動を採用したF501を1986年2月に投入したが、これはα7000の影に隠れて冴えなかった。

既存のユーザーベースが小さいミノルタと異なり、キヤノンは1971年に導入したFDマウントをカメラで1,000万台、レンズで3,000万本も売っていた。これを放棄すれば非難の大合唱が巻き起こることを承知のうえで、キヤノンは創業50周年を迎えた1987年3月に満を持してEOS650を発売した。搭載したのは、後方互換性のないEFマウントである。

■1,000万台
3,000万本
アサヒカメラ 1999年6月

これはカメラとレンズを媒介する物理機構を取り払った完全電子式のマウントで、レンズ側の合焦機構や絞り機構はレンズ内モーターで駆動する方式を採っていた。この技術的先進性はユーザーを納得させるに十分で、同時に実現したマウントの大口径化が従来より明るいレンズの投入を可能にしたこともあり、FDマウントを捨てたキヤノンを非難する声は上がらなかった。EFマウントはデジタル時代を迎えても生きながらえており、レンズのラインアップは圧巻の50本以上に到達し、27年余で累計1億本の交換レンズを出荷する実績をあげている。

キヤノンがマウントの電子化を一気に実現できた背景には、要素技術の蓄積がある。レンズ側に積むモーターは小型軽量で、なおかつパワフルでなければならない。キヤノンは、世界で初めて超音波モーターを採用して、この難関を突破した。開発は、早くも1980年頃から始めていたという。ほかに測距センサもキヤノンは自社開発していた。革新的な構成部品が反撃攻勢に間に合ったのは、すべてグループ内で自製しているからである。

こうしてみると、そもそも構えが違うキヤノンを前にして、ミノルタの渾身の一撃は逆効果になってしまった観がある。α7000は、かねてからキヤノンの開発陣が手を着けたくて仕方なかったマウントの電子化を、ユーザーや社内の営業部門に対して正当化する口実を与えてしまったのである。図らずもキヤノンの露払いを演じたミノルタはコニカに統合され、カメラ事業はソニーに譲渡されてしまった。

【選択】1952年12月、キヤノンは目黒精機製作所（現キヤノンプレシジョン）を設立した。その17ヶ月後には秩父英工舎（現キヤノン電子）も設立し、1950年には小原光学硝子製造所、1961年には三栄産業（現キヤノン化成）に出資して、わずか10年少々でカメラの主要部品をすべて内製する体制を整えてしまった。師と仰いだドイツではカメラのモジュール化・分業化が進んでおり、川上に垂直統合をかける必然性も見えていなかったし、当時は組立工場の増設や製品開発に経営資源の投入を迫られていたにもかかわらず、キヤノンは川上の囲い込みを優先したことになっている。

■みたらい・たけし
生没：1901.03-1984.10
社員：1937.08-1939.07
役員：1939.07-1984.10
社長：1942.09-1974.08
会長：1974.08-1984.10

■吉田五郎
『創業』

■妹婿
PHPビジネスレビュー 2003.11

■内田三郎
『創業』

■ドイツの商品には…
新日本経済 1950.12

■新丸子
機械技術 1953.10

■値段にかまわず…

◉戦略旗手▶▷▶▷▷創業経営者的な外様経営者

【人物】 このケースで戦略を推進したのは実質的な創業経営者の御手洗毅氏である。キヤノンのカメラを設計したのは吉田五郎氏で、それをベースに精機光学研究所を起業したのは吉田氏の妹婿にあたる内田三郎氏と言われている。本業が産婦人科医の毅氏は、内田夫人が出産した病院の医長を務めていた関係でベンチャーに出資して、設立時には監査役に名を連ねたらしい。吉田氏は設立前に内田氏によって解任され、その内田氏も戦乱のなかで同郷の大佐に誘われて、山下南方軍司令官の側近を務めるべくシンガポールに渡ってしまったことから、毅氏が社長に担ぎ出されたという。

毅氏は、終戦後は進駐軍のアメリカ兵にカメラを売りまくり、早くも1950年に渡米視察を果たしている。そして「ドイツの商品には信用があるが、日本のはインチキの親玉のように思われ、信用がないというよりさらに不信用がはなはだしい。我々が将来海外にマーケットを拡げるためには、まず、こうした日本の同業者が過去にまき散らした悪の種を刈り取らねばならない贖罪の十字架を負わされている。それには、良品を投げつけてこれでもか、これでもかと辛抱強く努力するより手はないのである」と決意を述べていた。そして新丸子に土地を手当てして、1951年には最新鋭の不燃化工場を新設している。

この工場を建設する資金を毅氏はイギリスの商社から引き出した。見返りに製品の7割を先方経由で海外市場に回すことになったが、それが海外でキヤノンブランドを浸透させる結果につながっており、毅氏の計算高さを窺い知ることができる。しかも、借入金を完済した1955年には自販に切り替えており、したたかさには感服するしかない。

自立を勝ち取るまでの道のりで毅氏は技術者に「値段にかまわ

ずよいものを作れ」と叱咤激励し続けたという。そして労働争議に明け暮れる他社の状況を横目で睨みつつ、従業員には利益配分制度や、他社に先駆けて週5日の40時間制を導入し、GHQ（Go home quickly）運動を展開した。接待も原則として禁止しており、そこには「あちらで種々のパーティに出たが、日本の宴会のように飲み助を基準にしてダラダラと飲み食いせず、カクテル1～2杯飲んでサッサと食事にした。（中略）多年の風俗、習慣には抗しがたいが、日本の風習には改善すべき面が多々あることを、あちらの生活に鑑みて深く感じたことであった」というアメリカ合理主義の影響を見てとることができよう。

エコノミスト 1963.7

■あちらで種々の…
新日本経済 1950.12

【着想】 毅氏の着想は生産体制の近代化の一言に集約できるのではなかろうか。生産面の実務を仕切ったのは、日本光学の大井製作所で第2工場を統括した経験のある輪湖舜司氏であるが、毅氏も輪湖氏も関係会社政策については何も語っていない。両名とも海外に輸出して恥ずかしくない品質の確保を第一義と捉えて打った手が、四半世紀以上も経過したあとに発揮する威力までは考慮していなかったに違いない。

［参照文献］
『キヤノンライフNo.447』1997年7・8月
『挑戦の70年、そして未来へ』2012年
株式会社ニコン『光とミクロと共に ニコン75年史』1993年
アサヒカメラ、1985年4月
アサヒカメラ、1986年8月
アサヒカメラ、1987年4月
荒川龍彦『創業』朝日ソノラマ、1986年

ケース 663　リコー：画像&ソリューション事業

B：複合機（オフィス生産性の向上策）

戦略C／C比率◁◀◇▷▷
戦略D／E比率◁◀◇▷▷
対照：095

◉企業戦略▷▷▷▷▶多核化展開

【経緯】 リコーは1936年に東京の大森で理研感光紙として設立された会社である。理化学興業の陽画感光紙部門が独立して生まれた会社と言ってよい。創業2年目にして多核化を指向し、M&Aで

■リコー
直前決算期：2000.03
実質売上高：14,260億円
営業利益率：6.2%
海外売上率：40%
社内取締役：10

同順位相関：0.71
筆頭大株主：金融機関
利益成長率：○/○/○
東名阪上場：1949.05

カメラ事業に着手して以来、2本柱経営を続けている。本業では1953年に連続焼付を可能にした湿式感光紙を送り出し、湿式静電複写機の時代を経て1972年に乾式普通紙複写機、1974年に世界初のファクシミリ、1987年に世界初のデジタル複写機を発売してきた。1963年に米国現地法人を設立して以来、海外展開にも力を注いでいる。

【編成】本業は感光紙であったが、これは消滅した。分析対象期間中の主業は焼付機から発展した複合機で、転地が実現している。要素技術を外販する産業事業も、カメラ事業も、全社的には存在感が薄い。

■事務機器事業
期間：2000.04-2010.03
得点掲示板：8-2
営業利益率：11.4%
利益占有率：99%
開示欄序列：1
事業本拠地：神奈川県
独禁法違反：報道なし
—
1990年代：3-7
2010年代：0-4

業績推移（億円）

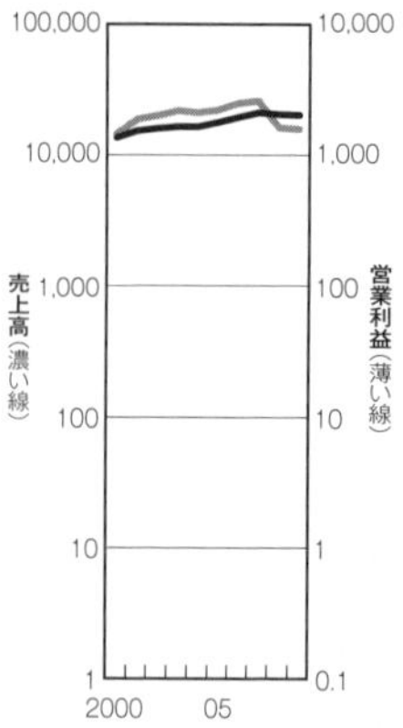

■9割

◉事業戦略▷▶▷▷▷川上・川下統合

【立地】売り物は主にオフィス生産性の向上策を織り込んだデジタル複合機、もしくは多機能複写機である。その源流は1955年に発売された事務用卓上型湿式複写機リコピー101にさかのぼる。

売り先は企業のオフィスが中心となっている。もともとは大判ロール状の工業用途（製図複写）に専念していたが、ゼロックスが開拓したカット判の事務用途（書類複写）に軸足を移してきた経緯がある。

狭義の競合は複写機の保守点検能力を持った事業者である。この分野を先導したのは米国ゼロックス社から技術と販売方式を導入した富士ゼロックスである。同社は1,000に及ぶ特許を公開せず、乾式複写機市場を10年にわたって独占した。特許切れを狙って追撃に立ち上がった国産勢のなかでも先行したのはキヤノンとコニカで、リコーは数年単位の後れを取っている。分析対象期間中にキヤノン（プリンターを含む事務機事業）は10戦全勝で19.6%、富士ゼロックス（連結）は10戦全敗で5.0%、コニカ（情報機器事業）は5勝5敗で10.2%の戦績を残している。

広義の競合は複写機のメーカーである。松下電器産業、東芝、三洋電機といった大手電気メーカーが挑戦して、辛酸を舐めている。2000年度の国内占有率はリコー、キヤノン、富士ゼロックス、シャープ、コニカ、ミノルタの順になっており、上位6社集中度は9割を超えていた。

【構え】入手ルートは自社工場群、および製造子会社群が主力を成す。リコーは大量生産技術に先鞭をつけたことで広く知られている。

日本マーケットシェア事典2002

引き渡しルートは地域ごとに設立した販売子会社群である。設置や保守も専門子会社が担当する体制ができている。

【時機】このケースは、広義の複写機という視点に立つなら先発に相当する。PCが普及期を迎えて以来、事務書類の出力は増える一方で、業界には順風が吹きまくったと言ってよい。2008年以降はアメリカで買収した販社が重荷になっている。

【源泉】この事業で高収益を許すのはパフォーマンス優位である。複写機はオフィス必需品の位置を占めるに至ったがゆえ、これが機能停止に陥るとユーザーが受ける被害は甚大になりかねない。いまやハードウェアの性能はメーカー間で横並びと言ってよいが、トラブルが起きたときのサービス対応には格差が残る。ここに価格プレミアムの成立する余地がある。「複写機業界では、機械本体の品質のみならず、販売面での強弱が最大のポイントとなっている。それは、紙・消耗品に対するサービス及び、スピーディな修理が製品に対する評価に大きな影響を与えるためである」と早くも1970年代初頭に指摘されていた。

■複写機業界では…6割
財界観測 1973.5

【防壁】この事業で高収益を守るのは過去に築き上げた販路である。乾式複写機への参入が遅れたものの、リコーは湿式複写機で6割の市場占有率を確保していて、そこで培ったサービス網には他社を寄せ付けない底力があった。逆転劇が起きた時期の各社の状況は以下のとおりである。

	販売人員	事業所数	特約店数
富士ゼロックス	5,169	80	—
キヤノン	330	—	1,000
コニカ	835	14	1,200
リコー	6,597	78	4,250

出典：財界観測1973.5

一瞥してわかるように、市場占有率はサービス力に比例することになったのである。技術開発で先行したキヤノンをコニカが事業化段階で逆転したのも、ここに理由がある。

【支柱】 この事業で高収益を支えるのは開発陣である。いくらサービス網が鍵を握ると言っても、ハードウェアの進歩に大きく落伍しては劣勢に陥りかねない。複写機にはデジタル化という山場があり、なかでもソフトウェア開発部隊にかかる負荷は大きかった。

【選択】 1937年、理研感光紙はオリンピックカメラ製作所（のちに旭精密工業）を買収して、カメラ事業に進出した。この会社は1953年4月にリコーに吸収され、2年後に発表された国産初のジアゾ複写機の技術基盤を提供した。感光紙のメーカーが会社設立の翌年に機器メーカーを買収するなど、常軌を逸しているとしか思えない。

■いちむら・きよし
生没：1900.04-1968.12
社員：—
役員：1936.02-1968.12
社長：1945.07-1968.12
会長：—

■佐賀県の一貧農…四顧の礼
私の履歴書

◉戦略旗手▶▷▶▷▷創業経営者的な外様経営者

【人物】 このケースで戦略を推進したのは創業者の市村清氏である。清氏は「佐賀県の一貧農の子に生まれ」、文字通りどん底から這い上がってきて、銀行に職を得たかと思うと上海で135日も監房生活を余儀なくされ、拷問にも耐え凌いだ経歴を持っている。無罪放免となったあとは歩合制で保険募集の仕事に就き、そこで優秀な成績を上げた縁で理研感光紙の九州総代理店を買い取ると、瞬く間に全国売上高の半分以上を九州であげてみせた。さらに朝鮮と満州の総代理店も営むことになり、ついに理化学研究所の第3代所長、大河内正敏博士によって「四顧の礼」で理化学興業の感光紙部長として招へいされることになる。そして清氏は理研感光紙の分離独立を主導した。

リコーが独立したあと、清氏は大阪、名古屋、福岡に支店を開設し、戦後も1958年に仙台、1962年に広島と支店網を拡充していった。感光紙事業に目処がつくと、それを財源として小売、石油、時計、リース、コカコーラのボトリングなどに手を出した。まさに自由奔放である。戦後野生派経営者の筆頭格として本田宗一郎と並び称されたのも、頷ける。

なお、陽画感光紙は理化学研究所の桜井季雄博士が1927年に発明したもので、戦前の日本を代表する正統派科学者が打ち立てた業績の事業化を、野性味溢れる清氏が担ったというアンバランスが実に興味深い。

1950年にニューヨークを視察した清氏は「名高いエンパイア・ビルにせよ、ハドソン河底トンネルにせよ、誰かが発案し、誰かが設計し、そして誰かが実現したものである。社長か、市長か、とにかく一個の『人間』が敢然として決裁し、そしてその実現に勇往邁進したものに違いないのである。全米幾千のビルディングや工場や建設物の一つひとつに『人間』の意志力が籠もっているのである。この気魂に私は頭を下げる。もしも自分が衝に当たったとしたら、これだけにやれたであろうか。あるいはもっとやったであろうか。人間の力で作られた最も大きな文明の前に立って私はいつまでも考えざるをえなかった」と記している。いかにも清氏らしい。

【着想】清氏の着想は多様な経験を通して身につけた事業三要件に由来するものと思われる。その中身は、1）小さくても採算がとれて、大きくすればいくらでも大きくできるもの、2）大衆性を持ち、生活上の必需品であるもの、3）現金か前金でやれるもの、の三点で、「以上の三要素を何ほどか具えた仕事、これが私の狙いであり、算盤を弾く場合の土台であったと申せましょう」と自ら述べている。カメラは、この三要件を満たしており、多核化先として魅力を感じたのであろう。

■以上の三要素を…
実業之日本 1955.9

感光紙とカメラのシナジーについて清氏は何も語っていない。しかし、60年史が指摘するように、両者の接点の上にリコーの技術基盤が築かれたことは事実である。推測の域を出ないが、会社設立の翌年に買収に動いたのは、感光紙ビジネスを知り抜いた清氏が感光機ビジネスを取り込むために欠かせない布石と見たからではなかろうか。

販売・サービス網の整備に力を入れたのも、熟慮のうえと思われる。清氏は、のちに「最近リコーの製品がきわだって伸びてきたのは、取引先の特約店、代理店、一般の小売店が、リコーの製品を自分の製品だと思って本気になって売ってくれるようになったことが真因である」と述べて、その理由を「なぜそうなったか。私が下した、掛売りをなくして現金売りにせよという厳命が、功を奏したのである」と解説する。現金売りにすれば、代理店や小売店は

■最近リコーの製品が…
なぜそうなったか…
『そのものを狙うな』

在庫リスクを負うことになるので、必死になって売るというわけである。このように保険のセールス経験を通して人間の機微に精通する点が、清氏最大の強みであった。

[参照文献]
『リコー50年の歩み』1986年
『「IPSへの道」リコー60年技術史』1996年
市村清「私の履歴書」日本経済新聞、1962年2月
市村清『そのものを狙うな』有紀書房、1964年
財界観測、1973年5月（野田晃）
ヤノ・レポート、1985年4月

第11章　Chapter 11

揺籃市場の私有化

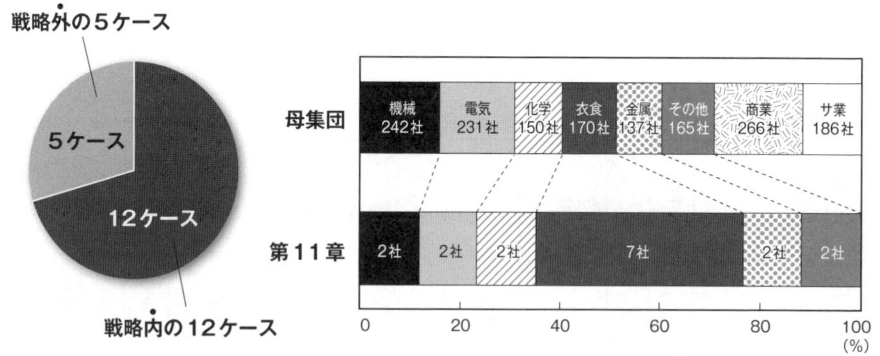

古典的戦略論は参入障壁を重視する。市場が泥沼化する前に高い参入障壁を立ててしまえば、高収益が将来にわたって約束されるというわけである。この理論を絵に描いたような成功は、10ケースに見ることができる。これらは、事業の立地や構えに負う成功ではないため、本章に集約することにした。成功を事業立地に負う先発ケース79例に比べると、古典的戦略観の有効範囲は狭いと言わざるをえない。これまで、我々は参入障壁に固執し過ぎたのかもしれない。

上記10ケース以外では、製品次元のケース2例も本章に登場する。ここまでの12ケースに共通するのは異才の存在で、第2部の第7章と似た面がある。

なお、第1部の第3章と同様で、ここには戦略とは無縁のケースも五つ登場する。いずれも特需の恩恵に浴したケースばかりである。

1 機先を制する初動

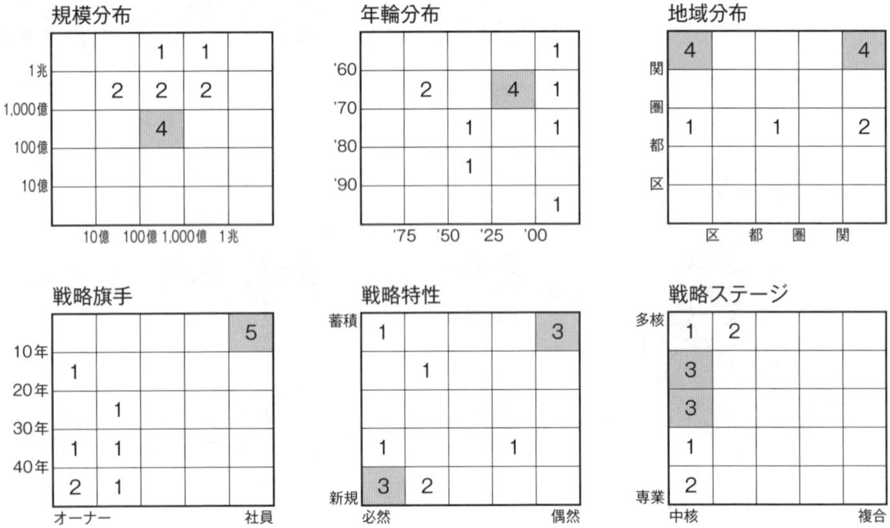

競合他社の機先を制する戦略とは、文字通り先行して、そこから発生する優位を固定化することを指す。その手段として、(1) 生産、(2) 知財、(3) 製品、の三つが浮かんでいる。(1) は原価の管理、(2) は特許の管理、(3) は製品のパフォーマンスに関係しており、有効寿命は (1) が長く、(3) は短く、(2) が両者の中間に来る。

ダッシュボードは、全体として分裂傾向が目立つ。「年輪分布」と「規模分布」を見ると、伝統ある大企業が目立つものの、それ以外のマトリックスは上記 (1) の長命と (2) の短命の対比を反映するのか、偏在することはない。たとえば (1) では長任期の同族経営者、(2) では社員が旗手となる傾向が鮮明に浮かんでいる。

11-1-1 経験曲線

経験曲線とは、累積生産量が倍になるにつれて、生産コストが定率で下がっていく現象を指す。この曲線の傾きが急であればあるほど、いち早く量産を始めたものが有利になる。そこからは、市場の揺籃期には採算を度外視して、市場占有率を「買う」戦略が示唆される。経験曲線という概念は、この戦略上の含意を一般に包含する。

似て非なる概念が規模の経済で、その時々の操業が高水準であればあるほど優位に立つことを指す。こちらはタイミングとは縁が無い。

経験曲線を活かした典型例はケース872のミネベアで、ここは本命用途のHDDが登場する前に世界一のミニチュアベアリング工場を建設して、原価低減競争を有利に展開した。ケース873のキッツは利益を工場に再投資して、鋳造から加工まで工業用バルブの一貫生産体制を他社に先駆けて完成させている。ケース874の丸一鋼管も、財務体力が許す限りの資金を工場に投下して、鋼管で他社を圧倒する累積生産量を積み上げた。

以上3ケースは金属加工に従事するが、残る2ケースは市販薬に特化する。ケース875の大正製薬は滋養強壮ドリンク剤で、ケース664のロート製薬は目薬で、他社を寄せ付けない地位を築いている。ともに目立つ広告宣伝の裏側で、近代的な生産工場を早々に建設して、累積生産量を積み上げた。

これらのケースが高収益を生み続けるのは、経験曲線の効果が累積的に効いてくるからである。このメカニズムによるコスト優位は容易に縮まるものではないため、初動がすべてを決めてしまう。

この戦略が適用できる条件としては、生産工程が適度に複雑で、自動化が効くことを挙げることができる。戦略の汎用性は広いはずである。

ケース
872

ミネベア：機械加工品事業

B：ミニチュアベアリング（回転機構部品）

戦略C／C比率◀◁◇▷▷
戦略D／E比率◀◁◇▷▷
対照：100，023，040

■ミネベア
直前決算期：2000.03
実質売上高：2,810億円
営業利益率：10.9%
海外売上率：62%
社内取締役：18
同順位相関：0.33
筆頭大株主：創業家
利益成長率：○/○/△
東名阪上場：1961.10

◉企業戦略▷▷▶▷▷販路応用多角化

【経緯】 ミネベアは1951年に東京の板橋で日本ミネチュアベアリングとして設立された会社である。1965年に工場を軽井沢に全面移転して、その3年後から事業の海外展開に乗り出した。他社に先駆けてM＆Aを駆使しながら多角化を図ったことでも知られている。1981年に始めた家具の輸入販売事業は2001年に、1984年に始めた半導体事業は1993年に、それぞれ売却・撤退した。残った事業は、ミニチュアベアリングと同じ航空機産業に売り込む螺子や機器のほか、同じくHDD（ハードディスクドライブ）メーカーに売り込む小型モーターなどがある。

【編成】 本業はミニチュアベアリングで、それが分析対象期間中も主業の座を占めていた。M＆Aで手に入れた飛び地の事業は手放して、市場や技術を共有する電子機器事業だけを残す選択をしたが、これは長らく赤字基調に苦しんでいた。

■機械加工品事業
期間：2000.04-2010.03
得点掲示板：10-0
営業利益率：16.9%
利益占有率：100%以上
開示欄序列：1
事業本拠地：タイ
独禁法違反：報道なし
—
1990年代：1-0
2010年代：4-0

◉事業戦略▶▷▷▷▷中核集中

【立地】 売り物はミニチュアボールベアリング、ピボットアセンブリー、ロッドエンドベアリングなどである。ミニチュアベアリングは早くも1960年代に500以上の品番があり、多品種少量生産が不可避となっている。

売り先は航空機部品のメーカーやコンピューター周辺機器のメーカーである。いずれも地理的には欧米や東南アジアに集中している点に特徴がある。磁気テープを用いる家電製品については日本に売り先があったが、それも円高によって東南アジアに転出した。

■約65%
98%
投資経済 1968.8

狭義の競合は外径9ミリ未満のミニチュアベアリング専業メーカーである。1960年代からミネベアの国内市場占有率は約65%、輸出占有率は98%と言われていた。競合としてスイスのRMB社やアメリカのMPB社を挙げることができるが、ミネベアは世界トップの地位を確保している。

■RMB社
機械設計 1965.2

広義の競合はベアリングの総合メーカーで、ミニチュア分野も品揃えしてくるところである。分析対象期間中に日本精工（産業機械軸受）は4勝3敗で通算利益率9.4%、NTN（連結）は10戦全敗で通算利益率5.9%、油圧機器も手がける不二越（部品）は10戦全敗で通算利益率6.4%の戦績を残している。自動車用機構部品などに多角化している光洋精工（現ジェイテクト）は、ベアリング部門の業績を分離して開示していない。ベアリング全体で見ると、ミネベアは業界5位につけている。

【構え】 入手ルートは自社工場である。軽井沢を一大拠点としていたが、シンガポールを経て、1980年以降はタイに軸足を移している。鋼球は外部から購入している。

業績推移（億円）

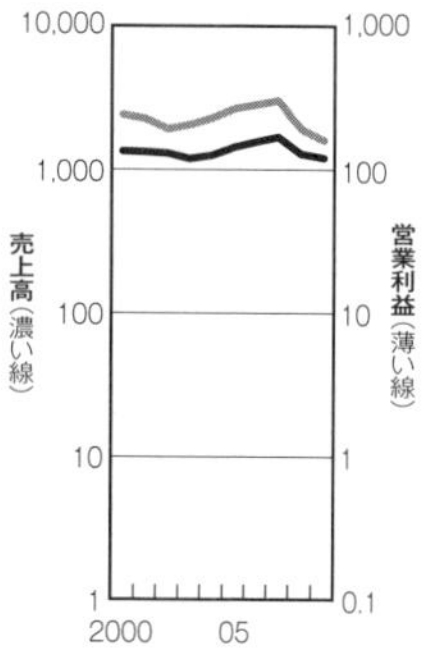

引き渡しルートは代理店経由もあったが、1967年に代理店を吸収合併してから直販主体に転じている。

【時機】 このケースは欧米勢が戦時中に先行しており、その意味では後追いになるが、本命のHDDに限ってみれば先発に相当する。インターネットが普及期を迎えて以来、地球上に保存されるデータの量は飛躍的に増大し、HDDに派生需要をもたらした。それがミニチュアベアリングにとって追風となったことは間違いない。

【源泉】 この事業で高収益を許すのはコスト優位である。揺籃期からミネベアは積極的に累積生産量を積み重ね、コストダウンを狙っていた。ミネベアは汎用品の4倍の価格で売れるハイエンド品に事業を絞っており、それがコスト優位を増幅する効果もある。ハイエンド品は0.5ミクロン以下の精度が求められるため、やはり生産部門の健闘が欠かせない。

■4倍
300個以下
証券アナリストジャーナル 1970.4

【防壁】 この事業で高収益を守るのは大数の法則である。ハイエンドのミニチュアベアリングは種類が多いこともあり、オーダーサイズは300個以下が一般的という。これは上流の機械工程の最小効率生産規模をはるかに下回る。多品種少量生産を模索する競合他社を尻目に、問題の構造を見抜いたミネベアは独り多品種大量生産体制を構築してしまった。世界中から小口注文をかき集めることで在庫リスクを極小化して、先行投資した大規模工場で見込み生産を成立させたのである。そうなると、競合他社はニッチ狙いに徹するほかはない。

【支柱】この事業で高収益を支えるのは工場の立ち上げ部隊である。ミネベアは1985年に三協精機の株式を買い進め、同社に合併を持ちかけた。その動機の一つとして「海外生産のいっそうの拡大が必要で、そのため海外に派遣する優れた技術者が多数必要であった」と指摘されている。この買収は失敗に終わったことから、ミネベアは社内の人員をフル回転させることで生産拠点の海外移転を成し遂げたものと思われる。海外駐在員や長期出張者の献身的な尽力がなければ、ミネベアも苦戦を強いられていた可能性は否定できない。

■海外生産のいっそうの…
商事法務 1988.5.5

【選択】1963年3月、上場を果たしたばかりの日本ミネチュアベアリングは軽井沢に世界一のミニチュアベアリング専用工場を建設した。これは、アメリカの工場の倍の規模を実現したもので、軽井沢工場が順調に稼働を始めると、ミネベアは川口工場を閉鎖してしまった。思い切りの良さには感心するしかない。ちなみに、円安は輸出ビジネスの武器になりはしたが、軽井沢工場に搬入した機械が欧米製で、固定費を積み増す効果もあったことは認識しておく必要がある。

◉戦略旗手▷▶▷▷▷第2世代同族経営者

■たかはし・たかみ
生没：1928.12–1989.05
社員：—
役員：1959.03–1989.05
社長：1966.04–1972.11
　　　1975.11–1987.01
会長：1972.11–1975.11
　　　1987.09–1989.05

【人物】このケースで戦略を推進したのは実質的な創業者の長男、高橋高見氏である。高見氏は大学を卒業してから鐘紡で人事・労務に従事していたが、1959年に日本ミネチュアベアリングの専務に就任した。日本ミネチュアベアリングの初代社長、航空技術者の富永五郎氏はサンフランシスコ平和条約が発効すると日本航空整備の取締役技術部長に迎えられ、資金難に陥った日本ミネチュアベアリングを後にした。その後始末を買って出たのが高見氏の父親、高橋精一郎氏で、屑鉄ビジネスを通して取引のあった日産自動車の村山威士氏に懇願されたそうである。

■高橋精一郎氏
オール生活 1962.10
オール生活 1963.12

高見氏は大学在学中に養豚業や石鹸原料事業を営んでおり、事業好きの性格は父親譲りの趣がある。ただし、明治生まれの父親とは異なって、合理性を尊重したところはアメリカ譲りと言ってよい。高見氏は日本にＭ＆Ａの手法を持ち込んだことで鳴らしたが、

■養豚業や石鹸原料事業
『異色の“ミネベア経営”』

それはアメリカ好きと事業好きが高じた結果と言えよう。

高見氏が34歳当時のインタビューからは、軽井沢工場が彼の「作品」であることが痛いほどに伝わってくる。機械の買い方から寮の細則まで、ありとあらゆる面に高見氏は心血を注いだようである。1980年代の言動は派手の一言に尽きるが、1960年代の言動は実直で、現場重視、実務重視の姿勢が滲み出ている。

■34歳当時のインタビュー新規のサイズを百個…
証券投資レポート 1963.3

【着想】 高見氏の着想は現場で苦闘するなかで生まれたものと思われる。少し長くなるが1963年当時の発言を引用すると、「新規のサイズを百個くれと言われても機械工程のうえからいって百個つくるというわけにはいきません。やはり少なくとも二千個ぐらいはつくるわけです。百個売った残りの千九百個というのは、完成品あるいは部品としてランニングストックになるわけです。（中略）私どものところでは三百種類ぐらいはストックがありますから、まずどんな小口の注文にでも即応できる態勢ができています。そういう体力がついてきたというのが、当社のいちばん大きな財産になっていると思います」ということになる。

それが1970年になると、「ミネチュアベアリングは多品種少量販売を余儀なくされているが、従来はこれを多品種少量生産で応じてきた。アメリカの大手4社がこの分野から撤収したのも多品種少量生産から脱することができなかったからである。ところが、当社では世界各地からゴミのような注文を集め、大量生産を行う体制が確立する段階に入った。これは大きな当社の強みになっている」と発言が進化した。こうして、トヨタ生産方式の逆を行くミネベア生産方式が完成を見たのである。海外展開は、その次の打ち手であった。

■ミネチュアベアリング…
証券アナリストジャーナル 1970.4

[参照文献]

『富永五郎氏追悼録』1988年10月
竹内令『異色の“ミネベア経営” 高橋高見の秘密』実業之日本社、1984年
特殊鋼、1968年9月（浅野進）
精密工学会誌、2007年1月（平尾明洋）

ケース 873

キッツ：バルブ事業

B：金属製バルブ（工業・公共配管向け機能部品）

戦略C／C比率◀◁◇▷▷
戦略D／E比率◁◀◇▷▷
対照：129

■キッツ
直前決算期：2000.03
実質売上高：670億円
営業利益率：5.3%
海外売上率：16%
社内取締役：4
同順位相関：0.80
筆頭大株主：外国法人
利益成長率：△／×／△
東名阪上場：1977.04

◉企業戦略▷▷▷▷▶多核化展開

【経緯】 キッツは1951年に東京の北区で北澤製作所として設立された会社である。最初に手掛けたのは青銅バルブで、黄銅鍛造バルブ、ステンレス鋼バルブ、鋳鉄バルブ、鋳鋼バルブの順に製品ラインを拡げてきた。買収した子会社の伸銅事業を継承したほか、バブル期にレジャー・スポーツ関連のサービス事業に着手して、事業領域を拡張している。なお、2004年にはバルブ業界の老舗にあたる東洋バルヴを吸収した。

【編成】 本業はバルブで、それが分析対象期間中も主業の座を占めていた。伸銅素材の外販事業もサービス事業も全社利益の1割未満に留まっている。

■バルブ事業
期間：2000.04–2010.03
得点掲示板：9–1
営業利益率：12.5%
利益占有率：95%
開示欄序列：1
事業本拠地：長野県
独禁法違反：報道なし
—
1990年代：9–1
2010年代：2–2

◉事業戦略▷▶▷▷▷川上統合

【立地】 売り物は液体やガスの流れを配管内で制御する金属製のバルブである。流体の温度、圧力、化学特性に応じて多種多様な素材や構造、サイズや操作方式をフルラインで取り揃えているところにキッツの特徴がある。製品総点数は9万に及ぶという。素材別に見ると主力は青銅バルブで、それに鋳鋼バルブ、鋳鉄バルブの順に続いていた。

売り先は主に石油やガスをはじめとする天然資源の採掘、精製、加工にかかわるプラントである。ほかにも配管のあるところは、すべてキッツの売り先に数えてよい。

狭義の競合は総合バルブメーカーで、ここが東洋バルヴとキッツの主戦場である。

広義の競合はバルブのメーカーで、特定の機構や素材に特化した中小企業が世界中にひしめいている。日本では、かつて大規模問屋が自社ブランドを持ち、分野ごとに生産委託先を選別した経緯があり、バタフライバルブの巴バルブや、大型バルブの岡野バルブのように分化が進んでいる。キッツは分野ごとにトップシェアを持つと言われながら、日本バルブ工業会の正会員だけでも100社以上を数える市場で、国内シェアは16%に留まっている。

■16%
日経朝刊 2003.12.20

【構え】 入手ルートは主に山梨県と長野県に配置した素材別の自社工場である。キッツは鋳造から切削、組立に至る一貫生産を実現して、「北澤スペシャル」と呼ばれる改造設備を揃えていた。コスト競争力を問われる汎用品については、中国や東南アジアに展開した自社工場から調達する体制ができている。

引き渡しルートは大手エンジニアリング会社に対しては直販を主体とする。小口にユーザーに対しては、専門商社や代理店を活用している。1973年時点でメインの問屋が25軒ほどあり、その下にサブの販売店を約700店抱えていた。

■25軒
700店
経済界 1973.3

【時機】 このケースは、量産という意味においては先発に相当する。高度成長の波を捉えたことは間違いない。

業績推移（億円）

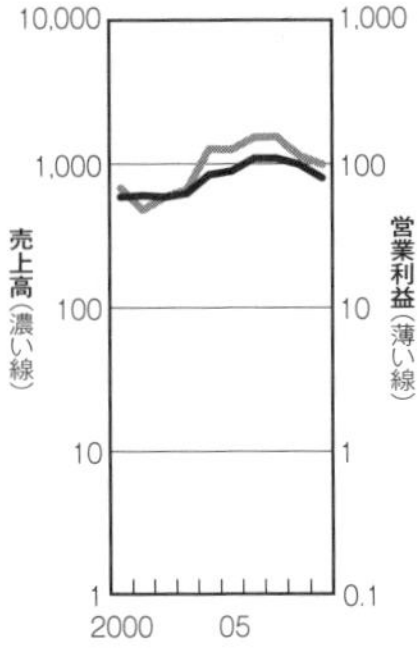

【源泉】 この事業で高収益を許すのはコスト優位である。9万のバルブを即納するためには、頻繁な段取り替えを覚悟して生産ロットを小さくするか、生産効率を優先して在庫を抱えるかしかない。東洋バルヴは後者の道を選び、需要が冷え込んだところで資金繰りに窮してしまった。特に鋳型を使う鋳造工程は大ロット生産を好む傾向にあり、品種ごとに外注を使う体制では、仕掛品在庫が膨大になってしまう。在庫が膨大になればなるほど逆説的に品切れが頻発する現象は、オペレーションズ・マネジメントでは常識と言ってよい。キッツは小ロット生産の道を選び、鋳造工程を内製化して川下との整流化を図っていった。そうすることで、トータルコストの低減を実現したに違いない。

【防壁】 この事業で高収益を守るのは競合の自縛である。小ロット生産をすると、誰の目にも頻繁な段取り替えが無駄と映る。それに対して、大ロットの計画生産は見た目の効率も、机上の経済性も文句のつけようがない。だから先発組は大ロット計画生産から離れられない。その罪は、死蔵在庫の廃棄ロスや苦境時の資金ショートという形で何年も後になって明らかになる。明らかになってから騒いでも手遅れというところが恐ろしい。

【支柱】 この事業で高収益を支えるのは自制の効いた営業部隊である。営業は成績不振を帳消しにすべく一発逆転の大型件名を追う傾向にあるが、小ロット生産に基づく戦略の均整を保つには、受注の平準化が欠かせない。

【選択】 1960年、北澤製作所は無借金経営を捨てて外国製新鋭機の大量導入に踏み切った。上場前は短期融資が有形固定資産総額を上回っており、普通に見れば狂気の沙汰以外の何物でもない。

■きたざわ・としお
生没：1917.01-1997.03
社員：—
役員：1951.01-1993.06
社長：1951.01-1985.06
会長：1985.06-1992.07

◉戦略旗手▶▷▷▷▷創業経営者

【人物】 このケースで戦略を推進したのは創業者の北澤利男氏である。利男氏の父親は、郷土の諏訪市で隆盛を極めた繊維産業が動力源として水蒸気を導入するときに、それを制御するバルブの将来性を嗅ぎ取って1919年に東洋バルヴを創業していた。長男の利男氏は、ライバル会社を起業したことになる。東洋バルヴは石油ショックの余波を受けて1976年に倒産してしまい、三井物産の下で再建を試みていたが、いまはキッツの傘下にある。

利男氏は父親の会社で鋳造の現場に入り、徒弟制度を経験した。そして軍需生産の要請が強まるなかで、父親が信管を製造する東洋バルヴを設立したのを機に、その工場長を任される。ここで利男氏は工場を一から立ち上げて、数千人を雇い入れ、日産数十万個という大量生産を成し遂げた。家内工業の域を出なかった戦前のバルブと比べると、これは桁違いの数字と言ってよい。納品先が軍であり、品質要求水準も厳しかった。

戦後の混乱が収まると、不動産投資に身を乗り出した父親に反発したのか、長男の利男氏は独立して近代的な工場の建設に邁進した。父親の下に残った二男、三男、四男、六男を尻目に、利男氏は余資が生まれるや否や外国製の機械を購入し、改造に勤しんだ。販売面は配管機材で有力問屋と言われていた大嶽商店の大嶽誠一氏が、資金面は地場の山梨中央銀行や八十二銀行が、それぞれ面倒を見てくれた。こうして協力者が現れたのも、利男氏の一途さの為せる業と言えよう。

【着想】 利男氏の着想は高校時代に固まった。県立長野工業で日本の工業近代化に使命を見出して以来、利男氏は生産の合理化に生涯を捧げたと言ってよい。「バルブは鋳物で決する」が口癖だったという。これは、製造品質がコストを左右するのがバルブのビジネスで、品質は川上で決まることを看破したうえでの金言と思われる。

［参照文献］
山里石峰『透徹の人 北澤利男伝』キッツ、1998年

ケース874 丸一鋼管

B：鋼管（鉄製の構造材・配管材の適時・適品供給）

戦略C／C比率◀◁◇▷▷
戦略D／E比率◁◀◇▷▷
対照：160，170，178

◉企業戦略▶▷▷▷▷本業集中

【経緯】 丸一鋼管は1947年に大阪で丸一鋼管製作所として設立された会社である。源流は、1913年の福松製作所にさかのぼり、自転車用のブレーキからハンドルへ業容を拡げたところで満州に販売したハンドルが品質不良を起こし、それを機に鋼管の自製化に乗り出したという。自転車部品部門は戦時中に他社との合併を強要されてしまい、戦後は残った鋼管部門で松下電工向けの電線管を手掛ける仕事から復興を成し遂げて、今日に至っている。なお、2006年からベトナムでサン・スチールの株式を買い増したことから、同社の表面処理鋼板事業が別セグメントを構成するようになった。

【編成】 本業は配管用鋼管であったが、上場後は構造用鋼管が圧倒するに至っている。

■丸一鋼管
直前決算期：2000.03
実質売上高：830億円
営業利益率：14.5%
海外売上率：10%未満
社内取締役：11
同順位相関：▲0.01
筆頭大株主：創業家
利益成長率：△／△／△
東名阪上場：1962.03

◉事業戦略▶▷▷▷▷中核集中

【立地】 売り物は帯鋼から造る鋼管（パイプとポール）である。小径高級パイプから出発したが、いまは丸管なら8ミリの小径から508ミリの中径までフルラインを揃えている。丸管だけでなく角管も手掛けており、仕上げの面でも鋼管のデパートと呼ぶにふさわしい。品番数は7,400に及ぶという。そのなかで、いちはやく配管用から構造用に軸足を移した点が、丸一鋼管の特徴と言ってよい。

売り先は自転車部品メーカー、スチール家具メーカー、水道工事業者、ハウス栽培農家、道路設備事業者、石油採掘事業者など、多岐にわたっている。

■全社
期間：2000.04–2010.03
得点掲示板：9–1
営業利益率：14.0%
利益占有率：100%
開示欄序列：0
事業本拠地：千葉県
独禁法違反：1976.12
—
1990年代：10–0
2010年代：4–0

■7,400
証券アナリストジャーナル 1989.8

狭義の競合は独立系の構造用鋼管のメーカーである。独立系は、国内高炉メーカーのほか、国内の電炉メーカーや韓国の高炉メーカーから熱延帯鋼を調達できる点を強みとする。丸一鋼管のほかには栃木の大和鋼管工業や大阪の新家工業があるが、前者は未上場で、新家工業（鋼管）は分析対象期間中に10戦全敗で通算利益率2.6%に終わっている。矢野経済研究所の日本マーケットシェア事典によると、1999年度時点で丸一鋼管は普通鋼熱間鋼管で2位（シェア12%）、電縫鋼管で1位（シェア19%）を誇り、他を寄せ付けていない。構造用鋼管では1位、溶接鋼管では国内シェア25%という数字もある。

■25%
日経産業 1994.12.16

広義の競合は川上の鉄鋼メーカーである。新日本製鐵は、角管では日鉄建材工業、丸管では日鉄鋼管（旧東芝鋼管）を擁している。日本鋼管は鋼管建材、住友金属工業は日本パイプ製造を擁していた。彼らは、自動車の海外現地生産に伴って過剰になりつつある国内高炉の市場を新たに確保することを狙っている。

【構え】 入手ルートは自社工場である。丸一鋼管は当初から「需要地生産即納体制」を標榜しており、工場を大阪圏、東京圏、名古屋圏、香川県、北海道、九州に分散配置してきた。アメリカではカリフォルニアとシカゴに工場を置いている。原材料の熱延帯鋼は本社で一括購入して、それに自社で冷延や鍍金の前処理を施したうえで内作した製管機に回している。鋼材を一貫加工処理できるのは丸一鋼管だけという。

■一貫加工処理
日経産業 1994.12.16

引き渡しルートは直販と小口向けの丸一鋼販を主軸とするが、ほかに鉄鋼商社経由の店売りもある。「何より使う人の立場になって作る」ために、末端需要家との綿密な接触を重視するのが丸一鋼管の信条となっている。

■何より使う人の…
50年史

【時機】 このケースは厳密に言えば堺に先発組がいたが、戦後の大量生産という意味においては先発に相当する。分析対象期間中に丸一鋼管の海外売上高比率は20%ポイントほど上昇しており、新興国需要を取り込んだようである。

【源泉】 この事業で高収益を許すのはコスト優位である。他社に先駆けて工場の近代化を図ってきた丸一鋼管は、一般には市況商品と目される製品分野で、仕上げを綺麗にしたり、管全体に錆止めや塗装を施したり、端にネジ山を切ったり、顧客の望む長さにカットして納品したり、顧客にプラスアルファの価値を提供することを怠らない。顧客が評価するサービスを安く提供できるのは、工場に投資した成果である。

【防壁】 この事業で高収益を守るのは絶えざる革新である。丸一鋼管は十年一日のごとく鋼管をつくり続けるのではなく、市場の変化を先取りして新鋭設備を導入し、製品のアップグレードを図ってきた。いつの時代も競合が追随できない分野を確保してきた点は見上げるに値する。

【支柱】 この事業で高収益を支えるのは俊敏な経営陣である。新設された堺工場の開所式で三井物産の大阪支店長は「設備は大企業並み、これを中小企業が運営するというのだから、これは強い」と語ったそうである。トーメンの副社長も「営業活動面でのデシジョンの早さと適確さ」を称賛してやまなかった。大企業になったあとも地に足をつけ、その時々の状況に臨機応変に対処する様は、まさに同族企業の鏡と言ってよい。

【選択】 1961年10月、丸一鋼管は大阪府と堺臨海工業用地の売買契約にサインした。これは、資本金の4倍に相当する投資で、隣接地への進出企業は八幡製鉄や宇部興産など一流の企業ばかりであった。この堺の地で、1963年に第一製管工場が稼働し、1965年4月に開所式が開かれた。

業績推移（億円）

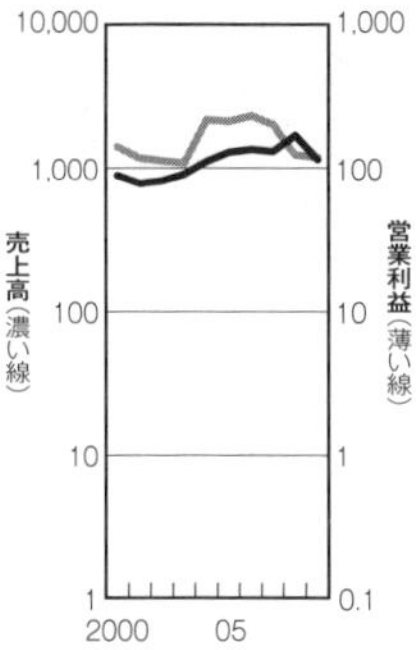

■設備は大企業並み…
50年史

■営業活動面での…
『鋼管ひとすじに』

◉戦略旗手▶▷▷▷▷創業経営者

【人物】 このケースで戦略を推進したのは創業者の夫人、吉村タキノ氏である。タキノ氏は葛城の貧しい農家に生まれ、母親に「貧乏は辛いものだ。だから、お前たちは、男でも女でもかまわない。とにかく、偉い人になっておくれ」と教育され、機織りに精を出したという。19歳で嫁いだ相手の福松氏は生粋の技術屋で、「いい製品さえ造っていれば、最後には必ず何とかなるさ…」を口癖に自転車部品を手掛けていたそうである。

結婚して10年少々で300坪の土地を買い、工場と家を新築したが、落ち着く間もないうちに建屋は全焼し、さらに大恐慌を機に30人の従業員がストライキに打って出た。この窮地に30代半ばの

■よしむら・たきの
生没：1896.04-1965.08
社員：—
役員：1947.12-1965.08
社長：1947.12-1965.05
会長：1965.05-1965.08

■貧乏は辛いものだ…
いい製品さえ…
『私の歩んだ道』

■3人
『鋼管ひとすじに』

■オレは鋼管製造…
『私の歩んだ道』

■当時私たちは不況期に…
150坪を買う…
テキパキとした…
『鋼管ひとすじに』

■販売は、むろん…
人目を奪う最新型の…
実業之世界 1963.5

タキノ氏は夫を外に送り出し、自ら団体交渉の矢面に立っている。最後は3人の首謀者を解雇したうえで、100日でストライキを終わらせた。

再開後は上述した品質問題に遭遇し、福松氏はタキノ氏に「オレは鋼管製造のほうを専門にやろうと思うが、いままで続けてきた自転車の部品のほうは全部お前が引き受けてくれないか。(中略)任すから、好きなようにやってくれ」と持ちかけられる。そして福松氏が1941年に早世したあとは、慣れない鋼管事業のほうを残し、川下の自転車部品事業を売却した。

戦後に丸一鋼管として再スタートを切った時点で、長男の精仁氏は19歳、2人の娘婿は29歳と30歳であった。51歳のタキノ氏は、彼らを束ねて戦後の復興需要を満たすべく、増設に次ぐ増設を決行していった。娘婿の言葉を借りると「当時私たちは不況期に設備しようというのが持論でしたが、工場を造っているときは不況、操業を始めるころになると好況と、実にうまくいきました」ということになる。そして上場に漕ぎつけると、タキノ氏は「150坪を買うのでさえ苦労した昔を思うと、まったく夢のようです」と言いながら堺臨海工業地帯に3万7,000坪の土地を購入したのである。

タキノ氏の功績は、取引先をして「テキパキとした処理ときめの細かさは一々ビジネスマン精神の何たるかを教えられる思いがします。特に経営陣のチームワーク振りは称賛に値するものです」と言わしめたところにある。ただし、「販売は、むろん吉村タキノ社長が陣頭指揮をとる。非常に思い切りがいいので有名だ」という指摘があることも忘れてはならない。チームワークについても、娘婿や従業員に自社株を持たせたのはタキノ氏である。厳しいストライキを乗り越えた経験が存分に生きているように思われる。

タキノ氏は「人目を奪う最新型のベンツやキャデラック」を乗り回す一方で、丸一鋼管の設立時から民生委員を続け、養老院や貧困母子家庭への関わりを大事にした。小唄や長唄を趣味にしたそうである。

【着想】 タキノ氏の着想は知る術がない。堺工場の計画を主導したのは長女の婿であったが、タキノ氏自身も乗り気で、次女の婿の反対を押し切ったという。ただし、次女の婿が予想したとおり、経営陣は堺工場で背負った借金の返済に苦しむことになり、その反動で1974年から完全無借金経営に移行した。

[参照文献]
『マルイチ50年のあゆみ』1999年
『私の歩んだ道 12 (6)』産業研究所、1963年
『鋼管ひとすじに』フジ・インターナショナル・コンサルタント出版部、1965年

ケース 875 大正製薬：セルフメディケーション事業

C：滋養強壮ドリンク剤（ファイトの素）

戦略C／C比率◀◁◇▷▷
戦略D／E比率◀◁◇▷▷
対照：—

■大正製薬
直前決算期：2000.03
実質売上高：2,710億円
営業利益率：30.5%
海外売上率：10%未満
社内取締役：6
同順位相関：0.99
筆頭大株主：創業家
利益成長率：○／△／○
東名阪上場：1963.09

◉企業戦略▷▷▶▷▷技術応用多角化

【経緯】 大正製薬は1928年に東京の文京区で大正製薬所として設立された会社である。源流は1912年（大正元年）まで遡る。滋養強壮剤から出発して、特約株主制度を打ち出すことにより薬局薬店との直接取引に道をつけ、これを戦後は大正チェーンに発展させている。ラジオを広告宣伝媒体としてワシのマークを浸透させると、1962年に保健剤のリポビタンDを発売して、テレビ広告で一大商品に仕立て上げた。第二の柱とする医療用医薬品は1957年から取り組んでいるが、意外と利益率は低位にとどまっている。1980年代からは海外市場の開拓に投資を振り向けてきたが、こちらも大きな成果には結びついていない。

【編成】 本業は滋養強壮剤で、これが分析対象期間中も主業の座を占めていた。市販薬は本業と販路を共有する。

■セルフメディケーション事業
期間：2000.04-2010.03
得点掲示板：10-0
営業利益率：21.7%
利益占有率：81%
開示欄序列：1
事業本拠地：埼玉県
独禁法違反：報道なし
—
1990年代：2-0

◉事業戦略▶▷▷▷▷中核集中

【立地】 売り物はリポビタンDを筆頭とするドリンク剤である。リポビタンシリーズのほか、ゼナやアルフェスタイルという別ブランドも展開している。リポビタンDは元祖エナジードリンクと呼ぶべき存在で、海外で模倣を触発した。ドリンク剤は大衆薬市場の6割を占めるそうである。

売り先は国内外の一般消費者である。

2010年代：4-0

狭義の競合はドリンク剤のメーカーである。1963年のエスカップ、1964年のアスパラCとチオビタドリンク、1965年の新グロモントと追随参入は絶えなかったが、大正製薬が市場の4割以上を押さえて独り勝ちと言われている。

■6割
週刊東洋経済 2003.10

■4割以上
日経産業 2001.7.16

広義の競合は各種清涼飲料水のメーカーで、その代表格はオロナミンCの大塚製薬である。

【構え】 入手ルートは自社工場群である。歴史があるだけに、合理化が進んでいる。原料はバルク購入する。

引き渡しルートは薬局薬店などの小売経由で、間に卸を介在させないところに大正製薬の特色がある。大正製薬はチェーン加盟薬局に「競争者と取引しないことを条件とする」規約を押しつけたとして、1953年に排除命令を受けたことがある。リポビタンDは、そのあとに発売されている。

■競争者と取引しない…
公正取引 1968.4

【時機】 このケースは、ドリンク剤の草分けであり、先発に相当する。佐藤製薬のユンケル黄帝液はリポビタンDに遅れること5年、清涼飲料水に分類される大塚製薬のオロナミンCもリポビタンDに遅れること3年で発売されている。高度成長期のとば口に間に合ったのはリポビタンDだけである。分析対象期間中には再販制度が撤廃され、広告規制も緩和されるなど、大胆な競争促進政策が施行された。それにより、強固な販路であった個人経営の薬局は地盤沈下の憂き目を見たが、大正製薬はGMS、ドラッグストア、コンビニに販路を拡げ、新チャネルで拡販に成功した。

業績推移（億円）

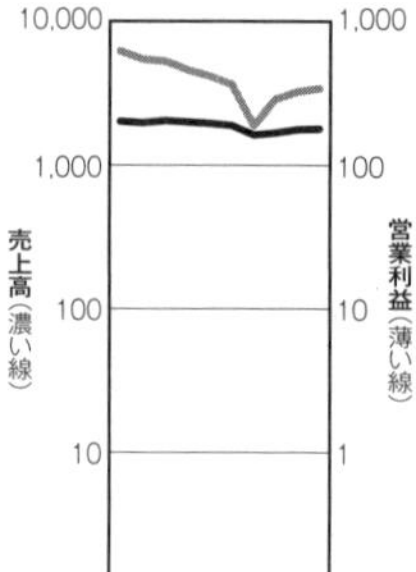

【源泉】 この事業で高収益を許すのはコスト優位である。発売から41年間で累計200億本を出荷した実績は、言うまでもなくコストに反映する。「ファイト！一発！」というキャッチコピーばかり注目を集めるが、その裏で築いた物流・生産体制にこそ、大正製薬の真髄がある。

【防壁】 この事業で高収益を守るのは認知度である。認知度が高いから、これを率先してストックする店が増え、販路も強固になる。他社に先行して市場を形成し、あっという間に有効なテレビコマーシャルで圧倒的な認知度を築いてしまった事例として、右に出るものは思い浮かばない。興味深いことに、大正製薬は1951年まで「広告をしなくても売れる商売」を目指していたという。

■広告をしなくても…

【支柱】 この事業で高収益を支えるのは生産部隊である。当初から完全に自動化された生産ラインを維持管理して、品質事故を起こすことなく稀にみる大量生産を日夜続けてきたスタッフがいてこそ、戦略の均整が保たれることを忘れてはならない。

『大正製薬の五十年』

【選択】 1963年4月、大正製薬はリポビタンDのテレビコマーシャルに巨人軍の王貞治選手を起用した。当時の王選手は新人で、1963年のペナントレースでホームラン王に輝き、あたかもリポビタンDに助けられて強くなったかのごとくであった。その後は王選手がホームランを打つたびにリポビタンDの売上が急増するようになったという。

◉戦略旗手▶▷▷▷▷創業経営者

■うえはら・しょうきち
生没：1897.12–1983.03
社員：1915.04–1928.03
役員：1928.03–1929.10
1936.11–1965.06
1966.09–1983.03
社長：1946.06–1965.06
1966.09–1973.05
会長：1973.05–1981.06

【人物】 このケースで戦略を推進したのは実質的な創業経営者の上原正吉氏である。大正製薬を創業したのは石井絹次郎氏であるが、彼の個人商店を押しも押されぬ大企業に仕立て上げたのは番頭の上原正吉氏と見て間違いない。特約株主制度を考案したのも、大正チェーンを形作ったのも、大阪支店長時代の正吉氏である。

正吉氏は木綿つむぎ糸の仲買を営む兼業農家の六男に生まれたが、6歳の誕生日を迎えるまでに母親も父親も腸チフスで亡くしてしまい、独立を期して「この人の下でなら働いてもいい」と思う主人を探し歩くうちに、石井絹次郎氏の大正製薬所に辿り着いたという。

■この人の下でなら…
『大正製薬の五十年』

なお、正吉氏は1950年に初当選して以来、1980年まで参議院議員を務めていた。第1次佐藤栄作内閣で科学技術庁長官に任命されている。

【着想】 正吉氏の着想は仕事への埋没から生まれたようである。80年史によると「従来、薬は苦く、まずいものと一般に考えられていたが、大正製薬のアンプル剤は味がよいと褒められていた。だが、これを大型、つまり薬に水を加えて量を多くすれば、いっそう味やまずさが薄くなる。これにさらに味をつけ、冷やして、いまのアンプルよりもっとうまいものにしたら、歓迎されるのではないかと考えた」のが正吉氏ということになる。

■従来、薬は苦く…
80年史

そこから先は実務部隊の出番で、3,600本分の卸売代金を支払った薬局に三洋電機の冷蔵ストッカーを無償配布したり、1本足打法を初披露して4ヶ月しか経たない王選手と広告タレント契約を結んだり、発売翌年に150円から100円へと価格を改定したりして、独走の条件を整備していった。一店に何台も置けない冷蔵ストッカーは、社名とワシのマークが燦然と輝いていたこともあり、薬局内で他社製品を排除する役割を担ったようである。

■子供でも覚える言葉を…
80年史

正吉氏は、新興マスメディアの威力を嗅ぎ取るタイミングも早かった。登場直後からラジオに着目した正吉氏は「子供でも覚える言葉を考えよう。人の耳に残る言葉を考えよう」と訴えて、ときには自らキャッチフレーズを考案したという。また、ラジオのゴールデンタイムが通説の19時ではなく、22時からと看破したのも正吉氏であったそうである。

［参照文献］
『大正製薬80年史』1993年
『大正製薬90年史』2002年
『父の思い出――石井絹次郎伝』1965年
『上原正吉と大正製薬』1982年
小俣行男『大正製薬の五十年』徳間書店、1980年

ケース664 ロート製薬：アイケア事業

C：市販目薬（目の違和感除去）

戦略C／C比率◁◁◇▶▷
戦略D／E比率◁◀◇▷▷
対照：005

■ロート製薬
直前決算期：2000.03
実質売上高：550億円
営業利益率：8.7%
海外売上率：21%
社内取締役：5
同順位相関：▲0.05
筆頭大株主：創業家
利益成長率：△／△／△
東名阪上場：1962.10

◉企業戦略▷▷▶▷▷販路応用多角化

【経緯】 ロート製薬は1949年に大阪で信天堂山田安民薬房を引き継いで設立された会社である。1899年から始めた祖業は市販用の胃腸薬であったが、トラホームの流行を機に市販用目薬を発売し、1909年から二本柱体制に移行した。1975年に商標専用使用権を取得したメンソレータムの米国本社を1988年になって買収したことから、第三の柱としてスキンケア事業が立ち上がり、それをベースにした機能性化粧品分野への侵攻が始まっている。

【編成】 本業は胃腸薬であったが、分析対象期間中の主業はアイケアに移行していた。BCG流のポートフォリオマネジメントを忠実

に実行して多角化を遂げているが、営む事業はすべてドラッグストアという販路を共有する。

◉事業戦略▶▷▷▷▷中核集中

【立地】 売り物は市販用の目薬である。少品種多量販売主義を採ってきたが、近年は効能別にカテゴリーの細分化が進んでおり、フルライン政策を採っている。

売り先は一般消費者である。あらゆる年齢層を顧客とするところに特徴がある。

狭義の競合は市販用目薬を手がけるメーカーで、専業では未上場の千寿製薬が該当する。処方薬で強い製品群を誇る武田薬品工業、医療用目薬でトップシェアを持つ参天製薬、大衆薬を広く取り揃える大正製薬、日用品に注力するライオンなどが参入してきたが、市販用ではロート製薬が45%のシェアを確保して、2位以下を大きく引き離している。

広義の競合は目薬離れである。人々が休息や睡眠を十分にとることで目薬を使わなくなると、目薬メーカーは形無しとなる。

【構え】 入手ルートは自社工場群である。生産工程は徹底的に自動化を図っている。

引き渡しルートはOTCに強い大木や丹平中田といった特約代理店経由である。ロート製薬は小売店をロート会として組織化する一方で、プル型のマーケティングを得意として、テレビCMに潤沢に予算を割いている。

【時機】 このケースは、日露戦争に端を発しており、先発に相当する。「目薬を点眼容器に入れて売りだしたのもロート目薬が最初だった」と言われている。分析対象期間中には、花粉症や黄砂の飛来が取り沙汰されていた。PCや携帯電話の普及も、目薬需要を押し上げる方向に作用した。

【源泉】 この事業で高収益を許すのはコスト優位である。派手なテレビコマーシャルの裏側で早々に築き上げた生産体制が、このケースではボディブローのように効いている。

【防壁】 この事業で高収益を守るのは認知度である。全国津々浦々に点在する売り場に入り込み、棚のスペースを確保しようと思え

■アイケア事業
期間：2000.04-2010.03
得点掲示板：10-0
営業利益率：29.1%
利益占有率：60%
開示欄序列：1
事業本拠地：大阪府
独禁法違反：報道なし
—
1990年代：10-0
2010年代：4-0

■45%
日本マーケットシェア事典2002

■OTC
大衆薬

■目薬を点眼容器に…
実業之日本 1962.2

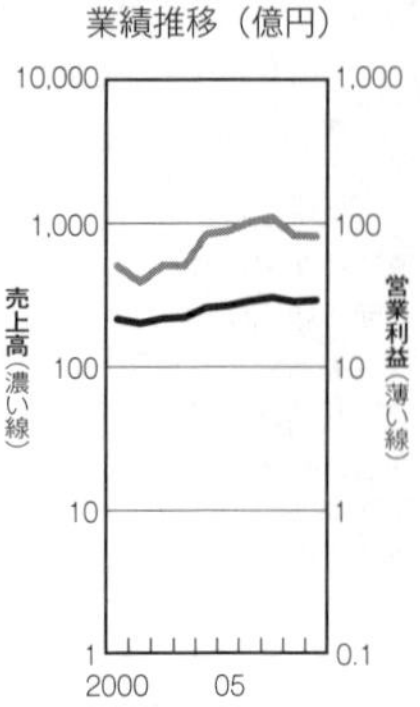

ば、何はともあれ有力卸と関係を築き、さらに広告宣伝を連打して消費者からの引きを作らなければならない。ロート製薬は、競合他社に先んじて卸を儲けさせてきた歴史があり、広告宣伝の累積効果でも競合他社を凌駕する。棚を取れない新参者がフルラインで製品を取り揃えても、開発費を回収できる見込みはなく、そのため秩序ある競争が持続しやすい。

【支柱】 この事業で高収益を支えるのは開発部隊である。小売の棚に空白地帯を作ってしまうと、競合他社に市場占有率を奪われることになりかねない。それゆえ、競合他社が次から次へと仕掛けてくる新製品カテゴリーを遅延なく埋めていく作業が、王座を維持するためには欠かせない。この作業を怠ると、戦略の均整が崩れてしまう。

【選択】 1959年11月、ロート製薬は大阪市生野区に本社、研究所、工場を移転し、旧事業所を廃止した。同社は3年前に工場を刷新したばかりで、しかも未上場のため資金調達の手段は限られていた。新工場は、ドイツ製の機械を導入して目薬の充填工程を自動化したり、講堂、体育館、プール、寮まで併設して、まさに時代の先端を行くものであった。

■やまだ・きろう
生没：1894.11–1982.04
社員：—
役員：1949.09–1982.04
社長：1949.09–1978.04
会長：1978.04–1982.04

◉戦略旗手▷▶▷▷▷第２世代同族経営者

【人物】 このケースで戦略を推進したのは創業者の長男にあたる山田輝郎氏である。創業者の安民氏は1938年に公刊された『財界闘将伝』で、「今日の売薬はややもすればその品質を顧みず、いたずらに誇大広告のみによって一時の売れ行きを得んとするものが決して少なくない。このときにおいて、胃活、ロート目薬は、敢えて大なる広告方法をとらず、極めて真剣かつ素直にその名とその効能とを周知させるに止めているが、なお、年々需要者が激増する傾向は、同薬の卓効を裏書きするものであろう。しかし、翻ってこれを想えば、この傾向は山田氏個人の人格の反映と言うべきであろう」と形容されていた。

■目薬だけで50年…私は薬はよく効いて…
実業之日本 1962.2

その伝統を意識してか、輝郎氏も「目薬だけで50年近くやってきたのですが、石橋をたたいて渡る主義ですから、派手なことはやらないが間違いなくやってきたつもりです」と語り、さらに「私は薬はよく効いて、安ければよいという主義です」と主張していた。ただし、実態は違う。「医薬品業界の宣伝費は売上の10%という線が常識だが、ロート製薬は、かれこれ30%に近い」と指摘されていた。

■医薬品業界の宣伝費…
週刊読売 1964.3

【着想】 輝郎氏の着想は分析的である。長男の安邦氏によると、「1952年、53年から1955年頃にかけて、ラジオの民間放送が始まって間もない頃、当時は世間一般に新聞広告が主体だったのに対して、私の会社では、だいたい8割をラジオに切り替えました。これは当社の商品に入れていたアンケートはがきの分析から、ラジオ広告の効率の高さに着目した父の英断でした」ということになる。

■1952年、53年から…
いちばん多いとき…
『私の足跡』

それどころか、「いちばん多いときは、単独提供のラジオ番組を6本くらい持っていましたし、放送局のタイムテーブルに私どものスポットを入れた箇所に赤で線を引いていくんですが、ほとんど1日中、真っ赤になるくらいでした。広告というものが、私どもにとって命でしたので、前社長が担当部長を呼んで指示するのを、しょっちゅう見聞きしておりましたし、また当時は、ラジオのコマーシャルの原稿は父が書いていたのですが…」と安邦氏は述べている。入れ込みぶりが目に浮かぶようである。なお、輝郎氏が安邦氏に用意した最初の役職は広告部長で、テレビ時代への対応は次世代に託したという。

［参照文献］

山田安邦『私の足跡』いい話の新聞社、1998年

11-1-2 特許網

特許網とは、先発の利を特許のクラスターで保護することを指す。相対的に単純なものは単一の特許でも守れるが、複雑なシステムとなると、全体を要素に分解して、要素ごとに特許をとり、何重にも特許の網をかぶせる必要がある。それでも、特定要素については他社に先行されてしまう可能性も残るため、特許をポートフォリオ管理する発想も必要となる。さもなければ、他社の有力な特許をクロスライセンスで取り込むこともできない。

この戦略を活かした典型例はケース665のキヤノンで、好例としてレーザービームプリンターが浮上している。残る4ケースは衰退産業に属する企業の新規事業が花を開いたものである。ケース666のユニチカ、ケース667の東洋紡績、ケース668の富士紡Hは、いずれも天然繊維を手がけていたが、それぞれ食品包装材向けのナイロンフィルム、診断薬用の酵素、半導体ウエハーなどの超精密研磨パッドに光明を見出している。ケース669のオエノンHは焼酎メーカーであったが、牛乳に含まれるラクトースを分解するラクターゼを筆頭として、食品酵素に独自の世界を築きあげた。

これらのケースが高収益を生み続けるのは、参入障壁に守られているからである。キヤノンとユニチカ以外では、有力企業が敢えて参入してこないほど事業が小さいことも効いている。

この戦略が適用できる条件としては、言うまでもなく特許で守るべき技術、そして守ることができる技術が先にあることを挙げなければならない。だとすると、戦略の汎用性は必ずしも高くない。研究所を構える大企業向きの戦略と言えようか。

ケース 665

キヤノン：オフィス事業

B：レーザープリンター（オフィスの生産性向上策）

戦略C／C比率◁◁◇▷▶
戦略D／E比率◀◁◇▷▷
対照：036

◉企業戦略▷▷▷▷▶多核化展開

■キヤノン
直前決算期：1999.12
実質売上高：25,840億円
営業利益率：6.7%
海外売上率：71%
社内取締役：21
同順位相関：0.70
筆頭大株主：金融機関
利益成長率：○/○/○
東名阪上場：1949.05

【経緯】 キヤノンは1937年に東京の目黒で精機光学工業として設立された会社である。設立当初の目的は高級小型カメラの国産化にあり、終戦直後にキヤノンカメラと社名を変更したが、1969年に社名から「カメラ」が消えたのは、1964年の電卓から始まった事務機事業が伸びたからにほかならない。この事業には、1968年に普通紙複写機、1975年にレーザープリンターが加わっている。1970年には半導体製造装置を先兵として第三の産業機器事業が立ち上がったものの、ディスプレイへの挑戦は未だ成功していない。

【編成】 本業はカメラであったが、主業はカメラがファンディングした事務機に移っており、転地が実現した。なお、キヤノンは2008年度から事業セグメント区分を大きく変更しており、インクジェットプリンターは消費者向けのカメラと統合されたことに注意されたい。

◉事業戦略▷▶▷▷▷川上・川下統合

■事務機事業
期間：2000.01-2009.12
得点掲示板：10-0
営業利益率：19.6%
利益占有率：74%
開示欄序列：1
事業本拠地：滋賀県
独禁法違反：報道なし
—
1990年代：9-0
2010年代：4-0

【立地】 売り物はレーザービームプリンター（以下LBP）、および消耗品である。売上構成比がセグメント区分より細かく開示された期間の末尾にあたる1999年12月期の有価証券報告書によると、キヤノンの全社売上の半分を占めるのはコンピューター周辺機器で、複写機はその約半分にとどまっている。

売り先は世界中のオフィスである。

狭義の競合は強固な販路を持つフルラインのメーカーで、国内ではリコー、富士ゼロックス、コニカミノルタあたりが該当する。海外ではゼロックスが立ちはだかる。

広義の競合は特定のセグメントを狙ってくるメーカーで、エプソン、ブラザー工業、京セラミタ、沖電気工業、レックスマークなどがひしめいている。キヤノンの国内占有率は35%と言われていた。

■35%
週刊東洋経済 1997.8.23

【構え】 入手ルートは自社の取手事業所である。ただし、ここは組立に特化しており、部材はグループ会社が担当する。トナーカートリッジは長浜キヤノンと大分キヤノンマテリアル、トナーカートリッジ用精密機構部品はキヤノン化成と日田キヤノンマテリアル、トナーは上野キヤノンマテリアル、有機光導電対材料はキヤノンファインテック、プリント配線板はキヤノン・コンポーネンツという具合に分業が進んでいる。ローエンド機種の組立は中国広東省で行っていた。

引き渡しルートは国内はキヤノン販売、アメリカはHP社、それ以外の国々は地域販社である。世界最大の市場で販路を握るHP社にキヤノンがアプローチした1983年時点では既に競合他社製品の採用が内定していたらしいが、キヤノンは巻き返しに成功して、LBPで全米70％のシェアを持つHP社のOEMビジネスをほぼ100％手に入れた。

■70%
100%
日経朝刊 1994.9.21

【時機】 このケースは、先発に相当する。光源にレーザーを用いたプリンターの1号機はキヤノンのLBP2000である。光源に半導体レーザーを搭載した小型プリンターの1号機もキヤノンのLBP-10である。A4サイズのコンパクトプリンター初号機もキヤノンのLBP−8と言われている。キヤノンは草創期に他社を1年から2年はリードしていた。技術的には複写機から派生した部分もあるが、LBPはPCの登場という機を捉えたと見ることができる。

業績推移（億円）

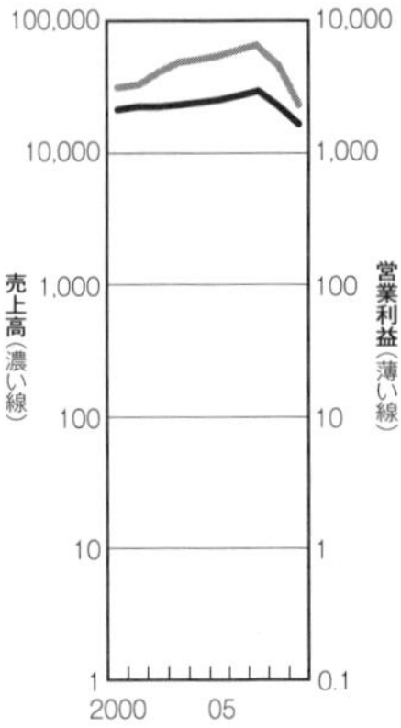

【源泉】 この事業で高収益を許すのはミッションクリティカリティである。資料を作るのに要する手間暇に比べると、印刷コストは嘘のように安いという人々が世の中にはいる。彼らにとって必要とするときに裏切らないプリンターは、価格プレミアムを払うに値する。そういうヘビーユーザーを見分けるポイントは消耗品（交換トナーカセット）の購入数量で、消耗品の粗利率を高くしておけばメーカーは消費者余剰を内部化できる。

【防壁】 この事業で高収益を守るのは特許の網である。特許庁が技術ブロックごとに核となる特許を集めた参照文献によると、キヤノンが全ブロックにおいて他社を上回る数を誇ることがよくわかる。

	光源	走査	記録	露光	保守
キヤノン	34	62	65	15	12
リコー	15	47	35	10	11
富士ゼロックス	15	33	7	4	3
コニカミノルタ	8	29	27	8	2

【支柱】 この事業で高収益を支えるのはHP社である。巨大市場のアメリカで同社がキヤノンのレーザープリンターを黙っていても売り捌いてくれるので、キヤノンは生産面で経験曲線の恩恵、開発面で規模の経済を享受することができる。また、OEM供給という売り方を選択したことにより、レーザープリンターは日米貿易摩擦の槍玉に挙げられる事態を回避した。

【選択】 1983年3月、キヤノンは特許法務センター所長を取締役に選出した。知財担当者を経営陣の一角に加えるなど前代未聞であった。

◉戦略旗手▷▷▷▷▶理系社員

■まるしま・ぎいち
生没：1934.07–
社員：1960.03–1983.03
役員：1983.03–1999.03
社長：—
会長：—

【人物】 このケースで戦略を推進したのは1960年に入社して、すぐに特許課に配属された丸島儀一氏である。丸島氏は特許一筋の社歴を積み重ね、キヤノンの知財戦術を築き上げたことで広く知られている。海外を主戦場としたこともあり、日本を代表するミスター知財の趣がある。

有価証券報告書を見る限り、キヤノンは競合から技術導入していない。逆に狭義、広義の競合他社はキヤノンから電子写真法、またはLBPの技術を導入していた。IBM社、HP社、ゼロックス社、コダック社とは相互技術援助契約を結んでいた事実に鑑みても、キヤノンの知財戦術の有効性を窺い知ることができよう。

■源流に入れ
『キヤノン特許部隊』

【着想】 丸島氏の着想は「源流に入れ」の一言に要約されている。特許課と言えば、技術者と弁理士のあいだを行き来するのが仕事と受け止める人が多いなかで、丸島氏は自らの好奇心にしたがって乾式複写機の開発現場に入り浸った。そして、いかにしてゼロックスの強固な特許網に抵触しないよう開発を進めるかというテーマを自らに課すことにより、開発の方向性まで左右した。そのうえで書くべき特許を考え抜き、難癖をつけてくる海外勢との交渉を仕切ってきた経験に基づいて、丸島氏は自らの流儀を形作ってきた。丸島氏は事業を有利に展開することを常にゴールに置いており、派手な訴訟合戦に勝つよりも、クロスライセンスを重視した。

［参照文献］
『挑戦の70年、そして未来へ』2012年
特許庁『出願系統図——レーザービームプリンターにおける露光技術』発明協会、1997年9月
丸島儀一『キヤノン特許部隊』光文社新書、2002年

ケース666 ユニチカ：高分子事業

B：ナイロンフィルム（食品包装材）

戦略C／C比率◁◁◇▷▶
戦略D／E比率◁◁◇▷▶
対照：418

■ユニチカ
直前決算期：2000.03
実質売上高：2,890億円
営業利益率：4.3%
海外売上率：10%
社内取締役：9
同順位相関：0.56
筆頭大株主：金融機関
利益成長率：×／×／×
東名阪上場：1949.05

◉企業戦略▷▷▷▷▶多核化展開

【経緯】 ユニチカは1889年に尼崎で尼崎紡績として設立された会社である。同じ年に設立された摂津紡績と1918年に合併して大日本紡績（1964年からニチボー）と改称すると、日本レイヨンを設立し、この子会社でレーヨン糸に挑戦していった。両社の関係は終戦と共に絶たれ、大日本紡績は祖業の綿紡績で復興を図ったのに対して、日本レイヨンはナイロン繊維、ポリエステル繊維、ナイロン二軸延伸フィルムと業容を拡大していったが、両社はメインバンクの仲介で1969年に合併し、ユニチカと改称した。その後は住宅、不動産、水処理、焼却炉、医療品と、矢継ぎ早に多角化を推進したが、2014年には債務超過に陥る公算が取り沙汰されている。

【編成】 本業は繊維で、分析対象期間中も売上規模では最大部門であり続けたが赤字基調に陥っており、高分子が新たな主業に浮上している。

■高分子事業
期間：2000.04-2010.03
得点掲示板：8-2

◉事業戦略▶▷▷▷▷中核集中

【立地】 売り物はナイロン6の同時二軸延伸フィルムである。延伸

営業利益率：11.8%
利益占有率：53%
開示欄序列：1
事業本拠地：京都府
独禁法違反：報道なし
—
1990年代：7-3
2010年代：4-0

するのは生フィルムを改質するためであり、なかでも強靭性を増す効果が著しい。「引張強度、引裂抵抗が大であり、苛酷な取扱においても破裂することがない。引裂伝播抵抗は面配向フィルムの本質として低い」という点で代替材が見当たらない。

■引張強度…
プラスチックス 1968.6

売り先は食品メーカーや日用品メーカーである。ラーメンのスープ、水物・漬物、畜産食品、米・餅、味噌、詰め替え洗剤などに使われるのは、破裂しないからであろう。しかも、切り口が簡単に裂けない一方で、いったん裂けると容易に開封できる点が、重宝されている。ナイロン同時二軸延伸フィルムは接着性に優れるため、ガスバリア性の高いフィルムと組み合わせることもできるうえ、冷凍処理や蒸気処理に耐えることから、冷凍食品やレトルト食品の包装にも使われる。油類に対して不活性なことも、包装材として利点となる。

狭義の競合はナイロン製包装用フィルムのメーカーで、ユニチカに続いて興人、東洋紡、三菱化成、出光石油化学あたりが参戦した。ユニチカは国内で約45%、世界で55%程度のシェアを持っている。分析対象期間中に東洋紡（化成品、フィルム・機能樹脂）は6勝4敗で通算利益率9.8%の戦績を残している。

■約45%
日経朝刊 2003.7.8

■55%程度
日経朝刊 2004.1.14

広義の競合は包装用フィルムのメーカーである。ポリエステルフィルムでは、東洋紡が世界最大手の地位を確保している。

【構え】入手ルートは自社の宇治事業所である。そこにはナイロン樹脂、ナイロン繊維の生産設備も集まっている。同時二軸延伸用の設備は、日立製作所と共同開発した。ナイロン原料は宇部興産あたりから購入している模様である。

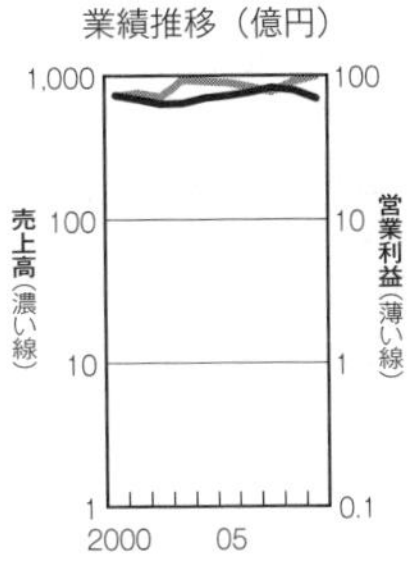

引き渡しルートは直販と商社経由の組合せである。売掛先には花王やキヤノンと並んで、ユニチカ通商や総合商社の名前も登場する。欧米市場には技術供与で対応している。

【時機】このケースは、日本レイヨンが1968年に世界で初めて商業生産に乗り出しており、先発に相当する。食品の個包装化やシェルフライフの延命化が、ユニチカには追風となっている。

【源泉】この事業で高収益を許すのはミッションクリティカリティである。顧客となる食品メーカーや日用品メーカーにしてみれば、包装不良は品質事故に直結する。特に密閉すべき製品が密閉されていないと、内容物が漏れて他の商品を台無しにしたり、酸化して安全衛生面で深刻な被害をもたらしかねないので、少々高くても信頼のおける材料を選ぶ傾向が強く出る。そこに価格プレミアムが成立する。

【防壁】 この事業で高収益を守るのは絶えざる革新である。組み合わせるフィルムのバリエーションを増やすことで、ユニチカは次から次へと新しいグレードを開発し、同時二軸延伸フィルムの用途を拡げてきた。事業基盤の弱い他社は、この展開に追随できず、狭いニッチに閉じ込められてしまったようである。

【支柱】 この事業で高収益を支えるのは技術サービス部隊である。技術的に不可能と思われていたナイロンの同時二軸延伸フィルムができた瞬間から、この材料の用途探しが始まった。それを担ったのが、後の技術サービス部隊である。彼らはフィルムを加工するコンバーターを回るところから始めたが、それでは突破口が開けないことから、食品に狙いを定め直し、食品の試験所や包装機械メーカーを訪問して活路を開いていったという。その後もインキや接着剤の探索に始まり、包材から溶け出す成分の許容値を定める食品衛生規格や、材料のカタログ特性値を定める作業が続き、本格的に市場が立ち上がったのは、上市から優に10年以上が経過してからのことであった。こうした尽力なくしては成り立たないケースと言ってよかろう。

【選択】 1965年9月、日本レイヨンはナイロン同時二軸延伸フィルムの基本特許を出願した。当時は、強い水素結合を持つナイロンは一方向にしか延伸できないと誰もが信じていた。

■おおすが・ひろし
生没：1938.??-
社員：1961.04-1997.06
役員：—
社長：—
会長：—

◉戦略旗手▷▷▷▷▶理系社員

【人物】 このケースで戦略を推進したのは大須賀弘氏と思われる。大須賀氏は日本レイヨンに入社して4年目の1965年からナイロン同時二軸延伸フィルムの企業化に携わり、1980年に技術サービス課長、1985年に技術サービス部長になっている。2012年度の日本包装学会賞を受賞した大須賀氏は「当時、社内にはフィルムの市場のことを知っている人間は一人もなく、すべてはゼロからのトライであった。（中略）シーズからスタートしたため、商品のコンセプ

■当時、社内には…
価格差をカバーして…
日本包装学会誌 2013

トを掴むまでにたいへん苦労をしている」と述べている。

大須賀氏は市場形成に生きた人で、「価格差をカバーして現在の地位を占めているのは、その特徴ある性能によるものであるが、その特性を明確化する評価法の開発も一翼を担っていると思われる」と控え目に自負を表現していた。

開発サイドでは、鶴田基弘氏、久我睦男氏、真下剛志氏、松村和久男氏の4名が1965年に出願された特許の発明人に名を連ね、ユニチカの真下剛志氏と松村和久男氏、ならびに日立製作所の社員2名が「ナイロン二軸延伸フィルムの製造研究と工業化」という題目で1974年度の高分子学会賞を受賞している。

真下氏によると「幸いなことに、合繊会社はすこぶる好調であり、主流の繊維から外れた私たちの動きなど会社は無視していたようです。（中略）生産技術に関する研究開発の中心となった技術者は、すべて20歳台の学卒者でした」ということで、経営主導の線は消してよさそうである。逆に言うと、経営サイドが合併や多角化に奔走するばかりで、フィルム事業を戦略的に展開しなかったことが、今日の苦境を招いたに違いない。

■幸いなことに…
高分子加工 1993.3

【着想】 大須賀氏の着想は試行錯誤によって形成されたようである。ユニチカがナイロンフィルムに着目したのは、同社がナイロン繊維の先発メーカーで、ナイロン、ポリエステル、ポリプロピレンのなかでナイロンのみが延伸フィルム化されていなかったことによるという。

［参照文献］
『ユニチカ百年史』1991年
プラスチックス、1982年5月（大須賀弘）
PACKPIA、1997年10月（ユニチカ）

ケース 667 東洋紡績：ライフサイエンス事業

B：診断薬用酵素（検査の支援策）

戦略C／C比率◁◁◇▷▶
戦略D／E比率◁◁◇▷▶
対照：068，319，410

◉企業戦略▷▷▷▶▷本業辺境展開

■東洋紡績
直前決算期：2000.03
実質売上高：4,090億円

【経緯】 東洋紡績は1914年に大阪紡績と三重紡績が合併して四日市

営業利益率：3.8%
海外売上率：14%
社内取締役：17
同順位相関：0.96
筆頭大株主：金融機関
利益成長率：×/×/×
東名阪上場：1949.05

で設立された会社である。1927年からレーヨンの生産に乗りだして、戦後は繊維でブラジル進出を進めると同時に、1963年にポリプロピレンフィルム、1971年にポリエステルフィルム、1976年にナイロンフィルムと、国内でフィルム事業を伸ばしていった。さらに1948年から試験生産に手を着けた酵母を1971年に事業化して、1985年には中空糸膜を使った人工腎臓を手がかりに医薬品事業にも乗り出している。

【編成】 本業は綿布であったが、分析対象期間中の主業はフィルム・機能樹脂に移っていた。

■バイオ・メディカル事業
期間：2000.04-2010.03
得点掲示板：9-1
営業利益率：13.8%
利益占有率：22%
開示欄序列：3→3
事業本拠地：福井県
独禁法違反：報道なし
―
1990年代：―
2010年代：4-0

◉事業戦略▶▷▷▷▷中核集中

【立地】 売り物は主に診断薬用の酵素である。1972年に発売した尿酸測定用酵素、1975年に発売した総コレステロール測定用酵素、1976年に発売した血糖測定用酵素、アルブミン測定用酵素、遊離コレステロール測定用酵素、1977年に発売した尿素・窒素測定用酵素、総蛋白測定用酵素、中性脂肪測定用酵素などが嚆矢となっている。1982年には遺伝子組み換えに欠かせない制限酵素・修飾酵素も発売した。ただし、アメリカのGenentech社に訴訟を起こされ、血栓溶解剤の開発は阻止されてしまった。

売り先は診断薬のメーカーや、各種研究機関である。

■世界シェア2位
化学経済 2006.11

狭義の競合は体外診断薬用の酵素メーカーである。ここで東洋紡績は世界シェア2位の地位を築いており、市場占有率は3割を超えたという。2002年設立のタカラバイオ（遺伝子工学研究）は遺伝子組換え用の制限酵素に強く、分析対象期間中に7戦全勝で通算利益率20.8%の戦績を残している。

業績推移（億円）

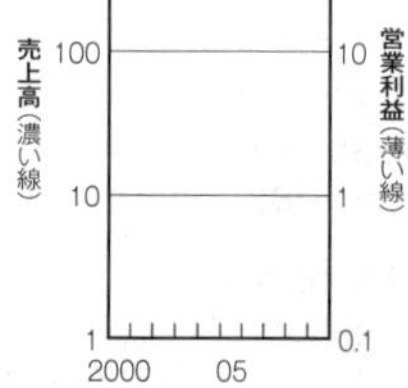

広義の競合は酵素メーカーである。東洋紡績は食品用酵素に進出して失敗した歴史を持つ。

【構え】 入手ルートは敦賀事業所である。

引き渡しルートは直販主体である。

【時機】 このケースは、化繊原料となるパルプの廃液処理に土壌菌を用いた1948年に遡るもので、先発に相当する。化学法から酵素法への転換は2000年までにほぼ一段落したという。

【源泉】 この事業で高収益を許すのはミッションクリティカリティ

である。東洋紡績は小野薬品工業と組んで数多くの診断キットを送り出してきたが、それらは優れた酵素なくして成り立たない。そこに価格プレミアムの成立する余地がある。

【防壁】 この事業で高収益を守るのは絶えざる革新である。次から次へと新しい酵素を開発することにより、東洋紡績は他社の追随を振り切ってきた。ただし、その背後に研究の蓄積が横たわることを忘れてはならない。

【支柱】 この事業で高収益を支えるのは事業部営業の部隊である。研究成果を最大限に活かす努力を怠ると、研究開発の原資が続かなくなってしまう。

【選択】 1968年4月、東洋紡績は前月に廃止したパルプ副産物事業に携わっていた研究者を、繊維研究所犬山分室を立ち上げて収容した。それまで東洋紡績はパルプ廃液から生産した酵母を養鶏用飼料や複合調味料用核酸原料として販売しており、化繊事業が終焉を迎えれば事業存立基盤がなくなるところであった。旧来の事業は東北パルプに譲渡する一方で、東洋紡績は研究の蓄積を温存する道を選択したことになっていた。

◉戦略旗手▷▷▷▷▶理系社員

■あんどう・つとむ
生没：1928.03-
社員：????.??-1985.07
役員：—
社長：—
会長：—

【人物】 このケースで戦略を推進したのは安藤勉氏と思われる。ただし、安藤氏以外は外部の取材に応じていないだけで、本当の立役者が他にいる可能性は否定できない。1968年当時の経営陣は生粋の綿業人ばかりなので、大きな迷惑が及ばない限りにおいてバイオ事業は放任と決めていたのであろう。戦略を推進したのはバイオ事業の担当者であることだけは間違いない。

1981年「7月末まで生化学事業部長として酵素一筋に歩んできた」安藤勉氏によると、「廃液中の糖を酵母に食わして、(1) 菌体蛋白をとるか、(2) アルコールを造るか」という選択肢に直面した東洋紡績は、保有するCandida属の酵母を念頭に置いて前者を選んだという。後者を選んだ醸造メーカーとは、ここで道が分かれており、興味深い。1968年までの東洋紡績は、主に核酸を分解して食品添加物とする方向を探っていたようである。

■7月末まで生化学…
日経産業 1982.8.21

■廃液中の糖を酵母に…
これまでの技術を…
日経バイオテク 1984.6.18

安藤氏は、1968年に廃液利用の道を閉ざされた時点を指して、

「これまでの技術を生かして今後何を開発しようか模索した。研究開発の転換期だった」と語っている。この模索のなかで東洋紡績はCandida属の酵母を誘導培養することに成功し、尿酸検査用試薬を手に入れた。これが生化学事業の始点である。

【着想】 安藤氏の着想は試行錯誤から得られたものと推察される。事業性を見通していたとは考えにくい。

［参照文献］

『百年史』1986年

日本農芸化学会誌、2001年8月（西矢・山本・川村・愛水）

ケース 668 富士紡H：研磨材事業

B：ポリウレタン製パッド（超精密加工用研磨材）

戦略C／C比率◁◀◇▷▷
戦略D／E比率◁◁◇▶▷
対照：068，339，408

■富士紡績
直前決算期：2000.03
実質売上高：710億円
営業利益率：1.2%
海外売上率：10%未満
社内取締役：6
同順位相関：0.81
筆頭大株主：金融機関
利益成長率：×／×／×
東名阪上場：1949.05

◉企業戦略▷▶▷▷▷川下開拓

【経緯】 富士紡Hは1896年に東京の京橋で富士紡績として設立された会社である。富士山麓の豊富な水力を動力源として綿糸と絹糸の紡績を手掛ける目論見でスタートを切り、相次ぐ苦難に見舞われながらもコスト優位を活かして日本の六大紡の一角に食い込んだ。戦後はアメリカのB.V.D.ブランドを1976年にライセンス導入して、男性用の下着に強みを築いている。研磨材事業は、繊維応用製品の一環として手掛けた不織布事業から発展した。

【編成】 本業は綿布で、祖業の糸から川下に下った事業に相当する。戦後は綿布の川下に位置するアパレルにも進出して、糸からアパレルまでを繊維事業と総称するようになった。さらに化学繊維と、その加工に使う化学材料も手掛けてきたが、2000年代に入って傍流の研磨材が主業の座に躍り出ている。

■不織布事業
期間：2000.04-2010.03
得点掲示板：9-1
営業利益率：26.2%
利益占有率：58%
開示欄序列：2
事業本拠地：愛媛県
独禁法違反：報道なし

◉事業戦略▶▷▷▷▷中核集中

【立地】 売り物は超精密研磨パッド、および保持具である。研磨パッドの素材は不織布とは無縁のポリウレタンを得意としており、富士紡Hはユーザーのニーズに応じて異なる材質の製品を取り揃えている。

売り先は光学レンズ、LCDガラス基板、HDDガラス基板、半導体などのメーカーである。

—
1990年代：1-3
2010年代：4-0

狭義の競合はパッドを供給する材料メーカーで、帝人、東レ、旭化成のような合繊メーカー、そして日立化成、3M、日東電工などのフィルムメーカーがひしめいている。富士紡Hは「精密部材の表面を磨き上げる高性能研磨材で高いシェアを持つ」と言われている。半導体ウエハーのCMP（化学機械研磨）用途では、ローム&ハース社が世界標準の座を獲得していたが、富士紡Hの追撃が始まっている。

■精密部材の表面を…
日経朝刊 2010.3.10

広義の競合は顧客である。研磨パッドに関する初期の特許を出願したのは半導体メーカーで、それを材料メーカーが追う展開になっている。

【構え】 入手ルートは子会社のフジボウ愛媛である。ここは、もともとレーヨンステープル、合繊綿、FRP船などを造っていた壬生川工場を拠点とする。そこで内製する素材を捨てて外部調達に走ったところに、このケースの勝因がある。

引き渡しルートはフジボウ愛媛の直販と思われる。富士紡Hは、測定・分析機器を取り揃え、ユーザーに研磨条件などの情報提供に努めている。

【時機】 このケースは、超精密研磨が普及するタイミングに先駆けて立ち上がっており、先発に相当する。研磨材事業が伸びた2005年頃には液晶テレビが普及期を迎えていた。

業績推移（億円）

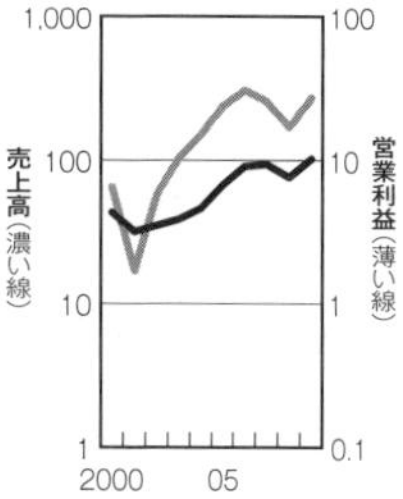

【源泉】 この事業で高収益を許すのはミッションクリティカリティである。研磨材が安い材料でありながら、顧客製品の品質安定化に大きく貢献する。顧客にしてみれば、要求性能を満たすことが明確になり、いったん採用を決めると、リスクを冒してまで他社製品に切り換える理由がない。

【防壁】 この事業で高収益を守るのは適正規模である。研磨材は大手企業が取り組むには市場が小さすぎる。かと言って中小企業が取り組むには、顧客の要求水準が高すぎる。必要な分析機器を取り揃え、顧客の要望に応えていくとなると、フジボウ愛媛くらいの規模が適正となるのであろう。

【支柱】 この事業で高収益を支えるのは逆説的ながら、本社管理部隊である。富士紡Hは2000年度からフジボウ愛媛に対する貸付金と債務保証を手厚く増やして支援する一方で、子会社にリスクをとらせる工夫を怠らなかった。戦略の均整を保つうえで、重要な配慮と言えよう。

【選択】 1998年4月、子会社のフジボウ愛媛が研磨材事業を立ち上げた。その3年後に富士紡が不織布部門（営業部隊）をフジボウ愛媛に完全移管したのに伴い、フジボウ愛媛は化繊事業から撤退して、不織布の事業拠点に生まれ変わっている。研磨材事業は、この不織布事業が2008年度に名称を変更したものである。従来の不織布という特定素材の用途を探すモードから、超精密研磨という特定用途に適う素材を探すモードへ180度転換したことが、このケースでは決め手になっている。

■いまだ・かつひこ
生没：????.??-????.??
社員：????.??-????.??
役員：—
社長：—
会長：—

◉戦略旗手▷▷▷▷▶理系社員

【人物】 このケースで戦略を推進したのは今田勝彦氏と思われる。今田氏は1990年に「研磨用基布の製造方法」という特許を単独出願（平2-39947）および共出願（平2-7921）しており、ここで合繊不織布にポリウレタン溶液を含浸させて凝固させるときに発生するミクロボイドを無くす二段階凝固法を確立した。さらに単独出願（平4-169100）した特許で砥粒の保持性を改善するために二段目の温度を上げる方法を完成させている。こうして生まれた技術が、フジボウ愛媛を救った新規事業の土台になったものと思われる。

のちに社長になった中野光雄氏は、1997年に研磨材の担当となり、1998年11月に機能資材を担当する資材部長に昇進したのち、2002年6月から4年にわたって機能品事業部長として采配をふるっていた。ただし、富士紡Hに関する報道を拾ってみると、1995年には「衛生用品は不振だが、半導体用研磨材などは上向く」と報じられており、中野氏の登板以前に萌芽があったことは確かなようである。

■衛生用品は不振…
日経金融 1995.5.22

【着想】 今田氏の着想は知る術がない。不織布の用途を探すうちに、特許出願したテーマに辿り着いたのであろう。不織布にポリウレタン溶液を含浸するアイディア自体は他社が出願していたので、その改良に取り組んだものと思われる。

中野氏は不織布や人工皮革の販売を担当したとき、まったく儲からないので、ほかに儲かる事業はないのかと探索しているうちに研磨材に出会ったという。「用途先市場の成長に応じて研磨材の需要も伸びると考えたわけです。大手企業も触手を伸ばしていましたが、市場規模が小さすぎて利益が出ないと分かり撤退。当社程度の会社が手掛けるのにちょうどよい市場規模でした」と語っており、暗に事業立地の秀逸さを示唆している。

■用途先市場の成長に…
エコノミスト 2012.1.31

[参照文献]
『富士紡績株式会社五十年史』1947年
精密工学会誌、1999年8月（林偉民ほか）

ケース 669 オエノンH：酵素医薬品事業

B：食品酵素（食品の改良策）

戦略C／C比率◁◁◇▷▶
戦略D／E比率◁◁◇▷▶
対照：055, 065, 066

◉企業戦略▷▷▷▶▷本業辺境展開

【経緯】 オエノンHは1924年に旭川で合同酒精として設立された会社である。社名が示すとおり、これは焼酎メーカーが大同団結して生まれた会社で、その源流は神谷傳兵衞氏が1900年に開設した日本酒精製造に辿り着く。その後も他社を吸収して規模を拡大する一方で、1964年に中央研究所を建てて、1970年に酵素の製造に乗り出した。酒税の税率変更によって窮地に立たされた1991年に、合同酒精は雪印乳業の支援を仰ぐに至っている。2003年に持株会社体制に移行して、傘下に酒類、食品（加工用澱粉）、酵素医薬品、不動産などの事業を置く。

【編成】 本業は焼酎であったが、いまや規模で圧倒的に劣る酵素医薬品が主業となっている。

■合同酒精
直前決算期：1999.12
実質売上高：390億円
営業利益率：2.9%
海外売上率：10%未満
社内取締役：5
同順位相関：0.36
筆頭大株主：金融機関
利益成長率：×／×／×
東名阪上場：1949.05

◉事業戦略▶▷▷▷▷中核集中

【立地】 売り物は乳糖分解酵素（ラクターゼ）を中心とする食品酵素である。牛乳をラクターゼで処理すると、ラクターゼ欠損症（乳糖不耐症）の人でも飲めるようになるほか、グルコースが生成する

■酵素医薬品事業
期間：2000.01-2009.12
得点掲示板：10-0
営業利益率：21.2%
利益占有率：28%
開示欄序列：3

事業本拠地：千葉県
独禁法違反：報道なし
—
1990年代：5-0
2010年代：4-0

ので、甘味が増して風味も改善する。アイスクリームでも同じ効果があり、舌触りまでよくなるという。ラクターゼの登場により乳清（ホエー）も市場価値を持つに至っている。

売り先は乳業を中心とする食品加工メーカーである。

狭義の競合は食品用酵素のメーカーである。オエノンHに続くメーカーとしては、デンマークのノボノルディスク社がある。オランダのギスト・ブローカデス社も競合する。

広義の競合は酵素のメーカーである。新日本化学工業が医薬向けにラクターゼを生産するが、オエノンHが国内シェア50%以上を占めている。

■50%以上
バイオインダストリー 1996.12

【構え】入手ルートは自社の八戸工場である。

引き渡しルートは直販主体と思われる。

【時機】このケースは先発に相当する。工業レベルでラクターゼ処理乳が市販されるようになったのは1977年と言われている。

■1977年
月刊フードケミカル 2001.7

【源泉】この事業で高収益を許すのはコスト優位である。たとえば同じ1985年に公告された特許をみると、協和醗酵工業が1980年に出願したものはラクターゼの生成能力が高い菌株を特定するのに対して、合同酒精が1976年に出願したものは菌が体内に生成したラクターゼを抽出しやすい性質を持つ菌株を特定していた。工業生産のコストを下げる方向で研究を進めていた合同酒精が、競合他社より数歩は先を歩んでいたことは間違いない。これが蓄積の効果である。

業績推移（億円）

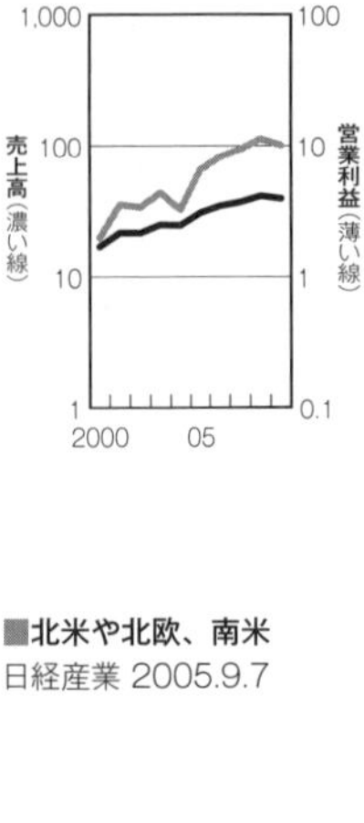

【防壁】この事業で高収益を守るのは特許である。バイオの世界では、工業技術院微生物工業技術研究所に菌株を登録し、それを特許で守る道が開かれていた。

【支柱】この事業で高収益を支えるのは営業部隊である。ラクターゼの用途開発を進め「北米や北欧、南米」にも販路を広げていったのは、彼らの功績と言ってよい。研究成果を最大限に活かす努力を怠ると、研究開発の原資が続かなくなってしまう。

■北米や北欧、南米
日経産業 2005.9.7

【選択】1964年1月、合同酒精は中央研究所を竣工した。ここが酵素医薬品事業の母胎となったことは事実ながら、第一研究室は一般酒類、第二研究室は洋酒を研究対象とすることになっており、ここで従来のアルコール一本槍路線が修正されたと見るわけにはいかない。

◉戦略旗手▷▷▷▷▶理系社員

■よしかわ・まさあき
生没：—
社員：1963.??-2003.01
役員：—
社長：—
会長：—

【人物】 このケースで戦略を推進したのは吉川正明氏と思われる。京都大学の食糧科学研究所に同姓同名の教授がいて、『ミルクの先端機能』という本を共編しているが、別人である。オエノンHの吉川正明氏は酵素の研究と市場開発を担当し、1993年に研究開発部長、1994年に酵素医薬品事業部長、1998年に国際部長に登用され、その後に定年退職したものと思われる。

【着想】 吉川氏の着想は残念ながら知る術がない。社史には東京に新設された中央研究所が1966年にミルコザイムを開発したことと、1968年にアルカリプロテアーゼを開発したことが記されているのみである。ともにラクターゼとは別物である。その後、経営不振に陥った合同酒精の救済に名乗りを上げたのが雪印乳業であり、両社とも北海道に地縁があることを考えると、乳を扱う雪印乳業が酵素を扱う合同酒精にラクターゼの量産を打診したのかもしれないが、真相は藪のなかである。

[参照文献]
『合同酒精社史』1970年
月刊フードケミカル、2001年7月（金井晴彦・吉川正明）

11-1-3 製品力

製品力とは、考えても考えても位置付けが定まらないケースを特徴づけるために消去法で選んだ表現である。意味合いとしては「その他」や「不明」に限りなく近いと受け止めていただきたい。

このカテゴリーに該当するのは他に類例が見つからない2ケースだけで、いわば浮いた状態にある。ケース876の任天堂はファミリーコンピュータとスーパーマリオブラザーズを大ヒットさせて、他社に先駆けて電子ゲームの市場を確立した。その後もマシンとソフトの更新を続けたが、高機能路線を歩むソニーのプレイステーションに王座を明け渡してしまった。分析対象期間中はソニーと競合しないDSやWiiという機種が大当たりしたが、その後は同格のヒットに恵まれていない。浮き沈みの激しさを見てもわかるように、任天堂の成功は個々の製品力に帰すべきで、戦略の賜物とは見なしがたいところがある。

ケース670の横浜冷凍は、低温の地域保管を手がけているが、規模のうえでは物流ネットワーク事業を拡げたニチレイに大きく水をあけられてしまった。地域保管に隣接して営む卸売事業のほうは、低収益ビジネスに留まっている。社員荷役や独自の冷却方式のメリットを強調しているが、それが高収益につながる理由がわからないし、それが本当に高収益を生むなら他社が模倣するはずである。これも秀逸な戦略の勝利と見なすには無理がある。

上記2ケースの陰には通算在任期間が50年前後に及ぶ名物経営者がいた。そこに唯一と言ってよい共通点がある。だとすると、これらは機敏なハンズオンのマネジメントが高い製品力に結実したケースと見るべきなのかもしれない。特需の供給サイド版と言い換えてもよい。いずれにせよ、高収益の持続可能性には疑問符がつく。

ケース
876

任天堂

C：ゲーム用ハード&ソフト（エンターテイメント）

戦略C／C比率◀◁◇▷▷
戦略D／E比率◀◁◇▷▷
対照：336

◉企業戦略▶▷▷▷▷本業集中

【経緯】任天堂は1947年に京都で丸福として設立された会社である。その源流は創業者が花札の製造に着手した1889年にまで遡り、かるたやトランプで戦後も圧倒的なシェアを誇っていた。カードゲームの限界を見越して1965年頃から研究開発部門を拡充した策が1970年に光線銃SP、1980年にゲーム＆ウォッチ、1983年にファミリーコンピュータ、1985年にスーパーマリオブラザーズに結実し、任天堂はエレクトロニクスをゲームの世界に持ち込むことに成功した。1989年に携帯機ゲームボーイを発売して製品ラインの骨格が定まったあとは、技術進歩に合わせてハードやソフトをアップデートして今日に至る。

【編成】本業はゲームで、それが分析対象期間中も主業の座を占めていた。祖業のカード類も続けているが、全社売上の1%を割り込んでいる。

■任天堂
直前決算期：2000.03
実質売上高：5,230億円
営業利益率：27.3%
海外売上率：77%
社内取締役：7
同順位相関：0.85
筆頭大株主：創業家
利益成長率：○/○/○
東名阪上場：1970.07

◉事業戦略▶▷▷▷▷中核集中

【立地】売り物はCPUを内蔵するゲーム機と、それらを駆動するソフトである。分析対象期間中には、家庭用ハードでゲームキューブ、Wii、Wii U、携帯型ハードでゲームボーイアドバンス、DS、DSi、3DSを発売した。ソフトではポケットモンスター、スーパーマリオ、スマッシュブラザーズ、ゼルダの伝説、スーパードンキーコング、脳を鍛える、どうぶつの森、Touch! Generations、ニンテンドッグス、マリオパーティなどがヒットした。

売り先は主に海外の一般消費者である。主戦場は若年層であるが、分析対象期間中にはユーザーの拡大に尽力し、女性層や熟年層を取り込んだ。

狭義の競合はCPUを搭載するゲーム機プラットフォームを開発・販売する事業者で、セガが1985年にマークIIIで、ソニーが1994年にプレイステーションで、マイクロソフトが2000年にXbox

■全社
期間：2000.04-2010.03
得点掲示板：10-0
営業利益率：25.0%
利益占有率：100%
開示欄序列：0
事業本拠地：京都府
独禁法違反：1991.05
—
1990年代：10-0
2010年代：1-3

で参入している。2001年3月期で撤退したセガ（コンシューマ機器）は1戦1敗で通算利益率▲59.8%、ソニー（ゲーム）は1勝9敗で通算利益率▲2.5%の戦績を残している。

広義の競合はスマートフォンに代表される多目的機のプラットフォーム開発事業者で、2007年にiPhoneを投入してきたアップル社や2008年からアンドロイドを普及させたグーグル社が該当する。

【構え】 入手ルートは宇治の自社工場がメインとなっている。CPUや液晶などの部品は外部から購入し、製造工程でも外注に依存する部分が少なくない。コントローラなど補機の開発・製造には国内外のメーカーを活用し、ソフト開発でも持分法適用会社を多用している。心臓部の半導体はリコーと共同開発したそうである。

■リコー
エコノミスト 1992.1.7

引き渡しルートは主に特約店を経由する。任天堂はソフトを独自設計のカートリッジを使って流通させた。これは、不出来なソフトが勝手に流通して、顧客離れを招いてしまったアタリ社の事例を反面教師とした対抗策にほかならない。サードパーティが任天堂のゲーム機に向けてソフトを供給したければ、任天堂と契約して、カートリッジを製造してもらうほかはない。

業績推移（億円）

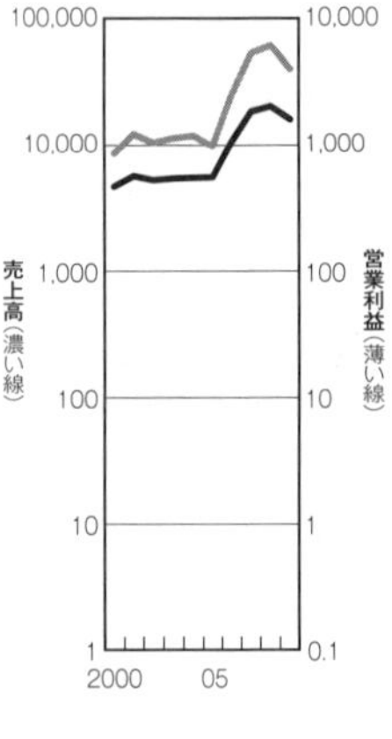

【時機】 このケースは先発に相当する。エレクトロニクス技術をゲームの世界に持ち込んだという点において、任天堂は紛れもなく世界的なパイオニアである。マイコンの登場に触発されてゲームの世界に入ってきた起業家は少なくないが、ゲームを持続的な事業に仕立て上げるのに成功したのも、任天堂ほか一握りしか見当たらない。任天堂が捉えた機は電子部品の小型化および低価格化であったが、その活かし方が企業間の明暗を分けたという。

分析対象期間後に業績が悪化したのは、スマートフォンが人々の娯楽時間を喰い始めたことによる。

【源泉】 この事業で高収益を許すのはパフォーマンス優位である。消費者にとってみれば、娯楽は何でもカネがかかる。遊べる時間あたりの出費、または時間あたりの満足度という視点で見ると、任天堂のゲームは少なくとも特定の顧客層にとっては抜群にパフォーマンスが高かった。だから強気の価格設定が通ったのである。

【防壁】 この事業で高収益を守るのは特殊人材のチームである。「ゲームのソフト分野では、プログラマーにしても、デザイナー、

■ゲームのソフト分野…
コンピュートピア 1986.3

ディレクターにしても、やはり先天的な才能が必要なんです」という証言は、同業他社には天才がいないことを示唆している。大手の電機メーカーになると、凡才すらいないということになるのであろう。そして、天才一人が独立しても任天堂は怖くない。異才の持ち主を集めてチームを最初にアセンブルした企業の優位が簡単に揺らがないのは、こうした事情による。

【支柱】 この事業で高収益を支えるのは財務・経理部隊である。メガヒット作が出るか否かで業績が大きく変わる任天堂は、その不確実性を財務の力で吸収するしかない。それゆえ取締役の構成も、カネ勘定のできる人物に偏っていた。彼らが裏方で会社を支えていたからこそ、クリエイターたちは面白いゲームの創作に専念できたことを忘れてはならない。

【選択】 1979年夏、任天堂はファミリーコンピュータにつながる技術開発に邁進した。1978年の暮れにブレークした初のマイコンゲーム、スペースインベーダーのブームは一過性に終わってしまい、それにより倒産する企業が相次いでいた時期である。巷ではマイコンゲームは終わったと言われていた。

◉戦略旗手▸▸▹▹▹創業経営者的な同族経営者

【人物】 このケースで戦略を推進したのは実質的な創業者の山内博氏である。祖父が病に倒れて22歳で家業を継いだ博氏は、任天堂を花札、百人一首、カルタ、トランプなどのカード類の会社から、時代を先取りする電子ゲームの会社に生まれ変わらせた。

■やまうち・ひろし
生没：1927.11-2013.09
社員：—
役員：1949.12-2005.06
社長：1949.12-2002.05
会長：—

まだトランプが主業の時代に、博氏は「我が社の主力商品とも言うべきトランプは、それまで国内ではあまり売れない商品だった。私はいろいろ研究してみたが、ちょうどその頃ディズニーブームがやってきた。いままでトランプは大人の商品という頭があったが、思い切って子供を対象としたディズニートランプをつくりテスト販売してみると、これが意外の好評で1960年から本格的にトランプの国内需要層は大人を捨てて、子供に絞ってゆくという方針をとった」と語っていた。これが経営者としての原初体験と思われる。

■我が社の主力商品…
オール生活 1964.6

そして、「日本の国の人々を対象にして、いかに面白い、ビデオ

■日本の国の人々を…

新製品に必要なのは…
これからはゲーム…
潮 1982.6

ゲームのハードウェア、ソフトウェアを開発してもダメなんです。（中略）どこを中心に考えるかというとアメリカなんですね」とか、「新製品に必要なのは社会通念や慣習を変えるもの。非常識の発想が必要」とか、「これからはゲームにストーリーが必要になってきます」という発言は、すべてファミリーコンピュータが世に出る前のものである。その後の展開を読み切っていたと言ってよかろう。

■日本の企業は横並び…
保険をかけるという…
あらかじめ計画を…
Business Insight 1993秋

博氏には、「日本の企業は横並び意識が世界の中でも突出していますので、他社が何かやれば自分たちのところもやります」とか、「保険をかけるという発想の多角化路線が裏目に出てしまえば、これはもう総倒れ」とか、「あらかじめ計画を立ててモノを作っていくというハードメーカーの姿勢とはずいぶん違う」いう発言に見られるように、日本のモノ造り企業のあり方に疑問を感じるところがあったようである。

■余暇の急増によって…
Chamber 1974.5

【着想】 博氏の着想は「余暇の急増によって、カネでモノを買う時代から、カネで遊ぶ時間を買う時代へ急速に変わりつつある」という一言に凝縮されている。これは、ファミリーコンピュータが世に出る9年も前の発言である。

■ゲーム機器の市場は…
人々は常に新しい…
ハード、ソフト両面…
証券アナリストジャーナル 1983.9

それが進化して「ゲーム機器の市場は、一度ダメになったらそれで終わり、というようなものではない。歴史を振り返ると、幾たびかの浮沈が短い期間に起こっている」と発展し、さらに「人々は常に新しい娯楽を求めている」から「ハード、ソフト両面における技術革新により、消費者を満足させる娯楽機器が、時の流れとともに必ず開発されていく」という確信につながったようである。それと平行して「駄作ソフトにハードが足を引っ張られてしまう」現象を極度に恐れ、ソフトの「種類を増やせば、流通在庫が増えるし、ソフト・ハウスも損する」と説き、年間制作本数を制限した点にアタリ社を反面教師とした面も垣間見える。

■駄作ソフトにハードが…
種類を増やせば…
日経エレクトロニクス 1990.10

■我が社は一種の…
オール生活 1964.6

博氏は30代で早くも「我が社は一種のアイディア産業である。優秀な人材が社とともに発展してゆく心構えでやってくれなくてはだめだ」と看破しており、その後も「勉強したら進歩していくとか、努力したらそれなりの成果が上がるとかいう分野だったら比較的簡単なのです。ところが、この分野というのは、いかに経験を積み、努力して勉強しても、やはり才能の問題が残るのです」と口にし続

■勉強したら進歩して…
ユーザーの目があっと…
エコノミスト 1992.1.7

けた。「ユーザーの目があっという間に肥えて」いく傾向に打ち克つには、才能しかないというのである。横井軍平氏や宮本茂氏のような稀代のクリエイターが任天堂に残ったのは、博氏の「気の済むまでやれ」という理解と無縁ではないに違いない。

［参照文献］
牧野武文『ゲームの父・横井軍平伝』角川書店、2010年
文藝春秋、2014年1月

■横井軍平氏
文藝春秋 1996.11
日経ビジネス 1997.9.22

■宮本茂氏
週刊東洋経済 2001.2.3
文藝春秋 2014.1

■気の済むまでやれ
エコノミスト 1992.1.7

ケース 670 横浜冷凍：冷蔵倉庫事業

B：冷蔵倉庫（保管・配送・通関サービス）

戦略C／C比率◁◀◇▷▷
戦略D／E比率◀◁◇▷▷
対照：087

◉企業戦略▷▷▷▶▷本業辺境展開

【経緯】 横浜冷凍は1948年に横浜で横浜冷凍企業として設立された会社である。中央卸売市場関係者たちが必要に駆られて自前の冷凍倉庫を持つと、駐留米軍に食料を供給する仕事が舞い込んで、経営基盤が確立したという。こうした出自から、横浜冷凍は冷蔵倉庫事業に加えて、その川下で一貫して水産品や農畜産品の卸売事業を営んでいる。

【編成】 本業は卸売で、規模のうえでは依然として卸売が優勢ながら、上場で得た資金を注入した冷蔵倉庫事業が主業の座を掴むに至っている。

■横浜冷凍
直前決算期：2003.09
実質売上高：750億円
営業利益率：3.3%
海外売上率：10%未満
社内取締役：8
同順位相関：0.48
筆頭大株主：金融機関
利益成長率：○/○/○
東名阪上場：1962.12

◉事業戦略▶▷▷▷▷中核集中

【立地】 売り物は冷凍、冷蔵、低温、常温の4温度帯で原材料や製品を保管するサービスである。付帯サービスとして、通関サービスや、配送サービスも手掛けている。

売り先は畜産品や水産品、または農産品などを取り扱う生産者団体、流通事業者、加工食品メーカーである。これらの商材は、収穫期や市況の都合で一時期に大量入庫して、少しずつ出庫しなければならない。そこに保管事業の存在理由がある。社内顧客（卸売部門）の比率は概ね5%未満にとどまっている。

狭義の競合は保管業務主体の冷蔵倉庫である。地域密着型の未

■冷蔵倉庫事業
期間：2003.10-2009.09
得点掲示板：6-0
営業利益率：18.5%
利益占有率：79%
開示欄序列：1
事業本拠地：神奈川県
独禁法違反：1994.03
—
1990年代：—
2010年代：4-0

業績推移（億円）

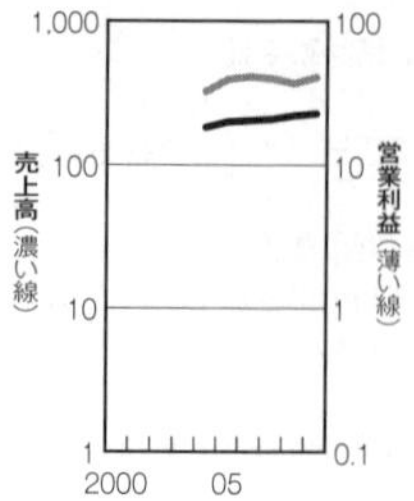

上場中小倉庫がひしめいている。4位の東洋水産（冷蔵庫）は分析対象期間中に10戦全敗で通算利益率4.4%に終わっている。

広義の競合は冷蔵倉庫を全国ネットの低温物流事業に組み込んだ事業者である。その筆頭格はニチレイで、ここは物流ネットワーク事業の売上が地域保管事業の売上を凌駕するに至っている。冷蔵倉庫業界首位につけるニチレイ（低温物流）は分析対象期間中に10戦全敗で通算利益率5.7%の戦績に終わっている。

【構え】 入手ルートは自前の冷蔵倉庫である。倉庫は40拠点ほど持っているが、数のうえでは消費地の3大都市圏以上に、要保管農作物を産出する九州エリアと北海道・東北エリアを手厚くカバーしている。横浜冷凍は「天井ヘアピンコイル方式」に一貫してこだわり抜いている。一般の冷凍倉庫が採用するクーラー方式は家庭の冷房と同じで、熱交換器にファンで風を当てることにより、吹き出し口から冷風が流れてくる。それに対して天井ヘアピンコイル方式では、巨大な熱交換器自体が天井に張り付いている。そこから自然対流で冷気が下に降りてくるという仕掛けで、大量の冷媒と配管を必要とするため、初期コストがかさむうえ、管理にも手間がかかる。しかし、送風機を省略するので、乾燥を抑えることができるうえ、冷凍焼けも少なくて済む。おそらく温湿度管理もきめ細かくできるはずで、横浜冷凍は冷蔵品質の優位を主張する。

■社員荷役
40年史

引き渡しルートは直販と思われる。横浜冷凍は「社員荷役」に一貫してこだわり抜いており、責任感溢れる社員が取り扱うほうが、預託品に対して優しいと主張する。

【時機】 このケースは、戦後の混乱のなかでスタートを切っており、先発に相当する。横浜冷凍以前に存在したのは製氷屋だけで、これは果たす機能が違う。

【源泉】 この事業で高収益を許すのはパフォーマンス優位である。横浜冷凍は地域保管を必要とする農産物の卸売に自ら手を染めており、顧客の声にならない要求を心得ているものと推察される。そこから生まれるサービスの差異化が価格プレミアムを正当化するのであろう。

【防壁】 この事業で高収益を守るのは競合の自縛である。卸売事業は収益性が低く、それを今から取り込もうという競合は見当たらない。

【支柱】 この事業で高収益を支えるのは荷役を担う社員たちである。顧客が要求する無理難題の背景を心得たうえで、彼らが的確に対応することから、サービスの差異化が実現するものと思われる。競合は、この仕事を委託するか、非正規の作業員に任せている。

【選択】 1971年5月、横浜冷凍は本社オフィスを横浜中央卸売市場構内から横浜駅近くの貸しビルに移転すると同時に、荷役業務を完全に社員が担うものとした。大きな船が入港すると猫の手も借りたいほど忙しくなるのに、まったく荷物が動かないときもあるビジネスで、ピーク需要に合わせて社員を抱えるのは無駄が多いと一般には考えられていた。

◉戦略旗手▶▷▷▷▷創業経営者

■よしはし・いさお
生没：1910.12–1998.01
社員：—
役員：1948.05–1998.01
社長：1948.05–1975.11
会長：1975.11–1998.01

【人物】 このケースで戦略を推進したのは創業者の吉橋伊佐男氏である。伊佐男氏は、館山の網元の家に生まれ、安房水産学校漁撈科を出たあとは魚の卸売業に携わり、1940年には多額の負債を抱える横浜海産物販売（のちに八丁幸と改称）に養子入りした人物である。戦時中は南方戦線を転戦したが、終戦後は横浜市中央卸売市場の復興に尽力した。最年少のメンバーであったにもかかわらず、大手の水産・青果企業に押されて横浜冷凍の初代社長に選ばれた事実は、伊佐男氏が生まれながらのリーダーであることを物語る。

伊佐男氏は、ユーザー（八丁幸の社長）として、冷凍倉庫に求められる機能を熟知していた。それゆえ、倉庫の設計から資金調達まで、すべて自らやり抜いたという。それどころか、創業当初は冷凍室に入り、マグロを冷凍棚に並べる作業まで手伝ったという武勇伝が残っている。1960年にはアメリ視察の旅に出ており、これが事業観の礎となったことは間違いない。

**■社員荷役は荷主の…
冷蔵庫というものは…
建設費としては、やはり…**
40年史

【着想】 伊佐男氏の着想は「社員荷役は荷主のどのような要望にも、対処できるという強みがある」という発言から読み解くことができる。社員荷役に完全移行するに際して「冷蔵庫というものは、ただ荷物を出し入れしていればいいというものではない。頭がよくなくてはできない仕事なんだ。広い冷蔵庫の中の、どこに何が入っているか、常に把握していなければならない」と訓示したことも考え合わせると、顧客サービス品質を最重要視していたことは疑う余地がない。

天井ヘアピンコイル方式についても、伊佐男氏は「建設費としては、やはり良いものを作って、品痛めをさせず、お客さんから喜んでもらえるものという基本原則から、高いものになった」という言葉を残している。

■後々のコスト競争力は…　簡単なこと。一つは…
50年史

その一方で、伊佐男氏は「後々のコスト競争力は初期投資で決まる」とも語っている。実際に調べてみると、冷凍能力1トンあたりの建設費は、ずっと横浜冷凍がニチレイより低いことがわかる。コスト的には不利な天井ヘアピンコイル方式を採用しながら、そして企業規模では劣位にありながら、横浜冷凍の1980年代の建設費はニチレイの7割強に収まっていた。その後は差が縮小する傾向にあるものの、未だ逆転には至っていない。横浜冷凍の場合、計画時より実際の建設費が低くなるのが常であり、これも冷凍倉庫を知り抜いた伊佐男氏の指導の賜と見るべきなのであろう。

■世の中で一番尊い…
40年史

■自分自身を尊敬できる…
50年史

その陰にあるのは、経営のコツを尋ねられて「簡単なこと。一つはしみったれて、無駄な経費を使わないこと。二つ目は金を銀行に預けず、いつも設備に使ってきたこと」と答えたり、「世の中で一番尊いことは、人の為に奉仕して、決して恩にきせないことである」と訓示する伊佐男氏の感性にほかならない。冗費を徹底的に削り、「自分自身を尊敬できるような生き方をしようでは、ありませんか」と社員に呼びかけ続けた経営者には、ただ頭を下げるほかはない。

［参照文献］
『ザ・ヨコレイ40』1989年
『五十周年記念誌』1998年

2 戦略外の力学

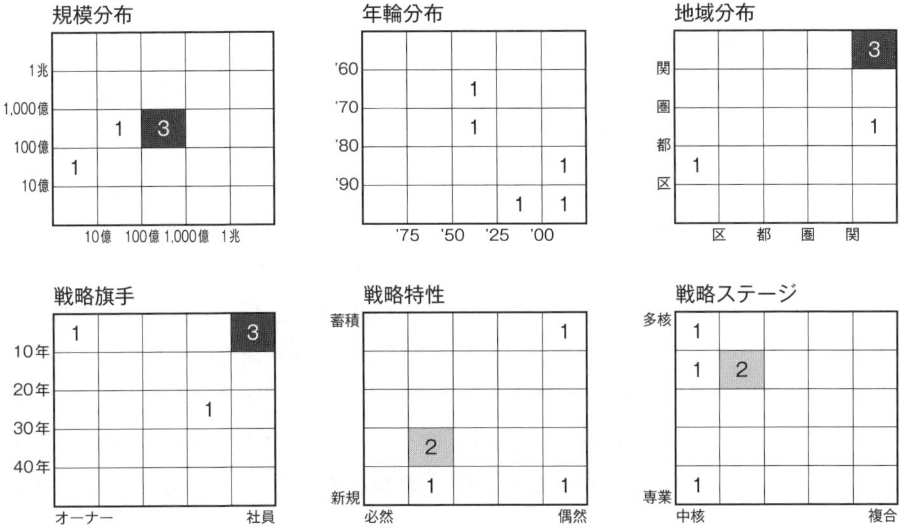

この世には神風が吹くこともある。スタートを切ってから何十年も経つ事業が神風の力で高収益に転じたケースが第1部の第3章に三つ登場したが、新規の事業が同じように高収益を記録したケースが当部にも五つ浮上している。それを一過性の特需と判断したのは、分析対象期間後に神風が吹き止んで高収益のステータスを返上したことによる。

第1部の後発プレーヤーにしてみれば特需は新興国から押し寄せるのが一般的ながら、先発プレーヤーにしてみれば特需は新技術から押し寄せてくることが多い。ここ第3部の5ケースは、新たに勃興した新興市場の恩恵を受けている。

ダッシュボードには、これというパターンが見られない。老舗企業の新規事業が特需の恩恵を受けるパターンは目立つが、それを除くと神風の気まぐれぶりが投影しているものと思われる。

11-2-1 国内特需

国内特需とは、新興国ではなく、日本国内で発生した特需現象のことを指す。具体的には、(1) あだ花に終わったプラズマディスプレイと、(2) スマートフォンに追いやられた国産携帯端末で、それぞれ複数のケースが浮上している。第3章で取り上げた中国特需ほどのスケールはないが、ブームのピークが分析対象期間と重なった点は同じと言ってよい。

プラズマディスプレイの特需にあやかったのはケース671の日本山村硝子とケース672のセーレンである。前者はパネルの内部構造を形作る隔壁や電極や誘電体の材料となる低融点ガラス粉末を、後者は完成したパネルから放出される電磁波を遮断する電磁波シールド材を供給した。いずれも、プラズマテレビが1997年に発売されると、その躍進に押されるようにして業績が好転した。

携帯端末の特需にあやかったのはケース673のオリジン電気とケース674の日本精鉱である。前者は軽いプラスティック筐体を美しく見せる塗料を、後者は回路基板に用いられる金属微粉を供給した。いずれも、2001年に第3世代移動通信システムの商用サービスが始まると、その躍進に押されるようにして急伸した。オリジン電気のほうは、分析対象期間後も好調を維持している。

残るケース675の鳥越製粉は、突如として火がついた麦焼酎の息の長いブームにあやかった。似たケースが見当たらないところを見ても、特殊な事例と言えようか。

特需現象は、必ずしも運だけで語ることはできない。それぞれのケースにドラマがあり、教訓も数多い。しかし、そこに再現性を見込めるかと自問するならば、答えはノーとなる。それゆえ、ここに登場するケースは「戦略外」と見なすことにした次第である。

ケース 671 日本山村硝子：ニューガラス事業

B：低融点ガラス粉末（PDP用材料）

戦略C／C比率◁◀◇▷▷
戦略D／E比率◁◀◇▷▷
対照118，119

◉企業戦略▷▷▷▶▷本業辺境展開

【経緯】 日本山村硝子は1955年に西宮で山村硝子として設立された会社である。源流は1914年に遡り、吉野杉で作った酒樽を使っていた灘五郷に、六甲山系の砂で作った酒壜を新たに供給する役割を担ったという。戦後はプラスチック容器に進出したが、ガラス壜を逆転するには至っていない。1967年から取り組んでいる倉庫事業も、容器の陰に隠れたままである。1998年には、会社更生法の適用を受けた日本硝子を吸収した。これは大日本麦酒の製壜部門として出発した会社である。

【編成】 本業はガラス壜で、それが分析対象期間中も主業の座を占めていた。売上規模は取るに足らないニューガラス事業が2002年度から独立セグメントとなり、主業の座を脅かし始めたものの、2009年度をピークに失速した。

■日本山村硝子
直前決算期：2002.03
実質売上高：800億円
営業利益率：2.0%
海外売上率：10%未満
社内取締役：4
同順位相関：1.00
筆頭大株主：金融機関
利益成長率：△／△／△
東名阪上場：1962.11

◉事業戦略▷▶▷▷▷川上統合

【立地】 売り物はプラズマディスプレイの隔壁、誘電体、およびパネル周辺のシールを構成する低融点ガラス粉末材料である。この材料には「耐プラズマ性、耐紫外線性、耐熱性、電気絶縁性が必要であるとともに、プラズマ放電の雰囲気を長期に安定して保持するために高い気密性が要求される」という。

売り先はプラズマディスプレイのメーカーである。

狭義の競合はプラズマディスプレイ用のガラス基板には目もくれず、低融点ガラス粉末材料に専心、注力するメーカーで、ノリタケ機材を挙げることができる。親会社のノリタケカンパニーリミテド（セラミックマテリアル）は分析対象期間中に7勝3敗で通算利益率11.0%の戦績を残している。

広義の競合はガラス基板も手がける大手ガラスメーカーで、旭硝子や日本電気硝子がある。基板は基板で高い歪点を求められるため、どうしても事業規模に劣る低融点ガラス粉末材料は社内で

■ニューガラス事業
期間：2002.04–2010.03
得点掲示板：8–0
営業利益率：23.7%
利益占有率：18%
開示欄序列：4
事業本拠地：兵庫県
独禁法違反：報道なし
—
1990年代：—
2010年代：0–4

■耐プラズマ性…
New Glass 1997.6

■ノリタケ機材
電子材料 1996.12
電子材料 1998.12

■旭硝子
化学工学 1998.11
Fole 2004.8

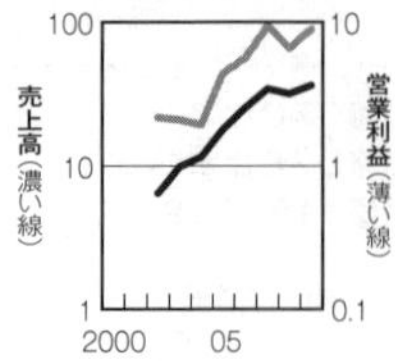

影が薄くなる。

【構え】入手ルートは尼崎と西宮の自社工場である。

引き渡しルートは専属の営業部隊による直販に限られる。ニューガラスの事業は独立したカンパニーが営んでいる。

【時機】このケースは、先発に相当する。富士通ゼネラルが1993年に世界初のプラズマディスプレイを商品化し、パイオニアが1997年に追随した。国内プラズマテレビ市場で75%前後の占有率を獲得するに至ったパナソニックは、2003年に「ビエラ」ブランドを導入している。プラズマテレビが急伸して、需要が供給を凌駕したからである。それが証拠に、液晶テレビの価格破壊が進行してプラズマテレビが失速し始めると、日本山村硝子のニューガラス事業は赤字転落してしまった。

【源泉】この事業で高収益を許すのはミッションクリティカリティである。低融点ガラス粉末材料はプラズマディスプレイの「特性や製造プロセスを制約する」ため、ディスプレイのメーカーにとっては安く買えば済むというものではない。高い材料がトータルコストを低く抑える可能性があるため、プレミアムがつく余地は大きい。

■特性や製造プロセス…
New Glass 1997.6

【防壁】この事業で高収益を守るのはスピードである。その裏側には、規模に勝るガラス基板を捨てて、一線級の技術者をガラス粉末に投入した経営判断があることを忘れてはならない。このあたりは、壜に特化することで旭硝子との衝突を避けてきた日本山村硝子の知恵と言ってよかろう。

【支柱】この事業で高収益を支えるのは技術開発部隊である。いったん事業が立ち上がると、プラズマテレビの消費電力を削減したり、画質を向上するために、次から次に開発テーマが舞い込んだはずで、戦略の均整を保ったのは継続的な開発努力と言ってよい。

【選択】2000年12月、日本山村硝子はニューガラスの量産工場の操業を開始した。これは、1987年7月に新設したニューガラス研究所と、1990年12月に操業を開始した開発プラントの研究成果に基づく事業化投資であった。この投資に合わせて2000年6月には事業部制を導入しており、経営陣の期待の大きさを窺い知ることができる。

◉戦略旗手▷▷▷▷▶理系社員

■たにがみ・よしのり
生没：1953.02-
社員：1978.03-2001.04
役員：2001.04-
社長：—
会長：—

【人物】このケースで戦略を推進したのは初代ニューガラス事業部長に就任した谷上嘉規氏と思われる。嘉規氏は2001年4月に執行役員となり、ニューガラスの研究と経営を同時に切り盛りした。2004年1月に事業を離れて全社を見るようになり、2005年6月には同族企業のナンバー2に登り詰めたが、2008年6月から再びニューガラスカンパニーを管掌するに至っている。ちなみに嘉規氏の父親は1960年から1965年まで山村硝子の取締役を務めていた。

【着想】嘉規氏の着想は身の丈を考慮したものと思われる。取材に応じて「不純物がほとんど入らず、極めて純度が高い」ことを日本山村硝子の特徴に挙げた背景には、いち早く製造用のクリーンルームに投資をかけた事実がある。これを自社が得手とするニッチ事業と受け止めて、他社の出鼻をくじく戦略に打って出たに違いない。

■不純物がほとんど…
日経産業 2005.11.24

［参照文献］
『日本山村硝子90年史』2004年

ケース 672 セーレン：エレクトロニクス事業

B：金属被覆繊維（PDP用電磁波シールド材）

戦略C／C比率◀◁◇▷▷
戦略D／E比率◁◀◇▷▷
対照：049

◉企業戦略▷▷▷▶▷本業辺境展開

■セーレン
直前決算期：2000.03
実質売上高：620億円
営業利益率：2.7%
海外売上率：10%未満
社内取締役：14
同順位相関：0.55
筆頭大株主：金融機関
利益成長率：△／△／△
東名阪上場：1969.12

【経緯】セーレンは1889年に福井で京越組として設立された会社である。輸出用羽二重の精錬からスタートして長らく賃加工に従事してきたが、1970年代から取り組んだ自動車用シート事業が大きく伸びて、自社製品を屋台骨とするに至っている。1990年代に入ってから非繊維を標榜し、産業用途の開拓に力を入れている。

【編成】本業は精錬ながら、主業は自動車用シートにシフトしている。

◉事業戦略▷▶▷▷▷川上統合

■エレクトロニクス事業
期間：2000.04-2010.03
得点掲示板：8-2
営業利益率：10.4%

【立地】売り物はポリエステルの細い糸に銅や錫やニッケルなどの金属をメッキしてメッシュ形状に仕立てた電磁波シールドである。

利益占有率：19%
開示欄序列：3
事業本拠地：福井県
独禁法違反：報道なし
—
1990年代：1-0
2010年代：0-4

■OA
オフィスオートメーション

■44%
日経朝刊 2000.10.6
地方経済面（北陸）

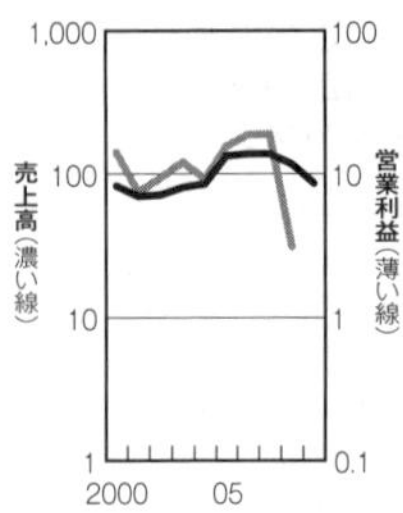

これは光（映像）を透過させつつ、電磁波を画面内部で遮断する役割を果たす。

売り先は画面から有害な電磁波を出すプラズマテレビのメーカーである。

狭義の競合はプラズマテレビ用繊維型電磁波シールド材のメーカーである。OAブームで辛酸を舐めた強豪が脱落していったので、セーレンは世界シェア44%を目指すと公言していた。ただし、住友大阪セメントなどが推進するフィルム型が台頭して、セーレンも対応を迫られた経緯がある。

広義の競合は電磁波シールド材のメーカーである。1980年代にOAブームが到来すると、至近距離でブラウン管と向き合う人々を電磁波から守る必要性が随所で叫ばれるようになった。それに伴い、電磁波シールド材には猫も杓子も群がったが、この市場は大きく育たなかった。

【構え】 入手ルートは製造子会社である。セーレンは、購入素材からシールド材を生産していたが、2005年にカネボウの合繊事業を買収して、原糸の内製化を成し遂げた。

引き渡しルートは事業部による直販と推察される。

【時機】 このケースは、プラズマテレビ用途の電磁波シールド材に限定すると先発に相当する。このケースはプラズマテレビ興隆の波を捉えたと見ることができる。富士通ゼネラルが1997年11月、パイオニアが1997年12月にプラズマテレビを発売し、そこから市場が徐々に立ち上がっていった。パナソニックが「ビエラ」ブランドのプラズマテレビを投入したのは2003年9月のことであった。

【源泉】 この事業で高収益を許すのはパフォーマンス優位である。自発光のプラズマテレビは、光源を強化すればいくらでも明るくできる液晶テレビに対抗しなければ売れない宿命を背負っていた。それゆえ、光を遮る程度が低い電磁波シールドは価格プレミアムを正当化する。

【防壁】 この事業で高収益を守るのは川上の素材、すなわち極細糸である。細番手の糸はセーレンがカネボウと共同開発したもので、セーレンがカネボウの繊維事業を買収したのは、この糸を他社に渡さないためであった。

【支柱】この事業で高収益を支えるのは技術部隊である。プラズマテレビの黎明期に採用されたあと、表面の黒色性をはじめとして次から次に改良課題が噴出した。それが競合を萎えさせた面もある。課題を解決していったセーレンの技術部隊が、高収益を引き寄せたと言ってもよかろう。

【選択】1997年5月、セーレンは10億円弱を投じて電磁波シールド材の専用工場を建設すると発表した。1998年6月にシャープの社長に就任した町田勝彦氏が2005年までに国内のカラーテレビをすべて液晶に置き換えると宣言したが、原理的に液晶テレビは電磁波シールドを必要としないため、新工場はプラズマテレビと一蓮托生の関係にあったと言ってよい。しかしながら、この時点でプラズマテレビの市場性は見えていなかった。

■専用工場
日経朝刊 1997.5.22
地方経済面（北陸）

◉戦略旗手▷▷▷▶▷操業経営者

■かわだ・たつお
生没：1940.01-
社員：1962.03-1981.08
役員：1981.08-
社長：1987.08-2014.06
会長：2011.06-

【人物】このケースで戦略を推進したのは川田達男氏である。電磁波シールド材の開発をリードしたのは開発研究第二部長の高木進氏と思われるが、他社に先駆けて投資を決断したのは川田氏以外に考えられない。

川田氏は、新入社員研修期間中に賃加工の現実を見て、人事部長に戦略転換の必要性を説いたという。そこから左遷人生が始まったが、それをものともせず、自ら自動車用シート事業を立ち上げてセーレンをメーカーに変貌させてしまった。その実力を認められて創業家一族によって社長に抜擢されたのは、川田氏47歳のときであった。

【着想】川田氏の着想は脱アパレルにある。社長に就任した川田氏は、繊維の産業材用途を開拓するよう若い社員を駆り立てた。勢い余って1989年度にエレクトロニクス分野で100億円を売り上げるという目標を掲げたが、これは未達に終わっている。ただし、そこからプラズマテレビ用の電磁波シールド材が生まれたことは間違いない。1997年に専用工場を建設する時点で電磁波シールド材に課された目標は「前期比2倍以上の20億円」で、それが実際には何倍にも膨らんだことになっている。

■100億円
日経朝刊 1988.5.28
地方経済面（北陸）

■前期比2倍以上の…
日経朝刊 1997.5.22
地方経済面（北陸）

［参照文献］
『セーレン百年史』1990年
電気化学および工業物理化学、1984年7月（神部・熊谷）
加工技術、1988年11月（馬場義郷）
繊維学会誌、2007年9月（新家英正・後藤昌利・高木進）

ケース 673 オリジン電気：ケミトロニクス事業

B：塗料（安価な樹脂部材の外見向上材）

戦略C／C比率◁◀◇▷▷
戦略D／E比率◁◀◇▷▷
対照：054

■オリジン電気
直前決算期：2000.03
実質売上高：560億円
営業利益率：9.0%
海外売上率：47%
社内取締役：12
同順位相関：0.69
筆頭大株主：安田グループ
利益成長率：△／△／△
東名阪上場：1961.10

◉企業戦略▷▷▷▷▶多核化展開

【経緯】 オリジン電気は1938年に東京の麹町で富士電炉工業として設立された会社である。祖業はソルトバス電気炉、および亜酸化銅整流器であった。戦後はセレン整流器で復興を遂げ、1950年に合成樹脂塗料、1955年にコンデンサ型スポット溶接機、1961年にミニチュアベアリングと事業の柱を増やしてきた。技術を持つ人を迎えて事業を興すのが、オリジン電気流の多角化と言ってよい。

【編成】 本業は整流器で、いまは半導体デバイス事業に発展しているが、主業の座は合成樹脂塗料に移行した。合成樹脂塗料事業は、東芝を退職した技術者を迎え入れたところからスタートしている。当初は金属メッキを目指したそうである。

■ケミトロニクス事業
期間：2000.04-2010.03
得点掲示板：10-0
営業利益率：21.2%
利益占有率：82%
開示欄序列：3
事業本拠地：東京都
独禁法違反：報道なし
—
1990年代：4-6
2010年代：4-0

◉事業戦略▶▷▷▷▷中核集中

【立地】 売り物は合成樹脂塗料である。当初は金属表面を処理するための合成樹脂製塗料から手がけたが、1970年代後半から、合成樹脂表面を処理するための特殊塗料にフォーカスしている。

売り先は樹脂製品のメーカーで、分析対象期間中は携帯電話、デジタルカメラ、ノートPC、自動車部品が主力を成したようである。

狭義の競合は合成樹脂用特殊塗料の専業メーカーで、未上場の武蔵塗料が該当する。社員数で判断すると、同社の規模はオリジン電気塗料事業部の半分程度と推察される。

広義の競合は合成樹脂塗料に注力する総合塗料メーカーで、日本ペイントが該当する。日本ペイント（塗料事業）は分析対象期間中に10戦全敗で通算利益率3.6%の戦績に終わっている。

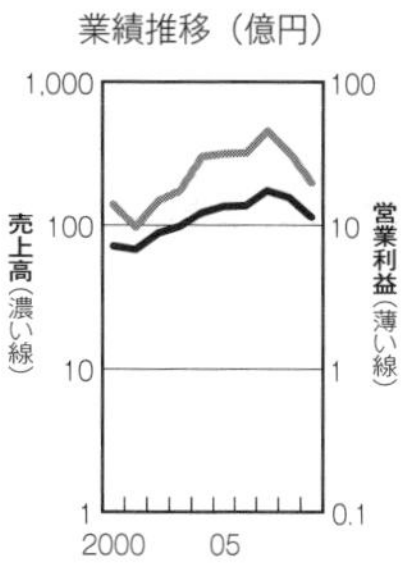

【構え】 入手ルートは西多摩にある自社工場である。2006年から中国にも工場を置いている。

引き渡しルートは大口顧客が直販、小口顧客は代理店経由である。

【時機】 このケースはプラスチック用の塗料に限ると先発に相当する。オリジン電気がプラスチック用塗料の開発に注力していた時期に総合塗料メーカーは自動車の電着塗料の開発に忙殺されていた。分析対象期間中は塗装を要する携帯電話の爆発的な普及が追風となったものと思われる。

【源泉】 この事業で高収益を許すのはミッションクリティカリティである。1970年代の自動車にせよ、1990年代の携帯電話にせよ、軽量化が至上命令で、技術的にはプラスチックに頼らざるをえない状況にあった。ただし、プラスチックには見た目に高級感がないという欠点があり、それを塗料で補うことができれば、軽量化のメリットが塗料のプレミアム価格を十分に相殺できる状況にオリジン電気は甘んじることができた。

【防壁】 この事業で高収益を守るのは競合の自縛である。塗料のメインストリームは金属表面に塗るもので、それに比べるとプラスチック表面に塗る塗料は市場が小さく、傍流中の傍流であった。ゆえに大手の総合塗料メーカーは力を入れてこない。その割りに技術的な難度は高いため、開発費を捻出できない弱小メーカーも参入は難しい。

【支柱】 この事業で高収益を支えるのは技術開発陣である。プラスチック用に舵を切っても、製品が出てこなければ戦略は絵に描いた餅に終わってしまう。

【選択】 1972年7月、オリジン電気は志村工場を閉鎖して瑞穂工場を新設した。これは塗料事業拠点の更新を意味する動きで、塗料事業に対するコミットメントの現れと見ることができる。

◉戦略旗手▷▷▷▷▶理系社員

■**天海・孝**
生没：1923.07-2006.01
社員：1946.??-1974.12

【人物】 このケースで戦略を推進したのは天海孝氏である。天海氏

役員：1974.12-1983.06
社長：—
会長：—

■省エネ、省資源…
75年史

■ニッケルメッキ…
金属 1951.2

■塗料事業部の成長…
75年史

■こと自動車産業を…
Origin Technical Journal 1982.5

は1968年から15年にわたって塗料部長を務めていた。その時代について社史は「省エネ、省資源、低公害という時代の要請に加え、素材やニーズの多様化に対応して製品開発が行われた。とくにプラスチック用塗料の技術開発に努め、一般汎用プラスチックからエンジニアリングプラスチック素材用塗料まで各種さまざまな塗料を製品化し、従来のラッカー系塗料、メラミン系樹脂を主とした焼き付け塗料等の汎用塗料からプラスチック用塗料を中心とした特殊塗料メーカーへと大きく変化したのもこの時期である」と記している。

新設された瑞穂工場の初代工場長に就任したのは天海氏で、塗料事業から初めて取締役に就任したのも天海氏で、彼が事業中興の指揮を執ったとしか考えられない。20代の天海氏は、ニッケルメッキに没頭していた。

なかでも1981年に開発されたUVコートHという製品は、透明プラスチックの傷つきを防止するハードコートで、この開発で蓄積された技術が後に携帯電話用のハードコートを他社に先駆けて投入する下地になったそうである。社史も「塗料事業部の成長につながった」と高く評価している。

【着想】 天海氏の着想は川下業界の鋭い観察眼に依拠しているものと思われる。「こと自動車産業をとってみれば、日本の生活、社会の実態にあった小型自動車は（中略）華々しい発展を遂げ、世界に冠たる小型車王国を実現している。排気ガス規制をクリアしたエンジンの改良、軽量化による性能アップのためのプラスチックの採用など、いずれもアメリカ自動車産業が先鞭をつけているが、日本人特有の器用さから、その応用開発、生産技術において優位に立つものが多く、日本車の信頼を高めている。当塗料部も、ここ数年は自動車産業に使用される各種プラスチック用の塗料を主体として伸長してきたといえる」という言明からは、天海氏が通信機用の絶縁塗料から自動車用の意匠塗料に舵を切った理由を垣間見ることができる。

[参照文献]
『オリジン電気75年の歩み』2013年

ケース 674

日本精鉱：金属粉末事業

B：金属微粉（顧客製品の性能向上策）

戦略C／C比率◀◁◇▷▷
戦略D／E比率◁◁◇▷▶
対照：093

■日本精鉱
直前決算期：2000.03
実質売上高：20億円
営業利益率：10.2%
海外売上率：10%未満
社内取締役：2
同順位相関：—
筆頭大株主：日商岩井
利益成長率：—/—/—
東名阪上場：1949.09

◉企業戦略▷▷▷▶▷本業辺境展開

【経緯】 日本精鉱は1935年に大阪で中瀬鉱業として設立された会社である。兵庫県養父市で鉱山を経営し、1969年まで金や銀を産出していたが、そのあとは副産物のアンチモンを製錬する事業だけが生き残り、いまは輸入鉱石から三酸化アンチモンを難燃剤用途に製造・販売する会社に生まれ変わっている。その三酸化アンチモンで中国製が攻勢に出てくるなかで、日本アトマイズ加工というベンチャーの株式55%を2000年に買い上げて、金属粉末事業を新たに立ち上げた。残る45%は2008年に買い取っている。その翌年に福田金属箔粉工業が日本精鉱の筆頭株主に収まった。

【編成】 本業は金・銀であったが、その事業は消失した。分析対象期間中の主業は金属粉末にシフトしている。金属や粉末という点で過去と現在はつながっているように見えるが、市場や技術の連続性はない。

■金属粉末事業
期間：2000.04–2010.03
得点掲示板：8–2
営業利益率：11.1%
利益占有率：75%
開示欄序列：2
事業本拠地：千葉県
独禁法違反：報道なし
—
1990年代：–
2010年代：1–3

■高圧液体噴霧法
日経産業 1984.11.6
～1984.11.8

◉事業戦略▶▷▷▷▷中核集中

【立地】 売り物は銅、錫、黄銅、青銅、鉛青銅などの微粉、および粗粉である。いずれも溶けた金属を細い樋から落下させ、そこに高圧の水を吹き付けて一気に冷却するアトマイズ法（高圧液体噴霧法）という特殊製法を採用している。この製法には、化学薬品を使わないため高純度を保つことができて、合金も容易に扱えるという利点がある。バッチ生産のため、製造条件を変える造り分けも難しくない。

売り先は精密モーター軸受けのメーカーと、プリント基板材料のメーカーである。前者は自動車、後者はデジタル家電に連なっている。

狭義の競合はアトマイズ法を採用する金属粉末メーカーである。アトマイズ法を考案したのは科学技術庁金属材料技術研究所の武田徹氏たちで、工業化研究を進めるべく1964年に設立されたのが日本アトマイズ加工という経緯があるため、目立つ競合は見当たらなかった。鉄鋼メーカーがアトマイズ法の研究を進めたが、鉄粉に関心が集中していたことから、日本アトマイズ加工とは競合していない。近年では福田金属箔粉工業の攻勢が目立っている。

広義の競合はアトマイズ法によらない金属粉末メーカーである。銅系では福田金属箔粉工業、日本鉱業、三井金属の3社が立ちはだかっていた。

【構え】 入手ルートは買収して傘下に収めた日本アトマイズ加工である。

引き渡しルートは代理店経由である。

【時機】 このケースは、事業としては先発に相当する。アトマイズ法の論文は日本アトマイズ加工の創業より2年前の1962年に公刊されていたが、2000年の論文に「近年、粉末冶金用に加えて射出成形、磁性材料、導電材料用等に微粉の需要が高まっている」という指摘がある。

■1962年
粉体および粉末冶金
1962.6

■近年、粉末冶金用に…
粉体および粉末冶金
2000.5

【源泉】 この事業で高収益を許すのはミッションクリティカリティである。オイルレスベアリング用途では、アトマイズ法を用いると銅と錫を均一に分散させることができる。プリント基板向け導電ペースト用途では、アトマイズ法を用いると合金の純度を上げることができる。このような利点を評価する顧客は、微粉の使用量が限られていることから価格プレミアムを厭わない。

業績推移（億円）

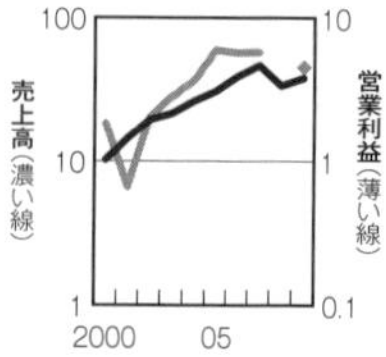

【防壁】 この事業で高収益を守るのは競合の自縛である。日本アトマイズ加工は年商20億円に到達するまで、創業から20年以上の歳月を費やした。そういう小ぶりの事業に魅力を感じる企業は多くない。

【支柱】 この事業で高収益を支えるのは営業部隊である。日本アトマイズ加工が日本精鉱の傘下に入ってから売上が急伸したのは、同社や日商岩井の営業力の賜物と言ってよい。

【選択】 1964年3月、日本アトマイズ加工が起業した。起業した当人はシロウトを自称していた。

■たけがみ・ゆうすけ
生没：1927-
社員：—

◉戦略旗手▶▷▷▷▷創業経営者

【人物】 このケースで戦略を推進したのは日本アトマイズ加工を創

業した竹上雄輔氏である。竹上氏は、学生時代にアルバイトで機械販売をやってみたら面白くて、そのまま勤めて3年で独立した。ところが、売り先の炭鉱が潰れてしまったので、日本鉱業に勤務する学生時代の友人の勧めにより金属材料研究所を訪ね、日本アトマイズ加工を起業したという。

役員：—
社長：—
会長：—

日本アトマイズ加工がエレクトロニクス用途に取り組み始めたのは1998年頃のことで、日本精鉱が買収に出た時点では、既にプリント配線基板向けが主力になっていた。

【着想】 竹上氏の着想は単純である。「どこもやったことのない合金粉末を手がけるということに魅力を感じたのです」というコメントがすべてを物語っている。必ずしも成算があったわけではないが、先発にこだわった点は特筆に値する。

■どこもやったことの…
月刊中小企業 1985.11

［参照文献］
粉体および粉末冶金、1993年12月（今村秀哉）

ケース 675 鳥越製粉

B：大麦（麦焼酎メーカー向け主原料）

戦略C／C比率◁◁◇▷▶
戦略D／E比率◁◁◇▷▶
対照：436

◉企業戦略▶▷▷▷▷本業集中

【経緯】 鳥越製粉は1935年に福岡の吉井で鳥越商店として設立された会社である。その源流は米穀・日用雑貨商を立ち上げた1877年まで遡るが、米穀配給統制令が施行されたのを機に1940年に製粉・精麦業に転進する。ところが、肝心要の工場を1952年に火災で失ってしまい、得意先の特約店が離散するという憂き目を見たことから、やむをえず直売方式を採用して、ミックス粉でベーカリー市場を開拓していった。日本にフランスパンをもたらした老舗の起源を紐解くと、必ずと言ってよいほど鳥越製粉に辿り着くそうである。

■鳥越製粉
直前決算期：1999.12
実質売上高：210億円
営業利益率：10.9%
海外売上率：10%未満
社内取締役：7
同順位相関：0.48
筆頭大株主：創業家
利益成長率：○／△／○
東名阪上場：1962.09

【編成】 本業は製粉で、それが分析対象期間中も主業の座を占めていた。製粉するのは小麦で、その用途はパンや麺である。精麦するのは大麦で、その用途は主に家畜の飼料であった。鳥越製粉の売上高営業利益率が10%を超えたのは1998年度が初めてで、その経緯を調べてみると、ドライバーは焼酎原料向けの精麦にあることがわかる。

■全社
期間：2000.01-2009.12
得点掲示板：8-2
営業利益率：10.9%
利益占有率：100%
開示欄序列：0
事業本拠地：福岡県
独禁法違反：報道なし
—
1990年代：2-8
2010年代：0-4

■三和酒類
日本醸造協会誌 2002.8

■7年連続の1位
西日本新聞 2010.8.14

◉事業戦略▶▷▷▷▷中核集中

【立地】 売り物は麦焼酎の原料である。鳥越製粉の精麦事業は、かつては「精麦飼料」と表記されており、主に九州の畜産農家に向けて飼料を販売するものであった。ところが、2000年12月期から飼料部門と並ぶ食料品部門のなかに「精麦」と表記された第三のカテゴリーが生まれている。

売り先は「下町のナポレオン」として広く知られる「いいちこ」の醸造元、三和酒類である。同社は国内売上ベースで2003年から2009年まで7年連続の1位を達成していた。麦焼酎「いいちこ」は、それまでの米麹に麦をかけあわせた麦焼酎とは異なって、麦麹に大麦をかけあわせたうえで、イオン交換濾過法を適用した「新本格焼酎」で、1979年に発売されている。

狭義の競合は三和酒類に焼酎原料を供給しうるメーカーである。三和酒類の蒸留所と、鳥越製粉の精麦工場は、ともに有明海に注ぐ筑後川の流域にあり、両者は1996年に全通した大分自動車道によって結ばれている。その距離はインターチェンジの一区間に過ぎない。精麦した大麦自体はコモディティでも、輸送費で鳥越製粉はコスト優位に立っており、局地的に独占状態にある。

広義の競合は焼酎原料の供給メーカーである。これは数が多い。精麦は主に中小企業の仕事とされてきた経緯があり、鳥越製粉を除く上場企業は製粉に群がっている。

【構え】 入手ルートは自社の吉井工場である。

引き渡しルートは直販と思われる。

【時機】 このケースは、新本格焼酎に向けた原料供給という視点から見れば、先発に相当する。鳥越製粉は「いいちこ」の売上増に追随すればよいだけで、必ずしも時機を読んだわけではない。「いいちこ」の前に吉井工場は建てられており、しかも焼酎用途が増えた分は儲からない飼料用途を減らせばよいだけで、その意味でリスクすら無いに等しかった。

【源泉】 この事業で高収益を許すのはコスト優位である。上述したように、これは輸送費の差に基づいている。

【防壁】 この事業で高収益を守るのは文字通り工場の立地である。鳥越製粉の精麦工場は、博多港に移転した製粉工場とは異なって、大市場から遠く離れた田園地帯に立地するため、競合する工場が近隣には数えるほどもない。まとまった数量を安定供給できるところに限れば、競合はないと言ってもよい。常識に背を向けた立地選択が地域独占を呼び込んだ図式は興味深い。なお、他社が顧客に近づくには精麦工場を新設するしかなく、それでは減価償却が発生して鳥越製粉に固定費で負けてしまう。

【支柱】 この事業で高収益を支えるのは製造・物流部隊である。顧客に対して失点を重ねては、戦略の均整が保てない。

【選択】 1986年3月、鳥越製粉は福岡県の吉井工場に5億円前後の資金を投下して、精麦能力を1,500トン増強した。4年前に同じ敷地内の製粉工場を閉鎖しており、これで吉井工場は精麦拠点として生きていくことが確定した。ちなみに、この精麦工場は焼失した旧工場の跡地に建っており、1953年の竣工である。

業績推移（億円）

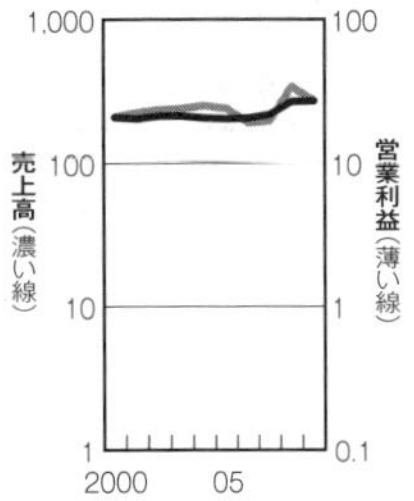

◉戦略旗手▷▷▷▷▶文系社員

【人物】 このケースで戦略を推進したのは佐藤春文氏と思われる。佐藤氏は、1988年から部長として精麦ビジネスの営業を切り盛りして、1998年に精麦カンパニーのプレジデントに就任した。その後、鳥越製粉は6億円を追加で投資して2004年8月に吉井工場の精麦能力を倍に増強している。佐藤氏を除くと、全社の1割程度に過ぎない精麦事業に関心を払う幹部はいなかったに違いない。

【着想】 佐藤氏の着想は知る術がない。調べてみたが、手がかりはない。

■さとう・はるふみ
生没：1938.10–
社員：1967.06–1992.03
役員：1992.03–2006.03
社長：—
会長：—

［参照文献］

『50年の歩み』1985年

第12章　Chapter 12

新規事業における留意点

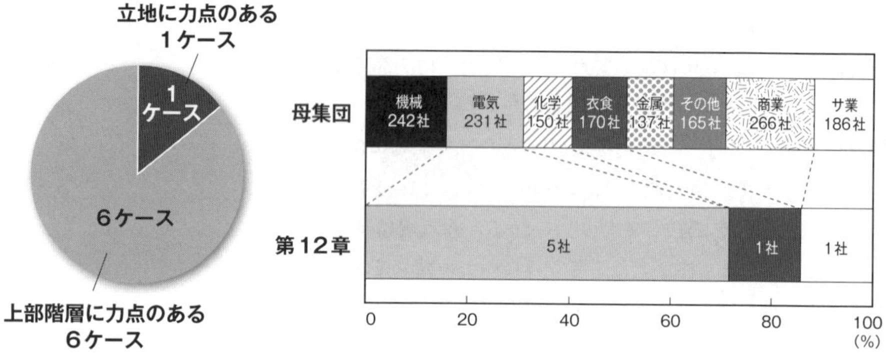

第9章から第11章で示したのは、成功の必要条件に過ぎない。ここでは、そこで浮上した戦略オプションが成功の必要十分条件とまで言えるか否かを吟味する。そのプロセスで、一方的に失敗の山を築きやすい似非戦略も列挙していく。

この章に登場するケースは、驚くほどエレクトロニクスに集中している。企業としての業種分類は必ずしも電気に一致しないが、事業レベルで見ると、その中身は例外なくエレクトロニクスである。エレクトロニクスは技術の変化が激しいため、それだけ先発する機会が多いのかもしれないし、落とし穴も多いに違いない。

結論を先に述べておくと、第9章の成功ケースから導かれた定跡を覆すような失敗ケースは一切見当たらない。失敗例が続出しているのは第11章のほうで、機先を制する初動戦略には注意を喚起しておきたい。

1 立地の戦略

立地次元の推奨戦略は大きく分けて6種あったが、そのうちの一つで失敗ケースが一つだけ出ている。「売り物」を選んで失敗したケースは出ていないが、該当する1ケースは「売り先」を選んで失敗した。

12-1-1 半導体メーカーを相手にする際の落とし穴

9-5-3で見たように、技術を正当に評価してくれるヘビーユーザーのカテゴリーの一つに、半導体メーカーがあった。ケース441の島田理化工業は、そこに打って出て大きく失敗している。9-5-3の3ケースに比べると、同社が得意とする超音波洗浄装置には他の選択肢が多数あり、エッジが立っていない。そこに分かれ目があるものと思われる。

ケース441 島田理化工業：産業機器事業

B：精密洗浄装置（半導体の歩留まり向上策）

■島田理化工業：産業機器
期間：2000.04-2010.03
得点掲示板：0-10
営業利益率：▲6.0%
開示欄序列：2
十年経営者：不在
—
1990年代：1-9

保有する超音波・マイクロ波技術の出口を1981年にNTTから半導体メーカーに振り替える決断を下し、精密洗浄領域を開拓したが、川下の日本の半導体メーカーの退潮と歩調を合わせるようにして、債務超過に陥った。

2 構えの戦略

構えの次元で成功したケースは著しく少なかった。それと平行するように、構えで失敗したケースは一つも出ていない。そもそも日本の競争環境では、構えの戦略を選ぶ機会が少ないのかもしれない。

3 上部の戦略

製品・管理次元の推奨戦略は細かくみると3種あったが、そのうちの二つで失敗が5ケースも出ている。立地や構えの戦略に比べると、失敗比率は異様に高いことを指摘しておかなければならない。

12-3-1 経験曲線にまつわる落とし穴

11-1-1で見たように、経験曲線の効果を視野に入れた戦略は初動で勝敗を決定的にする潜在力を持ち合わせている。ところが、ケース442のコロムビアミュージックエンタテインメントは前のめりの初動に賭けたにもかかわらず、巨額の損失処理を迫られた。戦略の適用条件も満たしており、問題は事業の寿命が想定外に短かったことに求めるほかはない。サドンデスは、電気業界に頻繁に見られるが、戦略に付随する不可避のリスクと受け止めたほうがよい。

ケース442

コロムビアミュージックエンタテインメント：CD/DVDプレス事業

B：CDおよびDVD（プレスサービス）

ディスク制作、ディスクのプレス、プレーヤーと3部門を押さえ、CD世界一を目指し、悲願のプレス工場を1987年にアメリカに建設した。2002年には日立マクセルの仕事も取り込んだが、結局は不採算ということで、ファンド主導の下、2006年に撤退した。

■日本コロムビア：プレス
期間：2001.04-2006.03
得点掲示板：0-5
営業利益率：▲0.5%
開示欄序列：2
十年経営者：不在
—
1990年代：—

12-3-2 製品力頼みにまつわる落とし穴

11-1-3で見たように、長任期経営者による機敏なハンズオンのマネジメントは絶大な威力を発揮する。しかしながら、ケース341の双葉電子工業とケース342の東北パイオニアは、長任期経営者が陣頭指揮を執ったにもかかわらず、失敗に終わっている。個人の資質に差があることも考慮に入れなければならないが、それぞれ液晶ディスプレイを画質で凌ぐと言われたFEDやOELDに挑戦して、液晶ディスプレイの価格低下に勝ち目を奪われている。その意味では、第1部の4-2-2や第2部の8-1-3と同様で、ハイテクの呪いに負けたと解釈すべきなのであろう。

バンドワゴンが怖ろしいのはディスプレイだけではない。ケース343の三協精機製作所は、ミニチュアベアリングを採用する従来型のHDDを静粛性で上回る動圧流体軸受けHDDに挑戦した。万全の生産体制を敷いたものの受注が取れず、それが致命傷となって日本電産の軍門に降ることになってしまった。これはライバルとの競合に敗北したケースである。ケース344のラウンドワンは、ポイントカードの普及を目指したが、時代の先を走りすぎた。長任期経営者が君臨していたにもかかわらず失敗に終わった点は、2ケースとも同じである。

成功した11-1-3の2ケースと比べると、これら4ケースは最先端の技術に勝負を賭けた点が異なっている。そして、既存品の置き換えを狙った点も違う。技術頼みは投資が嵩むゆえ、リスクが高いと心得ておくべきであろう。

なお、以上4ケースは本章に配置したが、ターゲットとした先行品があるため、本当の意味での先発とは違うことに注意されたい。ただし、いずれも技術の新規性が高いため、第4章や第8章の類似ケースとも異なっている。それゆえ、本章で独自の項を立てることにした。

ケース341 双葉電子工業：電子事業

B：FED（表示デバイス）

■双葉電子工業：電子
期間：2000.04–2010.03
得点掲示板：2–8
営業利益率：4.8%
開示欄序列：1
十年経営者：2人
—
1990年代：10–0

蛍光表示管の全盛期に相当する1994年にフィールドエミッションディスプレイの技術をフランスから導入し、2004年に量産ラインを構築したが、狙った自動車業界で採用が進まず、2009年に開発を中止した。得意とする真空技術を活かしつつ技術の世代交代に備えたが、新旧ともに液晶パネルに敗北した。

ケース342 東北パイオニア：エレクトロニクス事業

B：有機ELディスプレイ（表示デバイス）

■東北パイオニア：エレ
期間：2000.04–2006.03
得点掲示板：0–6
営業利益率：3.8%
開示欄序列：1
十年経営者：1986–2004
—
1990年代：0–2

プラズマに集中する親会社から有機ELの技術を1995年に貰い受け、主業のスピーカーから出るキャッシュを注ぎ込み、1999年に生産ラインを立ち上げた。駆動技術を保有する半導体エネルギー研究所と合弁を組んで2004年からアクティブ型の量産に入ったが、携帯電話機業界で採用が進まず、事業主体の合弁を2005年に解散した。

ケース 343 三協精機製作所：情報周辺機器事業

B：流体軸受けモーター（HDD用機構部品）

■三協精機製作所：情報
期間：2000.04-2004.03
得点掲示板：0-4
営業利益率：▲7.4%
開示欄序列：2→1
十年経営者：1984-2004
—
1990年代：0-3

TOBを仕掛けてきたことのある同郷の宿敵、ミネベアの主力製品であるミニチュアベアリングを不要とするモーターで1999年から攻勢に出て、人件費の安いフィリピンに工場を新設し、松下電器産業から生産委託の契約まで取り付けて万全の体制を整えたが、価格低下により赤字から脱却できず、日本電産との競争に敗退した。

ケース 344 ラウンドワン：ネットワーク事業

B：ポイントカード（商店の集客策）

■ラウンドワン：ネット
期間：2000.04-2002.03
得点掲示板：0-2
営業利益率：▲343.2%
開示欄序列：2
十年経営者：1994-
—
1990年代：0-1

自社で手がける大規模ゲームセンター併設型のボーリング場内で、インターネットプロバイダーへの加入取次ビジネスを2000年に立ち上げた。それをポイントカード事業に発展させたが、2002年に撤退した。加盟店に対するシステム導入工事が追いつかず、契約を増やせなかったという。

12-3-3 特需の罠

11-2-1で見たように、仕込んでいた開発品が特需に押されて高収益をもたらすこともある。ただし、特需には終わりがあり、そこで未償却の投資が損失処理を迫られる。宴の最中は成功に酔いしれても、その後が怖ろしい。

ケース345のクラレは、プロジェクションテレビ用のオプトスクリーンで特需を享受した。30インチ以上の市場はブラウン管テレビでは重くなりすぎるため空白地帯となっており、その間隙を埋める唯一の候補として液晶パネルを内蔵する新世代プロジェクションテレビが闊歩したからである。ところが液晶ディスプレイ自体が30インチの壁を越え、60インチに到達するプロセスで、画質に劣るプロジェクションテレビは存立基盤を失った。部材メーカーも同様である。

ケース 345 クラレ：機能材料・メディカル事業

B：オプトスクリーン（大型TV用部材）

■クラレ：機能材料
期間：2001.04-2007.03
得点掲示板：0-6
営業利益率：8.0%
開示欄序列：3
十年経営者：2人
—
1990年代：—

アクリル樹脂の精密加工技術を活かしてリアプロジェクションTV用のオプトスクリーンで世界首位に躍り出たが、液晶やプラズマTVの台頭に伴って市場が縮小し、事業撤退を余儀なくされた。

終章　Conclusion

高収益への正攻法

経営戦略論は、ミンツバーグをサファリ探検に駆り立てるほど、乱立状態に入っている。様々な立場の人たちが、こういう見方もある、別の見方もあると各自の洞察を持ち寄れば、そうなるのは時間の問題であった。「サファリパーク」は主観に基づく経営戦略論が必然的に辿り着く先で、そこへ探検に出かけて地図を作るのも趣向だが、地図をもらって喜ぶ経営幹部候補生を思い浮かべることは難しい。「サファリパーク」など存在すること自体がおかしいのである。

本巻では151の成功ケースを吟味して複数例に共通するパターンを括りだし、101の失敗ケースから反例の有無を探ってみた。その結果、14の戦略パターン、そして30の戦略バリエーションを浮き彫りにすることができた（表終–1）。高収益という山の頂に登る道が何本もあることが明瞭になったわけで、これだけの多様性があれば、所属する業界や置かれた立場にかかわらず誰しも何かしらヒントを見つけることができるのではないかと思う。遠回りと言えば遠回りのリサーチであったが、利益率を引き上げるための具体的な攻め筋を特定できたことを考えると、急がば回れはあながち嘘でない。

もちろん、本巻で採用したケースの分類が唯一無二と主張するつもりはない。意欲ある読者は自分でケースのグルーピングをやり直して、新規パターンの発掘に挑んでみるのも一興であろう。ケースは、ここに出揃っている。

表終–1　**本書が明らかにした戦略パターンと戦略バリエーション**

ターゲット	戦略パターン	戦略バリエーション
成熟市場	既存の売り物を根底からつくりかえる	スタンダーダイゼーション
		マスカスタマイゼーション
		タブーへの挑戦
	既存の売り先とは異なる売り先を開拓する	本場への参入
		新地への進出
	売り方を大きく変える	時短指向
成長市場	売り物の滲み出しを図る	技術・販路の多重利用
	売り先を他社の逆方向にとってみる	そっぽ指向
	事業を川下にシフトする	市場育成
揺籃市場	顧客のバリアビリティを吸収する	セキュリティの提供
		請負サービスの提供
		プレスクリプションの提供
	顧客を儲けさせる	工数削減策の提供
		開発支援策の提供
		管理支援策の提供
	顧客にとって入手困難なものを供給する	バンドル / 旧技術
	川上の強みが活きるものを供給する	セラミック原料の川下勝負
		合繊原料の川下勝負
		金属材料の川下勝負
		廃鉱活用 / ニッチ材料
	細かな違いに気づく顧客だけを相手にする	プロフェッショナル
		企業内専門家
		半導体メーカー
	手取り足取りを要する顧客だけを相手にする	別世界プロフェッショナル
		パッサー・バイ
	バリューチェーンを整流化する	事業システム
		一気通貫
	初動で他社の機先を制する	経験曲線
		特許網
		製品力

さて、本巻は最後の最後に課題を残している。ここで吟味したケース群は、21世紀初頭の10年間に光り輝いたもので、経営戦略のすべてを代表するとは断言できない。帰納法には現実から出発するという特長があり、机上の空論に終わる懸念はないが、限定された現実に根を下ろすことから、どこまで行っても普遍性に対する疑義を振り払えないのである。

それゆえ終章では、特定の現実に依拠する枝葉末節を敢えて切り捨てたうえで、根幹の「なぜ」に迫ってみようと思う。第1章から第12章までを各論として、総論を語ってみると言い換えてもよい。この総論が、高収益事業の創り方に関する理論に相当する。

以下では理論の要諦を五つの命題にまとめたうえで、それぞれについてリサーチが提示するエビデンスと、命題が成り立つロジックと、実務家への含意を述べていく。そのうえで従来の戦略論との関係にも触れておくことにする。基本概念を説明し直す手間は省くので、不安がある方は序章第4節までを先にレビューしていただきたい。

命題1　売上高営業利益率は事業の立地で決まる

◉根拠

本巻に登場した成功ケース151例のうち、105例までは勝因が事業の立地そのものにある。これは全体の3分の2を超える数である。母数の151例には、経営者や技術者の技量に負うケース20例と特需のケース8例が第3章、第7章、第11章に含まれており、これら再現性に欠けるケースを差し引くと、比較して意味のある母数は123となり、立地の実効説明力は85％まで跳ね上がる。

立地の威力は、各社が有価証券報告書に記載するセグメント情報にも現れている。複数の報告セグメントを抱える企業では、往々にしてセグメント間、すなわち異なる立地の間に、利益率の大きなバラツキを見て取ることができる。たとえばキヤノンの2005年度決算では、事務機が21.7％、カメラが19.8％と高水準で健闘していたが、光学機器は7.3％と相対的にふるわない。同様に花王の2005年度決算でも、家庭用製品が13.2％、工業用製品が10.5％と健闘していたが、化粧品は6.1％と苦戦を強いられている。本社のマネジメントや組織文化が同じでも、事業立地が異なれば結果は大きく分かれるものなのである。

◉論理

曖昧に「創業者利益」と表現されてきた内容を正確に言い直すと、事業立地を切り開いた企業にのみ利益は落ちるとしてよかろう。そうなる理由は、先発と後発の間の非対称性にある。

利益の制限要因は常に価格競争である。それは古今東西、いつでもどこでも変わらない。初めて立地を切り開き、一定数の顧客に支持された先駆者は、防塁を築いたに等しく、価格競争では圧倒的な優位に立つ。既存の立地に後から参入したり、波紋を起こしてみても、価格競争を恐れない先駆者が権益を死守しようと待ち構える限り、チャレンジャーは痛手を被るだけである。第2部で説明したビンテージの差異を武器にできるケースを除くと、後発の不利は過小評価すべきでない。

◉指針

命題を実戦に活かすには、とにかく自ら事業立地を切り開き、防塁を築く側に回ることである。そのためには第9章で示した手口の数々を参考にして「世の中・新」の事業に挑戦するのが基本形と心得たい。特に既存事業を海外に展開するときは、仕切り直す絶好のチャンスである。

ほかには第1章で示した手口を参考にして、世の中に存在するモノのリ・インベンションに挑戦するか、売り先を変えてみるのも悪くない。売り先については第5章の後半も参考になるはずである。これらは遅発や後発と分類したが、立地に手をつけたという意味では、限りなく先発に近い。その点は最後に強調しておきたい。

うまく事業立地を選び取ると、その寿命が尽きるまで高収益は持続する。それゆえ立地開拓は挑戦に値する。苦労の連続に挫けてはいけない。

事業立地は熟考に次ぐ熟考のうえで選ぶものと言いたいが、そうは言い切れない面もある。第9章に登場した79ケースには、何かに導かれるようにして優良な立地に辿り着いたケースが17例も混ざっている。第1章に受動的なケースはないが、第5章でも8ケース中2ケースが受動的な選択と見受けられる。ミンツバーグが好んだ「立ち現れる戦略（emergent strategy）」は事例数は少ないが、無視はできない。

◉忠言

利益率の向上を目指す事業経営責任者の大多数は、ありとあらゆる経費の節減に努めたり、拡販によって稼働益を獲りに出たり、管理次元で対処しようとする。または、売価の引き上げを実現すべく製品次元で策を凝らすことも多い。それでも切羽詰まると、人件費が低いところに工場を移転して、構えの次元に手を出す場合もある。しかしながら、こうした打ち手で成功したケースは一つも出ていない。

技術者も製品次元の差異化で価格競争を回避しようとする傾向が目立つが、それも再現性のあるアプローチとは見なし難い。それなのにイノベーションに人気が集まるのは、取っつきやすいからであろう。しかしながら、取っつきやすいのは同業他社にとっても同じことで、結局は横並びになってしまい、何もしなかったのと同じ結果に終わることは目に見えている。高収益につながるほど独創的な製品の差異化は、少なくとも組織的な取り組みからは生まれない。

さらに言葉を足すなら、既存事業のテコ入れを狙う発想自体が間違っている。経営陣は、全社業績を左右する基幹事業の四半期業績に一喜一憂し、悪い部門に対応策を問い正すが、すでに立地の定まった事業の利益率水準を大きく変えることは難しい。唯一の例外は、事業立地が規定する利益の理論最大値は大きいのに、それを実績値が大幅に下回るケースで、その場合は製品や管理を強化する施策に意味がある。または第5章第1節で見たように、ほかの事業と組み合わせて理論最大値を書き換える方策も例外となり得るが、そのためにM&Aを役立てた事例は日本では出ていない。

利益率が立地で決まるということは、立地が定まったあとでじたばたしても始まらないということである。いつでも誰でも窮したら戦略の出番と考えがちだが、戦略はいついかなるときでも、ありとあらゆる企業を幸せにする力は持ち合わせない。事業立ち上げの序盤戦で利益率の理論的最大値が定まったあとは、そこから実績値を落とさないようマーケティング・マネジメントやオペレーションズ・マネジメントに焦点を移したほうがよい。または、第1章や第5章で見たように、覚悟を決めて事業の立地に手をつけることである。

◉系譜

ミンツバーグは『戦略サファリ』で経営戦略論を10の学派に分類した。そのうちの七つはシリーズ序文で「状態」の戦略論と呼んだもので、実戦を導く理論とは見なし難い。残る3学派のうちの一つ、アンゾフの計画学派も、序章で実践の管理論と呼んだ範疇のもので、実戦とは縁が薄い。最後に残った2学派——ポーターのポジショニング学派とアンドリューズのデザイン学派——に高収益という要件フィルタをかけると、軍配が上がるのは後者のデザイン学派のほうになる。少なくとも利益率を目標として日本の現実を判断の基準に据えると、そういう結論に到達する。

アンドリューズは、ハーバード・ビジネス・スクールのビジネス・ポリシー領域の一員で、ケース・メソッドの教室において議論の中盤所で“What business are you in?”と問いかける教授法の有効性に気付いた頃から事業の根源定義にこだわるようになり、それを独自の企業戦略論に結びつけた。彼の洞察を分析的な概念に持ち上げて、事業戦略に適用したのが「事業立地」と受け止めていただきたい。

ちなみに、アンドリューズのチームに後から加わったポーターは、立地の代わりにバリューチェーンを実戦の焦点に持ってきた。「5つの力」の当たり方が弱い立地を選べとシンプルに言えばよかったのに、実戦への指針を綴った2作目の『競争優位の戦略』で「5つの力」の当たりが弱くなるようにバリューチェーンを組換えよと提唱したのは、既存事業の経営責任者たちを意識したからであろう。この本は前作ほど広く浸透しなかったが、コンサルタントたちが「プロセス・リエンジニアリング」と焼き直したことでバリューチェーンは注目を集めるようになり、アップルをはじめとするアメリカ企業多数が目覚ましい成果を挙げるに至っている。

ただし、本巻でバリューチェーンに勝因のある成功ケースは13例、すなわち全体の10分の1未満に留まっている。ポーターが重視した事後の組換えに成功したケースとなると、さらに半分の7ケースしか該当例がない。少なくとも日本では、バリューチェーンの組換えを事業戦略論の本流と見なすには時期が早すぎる。その前に立地の問題を抱えているところが大半だからである。

命題2　立地を規模感や成長性で選んではいけない

◉根拠

利益率が事業の立地で決まるとしたら、当然のことながら、何を持って良い立地とするのかを問わなければならない。従前は、ともすれば大きい、もしくは大きくなるペースが速いという特性を良い立地の条件と思い込む傾向が放置されてきた。前者は規模感、後者は成長性に呼応するが、これらは立地の良し悪しと何の縁もない。

成功ケース151例の売上高を統計分析してみると、平均値は1,290億円で、中央値は340億円と出る。少数の巨大事業が平均値を引き上げていることは明瞭で、信越化学工業の5ケース、キヤノンの2ケース、住宅関連の2ケース、リコーの1ケースを除くと平均値は680億円まで下がってくる。ちなみに、数値は2000年基準で実質化したうえで、分析対象期間の期央で2004年度と2005年度を平均したものである。

再現性のある成功ケース123例に分析を絞ると、売上高が1,000億円を超えるものが29例あり、逆に100億円を割り込むものも21例あるが、残る73ケースは中間域の10桁ゾーンに収まっている。そのうち22例までは100億円台、14例までは200億円台で、300億円台も13ケースある。要するに、例外的に規模の大きな高収益事業も存在するにはするが、高収益事業の大半は日商1億円に満たない小ぶりな事業なのである。

さらに分析を一歩進めると、無理に規模を追求していない事業が高収益を達成していることもわかってくる。事業立地に勝因のある第1章、第5章、第9章の105ケースのうち、89ケースでは広義の立地より狭義の立地が著しく狭い。実際に、狭義の立地は事実上独占するが、広義の立地では必ずしも業界首位でないケースが意外と目立つ。その気になりさえすれば容易に手がけることができそうな売り物や売り先を、敢えて手がけていないのである。第1章、第5章、第9章で成長を追求した例外的なケースは、604, 605, 606, 607, 636, 637, 638, 803, 804, 810, 811, 829, 853, 859, 860, 867あたりに限られる。

成長率も見ておくと、再現性のある123ケースの分類結果は次のとおりである。22ケースはプラス成長ながら2.5%未満、32ケースは2.5%から5%、20ケースで5%から10%、二桁成長のケースも6例あるが、マイナス成長のケースも32例あり、11ケースでは分析対象期間が10年に満たず成長率を計算できない。平均値は2.3%、中央値は2.7%である。ちなみに、成長率は2000年度から2009年度にかけての実質成長率を、二点比較で年率換算した。

◉論理

規模や成長を追うと利益率が犠牲になるのは、序章に掲げた図0-1、「収穫逓減の法則」の反映である。その基礎にあるのは、規模の拡大に合わせて追加投入できない生産要素である。そういう生産要素がボトルネックとなり、無理がたたる。そうして効率が落ちていく。

◉指針

企業は規模や成長を追い求めなければならない。それは、高収益事業の数を増やすルートで狙えばよい。次から次に高収益事業が立ち上がる条件を整備して、数多くの事業を管理する仕組みを整えるのは、コーポレートが担うべき役割である。一握りの勝手知ったる事業に檄を飛ばして規模や成長を狙うのは、役割から逃げるに等しい。そういう企業トップは横着と非難されても反駁できまい。

企業の理想型は京都の町並みと似ている。京町家のように個々の事業の間口は狭くとり、そこでは中身や奥行きで勝負する。事業経営責任者は、利益率の維持・向上に責任を負うべきで、受ける仕事と断る仕事を利益率の観点から峻別することが重要なミッションとなる。強い事業が立ち並べば、企業は自ずと均整がとれる。

◉忠言

規模や成長をグッドニュースと捉える実務家は後を絶たない。だから規模や成長の見込める事業には猫も杓子も群がってくる。そういう立地で事業を営んでも、凄惨な価格競争に巻き込まれて途方に暮れる結末は、着手する前から火を見るより明らかである。規模や成長はバッドニュース以外の何物でもなく、背を向けて通るのが賢人と言ってよい。

規模が利益率を引き上げると信じる人が多いのは、おそらく「規模の経済」の影響である。ビジネスに関連する概念に誤解はつきものながら、ここまで字義が独り歩きしたケースは珍しい。規模を拡大すればコストが下がり、利益率は上がるというが、問題とすべき規模は設備次元なのか、ライン次元なのか、工場次元なのか、はたまた複数の工場を束ねる事業次元なのか、幾多の事業を束ねる企業次元なのか、企業多数から成る企業グループ次元なのか、明確に答えられる人は少ないはずである。さらに規模は生産能力で測るのか、それとも実際の操業水準で測るのかも問わねばならないが、そのあたりを曖昧にしたまま、妄信がまかり通っている。

規模の経済は、どこでも効くものではない。だからこそ、トヨタ自動車は圧倒的な規模の格差にもかかわらずゼネラルモーターズ社に追いつくことができたし、韓国のサムスンは日本の半導体メーカーを追い落とすことができたのである。規模で負ける企業がコストで勝つ事例は、安易な「規模の経済」信仰を戒めるのに十分であろう。規模を拡大して利益率が上がるのは、分割不可能な固定生産要素があるところだけと心得たい。設備の逐次追加ができるところでは、最小効率生産規模を超えるのは思うほど難しくない。

成長が利益率を有利に導くと信じる人が多いのも、妄信の為せる業である。成長は増産投資を伴うので、キャッシュフローを減らす方向に作用する。見かけの利益率は減価償却のマジックで向上するかもしれないが、それは未償却投資が不良資産と化すリスクと裏腹であることを忘れてはならない。関西の家電メーカーがフラットTVで苦汁を嘗めたのは、そのリスクが顕在化したからで、同類の悲劇は太陽電池などでも繰り返し起きている。

そもそも事業の売上高を決めるのは、顧客や市場である。当事者の企業ではない。制御できない数字を、あたかも制御可能と思い込み、そこに努力目標を設定すると、営業系社員は値引きに走り、技術系社員は意味のない開発に走るだけである。いずれにせよ、利益率が犠牲になる。限りある総需要を先食いして後顧の憂いを残す傍らで収益性の低さを嘆くのでは、何をしているのか訳がわからない。

◉系譜

企業戦略と事業戦略を明瞭に区別し、成長を企業戦略の使命とする見解は、従来の戦略論でも十分に確立されていた。その点は、ペンローズや伊丹敬之をはじめとする先達たちの著作を参照していただきたい。成長率を引き上げる企業戦略については、私も後続巻で帰納法による研究成果を問うつもりにしている。

事業戦略に成長目標を課す錯誤は、対前年比・対予算比で計数管理をする実務家に由来するものと思われる。ここに拙著『戦略不全の論理』で問題視した悪弊の実害が集中的に噴出している。計画経営の行き着く先は旧ソビエト社会主義共和国連邦と同じで、衰退しか考えられない。

命題3　立地はミッションクリティカルであることが望ましい

◉根拠

立地の良否を決めるのは、主に利益の源泉と防壁である。源泉については、顧客の命運を左右するモノやサービスを探すか、現有商材に命運を左右される顧客を探すに限る。いずれも事業が顧客にとってミッションクリティカルということである。

立地が決め手となった第1章、第5章、第9章の105ケースのうち、源泉として最多を記録したのはミッションクリティカリティである。パフォーマンス、あるいはコスト優位は、参入してきた競合に対して築き上げるものであるが、これらが源泉となったケースは各々26ケースと14ケースで、源泉の63ケースに比べると目立って少ない。

◉論理

顧客が認める価値は彼らが手にする利得の増分までであり、事業立地の良否は、かけたコストに対する顧客利得の感応度で決まってしまう。ミッションクリティカリティは、提供するモノやサービスの特性次第で顧客が手にする利得が根底から変化する状態、すなわち感応度が極めて高い状態を指しており、定義により命題が成立する。

◉指針

同じ技術でも、設定する出口次第で、辿り着く先は天国か地獄に分かれてしまう。そこが経営の怖いところであり、面白いところでもある。意を決してコストをかけるなら、顧客にとってクリティカルなミッションを狙うに限る。

たとえばブラウン管を消費者向けのテレビに持っていく

と、赤字の山を築くことになりかねない。それを航空管制用のディスプレイに持っていくと、それなりの利益が出る。家で放送番組を見るだけなら、どのメーカーの製品でも大差は出ない。画質の好き嫌いはあっても、それだけのことである。航空管制用となると、時々刻々と移り変わる航空機の位置や属性を見やすく映し出すことにより、管制官の疲労を抑制し、見落としや勘違いの確率を下げることができる。航空事故に起因する損失は計り知れないため、性能の良いブラウン管が高いと言っても損失に比べると高々しれている。技術は、そういうミッションクリティカルな出口に持っていかないと、利益には転化しない。

自社のコア技術を入れ替えるのは難しい。たとえ可能だとしても、時間がかかる。それに比べると、技術の出口を変えるのは相対的に易しい。定期的に自社技術の潜在的な出口を見渡して出口設定の最適化を図らないとしたら、利益を捨てるようなものである。戦略の不全症は、この作業を着実に行うところから克服したい。

◉忠言

かけたコスト以上に顧客が価値を認めてくれない限り、高収益など望むだけ無駄である。コストをかけても価値を認めてもらえない事業は、許される限りパスしたい。事業を畳むとなると供給責任を問う声があがるかもしれないが、低収益に苦しむのはコスト競争力に勝る競合がいるからであり、撤退して供給に支障が出るという議論はおかしい。支障が出るとしたら価格設定がおかしいか、間口を拡げすぎている証左で、事業経営責任者は交代するしかなかろう。

◉系譜

顧客にとってクリティカルなモノやサービスを提供するわりには、クリティカルな出費を強いていない。それが高収益事業の掟であることは、本巻のリサーチを通して初めて浮上した。従来の経営戦略論で中心的な位置を占めたことはないと思われる。

命題4　立地はアンアトラクティブであるほうがよい

◉根拠

利益の源泉と防壁のうち、防壁については競合の自縛に頼るのがよい。自縛とは、参入しようと思えばできるのに、自発的に思いとどまる現象を指す。

源泉に比べると防壁として機能する特質は多岐にわたり、絞り込むのが難しいが、立地が決め手となった第1章、第5章、第9章の105ケースのうち、最も頻度高く現れたのは競合の自縛である。最頻といっても26ケースに留まる点が前項の源泉とは異なるが、次点を占める蓄積と素材は各々12ケースしかない点を踏まえると、競合の自縛は相対的に幅を利かせていると言ってよい。

◉論理

どんな防壁を打ち立てても、本当に参入したいと思う競合は迂回路を見つけるもので、容易に防ぎ切れるものではない。最強の防壁とは、そもそも競合が参入する気をなくす状態を作り出すものである。競合が自発的に参入を思いとどまるのは、うまく参入しても市場が小さ過ぎて苦労の甲斐がないとか、見返りに対して背負うリスクが大き過ぎるからである。競合が寄ってこないほど見栄えのしない立地こそ、高収益の楽園に化けやすい。

◉指針

高収益の立地を引き当てたければ、誰もが敬遠するような立地に絞って探すことである。他社が魅力を認めない立地の欠陥を補う手立てを見つることができれば、もう引き当てたも同然である。

◉忠言

これまでの戦略論は、参入の試みがあることは前提としたうえで、それをブロックする手立てだけを考えてきた。それゆえ、防壁と参入障壁を区別した形跡がない。

ところが、参入を企てる勢力があれば、それだけで間接的な価格競争に火がついてしまう。たとえば新参者が流通チャネルにアクセスできないようにしようと思えば、チャネル側に従来より好条件を提示しないといけないという具合である。参入障壁を張り巡らせる必要性を認識した時点で、もはや高収益は夢物語と化しており、立地は守るに値するのかどうかわからない。

その意味において参入障壁は次元の低い防壁である。理想の防壁は、事前に戦いを略するようなものであろう。なかでも競合に自縛がかかるような立地の選択は高等技で、先発の利を活かすうえでは最高級の防壁になる。

なお、技術や信用の蓄積は鵜呑みにしてはいけない。確かに何某かの蓄積が優劣を分けたかのごとく見えてしまうケースは尽きないが、優劣が明確になった後にケースを吟味するのではなく、優劣が開き始める時点に立ち戻ると、意外と蓄積に差がないことがわかる。

蓄積は事後に防壁を強化するものであって、その効果が顕著になるまで別の防壁を必要とする。産業組織の形成期に、蓄積が単独で参入障壁として機能する可能性には期待を寄せないほうがよい。本節でも蓄積が防壁として機能した12ケースに言及したが、いずれも先行する他の事業で積んだ蓄積が生きたケースであることを書き添えておきたい。

新規事業企画を社内公募にかける企業があるが、応募する若い社員は成長の見込める流行り物に群がる一方で、審査する役職者はリスクを嫌うため、この方法で選ばれるのはアトラクティブな案件ばかりになりやすい。その効果は士気高揚に限られると考えたほうがよい。そこから高収益事業が生まれることは期待できない。

◉系譜

見栄えの悪い事業立地のほうが実は好ましいという戦略論のルーツは、吉原英樹の『「バカな」と「なるほど」』にある。吉原は一般人が示す拒否反応を「バカな」と表現した。戦略の非合理性要件を指摘したのは、それが最初と思われる。ちなみに、「不合理」は道理や理屈から外れた状態を表すが、そこからは事後の「なるほど」が生まれない。「非合理」は理性によっては捉えきれないことを指しており、戦略には野性が必要なことを暗示する。ケインズが好んだ「アニマル・スピリッツ」に通じるところがあり、興味深い。

命題5 立地を選ぶ人物の時機読解能力が最後は決め手となる

◉根拠

他社に先駆けて良い立地を開拓した第9章の79ケースでは、過半の45ケースが創業経営者を旗手とする。創業経営者の血縁まで含めて数えると、同族比率は70%に到達する。逆に生え抜きの社員経営者を旗手とするケースは8例しかない。特殊な事例を除くと、その比率は10%に満たない。

成熟立地で売り物をリ・インベントした第1章の11ケースでは、9ケースが創業経営者を旗手とする。生え抜きの社員経営者を旗手とするケースは1例しか出ていない。同じ第1章で売り先をリ・ディレクトした7ケースでも、生え抜きの社員経営者を旗手とするケースは1例しか出ていない。

高収益事業立地は試行錯誤を通して辿り着く場合もある。第1章、第5章、第9章の105ケースでは、およそ3分の1（604, 606, 607, 619, 627, 632, 641, 645, 650, 654, 660, 661, 801, 803, 805, 806, 809, 811, 819, 825, 827, 831, 832, 833, 834, 836, 837, 838, 841, 843, 845, 846, 849, 853）が該当する。そこで学習効果を発揮したのは、やはり創業経営者であることが多い。

本巻では悪い立地の見本、言うなれば限界サンプルも第4章、第8章、第12章に列挙してあるので、そちらも比較対照に使っていただきたい。

◉論理

創業経営者や同族経営者は、どの立地で起業するのかを考え抜いたことのある人々で、ほぼ例外なく時代の移り変わりには極めて敏感である。そこが、立地が定まってから入社してくる社員経営者とは根本的に異なっている。社員は日々の仕事を通して既存立地のうえに技能を蓄積する。その立地を放棄することなど考えも及ばないし、変えるとなれば抵抗するのが当然であろう。逆に一度でも立地を変数と捉えた人は、特定の立地に拘泥しない。

◉指針

野性は、鋭利に研ぎ澄ますことはできるとしても、教育を通して身につけるものではない。それゆえ、慢性的な低収益状態から脱却したい企業は、野性を備えた人物を経営職に迎え入れる策を講じるべきである。いきなり経営者として迎え入れてもよいし、それが無理なら中途採用して様子見の期間を設けてもよい。

経営者を社外から迎え入れる案に抵抗を感じる場合は、次善の策に頼る道もある。野性の欠片を持ち合わせていそうな社員を選び出し、特訓の機会を与えれば、嗅覚を備えた経営幹部候補生が育つ可能性は無きにしもあらずで、そこに賭けてみるわけである。その場合、通常のMBAのようなカリキュラムを組むのでは意味がない。訓練は時機読解に集中させたいところである。かれこれ10年ほど試行錯誤を重ねてきた私の感触では、世の中で起きた変化の数々と、そこに生まれた事業機会の数々を集めて、両者の対応関係を頭のなかで整理していく作業を地道に積み重ねると、少しは時機を読めるようになる人が2割ほどはいる。

野生の宿る人物をふるい分けるには、せめて30歳までに身の立て方を真剣に考えたことがあるかないかが見るべきポイントになる。考えただけでなく常人と違う行動に出た履歴があれば、加点してよい。そういう人物をイメージしにくければ、ケースの【人物】欄に具体例の数々を記してあるので、参照していただきたい。

一般に創業経営者や同族経営者が野性を研ぎ澄ますのは10代の場合が多い。多感な時期に学校で安穏と勉学や課外活動に没頭していては、少なくとも立地選択の嗅覚は身につくはずがない。戦後日本の病巣は、このあたりの制度設計に潜んでいるのかもしれない。

◉忠言

良い立地の条件として、ミッションクリティカリティとアンアトラクティブネスに言及した。前者は合議で精査してもよいが、後者のほうは個人の感性に依存せざるをえない。魅力に乏しい立地なら何でもよいというわけにはいかないからである。一般人が魅力的と認めないオプションに可能性を見出して、その欠点を克服する具体的な道筋まで構想する力は、残念ながら選ばれた人にしか宿らない。

まだ小さい事業が飛躍的に伸びる、不動とされる制約条件が緩和に向かう、非主流派の技術選択肢が賭けるに値する、過大視されるリスクが実は小さい、他社が群がる事業が本当は不合理である——こうした直観を抱くのは、決して容易なことではない。毎日会社に来て、真面目に仕事をしているだけでは、どうあがいても無理であろう。

管理型の経営者は、社内事情には驚くほど精通しているのが普通である。書類には隅から隅まで目を通しており、これという計数を常に頭のなかに格納しているため、たいていの社員は頭が上がらない。しかしながら、管理を得手とする経営者は戦略を不得手とする。まさに天は二物を与えずなのである。

問題は、社内事情を把握するために使う時間は、他に使えないところにある。管理型の経営者が社外の出来事に疎くなったり、業界の外で起こる事象となると関心すら示さないのは、致し方ない。拙著『戦略暴走』では、管理型の経営者が通貨や資源の市況変動に翻弄されて、意図せず自社を存亡の淵に追い込んでしまう姿が浮き彫りになっている。世の中の底流変化を見据えていないから起こる悲劇なのであろう。

◉系譜

ハーバード・ビジネス・スクールの経営史領域には、チャンドラーに触発されたのか、重厚な時機読解の伝統があった。いまはリーダーシップ領域の面々が伝統を引き継いでいる。その代表格はケーンや講師のメイヨあたりである。残念ながら、歴史と決断を掛け合わせた研究の伝統は、日本には見当たらない。

あとがき

『経営戦略の実戦』シリーズは『戦略不全の論理』から始まった一連の研究の集大成に相当する。以下では、その意味を簡潔に説明してみたい。まだ第1巻が完成したばかりなので気が早いと言えば早いが、編集サイドからリクエストがあったので、応えることにした次第である。

発端は20年前に遡る。1995年にアメリカから11年ぶりに帰日してみると、日本企業は負債と設備と人員の削減に汲々としており、明らかに変調を来していた。経営学の俊英たちはイノベーション研究に邁進していたが、ソニーのミニディスク（MD）やシャープの液晶テレビのように技術的には快挙が続いており、そこに変調の原因や打開策があるとは思えなかった。私は実務部隊の努力が空転する何らかの機構に問題があると睨んで、次から次へと事業経営責任者を訪ね歩いてみたが、まさに直観したとおりと確信した。

実務能力を高める日本企業の人事体系には、強力な副作用がある。従来は美徳とされてきた工夫の数々が、その陰で経営能力を殺いでしまうのである。2004年の『戦略不全の論理』は、この観察を電機・精密機器業界163社のデータを通して論証した本で、1975年前後から社長の在任期間が短くなるのと軌を一にして、売上高営業利益率が低下し続けていることを明らかにした。それが数々の賞をいただいたことで、私自身は戦略不全症の打開策を見出す責務を背負い込んでしまったと思っている。

打開策の第一弾は2005年の『経営は十年にして成らず』であった。そこでは10年という視野で物事を捉える経営者がいなければ企業に飛躍が訪れないこと、そして経営人材の育成が企業の存亡を左右することを取り急ぎ訴えた。しかしながら、10年かけて取り組むべき仕事の中身については類推の域を出ず、共著者の力を借りてもケース5本では限界があることを痛感することになった。

残った宿題に挑んだのが、2007年の『戦略不全の因果』である。そこでは金融以外の全業種1,013社まで研究対象を拡げたうえで、利益成長率を事業の立地が決めることを示した。競争戦略論は、同じ市場で競り合う企業を宿敵と見なすが、調べてみると競合関係にある企業群は浮沈を共にすることが多い。ということは、劣化し始めた事業立地から「転地」を遂げる手腕こそ、日本企業に欠落しがちな経営能力で、本当の「宿敵」は転地を阻む経営者であることになる。

創業経営者は概して事業立地の選択に気を遣うが、彼らから継承した立地を深耕してきた操業経営者は、ごく一部の例外を除いて、事業立地が戦略の変数であることすら認識していない。そして、高度成長期から半世紀を経た日本では、事業立地の劣化が着実に進んでいる。『戦略不全の論理』の段階では、因果関係の向きまで特定できなかったが、これで操業経営者の台頭こそが変調の原因であることに疑う余地はなくなった。やはり戦略不全症の打開策としては、経営教育に力を入れるしかなさそうである。

ここまで来ると先を急ぎたくなるが、その前に事業立地の良し悪しを事前に見分ける術を手に入れないと、打開策を教育に落とし込むには無理がある。そう考えて悪い事業立地の特性に迫ったのが2010年の『戦略暴走』であった。そこでは、ケース179編の分析を通して、夢の技術が巨大市場を生むという期待こそ悪い立地の最大の目印になることを描き出した。

悪い立地の条件がわかっても、まだ良い立地の条件を特定する作業が残っている。そこに挑んだのが本巻と言ってよい。1,805社のデータ分析から出発して、ケース252編を吟味した結果、14の戦略パターンと30の戦略バリエーションが浮上した経緯は既述のとおりで、何とか責務を全うし終えることができたと感じている。それゆえ、冒頭で大仰に集大成と表現した。

振り返ってみると、私が『戦略不全の論理』に取り組み始めた頃、薄型テレビの普及率は10％未満という状況で、これから伸長する大型商材に恵まれた日本のエレクトロニクス産業は前途洋々と見る向きが多かった。それにもかかわらず日本企業を蝕む戦略不全症に警鐘を鳴らしたのは、フィールドリサーチを通して近未来が見えたからである。実際に薄型テレビや太陽電池が悪夢と化していった展開も、『戦略不全の因果』や『戦略暴走』から見れば何の不思議もなかった。体系的なリサーチは骨が折れるものの、未来を照らす方法は他に見当たらない。

この本の背景については、もう一つ触れておきたいエピソードがある。実は、研究プロジェクトが2010年の春に始動した時点の仮題は『戦略独走』で、『戦略暴走』とペアを組むことになっていた。それが途中で『経営戦略の実戦』シリーズに化けてしまった。その理由についてである。

三桁に乗る数のケースからパターンを焙り出そうと思うと、ケースの束ね方が成否の鍵を握る。横断比較ケース法の先陣を切った『戦略暴走』では、一定の基準を満たした暴走ケースを第1部は国際化、第2部は多角化、第3部は不動産と分けて格納した。外形的にケースを分類したのは、事業の海外展開を検討している方は第1部、新規事業を検討している方は第2部という具合に、参照すべきケース群を確定しておけば、読者フレンドリーと考えたからである。

この要のステージで、今回はつまずいた。端的に言うと、ケース825のセコムと比較対照すべき暴走ケースはどれなのかという疑問が頭をもたげ始めたのである。形式的に『戦略暴走』と『戦略独走』を並べるだけなら簡単だが、両者の間に意味のあるコントラストが生まれなければ、対にする意図は死んでしまう。「バンドワゴンに群がると暴走、独走は文字通り我が道を行く」という程度のコントラストなら見込めたが、それではインパクトに欠ける。

こうして一定の基準を満たした独走ケースの顔ぶれと向き合って悶々と苦悩するうちに、『戦略独走』の当初プランには自信が持てなくなった。と同時に、外形分類を内実分類に変えることにより、『戦略暴走』の一段上を行く本を書きたいという気持ちが芽生えてきた。それが2013年の冬休み中に衝動に変わり、抑えきれなくなってしまった。

暴走する、独走する、というとき、考えてみると主語が二通りある。「戦略が」と「人が」である。『戦略暴走』の限界は、そのうち「戦略が」のほうを詰め切れていないところにあった。もちろん、それはそれで今後も有用な教材であり続けると信じているが、こと社会科学の研究という視点に立つと、そこには不満が残る。『経営戦略の実戦』シリーズは、その不満を解消に出た。

具体的には、部レベルの大枠分類を「何に手をつけたのか」という外形から「どの時点で手をつけたのか」という内実に切り替えて、さらに章や節レベルでも戦略の内実分類を貫いた。そのうえで独走ケースと同じ条件で暴走ケースを選びなおし、少なくとも部のレベルで独走と暴走を比較できるようにした。こうした措置により「教材」と「教科書」の違いを作り込めたと私は信じている。蛇足ながら付け加えておくと、結論を導く責務を担うのが前者では読者、後者では筆者になる。

このエピソードには、経営戦略への教訓が潜んでいる。要するに、当初の計画を捨てるところから飛躍が生まれるのである。当初計画に沿って走っているうちに、いろいろわかってくることがある。その積み重ねが臨界点に達した時点で当初計画を捨てないと、競合を突き放す飛躍は訪れない。計画が戦略たりえないと私が主張する背後には、この類の体験的な理解がある。

ちなみに、飛躍には強力なドライブも欠かせない。ドライブとは、何か目指すものがあり、あるレベルに到達しても、そこに安住しないで次のレベルに挑戦するのが当然と、自らを駆り立てる力のことを指す。私の場合、ポーターが『国の競争優位』、チャンドラーが『スケール・アンド・スコープ』の仕上げに入っていたときに彼らの真摯な姿勢を目の当たりにする幸運に恵まれた。彼らと同じ空気を吸っていた数年間のうちに、大局の真理を捕まえるために大きく網を拡げるタイプの研究をしてみたいというドライブが備わったように思う。これと同じで、独走する企業には何かしら感化の源が要るのではないかと思う。

御託を並べてきたが、かく言う私も一人では何もできない。返す術のない恩ばかり積もる一方ながら、せめて感謝の気持ちを以下で伝えておきたい。

東洋経済新報社の佐藤朋保氏は、私の我と常軌の間で板挟みになりながらも、名だたる翻訳教科書の編集を通して培ったノウハウを、この厚い本を読みやすくするために惜しみなく注ぎ込んでくださった。研究実務を担う有能・勤勉なスタッフについては、WDB株式会社に尋常の域を超越する御支援を賜っている。リサーチをファンディングできたのは、加護野忠男名誉教授がRIAMという組織を整備してくださったからで、平野光俊教授をはじめとして、この組織の運営を担う同僚たちにも、私は頭が上がらない。

この本は神戸大学の研究環境に負う面も実に大きい。今でこそ有価証券報告書は電子媒体で容易に入手できるが、それ以前は紙媒体が無くてはならない存在であった。経済経営研究所附属企業資料総合センターのスタッフ一同の積年の努力には、いくら感謝してもしきれない。雑誌記事については、電子媒体への移行が進み始めたばかりであり、社会科学系図書館のスタッフ一同に重い負荷をかけてしまった。社史に関しても、日本有数のコレクションを積み上げてきた諸先輩方の努力に助けられている。どれをとっても、ありがたいことである。

本書の背後には、懇意にしていただいた経営者や経営幹部候補生の方々から授かった洞察も息づいている。また、アカデミアの恩師たちから授かった精神的な支柱も、私の針路決定には欠かせない。不出来な本との関わりが公知となって迷惑が及ぶといけないので御芳名を列挙することは控えるが、いつも心のなかで頭を下げていることだけは記しておく。

2015年3月

三品和広

【著者紹介】
三品和広（みしな　かずひろ）
1959年愛知県生まれ。82年一橋大学商学部卒業。84年一橋大学大学院商学研究科修士課程修了、89年ハーバード大学文理大学院企業経済学博士課程修了。同年ハーバード大学ビジネススクール助教授、北陸先端科学技術大学院大学知識科学研究科助教授等を経て、現在、神戸大学大学院経営学研究科教授。

著書：
『戦略不全の論理』（東洋経済新報社、2004年、第45回エコノミスト賞、第21回組織学会賞（高宮賞）、第5回日経BP・BizTech図書賞受賞）
『経営は十年にして成らず』（編著、東洋経済新報社、2005年）
『経営戦略を問いなおす』（ちくま新書、2006年）
『戦略不全の因果』（東洋経済新報社、2007年）
『戦略暴走』（東洋経済新報社、2010年）
『総合スーパーの興亡』（共著、東洋経済新報社、2011年）
『どうする? 日本企業』（東洋経済新報社、2011年）
『リ・インベンション』（共著、東洋経済新報社、2013年）

高収益事業の創り方（経営戦略の実戦(1)）

2015年 7 月 16 日　第 1 刷発行
2017年 12 月 27 日　第 4 刷発行

著　者——三品和広
発行者——山縣裕一郎
発行所——東洋経済新報社
〒103-8345　東京都中央区日本橋本石町 1-2-1
電話＝東洋経済コールセンター　03(5605)7021
http://toyokeizai.net/

装　丁……………………橋爪朋世
本文デザイン・DTP………アイランドコレクション
印刷・製本………………リーブルテック
編集担当…………………佐藤朋保

ISBN 978-4-492-53364-2